Handbuch
für Baugenossenschaften

von

Adolf Scheidt,
Kaiserlicher Regierungsrat im Reichsamte des Innern.

Berlin 1913.
J. Guttentag, Verlagsbuchhandlung,
G. m. b. H.

Druck von A. W. Hayn's Erben (Curt Gerber), Potsdam.

Inhalt.

Zehntes Kapitel.

Elftes Kapitel.

Zwölftes Kapitel.

Dreizehntes Kapitel.

Vierzehntes Kapitel.

Vorwort.

Der Anwalt des Allgemeinen Verbandes der deutschen Erwerbs- und Wirtschaftsgenossenschaften, Herr Professor Dr. Crüger, ersuchte mich im Jahre 1911, gemeinsam mit dem Herrn Verbandsrevisor Dr. Fritz Schneider eine Neuauflage des Taschenbuches für Baugenossenschaften, Bau- und Sparvereine von Wohlgemuth und Dr. Fritz Schneider herauszugeben. Ich erklärte mich hierzu bereit, war mir aber von vornherein darüber klar, daß das Taschenbuch einer vollständigen Neubearbeitung unterzogen werden mußte, wenn es bei dem heutigen hochentwickelten Stande des Baugenossenschaftswesens ein praktischer Wegweiser für die Leitung von Baugenossenschaften sein sollte. Bei der Ausarbeitung einzelner Teile der Neuauflage des Taschenbuches stellten sich leider zwischen dem um das deutsche Genossenschaftswesen so hoch verdienten Herrn Dr. Schneider und mir Meinungsunterschiede heraus, durch die eine gemeinsame Bearbeitung bedauerlicherweise unmöglich wurde. Da indessen die Herausgabe einer der gegenwärtigen Ausbildung des Baugenossenschaftswesens entsprechenden Anleitung zur Geschäftsführung von Baugenossenschaften dringend wünschenswert erschien, habe ich das von mir für die Neuauflage des Taschenbuches bearbeitete Material ergänzt und so erweitert, daß das vorliegende Handbuch für Baugenossenschaften entstanden ist. Als notwendige Folge dieser Entstehungsgeschichte ergab sich für einzelne Teile des Handbuchs — namentlich hinsichtlich der Einteilung des Stoffes — ein enger Anschluß an das frühere Taschenbuch für Baugenossenschaften.

Ich bin bemüht gewesen, einen Teil meiner Erfahrungen, die ich im Laufe meiner langjährigen Tätigkeit als Revisor des Verbandes der Baugenossenschaften Deutschlands in vielen Teilen unseres Vaterlandes gemacht habe, in dem vorliegenden Buche niederzulegen und hoffe, daß meine Ausführungen nicht nur für Neulinge im Baugenossenschaftswesen, sondern auch für erfahrene Baugenossenschaftler Auskünfte und Anregungen enthalten. Allerdings war der zu bearbeitende Stoff so umfangreich und vielgestaltig, daß nicht alle Teile des Handbuches mit der gleichen Gründlichkeit behandelt werden konnten. Insonderheit wird durch das vorliegende Handbuch nicht etwa der Gebrauch eines Kommentars zum Genossenschaftsgesetz entbehrlich, denn eine Behandlung aller Rechtsverhältnisse, die sich in Ausnahmefällen aus dem Genossenschaftsgesetze ergeben können, mußte schon deshalb unterbleiben, weil sonst der Umfang des Handbuches zu groß geworden wäre. Dagegen glaube ich, alle diejenigen Fragen, die in der Praxis der Baugenossenschaften eine wesentliche Rolle spielen, soweit sie sich überhaupt für eine allgemeine Erörterung eignen, genügend eingehend, wenn auch gewiß nicht erschöpfend behandelt zu haben. Die beigefügte Anleitung zur Kassen- und Rechnungsführung gibt Aufschluß über alle buchtechnischen Fragen, die für Baugenossenschaften von Bedeutung sind.

Der Verfasser.

Erstes Kapitel.

Vorbedingungen für ein erfolgreiches Arbeiten einer Baugenossenschaft.

Die Gründung des neuen Deutschen Reiches bedeutet nicht nur in der politischen, sondern auch in der Wirtschaftsgeschichte Deutschlands den Beginn einer neuen Periode. Während bis zu dem großen Kriege die verhältnismäßige Zunahme der Bevölkerungszahl in den überwiegend agrarischen Bezirken des deutschen Ostens erheblich höher war als in West- und Süddeutschland, hat die Zunahme seit 1871 in dem industriellen Westen und Süden fast 80 %, dagegen im Osten nur wenig mehr als 25 % betragen. Die deutsche Volkswirtschaft ist in diesem neuen Abschnitt ihrer Entwickelung gekennzeichnet durch das immer stärkere Hervortreten der Industrie und durch die Umgestaltung der Industrie zum mechanischen Großbetriebe. Da wachsende Industrialisierung, wie die Verhältnisse in Deutschland liegen, auch heute noch immer eine Zunahme der städtischen auf Kosten der ländlichen Bevölkerung bedeutet, so mußte diese Veränderung in dem deutschen Wirtschaftsleben eine Veränderung der Wohnungsverhältnisse zur notwendigen Folge haben. Wenn auch in dem letzten Jahrzehnt mehrere größere Fabrikbetriebe aus den Großstädten heraus in deren weitere Vororte verlegt sind, und wenn es auch gelungen ist, größere Fabrikbetriebe auf dem Lande anzusiedeln, so muß doch immer mit der Tatsache gerechnet werden, daß sowohl für den industriellen Unternehmer als auch für den Industriearbeiter die Großstadt eine gewaltige Anziehungskraft ausübt. Der industrielle Unternehmer läßt sich lieber in einer größeren Stadt nieder, weil sich ihm hier namentlich durch die besseren Bahnverbindungen größere Vorteile für den Absatz seiner Fabrikate bieten. Im übrigen wird ihm auch stets die Ergänzung und Vermehrung seiner Arbeiterschaft in der Stadt leichter fallen als auf dem Lande. Der Industriearbeiter zieht das städtische Leben vor nicht nur deshalb, weil die Industrie höhere Löhne zahlt, sondern weil er in der Stadt unabhängiger und abwechselungsreicher lebt (zu vgl. Referat des Professors Pohl auf dem ersten deutschen Wohnungskongreß).

Durch das Zusammenströmen der vielen Arbeiter in den Städten mußte ein empfindlicher Mangel an geeigneten Wohnungen an diesen Orten entstehen. Das Wohnungsbedürfnis der Arbeiter mußte befriedigt werden. Es konnte dies natürlich nur dadurch geschehen, daß die Arbeiter, die vom Land in die Stadt durch die Industrie hineingezogen wurden, auf städtische Weise, d. h. in der Hauptsache in großen Massenmiethäusern, angesiedelt wurden.

Die städtische Wohnungsnot steigerte sich vielfach zu einem wahren Wohnungselend, durch das die gewerbliche Arbeiterbevölkerung körperlich und sittlich bedroht wurde. Man suchte nach Maßregeln zur Abhilfe und es wurden aus der Theorie heraus eine Anzahl von Reformforderungen erhoben. Aus diesen theoretischen Forderungen ist nur weniges in die Praxis hinübergeleitet. Das bisher tatsächlich Geleistete stellt den Versuch dar, die ärgsten Notstände zu beseitigen, wobei sich die Gründung einer Baugenossenschaft unter bestimmten Voraussetzungen als eins der wesentlichsten Mittel zur Beseitigung von Wohnungsmißständen bewährt hat. Man darf jedoch die bisherigen Leistungen der Baugenossenschaften nicht überschätzen. Der gewaltige Mehrbedarf an Wohnungen, den die Bevölkerungszunahme in den Städten und Industrieorten geschaffen hat, ist zum weitaus größten Teile durch die private Bautätigkeit gedeckt worden. Allerdings hat die private Bautätigkeit naturgemäß die Neigung gehabt — und diese Neigung wird sie immer haben —, in erster Linie solche Häuser zu bauen, die für den Erbauer und Besitzer eine Rentabilität und eine angenehme und einfache Art der Verwaltung mit sich bringen. Die Erbauung von Arbeiterwohnungen ist aber im allgemeinen kein Geschäft, bei dem große, regelmäßige Überschüsse oder gar sprunghafte Konjunkturgewinne zu erwarten sind. Überdies ist die Verwaltung großer Mietskasernen mit kleinen Wohnungen eine Aufgabe, der sich der wohlhabende Privatmann nicht gern unterzieht und die der vielbeschäftigte Bauunternehmer schon deshalb ablehnt, weil die Verwaltung solcher Häuser für ihn eine viel zu zeitraubende Arbeit sein würde. Aus diesen Gründen hat die private Bautätigkeit nicht überall diejenige Anzahl von kleinen und mittleren Wohnungen erbaut, die nötig ist, um den Minderbemittelten zweckmäßig eingerichtete Wohnungen zu annehmbaren Preisen zu verschaffen.

Dadurch, daß das Deutsche Reich, der Preußische Staat und die Landesversicherungsanstalten Hypothekengelder zu billigem Zinsfuße zur Verfügung stellten, um die Wohnungsverhältnisse der minderbemittelten Reichs- und Staatsbediensteten bzw. der bei den Versicherungsanstalten versicherten Arbeitnehmer zu bessern, entstanden für die Baugenossenschaften Geldquellen, aus denen Betriebskapital nicht nur zu billigem Zinsfuße, sondern auch bis zu einer verhältnismäßig hohen Beleihungsgrenze zu haben waren. Hiermit waren die Vorbedingungen für eine weite Ausbreitung gemeinnütziger Bautätigkeit durch Baugenossenschaften gegeben. Für die genannten großen Geldgeber übernahmen die Baugenossenschaften die Rolle des Vermittlers, der ihnen einerseits die Arbeit des Bauens und Verwaltens der Häuser abnahm und anderseits — nicht in erster Linie auf Profit bedacht — sich mit einer bescheidenen Verzinsung seines eigenen Kapitals begnügte und eine dauernde Gewähr für die zweckmäßige und gemeinnützige Verwendung und Verwaltung der Gelder bieten konnte. Diese Aufgabe des Vermittlers zwischen den genannten Geldgebern und den Wohnungsbedürftigen haben die Baugenossenschaften in hervorragender Weise zu erfüllen verstanden. Daneben haben sich auch Baugenossenschaften gebildet, die ohne Inanspruchnahme von Wohlfahrtskrediten das Wohnungsbedürfnis ihrer Mitglieder zu befriedigen suchen.

Innerhalb des Rahmens ihrer Verwendungsmöglichkeit kann die Baugenossenschaft Bedeutendes leisten. Sie vereinigt bei richtiger Organisation Arbeitgeber und Arbeiter zu einer praktischen Arbeit, die auf eine Förderung der Arbeiterwohlfahrt abzielt und in hohem Maße sozial zu wirken geeignet ist. Es ergibt sich aber bereits aus dem Gesagten, daß nicht überall, wo die Wohnungsverhältnisse zu wünschen übrig lassen, die Gründung einer Baugenossenschaft zu empfehlen ist. Es wird deshalb zunächst zu betrachten sein, welche Vorbedingungen erfüllt sein müssen, um die Gründung einer Baugenossenschaft zweckmäßig erscheinen zu lassen.

So fest es einerseits steht, daß es nicht nur in den Städten und Industriebezirken Deutschlands, sondern auch auf dem platten Lande eine Wohnungsfrage gibt, so fest steht es auch, daß die Wohnungsfrage in den Städten und Industriebezirken von anderen Gesichtspunkten aus zu betrachten ist, wie die Wohnungsfrage auf dem platten Lande. Das gilt namentlich hinsichtlich der Mittel, die zur Bekämpfung von Wohnungsmißständen anzuwenden sind. Die Erfolge der Baugenossenschaften in bezug auf die Verbesserung der Wohnungsverhältnisse beschränken sich im wesentlichen auf die Verbesserung der Wohnungsverhältnisse in den Städten und Industriebezirken. Es hat nicht an Versuchen gefehlt, die Baugenossenschaft auch auf dem platten Lande zur Trägerin einer Wohnungsreform zu machen. Indessen ist allein schon die Organisation einer solchen ländlichen Baugenossenschaft mit großen Schwierigkeiten verknüpft. Die Mitglieder einer Genossenschaft auf dem platten Lande wohnen naturgemäß weit auseinander, auch muß sich die Bautätigkeit einer solchen Baugenossenschaft über ein weites Gebiet erstrecken. Unter diesen Verhältnissen ist die Einziehung der Beiträge und die Abhaltung gemeinsamer Sitzungen der Vereinsvertreter bereits sehr erschwert. Noch schwieriger ist für die Vorstandsmitglieder die Überwachung der Neubautätigkeit, wenn die Neubauten weit entfernt von ihrer Wohnung, vielleicht sogar in mehreren Orten zerstreut liegen. Weiter kommt hinzu, daß es kaum möglich sein dürfte, auf dem platten Lande Leute zu finden, die genügend kaufmännische Schulung besitzen, um eine Baugenossenschaft zweckmäßig zu leiten.

Diese wenigen Erwägungen werden schon genügen, um zu zeigen, daß die Baugenossenschaft eigentlich zur Bekämpfung der Wohnungsnot nur in den Städten und Industriebezirken in Frage kommt. Damit soll nicht gesagt werden, daß sich nur in den Großstädten lohnende Arbeit für die Baugenossenschaften findet. Im Gegenteil, die Tätigkeit der Baugenossenschaften zeigt, daß auch in kleinen Städten und unbedeutenden Industrieorten eine Sanierung der Wohnungsverhältnisse durch Baugenossenschaften oft wünschenswert und möglich ist.

Die erste Vorbedingung für ein erfolgreiches Arbeiten einer Baugenossenschaft ist in allen Fällen: ein ausgesprochenes Bedürfnis nach Verbesserung der Wohnungsverhältnisse, ein sogenannter Wohnungsmangel. Die private Bautätigkeit muß aus irgendeinem Grunde diejenige Art von Wohnungen, die die Baugenossenschaft zu errichten beabsichtigt, nicht in genügender Anzahl geschaffen haben.

Das Bedürfnis für die Gründung einer Baugenossenschaft kann dabei veranlaßt werden, entweder dadurch, daß es an einer genügenden Anzahl brauchbarer Kleinwohnungen zu angemessenem Mietpreise fehlt oder dadurch, daß zwar genügend billige Wohnungen vorhanden, diese aber mangelhaft sind. Die Bekämpfung der letzteren Art der Wohnungsnot ist durch Genossenschaftsgründungen nicht überall möglich, denn diese Art der Wohnungsnot findet sich meist nicht in den aufblühenden Industrieorten, sondern in den alten Kleinstädten, in denen sich die ganzen wirtschaftlichen Verhältnisse nur langsam entwickeln. Das Eingreifen einer Baugenossenschaft stößt hier, wie die Erfahrungen lehren, deshalb auf Schwierigkeiten, weil die vorhandenen Arbeiterwohnungen in den alten Häusern dieser Kleinstädte meistens außerordentlich billig sind. Baut eine Baugenossenschaft an einem solchen Orte Häuser, die modernen Ansprüchen genügen, so sind die Vereinswohnungen natürlich geräumiger, besser ausgestattet und weitaus gesünder als die vorhandenen alten, engen Behausungen der Arbeiter, sie sind aber auch meistens wesentlich teurer, und da ist es denn immerhin sehr fraglich, ob die Arbeiter zur Zahlung der höheren Mieten befähigt sind, bzw. ob sie sich zur Zahlung der höheren Miete wirklich entschließen. Eine ganze Anzahl von ihnen wird lieber in den alten, schlechten Wohnungen wohnen bleiben, weil diese Wohnungen billiger sind. Jedenfalls ist bei Bekämpfung dieser Art der Wohnungsnot durch Baugenossenschaften ganz besondere Vorsicht am Platze. Zu einer großen Entwickelung können die Baugenossenschaften jedenfalls nur da kommen, wo die Industrie blüht und gedeiht.

Ein allgemeiner wirtschaftlicher Aufschwung muß notwendigerweise die Wohnungsverhältnisse in den Städten und Industriebezirken verschlechtern, weil in den Zeiten günstiger industrieller Konjunktur eine Zuwanderung der Landbevölkerung in die Industriebezirke hinein stattfindet, die einen Mangel an Wohnungen im Gefolge haben muß. Es ist dies der Grund, weshalb die Baugenossenschaften hauptsächlich in den Industriebezirken Deutschlands — d. h. da, wo nach dem Ausgeführten überhaupt der ganze Schwerpunkt der Wohnungsfrage liegt — mit Erfolg arbeiten. Ein alter genossenschaftlicher Erfahrungssatz ist es nun aber, eine Baugenossenschaft nicht von dem Wohlergehen **eines** Industriezweiges oder eines Berufszweiges abhängig zu machen. Es ist deshalb recht bedenklich, Baugenossenschaften an solchen Industrieorten zu gründen, an denen nur ein Industriezweig betrieben wird. Mag die Lage dieses Industriezweiges auch noch so gesichert erscheinen, die Erfahrungen lehren, wie schnell sich oft die Konjunktur ändern kann. Kommt es in diesem Industriezweige zu Betriebsveränderungen, Arbeitereinschränkungen oder Lohnkürzungen, so ist sofort die Lage der Genossenschaft gefährdet.

Dabei ist noch ganz besonders ein Moment zu berücksichtigen: Ein industrielles Unternehmen kann nach längerer Notlage durch eine günstige Konjunktur schnell wieder zur Blüte kommen. Die Verluste früherer Jahre können durch hohe Gewinne späterer Jahre schnell wieder ausgeglichen werden, so daß das Gesellschaftsvermögen keine Verminderung erfährt. Bei einer Baugenossenschaft ist das ausgeschlossen. Hat eine Baugenossenschaft infolge der schlechten Konjunktur des Industriezweiges, dessen Arbeitern sie Wohnungen gibt, mehrere Jahre mit Verlust gearbeitet und ist das Vereinsvermögen dadurch angegriffen, so können diese Verluste nicht — wie bei dem Industriezweige — durch hohe Gewinne späterer Jahre schnell wieder gedeckt werden. Denn die Baugenossenschaft bekommt, mag es dem Industriezweig noch so glänzend gehen, nur ihre Mieten, und die Steigerungsfähigkeit der Mieten bei den Baugenossenschaften ist so beschränkt, daß nennenswerte Verluste früherer Jahre jedenfalls nur außerordentlich schwer zu decken sind. Der Industriezweig kann sich also unter Umständen schnell von einer schlechten Konjunktur erholen. Bei einer Baugenossenschaft ist das — wenn überhaupt — jedenfalls nur außerordentlich langsam möglich. Vorbedingung für das Gedeihen einer Baugenossenschaft ist also *eine Industrie*, die sich auf *verschiedenen Gebieten bewegt*, damit nicht die Notlage eines Industriezweiges gleich die ganze Genossenschaft gefährdet.

Da die Aufgabe der Baugenossenschaften nicht allein darin besteht, billige Wohnungen zu schaffen, sondern auch darin, das Niveau der Genossen in gesundheitlicher und sittlicher Hinsicht zu heben, so ist es ganz selbstverständlich, daß eine Baugenossenschaft nicht allein auf *absolute Billigkeit* der Wohnungen Wert legen darf, sondern daß ihr Bestreben sein muß, nur solche Wohnungen zu bauen, die in gesundheitlicher und sittlicher Hinsicht wirklich einwandfrei sind. Stellt man so hohe Anforderungen an die Wohnungen der Baugenossenschaften, so ist es natürlich, daß die Mietpreise der Baugenossenschaftswohnungen — mögen sie im Verhältnis zu dem Gebotenen auch recht billig sein — nicht so niedrig sein können, wie das vielfach von den Interessenten vor der Gründung einer Baugenossenschaft mangels irgendwelcher Erfahrungen angenommen wird. Wir sehen die Baugenossenschaften deshalb nur da zu einer großen Entfaltung kommen, wo eine genügende Anzahl gut gelohnter Arbeiter vorhanden ist, die den Mietpreis für eine besser ausgestattete Wohnung bezahlen können. Es ist dies die dritte Vorbedingung, die bei der Gründung von Baugenossenschaften zu fordern ist.

Bei der Gründung einer Baugenossenschaft ist endlich stets zu prüfen, ob geeignete Personen zur Besetzung der Vereinsorgane vorhanden sind. Es hat sich nämlich gezeigt, daß der Erfolg einer Baugenossenschaft oft lediglich davon abhängt, welche Personen in die Vereinsorgane gewählt werden. Von ganz besonderer Bedeutung ist die Besetzung der Vorstandsstellen, insbesondere die Besetzung des Kassiererpostens, der in den meisten kleinen Baugenossenschaften die Seele des Vereins ist. Die Wahrnehmung der Buch- und Kassenführungsgeschäfte erfordert nicht nur viel Arbeitszeit, sondern auch eine gewisse Sachkenntnis. Unter diesen Umständen ist es oft nicht leicht — namentlich in kleinen Orten —, einen geeigneten Genossen für diesen wichtigen Posten zu finden, zumal die Bezahlung der Vorstandsmitglieder bei den Baugenossenschaften meistens zu wünschen übrigläßt. Aber auch die übrigen Vorstands- und Aufsichtsratsmitglieder müssen bei den strengen Anforderungen, die das Genossenschaftsgesetz an sie stellt, genügend Gewandtheit besitzen, um ihre Obliegenheiten in vollem Umfang erfüllen zu können. Dabei muß beachtet werden, daß die Leitung einer Arbeiterbaugenossenschaft auch in erster Linie in die Hände der dem Arbeiterstande angehörigen Genossen gelegt werden muß. Wenn auch zuzugeben ist, daß in manchen Arbeiterbaugenossenschaften der sachkundige Rat der der Genossenschaft angehörigen Arbeitgeber und der sonstigen Gönner kaum zu entbehren ist, so hängt doch in den meisten Fällen geradezu das Gedeihen der ganzen Genossenschaft davon ab, daß das Arbeiterelement — also die Interessenten selbst — genügend an der Verwaltung beteiligt ist. Eine Arbeitergenossenschaft, bei der der Einfluß der Arbeitgeber in der Verwaltung stark hervortritt, begegnet in der Arbeiterschaft einem solchen Mißtrauen, daß ein gutes Fortkommen der Genossenschaft schon aus diesem Grunde in Frage gestellt wird.

Wir brauchen deshalb zur Leitung der Arbeitergenossenschaften in erster Linie Arbeiter und zwar Arbeiter, die intelligent, geschäftsgewandt und arbeitsfreudig genug sind, um die Geschäfte der Genossenschaft ordnungsmäßig leiten zu können. Dabei soll — wie schon gesagt — nicht etwa auf die Mitwirkung der Arbeitgeber und sonstigen Gönner verzichtet werden. Vielmehr werden da die besten Erfolge erzielt werden, wo Arbeiter und Arbeitgeber zusammen wirken, die sonstigen Interessengegensätze vergessend.

Es dürfte dabei als Regel festzuhalten sein, daß mindestens die Hälfte der Mitglieder vom Vorstand und Aufsichtsrate bei einer Arbeiterbaugenossenschaft aus dem Kreise der Arbeitnehmer gewählt werden muß. Es ist deshalb bei der Gründung von Arbeiterbaugenossenschaften stets zu prüfen, ob unter den Genossen Arbeiter und Arbeitgeber vorhanden sind, die sich zur Übernahme eines Amtes als Vorstands- oder Aufsichtsratsmitglied eignen.

Soweit es sich um die Gründung einer Baugenossenschaft für gewerbliche Arbeiter handelt, wird man nach dem Ausgeführten deshalb sagen müssen, daß folgende vier Voraussetzungen an einem Orte zutreffen müssen, wenn die für eine Baugenossenschaftsgründung als notwendig zu bezeichnenden Vorbedingungen gegeben sein sollen:

1. Ein offenbarer Mangel an Kleinwohnungen,
2. eine Industrie, die sich auf verschiedenen Gebieten bewegt,
3. eine genügende Anzahl gut gelohnter Arbeiter,
4. geeignete Personen zur Besetzung der Vereinsorgane.

Handelt es sich um eine Baugenossenschaft, die Beamtenwohnungen bauen will, so ist natürlich die Bedürfnisfrage nicht weniger sorgfältig zu prüfen.

Sind die Voraussetzungen für ein erfolgreiches Arbeiten einer Baugenossenschaft gegeben, so ist es unbedingt notwendig, daß man bereits vor der Gründung der Baugenossenschaft auch schon die Frage der Geldbeschaffung für die zunächst ins Auge gefaßte Bautätigkeit wenigstens grundsätzlich durch entsprechende Vereinbarungen mit den in Frage kommenden Geldgebern klärt. Diese wichtige Frage, von deren befriedigenden Lösung die Existenzfähigkeit einer jeden Baugenossenschaft abhängt, ist im siebenten Kapitel eingehend behandelt. Es wird deshalb im übrigen auf dieses verwiesen.

Zweites Kapitel.

Die Rechtsform der Baugenossenschaft als eingetragene Genossenschaft mit beschränkter Haftpflicht.

Die gesetzliche Grundlage gibt den eingetragenen Genossenschaften das Reichsgesetz vom 20. Mai 1898, betr. die Erwerbs- und Wirtschaftsgenossenschaften. Durch dieses Gesetz erhalten die eingetragenen Genossenschaften selbständig ihre Rechte und Pflichten. Sie können Eigentum und andere dingliche Rechte an Grundstücken erwerben, vor Gericht klagen und verklagt werden; sie gelten als Kaufleute im Sinne des Handelsgesetzbuches (§ 17 d. Ges.). Die rechtliche Grundlage der Genossenschaften wird ergänzt durch die von der Generalversammlung zu erlassenden Satzungen. Die Satzungen dürfen nur insoweit von den Bestimmungen des Genossenschaftsgesetzes abweichen als dies im Genossenschaftsgesetz ausdrücklich für zulässig erklärt ist (§ 18 d. Ges.).

Es gibt drei Arten von eingetragenen Genossenschaften, solche mit unbeschränkter Haftpflicht, solche mit unbeschränkter Nachschußpflicht und solche mit beschränkter Haftpflicht (§ 2 d. Ges.). Bei den Genossenschaften mit unbeschränkter Haftpflicht haften die Genossen im Falle eines wirtschaftlichen Zusammenbruches der Genossenschaft, abgesehen von ihren Geschäftsguthaben, mit ihrem ganzen Vermögen persönlich und solidarisch für alle Verbindlichkeiten der Genossenschaft dieser sowie unmittelbar den Gläubigern derselben. Es unterliegt keinem Zweifel, daß eine Personenvereinigung mit so weitgehender Haftpflicht eine sehr breite Kreditbasis gewährt. Es darf aber nicht übersehen werden, daß einer solchen Genossenschaft wohlhabende Mitglieder nur dann beitreten werden, wenn sich diese aus dem Beitritt ganz außerordentliche Vorteile versprechen. Da eine Baugenossenschaft den wohlhabenden Mitgliedern, die meist auf eine Genossenschaftswohnung überhaupt nicht reflektieren, solche Vorteile nicht zu bieten vermag, so würde man durch die unbeschränkte Haftpflicht von vornherein die Beteiligung der wohlhabenden Kreise an der Baugenossenschaft ausschließen. Es ist aber bereits darauf hingewiesen worden, wie sehr die Baugenossenschaften bestrebt sein müssen, auch wohlhabende Personen in den Kreis ihrer Mitglieder zu ziehen. Da im übrigen eine Baugenossenschaft bei richtigen Geschäftsdispositionen riskante Geschäfte nicht eingeht, braucht sie ihren Gläubigern nicht eine so weitgehende Sicherung, wie sie die unbeschränkte Haftpflicht bietet, zu geben. Aus diesen Gründen ist die Errichtung einer Baugenossenschaft als Genossenschaft mit unbeschränkter Haftpflicht nicht zu empfehlen. Die Bedenken, die gegen die Gründung einer solchen Baugenossenschaft sprechen, sind so überzeugender Natur, daß heute in Deutschland eine Baugenossenschaft mit unbeschränkter Haftpflicht überhaupt nicht mehr existiert.

Bei den Baugenossenschaften mit unbeschränkter Nachschußpflicht haften die Mitglieder ebenfalls persönlich und solidarisch mit ihrem ganzen Vermögen. Der Unterschied zwischen der Genossenschaft mit unbeschränkter Haftpflicht und der Genossenschaft mit unbeschränkter Nachschußpflicht besteht nur in der Art des Haftvollzugs. Es sind also diejenigen Gründe, die gegen eine Baugenossenschaft mit unbeschränkter Haftpflicht sprechen, auch gegen eine Baugenossenschaft mit unbeschränkter Nachschußpflicht geltend zu machen. Es gibt deshalb auch in Deutschland keine Baugenossenschaft, die die letztere Gesellschaftsform angenommen hätte.

Soll ein Bauverein überhaupt als Genossenschaft gegründet werden, so kommt nach dem Ausgeführten nur die Gesellschaftsform der eingetragenen Genossenschaft mit beschränkter Haftpflicht in Frage.

Bei dieser Gesellschaftsform wird das Gesellschaftsvermögen allmählich durch Einzahlung geringfügiger Beträge von seiten der Mitglieder gebildet. Den Gläubigern dient neben den vorhandenen Vermögenswerten und den Einzahlungen der Mitglieder die auf eine bestimmte Summe beschränkte Haftpflicht der Mitglieder als Sicherheit. Es ist bei einer Genossenschaft mit beschränkter Haftpflicht wohl zu unterscheiden: Die persönliche Haftpflicht der Mitglieder, der in den Satzungen festgesetzte Geschäftsanteil der Mitglieder und das Geschäftsguthaben der Mitglieder, d. h. die Einzahlungen der Mitglieder auf ihren Geschäftsanteil. Die letzteren erfolgen in Gemäßheit der Satzungen meistens in kleinen Geldbeträgen so lange, bis die Summe des Geschäftsanteils durch die Bareinzahlungen oder die zugeschriebenen Dividenden erreicht ist. Der Geschäftsanteil ist also der Höchstbetrag, bis zu dem Mitgliedereinlagen statthaft sind. Die jeweilige Summe der Bareinzahlungen der Mitglieder auf ihren Geschäftsanteil zuzüglich der zugeschriebenen Dividendenbeträge, abzüglich etwaiger vom Geschäftsanteilkonto der Mitglieder abgeschriebener Verluste, bildet das Geschäftsguthaben. Für den Fall, daß die Genossenschaft Verluste erleidet, die nicht aus den vorhandenen Reservefonds gedeckt werden können, werden diese Verluste von den Geschäftsguthaben der Mitglieder abgeschrieben. Sind sämtliche Geschäftsguthaben durch Verluste aufgeopfert worden und kommt es zum Konkurse der Genossenschaft, so haben die Mitglieder persönlich und solidarisch sowohl der Genossenschaft wie den einzelnen Gläubigern gegenüber eine Haftpflicht, die aber, wie bereits bemerkt ist, bei den Genossenschaften mit beschränkter Haftpflicht durch die in den Satzungen festgesetzte Haftsumme nach oben hin begrenzt ist. Die Haftsumme gibt also denjenigen Betrag an, den ein Genosse, abgesehen von seinem Geschäftsguthaben, im ungünstigsten Falle infolge seiner Beteiligung an der Baugenossenschaft verlieren kann. In der Praxis werden sehr häufig die Begriffe Geschäftsanteil, Geschäftsguthaben und Haftsumme verwechselt. Aus dem Gesagten ergibt sich aber der Unterschied dieser Begriffe. Ein Zusammenhang zwischen Geschäftsanteil und Haftsumme besteht allerdings insoweit, als nach den gesetzlichen Bestimmungen die Haftsumme in den Satzungen nicht niedriger festgesetzt werden darf als der Betrag für den Geschäftsanteil. Im allgemeinen wird in den Baugenossenschaftssatzungen die Haftsumme auf den gleichen Betrag festgesetzt wie der Geschäftsanteil und zwar bei denjenigen Baugenossenschaften, die Arbeiterwohnungen bauen, meistens auf 200 M. Es würde aber zulässig sein, den Geschäftsanteil auf 200 M. und die Haftsumme auf 500 M. festzusetzen. Dagegen würde es unzulässig sei, den Geschäftsanteil auf 200 M. und die Haftsumme auf 150 M. festzusetzen. Im allgemeinen liegt kein Anlaß vor, die Haftsumme bei den Baugenossenschaften auf einen höheren Betrag als den Geschäftsanteil festzusetzen, infolgedessen kann neuen Baugenossenschaften nur geraten werden, der bisherigen Praxis folgend, Haftsumme und Geschäftsanteil auf den gleichen Betrag zu bemessen. Bei der Genossenschaft mit beschränkter Haftpflicht ist der Erwerb mehrerer Geschäftsanteile zulässig. Die Haftsumme erhöht sich mit dem Erwerb eines weiteren Geschäftsanteiles um den Betrag der in den Satzungen festgesetzten Haftsumme. Beträgt also die Haftsumme 200 M. und hat ein Mitglied zehn Geschäftsanteile übernommen, so beträgt seine Haftsumme 2000 M. Beträgt sein Geschäftsguthaben 1940 M., so würde sein Gesamtverlust im Falle des Konkurses der Genossenschaft im ungünstigsten Falle 3940 M. betragen können.

Solange eine Genossenschaft besteht, kann ein Mitglied aus seiner Haftpflicht nur für den Fall in Anspruch genommen werden, daß es aus der Genossenschaft ausscheidet und nach der Bilanz das Genossenschaftsvermögen einschließlich der Reservefonds und aller Geschäftsguthaben der Mitglieder nicht zur Deckung der Schulden ausreicht. In diesem Falle würde nämlich der Ausscheidende von dem Fehlbetrage den auf ihn entfallenen Anteil an die Genossenschaft zu zahlen haben. Selbstverständlich ist diese Zuzahlungspflicht auf den Betrag der Haftsumme beschränkt. Der Anteil, den der Ausscheidende zu zahlen hat, wird — wenn in den Satzungen keine anderen Bestimmungen enthalten sind — nach der Kopfzahl der Mitglieder berechnet (§ 73 d. Ges.). Im übrigen kann die persönliche Haftpflicht der Mitglieder nur im Falle des Konkurses in Anspruch genommen werden.

Soll die bisherige Haftsumme erhöht werden, so kann dies nur durch eine Abänderung der Satzungen geschehen. Der hierzu nötige Beschluß der Generalversammlung bedarf einer Mehrheit von drei Vierteilen der erschienenen Genossen, falls nicht etwa nach den Satzungen noch weitere Erschwernisse für eine derartige Satzungsänderung vorgeschrieben sind.

Soll die bisherige Haftsumme ermäßigt werden, so bedarf es auch hierzu eines Generalversammlungsbeschlusses über die nötige Satzungsänderung. Der betreffende Beschluß der Generalversammlung muß vom Vorstande dreimal mit der Aufforderung an die Gläubiger der Genossenschaft, sich zu melden, in den für die Bekanntmachungen der Genossenschaft satzungsgemäß bestimmten Blättern veröffentlicht werden. Die sich meldenden Gläubiger sind, insoweit sie der Herabminderung der Haftsumme nicht zustimmen, zu befriedigen oder sicherzustellen. Nach Ablauf eines Jahres vom Tage der dritten Bekanntmachung an gerechnet, ist diese nebst den erfolgten Satzungsänderungen mit einer einfachen Abschrift des betreffenden Generalversammlungsbeschlusses und Abgabe der schriftlichen Versicherung, daß die Gläubiger, die sich bei der Genossenschaft gemeldet und der Herabsetzung der Haftsumme nicht zugestimmt haben, befriedigt oder sichergestellt sind, zur Eintragung in das Genossenschaftsregister anzumelden. Die vorgenommenen Satzungsänderungen und damit auch die geringere Haftpflicht erlangen erst mit der Eintragung rechtliche Wirkung.

Aus obigem ergibt sich, daß derjenige, der einer Baugenossenschaft als Mitglied beitritt, ein nennenswertes Risiko nicht eingeht. Ganz abgesehen davon, daß die vorhandenen Grundstücke und Häuser einer verständig geleiteten Baugenossenschaft meist volle dingliche Sicherheit für die Schulden der Baugenossenschaft bieten, also ein wirtschaftlicher Zusammenbruch bei einer Baugenossenschaft nur unter ganz besonderen Verhältnissen möglich ist, kann der Verlust für das einzelne Mitglied bei den geringen Beträgen, die in den Baugenossenschaftssatzungen für Geschäftsanteil und Haftsumme festgesetzt sind, niemals sehr bedeutend werden, um so mehr, als das Mitglied der Baugenossenschaft nur zum Erwerb eines Geschäftsanteils verpflichtet ist. Anderseits gibt aber doch die Gesamtheit der Mitglieder durch ihre Einzahlungen auf den Geschäftsanteil und durch ihre Haftpflicht den Gläubigern der Baugenossenschaften neben der dinglichen Verpfändung der Hausgrundstücke eine bemerkenswerte Sicherheit, die es den Geldgebern möglich macht, den Baugenossenschaften günstigere Darlehnsbedingungen zuzugestehen, als das bei einzelnen Schuldnern möglich wäre.

Drittes Kapitel.

Die Gründung einer Baugenossenschaft.

a) Die Vorbereitungen zur Gründung.

Ist durch geeignete Maßnahmen festgestellt, daß die im vorigen Kapitel erörterten Vorbedingungen sämtlich erfüllt sind, und soll den vorhandenen Mißständen in den Wohnungsverhältnissen durch die Gründung einer Baugenossenschaft abgeholfen werden, so wird man zunächst durch eine Erörterung in den Tageszeitungen und später durch die Einladung einer Anzahl von Bekannten und Arbeitskollegen zu einer gemeinsamen Besprechung, die für eine Baugenossenschaft in Frage kommenden Kreise für die in Aussicht genommene Gründung zu gewinnen suchen. Gelegentlich der gemeinsamen Besprechung findet dann die Bildung einer Kommission statt, die die Gründung der Baugenossenschaft weiter vorzubereiten hat. Die Werbetätigkeit für die Baugenossenschaft braucht sich nicht unmittelbar auf die Kreise zu beschränken, für die man Wohnungen schaffen will, sondern es ist ratsam, gleich von vornherein auch die Arbeitgeber, deren Arbeiter als Mieter der Genossenschaftswohnungen in Frage kommen, und auch sonstige wohlhabende Personen für die Ziele der Genossenschaft zu interessieren.

Um jedem Interessenten über die Organisation der geplanten Genossenschaft sowie namentlich darüber Auskunft geben zu können, welche Rechte und Pflichten jedes einzelne Mitglied der Genossenschaft zu erwarten hat, empfiehlt es sich vor allem, die Satzungen für die Genossenschaft zu entwerfen. Es ist dies die erste Arbeit, die die Kommission zu erledigen hat. Die diesem Buche beigefügten Mustersatzungen (Form. 1 und 2) erleichtern diese Arbeit so, daß sie keine wesentlichen Schwierigkeiten bietet. Es empfiehlt sich, an den Mustersatzungen möglichst wenig zu ändern, denn diese sind auf Grund langjähriger Erfahrungen abgefaßt. Vor allem wird vor dem Versuch gewarnt, die Satzungen möglichst kurz zu fassen. Namentlich für kleine und mittlere Baugenossenschaften ist es durchaus zweckmäßig, alle diejenigen gesetzlichen Bestimmungen, die in der Praxis häufig gebraucht werden, in die Satzungen aufzunehmen, damit die Mitglieder der Vereinsorgane nicht neben den Satzungen auch noch häufig das Genossenschaftsgesetz zu Rate ziehen müssen. Einem Abweichen von den Mustersatzungen ist deshalb zu widerraten, weil die abgeänderten Bestimmungen häufig ungesetzlich und daher nichtig sind. Wird die Eintragung der Genossenschaft wegen Mängel in den Satzungen beanstandet, so müssen die nötigen Berichtigungen wiederum von denjenigen beschlossen werden, die die Satzungen in der Gründungsversammlung unterschrieben haben, was sehr umständlich ist.

Ist man über den Wortlaut des Entwurfs für die Satzungen im klaren, so läßt man am besten etwa 30 Druckexemplare von den Satzungen anfertigen und gibt der Druckerei die Weisung, den Satz stehen zu lassen. Hierbei wird darauf aufmerksam gemacht, daß die Guttentagsche Verlagsbuchhandlung in Berlin W 35, Genthiner Straße 38, den Wortlaut der diesem Buche beigegebenen Mustersatzungen stehen hat, so daß diese in der Lage ist, die Drucklegung der Baugenossenschaftssatzungen, soweit sie sich an eins der angeschlossenen Muster halten, verhältnismäßig sehr billig herzustellen.

Bei Abfassung der Satzungen ist in erster Linie darauf Bedacht zu nehmen, ob durch die Baugenossenschaft nur Miethäuser oder nur Erwerbshäuser oder Miethäuser und Erwerbshäuser errichtet werden sollen. Sollen ausschließlich Miethäuser errichtet werden, so ist Formular 1 zur Ausarbeitung der Satzungen zu benutzen. Soll der Gegenstand des Unternehmens dagegen in der Errichtung von Erwerbshäusern oder von Miethäusern und Erwerbshäusern bestehen, so ist Formular 2 als Unterlage für den Entwurf der Vereinssatzungen zu verwenden.

Unbedingt notwendig erscheint es, daß die Kommission, die die Gründung der Genossenschaft in die Wege leiten will, in der Gründungsversammlung bereits Skizzen für zu errichtende Häuser mit den zugehörigen Kostenüberschlägen vorzulegen in der Lage ist. Es ist dies deshalb notwendig, weil denjenigen, die einer zu gründenden Baugenossenschaft als Mitglied beizutreten wünschen, sofort darüber Auskunft gegeben werden muß, zu welchen ungefähren Preisen die Baugenossenschaft demnächst Wohnungen für ihre Mitglieder zur Verfügung stellen kann. Vielfach werden nämlich in die Leistungsfähigkeit der Baugenossenschaften ganz übertriebene Erwartungen gesetzt. Man glaubt oft, daß eine Baugenossenschaft überall und unter allen Umständen in der Lage ist, ihre Wohnungen den Mitgliedern wesentlich billiger anzubieten, als es die private Bautätigkeit tut. Das ist aber, wie bereits im ersten Kapitel angedeutet, nicht der Fall. Aus diesem Grunde ist es erwünscht, daß bereits in der Gründungsversammlung auf Grund zuverlässiger Unterlagen mitgeteilt werden kann, wie hoch sich voraussichtlich die Mietpreise für die zu errichtenden Wohnungen stellen werden. Selbstverständlich kann es sich hier nur um eine überschlägliche Berechnung der Mietpreise handeln. Eine genaue Berechnung derselben ist meist schon deshalb ausgeschlossen, weil die Grunderwerbskosten vor der Gründungsversammlung nicht genau festzustellen sind. Wenn es irgend möglich ist, sollte man allerdings schon vor der Gründungsversammlung bestimmte Verhandlungen über den Ankauf von Grundstücken, die sich für die Bauvereinszwecke eignen, einleiten, damit man bereits möglichst bestimmte Vorschläge über Grunderwerb, Bauweise und Höhe der Mieten in der Gründungsversammlung machen kann. Selbstverständlich wird man ein Grundstück vor der Gründung der Baugenossenschaft nicht fest kaufen können, aber sehr oft ist ein sogenannter Anhandkauf möglich. Das Nähere hierüber findet sich im elften Kapitel.

b) Die Gründungsversammlung.

Ist die Gründung der Baugenossenschaft so weit vorbereitet, kann die Gründungsversammlung berufen werden. Es geschieht dies durch eine entsprechende Einladung in den Tageszeitungen. In der Versammlung wird zunächst ein Vorsitzender und ein Schriftführer durch einfache Stimmenmehrheit gewählt. Der Vorsitzende hat darauf den Zweck der Versammlung näher zu begründen. Der von der Kommission ausgearbeitete Entwurf für die Satzungen ist der Versammlung zur Annahme zu empfehlen. Von den hergestellten Druckexemplaren des Satzungsentwurfs sind mehrere in der Versammlung zu verteilen. Die einzelnen Bestimmungen der Satzungen sind in der Versammlung vorzulesen und ihre Zweckmäßigkeit zu begründen. Nachdem die Satzungen in ihren einzelnen Bestimmungen durchberaten sind, ist zweckmäßig von irgendeinem Anwesenden der Antrag zu stellen, die Satzungen im ganzen anzunehmen. Die Annahme der Satzungen erfolgt dann durch einen einfachen Mehrheitsbeschluß. Darauf läßt man ein Druckexemplar der Satzungen von sämtlichen Anwesenden, die der Genossenschaft beitreten wollen, unterzeichnen und fordert diejenigen, die nicht beitreten wollen, auf, die Versammlung zu verlassen. Die Unterzeichnung der Satzungen hat in der Weise zu geschehen, daß Vorname, Zuname, Beruf und Wohnort (Wohnung) eigenhändig von den einzelnen Anwesenden, die der Genossenschaft beitreten wollen, unter die Satzungen geschrieben werden. Eine Beglaubigung der Unterschriften ist nicht notwendig. Mit der Unterzeichnung der Satzungen ist die Genossenschaft gegründet.

Nach Annahme und Unterzeichnung der Satzungen haben die Wahlen der Aufsichtsrats- und Vorstandsmitglieder stattzufinden. Nach den beigefügten Mustersatzungen sind die Vorstandsmitglieder auf Vorschlag des Aufsichtsrats zu wählen. Es muß also zunächst der Aufsichtsrat gewählt werden, damit dieser dann Vorschläge für die Vorstandswahlen machen kann. Die Wahl der Aufsichtsratsmitglieder hat nach den Bestimmungen der von der Versammlung angenommenen Satzungen zu erfolgen. Nach den Mustersatzungen sind sämtliche zwölf Aufsichtsratsmitglieder in einem einzigen Wahlgange nach absoluter Stimmenmehrheit zu wählen, was dadurch geschieht, daß jeder Anwesende zwölf Namen auf einen Wahlzettel schreibt. § 13 der Mustersatzungen gibt an, was zu geschehen hat, wenn mehr Personen, als zu wählen sind, die absolute Mehrheit erhalten haben oder wenn die absolute Mehrheit beim ersten Wahlgange für einzelne Aufsichtsratsmitglieder nicht erreicht ist.

Sind sämtliche Aufsichtsratsmitglieder satzungsgemäß gewählt, so vertagt der Vorsitzende die Versammlung auf etwa 1/4 Stunde, um die Konstituierung des Aufsichtsrats inzwischen durchzuführen und die Vorschläge für die Wahlen der Vorstandsmitglieder durch den Aufsichtsrat machen zu lassen. Nachdem in der sofort abzuhaltenden Aufsichtsratssitzung ein Vorsitzender und ein Schriftführer und für beide ein Stellvertreter gewählt sind, eröffnet der Vorsitzende des Aufsichtsrats (§ 29 der Mustersatzungen) die weitere Generalversammlung und teilt der Versammlung mit, welche Personen von seiten des Aufsichtsrats für den Vorstand in Vorschlag gebracht werden. Die Generalversammlung kann über die gemachten Vorschläge nur mit „ja" oder „nein" abstimmen. Einfache Stimmenmehrheit entscheidet. Die Wahl der Vorstandsmitglieder hat in einzelnen Wahlgängen (§ 3 Abs. 1 der Mustersatzungen) zu erfolgen, so daß jedesmal nur ein Vorstandsmitglied gewählt wird. Die Wahlen sowohl der Aufsichtsratsmitglieder als auch der Vorstandsmitglieder haben grundsätzlich durch Stimmzettel stattzufinden. Nur wenn kein Anwesender widerspricht, würde es zulässig sein, die Wahlen durch Zuruf vorzunehmen (§ 30 Abs. 2 der Satzungen).

Formular 6 enthält ein Muster der über die Gründungsversammlung aufzunehmenden Niederschrift. Diese Niederschrift ist in der Form zu beurkunden, die für die Beurkundung der Generalversammlungsbeschlüsse in den Satzungen vorgeschrieben ist. (Vergleiche § 33 der Mustersatzungen.)

c) Die Eintragung.

Nachdem die Genossenschaft gegründet ist, liegt dem Vorstande die gesetzliche Verpflichtung ob, die Satzungen sowie die Mitglieder des Vorstandes zur Eintragung in das Genossenschaftsregister anzumelden. Die Anmeldung hat durch sämtliche Mitglieder des Vorstandes entweder persönlich oder schriftlich zu erfolgen. In letzterem Falle müssen jedoch die Unterschriften der Vorstandsmitglieder beglaubigt werden. Die Beglaubigung braucht nicht durch das Gericht oder den Notar vorgenommen zu werden, sondern sie kann durch jede Persönlichkeit, die zur Führung eines Amtssiegels berechtigt ist, also z. B. durch den Polizeikommissar oder den

Gemeindevorsteher erfolgen (Muster für eine schriftliche Anmeldung s. Formular 36a).

Der Anmeldung sind beizufügen:

1. Die von der Gründungsversammlung angenommenen, von den einzelnen Gründern unterschriebenen Originalsatzungen und eine einfache, unbeglaubigte Abschrift derselben. Die Abschrift kann, ebenso wie die einzureichenden Originalsatzungen, gedruckt sein. Es würde also nur darauf ankommen, außer dem von den Gründern unterschriebenen Druckexemplare der Satzungen noch ein zweites Druckexemplar der Anmeldung beizufügen.
2. Eine einfache, unbeglaubigte Abschrift der Niederschrift über die Wahl der Vorstands- und Aufsichtsratsmitglieder. Es ist aus der über die Gründungsversammlung aufgenommenen Niederschrift ein Auszug anzufertigen, der die Wahlen der Vorstands- und Aufsichtsratsmitglieder erkennen läßt.
3. Eine Liste derjenigen Genossen, die die Satzungen unterzeichnet haben. Es ist zweckmäßig, diese Liste nach dem amtlichen Formular (vgl. Formular 31) aufzustellen. Die einzelnen Genossen brauchen in dieser Liste nicht irgendwie geordnet zu werden, sondern sind einfach der Reihe nach, wie sie die Satzungen unterschrieben haben, aufzuführen.

Erfolgt die Anmeldung persönlich durch sämtliche Vorstandsmitglieder, so haben die Mitglieder des Vorstandes vor dem Gericht ihre Unterschriften zu zeichnen.

Nach erfolgter Eintragung erhält der Vorstand die eingereichte Abschrift der Satzungen vom Gerichte mit der Bestätigung der erfolgten Eintragung zurück. Die Genossenschaft hat damit die Rechte einer eingetragenen Genossenschaft.

Es ist zweckmäßig, zur Aufbewahrung der gerichtlichen Benachrichtigungen über die Eintragungen in die Mitgliederliste ein besonderes Aktenstück anzulegen. In dieses würden alle Schriftstücke zu bringen sein, die sich auf den Mitgliederstand beziehen.

Viertes Kapitel.

Ordnung und Leitung der Genossenschafts-angelegenheiten.

A. Der Vorstand.

a) Der Vorstand als gesetzlicher Vertreter.

Das Genossenschaftsgesetz schreibt drei Organe für die Geschäftsführung der Genossenschaft vor: den Vorstand, den Aufsichtsrat und die Generalversammlung. Der Vorstand hat die gesetzliche Vertretung, der Aufsichtsrat die Kontrolle, die Generalversammlung ist der gesetzgebende Körper. Die Obliegenheiten von Vorstand und Aufsichtsrat sind streng getrennt. Diese beiden Organe stehen nebeneinander mit besonderen Rechten und Pflichten. Die Ausübung der Kontrolle von seiten des Aufsichtsrats ist kein Merkmal der Überordnung. Der Vorstand ist also in keiner Weise dem Aufsichtsrat unterstellt.

Der Vorstand vertritt die Genossen nach außen hin unbeschränkt. In bezug auf die Genossenschaft kann seine Vertretungsbefugnis durch die Satzungen und die Beschlüsse der Generalversammlung beschränkt werden (§ 27 Abs. 1 d. Ges.). Der Vorstand ist nicht etwa nur Handlungsbevollmächtigter der Genossenschaft, sondern gesetzlicher Vertreter (§ 24 Abs. 1 d. Ges.). Er hat also auch die Prozesse für die Genossenschaft zu führen. In der Prozeßführung gegen Mitglieder des Vorstandes hat der Aufsichtsrat die gerichtliche Vertretung. In Prozessen gegen Aufsichtsratsmitglieder wird die Genossenschaft durch Bevollmächtigte vertreten, die in der Generalversammlung gewählt werden (§ 39 Abs. 3 d. Ges.). Wird ein Beschluß der Generalversammlung wegen Verletzung des Gesetzes oder der Satzungen im Wege der Klage angefochten (§ 51 d. Ges.), so haben Vorstand und Aufsichtsrat die gerichtliche Vertretung.

Das Gesetz bezeichnet folgende besondere Pflichten des Vorstandes:

1. Anmeldung der Satzungen und der Mitglieder des Vorstandes beim Gericht behufs Eintragung in das Genossenschaftsregister (§§ 11, 157);
2. Beachtung der Bestimmungen in § 8 Abs. 2, §§ 14, 15 und 16;

3. Anmeldung jeder Änderung im Bestande des Vorstandes (§§ 28, 29);
4. Führung eines Verzeichnisses der Genossen (§ 30);
5. Sorge für Buchführung, Veröffentlichung der Bilanz und der Mitgliederbewegung, Einreichung der Bekanntmachungen (§ 33);
6. Einberufung der Generalversammlung (§§ 44, 45 Abs. 1, § 121);
7. Eintragung der Beschlüsse der Generalversammlung in das Protokollbuch (§ 47), Offenlegung der Bilanz (§ 48 Abs. 2);
8. Antrag auf Bestellung des Revisors (§ 61 Abs. 2);
9. Vertretung der Genossenschaft bei einer Anfechtungsklage (§ 51);
10. Verpflichtungen gegenüber dem Revisor und Einreichung der Revisionsbescheinigung an das Gericht (§ 63);
11. Verpflichtungen mit Bezug auf das Ausscheiden von Mitgliedern (§§ 69, 76 Abs. 2, 77);
12. Anmeldung der freiwilligen Auflösung (§ 78 Abs. 2), des Zeitablaufs (§ 79 Abs. 2), Bekanntmachung der Auflösung nach Maßgabe des § 82 Abs. 2;
13. Vornahme der Liquidation (§ 83 Abs. 1), Anmeldung der ersten Liquidatoren (§ 84);
14. Antrag auf Eröffnung des Konkursverfahrens (§§ 99, 100, 140), Einberufung der Generalversammlung im Falle des Konkurses (§ 104), Unterstützung des Konkursverwalters (§ 117);
15. Anmeldung des Herabsetzungsbeschlusses (§ 133) und der Umwandlung einer Genossenschaft (§ 143);
16. Einreichung der Erklärung über Beteiligung auf einen weiteren Geschäftsanteil (§ 137).

Die Geschäftsführung des Vorstandes wird im übrigen zweckmäßig durch den Erlaß einer Geschäftsanweisung für den Vorstand geregelt. Formular 3 enthält ein Muster für eine solche Geschäftsanweisung.

Die Legitimation zur Führung der Geschäfte weisen die Vorstandsmitglieder nach durch eine Bescheinigung des Gerichts über die Eintragung der einzelnen Vorstandsmitglieder in das Genossenschaftsregister (§ 26 Abs. 2 d. Ges.).

Die Vorstandsmitglieder müssen Genossen sein (§ 9 d. Ges.). Nicht notwendig ist es aber, daß diejenigen, die als Vorstandsmitglieder gewählt werden sollen, bereits vor der Wahl als Genossen des Vereins aufgenommen sind. Es genügt, wenn gleichzeitig mit der **Anmeldung** als Vorstandsmitglied auch die Beitrittserklärung dem Gerichte vorgelegt werden kann. Es ist deshalb nicht ratsam, in den Satzungen eine Bestimmung aufzunehmen, derzufolge jeder für den Vorstand vorgeschlagene Kandidat **Genosse** sein muß. In diesem Falle würde man die Auswahl unnötig beschränken.

Unbedingt notwendig ist es, daß die Vorstandsmitglieder sich in keiner Weise mit der Genossenschaft in irgendwelche Geschäfte einlassen. Vor allen Dingen wird dringend davor gewarnt, Vorstandsmitglieder an Submissionen, die die Baugenossenschaft ausschreibt, teilnehmen zu lassen. Auch erscheint es unzulässig, daß ein Vorstandsmitglied einen Laden oder eine Schankwirtschaft, die sich in den Genossenschaftshäusern befindet, pachtet. Sind Mitglieder des Vorstandes bei einem zu beratenden Gegenstande, etwa als Mieter oder Hausanwärter, beteiligt, so dürfen sie während der Beratung und Beschlußfassung über diesen Gegenstand der Vorstandssitzung nicht beiwohnen.

Vorstandsmitglieder, die ihre Obliegenheiten verletzen, haften der Genossenschaft persönlich und solidarisch für den dadurch entstandenen Schaden (§ 34 d. Ges.). Sie machen sich strafbar, wenn sie absichtlich zum Nachteil der Genossenschaft handeln (§ 146 d. Ges.), in den von ihnen dem Gericht zu machenden Anmeldungen, Anzeigen und Versicherungen wissentlich falsche Angaben machen (§ 147 d. Ges.), in ihren Darstellungen, ihren Übersichten über den Vermögensstand der Genossenschaft, über die Mitglieder und die Haftsummen oder in den in der Generalversammlung gehaltenen Vorträgen den Stand der Verhältnisse der Genossenschaft wissentlich unwahr darstellen (§ 147 d. Ges.) oder den Antrag auf Eröffnung des Konkursverfahrens entgegen der gesetzlichen Bestimmungen unterlassen (§ 148 Ziff. 2 d. Ges.). Ferner sind die Vorstandsmitglieder strafbar, wenn die Genossenschaft länger als drei Monate ohne beschlußfähigen Aufsichtsrat ist (§ 148 Ziff. 1 d. Ges.). Endlich sind Vorstandsmitglieder auch strafbar, wenn ihre Handlungen auf andere als die im § 1 des Genossenschaftsgesetzes erwähnten geschäftlichen Zwecke gerichtet sind oder wenn sie in der Generalversammlung die Erörterung von Anträgen gestatten oder nicht hindern, die auf öffentliche Angelegenheiten gerichtet sind, deren Erörterung unter die Gesetze über das Versammlungs- und Vereinsrecht fällt (§ 149 d. Ges.).

Während es meist leicht ist, ein Vorstandsmitglied zu finden, das die technischen Maßnahmen überwachen oder leiten kann, ist es — wie bereits im ersten Kapitel erwähnt ist — namentlich in kleineren Orten schwierig, jemanden zu finden, der genügende Zeit und kaufmännische Schulung hat, um die Einrichtung der Bücher zweckmäßig durchführen zu können bzw. die Ausführung der Kassen- und Rechnungsführung und Aufstellung der Bilanz vornehmen kann. Es sind deshalb diesem Buche eingehende Vorschläge über Buchführung und Aufstellung der Bilanz beigegeben. Hier sei nur darauf hingewiesen, daß der Vorstand gerade bei Wahrnehmung dieser Verpflichtungen besondere Vorsicht zu beobachten hat, weil er sich sonst nicht nur zivilrechtlich, sondern auch strafrechtlich vergeht (§§ 240 und 244 der Reichskonkursordnung). Es wird besonders hervorgehoben, daß Vorstandsmitglieder von solchen Genossenschaften, die ihre Zahlungen eingestellt haben, wegen einfachen Bankerotts bestraft werden, wenn sie die Handelsbücher so unordentlich geführt haben, daß diese keine Übersicht des Vermögensstandes gewähren oder wenn sie es unterlassen haben, die Bilanz über das Vermögen der Genossenschaft in der vorgeschriebenen Zeit zu ziehen. Diese Bestrafung tritt auch dann ein, wenn die mangelhafte Buchführung nicht in der Absicht, die Gläubiger zu benachteiligen, ausgeübt ist. Wo letzteres zutrifft, würden die Vorstandsmitglieder wegen betrügerischen Bankerotts mit Zuchthausstrafen zu belegen sein.

Um die Genossenschaft vor betrügerischen Handlungen oder Unterschlagungen nach Möglichkeit zu decken, wird es sich jedenfalls bei größeren Baugenossenschaften empfehlen, von dem Kassierer die Hinterlegung einer **Kaution** zu verlangen. Am besten geschieht die Bestellung einer Kaution durch Hinterlegung von Wertpapieren oder Sparkassenbüchern. Erfolgt sie in barem Gelde, so ist die Belegung der hinterlegten Summe auf ein besonderes Sparkassenbuch zu empfehlen.

b) Zahl der Vorstandsmitglieder.

In bezug auf die Zahl der zu bestellenden Vorstandsmitglieder bestehen in den Baugenossenschaftskreisen insofern Meinungsunterschiede, als viele Baugenossenschaftler in jedem Falle einen dreigliedrigen Vorstand für ausreichend halten, während andere Baugenossenschaftspraktiker unter Umständen auch die Bestellung von fünf Vorstandsmitgliedern für angebracht halten. In den weitaus meisten, wenn nicht fast in allen Fällen weisen die Verhältnisse einer Baugenossenschaft geradezu auf die Dreizahl bei dem Vorstande hin. Eine Baugenossenschaft braucht einen Rechnungsführer zur Erledigung der Kassen- und Rechnungsführung, einen Schriftführer zur Erledigung des Schriftwechsels und ein Vorstandsmitglied, das mehr die technische Seite des Unternehmens überwacht. Diese drei Vorstandsmitglieder müssen sich unterstützen und jedes Vorstandsmitglied muß sich mit allen Zweigen der Verwaltung vertraut machen. Das ist bei drei Vorstandsmitgliedern auch sehr gut möglich. Bestellt man eine größere Anzahl von Vorstandsmitgliedern, z. B. fünf, so findet man in der Regel drei Vorstandsmitglieder vor, die von allen Vereinsangelegenheiten unterrichtet, während die übrigen Vorstandsmitglieder nicht überall eingearbeitet sind. In den Vorstandssitzungen haben die drei gut eingearbeiteten Vorstandsmitglieder aber nur dasselbe Stimmrecht, wie die weniger gut eingearbeiteten Mitglieder des Vorstandes, und deshalb wird durch eine größere Anzahl von Vorstandsmitgliedern eine zweckmäßige Beschlußfassung in den Vorstandssitzungen oft in Frage gestellt.

Bei fünf Vorstandsmitgliedern werden im übrigen manche Vereinsgeschäfte schon recht lästig. Es sei nur darauf hingewiesen, daß z. B. die Anmeldung eines neugewählten Vorstandsmitgliedes bei Gericht, von sämtlichen Vorstandsmitgliedern erfolgen muß.

Im übrigen erscheint es, wenn auch nicht ungesetzlich, so doch nicht unbedenklich, bei einer größeren Anzahl von Vorstandsmitgliedern die Zeichnung für die Genossenschaft durch zwei Vorstandsmitglieder zuzulassen. Zeichnen bei einem dreigliedrigen Vorstande zwei Mitglieder, so ergibt sich schon aus der Form der Zeichnung, daß die Erklärung von der Mehrheit des Vorstandes ausgeht. Läßt man aber z. B. bei einem siebengliedrigen Vorstande die Doppelzeichnung zu, so könnte es immerhin vorkommen, daß die Minderheit des Vorstandes gegen den Willen der Mehrheit eine Erklärung in Sachen der Genossenschaft abgibt, denn es ist vollständig ausgeschlossen, daß vor Unterzeichnung eines jeden Schriftstücks zunächst eine Vorstandssitzung stattfindet. Wollte man aber bei einem siebengliedrigen Vorstande die Zeichnung durch die Mehrzahl der Vorstandsmitglieder in den Satzungen vorschreiben, so würde der ganze Verwaltungsapparat der Baugenossenschaft so schwerfällig, daß eine geschäftsfähige Verwaltung kaum noch möglich sein dürfte.

Den Hauptgrund für die Beschränkung der Mitgliederzahl des Vorstandes auf drei ist aber die Notwendigkeit, sämtliche Mitglieder des Vorstandes zu besolden. So erfreulich die Tatsache ist, daß sich bei neuen Baugenossenschaften immer Leute finden, die die Verwaltung kostenlos übernehmen, so bedenklich ist es, dauernd die Verwaltung durch die Vorstandsmitglieder kostenlos zu beanspruchen. Es unterliegt keinem Zweifel, daß unbezahlte Vorstandsmitglieder der Genossenschaft einen großen Dienst erweisen. Gerade deshalb fällt es aber auch schwer, diesen Gönnern des Vereins einen geregelten und exakten Dienst vorzuschreiben. Bei den hohen Ansprüchen, die das Genossenschaftsgesetz an die Vorstandsmitglieder stellt, muß aber eine pünktliche Pflichterfüllung auch da gefordert werden, wo die Vereinsgeschäfte nebenamtlich erledigt werden. Die Folge hiervon ist die Notwendigkeit, auch die im Nebenamte beschäftigten Vorstandsmitglieder angemessen zu besolden. Die Mittel der Baugenossenschaften, die für die Bezahlung der Vorstandsmitglieder zur Verfügung stehen, sind aber außerordentlich gering und deshalb sollte man nicht den Etat der Baugenossenschaften durch eine unnütze Anzahl von Vorstandsmitgliedern belasten.

Eine zu hohe Anzahl von Vorstandsmitgliedern stellt deshalb die zweckmäßige Beschlußfassung in den Vorstandssitzungen in Frage, macht die Verwaltung einer Baugenossenschaft umständlich und belastet die Baugenossenschaften mit unnötigen Ausgaben. Man beschränke deshalb die Zahl der Vorstandsmitglieder nach Möglichkeit. Abgesehen von wenigen Ausnahmen, wird man sich immer besser dabei stehen, an die Spitze einer Baugenossenschaft drei tatkräftige und zielbewußte Männer zu stellen, als die Zügel in die Hände einer größeren Anzahl von Personen zu legen. In großen Baugenossenschaften sind allerdings die Geschäfte so umfangreich, daß sie von drei Vorstandsmitgliedern nebenamtlich nicht erledigt werden können. Man bestelle in diesem Falle — wenn die Anstellung eines vollamtlichen Vorstandsmitglieds nicht angezeigt ist — aber, anstatt die Zahl der Vorstandsmitglieder zu erhöhen, für bestimmte Zwecke Kommissionen von Mitgliedern des Aufsichtsrats. Auf diese Weise erhält man die gewünschte höhere Zahl von Arbeitskräften ohne die Schwierigkeiten, die sich notwendigerweise ergeben müssen, wenn man eine größere Anzahl von Vorstandsmitgliedern bestellt.

Daß Fälle vorkommen können, in denen die Bestellung einer größeren Anzahl von Vorstandsmitgliedern zweckmäßig erscheint, ist bereits zugegeben. Man sollte aber mit der Bestellung einer größeren Anzahl von Vorstandsmitgliedern äußerste Vorsicht üben.

c) Die Wahlart für die Vorstandsmitglieder.

Eine wichtige und viel umstrittene Frage ist es, in welcher Weise man am zweckmäßigsten die Vorstandsmitglieder wählt. Nach den Bestimmungen des Genossenschaftsgesetzes kann die Wahlart des Vorstandes in den Satzungen bestimmt werden. Es kommen für die Vorstandswahl drei Wahlarten in Frage:

1. die Wahl durch den Aufsichtsrat,
2. die Wahl durch die Generalversammlung,
3. die Wahl durch die Generalversammlung auf Vorschlag des Aufsichtsrats.

Erfolgt die Wahl des Vorstandes durch den Aufsichtsrat, so kann es leicht dahin kommen, daß der Vorstand nur ein Werkzeug des Aufsichtsrats wird und zu einem Organ herabsinkt, das lediglich die Beschlüsse des Aufsichtsrats ausführt. Eine solche Abhängigkeit des Vorstandes vom Aufsichtsrat ist aber mit der Stellung des Vorstandes und mit der Verantwortung, die er nach dem Genossenschaftsgesetze zu übernehmen hat, unvereinbar. Entscheidet der Aufsichtsrat über die Wahl der Vorstandsmitglieder, so ist er in der Lage, ein lästiges Vorstandsmitglied abzuschieben und sich eine gefügigere Person zu wählen. Trotzdem haben sich in der Praxis Fälle gezeigt, in denen tatsächlich die Bestellung des Vorstandes durch den Aufsichtsrat zweckmäßig und notwendig war, weil sonst die Gefahr vorlag, daß die Genossenschaft durch Wahlumtriebe in den Generalversammlungen ernste Schädigungen erfahren haben würde.

Unter allen Umständen wäre es im höchsten Grade bedenklich, wollte man die Wahl der Vorstandsmitglieder der Generalversammlung unbeschränkt überlassen. Jeder Genosse hätte dann in der Generalversammlung das Recht des Vorschlags, und derjenige würde als gewählt zu betrachten sein, der die meisten Stimmen erhalten hätte. Bei einer Stimmenzersplitterung könnte dann sehr leicht der Fall eintreten, daß der Gewählte nur wenige Stimmen auf sich vereinigt hätte. Auch die Vorschrift, daß der zu Wählende die absolute Mehrheit der Stimmen erhalten haben muß, bietet hier keinen ausreichenden Schutz, denn auch sie schließt nicht aus, daß Zufälligkeiten und Wahlumtriebe die Entscheidung herbeiführen. Bei dieser Wahlart ist es häufig einer kleinen Interessenklique möglich, ihren Kandidaten durchzubringen.

Soll der Vorstand durch die Generalversammlung gewählt werden, so ist es unbedingt notwendig, daß das Recht des Vorschlags lediglich dem Aufsichtsrate zusteht. Lehnt die Generalversammlung den vom Aufsichtsrat in Vorschlag Gebrachten ab, so hat der Aufsichtsrat in derselben oder in der nächsten Generalversammlung entweder den ersten Vorschlag zu wiederholen oder einen anderen Kandidaten vorzuschlagen. Bei dieser Wahlart üben die Genossen in der Generalversammlung zwar ihr Wahlrecht unmittelbar aus, es werden aber Zufallswahlen nach Möglichkeit ausgeschlossen. Diese Wahlart ist theoretisch die beste und sie hat sich auch in der Praxis meist gut bewährt. Sie ist deshalb in den diesem Buche beigegebenen Mustersatzungen als Wahlart vorgesehen.

d) Die Wahlzeit.

Die Wahlzeit beschränkt man am besten auf drei Jahre. Bei größeren Baugenossenschaften empfiehlt sich allerdings die Anstellung der Vorstandsmitglieder auf Kündigung. Bei mittleren und kleineren Baugenossenschaften ist es jedoch ratsam, in regelmäßigen Zeitabschnitten eine Neuwahl des Vorstandes vornehmen zu lassen.

Sind drei Vorstandsmitglieder bestellt und erfolgt die Wahl auf drei Jahre, so scheidet in jedem Jahr ein Mitglied des Vorstandes aus. In den Satzungen muß darüber Bestimmung getroffen werden, in welcher Reihenfolge die Vorstandsmitglieder in den ersten beiden Jahren aus ihrem Amt auszuscheiden haben. Am besten läßt man hierüber das Los entscheiden. Später bestimmt die Zeit des Eintritts jedes einzelnen Vorstandsmitgliedes die dreijährige Dauer seiner Tätigkeit. Es muß dafür Vorsorge getroffen werden, daß die Wahlzeit eines Vorstandsmitgliedes nicht eher endigt, bis eine Neuwahl möglich ist. Man muß deshalb die Wahlzeit von Generalversammlung zu Generalversammlung laufen lassen. Scheidet ein Mitglied des Vorstandes vor Ablauf der Wahlzeit aus, so wird die Ersatzwahl nur für den Rest der Wahlzeit vorgenommen, damit der regelmäßige Wahlturnus nicht gestört wird.

e) Die Zeichnung.

Es empfiehlt sich in den Satzungen zu bestimmen, daß die Zeichnung des Vorstandes durch die im Gesetze vorgesehene Mindestzahl, nämlich durch zwei Vorstandsmitglieder zu erfolgen hat. Wie bereits angedeutet, würde man dann, wenn man eine höhere Zahl für die Zeichnung vorschreiben wollte, die Geschäftsführung des Vorstandes sehr wesentlich erschweren. Dies trifft namentlich für kleine und mittlere Baugenossenschaften zu, die keine eigenen Geschäftsräume haben, wo also die Vorstandsmitglieder die Geschäfte des Vereins meist in ihrer Wohnung erledigen.

f) Die Beschlußfassung.

Die Geschäftsführung des Vorstandes ist eine kollegialische. Es müssen also entweder je nach Bedarf oder an bestimmten Wochentagen Vorstandssitzungen stattfinden, in denen die vorliegenden Geschäfte beraten und erledigt werden. Diese Sitzungen werden von dem Vorsitzenden des Vorstandes geleitet. Sie sind als beschlußfähig anzusehen, wenn die Mehrheit der Vorstandsmitglieder anwesend ist. Die Abstimmung erfolgt nach Stimmenmehrheit, bei Stimmengleichheit hat der Antrag als abgelehnt zu gelten.

g) Beurkundung der Beschlüsse.

Notwendig ist es, daß über die gefaßten Vorstandsbeschlüsse Niederschriften aufgenommen, in ein Buch eingetragen und von den Beteiligten unterschrieben werden. Formular 9 gibt ein Muster für diese Niederschriften. Es empfiehlt sich, ein besonderes Buch für die Vorstandsbeschlüsse zu führen.

h) Verteilung der Geschäfte unter die einzelnen Vorstandsmitglieder.

Nicht zu empfehlen ist es, in den Satzungen die besonderen Obliegenheiten der einzelnen Vorstandsmitglieder festzulegen, da es ganz von der Entwickelung der Baugenossenschaft und von den jeweils bestellten Persönlichkeiten abhängt, in welcher Weise die Verwaltungsgeschäfte am zweckmäßigsten unter die Vorstandsmitglieder zu verteilen sind.

Ist ein Vorstandsmitglied auf längere Zeit durch Krankheit oder aus irgendeinem anderen Grunde an der Ausübung seiner Obliegenheiten verhindert oder legt ein Vorstandsmitglied sein Amt nieder, so hat der Aufsichtsrat sofort einen Stellvertreter zu ernennen. Die Ersatzwahl für den Rest der Wahlperiode ist dann in der nächsten ordentlichen Generalversammlung vorzunehmen.

i) Enthebung der Vorstandsmitglieder von ihrem Amte.

Die weitgehenden Machtbefugnisse des Vorstandes finden dadurch ein Gegengewicht, daß jedes einzelne Mitglied des Vorstandes jederzeit durch Beschluß der Generalversammlung seines Amtes enthoben werden kann. Der Aufsichtsrat hat nicht die Machtbefugnis, ein Vorstandsmitglied zu entlassen, wohl aber kann der Aufsichtsrat ein Vorstandsmitglied, das ihm ungeeignet erscheint, von der Amtsführung vorläufig entheben. Der Aufsichtsrat ist in diesem Falle verpflichtet, ohne Verzug eine Generalversammlung zu berufen, die dann die endgültige Entscheidung darüber trifft, ob das Vorstandsmitglied seines Amtes enthoben werden soll (§ 40 d. Ges.).

k) Besoldung der Vorstandsmitglieder.

Auf die Notwendigkeit, die sämtlichen Vorstandsmitglieder zu besolden, ist bereits unter b hingewiesen worden. Es sei hier nur nachdrücklichst hervorgehoben, daß die in dem § 12 der Mustersatzungen vorgesehene Art der Besoldung der Vorstandsmitglieder nur für kleine Bauvereine empfehlenswert ist. Schon bei mittleren Bauvereinen empfiehlt es sich, die Entschädigungen der Vorstandsmitglieder durch den Aufsichtsrat festsetzen zu lassen. Selbstverständlich hat bei den mittleren und größeren Baugenossenschaften auch die Zahlung der Vergütung der Vorstandsmitglieder nicht aus dem Reingewinne zu geschehen, sondern sie muß als feststehende Ausgabe zu den Geschäftsunkosten gerechnet und als solche verbucht werden.

B. Der Aufsichtsrat.

a) Die Bedeutung des Aufsichtsrats als Kontrollorgan des Vorstandes.

Der Aufsichtsrat einer Genossenschaft ist bestimmt, die Gesamtheit der Mitglieder dem Vorstande gegenüber zu vertreten. Das Genossenschaftsgesetz gibt dem Vorstand eine ganz außerordentliche Machtbefugnis. Das Bedürfnis, diese Machtbefugnis in bestimmten Grenzen zu halten und den Vorstand bei seiner Geschäftsführung zu überwachen, folgt deshalb schon aus dem ganzen Aufbau des Genossenschaftsgesetzes. Es ist natürlich ausgeschlossen, daß bei dieser Kontrolle des Vorstandes jedes einzelne Mitglied der Genossenschaft mitwirkt. Die Kontrolle des Vorstandes kann vielmehr nur in der Weise ausgeübt werden, daß ein von den Mitgliedern gewählter Ausschuß — der sogenannte Aufsichtsrat — die Kontrolle wahrnimmt. Seinem Wesen nach erscheint danach der Aufsichtsrat als ein von der Generalversammlung gewählter Ausschuß von Vertrauensmännern zur Überwachung des Vorstandes.

Vor dem Erlaß des Genossenschaftsgesetzes gab es bei den damals bestehenden Genossenschaften einen Verwaltungsausschuß, bestehend aus drei Vorstandsmitgliedern und einer Anzahl von Beisitzern. Dieser Verwaltungsausschuß faßte alle in Vereinsangelegenheiten nötigen Beschlüsse. Einen Aufsichtsrat gab es daneben nicht. Bei der Bestellung von Beisitzern hat man schon damals an eine ähnliche Einrichtung gedacht, wie sie heute der Aufsichtsrat ist. Man hatte bereits die Notwendigkeit erkannt, eine Einrichtung zur Kontrolle des Vorstandes zu treffen. Indessen konnten diese Beisitzer ihre Aufgabe als Revisoren des Vorstandes eigentlich niemals erfüllen, weil sie, wie bereits gesagt, alle Beschlüsse mit dem Vorstande gemeinsam faßten. Die Tätigkeit und die Verantwortlichkeit von Vorstandsmitgliedern und Beisitzern war also vollständig miteinander vermengt.

Dieser Umstand wurde bei der weiteren Entwickelung des Genossenschaftswesens unhaltbar und das Genossenschaftsgesetz von 1868 beseitigte ihn auch insofern, als die Teilung der geschäftsführenden Personen in zwei getrennte Organe verlangt wurde. Jede Genossenschaft mußte einen Vorstand und einen Aufsichtsrat haben.

Die älteren Genossenschaften fanden sich nur schwer in diese Trennung hinein und es scheint fast, als ob die ehemalige Vereinigung von Vorstand und Aufsichtsrat zu einem Verwaltungskörper noch ihre Schatten auf das heutige Baugenossenschaftsleben wirft. Denn in manchen Baugenossenschaften kann man noch heute beobachten, wie der Aufsichtsrat seine Stellung insofern verkennt, als er bestrebt ist, sich selbst an der eigentlichen Verwaltung zu beteiligen. Um nicht mißverstanden zu werden, sei besonders hervorgehoben, daß selbstverständlich bei allen Baugenossenschaften Angelegenheiten vorkommen, die einer sorgfältigen, gemeinsamen Beratung von Vorstand und Aufsichtsrat unterzogen werden müssen. Es empfiehlt sich sogar, daß sämtliche wichtigen Angelegenheiten, namentlich wenn sie von grundsätzlicher Bedeutung sind, gemeinsam von Vorstand und Aufsichtsrat beraten werden. Nur muß bei diesen Beratungen jedes Organ seine Selbständigkeit behalten. Es darf also nicht, wie es häufig geschieht, in den gemeinsamen Sitzungen nach Köpfen abgestimmt werden, denn bei einer solchen Abstimmung würde nicht der Vorstand und auch nicht der Aufsichtsrat, sondern eine aus den jeweils anwesenden Mitgliedern des Vorstandes und Aufsichtsrats neugebildete Körperschaft entscheiden. Es läuft dies tatsächlich auf eine Wiedereinsetzung des früheren Verwaltungsausschusses hinaus. Man beachte also: Es ist notwendig, daß bei der Abstimmung in den gemeinsamen Sitzungen die beiden Vereinsorgane getrennt abstimmen und daß zu einem gültigen Beschlusse die Mehrheit der anwesenden Mitglieder des Vorstandes und die Mehrheit der anwesenden Mitglieder des Aufsichtsrats erforderlich ist.

Wie schon erwähnt, empfiehlt es sich, daß über alle wichtigen Angelegenheiten Vorstand und Aufsichtsrat gemeinsam beraten, insonderheit wird eine gemeinsame Beratung bei folgenden Angelegenheiten notwendig sein:

a) über die Ausschließung von Mitgliedern,

b) über den Erwerb von Grundeigentum sowie über die Bedingungen, betr. den Erwerb von Vereinshäusern,

c) über die Baupläne und über die Verträge für den Bau von Vereinshäusern,

d) über die Feststellung des Kaufpreises der Erwerbshausgrundstücke und über die Vermietungsgrundsätze,

e) über die Belegung verfügbarer Kassenbestände,

f) über die Einrichtung der Buchführung,

g) über die Anstellung von Beamten und Bevollmächtigten, Regelung ihrer Tätigkeit und ihrer Besoldung sowie Verfolgung von Rechtsansprüchen gegen sie,

h) über die Geschäftsanweisungen für den Vorstand und Aufsichtsrat sowie über die Geschäftsordnung für die Generalversammlung,

i) über die Aufnahme von Anleihen,

k) über den Anschluß an genossenschaftliche Verbände (Revisionsverbände) oder Austritt aus ihnen,

l) über die Genehmigung des Ausscheidens durch Übertragung des Geschäftsguthabens,

m) über die Verwendung des Bauerneuerungs- und Ergänzungsfonds.

Diese Aufzählung ist keineswegs erschöpfend, es werden vielmehr in allen Baugenossenschaften auch noch andere wichtige Angelegenheiten zu erledigen sein, die einer gemeinsamen Beratung von Vorstand und Aufsichtsrat zu unterziehen sind. Folgt dieser gemeinsamen Beratung eine getrennte Abstimmung in der Art, daß der Vorstand für sich und der Aufsichtsrat für sich abstimmt, und ein Beschluß nur dann als gültig angenommen wird, wenn die Mehrheit der beiden Vereinsorgane für ihn sich entscheidet, so hält sich der Aufsichtsrat vollständig in dem Rahmen seiner eigentlichen Aufgabe. Sobald aber der Aufsichtsrat versucht, irgendwelche Maßregel gegen den Willen des Vorstandes durchzusetzen oder sobald der Aufsichtsrat durch eine Abstimmung nach Köpfen in den gemeinsamen Sitzungen den Vorstand niederstimmt, so nimmt der Aufsichtsrat selbst die Verwaltung zum Teil in die Hand. Eine solche Verwaltungstätigkeit des Aufsichtsrats vereinigt sich aber nicht mit seiner Stellung als Kontrollorgan, denn wer selbst an der Verwaltung eines Vereins beteiligt ist, kann sie nicht kontrollieren. Es ist deshalb stets darauf zu achten, daß die Vereinsorgane ihrer eigentlichen Aufgabe gerecht werden, so daß der Vorstand die Verwaltung der Genossenschaft und der Aufsichtsrat die Kontrolle des Vorstandes ausübt.

Die Revisionspflicht des Aufsichtsrats ist im Genossenschaftsgesetz im § 38 festgelegt und zwar u. a. durch folgende Bestimmung:

> „Der Aufsichtsrat hat den Vorstand bei seiner Geschäftsführung in allen Zweigen der Verwaltung zu überwachen und zu dem Zwecke sich von dem Gange der Angelegenheiten der Genossenschaft zu unterrichten. Der Aufsichtsrat hat die Jahresrechnung, die Bilanzen und die Vorschläge zur Verteilung von Gewinn und Verlust zu prüfen und darüber der Generalversammlung vor Genehmigung der Bilanz Bericht zu erstatten."

Es genügt also nicht, daß der Aufsichtsrat über die wichtigen Vereinsangelegenheiten gemeinsam mit dem Vorstande beratet, sondern der Aufsichtsrat muß auch eine unmittelbare Revisionstätigkeit entfalten. Diese Revisionstätigkeit wird sich namentlich nach zwei Richtungen hin zu erstrecken haben, nämlich:

1. auf die Verwaltungstätigkeit des Vorstandes als Bauherr und Häuserverwalter,
2. auf die Kassen- und Rechnungsführung.

Die Revisionspflicht des Aufsichtsrats ist, wie man auf den ersten Blick sieht, tatsächlich nicht leicht zu erfüllen, wenn sie gewissenhaft ausgeführt werden soll. Um dem Aufsichtsrat überhaupt die Möglichkeit zu geben, den Vorstand bei seiner Geschäftsführung in allen Zweigen der Verwaltung zu überwachen, räumt § 38 des Genossenschaftsgesetzes dem Aufsichtsrat die Befugnis ein, jederzeit vom Vorstande Berichterstattung über die Genossenschaftsangelegenheiten zu verlangen und selbst oder durch einzelne zu bestimmende Mitglieder die Bücher und Schriften der Genossenschaft einzusehen sowie den Bestand der Genossenschaftskasse und den Bestand an Effekten, Handelspapieren und Waren zu untersuchen. Diese Bestimmung gibt dem Aufsichtsrate das Recht der weitgehendsten Kontrolle. Aus diesem Recht ergibt sich aber auch die Pflicht für den Aufsichtsrat, die Kontrolle auszuüben und die Verantwortung für eine gewissenhafte Kontrolle.

b) Zahl und Wahlart für die Aufsichtsratsmitglieder.

Wenn für die Zahl der Vorstandsmitglieder aus bestimmten Gründen eine Beschränkung geboten ist, so ist eine gleiche Beschränkung für die Zahl der Aufsichtsratsmitglieder nicht notwendig. Die Aufsichtsratsmitglieder sind im allgemeinen gute Apostel für die Baugenossenschaften, so daß man im allgemeinen ihre Zahl nicht zu niedrig festsetzen sollte. In den meisten Fällen dürfte es am besten sein, zwölf Aufsichtsratsmitglieder zu bestellen, jedoch ist es in einzelnen Fällen öfter empfehlenswert, diese Zahl zu erhöhen oder zu ermäßigen. Die Wahl der Aufsichtsratsmitglieder hat durch die Generalversammlung stattzufinden. Es ist nicht statthaft, eine andere Wahlart für die Aufsichtsratsmitglieder in den Satzungen vorzuschreiben. Nach den gesetzlichen Bestimmungen genügt es, wenn die Wahl der Aufsichtsratsmitglieder durch die Generalversammlung nach einfacher Stimmenmehrheit erfolgt. Es ist aber unbedingt ratsam, in den Satzungen absolute Stimmenmehrheit vorzuschreiben. Die absolute Stimmenmehrheit ist ein unbedingtes Erfordernis, wenn Vorsorge getroffen werden soll, daß nicht Personen als gewählt zu betrachten sind, die infolge von Stimmenzersplitterung nur einige wenige Stimmen erhalten haben. Gesetzt den Fall, eine Generalversammlung, die von 80 stimmberechtigten Mitgliedern besucht ist, hat die Wahl eines Aufsichtsratsmitgliedes vorzunehmen. Es werden 80 gültige Stimmen abgegeben und es erhalten: A. 15, B. 14, C. 14, D. 13, E. 12, F. 12 = 80 Stimmen.

Der Kandidat A. würde — wenn einfache Stimmenmehrheit zur Wahl genügt — als gewählt zu betrachten sein, trotzdem er nicht einmal $^1/_5$ der abgegebenen Stimmen erhalten hat. Möglicherweise gehören dieser Genossenschaft aber über 300 Genossen an. Bietet nun der Umstand, daß in einer Genossenschaft von über 300 Mitgliedern in einer Generalversammlung 15 Genossen für die Wahl eines Kandidaten eintreten, irgend eine Gewähr für die Zuverlässigkeit des Gewählten? Sicherlich nein, und deshalb sollte in allen Satzungen für die Wahl der Aufsichtsratsmitglieder die absolute Stimmenmehrheit vorgeschrieben sein. Wie im übrigen die Wahl der Aufsichtsratsmitglieder vor sich zu gehen hat, ergibt sich aus § 13 der Mustersatzungen.

c) Konstituierung und Geschäftsführung des Aufsichtsrats.

Der Aufsichtsrat muß einen Vorsitzenden und einen Schriftführer haben. Es erscheint aber auch notwendig, für beide in Fällen der Abhaltung Stellvertreter zu bestellen. Nach dem Genossenschaftsgesetze ist es notwendig, daß in den Satzungen die für die Beschlußfassung des Aufsichtsrats erforderliche Anzahl von Mitgliedern angegeben wird. Die Beschlußfähigkeit ist zweckmäßig dann anzunehmen, wenn mindestens die Mehrheit der Aufsichtsratsmitglieder anwesend ist. Stellt man an die Beschlußfähigkeit höhere Anforderungen und schreibt beispielsweise vor, daß mindestens $^2/_3$ der Mitglieder des Aufsichtsrats anwesend sein müssen, so erschwert man sehr das Zustandekommen beschlußfähiger Sitzungen. Man sollte deshalb über die Forderung der Mustersatzungen nicht hinausgehen. Die Abstimmung in den Aufsichtsratssitzungen erfolgt nach Stimmenmehrheit der Anwesenden. Bei Stimmengleichheit hat der Antrag als abgelehnt zu gelten. Wenn in den Baugenossenschaftssatzungen häufiger bestimmt wird, daß bei Stimmengleichheit die Stimme des Vorsitzenden den Ausschlag gibt, so verstößt eine solche Bestimmung gegen das Genossenschaftsprinzip. Die demokratische Grundlage der Genossenschaft bringt es mit sich, daß alle Mitglieder gleiche Rechte und Pflichten haben. Es ist nicht empfehlenswert, diesen Grundsatz zu durchbrechen.

Wenn bereits in bezug auf die Vorstandsmitglieder gesagt ist, daß sie mit der Genossenschaft keinerlei Geschäfte abschließen dürfen, so gilt das gleiche für die Mitglieder des Aufsichtsrats. Diejenigen Handwerksmeister und Lieferanten, die einer Baugenossenschaft als Mitglied angehören, dürfen sich nicht in den Aufsichtsrat wählen lassen, wenn sie darauf rechnen, auch fernerhin der Genossenschaft als Unternehmer oder Lieferant gegenüberzutreten. Auch sollte man es nach Möglichkeit vermeiden, die in den Genossenschaftshäusern vorhandenen Läden oder Schankwirtschaften an Aufsichtsratsmitglieder zu verpachten. Wollte man es für zulässig erachten, daß der Pächter eines in den Genossenschaftshäusern befindlichen Ladens Mitglied des Aufsichtsrats ist, so würde man in dem Kreise der Mitglieder insofern Mißtrauen erwecken, als möglicherweise die Annahme gerechtfertigt sein könnte, daß der betreffende Genosse seine Eigenschaft als Aufsichtsratsmitglied dazu benutzt hat, die Verpachtung an ihn durchzusetzen. Auch könnte ein Ladeninhaber die Interessen seiner Kundschaft in seiner Eigenschaft als Aufsichtsratsmitglied in Vereinsangelegenheiten zu vertreten geneigt sein.

Dem Vorsitzenden des Aufsichtsrats muß das Recht eingeräumt werden, jederzeit eine Sitzung des Aufsichtsrats oder eine gemeinsame Sitzung des Vorstandes und Aufsichtsrats einzuberufen. Die Anregung zur Abhaltung von Aufsichtsratssitzungen kann auch vom Vorstand oder von Mitgliedern des Aufsichtsrats ausgehen. Geht sie aus der Mitte des Aufsichtsrats hervor, so würde sie jedenfalls dann immer vom Vorsitzenden des Aufsichtsrats zu berücksichtigen sein, wenn sie mindestens vom dritten Teile der Mitglieder des Aufsichtsrats unter schriftlicher Angabe der gewünschten Beratungsgegenstände gewünscht wird (§ 16 der Mustersatzungen).

Selbstverständlich müssen über die Sitzungen des Aufsichtsrats sowohl wie über die gemeinsamen Sitzungen des Vorstands- und Aufsichtsrats Niederschriften aufgenommen werden. Das Formular 8 gibt ein Muster für diese Niederschriften. Es wird ausdrücklich darauf hingewiesen, daß die Niederschriften nur die gefaßten Beschlüsse zu enthalten brauchen, nicht eine Schilderung des Ganges der Verhandlungen. Diese Niederschriften sind von dem Schriftführer des Aufsichtsrats während der Verhandlungen zu schreiben, so daß sie unmittelbar nach Schluß der Versammlung verlesen und in der in den Satzungen festgesetzten Form unterzeichnet werden können.

Das bei einigen Baugenossenschaften übliche Verfahren, die Niederschriften erst nach abgehaltener Sitzung aufzusetzen und dann in der nächsten Sitzung zur Unterzeichnung vorzulegen, kann nicht als zweckmäßig und statthaft empfohlen werden.

d) Die aus der Mitte des Aufsichtsrats zu bildenden Kommissionen und ihre Obliegenheiten.

Ausgeschlossen ist es, daß sämtliche Aufsichtsratsmitglieder bei den einzelnen Kontrollfunktionen mitwirken. Es ist unbedingt notwendig, daß der Aufsichtsrat sich zur Wahrnehmung seiner Funktionen in verschiedene Kommissionen teilt. Im allgemeinen werden drei Kommissionen aus den Mitgliedern des Aufsichtsrats gebildet werden müssen, nämlich eine Baurevisionskommission, eine Wohnungsrevisionskommission und eine Rechnungsrevisionskommission.

Die Baurevisionskommission wird nur während einer Neubauperiode notwendig sein. Ihre Aufgabe ist es, festzustellen, ob der Vorstand bei der Überwachung der Bauausführung seine Pflicht tut. Allgemeine Richtlinien lassen sich für die Baurevisionskommission nicht aufstellen. Wünschenswert ist es aber, daß, wenn irgend möglich, in die Baurevisionskommission bausachverständige Mitglieder gewählt werden.

Die Wohnungsrevisionskommission hat die Aufgabe, durch regelmäßige Besichtigung der Vereinshäuser festzustellen, ob der Vorstand für eine ordnungsgemäße Instandhaltung der Wohnungen sorgt. Je älter die neue Flutwelle der Baugenossenschaftsbewegung wird, je älter werden auch die durch die heutigen Baugenossenschaften errichteten Häuser. Mit dem zunehmenden Alter der Vereinshäuser wird aber eine durchgreifende Revision der Häuser durch Vorstand und Aufsichtsrat immer notwendiger. Nur zu oft unterbleiben kleine notwendige Reparaturen und später entstehen durch diese Unterlassungssünden große Unkosten. In erster Linie hat natürlich der Vorstand die Verpflichtung für die Instandhaltung der Vereinshäuser und für die Vornahme der notwendigen Reparaturen zu sorgen. Aber der Aufsichtsrat hat auch in dieser Beziehung den Vorstand zu kontrollieren. Insonderheit wird die Wohnungsrevisionskommission des Aufsichtsrats darauf zu achten haben, ob die Dächer der Vereinshäuser dicht sind, ob die Rinnen gut imstande sind, ob die Fenster genügend verkittet und gestrichen und ob die Kochherde und Öfen reparaturbedürftig sind. Auch ist stets darauf zu achten, ob die Fußböden eines neuen Anstrichs bedürfen. Bei einiger Übung werden die Mitglieder der Wohnungsrevisionskommission schon sehr bald die vorhandenen Schäden erkennen.

Die Aufgabe der Rechnungsrevisionskommission besteht in der Nachprüfung der Buch- und Kassenführung. Es muß hier offen ausgesprochen werden, daß in dieser Beziehung bei unseren Baugenossenschaften noch vielfach gesündigt wird. Eine wirklich durchgreifende Revision der Bücher ist keine sehr interessante, aber eine sehr zeitraubende und gar nicht leichte Arbeit. Schon aus diesem Grunde ist es schwer, geeignete Personen für diese Kommission zu finden. Hinzu kommt, daß namentlich in kleinen Orten eine unangebrachte Empfindlichkeit auf seiten der Vorstandsmitglieder oder eine nicht berechtigte Rücksichtnahme oder ein unbedingtes Vertrauen auf seiten der Aufsichtsratsmitglieder die Ursachen sind für die mangelhaften Revisionen der Kassen- und Rechnungsführung. Gerade diese Art der Revisionen ist eine der wesentlichsten Kontrollpflichten des Aufsichtsrats.

Da bei den Baugenossenschaften sich heute mehr und mehr die amerikanische Buchführung eingebürgert hat, soll hier kurz angedeutet werden, wie der Aufsichtsrat die Revision der Kassen- und Rechnungsführung vorzunehmen hat, wenn die Bücher nach diesen Grundsätzen eingerichtet sind.

Zunächst ist unbedingt notwendig, daß das Kassenjournal mindestens in der Hauptspalte nachgerechnet wird, und daß sämtliche Ausgabebelege mit den zugehörigen Eintragungen verglichen werden. Eine Revision der Ausgabebuchungen nach Stichproben ist unter allen Umständen unzureichend. Bei der Vergleichung der Belege mit den im Kassenjournal eingetragenen Zahlen ist darauf zu achten, daß sämtliche Belege eine von zwei Vorstandsmitgliedern unterzeichnete Anweisung tragen, und daß die Quittung von den berechtigten Empfängern ordnungsmäßig vollzogen ist. Es ist dann festzustellen, ob im Mietenkontrolljournal alle Mieter und Hausanwärter eingetragen und ob die Jahressollmieten richtig in diesem Geschäftsbuche verzeichnet sind. Darauf ist festzustellen, ob die Summe der nach dem Mietenkontrolljournal eingenommenen Mieten übereinstimmt mit der sich aus dem Kassenjournal ergebenden Mietsumme. Ist Übereinstimmung vorhanden, so bedarf es einer Prüfung der Einzelposten nicht; sind Abweichungen da, so müssen sie natürlich aufgeklärt werden.

Die Revision der Einnahmen aus Beiträgen kann, wenn nicht das Markensystem eingeführt ist, nur auf Grund der Mitgliederquittungsbücher ausgeführt werden. Es ist deshalb unbedingt notwendig, daß die Rechnungsrevisionskommission des Aufsichtsrats bei jeder Revision eine Anzahl von Quittungsbüchern einzieht, um die

Eintragungen auf Geschäftsanteilkonto wenigstens nach Stichproben revidieren zu können. Die Prüfung der Buchungen auf dem Bankkonto erfolgt auf Grund des von der Bank geführten Kontobuchs. Die Revision der übrigen Einnahmeposten ergibt sich meist von selbst.

Nach Prüfung der Buchungen hat dann eine Prüfung der etwaigen Bestände an Effekten, barem Geld, Inventarstücken, Materialien usw. zu erfolgen.

Eine solche ordentliche Revision durch den Aufsichtsrat hat je nach dem Umfang der Baugenossenschaft monatlich oder vierteljährlich zu erfolgen. Notwendig ist es unter allen Umständen, daß mindestens einmal im Jahre eine unvermutete Kassenrevision stattfindet, die den Kassierer völlig unvorbereitet trifft und so am besten darüber Aufschluß gibt, ob die Kassenführung in Ordnung ist. Werden die ordentlichen Revisionen in der geschilderten Weise vorgenommen, so ist die Prüfung der Bilanz und des Jahresabschlusses nur eine ganz geringe Arbeit, denn es handelt sich dann nur noch um eine Vergleichung der Übertragungen in das Hauptbuch und um eine Prüfung des Abschlusses der einzelnen Konten im Hauptbuch, aus dem sich dann ohne weiteres die Bilanz ergibt. Selbstverständlich muß aber bei Prüfung der Bilanz noch eine Vergleichung der einzelnen Bilanzposten mit den geführten Nebenbüchern erfolgen. Es muß also festgestellt werden, ob das Geschäftsanteilkonto übereinstimmt mit der Gesamtsumme des Kontobuches I, ob das Erwerbshäusertilgungskonto übereinstimmt mit der Summe des Kontobuches II, ob das Gebäudekonto und das Inventarkonto übereinstimmen mit dem aufgestellten Inventar usw.

An eine Notwendigkeit sei noch erinnert, nämlich daran, daß es unerläßlich ist, nach jeder Revision eine Niederschrift aufzunehmen. Es ist zweckmäßig, in den Geschäftsanweisungen ein Muster für diese Niederschriften vorzuschreiben (zu vgl. Formular 4). Endlich ist darauf Bedacht zu nehmen, daß in diesen Aufzeichnungen stets die Rückstände an Mieten aufzuführen sind.

Werden die Revisionen durch den Aufsichtsrat in der vorbezeichneten Weise ausgeführt, so sind grobe Verfehlungen des Vorstandes bei der Geschäftsführung und Unterschlagungen bei den Baugenossenschaften eigentlich ausgeschlossen. Viele Aufsichtsratsmitglieder nehmen aber ihr Amt viel zu leicht, anderen fehlen die notwendigen Kenntnisse. In den meisten Fällen machen sich die

Aufsichtsratsmitglieder keine Vorstellung von der Verantwortung, die sie übernehmen. Es sei deshalb darauf aufmerksam gemacht, daß die Aufsichtsratsmitglieder nach § 41 des Genossenschaftsgesetzes bei Ausübung ihrer Obliegenheiten die Sorgfalt eines ordentlichen Geschäftsmannes anzuwenden haben, und daß Mitglieder, die ihre Obliegenheiten verletzen, der Genossenschaft persönlich und solidarisch für den dadurch entstandenen Schaden haften. Kommen also bei einer Baugenossenschaft grobe Mißgriffe oder Unterschlagungen vor, so werden die Aufsichtsratsmitglieder stets ersatzpflichtig sein, wenn sie nicht nachweisen, daß sie die Sorgfalt eines ordentlichen Geschäftsmannes angewendet haben. Ein Aufsichtsratsmitglied kann sich dabei nicht mit mangelhafter Geschäftsgewandtheit entschuldigen, denn wer ein Amt übernimmt, gibt damit auch die Erklärung ab, daß er dieses Amt wahrnehmen kann. Bei einigem guten Willen kann sich aber jedes Aufsichtsratsmitglied in seine Obliegenheiten einarbeiten und zwar so, daß es nicht nur zur Vornahme einer wirksamen Revision befähigt ist, sondern, daß es auch Freude an seiner Arbeit haben wird. Wenn also nur die Aufsichtsratsmitglieder ihr Amt ernst nehmen und sich der großen Verantwortung bewußt bleiben, so werden sie sich bald das Maß von Erfahrung aneignen, das nötig ist, um eine sich auf alle Einzelheiten erstreckende Kontrolle auszuüben.

C. Die Generalversammlung.

a) Stimmrecht der Mitglieder.

Die den Mitgliedern in Vereinsangelegenheiten zustehenden Rechte werden von ihnen in der Generalversammlung ausgeübt. Die demokratische Grundlage der Genossenschaften kommt dadurch zum Ausdruck, daß sämtliche Mitglieder in der Generalversammlung, ohne Rücksicht auf die finanzielle Beteiligung, nur eine Stimme haben (§ 43 d. Ges.). Handlungsunfähige Personen, juristische Personen sowie die Erben eines verstorbenen Mitglieds können sich in der Generalversammlung durch einen mit schriftlicher Vollmacht versehenen Bevollmächtigten vertreten lassen. Ein Bevollmächtigter kann nicht mehr als einen Genossen vertreten (§ 43 Abs. 4 d. Ges.). Es ist aber zulässig, daß einem anderen Mitglied eine solche Vollmacht übertragen wird, so daß dieses dann eine

Stimme für sich und eine weitere Stimme in seiner Eigenschaft als Bevollmächtigter abgeben kann.

b) Leitung der Generalversammlung.

Die Leitung der Verhandlungen in der Generalversammlung wird im allgemeinen dem Vorsitzenden desjenigen Vereinsorgans, von dem die Berufung ausgeht, zu übertragen sein. Da man die Berufung der Generalversammlung am besten dem Aufsichtsrate zuweist und sie nur dann durch den Vorstand vornehmen läßt, wenn der Aufsichtsrat die Berufung aus irgendeinem Grunde verzögern sollte, so wird in der Regel die Leitung der Generalversammlung durch den Vorsitzenden des Aufsichtsrats erfolgen. Die Generalversammlung hat aber jederzeit das Recht, sich einen anderen Leiter für die Verhandlungen zu wählen. Ein solcher Beschluß der Generalversammlung braucht nicht als Gegenstand der Tagesordnung vorher angekündigt zu werden (§ 46 Abs. 2 d. Ges.).

c) Die Einladung zur Generalversammlung.

Die Einladung zur Generalversammlung erfolgt am besten durch eine *einmalige* Bekanntmachung in demjenigen Blatte, das für die Bekanntmachungen der Baugenossenschaft in den Satzungen bestimmt ist. Wenn in Baugenossenschaftssatzungen häufiger bestimmt wird, daß eine *mehrmalige* Bekanntmachung der Einladung zur Generalversammlung notwendig ist, so kann im allgemeinen diese Maßnahme nicht empfohlen werden. Wählt man für die Bekanntmachungen der Genossenschaft dasjenige Blatt, das im Kreise der Mitglieder am meisten gelesen wird, so dürfte eine einmalige Bekanntmachung genügen. Da, wo anzunehmen ist, daß die Bekanntgabe der bevorstehenden Generalversammlung in *einer* oder auch in mehreren Tageszeitungen nicht genügt, um die Mitglieder von der beabsichtigten Abhaltung der Generalversammlung in Kenntnis zu setzen, empfiehlt es sich, den einzelnen Genossen eine Einladung zugehen zu lassen. Es wird aber ausdrücklich davor gewarnt, den Vereinsorganen in den Satzungen die *Pflicht* zur schriftlichen Einladung der einzelnen Genossen aufzuerlegen, weil dadurch eine Anfechtung der gefaßten Beschlüsse von solchen Genossen möglich wird, die behaupten, eine Einladung zur Generalversammlung nicht bekommen zu haben.

In der Einladung zur Generalversammlung sind regelmäßig die Gegenstände der Tagesordnung bekanntzumachen. Die Bezeichnung der einzelnen Gegenstände der Tagesordnung muß so sein, daß die Mitglieder aus ihr ersehen können, welche Bedeutung die Beschlüsse für die Genossenschaft haben. Es genügt z. B. nicht, wenn in den Einladungen als Gegenstand der Tagesordnung nur angegeben wird: „Satzungsänderung“. Es würden die Paragraphen zu bezeichnen sein, die geändert werden sollen. Soll eine vollständige Umarbeitung der Satzungen vorgenommen werden, so würde der Gegenstand der Tagesordnung etwa zu bezeichnen sein: „Annahme neuer Satzungen“ usw. Über Gegenstände, die nicht drei Tage vor der Generalversammlung in dem für die Veröffentlichung der Bekanntmachungen der Genossenschaft bestimmten Blatt angekündigt sind, können Beschlüsse nicht gefaßt werden (§ 46 Abs. 2 d. Ges.). Hiervon sind, wie bereits bemerkt, solche Beschlüsse ausgenommen, die sich auf die Leitung der Versammlung beziehen. Auch bedarf es zur Beschlußfassung über einen Antrag auf Berufung einer außerordentlichen Generalversammlung gemäß § 46 des Genossenschaftsgesetzes keiner vorherigen Ankündigung.

Die Einladung zur Generalversammlung muß mit einer Frist von mindestens einer Woche derartig geschehen, daß zwischen dem Tag, an dem die betr. Nummer des Blattes erscheint und dem Tag, an dem die Generalversammlung stattfindet, ein Zeitraum von mindestens sieben Tagen liegt.

d) Die Zahl der abzuhaltenden Generalversammlungen.

Da die Generalversammlung die für die Baugenossenschaft aufgestellte Jahresbilanz zu genehmigen hat, muß in jedem Jahre nach Ablauf des Geschäftsjahres eine Generalversammlung abgehalten werden. § 26 der Mustersatzungen sieht vor, daß diese ordentliche Generalversammlung spätestens innerhalb vier Monaten nach Ablauf des Geschäftsjahres stattzufinden hat. In dieser ordentlichen Generalversammlung wird zunächst der Vorsitzende in einem Vortrag ein möglichst anschauliches Bild über die Geschäftstätigkeit der Vereinsorgane während des abgelaufenen Geschäftsjahres und über die Vermögenslage des Vereins am Schluß des abgelaufenen Geschäftsjahres zu geben haben. Darauf ist die vorgelegte Bilanz von der Generalversammlung zu genehmigen und dem Vorstand auf Antrag des Aufsichtsrats Entlastung zu erteilen. In dieser ordentlichen Generalversammlung sind auch die etwa notwendigen Wahlen für ausgeschiedene oder ausscheidende Vorstands- und Aufsichtsratsmitglieder vorzunehmen.

Nach Bedarf können jederzeit auch außerordentliche Generalversammlungen berufen werden. Es wird dies namentlich dann nötig sein, wenn aus irgendeinem Grunde eine Satzungsänderung vorzunehmen ist, die nicht bis zur ordentlichen Generalversammlung hinausgeschoben werden kann. Es ist auch eine außerordentliche Generalversammlung dann einzuberufen, wenn der Vorstand oder der zehnte Teil der Vereinsmitglieder in einer von ihnen unterschriebenen Eingabe unter Anführung des Zwecks und der Gründe eine solche Versammlung beantragen. Es wird aber davor gewarnt, in den Satzungen mehr als eine *ordentliche* Generalversammlung im Jahre vorzusehen. In früherer Zeit ist vielfach befürwortet worden, in jedem Vierteljahr eine Generalversammlung abzuhalten, um durch die in den Generalversammlungen möglichen Aussprachen den genossenschaftlichen Geist anzuregen. Die Erfahrungen haben aber gelehrt, daß sich die Abhaltung so vieler Generalversammlungen nicht empfiehlt. Es liegt nämlich auf der Hand, daß dann, wenn z. B. alle drei Monate eine Generalversammlung stattfindet, den unzufriedenen Mitgliedern — solche gibt es in jeder Baugenossenschaft — Gelegenheit gegeben wird, unberechtigte Beschwerden gegen die Mitglieder der Vereinsorgane vorzubringen. Wird es auch den Vorstands- und Aufsichtsratsmitgliedern in den meisten Fällen möglich sein, die Haltlosigkeit solcher Beschwerden sofort nachzuweisen, so gibt es doch immer Fälle, in denen ein solcher Nachweis nicht ohne weiteres sofort möglich ist. Aus diesem Grunde gestalten sich die häufigen Generalversammlungen oft zu Beschwerdeabenden für den Vorstand und Aufsichtsrat und sind so geeignet, das Vertrauen der Mitglieder zu der Vereinsleitung einzuschränken.

e) Die Beschlußfassung in der Generalversammlung.

Die Beschlüsse in der Generalversammlung werden im allgemeinen nach einfacher Stimmenmehrheit gefaßt. Das Genossenschaftsgesetz schreibt aber für bestimmte Fälle als Mindesterfordernis eine $^3/_4$-Mehrheit vor. Namentlich ist zu jeder Abänderung der Satzungen diese gesteigerte Mehrheit erforderlich (§ 16 Abs. 1 u. 2 d. Ges.). Ferner bedarf es zum Widerruf der Bestellung eines Aufsichtsratsmitgliedes die Mehrheit von drei Vierteln der erschienenen Mitglieder (§ 36 Abs. 3

d. Ges.). Es ist zulässig, in den Satzungen für Satzungsänderungen noch weitere Erschwernisse vorzusehen, während dies für den Widerruf der Bestellung eines Aufsichtsratsmitglieds nicht zulässig ist. Selbstverständlich ist es unzulässig, in den Satzungen Erleichterungen für die Beschlußfassung in der Weise vorzusehen, daß auch für die Abänderung der Satzungen oder über den Widerruf der Bestellung eines Aufsichtsratsmitglieds einfache Mehrheit genügt.

Bei solchen Gegenständen, die für den Bestand der Genossenschaft von außerordentlicher Bedeutung sind, ist es ratsam, eine Erschwerung der Beschlußfassung insofern vorzusehen, als über den betr. Gegenstand nur dann Beschluß gefaßt werden kann, wenn mindestens ein Viertel aller Genossen in der Generalversammlung anwesend ist. (Zu vgl. § 32 der Mustersatzungen.) Diese Vorsichtsmaßregel ist deshalb ratsam, weil sonst über das Wohl und Wehe einer Genossenschaft möglicherweise durch einen in einer schlecht besuchten Generalversammlung zustande gekommenen Zufallsbeschluß entschieden werden könnte.

Die Abstimmung erfolgt am besten in der Regel mittelst Aufhebens der Hände. Es empfiehlt sich jedoch, dem Vorsitzenden in den Satzungen die Befugnis zu geben, die Abstimmung auch durch Erheben von den Sitzen vornehmen zu lassen. Bei Wahlen wird man grundsätzlich eine geheime Abstimmung durch Stimmzettel in den Satzungen vorschreiben müssen. Nur wenn kein in der Versammlung anwesendes Mitglied widerspricht, ist es für zulässig zu erachten, die Wahl durch Zuruf zu bewirken.

Die Gültigkeit der Beschlüsse ist davon abhängig, daß die Generalversammlung ordnungsmäßig berufen ist, und die Beschlüsse auf der Tagesordnung gestanden haben (§ 46 d. Ges.). Mängel in dieser Beziehung heilen durch Ablauf der Anfechtungsfrist (§ 51 d. Ges.).

Durch die Anwesenheit von Nichtmitgliedern wird die Beschlußfassung in der Generalversammlung nicht ungültig. Selbst die Beteiligung von Nichtmitgliedern an der Abstimmung hat nur dann die Ungültigkeit eines Beschlusses zur Folge, wenn die Stimmen der Nichtmitglieder bei dem Zustandekommen des Beschlusses von ausschlaggebender Bedeutung waren.

Die Vorstandsmitglieder können nach § 43 Abs. 3 des Gesetzes bei der Beschlußfassung über die Bilanz nicht mitstimmen. Ob auch den Aufsichtsratsmitgliedern bei dieser Beschlußfassung das Stimmrecht entzogen ist, kann zweifelhaft erscheinen. Formell wird die

Entlastung nur dem Vorstand erteilt, materiell aber wirkt der Beschluß auch für den Aufsichtsrat, der auf Grund seiner Prüfung die Erteilung der Entlastung beantragt. Es wird deshalb anzunehmen sein, daß auch die Aufsichtsratsmitglieder sich der Abstimmung zu enthalten haben.

f) Die Beurkundung der Beschlüsse.

Wenn bereits für die Aufsichtsratssitzungen gefordert worden ist, daß die über den Beschluß aufzunehmenden Niederschriften sofort nach beendigter Versammlung verlesen und unterzeichnet werden, so ist dies Erfordernis für die Generalversammlung mit besonderem Nachdruck hervorzuheben. Es hat sich bei einigen Baugenossenschaften die Sitte eingebürgert, daß die Beschlüsse der Generalversammlung erst nachträglich aufgeschrieben und erst der nächsten Generalversammlung zur Genehmigung vorgelegt werden. Es bedarf keiner weiteren Erörterung, daß ein solches Verfahren durchaus unzulässig ist, denn möglicherweise können in der zweiten Generalversammlung ganz andere Mitglieder anwesend sein als in der ersten. Wie sollen unter solchen Umständen die in der zweiten Generalversammlung Anwesenden darüber entscheiden, ob die verlesene Niederschrift den gefaßten Beschlüssen entspricht. Im übrigen liegt zwischen den einzelnen Generalversammlungen meist ein volles Jahr, sodaß auch diejenigen Mitglieder, die in der ersten Versammlung anwesend waren, garnicht in der Lage sein werden, zu beurteilen, ob die Niederschrift den gefaßten Beschlüssen entspricht oder nicht. Endlich würde es bei einem Widerspruch gegen die Niederschrift der in einer früheren Versammlung gefaßten Beschlüsse nicht möglich sein, die zweite Generalversammlung darüber entscheiden zu lassen, ob die Niederschrift zutreffend ist oder nicht. Aus diesen Gründen sind die Niederschriften unter allen Umständen sofort nach stattgefundener Generalversammlung zu verlesen und zu unterschreiben.

Auf die satzungsmäßige Beurkundung der Beschlüsse ist Bedacht zu nehmen. Bestimmen die Satzungen, daß die Niederschriften von mehreren Personen zu unterschreiben sind, so muß unbedingt darauf gehalten werden, daß diese Personen auch in jedem Falle sämtlich unterschreiben. Wird die Form bei der Beurkundung der Generalversammlungsbeschlüsse insofern verletzt, als eine oder mehrere Unterschriften fehlen, so verliert die Niederschrift an Beweiskraft, würde also im Falle eines Rechtsstreits nur bedingten Wert haben.

4*

Es ergibt sich hieraus, daß die Form für die Beurkundung der Generalversammlungsbeschlüsse in den Satzungen nicht unnütz erschwert werden darf. Die Mustersatzungen sehen vor, daß die Beschlüsse der Generalversammlungen vom Vorsitzenden, dem Schriftführer und von mindestens drei Vereinsmitgliedern unterzeichnet werden sollen. Es wird dringend geraten, die Zahl der für die Beurkundung nötigen Unterschriften nicht zu erhöhen. (Muster zu einer Niederschrift der Generalversammlungsbeschlüsse s. Formular 7.)

g) Die Verhandlungsgegenstände.

Die wesentlichsten Aufgaben der Generalversammlung bestehen in dem Erlaß der Satzungen für die Genossenschaft, in der Genehmigung der Bilanz und der Verteilung von Gewinn oder Verlust und in den Wahlen der Vorstands- und Aufsichtsratsmitglieder. Nach der Vorschrift des § 49 des Genossenschaftsgesetzes hat die Generalversammlung ferner den Gesamtbetrag der die Genossenschaft belastenden Anleihen festzusetzen. Es ist dies eine Bestimmung, die in der Praxis sehr häufig nicht befolgt oder insofern mißverstanden wird, als man glaubt, daß die Bewilligung jedes einzelnen Hypothekendarlehens durch die Generalversammlung notwendig sei. Die gesetzliche Bestimmung bezweckt aber lediglich, der Generalversammlung die Möglichkeit zu geben, das Verhältnis zwischen den eigenen Betriebsmitteln und den aufgenommenen fremden Geldern in bestimmten Grenzen zu halten. Es genügt also, wenn die Generalversammlung einen Höchstbetrag für die Anleihen festsetzt, der für die zunächst in Aussicht genommene Bautätigkeit ausreicht. Vorstand und Aufsichtsrat können dann innerhalb dieser Grenze Anleihen nach ihrem Ermessen aufnehmen und würden nur dann an die Generalversammlung mit dem Antrag auf Erhöhung der festgesetzten Grenze heranzutreten haben, wenn durch die aufgenommenen Anleihen die Grenze annähernd erreicht ist bzw. im Laufe des kommenden Geschäftsjahres erreicht werden wird.

§ 34 der Mustersatzungen weist der Generalversammlung noch einige Angelegenheiten zu, die der alleinigen Verfügung des Vorstandes und Aufsichtsrats zweckmäßig zu entziehen sind. Im übrigen wird aber ausdrücklich davor gewarnt, der Generalversammlung durch die Satzungen weitere Befugnisse zu übertragen. Vor allen Dingen darf man niemals rein geschäftliche Maßnahmen, wie z. B. Festsetzung der Wohnungsmieten oder das Kündigungsrecht für die Vereinswohnungen der Generalversammlung zuweisen. Abgesehen davon, daß eine größere Versammlung niemals in der Lage ist, eine sachliche Prüfung derartiger geschäftlicher Maßnahmen vorzunehmen, darf man schon deshalb der Generalversammlung die Beschlußfassung über geschäftliche Angelegenheiten nicht zuweisen, weil die Generalversammlung niemals für verfehlte Maßnahmen verantwortlich gemacht werden kann.

Ganz besonders gefährlich ist es, wenn in den Satzungen oder Vermietungsbedingungen bestimmt ist, daß die Wohnungen unkündbar oder nur durch Beschluß der Generalversammlungen kündbar sind. Sind nämlich in einem solchen Falle die Mieten bei einer Baugenossenschaft zu gering berechnet, und muß zur Gesundung der wirtschaftlichen Verhältnisse der Baugenossenschaft eine Erhöhung der Mieten durchgeführt werden, so kann das nur in der Weise geschehen, daß die Wohnungen gekündigt werden. Die in der Generalversammlung anwesenden Mieter werden aber häufig nicht geneigt sein, einer im Interesse der Genossenschaft nötigen Mieterhöhung zuzustimmen, wenn sie selbst für die Mehrzahlung der Miete in Frage kommen. Aus diesem Grunde ist ein Beschluß, der auf die Erhöhung von Wohnungsmieten abzielt, in der Generalversammlung schwer durchzubringen. Die Steigerbarkeit und infolgedessen auch die Kündbarkeit der Wohnungen darf unter keinen Umständen erschwert werden. Diese für das wirtschaftliche Gedeihen einer Genossenschaft außerordentlich wichtigen Maßnahmen müssen stets auf Beschluß des Vorstandes und Aufsichtsrats ohne weiteres durchführbar sein.

D. Bevollmächtigte und Beamte der Genossenschaft.

Schon bei mittleren Baugenossenschaften ist es häufig nötig, die von den Mitgliedern zu zahlenden Beiträge durch Vereinsboten einziehen zu lassen. Bei größeren Baugenossenschaften muß auch die Wahrnehmung anderer Obliegenheiten Bevollmächtigten oder Beamten der Genossenschaft übertragen werden. So ist z. B. die Bestellung von Hausverwaltern oder Vertrauensmännern in vielen Baugenossenschaften notwendig. Bei den großen Baugenossenschaften ist ein Bureaupersonal, in einzelnen Fällen sogar ein größeres technisches Personal anzustellen. Die Zulässigkeit der Bestellung solcher Hilfskräfte ergibt sich aus § 42 des Genossenschaftsgesetzes, der folgenden Wortlaut hat:

„Der Betrieb von Geschäften der Genossenschaft sowie die Vertretung der letzteren in bezug auf diese Geschäftsführung kann auch sonstigen Bevollmächtigten oder Beamten der Genossenschaft zugewiesen werden. In diesem Falle bestimmt sich die Befugnis derselben nach der ihnen erteilten Vollmacht; sie erstreckt sich im Zweifel auf alle Rechtshandlungen, welche die Ausführung derartiger Geschäfte gewöhnlich mit sich bringt.

Die Bestellung von Prokuristen oder von Handlungsbevollmächtigten zum gesamten Geschäftsbetriebe findet nicht statt."

Die Vertretung der Genossenschaft den Bevollmächtigten und Beamten gegenüber steht dem Vorstande zu. Die vom Vorstand erteilte Vollmacht zur Ausführung von Geschäften für die Genossenschaft darf nicht auf den gesamten Geschäftsbetrieb ausgedehnt werden. Sie darf nur einzelne Geschäfte oder Geschäftszweige umfassen. Zulässig ist z. B. die Erteilung einer Vollmacht zur Ausübung der Kassen- und Rechnungsführung oder zur Einziehung der Mieten und Beiträge oder zur Verwaltung der Häuser. Für die Bevollmächtigten und Beamten gilt der für die Vorstandsmitglieder maßgebende Grundsatz der Doppelzeichnung nicht. Der Vorstand kann also z. B. den Kassierer einer Genossenschaft ermächtigen, allein rechtsgültig im Namen der Genossenschaft Empfangsbescheinigungen auszustellen.

Der Vorstand ist der Vorgesetzte der Bevollmächtigten und Beamten, der über Anstellung und auch über Entlassung entscheiden kann. Die Kontrolle des Aufsichtsrats hat sich auch auf die Angestellten zu erstrecken. Die vom Vorstande den Bevollmächtigten erteilte Vollmacht muß, um Dritten gegenüber Gültigkeit zu haben, in der für die Willenserklärungen des Vorstandes maßgebenden Form unterzeichnet sein. Hierbei wird vorausgesetzt, daß die Vollmacht schriftlich erteilt ist, was allerdings nicht unbedingt notwendig ist. Auch eine mündliche Vollmacht würde, wenn sie von den zur Zeichnung für die Genossenschaft berechtigten Vorstandsmitgliedern abgegeben ist, rechtlich wirksam sein.

Die Beamten und Bevollmächtigten zeichnen für die Genossenschaft in der Form, die in ihrer Vollmacht angegeben ist. Als Bevollmächtigter kann auch ein Vorstandsmitglied insofern bestellt werden, als ihm von dem Vorstande als solchem die Vollmacht erteilt wird über bestimmte Rechtsgeschäfte allein rechtsgültig für die Genossenschaft zu zeichnen. So ist es z. B. gesetzlich zulässig, nicht nur einem Angestellten der Genossenschaft, sondern auch einem

Vorstandsmitgliede die Vollmacht zu erteilen, rechtsgültig den Empfang von Mietszahlungen oder sonstige Einnahmen zu bestätigen. Hierdurch wird in sehr bedenklicher Weise eine Umgehung des Zwanges zur Doppelzeichnung möglich.

Wie bereits angedeutet, wird die Bestellung von Beamten und Bevollmächtigten, namentlich bei solchen Genossenschaften notwendig sein, bei denen die Kassengeschäfte so umfangreich sind, daß mehrere Hilfskräfte zur Anstellung kommen müssen. In diesem Falle sollte man aber, wenn irgend möglich, an dem Grundsatz der Doppelzeichnung (durch zwei Angestellte) festhalten, um möglichst Unterschlagungen im Kassenverkehr zu verhindern. In kleineren Genossenschaften muß die Einzelzeichnung für Mieteinnahmen und Beiträge in der Weise zugelassen werden, daß das die Kassengeschäfte wahrnehmende Vorstandsmitglied allein rechtsgültig quittiert. Diese Notwendigkeit ergibt sich aus dem Umstande, daß bei den kleineren Genossenschaften die Einzahlung der Mieten und Beiträge meist in der Privatwohnung des Kassenführers erfolgen muß. Die Einzelzeichnung ist hier unbedenklich, wenn eine ausreichende Kontrolle stattfindet.

Die Bestellung bezahlter Hausverwalter hat sich nur da bewährt, wo eine Anzahl von Genossenschaftshäusern zu einem Häuserblocke vereinigt sind, und die Anstellung eines vollamtlichen Hausverwalters schon deshalb ratsam ist, weil durch ihn viele kleine Reparaturen ausgeführt werden können, wodurch sich seine Tätigkeit bezahlt macht.

Die Bestellung von sogenannten Vizewirten, die selbständig über Streitigkeiten in bezug auf die Hausordnung oder über Reparaturen zu entscheiden haben, empfiehlt sich im allgemeinen nicht, weil die Mieter den Anordnungen dieser Bevollmächtigten des Vorstandes erfahrungsgemäß nicht gern folgen. Besser ist es, man beschränkt sich darauf, für jedes Haus einen Vertrauensmann zu bestellen, der den Vorstand von allen Unregelmäßigkeiten und den vorzunehmenden Reparaturen unterrichtet und überläßt im übrigen den Erlaß bestimmter Anordnungen und die Erteilung des Auftrags für auszuführende Reparaturen ausschließlich den Vorstandsmitgliedern. Von dieser Regel sind allerdings bisweilen Ausnahmen zu machen, da die Verhältnisse bei den Baugenossenschaften so verschieden liegen, daß einheitliche Richtlinien in dieser Beziehung nicht aufgestellt werden können.

Außer den Verwaltungsbeamten ist bei größeren Baugenossenschaften auch die Anstellung eines Architekten und eines oder mehrerer Bauaufseher notwendig. Bei der Auswahl des technischen Personals ist besondere Vorsicht notwendig, da erfahrungsgemäß die Bauunternehmer den technischen Beamten der Genossenschaft gern Vorteile einräumen, um diese gefügig zu machen. Die Techniker sollen aber in erster Linie dafür sorgen, daß die Bauausführung und die Materiallieferung einwandfrei sind, woraus sich ergibt, daß sie den Unternehmern und Lieferanten gegenüber völlig unabhängig sein müssen.

Fünftes Kapitel.

Entstehung und Endigung der Mitgliedschaft.

a) Aufnahme von Mitgliedern.

Da eine Baugenossenschaft erhebliche Kapitalien aufbringen muß, wenn sie auch nur für einen Teil der Mitglieder Wohnungen beschaffen will, so muß von vornherein angestrebt werden, möglichst viel Mitglieder für die Baugenossenschaft anzuwerben, um aus dem Kreise der Mitglieder denjenigen Anteil der Betriebskapitalien aufbringen zu können, der durch Anleihen nicht zu decken ist. Eine große Mitgliederzahl ist für eine Baugenossenschaft auch deshalb wertvoll, weil sie ihr eine möglichst weitgehende Kreditfähigkeit gibt, denn jedes beitretende Mitglied hat für die Verbindlichkeiten der Baugenossenschaft in Höhe der Haftsumme zu haften. Man wird deshalb im allgemeinen mit der Aufnahme von Mitgliedern nicht engherzig zu sein brauchen und nur solche Personen ablehnen müssen, von denen man von vornherein weiß, daß sie ihren satzungsgemäßen Verpflichtungen in bezug auf die Einzahlungen auf den Geschäftsanteil nicht nachkommen können.

Um möglichst viele Mitglieder für die Baugenossenschaft zu gewinnen, empfiehlt es sich, nicht nur gewissen Berufsgruppen die Aufnahmefähigkeit einzuräumen. Eine Ausnahme machen in dieser Beziehung die Eisenbahnbauvereine. Es werden häufig da, wo neue Verschiebebahnhöfe oder sonstige umfangreiche Betriebsanlagen der Eisenbahn errichtet werden, Baugenossenschaften gegründet, die das Wohnungsbedürfnis der in diesen Betriebsstätten beschäftigten Beamten und Arbeiter decken sollen. Da diese Baugenossenschaften ausschließlich auf die Verhältnisse der Eisenbahnbediensteten zugeschnitten werden und auch zugeschnitten sein müssen, empfiehlt es sich in solchem Falle natürlich, nur Eisenbahnbediensteten die Beteiligung an der Genossenschaft zu gestatten. Ebenso ist es häufig angezeigt, daß eine Baugenossenschaft lediglich Beamte oder solche Personen, die in beamtenähnlicher Stellung sind, als Mitglieder zuläßt. Wenn es auch durchaus wünschenswert wäre, daß nach Möglichkeit Beamte und Arbeiter in derselben Baugenossenschaft am gemeinsamen Werke, nämlich der Verbesserung ihrer Wohnungsverhältnisse, zusammenarbeiteten, so ist doch eine solche gemeinsame Arbeit nur selten möglich. Schon dadurch, daß von den Landesversicherungsanstalten den Arbeiterbaugenossenschaften billigere Hypothekengelder zur Verfügung gestellt werden, als das bei den Beamtenwohnungsvereinen der Fall ist, muß meist eine Trennung der Wohnungsbedürftigen in zwei Baugenossenschaften vorgenommen werden. Hinzu kommt, daß es meist schwierig ist, die Interessen der Beamten und Arbeiter in einer Baugenossenschaft so gegeneinander abzuwägen, daß ein erfreuliches Zusammenarbeiten in den Sitzungen der Vereinsorgane und in den Generalversammlungen möglich ist. Hieraus erklärt sich auch die große Anzahl der entstandenen Beamtenwohnungsvereine, von denen diejenigen, deren Mitglieder Eisenbahnbedienstete sind, allerdings zum großen Teile auch Kleinwohnungen für Eisenbahnarbeiter errichten.

Derjenige, der einer Baugenossenschaft beizutreten wünscht, muß selbstverständlich befähigt sein, Verträge zu schließen, so daß beispielsweise Geisteskranke oder Entmündigte die Mitgliedschaft nicht erwerben können. Unter Vormundschaft oder unter väterlicher Gewalt stehende Personen bedürfen zur Mitgliedschaft der Genehmigung ihres Vormundes oder des Vaters. Ehefrauen können nur mit Genehmigung ihrer Männer Mitglied werden. Auch bei verheirateten Handelsfrauen, das heißt solchen Frauen, die selbständig ein Gewerbe betreiben, ist die Genehmigung des Ehemannes zum Beitritt erforderlich. Zulässig ist es, daß Mann und Frau gleichzeitig Mitglieder werden. Heiratet ein weibliches Mitglied der Genossenschaft, so ändert dies an seiner Mitgliedschaft nichts. Die Namensänderung ist aber von dem Vorstande zur Eintragung in die Liste der Genossen anzumelden.

Es können nicht nur physische, sondern auch juristische Personen Mitglied einer Genossenschaft werden. Für die letzteren wird die Beitrittserklärung in der Form unterzeichnet, die für die betreffende juristische Person Dritten gegenüber als rechtsgültig zu betrachten ist.

Das Gesetz unterscheidet zwischen dem Erwerb der Mitgliedschaft und der Entstehung der Mitgliedschaft. Erworben wird die Mitgliedschaft durch die Ausstellung einer unbedingten, schriftlichen Beitrittserklärung und durch die Aufnahme in Gemäßheit der Satzungen. Die Mitgliedschaft entsteht aber erst durch die Eintragung in die Liste der Genossen. Erst von dem letzteren Zeitpunkte ab entstehen deshalb für das Mitglied die sich aus dem Beitritt ergebenden Rechte und Pflichten.

Um jederzeit einen Nachweis darüber führen zu können, daß der betreffende Genosse eine gültige Beitrittserklärung unterzeichnet hat, empfiehlt es sich, von jedem beitretenden Genossen zwei gleichlautende Beitrittserklärungen vollziehen zu lassen. Das eine Exemplar behält die Genossenschaft. Mehrere Druckereien fertigen Bücher mit Beitrittserklärungen an, die so eingerichtet sind, daß auf jedem Blatte zwei gleichlautende Vordrucke zu Beitrittserklärungen stehen. Nachdem beide Vordrucke von dem Beitretenden vollzogen sind, wird ein Vordruck aus dem Buche herausgetrennt und an das Gericht weitergegeben.

In vielen Baugenossenschaften erfolgt die Aufnahme durch den Vorstand, in vielen anderen durch den Vorstand und Aufsichtsrat. In Baugenossenschaften, die für gewerbliche Arbeiter Wohnungen erbauen, ist es zu empfehlen, daß auch der Aufsichtsrat über die Aufnahme von Mitgliedern befragt wird, da erfahrungsgemäß gerade die Aufsichtsratsmitglieder oft in der Lage sind, über die Vermögensverhältnisse der sich Meldenden Auskunft zu geben. Wird die Aufnahme aus irgendeinem Grunde abgelehnt, so empfiehlt es sich, die Gründe für die Ablehnung nicht anzugeben.

b) Der Austritt von Mitgliedern.

Jeder Genosse hat das Recht, mittelst Aufkündigung seinen Austritt aus der Genossenschaft zu erklären (§ 65 Abs. 1 d. Ges.). Gleichviel, ob das Ausscheiden infolge Kündigung oder infolge Ausschluß stattfindet, gestattet das Genossenschaftsgesetz als Zeitpunkt für das Ausscheiden nur den Schluß des Geschäftsjahres. Denn die Genossenschaft muß, bevor sie sich mit einem Ausscheidenden auseinandersetzt, auf Grund der aufgestellten Bilanz feststellen können, ob nach dem Vermögensstande der Genossenschaft die Herauszahlung des Geschäftsguthabens in voller Summe zulässig bzw. welcher Gewinnanteil dem Genossen gutzurechnen ist. Nur dann, wenn der Austritt in Gemäßheit des § 76 des Gesetzes durch Übertragung des Geschäftsguthabens erfolgt, kann der Austritt auch im Laufe des Geschäftsjahres erfolgen.

Wichtig ist die Frage, welcher Zeitraum für die Kündigungsfrist in den Satzungen vorzusehen ist. Die Kündigungsfrist muß nach § 65 des Gesetzes mindestens drei Monate betragen, sie darf aber durch die Satzungen bis auf zwei Jahre verlängert werden.

Da die Baugenossenschaften einen wesentlichen Teil der von den Mitgliedern eingezahlten Geschäftsguthaben in dem Grund und Boden und in den Häusern festlegen, müssen sie sich davor schützen, daß durch einen Massenaustritt von Mitgliedern ihre Liquidität gefährdet werden kann. Sie müssen deshalb die Dauer für die Kündigungsfrist so bemessen, daß einerseits diese Zeit ausreicht, um unter normalen Verhältnissen die Summe, die an die Ausscheidenden zurückzuzahlen ist, flüssig gemacht werden kann, anderseits die Auseinandersetzung mit solchen Mitgliedern, die an ihrer Zugehörigkeit zu der Genossenschaft kein Interesse mehr haben, nicht allzuweit hinausgeschoben wird. Man wird deshalb in denjenigen Baugenossenschaften, die nur Erwerbshäuser bauen, und mit einem schnell wechselnden Mitgliederbestande nicht zu rechnen haben, die Kündigungsfrist auf mindestens ein Jahr festzusetzen haben. Diejenigen Baugenossenschaften, die Miethäuser bauen, werden allerdings eine so lange Kündigungsfrist ihren Mitgliedern nicht immer vorschreiben können. Man wird deshalb oft über eine halbjährige Kündigungsfrist nicht hinausgehen dürfen. Besonders hervorgehoben sei, daß die Kündigungsfrist für sämtliche Mitglieder dieselbe sein muß. Es ist nicht zulässig, in derselben Genossenschaft für die Hausanwärter eine längere Kündigungsfrist festzusetzen als für die Mieter. Auch ist es unzulässig, die Kündigungsfrist je nach der Kapitalbeteiligung abzustufen, indem für diejenigen Mitglieder, die mehrere Geschäftsanteile erworben haben, eine längere Kündigungsfrist festgesetzt wird, als für die Mitglieder, die nur einen Geschäftsanteil übernommen haben.

Die Kündigung kann auch durch einen Gläubiger des Mitgliedes erfolgen, wenn dieser sich das Geschäftsguthaben gerichtlich hat pfänden und überweisen lassen. (Zu vergleichen § 66 des Genossenschaftsgesetzes.)

c) Der Ausschluß von Mitgliedern.

Da eine Baugenossenschaft darauf angewiesen ist, ihren Mitgliederbestand aus den Kreisen der Minderbemittelten zu bilden, so kommt es außerordentlich häufig vor, daß Mitglieder ausgeschlossen werden müssen, weil sie ihre satzungsgemäßen Einzahlungen auf den Geschäftsanteil nicht eingezahlt haben. Nach § 22 Abs. 2 des Genossenschaftsgesetzes darf eine auf den Geschäftsanteil geschuldete Einzahlung nicht erlassen werden. Es ist zwar statthaft, einem Mitgliede die rückständigen Beiträge für eine bestimmte Zeit zu stunden, jedoch darf diese Studung nicht dahin führen, daß das Mitglied für eine längere Zeit überhaupt von der Leistung der nach den Satzungen zu zahlenden Mindestbeträge entbunden wird. Den Vereinsorganen bleibt deshalb nichts anderes übrig, als solche Mitglieder, die für eine längere Zeit mit der Leistung ihrer Beiträge im Rückstande bleiben, aus der Genossenschaft auszuschließen.

Nach § 68 des Genossenschaftsgesetzes kann ein Genosse ausgeschlossen werden wegen Verlustes der bürgerlichen Ehrenrechte oder wegen der gleichzeitigen Mitgliedschaft in einer anderen Baugenossenschaft, die sich in demselben Orte befindet, in dem die Baugenossenschaft ihren Sitz hat. Der letztere Ausschließungsgrund wird allerdings von einer Baugenossenschaft in der Regel nicht geltend gemacht werden, da eine solche doppelte Mitgliedschaft für Baugenossenschaften keine Bedenken mit sich bringt. Nach dem Genossenschaftsgesetz ist es zulässig, in den Satzungen weitere Ausschließungsgründe festzulegen. Nach dem Gesagten ist es selbstverständlich, daß nach den Satzungen der Ausschluß möglich sein muß wegen Nichterfüllung der satzungsmäßigen oder anderer vertragsmäßigen Verpflichtungen gegenüber dem Verein. Es empfiehlt sich aber, die Ausschließung auch dann als zulässig zu erklären, wenn über das Vermögen des Mitglieds Konkurs eröffnet ist oder wenn das Mitglied durch sein Verhalten die Genossenschaft schädigt. Der letztere Grund ist deshalb wichtig, weil bisweilen in den Baugenossenschaften Mitglieder sind, die danach streben, die Verwaltung in ihre oder ihrer Freunde Hände zu bringen und dann, wenn ihnen das nicht gelingt, versuchen, die Genossenschaft in Mißkredit zu bringen.

Die Ausschließung erfolgt am besten durch Beschluß des Vorstandes und Aufsichtsrats in gemeinschaftlicher Sitzung. Es wird dringend davor gewarnt, den Ausschluß von Mitgliedern in die Hand der Generalversammlung zu legen. Die Erfahrungen lehren, daß gerade die auf den Ausschluß von Mitgliedern abzielenden Beschlüsse in der Generalversammlung sehr häufig zu uferlosen und unfruchtbaren Debatten führen, die geeignet sind, das Vertrauen der Vereinsmitglieder zu den Vereinsorganen zu untergraben.

Der Ausschließungsbeschluß ist dem Ausgeschlossenen mittels eingeschriebenen Briefes ohne Verzug mitzuteilen. Von dem Zeitpunkte der Absendung des Briefes ab verliert der Ausgeschlossene das Recht der Teilnahme an der Generalversammlung und der Mitgliedschaft im Vorstand und Aufsichtsrate.

In die Satzungen wird zweckmäßig die Bestimmung aufzunehmen sein, daß Gesellschaften auszuschließen sind, sofern sie aufgelöst werden und keine Kündigung erfolgt ist.

d) Ausscheiden durch Tod.

Im Falle des Todes eines Genossen gilt dieser mit dem Schlusse des Geschäftsjahres, in dem der Tod erfolgt ist, als ausgeschieden (§ 77 d. Ges.). Es ist hierbei gleichgültig, wann der Tod zur Kenntnis des Vorstandes gelangt, beziehungsweise, wann die Anmeldung des Todes beim Registergerichte erfolgt. Von dem Todestag ab bis zum Ende des Geschäftsjahres wird die Mitgliedschaft des Verstorbenen durch dessen Erben fortgesetzt. Für mehrere Erben kann das Stimmrecht in der Generalversammlung durch einen Bevollmächtigten ausgeübt werden. Der Vorstand hat, sobald er von dem Tod eines Genossen Kenntnis erhält, ohne Verzug dem Gerichte zur Liste der Genossen Anzeige zu erstatten. Die Mitgliedschaft ist nicht vererblich. Es ist aber zulässig, in den Satzungen zu bestimmen, daß für bestimmte Erben eines Mitglieds, zum Beispiel für die Witwe, das Eintrittsgeld erlassen wird.

e) Die Auseinandersetzung.

Die Auseinandersetzung mit den Ausgeschiedenen erfolgt auf Grund der Bilanz. Das Geschäftsguthaben an die ausgeschiedenen Mitglieder darf also nicht sofort nach Beendigung des Geschäftsjahres ausgezahlt werden, sondern die vorherige Aufstellung der Bilanz und ihre Genehmigung durch die Generalversammlung ist Voraussetzung für die Auseinandersetzung. Nach § 73 des Genossenschaftsgesetzes ist einem ausgeschiedenen Genossen das Geschäftsguthaben binnen sechs Monaten nach seinem Ausscheiden auszuzahlen. Es hat also kein Genosse Anspruch auf eine Verzinsung seines Guthabens vom Tage seines Austritts an bis zu dem Tag, an dem ihm das Guthaben ausgezahlt wird, sofern die Auszahlung des Geschäftsguthabens innerhalb der gesetzlichen Frist, d. h. innerhalb von sechs Monaten nach seinem Ausscheiden, erfolgt. Wenn das Gesetz vorschreibt, daß die Auseinandersetzung auf Grund der Bilanz stattzufinden hat, so ist bei Erlaß dieser Bestimmung der Gedanke maßgebend gewesen, daß erst aus der Bilanz sich die Vermögenslage des Vereins ergibt.

Nicht abgehobene Geschäftsguthaben verjähren nach § 74 des Genossenschaftsgesetzes nach zwei Jahren. Die Verjährungsfrist beginnt mit der Fälligkeit des Geschäftsguthabens, also sechs Monate nach dem Ausscheiden. Scheidet ein Mitglied am 31. Dezember 1912 aus einer Baugenossenschaft aus, so wird sein Geschäftsguthaben am 30. Juni 1913 zur Auszahlung fällig. Die Klage des ausgeschiedenen Genossen auf Auszahlung des Geschäftsguthabens würde am 30. Juni 1915 verjähren.

f) Die Übertragung des Geschäftsguthabens.

Nach § 76 des Genossenschaftsgesetzes kann ein Genosse auch im Laufe des Geschäftsjahres sein Geschäftsguthaben mittels schriftlicher Übereinkunft einem Anderen übertragen und hierdurch aus der Genossenschaft ohne Auseinandersetzung mit ihr austreten, sofern der Erwerber an Stelle des Austretenden Genosse wird oder falls er schon Genosse ist, sein bisheriges Guthaben mit dem ihm zuzuschreibenden Betrage den Geschäftsanteil nicht übersteigt.

Die Satzungen können eine solche Übertragung ausschließen oder an weitere Voraussetzungen knüpfen. Für Baugenossenschaften empfiehlt es sich, das Ausscheiden durch die Übertragung des Geschäftsguthabens in Gemäßheit des § 76 zwar zuzulassen, aber von der Genehmigung derjenigen Vereinsorgane abhängig zu machen, die über die Aufnahme der Mitglieder zu entscheiden haben. Diese Maßregel ist notwendig, damit nicht Mitglieder in die Genossenschaft aufgenommen werden müssen, deren Aufnahme aus irgendwelchem Grunde unerwünscht ist. Hat ein Genosse mehrere Geschäftsanteile erworben, so kann er nicht etwa einen oder einige Geschäftsanteile einem anderen Mitgliede übertragen und mit dem Rest seines Guthabens Genosse bleiben, sondern er muß sein Geschäftsguthaben als Ganzes übertragen und aus der Genossenschaft ausscheiden. Das Geschäftsguthaben desjenigen Genossen, der das Guthaben eines anderen erwirbt, darf nach der Übernahme des weiteren Geschäftsguthabens nicht die Gesamtsumme der in den Satzungen festgesetzten Höchstzahl der Geschäftsanteile übersteigen.

Die Übertragung von Geschäftsguthaben kommt namentlich in denjenigen Baugenossenschaften, die Erwerbshäuser bauen, häufig vor. Muß ein Hausanwärter aus irgendeinem Grund aus dem Erwerbsverhältnis ausscheiden, so wird er stets bemüht sein, jemanden zu finden, der sein Haus und mit diesem sein Tilgungs- und sein Geschäftsguthaben übernimmt.

g) Ausscheiden durch Verlegung des Wohnsitzes.

Wird der Erwerb und die Fortdauer der Mitgliedschaft in Gemäßheit des § 8 Ziff. 2 d. Ges. an den Wohnsitz innerhalb eines bestimmten Bezirks satzungsgemäß geknüpft, so kann ein Genosse, der den Wohnsitz in dem Bezirk aufgibt, zum Schlusse des Geschäftsjahres seinen Austritt aus der Genossenschaft schriftlich erklären. Im gleichen kann die Genossenschaft dem Genossen schriftlich erklären, daß er zum Schlusse des Geschäftsjahres auszuscheiden habe. Über die Aufgabe des Wohnsitzes ist die Bescheinigung einer öffentlichen Behörde beizubringen.

Voraussetzung für das Ausscheiden infolge Verlegung des Wohnsitzes ist also, daß die Satzungen die Mitgliedschaft von dem Wohnen in einem bestimmten Bezirke abhängig machen. Der Verlust der Mitgliedschaft ist in diesem Falle unabhängig von einer Kündigung, er ist aber abhängig von einer ausdrücklichen Erklärung. Die Erklärung muß schriftlich erfolgen. Sie ist mit der Bescheinigung der Behörde über die Aufgabe des Wohnsitzes dem Gerichte zur Eintragung einzureichen. Das Ausscheiden erfolgt zum Schluß des Geschäftsjahres. Der Vorstand muß den Wegzug der Genossen so rechtzeitig anzeigen, daß die Eintragung noch in demselben Geschäftsjahr erfolgen kann. Geschieht die Eintragung erst im nächsten Geschäftsjahr, so scheidet der Genosse erst zum Schlusse des nächsten Geschäftsjahres aus. Der Vorstand ist verpflichtet, die betreffenden Erklärungen der Genossen mindestens sechs Wochen vor dem Ende des Geschäftsjahres dem Gericht einzureichen. Erfolgt die Erklärung der Genossen später, so ist sie vom Vorstand ohne Verzug einzureichen.

Da eine Baugenossenschaft möglicherweise dadurch, daß eine Anzahl von Mitgliedern ohne Kündigungsfrist infolge Verlegung des Wohnsitzes plötzlich aus der Genossenschaft ausscheidet, in Schwierigkeiten kommen kann, so empfiehlt sich in den Satzungen eine Beschränkung der Mitgliedschaft in bezug auf den Wohnort nicht.

h) Die Anmeldungen über die Mitgliederbewegung bei dem Gericht.

Über den Mitgliederbestand hat der Vorstand eine Liste zu führen. Hierzu ist das amtliche Formular zu verwenden (zu vergleichen Formular 31). Die eingegangenen Beitrittserklärungen werden mindestens einmal in jedem Monat dem Gerichte einzureichen sein. Die eingehenden Austrittserklärungen und Kündigungen sind zunächst zu sammeln. Der Vorstand muß sie gemäß § 69 des Ges. mindestens sechs Wochen vor Ende des Geschäftsjahres dem Gericht einreichen. Er hat dabei die schriftliche Versicherung abzugeben, daß die Aufkündigungen rechtzeitig erfolgt sind. Ist die Eintragung der Aufkündigung von seiten des Gerichts vorgenommen, so kann die Kündigung von seiten des Genossen nicht wieder zurückgenommen werden. Will ein Genosse eine vorgenommene Kündigung, bevor sie dem Gerichte eingereicht ist, zurückziehen, so wird es von der Entscheidung des Vorstandes abhängen, ob er dem Antrage des Genossen stattgeben will oder nicht. Die Anzeige vom Tode eines Genossen ist — wie bereits bemerkt — ohne Verzug an das Gericht zu erstatten (§ 77 Abs. 2 d. Ges.).

Über alle Eintragungen, die das Gericht in die Mitgliederliste vornimmt, erhält der Vorstand eine Benachrichtigung. Diese Benachrichtigungen werden in einem besonderen Aktenstück aufzubewahren sein. Auf Grund dieser Benachrichtigungen ist die vom Vorstande zu führende Mitgliederliste in genauer Übereinstimmung mit der gerichtlichen Liste der Genossen zu halten.

Sechstes Kapitel.
Die gesetzliche Revision.

Nach § 53 des Genossenschaftsgesetzes sind die Einrichtungen der Genossenschaft und die Geschäftsführung derselben in allen Zweigen der Verwaltung mindestens in jedem zweiten Jahre der Prüfung durch einen der Genossenschaft nicht angehörigen sachverständigen Revisor zu unterwerfen.

Während der Aufsichtsrat den Vorstand bei seiner Geschäftsführung in allen Zweigen der Verwaltung zu überwachen und zu dem Zweck sich von dem Gange der Angelegenheiten der Genossenschaft zu unterrichten hat, sind bei der gesetzlichen Revision die Einrichtungen der Genossenschaft und die Geschäftsführung zu revidieren. Dem Aufsichtsrate liegt also die dauernde Überwachung der Verwaltung ob, dagegen hat der gesetzliche Revisor in bestimmten Zeiträumen zu prüfen, ob die Einrichtungen der Genossenschaft, die Verwaltungstätigkeit des Vorstandes, die Kontrolle des Aufsichtsrats usw. dem Gesetz und den Satzungen sowie den praktischen Erfordernissen entsprechen. Bei einer Baugenossenschaft wird der gesetzliche Revisor namentlich auch die Bautätigkeit und die wirtschaftliche Grundlage, insonderheit die Zusammensetzung der Betriebskapitalien und die Rentabilität des ganzen Unternehmens zu prüfen haben.

Die Zwangsrevision für die Genossenschaften ist veranlaßt durch die Entwickelung der sogenannten Verbandsrevision in den Unterverbänden des allgemeinen Verbandes der deutschen Erwerbs- und Wirtschaftsgenossenschaften und den günstigen Einfluß, den diese Revisionen auf die Entwickelung der einzelnen Genossenschaften wie des gesamten Genossenschaftswesens gehabt haben.

Nach den gesetzlichen Bestimmungen kann eine Baugenossenschaft sich entweder einem der bestehenden Revisionsverbände anschließen oder sie hat die Bestellung eines Revisors für jede einzelne Revision bei dem Gerichte zu beantragen. Da die gesetzliche Revision nur dann einen Vorteil für die Genossenschaft mit sich bringt, wenn sie von einem Baugenossenschaftssachverständigen ausgeübt wird, so liegt es klar auf der Hand, daß die Baugenossenschaften gut tun, sich einem Revisionsverbande, der über das zur Ausübung der Revision nötige Revisorenmaterial verfügt, anzuschließen. Es hat sich denn auch gezeigt, daß die durch die bestehenden Revisionsverbände ausgeübten Verbandsrevisionen von ganz außerordentlicher Bedeutung für die Entwickelung des Baugenossenschaftswesens geworden sind.

In Deutschland haben sich mehrere Revisionsverbände für Baugenossenschaften gebildet. Einige von ihnen sind Unterverbände des allgemeinen Verbandes der deutschen Erwerbs- und Wirtschaftsgenossenschaften, andere haben sich dieser Genossenschaftsvertretung nicht angeschlossen. Im allgemeinen ist man bestrebt, für diejenigen Provinzen, in denen das Baugenossenschaftswesen bereits eine weite Ausdehnung erfahren hat, je einen Revisionsverband ins Leben zu rufen.

Den bestehenden Revisionsverbänden muß zugestanden werden, daß sie es verstanden haben, für das Amt eines Verbandsrevisors fast überall nur tüchtige, leistungsfähige und taugliche Männer zu berufen. Die Art, in der die Verbandsrevisionen in den einzelnen Baugenossenschaftsverbänden vorgenommen wird, ist im wesentlichen dieselbe. Hieraus ist es auch zu erklären, daß eine Konkurrenz zwischen den einzelnen Verbänden nicht besteht, daß vielmehr die einzelnen Verbände dem gleichen Ziel zustrebend öfter gemeinsame Tagungen abhalten, auf denen wichtige Baugenossenschaftsfragen behandelt werden.

Der Revisor ist Beamter des Revisionsverbandes und als solcher den Anordnungen des Verbandsdirektors unterworfen. Insbesondere hat er ordentliche und außerordentliche Revisionen nur auf Anordnung des Verbandsdirektors vorzunehmen. Die Verbandsrevisoren werden auf dem Verbandstage auf Vorschlag des Verbandsdirektors gewählt und entlassen. Die Verbandsdirektoren haben nach den Satzungen der Verbände das Recht, einen Revisor vorläufig unter Vorbehalt der Genehmigung des nächsten ordentlichen Verbandstages seines Amtes zu entheben. Für seine Leistungen wird der Revisor aus der Verbandskasse nach Anweisung des Verbandsdirektors bezahlt. Es ist dem Revisor regelmäßig untersagt, von einzelnen Vereinen oder von Mitgliedern derselben Bezahlung oder Geschenke anzunehmen. Selbstverständlich hat der Revisor bei allen ordentlichen Revisionen nach Vorschrift der ihm vom Verbandsdirektor gegebenen Instruktion zu verfahren. Eine kalkulatorische Prüfung sämtlicher einzelner Geschäftsvorfälle ist im allgemeinen von dem Verbandsrevisor nicht vorzunehmen. Es werden aber von ihm so viele Stichproben in bezug auf die Richtigkeit der Buchführung zu machen sein, daß er ein durchaus sicheres Urteil über die Art und Weise hat, in der die Kassen- und Rechnungsführung bei der Baugenossenschaft ausgeübt wird. Auf welche Punkte der Revisor bei den einzelnen Revisionen sein Augenmerk in erster Linie zu richten hat, läßt sich nicht sagen. Es hängt in jedem einzelnen Falle von der Geschicklichkeit und dem Takte des Revisors ab, daß er die vorhandenen Mängel erkennt und die richtigen Maßnahmen zu ihrer Abstellung empfiehlt.

Nach den Verbandssatzungen hat der Revisor regelmäßig die Verpflichtung, nach vollendeter Revisionsarbeit dem Vorstand und Aufsichtsrate der revidierten Genossenschaft in gemeinschaftlicher Sitzung über den Revisionsbefund ausführliche Mitteilung zu machen und über die Beseitigung vorhandener Mängel und die Herbeiführung besserer Einrichtungen Ratschläge zu erteilen. Im weiteren hat er über das Ergebnis seiner Revision einen schriftlichen Bericht an den Vorstand zu senden und dem Aufsichtsrat zweckmäßig von der Erstattung des schriftlichen Berichts Mitteilung zu machen. Eine Abschrift des Revisionsberichts erhält der Verbandsdirektor.

Insoweit die von dem Verbandsrevisor empfohlenen Ratschläge von der Genossenschaft keine Beachtung finden, hat der Verbandsdirektor darüber zu bestimmen, welche Maßnahmen empfehlenswert erscheinen, um die Genossenschaftsorgane von der Notwendigkeit der empfohlenen Maßregeln zu überzeugen. Bleiben die Bemühungen des Verbandsdirektors auf Beseitigung der vorgefundenen Mängel unberücksichtigt und sind diese so schwerwiegender Natur, daß der Bestand der Genossenschaft dadurch gefährdet erscheint, so wird dem Verbandsdirektor als letzte Maßregel allerdings nichts anderes übrigbleiben, als auf dem nächstfolgenden Verbandstage den Ausschluß der Genossenschaft aus dem Verbande zu beantragen.

Die gesetzliche Revision ist in jedem zweiten Jahre vorzunehmen. Die Frist beginnt mit dem Tage der Eintragung. Eine am 5. Mai 1912 eingetragene Genossenschaft hat sich das erstemal also spätestens am 4. Mai 1914 revidieren zu lassen. Die Frist für die nächste Revision läuft von dem Tage der vorhergehenden Revision ab. Hat diese mehrere Tage in Anspruch genommen, so läuft sie von dem letzten Revisionstage ab.

Während es bei den Verbandsrevisionen Sache des Verbandsdirektors ist, für die Revisionen der einzelnen Genossenschaften innerhalb des zweijährigen Zeitraumes Sorge zu tragen, hat der Vorstand einer Genossenschaft, die einem Revisionsverbande nicht angehört, die Pflicht, die rechtzeitige Vornahme der Revision selbst herbeizuführen. Das Gericht kann den Vorstand durch Ordnungsstrafen zur Stellung eines Antrags auf Revision anhalten. Die Stellung des Antrags wird dem Vorstande zugleich Gelegenheit geben, Vorschläge über die Person des Revisors zu machen.

Zu der gesetzlichen Revision ist der Aufsichtsrat zuzuziehen. Es ist nicht notwendig, daß der gesamte Aufsichtsrat bei der Revision zugegen ist, wohl ist es aber notwendig, daß in der letzten Aufsichtsratssitzung, die der Revision vorangeht, Beschluß darüber gefaßt wird, wie viele und welche Mitglieder des Aufsichtsrats der Revision beiwohnen sollen. Im allgemeinen wird es genügen, wenn ein oder zwei Aufsichtsratsmitglieder zur Teilnahme an der Revision bestimmt werden.

Über die Revision hat der Revisor eine Bescheinigung auszustellen, diese ist dem Gerichte mit einem kurzen Anschreiben einzureichen. Der Bericht über die Revision ist bei Prüfung der nächsten Generalversammlung als Gegenstand der Tagesordnung anzukündigen. In der Generalversammlung hat der Aufsichtsrat sich über das Ergebnis der Revision zu erklären. (§ 63 Abs. 2 des Ges.)

In der Tagesordnung ist der Bericht so zu bezeichnen, daß man erkennen kann, daß es sich um den Bericht des Verbandsrevisors über die gesetzliche Revision handelt. Es genügt also nicht, wenn als Gegenstand der Tagesordnung einfach „Revisionsbericht" angekündigt wird.

Der Aufsichtsrat braucht bei seiner Erklärung über den Revisionsbericht nicht ohne weiteres den ganzen Revisionsbericht zu verlesen wenngleich dies im allgemeinen unbedenklich sein wird. Glaubt der Vorsitzende des Aufsichtsrats, daß dieser oder jener Punkt des Revisionsberichts nicht für eine Erörterung in der Generalversammlung geeignet ist, so wird der Vorsitzende statt des Wortlauts des Berichts eine ihm geeignet erscheinende Erklärung abgeben. Meistens wird es aber der Verwaltung möglich sein, die in dem Revisionsberichte gerügten Mängel bereits vor der Erklärung über das Revisionsergebnis abzustellen, so daß die Verlesung der Ausstellungen unbedenklich ist. Fordert ein Mitglied Verlesung des ganzen Berichts und Vorstand und Aufsichtsrat halten diese nicht für zweckmäßig, so müssen sie zu dem Antrage auf Verlesung in der Art Stellung nehmen, daß sie einen Gegenantrag stellen. Die Generalversammlung hat dann darüber zu entscheiden, ob der Revisionsbericht seinem vollen Wortlaute nach verlesen werden soll oder nicht.

Über die Erklärung des Aufsichtsrats bzw. über die Verlesung des Revisionsberichts ist ein entsprechender Vermerk in die Niederschrift über die Beschlüsse der Generalversammlung aufzunehmen.

Siebentes Kapitel.

Die Beschaffung der Betriebsmittel.

A. Das eigene Vermögen der Baugenossenschaften.

a) Die Einzahlungen der Mitglieder auf die Geschäftsanteile.

Die Sicherheit, die eine Baugenossenschaft ihren Mitgliedern außer der Verpfändung ihrer Hausgrundstücke bietet, besteht zunächst darin, daß sie ein eigenes Vermögen bildet, das aus den Geschäftsguthaben der Mitglieder und den Reservefonds besteht. Im Falle des Konkurses einer Baugenossenschaft kommt für die Gläubiger als weitere Sicherheit die Haftpflicht der Genossen in Betracht. Es ist selbstverständlich, daß die Kreditfähigkeit einer Baugenossenschaft sehr wesentlich abhängig ist von der Größe ihres eigenen Vermögens. Auf die Bildung eines solchen in angemessener Höhe muß deshalb von vornherein Bedacht genommen werden.

Nach § 7 Abs. 2 des Genossenschaftsgesetzes müssen die Satzungen einer Genossenschaft den Betrag bestimmen, bis zu welchem sich die einzelnen Genossen mit Einlagen an der Genossenschaft beteiligen können (Geschäftsanteil) sowie die Einzahlungen auf den Geschäftsanteil, zu denen jeder Genosse verpflichtet ist. Letztere brauchen indessen nach den gesetzlichen Bestimmungen nur bis zu einem Gesamtbetrage von mindestens einem Zehntel des Geschäftsanteils nach Betrag und Zeit in den Satzungen festgelegt zu sein. Da es sich für Baugenossenschaften empfiehlt, den Geschäftsanteil und die Haftsumme auf einen mäßigen Betrag festzusetzen, ist es ratsam, in den Satzungen stets die zur Erreichung des vollen Geschäftsanteils nötigen Einzahlungen nach Betrag und Zeit festzusetzen. Bei Bemessung des Betrages für den Geschäftsanteil und der Zahlungsweise der einzelnen Einzahlungen auf den Geschäftsanteil — der sogenannten Beiträge — muß natürlich auf die wirtschaftliche Leistungsfähigkeit der Genossen

Rücksicht genommen werden. Bei den Baugenossemschaften, die Arbeiterwohnungen bauen, wird man im allgemeinen micht mehr als 2 M. für den Monat als Mindestbeitrag in den Satzungen vorschreiben dürfen, und zwar empfiehlt es sich oft, diese Beiträge in Halbmonatsbeträgen in Höhe von je 1 M. zu erheben. In einzelnen Fällen ist sogar die Erhebung von Wochenbeiträgen zu je 50 Pf. empfehlenswert. In kleinen Landstädten, in denen die Löhne oft sehr niedrig sind, muß man sich zuweilen mit einer Monatsleistung von 1 M. für jedes Mitglied zufriedenstellen. So niedrige Beiträge sollten aber nur in ganz seltenen Ausnahmefällen zugelassen werden, denn bei ihnen geht die Bildung des eigenen Vermögens der Genossenschaft zu langsam vorwärts.

In den Beamtenwohnungsvereinen erfolgt die Erhebung der Beiträge meist in vierteljährlichen Raten in Höhe von 10 M.

Selbstverständlich können die Mitglieder die Beiträge für eine bestimmte Zeit im voraus oder den ganzen Geschäftsanteil in einer Summe einzahlen. Ob ein Mitglied, das in früheren Monaten höhere Einzahlungen geleistet hat, von der Beitragspflicht für eine entsprechende Zeit zu befreien ist, hängt davon ab, ob dieses Mitglied die höheren Beiträge mit der ausdrücklichen Bestimmung eingezahlt hat, daß die Mehrbeträge Vorauszahlungen sein sollen. Zahlt ein Mitglied ohne diese Bestimmung eine höhere Summe ein, so wird im allgemeinen anzunehmen sein, daß es sich um eine freiwillige Mehrleistung gehandelt hat, die die regelmäßige Beitragspflicht unberührt läßt.

Eine wichtige Frage ist es, wie hoch der Geschäftsanteil in den Satzungen zweckmäßig festzusetzen ist. Da das eigene Vermögen sich stets in einem bestimmten Verhältnis zu den fremden Betriebskapitalien halten soll, muß man bei Bemessung des Geschäftsanteils darauf Rücksicht nehmen, wieviel Kapital zur Herstellung der von der Genossenschaft zu erbauenden Wohnungen voraussichtlich nötig sein wird. Besteht der Gegenstand des Unternehmers in der Erbauung kleiner Arbeiterwohnungen, so wird man den Geschäftsanteil niedriger festsetzen dürfen, als wenn Beamtenwohnungen gebaut werden sollen. Die Erfahrungen haben gelehrt, daß der Geschäftsanteil niemals niedriger als auf 5 % der durchschnittlichen Herstellungskosten für eine Vereinswohnung festgesetzt werden darf, wenn die Kapitalbildung bei der Genossenschaft eine einigermaßen befriedigende sein soll. Baut also eine Baugenossenschaft Arbeiterwohnungen mit einem durchschnittlichen Herstellungswerte von etwa 4000 M., so ist der Geschäftsanteil auf mindestens 200 M. zu bemessen. Werden Beamtenwohnungen mit einem durchschnittlichen Herstellungswerte von 6000 M. gebaut, so sollte der Geschäftsanteil nicht unter 300 M. festgesetzt werden. In vereinzelten Fällen ist bei Baugenossenschaften in ländlichen Bezirken der Geschäftsanteil auf den Betrag von 100 M. festgesetzt worden, eine Maßnahme, die nicht zu empfehlen ist, da diese Genossenschaften notwendigerweise schon nach einer geringen Bautätigkeit an Kapitalmangel leiden.

Wie bereits hervorgehoben ist, müssen die Baugenossenschaften Wert darauf legen, auch solche Personen als Mitglieder aufzunehmen, die auf eine Wohnung nicht reflektieren, also nur Mitglied der Baugenossenschaft werden, in der Absicht, die gemeinnützigen Bestrebungen der Baugenossenschaften zu fördern. Gerade diese Gönner des Vereins werden nicht nur in der Lage, sondern auch bereit sein, den Geschäftsanteil in einer Summe voll einzuzahlen. Sie werden auch häufig gleich oder allmählich mehrere Geschäftsanteile übernehmen. Allerdings könnte eine Baugenossenschaft, wenn eine einzige Person sich mit sehr erheblichem Kapital an ihrem Unternehmen beteiligt, dann in Verlegenheit kommen, wenn dieses Mitglied aus irgendeinem Grunde ausscheidet. Der Baugenossenschaft würde es vielleicht in diesem Falle schwer werden, das Kapital herauszuzahlen, weil sie es regelmäßig in den Häusern festgelegt haben wird. Um dieser Möglichkeit vorzubeugen, empfiehlt es sich, die Höchstzahl der zulässigen Anteile in den Satzungen nicht so hoch festzusetzen, daß durch das Ausscheiden eines Mitglieds mit der Höchstzahl der Anteile Liquiditätsschwierigkeiten für die Genossenschaft eintreten können. Die Übernahme von zehn Geschäftsanteilen kann indessen unbedenklich gestattet werden, zumal sich die Genossenschaft das Recht vorbehalten wird, auch innerhalb dieser zulässigen Höchstzahl die Beteiligung auf jeden weiteren Geschäftsanteil abzulehnen, sobald ihr die Annahme des Geldes nicht ratsam erscheint.

Es sei an dieser Stelle nochmals darauf hingewiesen, daß die Mitglieder zur Einzahlung der satzungsgemäßen Mindestbeiträge unter allen Umständen verpflichtet sind. § 22 Abs. 2 des Genossenschaftsgesetzes verbietet ausdrücklich den Erlaß geschuldeter Einzahlungen. Es ist wohl zulässig, daß den einzelnen Mitgliedern fällige Beiträge gestundet werden, nicht aber darf ein Erlaß solcher Beiträge stattfinden. Dieser würde selbst dann, wenn er vom Vorstand ausgesprochen werden würde, weil ungesetzlich, nichtig sein. Es ist dies wohl diejenige Bestimmung des Genossenschaftsgesetzes, die in der Praxis der Baugenossenschaften am häufigsten verletzt wird, denn es wird auch dem eifrigsten Baugenossenschaftsvorstande nicht möglich sein, die sämtlichen fälligen Beiträge einzukassieren bzw. einkassieren zu lassen. Man wird deshalb in der Praxis damit rechnen müssen, daß vereinzelte Genossen selbst bei bester Geschäftsführung mit ihren Beiträgen im Rückstande bleiben. Es sei aber ausdrücklich davor gewarnt, gegen säumige Zahler allzu nachsichtig zu sein. Merken die Genossen, daß die Vereinsleitung auch Mitglieder in dem Vereine duldet, die dauernd ihre Mitgliederbeiträge unregelmäßig oder gar nicht zahlen, so bürgert sich leicht ein Schlendrian in bezug auf die einzuzahlenden Beiträge ein, wodurch dann die gesunde Finanzentwickelung des Bauvereins gestört wird. Es ist bereits an anderer Stelle darauf hingewiesen worden, daß die Vereinsorgane gegen diejenigen Genossen, die ihre Beiträge für längere Zeit nicht gezahlt haben, dadurch vorgehen müssen, daß sie diese Genossen aus dem Verein ausschließen. Es ist völlig zwecklos, die säumigen Genossen auf die Zahlung der Mitgliederbeiträge zu verklagen, denn in diesen Prozessen würde die Genossenschaft zwar ein obsiegendes Urteil erreichen, aber gerade dieses dürfte die Genossen stets zur Kündigung der Mitgliedschaft veranlassen.

Die Einziehung der Beiträge erfolgt entweder dadurch, daß man es den Genossen überläßt, die fälligen Beträge in dem Geschäftszimmer der Genossenschaft bzw. an einer anderen, hierfür bestimmten Stelle einzuzahlen oder durch Beauftragte einzahlen zu lassen oder dadurch, daß man die Beiträge durch Vertrauensmänner oder einen Vereinsboten abholen läßt. Das Abholen der Beiträge hat den Vorteil, daß dann die Beitragszahlung meist regelmäßiger erfolgt. Die Beitragseinziehung ist aber, wenn sie durch bezahlte Vereinsboten geschieht, mit nicht unerheblichen Kosten verbunden. Man sollte deshalb diese Zahlungsart nur bei größeren Baugenossenschaften wählen.

Bei kleineren Baugenossenschaften erhält das Mitglied über die erfolgten Einzahlungen eine Quittung, die von demjenigen Vorstandsmitglied ausgefertigt wird, das die Kassengeschäfte des Vereins führt. Dieses Vorstandsmitglied wird regelmäßig zu bevollmächtigen sein, über die Einzahlungen auf Geschäftsanteilkonto rechtsgültig allein für die Genossenschaft zu quittieren. Wenn bei größeren Baugenossenschaften die Einziehung der Mitgliederbeiträge durch Vertrauensmänner oder durch bezahlte Vereinsboten erfolgt, ist natürlich die Quittungserteilung durch das mit der Kassenführung betraute Vorstandsmitglied ausgeschlossen. In diesem Falle erfolgt die Quittungserteilung am besten dadurch, daß in die Mitgliederquittungsbücher Wertmarken eingeklebt werden, die die Höhe der eingezahlten Beiträge erkennen lassen. Im vierzehnten Kapitel ist näher dargelegt, in welcher Weise dieses Markensystem bei den Baugenossenschaften ausgebildet werden kann und welche Vorteile es namentlich in bezug auf die Abrechnung mit den einzelnen Einkassierern und in bezug auf die Revision der Beitragseinnahmen bietet.

b) Die Reservefonds.

Während dem Geschäftsanteilkonto bei einer Baugenossenschaft die Geschäftsguthabenforderungen der Mitglieder bei einer Auseinandersetzung in gleicher Höhe gegenüberstehen, bilden die Reservefonds denjenigen Teil des eigenen Vermögens, der über die Ansprüche der Mitglieder hinaus vorhanden ist. Die Reservefonds dienen also in erster Linie zur Sicherstellung der Mitglieder selbst und gewährleisten — wenn sie in angemessener Höhe angesammelt werden — nicht nur die Auszahlung der Mitgliederguthaben in voller Höhe im Falle einer Auseinandersetzung, sondern sie geben auch der Genossenschaft die Möglichkeit, den Mitgliedern eine gleichmäßige Verzinsung ihrer Einzahlungen auf den Geschäftsanteil in Form der Dividenden in sichere Aussicht zu stellen. Die Ansammlung angemessener Reserven ist deshalb Vorbedingung für eine gesunde Wirtschaftsgrundlage der Baugenossenschaften.

Es ist zu unterscheiden zwischen dem gesetzlichen Reservefonds und den freiwilligen Reserven, den sogenannten Hilfsreserven. Das Genossenschaftsgesetz bestimmt, daß die Satzungen jeder eingetragenen Genossenschaft die Bildung eines Reservefonds vorsehen müssen. Dieser gesetzliche Reservefonds darf nur zur Deckung eines sich aus der Bilanz ergebenden Verlustes dienen. In den Satzungen ist die Art der Bildung dieses gesetzlichen Reservefonds, insbesondere der Teil des jährlichen Reingewinns, der dem Reservefonds zu überweisen ist und der Mindestbetrag des Reservefonds bis zu dessen Erreichung Überweisungen aus den Reingewinnen zu erfolgen haben, festzusetzen. Falls die Satzungen einer Genossenschaft diesen Anforderungen nicht genügen, würde die Überweisung an den gesetzlichen Reservefonds gemäß § 156 des Genossenschaftsgesetzes jährlich mindestens 10 % des Reingewinns betragen müssen. Es sei besonders darauf hingewiesen, daß der gesetzliche Reservefonds ausschließlich zur Deckung von bilanzmäßigen Verlusten in Anspruch genommen werden darf. Er darf also nicht dazu verwendet werden, die Rechnungsergebnisse in ungünstigen Geschäftsjahren aufzubessern, um den Mitgliedern eine Dividende gewähren zu können.

Bilanzmäßige Verluste können bei den Baugenossenschaften dadurch entstehen, daß die Mieten so niedrig festgesetzt sind, daß der Verein unwirtschaftlich arbeitet, dadurch, daß Wohnungen leer stehen, dadurch, daß der Verein irgendwelche nicht in Betracht gezogene Verluste erleidet (z. B. Kursverluste an Wertpapieren, Verlust bei dem Verkauf eines für die Genossenschaft nicht geeigneten Grundstückes) oder dadurch, daß die Baugenossenschaft gezwungen wird, plötzlich nicht vorausgesehene umfangreiche Instandsetzungskosten aufzuwenden (z. B. nach Sturm- oder Hochwasserschäden). Weisen die Bilanzen infolge irgendwelcher ungünstiger Umstände Verluste auf, so werden diese zunächst aus den etwa vorhandenen Hilfsreservefonds gedeckt. Weitere Verluste sind von dem gesetzlichen Reservefonds abzuschreiben. Ist auch dieser aufgeopfert, muß der noch ungedeckte Verlustbetrag von den Mitgliederguthaben abgeschrieben werden. Es bedarf keiner weiteren Erörterung, daß schon eine geringfügige Inanspruchnahme des gesetzlichen Reservefonds stets geeignet ist, das Vertrauen der Mitglieder und der Gläubiger der Genossenschaft zu erschüttern, eine Tatsache, die erweist, wie unbedingt notwendig es ist, neben dem gesetzlichen Reservefonds weitere Rückstellungen, aus denen unvorhergesehene Verluste gedeckt werden können, zu machen.

Der gesetzliche Reservefonds wird bei den Baugenossenschaften meist dadurch gebildet, daß ihm die Eintrittsgelder und mindestens 10 % der jährlichen Reingewinne überwiesen werden. Die Baugenossenschaftspraxis hält sich also, da die Einnahme an Eintrittsgeldern meist gering ist, im allgemeinen an die in § 156 des Genossenschaftsgesetzes vorgesehene Speisung des gesetzlichen Reservefonds. Es würde nach den gesetzlichen Bestimmungen zulässig sein, für den Reservefonds eine geringere Überweisung vorzusehen. Das dürfte aber im Interesse einer gesunden Entwickelung der Baugenossenschaft unzweckmäßig sein. Anderseits sollte man es aber auch bei einer

Zuweisung in Höhe von 10 % des Reingewinns bewenden lassen und etwaige weitere Überschüsse dem Hilfsreservefonds überweisen.

Was die Festsetzung des Mindestbetrages anlangt, bis zu dessen Erreichung dem gesetzlichen Reservefonds Überweisungen zuzuführen sind, so erscheint es am zweckmäßigsten, die Höhe des gesetzlichen Reservefonds in Beziehung zu setzen zu den Herstellungswerten (ursprünglichen gesamten Anlagekosten) der Hausgrundstücke und zwar wird man ihn auf denjenigen Prozentsatz des Herstellungswertes der Hausgrundstücke festzusetzen haben, den man als Höchstgrenze für mögliche Verluste annehmen kann. Die Möglichkeit, Verluste zu erleiden, ist natürlich bei jeder Baugenossenschaft mehr oder weniger vorhanden. In den größeren Städten wird das Risiko wegen des stärkeren Wechsels in Angebot und Nachfrage der Wohnungen und wegen der Höhe der Anlagewerte größer sein als in den kleineren Städten. Im allgemeinen sollte man den Höchstbetrag für den gesetzlichen Reservefonds nicht niedriger als auf 10 % des Herstellungswertes der Hausgrundstücke bemessen. Man wird hiernach die Mindestgrenze für den Reservefonds folgendermaßen in den Satzungen festzusetzen haben: Der gesetzliche Reservefonds soll auf 10 % der ursprünglichen gesamten Anlagekosten der Hausgrundstücke gebracht und nach Abschreibung von Verlusten wieder gebracht werden.

Die Anlage des Reservefonds erfolgt bei den Baugenossenschaften am besten im eigenen Betriebe. Es ist nicht zweckmäßig, für den Betrag des Reservefonds Wertpapiere zu kaufen, schon deshalb nicht, weil diese einen Kursverlust erleiden können, der dann nicht von dem Bestande des Reservefonds abgesetzt werden dürfte, sondern aus den laufenden Betriebsmitteln des Vereins zu decken sein würde. Auch empfiehlt es sich nicht, in den Satzungen die Bestimmung zu treffen, daß dem gesetzlichen Reservefonds seine Zinsen zuzuschreiben sind. Zunächst ist es begrifflich unmöglich, daß ein Passivposten Zinsen erzielt. Im übrigen zwingen Gründe rechtlicher und buchtechnischer Art dazu, selbst für den Fall, daß besondere Aktiva für den Reservefonds beschafft sind, die aus diesen Aktiven erzielten Zinsen dem Zinsenkonto und nicht dem Reservefondskonto zuzuführen.

Hilfsreservefonds werden bei den Baugenossenschaften unter den verschiedensten Namen geführt. Im allgemeinen hat es keinen Zweck, wenn eine Baugenossenschaft mehrere Hilfsreservefonds führt, denn diese Fonds, mögen sie benannt sein, wie sie wollen, dienen demselben Zweck. Sie sollen nämlich in guten Jahren Bestände sammeln, die es möglich machen, in schlechteren Jahren die Geschäftsergebnisse aufzubessern. Bei den Beamtenwohnungsvereinen ist es allerdings üblich, grundsätzlich zwei Hilfsreservefonds nebeneinander zu führen und zwar einen eigentlichen Hilfsreservefonds und einen Bauergänzungs- und Erneuerungsfonds. Der Unterschied in diesen beiden Hilfsreservefonds besteht darin, daß über die Bestände des ersteren Fonds nur die Generalversammlung verfügen kann, während eine Inangriffnahme des zweiten Fonds durch gemeinsamen Beschluß des Vorstandes und Aufsichtsrats statthaft ist. Gegen diese Maßnahme sind Einwendungen nicht zu erheben, insofern der Bauergänzungs- und Erneuerungsfonds in bescheidener Höhe gehalten wird. Würde man aber diesen Fonds auf Kosten der übrigen Reservefonds reichlich bedenken, so würde man dem Vorstand und dem Aufsichtsrat insofern ein zu weitgehendes Verfügungsrecht einräumen, als diese Vereinsorgane dann ohne weiteres schlechte Jahresergebnisse und Verluste aus verfehlten Unternehmungen dadurch zu verdecken in der Lage wären, daß sie diese Verluste auf den Bauergänzungs- und Erneuerungsfonds buchen.

Außerordentliche Gewinne, die sich bei einer Baugenossenschaft namentlich aus Grundstücksverkäufen ergeben können, sollten grundsätzlich stets dem Hilfsreservefonds überwiesen werden. Es wird dies allerdings regelmäßig nur in der Weise stattfinden können, daß diese Gewinne zunächst als solche in der Gewinn- und Verlustrechnung nachgewiesen und erst auf Beschluß der Generalversammlung in dem Hilfsreservefonds zurückgestellt werden.

Bei einer Reihe von größeren Baugenossenschaften wird häufig ein Unterstützungsfonds gebildet. Auch dieser ist rechtlich nichts anderes als ein Hilfsreservefonds, wenngleich sein Zweck insofern ein anderer ist, als er nicht zur Aufbesserung von Jahresgewinnen oder zur Bestreitung von außergewöhnlichen Instandsetzungskosten bestimmt ist, sondern vielmehr dazu dienen soll, solchen Genossen, die unverschuldet in eine Notlage kommen, eine Unterstützung aus Bauvereinsmitteln gewähren zu können. Die Bildung eines solchen Unterstützungsfonds kann nur empfohlen werden. Über die aus ihm zu gewährenden Darlehen würden bestimmte Grundsätze aufzustellen sein. Im allgemeinen wird es sich stets um die Gewährung von Darlehen handeln, zu deren Verzinsung und Rückzahlung die Genossen verpflichtet sind, indessen kann auch, namentlich bei gut entwickelten Baugenossenschaften vorgesehen werden, aus diesem Fonds Zuwendungen zu gewähren, zu deren Rückzahlung die Genossen nicht verpflichtet sind.

B. Die fremden Betriebsmittel und die Geldquellen der Baugenossenschaften.

Will eine Baugenossenschaft ihren Zweck erfüllen, d. h. will sie für einen erheblichen Teil ihrer Mitglieder Wohnungen bauen, so muß sie ebenso wie fast jeder private Bauunternehmer sogenannten Realkredit in Form von Hypotheken in Anspruch nehmen. Da dieser Hypothekarkredit den wesentlichsten Teil der Betriebsmittel ausmacht, hängt das Gedeihen einer Baugenossenschaft in erster Linie davon ab, unter welchen Bedingungen sie Hypotheken bekommen kann. Es wird deshalb regelmäßig die Frage der Geldbeschaffung für die zunächst in Aussicht genommene Bautätigkeit bereits schon vor Gründung der Baugenossenschaft klarzustellen sein. Vor jeder weiteren Bautätigkeit muß selbstverständlich festgestellt werden, ob sichere Aussicht auf ausreichende Beleihung zu annehmbaren Bedingungen besteht.

Eigentliche Baugelder, d. h. solche Betriebsmittel, die während der Bauzeit zur Befriedigung der Handwerkerforderungen dienen und später durch die Hypotheken abgelöst werden, brauchen die Baugenossenschaften meist nicht. Diejenigen Baugenossenschaften, die ihre Hypotheken vom Reich, dem preußischen Staat oder den Landesversicherungsanstalten erhalten — es sind dies die weitaus meisten —, bekommen schon während des Baues, spätestens nach Vollendung des Rohbaues und Abschätzung zur Feuerversicherung Abschlagszahlungen. Die Baugenossenschaften werden ihre Verträge mit den Bauhandwerkern und Lieferanten so einrichten können, daß ein Zwischenkredit angesichts dieser Abschlagszahlungen überhaupt nicht in Anspruch genommen zu werden braucht. Falls den Bauunternehmern und Lieferanten an sofortiger Zahlung gelegen ist, wird sich solche meist dadurch ermöglichen lassen, daß die Genossenschaft einen laufenden Bankkredit, für den ein wohlhabendes Mitglied der Genossenschaft die förmliche Bürgschaft leistet, in Anspruch nimmt.

Einige Baugenossenschaftsverbände haben eine Verbandskasse gegründet, um den ihnen angeschlossenen Bauvereinen unmittelbar oder durch Vermittelung der Zentralgenossenschaftskasse Baugelder gewähren zu können. Werden solche Baugelder angeliehen, so empfiehlt es sich im allgemeinen nicht, diese auf einen Wechsel aufzunehmen, sondern es ist ratsamer, für sie eine Sicherungshypothek eintragen zu lassen. Jedenfalls wird die Genossenschaft dann, wenn sie Baugelder auf Wechsel aufnimmt, unter allen Umständen den Tag der Fälligkeit für den Wechsel so bestimmen müssen, daß sie an diesem das Geld aus den festen Hypotheken bereits zur sicheren Verfügung hat. Die Hypothekengeber der Baugenossenschaften werden meist geneigt sein, den Baugeldgebern eine bestimmte schriftliche Zusicherung darüber zu geben, wann und unter welchen Voraussetzungen und namentlich in welcher Höhe der Baugenossenschaft Hypotheken bewilligt werden. Ist eine Sicherungshypothek für die Baugelder eingetragen, so ist die Umwandlung der Sicherungshypothek in eine feste Hypothek nur mit geringen Kosten verbunden. Für solche Baugenossenschaften, die Gerichtskostenfreiheit genießen, ist die Umwandlung sogar gänzlich kostenfrei. Es empfiehlt sich, die Sicherungshypothek gleich in der Höhe eintragen zu lassen, in der später die feste Hypothek aufgenommen werden soll. Es ergibt sich auch hieraus, wie notwendig es ist, bereits vor der Beschaffung von Baugeldern bestimmte Vereinbarungen über die Beleihung der Baugenossenschaftsliegenschaften mit festen Hypotheken zu treffen. Eine billige und schnelle Baugelderbeschaffung wird stets abhängig sein von der bestimmten Zusage fester Hypotheken in befriedigender Höhe.

Es wird nunmehr zu betrachten sein, welche Geldgeber als Hypothekarier für die Baugenossenschaften in Frage kommen.

a) Das deutsche Reich und der preußische Staat.

Zur Verbesserung der Wohnungsverhältnisse von Arbeitern, die in Reichs- oder Staatsbetrieben beschäftigt sind und von gering besoldeten Reichs- und Staatsbeamten können an Baugenossenschaften aus den geschaffenen Wohnungsfürsorgefonds Darlehen gegeben werden. Voraussetzung ist, daß ein erhebliches Bedürfnis zur Verbesserung der Wohnungsverhältnisse der bezeichneten Personen in dem betreffenden Genossenschaftsbereiche besteht, daß zur Befriedigung dieses Bedürfnisses Wohnungen der von der Genossenschaft geplanten Art an der in Aussicht genommenen Stelle dienlich sind und daß Arbeiter, untere oder mittlere Beamte des Reichs bzw. des preußischen

Staats in größerer Zahl der Genossenschaft angehören. Ferner müssen die Satzungen bestimmte Beschränkungen enthalten über den Zweck der Genossenschaft, über die Höhe der zur Verteilung gelangenden Dividenden und über die Verteilung des Genossenschaftsvermögens im Falle der Auflösung der Genossenschaft. Es handelt sich im allgemeinen um diejenigen Beschränkungen, die nötig sind, um den Baugenossenschaften in Preußen die Staatsstempelsteuerfreiheit bzw. im deutschen Reiche die Freiheit von der Reichswertzuwachssteuer zu verschaffen. Diese Beschränkungen bestehen in der Hauptsache in folgendem:

1. Der durch die Satzungen bestimmte Zweck der Baugenossenschaft muß ausschließlich nur darauf gerichtet sein, minderbemittelten Familien und Personen gesunde und zweckmäßig eingerichtete Wohnungen in eigens erbauten oder angekauften Häusern zu billigen Preisen zu verschaffen.
2. Die an die Mitglieder zu verteilende Dividende muß auf höchstens 4 v. H. beschränkt werden.
3. Für den Fall der Auflösung der Genossenschaft darf den Mitgliedern aus dem vorhandenen Genossenschaftsvermögen nicht mehr als der Buchwert ihres Geschäftsguthabens ausgezahlt werden. Der etwaige Rest des Genossenschaftsvermögens ist für gemeinnützige Zwecke zu bestimmen (der genaue Wortlaut der Beschränkungen ist, soweit sie Steuerprivilegien zur Folge haben, aus dem 10. Kapitel ersichtlich).

Sowohl das deutsche Reich als auch der preußische Staat geben nur zweite Hypotheken. Die erste Hypothek, und zwar bis zu 50 % der Selbstkosten für die errichteten Häuser einschließlich Grund und Boden, muß sich die Genossenschaft von irgend einem Geldinstitute beschaffen. Die fiskalischen Hypotheken werden in solcher Höhe bewilligt, daß diese Darlehen 90 v. H. des Wertes der Häuser mit Einschluß des Grund und Bodens oder dem vollen Bauwert der Häuser mit Ausschluß des Grund und Bodens nicht übersteigen. Die Darlehen sind mit 3 v. H. jährlich zu verzinsen und mit 1 v. H. jährlich unter Zuwachs der ersparten Zinsen zu tilgen, so daß also während der Tilgungsdauer ein Jahresbetrag von 4 v. H. des ursprünglichen Kapitals für die Verzinsung und Tilgung zu entrichten ist. Die Hypotheken werden auf diese Weise in rund 47 Jahren getilgt. Anlage 23 läßt erkennen, innerhalb welcher Zeitdauer die von einer Baugenossenschaft aufgenommenen Amortisationshypotheken getilgt sind, falls Zinsfuß und Tilgungssatz anderweitig festgesetzt sind.

Die außerordentlichen Vorteile der Wohlfahrtskredite für diejenigen Baugenossenschaften, für die sie bestimmt sind, liegen auf der Hand. Sie bestehen einmal in dem billigen Zinsfuße, dann aber auch in der hohen Beleihungsgrenze. Da die Baugenossenschaften, die zur zweiten Stelle Reichs- oder Staatsdarlehen erhalten, stets leicht Kredit zu annehmbaren Bedingungen zur ersten Stelle bis 50% der Selbstkosten von irgendwelchen Kreditinstituten — meist Sparkassen — bekommen, so ist für diese Genossenschaften die Frage der Geldbeschaffung von vornherein gelöst, denn diese Genossenschaften, bei denen die Hypotheken je nach Wahl entweder 90 v. H. des Werts der Hausgrundstücke einschließlich Grund und Boden oder dem vollen Bauwert der Häuser ausschließlich Grund und Boden gleichkommen, haben ungünstigstenfalls nur 10% der Selbstkosten ihrer Häuser aufzubringen. Diesen Betrag können die Baugenossenschaften meist schon durch die Einzahlungen der Mitglieder auf Geschäftsanteilkonto decken. Wenn infolge einer schnellen und ausgedehnten Bautätigkeit die Mitgliederbeiträge nicht ausreichen, sind die fehlenden Betriebsmittel regelmäßig leicht durch die Ausgabe von unkündbaren Schuldverschreibungen aufzubringen. Die vom Reich und Staat mit zweiten Hypotheken finanzierten Baugenossenschaften befinden sich also insofern in günstiger Lage, als ihnen die Beschaffung der Betriebsmittel außerordentlich leicht gemacht ist.

Wenn in Baugenossenschaftskreisen darauf hingewiesen wird, daß den unverkennbaren großen Vorteilen der fiskalischen Kredite auch Nachteile gegenüberzustellen seien, so entbehren diese Einwände einer ausreichenden Begründung. Es ist ganz selbstverständlich, daß ein Hypothekarier, der mit seinen Hypotheken bis zu 90 v. H. der Selbstkosten geht und damit ein weitgehendes Risiko übernimmt, vor der Beleihung eine sehr eingehende Prüfung des Bauvorhabens vornehmen und sich auch für später bestimmte Aufsichtsrechte über die Entwicklung der beliehenen Baugenossenschaft sichern muß. Wenn deshalb die Genossenschaften, die fiskalische Darlehen in Anspruch nehmen, zu Grundstücksankäufen und Bauentwürfen die vorherige Genehmigung der Fondsverwaltungen einzuholen haben, wenn sie ferner verpflichtet sind, ihre jährlichen Rechnungsnachweise, ihre Geschäftsberichte und Niederschriften der Generalversammlungsbeschlüsse unaufgefordert den betreffenden Behörden einzureichen und diesen Behörden auf ihr Verlangen Einblick in die Verwaltung sowie Teilnahme an den Versammlungen des Aufsichtsrats und der Mitglieder zu gestatten haben, so kann hierin eine zu weitgehende Einmischung in die Verwaltungstätigkeit der Genossenschaft nicht erblickt werden, insofern die mit der Aufsicht betrauten Reichs- und Staatsbeamten dabei verständig Maß halten und ihren Prüfungen mehr ein belehrendes als kontrollierendes Gepräge zu geben wissen. Namentlich jüngere Baugenossenschaften werden den Rat der Beamten, die auf dem Baugenossenschaftsgebiet Erfahrungen gesammelt haben, gern annehmen und oft mit Vorteil verwerten können.

Als ein besonders weitgehender und nicht gerechtfertigter Eingriff in das Selbstbestimmungsrecht der Baugenossenschaften wird es häufig empfunden, daß denjenigen Baugenossenschaften, die Reichs- oder Staatsdarlehen anleihen, die Aufnahme der bereits oben erwähnten Satzungsbestimmungen vorgeschrieben wird, eine Empfindung, die durchaus unberechtigt ist.

Da die Baugenossenschaften durchweg ihre Aufgabe darin erblicken, für minderbemittelte Familien und Personen Wohnungen zu beschaffen und diese Wohnungen möglichst billig zu vermieten bestrebt sind, also nicht auf Kosten der Mieter hohe Kapitaldividenden auf die Einzahlungen der Mitglieder zahlen wollen, so bedeuten die aufgeführten Bestimmungen unter den Nummern 1 und 2 überhaupt keine besondere Beschränkung der Darlehnsnehmer. Auf den ersten Blick scheint dagegen die Bestimmung unter Nummer 3 in der Tat eine weitgehende Verfügungsbeschränkung für den Fall zu sein, daß eine wirtschaftlich gut entwickelte, mit hohen Reservefonds und wertvollen Hausgrundstücken ausgestattete Baugenossenschaft sich auflöst. Indessen ist auch dieses Bedenken tatsächlich nicht gerechtfertigt. Zunächst ist zu beachten, daß es überhaupt nur wenige Genossenschaften gibt, die es zu einem bedeutenden Vermögen bringen werden. Sobald nämlich eine Baugenossenschaft sieht, daß sich bei ihr erhebliche Vermögenswerte bilden, wird sie geneigt sein, ihre Mieten zu ermäßigen, um eine weitere, unnötige Vermögensbildung zu verhindern. Wenn aber wirklich durch hohe Abschreibungen oder durch eine Wertvermehrung der Immobilien bei einer Baugenossenschaft im Laufe der Jahrzehnte erhebliche Werte entstehen, so ist es jedenfalls für den Bestand der Baugenossenschaft vorteilhafter, wenn die Möglichkeit, die entstandenen Werte nach ihrer Versilberung unter die Genossen zu verteilen, ausgeschlossen wird. Ohne die Bestimmung unter Nummer 3 liegt die Gefahr vor, daß spätere Generationen den Mehrwert der jetzt geschaffenen Genossenschaftsanlagen in eigennütziger Weise zu realisieren versuchen. Die Bestimmung unter Nummer 3 ist deshalb, ganz abgesehen davon, daß sie Vorbedingung sowohl für die Inanspruchnahme fiskalischer Darlehen als auch für die Befreiung von der Reichswertzuwachssteuer, der preußischen Staatsstempelsteuer und den Gerichtskosten in Preußen ist, im Interesse eines dauernden Bestandes der Genossenschaft unbedingt empfehlenswert. Sie ist um so mehr unbedenklich, als durch sie gewährleistet wird, daß die bei der Auflösung einer Baugenossenschaft etwa vorhandenen Vermögenswerte unter allen Umständen in irgendeiner Form zur Verbesserung der Wohnungen für Minderbemittelte zu verwenden sind.

Es ist in der Inanspruchnahme von Reichs- oder Staatsdarlehen, namentlich in früheren Jahren, ein Bruch mit den von den Genossenschaften mit Recht hochgehaltenen Grundsätzen der Selbsthilfe erblickt worden, jedoch geschah auch dieses mit Unrecht. Reich und Staat stellen sich bei der Gewährung von Baudarlehen zu günstigen Bedingungen einfach auf den Standpunkt des Arbeitgebers, der dafür sorgen muß, daß seine Arbeiter und Beamten in der Nähe der Arbeitsstelle eine gesunde und preiswerte Wohnung haben müssen, um möglichst angespannt und möglichst bis in ein hohes Lebensalter hinauf ihren Berufsgeschäften obliegen zu können. Reich und Staat verfolgen also in erster Linie ihr eigenes Interesse, wenn sie den Baugenossenschaften, die für ihre Arbeiter und Beamten Wohnungen bauen, billige Hypotheken geben.

Wenn endlich in den Baugenossenschaftskreisen darüber Klage geführt wird, daß die Fondsverwaltungen so viele Nachweisungen von den mit Reichs- oder Staatshypotheken finanzierten Baugenossenschaften verlangen, daß die Vorteile, den die fiskalischen Kredite gewähren, zum Teil oder ganz und gar ausgeglichen werden durch die auf die verlangten Nachweisungen zu verwendende Arbeit, so geht eine solche Ansicht denn doch weit über das Maß einer vielleicht in Einzelfällen berechtigten Klage hinaus. Wünschenswert ist, daß die Fondsverwaltungen sich bezüglich der zu führenden Nachweise und Statistiken auf das unbedingt Notwendige beschränken. Es darf aber auch auf seiten der Baugenossenschaften niemals vergessen werden, daß ein Hypothekarier, der Hypotheken bis 90% der

Selbstkosten gibt, außergewöhnliche Vorsicht üben muß. Es bedarf nach dem Gesagten gar keiner Frage, daß für jede Baugenossenschaft, die die für die Reichs- oder Staatsdarlehen erlassenen Bedingungen zu erfüllen in der Lage ist, der Versuch, diese Kredite für sich nutzbar zu machen, eine Selbstverständlichkeit sein sollte. Es sind deshalb auch von einer großen Anzahl der deutschen Baugenossenschaften Staats- und Reichsdarlehen in Anspruch genommen und man wird sagen müssen, daß gerade diese fiskalischen Kredite für die Ausdehnung des Baugenossenschaftswesens in Deutschland von ganz außerordentlicher Bedeutung gewesen sind.

Das Reichsamt des Innern kommt den mit ihm in Geschäftsverbindung stehenden Baugenossenschaften bezüglich der Beschaffung des Baugelds insofern noch besonders entgegen, als es auch Vorschüsse auf fest zugesagte erste Hypotheken während der Bauzeit bewilligt.

Die Anlagen 15, 16 und 17 geben Aufschluß über die Bedingungen für die Gewährung von Baudarlehen an Baugenossenschaften aus Reichs- und Staatsmitteln. Es wird noch besonders darauf hingewiesen, daß nach den Bedingungen des Reichsamts auch die Beleihung von Erwerbshäusern und Rentengütern möglich ist. Die Bedingung, nach der nur solche Baugenossenschaften für die fiskalischen Kredite in Frage kommen, die mindestens 100 Mitglieder haben, und bei denen der Gesamtbetrag der übernommenen Geschäftsanteile mindestens 30000 M. beträgt, wird von den Fondsverwaltungen regelmäßig nicht gefordert, so daß auch kleine Baugenossenschaften in der Lage sind, sich die Vorteile der fiskalischen Kredite zunutze zu machen.

b) Die Landesversicherungsanstalten.

Die deutschen Versicherungsanstalten haben in ganz hervorragender Weise den Bau von Arbeiterwohnungen dadurch gefördert, daß sie Hypotheken zu mäßigem Zinsfuß zum Bau von Arbeiterwohnungen dargeliehen haben. Diese Beleihungen durch die Versicherungsanstalten haben, abgesehen von dem billigen Zinsfuß, auch namentlich deshalb eine soziale Bedeutung bekommen, als bei ihnen die sonst von Geldanstalten eingehaltene Beleihungsgrenze zum Teil wesentlich überschritten, also ein Teil dieser Hypotheken — ebenso wie bei den Wohlfahrtskrediten des Reichs und des preußischen Staats — in nicht mündelsicherer Weise angelegt worden ist.

In vielen Fällen haben die Versicherungsanstalten ihre Baudarlehen unmittelbar an solche Versicherte ausgeliehen, die sich ein

Haus zu bauen wünschten. Indessen hätten die Darlehnsgewährungen der Versicherungsanstalten niemals den Umfang und die Bedeutung gewinnen können, wenn sie sich auf solche unmittelbare Beleihungen beschränkt hätten. Bei dieser Art der Darlehnshergabe würde die Verwaltungstätigkeit der Versicherungsanstalten ganz ungeheuer erschwert worden sein, weil die Beaufsichtigung so vieler kleiner Einzeldarlehen, wie sie nötig gewesen wäre, um eine gleich große Gesamtwirkung zustande zu bringen, wie sie heute durch die Versicherungsanstalten zur Tat geworden ist, mit unüberwindlichen Schwierigkeiten und Weitläufigkeiten verknüpft gewesen sein würde. Im übrigen können die Versicherungsanstalten durch Einzeldarlehen immer nur solchen Versicherten helfen, die selbst ein kleines Kapital besitzen, um denjenigen Betrag, der nicht durch Hypotheken gedeckt wird, aus eigenen Mitteln beschaffen zu können. Man hätte also gerade den vermögenslosen Versicherten, die die Hilfe am nötigsten haben, durch diese Form der Darlehnshergabe überhaupt nicht helfen können.

Die Versicherungsanstalten brauchten deshalb Vermittelungsstellen, die ihrerseits das Geld in größeren Summen von den Versicherungsanstalten gegen entsprechende Sicherheitsleistung erhielten, um es dann weiter zu Nutz und Frommen der einzelnen Wohnungsbedürftigen zu verwenden.

Die Erfahrungen lehren nun, daß der wirksamste Vermittler zwischen den Versicherungsanstalten und den eigentlichen Wohnungsbedürftigen die eingetragene Genossenschaft mit beschränkter Haftpflicht ist. Die Versicherungsanstalten haben zwar auch Kommunalverbände, Provinzen, Kreise, Gemeinden, Sparkassen als Darlehnsvermittler in Anspruch genommen. Aus den vom Reichsversicherungsamt aufgestellten Nachweisungen ergibt sich aber, daß mehr als die Hälfte der von den Versicherungsanstalten überhaupt bewilligten Darlehen an Genossenschaften gezahlt worden ist.

Der Umfang der Beteiligung an diesem großen sozialen gemeinsamen Wirken der Versicherungsanstalten und der Genossenschaften ist bei den einzelnen Versicherungsanstalten allerdings außerordentlich verschieden. Der Summe nach steht die Versicherungsanstalt Rheinprovinz mit ihren Beleihungen an erster Stelle. Ihr folgt die Landesversicherungsanstalt Hannover an zweiter Stelle. Man wird die Tätigkeit der letzteren Versicherungsanstalt, namentlich ihres Leiters, des Geheimen Regierungsrats Dr. Liebrecht, aber deshalb als besonders hervorragend anzuerkennen haben, weil von diesem tatkräftigen Förderer des Arbeiterwohnungsbaus in vieler Beziehung die Wege gewiesen worden sind, auf denen eine wirksame Verbesserung des Wohnungswesens durch die Versicherungsanstalten möglich ist.

Ebenso wie gegen die Darlehnsgewährungen des Reichs und des preußischen Staats könnte auch gegen die Darlehnsgewährungen der Versicherungsanstalten, die zu mäßigem Zinsfuß und über die mündelsichere Grenze hinaus geschehen, der Einwand erhoben werden, daß die Genossenschaften bei Annahme solcher Darlehen den Boden der Selbsthilfe verlassen. Dieser Einwand würde aber aus ähnlichen Gründen, wie sie bereits bei der Erörterung der Reichs- und Staatsdarlehen hervorgehoben sind, zurückzuweisen sein. Auch die Landesversicherungsanstalten vertreten bei der Gewährung von Darlehen zu günstigen Bedingungen an Baugenossenschaften in erster Linie *ihre eigenen* Interessen, denn sie unterstützen nur solche Baugenossenschaften, deren Mitglieder in überwiegender Mehrzahl zu den nach dem Invalidenversicherungsgesetze versicherungspflichtigen oder versicherungsberechtigten Personen gehören. Die Baugenossenschaften schaffen für die bei den Landesversicherungsanstalten versicherten Personen gesunde und zweckmäßig eingerichtete Wohnungen zu billigen Preisen, wodurch die Arbeitsfähigkeit und damit die Verpflichtung, Beiträge zu der Invalidenversicherung zu leisten, unter Umständen ganz erheblich verlängert wird.

Aus diesem Grunde ist auch zu wünschen und zu hoffen, daß diejenigen Versicherungsanstalten, die bislang verhältnismäßig wenig für die Förderung des Arbeiterwohnungsbaues getan haben, einsehen, daß sie an Rentenzahlungen sparen, wenn sie für einen erheblichen Teil ihrer Versicherten gute Wohnungsverhältnisse schaffen.

Die *Beleihungsbedingungen* der Versicherungsanstalten waren früher außerordentlich verschieden. Durch einen Erlaß des Reichsversicherungamts vom 11. Mai 1910 ist insofern mehr Einheitlichkeit in diese Bedingungen gebracht, als nach diesem Erlasse für die Zukunft von den Versicherungsanstalten regelmäßig dafür Sorge zu tragen ist, daß bei der Gewährung von Darlehen in allen Fällen, also auch bei solchen für gemeinnützige Zwecke, eine *Verzinsung von mindestens* $3^1/_2$ v. H. erzielt werden muß. Vor dem erwähnten Erlasse betrug der Zinsfuß der Darlehen an die Genossenschaften bei den meisten Versicherungsanstalten 3 v. H. Die Erhöhung des Zinsfußes wird für die Entwickelung vieler Baugenossenschaften allerdings nachteilig sein. Namentlich ist die Erbauung zweckmäßig eingerichteter und gut ausgestatteter Arbeiterwohnungen in kleineren Orten nur mit sehr billigem Hypothekenkapital möglich, so daß durch die Heraufsetzung des Zinsfußes die Tätigkeit der an kleinen Orten befindlichen Baugenossenschaften in vielen Fällen lahmgelegt werden dürfte. Das gilt ganz besonders von solchen Baugenossenschaften, die in den kleineren Orten Erwerbshäuser bauen.

Mehr als 3 ½ v. H. Zinsen erhebt — soweit dem Verfasser bekannt ist — nur die Versicherungsanstalt Brandenburg, die mit diesem hohen Prozentsatz vermutlich die Konkurrenzbefürchtungen der Hausbesitzer und Bauunternehmer beschwichtigen zu müssen glaubt.

Der Tilgungssatz beträgt nach den Darlehnsbedingungen der Versicherungsanstalten meist 1 % zuzüglich der durch die Tilgung ersparten Zinsen.

Alle Versicherungsanstalten sind natürlich bemüht, bei den von ihnen unterstützten Baugenossenschaften die Gemeinnützigkeit sicherzustellen. Aus diesem Grunde verlangt eine Reihe von Landesversicherungsanstalten, z. B. Hannover, Rheinprovinz, Westfalen, Mittelfranken, die Aufnahme derjenigen Bestimmungen in die Baugenossenschaftssatzungen, die den Bauvereinen in Preußen die Stempelsteuerfreiheit verschaffen. Bei der Besprechung der Reichs- und Staatsdarlehen haben wir gesehen, welcher Art diese Satzungsbestimmungen sind. Es wird deshalb auf die dort gemachten Ausführungen verwiesen.

Die Landesversicherungsanstalten Braunschweig und Hannover werden Mitglieder der von ihnen beliehenen Baugenossenschaften und haben so Zutritt und Stimme zu den Generalversammlungen. Einige Versicherungsanstalten, z. B. Hannover, Unterfranken und Schwaben-Neuburg, verlangen auch das Recht, an den Sitzungen des Aufsichtsrats mit beratender Stimme teilnehmen zu dürfen. Die Versicherungsanstalten Brandenburg, Schleswig-Holstein, Ostpreußen, Westpreußen, Hannover, Schwaben-Neuburg, Baden, Elsaß-Lothringen und Thüringen behalten sich das Recht vor, durch jederzeit zulässige Revision der Bücher und Prüfung der einzusendenden Jahresabschlüsse und Bilanzen eine ständige Kontrolle der Geschäftslage auszuüben.

Die Unkündbarkeitsfrist für die Baudarlehen der Versicherungsanstalten war früher sehr verschieden. Auf Anordnung des Reichsversicherungsamts darf sie in Zukunft nicht länger als auf zehn Jahre festgesetzt werden. Unter normalen Verhältnissen werden die Versicherungsanstalten die von ihnen an Baugenossenschaften begebenen Baudarlehen aber auch nach Ablauf dieser Unkündbarkeitsfrist nicht kündigen. Wenn das Reichsversicherungsamt darauf dringt, daß die Unkündbarkeitsfrist auf längstens zehn Jahre vereinbart wird, so soll damit den Versicherungsanstalten die Möglichkeit gegeben werden, den Zinsfuß dann zu erhöhen, wenn eine solche Zinserhöhung durch die allgemeinen wirtschaftlichen Verhältnisse in Deutschland oder durch die besonderen wirtschaftlichen Verhältnisse der Versicherungsanstalt oder der Baugenossenschaft berechtigt erscheinen sollte.

Die Beleihungsgrenze weist auch heute noch bei den Versicherungsanstalten große Unterschiede auf. Sie schwankt von 50 bis 90% der Selbstkosten der Hausgrundstücke einschl. Grund und Boden bzw. bis 100% der reinen Baukosten. Der Wert der Beleihungen durch die Versicherungsanstalten liegt — wie bereits angedeutet — nicht allein in dem billigen Zinsfuße, sondern auch, und sogar eigentlich in erster Linie, darin, daß diese Geldgeber bei ihren Beleihungen die mündelsichere Grenze überschreiten. Da die Baugenossenschaften nämlich — wie später noch besonders hervorgehoben werden wird — nur etwa 10% der gesamten Gestehungskosten ihrer Hausgrundstücke durch die Geschäftsguthaben der Mitglieder und durch die Reservefonds aufzubringen imstande sind, so entsteht für alle diejenigen Baugenossenschaften, die von ihren Geldgebern weniger als 90% der Selbstkosten der Hausgrundstücke erhalten, die Frage, woher das durch Hypotheken, Geschäftsguthaben und Reservefonds nicht gedeckte Betriebskapital genommen werden soll. Aus diesem Grunde sind eigentlich — wie schon bemerkt — nur diejenigen Baugenossenschaften mit Betriebskapitalien ausreichend versorgt, die vom Reich, Staat oder von ihrer Versicherungsanstalt eine Beleihung bis zu 90% der Selbstkosten erhalten. Eine so weitgehende Beleihung ohne Bürgschaft findet aber — soweit dem Verfasser bekannt ist — nur durch die Landesversicherungsanstalt Hannover statt. Diejenigen Baugenossenschaften, die eine geringere Beleihung durch die Versicherungsanstalten erfahren, müssen den durch die Hypotheken und das eigene Vermögen nicht gedeckten Betrag der Anlagekosten auf andere Weise aufbringen. Inwieweit das geschehen kann, wird später noch näher zu erörtern sein.

Einige Landesversicherungsanstalten, z. B. Rheinprovinz, verlangen bei den Darlehen an Bauvereine, wenn sie die mündelsichere Grenze überschreiten, in der Regel die Bürgschaft der betreffenden Gemeinde. Tatsächlich ist es auch den Baugenossenschaften in manchen Bezirken gelungen, diese Bürgschaft der Gemeinde zu erlangen. In vielen Gebietsteilen Deutschlands stößt aber eine solche Bürgschaftsübernahme infolge der ablehnenden Stellungnahme der Gemeindevertretungen auf unüberwindliche Schwierigkeiten. Die guten Erfahrungen der Versicherungsanstalten mit ihren Beleihungen der Baugenossenschaften lassen die Forderung einer Bürgschaftsübernahme überhaupt entbehrlich erscheinen. Wo aber eine Versicherungsanstalt glaubt, nicht ohne eine örtliche, am Gedeihen der Genossenschaft finanziell interessierte Instanz auskommen zu können und aus diesem Grunde die Bürgschaft der Gemeinde fordert, da können die Gemeinden eine solche Bürgschaft für eine verständig geleitete Baugenossenschaft getrost übernehmen. Soweit dem Verfasser bekannt ist, sind den Gemeinden infolge ihrer Bürgschaften für Baugenossenschaften Verluste oder auch nur Schwierigkeiten in keinem Falle entstanden.

Bei der Verschiedenartigkeit der Beleihungsgrundsätze der einzelnen Versicherungsanstalten ist es nicht möglich, diese Grundsätze hier in allen Einzelheiten wiederzugeben. Es muß den Baugenossenschaften überlassen bleiben, sich diese Grundsätze von derjenigen Versicherungsanstalt, die für eine Beleihung ihres Vereins in Frage kommen könnte, zu verschaffen. Die Formulare 18, 19 und 20 geben die Darlehnsgrundsätze der Versicherungsanstalten Hannover, Westfalen und Hessen-Nassau an.

c) Die Pensionskasse für die Eisenbahnarbeiter der preußischen Staatseisenbahnverwaltung.

Diese für Eisenbahnarbeiter bestehende Pensionskasse ist ihrem Wesen nach nichts anderes als eine Landesversicherungsanstalt. Sie ist auf demselben Gesetze aufgebaut und mit ihrer ganzen Verwaltung den Landesversicherungsanstalten gleichgestellt. Sie unterscheidet sich von diesen nur darin, daß sie gebildet ist für einen bestimmten Kreis von Personen, nämlich für die Eisenbahnarbeiter in Preußen und Hessen.

Die Gelder der Pensionsanstalt können zu einem gewissen Teile zugunsten der Versicherten — d. h. also für die bei der Eisenbahn beschäftigten Arbeiter — angelegt werden. Bei dieser Verwendung hat sich die Pensionskasse eine ziemlich weitgehende Beschränkung auferlegt, indem sie erst einen verhältnismäßig geringen Bruchteil, der nicht einmal ein Fünftel ihres gesamten Kapitals beträgt, für Wohnungszwecke ausgeliehen hat.

Es wird von der Pensionskasse nicht zur Bedingung gemacht, daß in den beliehenen Häusern ausschließlich Eisenbahnbedienstete wohnen. Es wird im allgemeinen nur darauf gesehen, daß überhaupt der Baugenossenschaft eine genügende Anzahl Eisenbahnbedienstete angehören.

Der Zinsfuß beträgt in der Regel $3^1/_2$ %. Bei reinen Beamtenbaugenossenschaften wird er auf 4 oder sogar auf $4^1/_4$ % bemessen. Die Pensionsanstalt steht auf dem Standpunkte, daß die Beamtenbaugenossenschaften von der Pensionskasse eine weitgehende Unterstützung nicht zu beanspruchen haben, daß sich die Pensionskasse bei Beleihung dieser Vereine vielmehr lediglich auf den Standpunkt des Geldgebers zu stellen und das zu verlangen hat, was auch von anderen Geldgebern in ähnlichen Fällen beansprucht wird.

Durch die Beleihungen der Pensionsanstalt haben sich in vielen Orten Deutschlands Baugenossenschaften gebildet, deren Aufgabe in der Beschaffung von Wohnungen lediglich für Eisenbahnbedienstete besteht und die auch tatsächlich nur Eisenbahnbedienstete als Mitglieder aufnehmen. Es ist bereits früher an einer anderen Stelle hervorgehoben, daß sich die Bildung von Genossenschaften aus den Angehörigen einer Berufsklasse im allgemeinen nicht empfiehlt. Es ist aber auch schon zugestanden, daß mit den Eigentümlichkeiten des Staatseisenbahnwesens gerechnet werden muß.

Die Eisenbahnbaugenossenschaften bauen durchweg nur Mietshäuser, weil die Pensionsanstalt Erwerbshäuser nicht beleiht.

d) Öffentliche Sparkassen.

Ihrer wirtschaftlichen Bedeutung nach sollten neben den Landesversicherungsanstalten in erster Linie die öffentlichen Sparkassen als Geldquelle für die Baugenossenschaften in Frage kommen. Leider sind aber bislang die reichen Kapitalien dieser Geldinstitute dem gemeinnützigen Wohnungsbau nur in ganz geringfügigem Umfange zugewandt worden. Der Grund hierfür liegt wohl in erster Linie darin, daß die Kommunalsparkassen mehr oder weniger als Einnahmequellen ihrer Garantieverbände betrachtet werden, so daß sie auf die Erzielung eines möglichst hohen Zinsfußes bei Ausleihung ihrer Hypotheken bedacht sind.

Eine wirksame Unterstützung der Baugenossenschaften durch die Sparkassen ist schon deshalb meist ausgeschlossen, weil nach den Satzungen dieser Geldinstitute für die hypothekarischen Ausleihungen meist die Grenze der Mündelsicherheit vorgeschrieben ist. Während die Hypothekenbanken wenigstens bis zu 60 % bei ihren hypothekarischen Ausleihungen gehen dürfen, halten sich die Sparkassen innerhalb der ersten 50 %, womit denn eine Beleihung für die Baugenossenschaften überhaupt nur dann noch in Frage kommen kann, wenn es der Baugenossenschaft möglich ist, eine verhältnismäßig hohe zweite Hypothek hinter der Sparkassenhypothek zu annehmbaren Bedingungen zu bekommen. Dies ist überall da der Fall, wo das Reich oder der preußische Staat den Beamtenwohnungsvereinen die zweite Hypothek zum Zinsfuße von 3 v. H. und gegen eine Kapitaltilgung von 1 v. H. nebst zuwachsenden Zinsen darleiht. In diesen Fällen ist deshalb auch der Kredit der Sparkassen von seiten der Baugenossenschaften häufig in Anspruch genommen worden. Indessen hat der Kredit der Sparkassen in dieser Form für die Baugenossenschaften insofern keine grundsätzliche Bedeutung, als eine Beleihung bis zu 50 % des Wertes zu regulärem Zinsfuß den Baugenossenschaften überhaupt niemals Schwierigkeiten bieten dürfte. Wenigstens sollten die Sparkassen doch in diesen Fällen den Baugenossenschaften in bezug auf den Zinsfuß entgegenkommen. Aber selbst auch das ist meist nicht zu erreichen gewesen. Es dürfte indessen doch mit der soliden Geschäftsführung einer Sparkasse sehr wohl vereinbar sein, daß sie bei einem verhältnismäßig geringen Teile ihrer auszuleihenden Gelder auf einen nennenswerten Nutzen verzichtet und zu demselben Zinsfuße, den sie ihren Spareinlegern zahlt, das Geld an solche Baugenossenschaften ausleiht, die sich die Erbauung von billigen Arbeiterwohnungen in dem Bezirke der Sparkasse zur Aufgabe machen.

Wenn von den Baugenossenschaften mehrfach der Wunsch geäußert worden ist, daß ihnen die Sparkassendarlehen unkündbar bei angemessener Tilgung dargeliehen werden sollten, so dürfte dieser Wunsch auch bei bestem Willen von seiten der Sparkassen kaum zu erfüllen sein. Die Leitung einer jeden Sparkasse muß damit rechnen, daß die Einleger ihre Gelder zurückfordern können. In wirtschaftlich schlechten Zeiten ist der Rückfluß an Spareinlagen oft so groß, daß die Sparkassendirektion kaum in der Lage ist, die zur Rückzahlung der gekündigten Spareinlagen nötigen Kapitalien zu beschaffen. Es wird sich deshalb eine vorsichtige Sparkassendirektion niemals darauf einlassen, den Baugenossenschaften für Jahrzehnte die Unkündbarkeit der dargeliehenen Kapitalien zuzusichern.

In einer Weise sind allerdings die Sparkassen in manchen Gegenden Deutschlands dem Arbeiterwohnungsbau von großem Nutzen gewesen, und zwar insofern, als sie die ihnen durch die Landesversicherungsanstalten dargeliehenen Kapitalien mit einem mäßigen Aufschlag für die Verwaltung und das entstehende Risiko an die Geldbedürftigen ausgeliehen haben. So hat z. B. die Landesversicherungsanstalt Hannover bei einer großen Anzahl von Sparkassen in ihrem Bezirke Spareinlagen gemacht, die sie mit 3 ½ % verzinst erhält. An diese Spareinlagen wird die Bedingung geknüpft, daß sie in Form von ersten Hypotheken an solche Arbeiter ausgeliehen werden, die sich ein kleines Häuschen bauen wollen, und zwar darf die Sparkasse ihrerseits einen Zinsaufschlag von höchstens ¼ % nehmen.

Die Landesversicherungsanstalt Hessen-Nassau ist in ähnlicher Weise vorgegangen, mit dem Unterschiede, daß der Aufschlag, den die Sparkassen zu nehmen berechtigt sind, nur ⅕ % beträgt.

Hat auch diese Art der Betätigung der Sparkassen mit dem Baugenossenschaftswesen eigentlich nichts zu tun, so zeigt sie doch, in welch hohem Maße die Sparkassen geeignet sein würden, infolge ihrer wirtschaftlichen Stellung den Kleinwohnungsbau zu fördern. Es ist deshalb nicht die Hoffnung aufzugeben, daß die Baugenossenschaften in Zukunft vielleicht mehr als bisher von den Sparkassen unterstützt werden könnten. Sollen diese Unterstützungen allerdings von Bedeutung sein, so müßte einmal die bei den Sparkassen übliche Beleihungsgrenze für die Baugenossenschaftsdarlehen erweitert und auch der Zinsfuß auf denjenigen Satz herabgesetzt werden, den die Sparkasse selbst ihren Spareinlegern zu zahlen hat.

e) Die Lebensversicherungsgesellschaften.

Nach den von der preußischen Staatsregierung aufgestellten Normalsatzungen können die Lebensversicherungsgesellschaften Hypotheken gewähren bis zu 60 v. H. des von ihren Sachverständigen angenommenen Schätzungswertes der Hausgrundstücke. Die Lebensversicherungsgesellschaften geben den Baugenossenschaften innerhalb dieser Grenze Hypothekarkredit unter denselben Bedingungen, wie sie diesen jeder Privatperson einräumen. Die Lebensversicherungsgesellschaften stellen sich also lediglich bei der Hergabe von Hypotheken an Baugenossenschaften auf den Standpunkt des Kapitalisten, der für sein Geld eine möglichst vorteilhafte Kapitalanlage sucht. Da die scharfe Konkurrenz der einzelnen Lebensversicherungsgesellschaften eine möglichst fiskalische Anlage des Vermögens für jede Lebensversicherungsanstalt zur Notwendigkeit macht, erscheint es auch für die Zukunft ausgeschlossen, daß die Baugenossenschaften von den Lebensversicherungsgesellschaften irgendein besonderes Entgegenkommen in bezug auf die Höhe des Zinsfußes oder der sonstigen Beleihungsbedingungen erwarten dürfen. Es würde deshalb natürlich auch durchaus unzulässig sein, wenn eine Baugenossenschaft einer Lebensversicherungsgesellschaft, die ihr Hypotheken unter den üblichen Bedingungen gewährt, irgendwelche Aufsichtsbefugnisse einräumen oder neben den üblichen Darlehnsbedingungen irgendwelche weitere Verpflichtungen eingehen würde. Handelt es sich um eine solide Lebensversicherungsgesellschaft, so kann der Vorstand der Baugenossenschaft dieser Gesellschaft vielleicht insoweit entgegenkommen, als diese Gesellschaft den Mitgliedern für den Abschluß von Lebensversicherungen empfohlen wird.

Da die Lebensversicherungsgesellschaften nur bis sechs Zehntel des von ihren Sachverständigen angenommenen Schätzungswertes beleihen und überdies den regulären Zinsfuß verlangen, kommen sie in der Regel für diejenigen Baugenossenschaften, die billige Arbeiterwohnungen bauen wollen, nicht in Frage. Dagegen haben Beamtenwohnungsvereine, die ihre zweiten Hypotheken vom Reich und Staat erhalten, aus den Mitteln der Lebensversiherungsgesellschaften — z. B. vom Preußischen Beamtenverein in Hannover — häufig die erste Hypothek bis zur mündelsicheren Grenze bekommen.

In letzterer Zeit ist vielfach eine Verbindung zwischen Baugenossenschaften und Lebensversicherungsgesellschaften empfohlen, die darauf hinausläuft, daß an Stelle der Hypothekentilgung bei dem Hypothekengläubiger der Abschluß einer Lebensversicherung zugunsten des Hypothekengläubigers treten soll. Diese Einrichtung, die sogenannte Hypothekarlebensversicherung, ist im nächsten Kapitel näher besprochen worden. Es wird deshalb auf dieses verwiesen.

f) Darlehen von den an der Genossenschaft interessierten Arbeitgebern.

Inwieweit es für Baugenossenschaften möglich ist, Hypotheken von Privatleuten zu erhalten, wird in jedem Falle von den besonderen Verhältnissen abhängen. Häufig kommt es vor, daß wohlhabende Personen, die der Baugenossenschaft als Mitglied angehören und von der gesunden Wirtschaftslage der Baugenossenschaft überzeugt sind, der Baugenossenschaft eine zweite Hypothek darleihen. Bei denjenigen Baugenossenschaften, die Wohnungen für gewerbliche Arbeiter bauen, liegt eine Finanzierung durch die an der Baugenossenschaft interessierten Arbeitgeber nahe. Sobald eine Baugenossenschaft in der Nähe eines größeren industriellen Werkes Wohnungen schafft, fördert sie in hohem Maße das Interesse nicht nur der in diesem Werke beschäftigten Arbeitnehmer, sondern auch das Interesse des Inhabers dieses Werkes. Im Gegensatz zu England pflegen die Arbeitgeber in Deutschland der Frage einer zweckmäßigen Ansiedlung ihrer Arbeiter in der Nähe ihrer Arbeitsstelle trotz rühmlicher Ausnahmen im allgemeinen immer noch verhältnismäßig wenig Interesse entgegenzubringen, zum mindesten sind die Arbeitgeber nur selten bereit, die zweckmäßige Ansiedlung von Arbeitern durch finanzielle Opfer zu fördern. Es ist das außerordentlich bedauerlich. Einige große Arbeitgeber, und zwar sowohl einzelne Personen wie Gesellschaften, haben allerdings erkannt, wie außerordentlich wichtig es für ihr Unternehmen ist, durch Verbesserung der Wohnungsverhältnisse den Gesundheitszustand und die Leistungsfähigkeit ihrer Arbeiter zu fördern, und es sind deshalb vereinzelt Arbeiterkolonien durch Arbeitgeber begründet worden, die zum Teil mustergültige Kleinwohnungen zu billigen Preisen enthalten. Es darf aber nicht verkannt werden, daß überall da, wo der Arbeiter seine Wohnungen von dem Arbeitgeber mietet, ein unerwünschtes persönliches und wirtschaftliches Abhängigkeitsverhältnis zwischen Arbeitgeber und Arbeitnehmer entsteht. Hinzu kommt, daß es nicht empfehlenswert ist, eine große Anzahl von Arbeitern, die in ein und derselben Fabrik beschäftigt sind, ohne Beimischung anderer Berufsarten zusammen wohnen zu lassen. Diese Bedenken sind namentlich da angebracht, wo die Arbeiter durch die Arbeitgeber in großen Massenmiethäusern angesiedelt werden. Die Arbeitgeber werden regelmäßig besser tun, anstatt eigene Arbeiterwohnungen zu bauen, die Begründung einer Baugenossenschaft in die Wege zu leiten und das wirtschaftliche Fortkommen dieser Baugenossenschaft durch die Hergabe billiger Hypotheken zu fördern. Die Arbeitgeber brauchen sich in diesem Falle nicht mit der überaus lästigen Verwaltung der Häuser zu befassen, während die Arbeitnehmer nicht zu befürchten haben, bei etwaigen Arbeitseinstellungen oder anderen zwischen ihnen und den Arbeitgebern bestehenden Differenzen aus der Wohnung herausgewiesen zu werden. Diejenigen Arbeitgeber, die eine Baugenossenschaft durch die Bewilligung von Hypotheken unterstützen, werden stets so viel Einfluß auf die Baugenossenschaft gewinnen können, daß auch die berechtigten Interessen der Arbeitgeber durch die Genossenschaft genügend gewahrt werden.

Wo eine einzelne Fabrik oder einige Fabriken desselben Industriezweiges den Arbeitsmarkt beherrschen, ist es allerdings richtiger, daß man die Erbauung der nötigen Arbeiterwohnungen dem Arbeitgeber überläßt. Wir haben im ersten Kapitel gesehen, daß für die Tätigkeit einer Baugenossenschaft nur da ein geeignetes Feld ist, wo sich die Industrie auf verschiedene Gebiete erstreckt. Wollte eine Baugenossenschaft an einem kleinen Orte mit enseitiger Industrie eine größere Anzahl von Häusern erbauen, so bestünde ständig die Gefahr, daß die Baugenossenschaft durch eine ungünstige Konjunktur in dem betreffenden Industriezweige an den Rand des Ruins gebracht würde.

In denjenigen Orten, in denen sich die Industrie auf verschiedenen Gebieten betätigt, wo also eine Baugenossenschaft mit Erfolg arbeiten kann, ist eine Mitbeteiligung der Arbeitgeber bei der Erstellung von Arbeiterwohnungen in der Form von Hypothekenbewilligungen an die bestehenden Baugenossenschaften meist deshalb nicht zu erreichen gewesen, weil eine Einigung unter den Arbeitgebern in bezug auf die Höhe des zur Verfügung zu stellenden Kredits nicht zu erreichen war. Es ist durchaus zu wünschen, daß in dieser Beziehung ein verstärktes Verständnis der Arbeitgeber für die Wirksamkeit der Baugenossenschaften hervortreten möchte.

Im übrigen werden die Arbeitgeber nur für die Hergabe zweiter Hypotheken an Baugenossenschaften in Frage kommen.

Denn auch denjenigen Baugenossenschaften, die Arbeiterkolonien in der Nähe von Fabrikanlagen errichten, wird es regelmäßig möglich sein, die ersten Hypotheken von irgendwelchen Geldinstituten zu annehmbaren Bedingungen zu erhalten. Geben die Arbeitgeber den Baugenossenschaften zweite Hypotheken, so ist namentlich auf eine möglichst lange Unkündbarkeitsfrist zu dringen, damit nicht die Genossenschaft durch die Kündigung der Hypothek in Schwierigkeiten gebracht werden kann. Wenn die Fabrikanten und Industriellen ihr Interesse an der Baugenossenschaft durch die Hergabe zweiter Hypotheken bekunden, empfiehlt es sich, Vertreter dieser Werke in den Aufsichtsrat zu wählen. Auf diese Weise ist in vielen Baugenossenschaften der Boden für ein erfolgreiches Zusammenarbeiten von Arbeitgebern und Arbeitnehmern gelegt worden, das sehr wohl geeignet ist, diese beiden Erwerbsklassen einander näherzubringen. Die größere Erfahrung und Geschäftskundigkeit der Arbeitgeber kann häufig für die Baugenossenschaften von großem Werte sein. In vielen Fällen werden die Fabrikanten, wenn sie eine Baugenossenschaft durch Darlehen unterstützen, auf die hypothekarische Eintragung ihrer Forderungen überhaupt verzichten können, weil die Schuld in absehbarer Zeit von den Baugenossenschaften abgetragen werden kann.

g) Die Beschaffung zweiter Hypotheken.

Wir haben gesehen, daß die Hypothekenbanken und Lebensversicherungsgesellschaften höchstens bis zu sechs Zehntel des Schätzungswertes beleihen. Wenn nun auch die Annahme zutrifft, daß bei einer derartigen Beleihung die Baugenossenschaften 75% der Selbstkosten ihrer Hausgrundstücke durch diese Hypotheken erhalten, so steht die Frage offen, aus welchen Geldquellen die Baugenossenschaften, die eine ausreichende Beleihung aus den Wohlfahrtskrediten nicht erfahren und bezüglich der Beschaffung ihrer Betriebskapitalien auf den allgemeinen Geldmarkt angewiesen sind, die fehlenden 25% der Selbstkosten decken sollen. Es erscheint ausgeschlossen, daß namentlich junge Baugenossenschaften einen so erheblichen Anteil an den Gestehungskosten ihrer Liegenschaften aus den Geschäftsguthaben ihrer Mitglieder und den aufgesammelten Reservefonds decken können. Nach den gemachten Erfahrungen muß man vielmehr annehmen, daß selbst ältere Baugenossenschaften, wenn sie eine rege Bautätigkeit entfalten, im allgemeinen nicht mehr als 10 bis höchstens

15% der Gestehungskosten ihrer Hausgrundstücke aus dem eigenen Vermögen der Genossenschaft bezahlen können. Es würden also selbst bei den älteren Genossenschaften noch 10 bis 15% der Gestehungskosten, bei jüngeren Genossenschaften ein noch größerer Betrag auf irgendeine andere Weise zu beschaffen sein. Da, wie wir weiter unten sehen werden, die Ausgabe von unkündbaren Schuldverschreibungen in größerem Umfange nur bei vereinzelten Baugenossenschaften möglich ist und die Einführung eines ausgedehnten Sparkassenverkehrs, der möglicherweise der Genossenschaft größere Betriebskapitalien zuführen könnte, im allgemeinen nicht ohne Bedenken, auch nicht überall durchführbar ist, wird man oft den Versuch machen müssen, die fehlenden Gelder zur zweiten Hypothek aufzunehmen.

Nun sind aber zweite Hypotheken namentlich dann außerordentlich schwer zu erhalten, wenn die erste Hypothek schon bis 60% des Schätzungswertes geht. Man darf wohl sagen, daß, wenn es gelänge, die Beschaffung zweiter Hypotheken für den Kleinwohnungsbau in befriedigender Weise zu lösen, damit überhaupt die Frage der Geldbeschaffung für den Kleinwohnungsbau in der Hauptsache gelöst wäre. Es wird aber kaum möglich sein, einen Weg zu finden, der in allen Fällen zur Beschaffung einer ausreichenden zweiten Hypothek führt. Allerdings sind eine Reihe von Vorschlägen gemacht, um diese für die Geldbeschaffung so außerordentlich wichtige Frage einer grundsätzlichen Lösung entgegenzuführen. Von diesen Vorschlägen seien hier drei erwähnt:

Zunächst ist vorgeschlagen worden, die Beschaffung zweiter Hypotheken für den Kleinwohnungsbau in Deutschland in ähnlicher Weise durch den Erlaß eines Reichsgesetzes zu sichern, wie das in Österreich im Jahre 1911 geschehen ist. Das österreichische Gesetz hat folgenden Inhalt:

> „Bis zum Jahre 1921 wird ein Fonds von 25 Millionen Kronen angesammelt. Der Fonds wird in zwei Abteilungen getrennt, eine für Darlehnsgewährung und eine für Bürgschaftsleistung, beide für die gemeinnützige Bautätigkeit, d. h. zum Zwecke der Errichtung von Kleinwohnungen und Ledigenheimen durch Selbstverwaltungskörper, öffentliche Körperschaften und Anstalten sowie durch gemeinnützige Vereinigungen. Die Bürgschaftsleistung soll das an zweiter Stelle aufzunehmende Darlehn decken und sich bis 90% erstrecken.

Die Darlehen, für die der Fonds Bürgschaft leistet, gelten als mündelsicher. Es darf die Bürgschaft für Darlehen bis zu insgesamt 200 Millionen Kronen übernommen werden."

Mit dem Erlaß eines ähnlichen Gesetzes für Deutschland wird schon deshalb nicht zu rechnen sein, weil ein derartiges Gesetz nicht die Mehrheit in den Parlamenten finden würde. Man muß bedenken, daß im Deutschen Reiche jährlich schätzungsweise für 2½ Milliarden Mark Häuser gebaut werden. Man kann sich danach eine Vorstellung davon machen, wie groß die Summe ist, die jährlich für zweite Hypotheken gebraucht wird, und daß diese Summe auch dann noch gewaltig groß sein würde, wenn man auch nur solche zweite Hypotheken ins Auge faßt, die für den Bau von Kleinwohnungen nötig sind. Sollten das Reich oder vielleicht auch die einzelnen Bundesstaaten für einen erheblichen Teil dieser zweiten Hypotheken auf Kleinwohnungen die Bürgschaft übernehmen, so würde diese Bürgschaftsübernahme einen solchen Umfang annehmen, daß dadurch der Reichs- bzw. Staatskredit verschlechtert werden müßte, ganz abgesehen davon, daß das Reich sich mit einer überaus großen Verantwortung und einem sehr schwierigen Verwaltungsapparat befassen müßte. Es ist allerdings außerordentlich bequem, in allen Notlagen sich nach der Reichs- und Staatshilfe umzusehen. Es ist aber der von Schulze-Delitzsch aufgestellte Grundsatz noch immer durch die Erfahrung bestätigt worden, daß ein wirtschaftlicher Notstand, der eine ganze Bevölkerungsklasse erfaßt hat, nicht anders gehoben werden kann als dadurch, daß diese Bevölkerungsklasse sich selbst hilft, und zwar ohne nach Unterstützungen und Wohltaten des Reichs und des Staats umzuschauen. Man wird sich deshalb auch bezüglich der Beschaffung von Geldmitteln zur zweiten Hypothek für den gemeinnützigen Wohnungsbau nicht allein auf die Staats- oder Reichshilfe verlassen dürfen.

Der zweite Vorschlag, der zur Beschaffung zweiter Hypotheken gemacht ist, läuft darauf hinaus, städtische Hypothekenanstalten einzurichten, mit der Aufgabe, zweite Hypotheken zu einem mäßigen Zinssatz auszuleihen. Tatsächlich bestehen solche städtischen Hypothekenanstalten bereits in einigen Städten, so z. B. in Frankfurt a. M. Wir werden im elften Kapitel gelegentlich der Besprechung des Erbbaurechts sehen, daß die Stadtverwaltung von Frankfurt a. M. für den Arbeiterwohnungsbau das Gelände auf Erbbaurecht zur Verfügung stellt. Wenn nun die Stadt außerdem noch die zweiten

Hypotheken, die sonst sehr schwer zu beschaffen sind, den Genossenschaften zu einem mäßigen Zinsfuße gewährt, so liegt darin jedenfalls eine ganz außerordentlich weitgehende Unterstützung des Arbeiterwohnungsbaues. Im allgemeinen wird man aber doch wohl durch die städtischen Hypothekenanstalten in erster Linie den wirtschaftlich schwachen Bürgern helfen wollen. Immerhin wird es aber auch den Baugenossenschaften gelingen, von diesen Anstalten Hypothekengelder zu bekommen. In der Annahme solcher Hypothekengelder würde natürlich nicht ein Widerspruch mit dem Grundsatze der Selbsthilfe zu sehen sein, denn was für den privaten Hausbesitzer recht ist, kann auch für die Baugenossenschaften nur billig erscheinen.

Endlich ist vorgeschlagen worden, die Revisionsverbände zu Garantieverbänden in der Weise auszugestalten, daß die Revisionsverbände für die aufgenommenen zweiten Hypotheken ihrer angeschlossenen Genossenschaften die Bürgschaft zu übernehmen hätten. Die Ausgestaltung der Revisionsverbände zu solchen Bürgschaftsverbänden würde nach der Überzeugung des Verfassers eine ganz außerordentliche Gefahr für das Baugenossenschaftswesen im allgemeinen und für die Revisionsverbände im besonderen werden. Die Folge würde sein, daß nur die wirtschaftlich schwachen Baugenossenschaften in den Verbänden blieben. Der Zusammenbruch einer einzigen Genossenschaft könnte möglicherweise den Konkurs einer größeren Anzahl von Verbandsgenossenschaften nach sich ziehen u. a. m.

Von den drei Vorschlägen ist deshalb nur der an zweiter Stelle genannte praktisch verwertbar. Es ist durchaus zu wünschen, daß das Beispiel einiger Städte in bezug auf die Gründung von städtischen Hypothekenanstalten eine möglichst weitgehende Nachahmung findet. Es ist deshalb auch empfehlenswert, daß die Baugenossenschaften darauf hinwirken, daß an den Orten, an denen sie ihre Tätigkeit entfalten, solche Hypothekenanstalten eingerichtet werden. Selbstverständlich muß in allen Fällen darauf gedrungen werden, daß die Baugenossenschaften in den Darlehnsbedingungen dieser Anstalten nicht schlechter gestellt werden als die Privaten.

Eine grundsätzliche Lösung für die Beschaffung der zweiten Hypotheken wird allerdings auch auf diese Weise niemals erreicht werden können, denn die Zahl der Hypotheken, die eine solche städtische Anstalt ausleihen kann, wird immer so beschränkt bleiben, daß die Mehrzahl der zweiten Hypotheken von anderer Seite angeliehen werden muß. Die Bedeutung solcher städtischer Hypothekenanstalten könnte aber sehr erheblich erweitert werden, wenn neben der Darleihung von zweiten Hypotheken auch die Übernahme von Bürgschaften für zweite Hypotheken allgemein mit in den Kreis der Geschäftstätigkeit dieser Anstalten gezogen würde. So wie die Verhältnisse heute in den meisten Städten liegen, bleibt den Baugenossenschaften meistens nichts anderes übrig, als die zweiten Hypotheken daher zu nehmen, wo sie gerade für den Einzelfall zu bekommen sind. Es wird sehr viel von der Geschicklichkeit und dem Ansehen, das die Genossenschaften und ihre Leiter genießen, abhängen, ob und in welchem Umfange der Genossenschaft Kredit auf zweite Hypotheken zuteil wird. Selbst bei günstigstem Stande der Genossenschaft und bei geschicktester Leitung wird aber die Beschaffung zweiter Hypotheken stets sehr schwierig sein.

h) Unkündbare Schuldverschreibungen und Spareinlagen.

Es ist bereits wiederholt darauf hingewiesen worden, daß die Baugenossenschaften durch die Einzahlungen auf den Geschäftsanteil und durch ihre Reservefonds insgesamt meist nur etwa ein Zehntel des gesamten Anlagewertes ihrer Hausgrundstücke decken können und daß nur das Reich, der preußische Staat und einige Landesversicherungsanstalten mit ihren Beleihungen so weit gehen, daß neben diesen Hypotheken und dem eigenen Vermögen der Genossenschaften andere Gelder nicht benötigt werden, so daß also für die größte Mehrzahl der Baugenossenschaften die Frage entsteht, in welcher Weise sie den durch die Hypotheken und das eigene Vermögen nicht gedeckten Teil der Anlagekosten aufbringen sollen.

In erster Linie kommt für die Beibringung dieser fehlenden Betriebsmittel die Ausgabe unkündbarer Schuldverschreibungen in Frage. Diese auf den Namen der Erwerber lautenden Schuldverschreibungen können zwar unter Kenntnisnahme des Vereinsvorstandes auf andere Personen übertragen werden, sie sind aber der Baugenossenschaft gegenüber unkündbar. Ihre Rückzahlung findet in der Weise statt, daß in jedem Jahr ein bestimmter Betrag — mindestens 1 oder 2 % — zur Auslosung und Rückzahlung gelangt. Der Betrag der einzelnen Schuldverschreibungen wird meistens auf je 100 M., in vereinzelten Fällen auch auf je 50 M. festgesetzt.

Der Zinsfuß muß auf mindestens 4 % festgesetzt werden, damit der Ankauf dieser Schuldverschreibungen den Genossen empfehlenswert erscheint. Eine Reihe von Baugenossenschaften haben durch die Ausgabe solcher unkündbarer Schuldverschreibungen erhebliche Kapitalien aus dem Kreise ihrer Mitglieder herausgeholt. Namentlich ist dieses bei Beamtenwohnungsvereinen geglückt, während die Ausgabe von Schuldverschreibungen bei Arbeiterbaugenossenschaften wenig Aussicht auf Erfolg bietet.

Für die Schuldverschreibungen haften in erster Linie die Liegenschaften der Genossenschaft, insoweit sie nicht mit Hypotheken belastet sind. Im übrigen ist auch das eigene Vermögen der Genossenschaft, d. h. die Geschäftsguthaben und die Reserven, als Deckung für diese aufgenommenen Schulden vorhanden, wozu noch die Haftsumme der Genossen als weitere Sicherheit hinzutritt. Man kann deshalb sagen, daß bei gutgeleiteten Baugenossenschaften diese Schuldverschreibungen den Käufern neben einer normalen Verzinsung eine durchaus ausreichende Sicherheit bieten. Wenn trotzdem der Absatz der Schuldverschreibungen meistens erheblich hinter den Wünschen der Genossenschaften zurückbleibt, so liegt das daran, daß die Schuldverschreibungen von seiten der Erwerber unkündbar sind. Hierdurch werden sie aber gerade für die Genossenschaften wertvoll. Es darf deshalb an dem Grundsatze der Unkündbarkeit nicht gerührt werden.

Dagegen kann man aber wohl insofern einen Anreiz zum Ankauf der Schuldverschreibungen geben, als man den Zinsfuß vielleicht noch höher als 4 % festsetzt oder die Schuldverschreibungen den Käufern unter pari anbietet.

Die näheren Bedingungen für die Ausgabe von Schuldverschreibungen ergeben sich aus dem beigefügten Muster. (Form. 21.)

Da, wie bereits bemerkt, der Verkauf unkündbarer Schuldverschreibungen an die Genossen selbst oft in Beamtenwohnungsvereinen zu wünschen übrigläßt und in Arbeiterwohnungsvereinen ganz aussichtslos ist, bleibt denjenigen Baugenossenschaften, die aus ihren Anleihen und ihrem eigenen Vermögen nicht die Anlagekosten decken können, häufig nichts anderes übrig, als Spareinlagen von ihren Mitgliedern anzunehmen.

Der allgemeine Genossenschaftstag in Breslau — 1904 — hat sich mit dem Sparkassenverkehr bei den Baugenossenschaften beschäftigt und ist zu dem Ergebnis gekommen, daß ein in engbegrenztem Umfange betriebener Sparkassenverkehr bei genügender Vorsicht zwar ungefährlich ist, aber auch den Baugenossenschaften keine wesentlichen Vorteile bringt, und daß ein ausgedehnter Sparkassenverkehr die Existenz einer Baugenossenschaft wegen einer möglichen Massenkündigung von Spareinlagen gefährden kann.

Für eine Baugenossenschaft haben nur solche Kapitalien Wert, die dauernd in den Häusern festgelegt werden können. Hieraus ergibt sich ohne weiteres, daß Spareinlagen, die nach einer gewissen Kündigungsfrist zurückzuzahlen sind, eigentlich niemals ein geeignetes Betriebskapital für eine Baugenossenschaft sein können. Trotz dieser gegen den Sparkassenverkehr grundsätzlich vorzubringenden Bedenken haben die Baugenossenschaften doch zum Teil den Sparkassenverkehr eingeführt bzw. einführen müssen, weil sie die fehlenden Gelder nicht auf andere Weise zu beschaffen wußten. Es muß zugegeben werden, daß die praktischen Erfahrungen mit dem Sparkassenverkehr bislang verhältnismäßig günstig sind. Zu ernsteren Schwierigkeiten oder gar Zusammenbrüchen infolge von Massenkündigungen der Spareinlagen ist es nirgends gekommen. Es wäre allerdings falsch, wenn man aus diesen Erfahrungen folgern wollte, daß die theoretischen Bedenken ohne weiteres beiseite gelassen werden dürfen. Im Gegenteil, man wird auch heute noch zugeben müssen, daß der Sparkassenverkehr an sich nicht in eine Baugenossenschaft hineinpaßt und daß er nur da eingeführt werden sollte, wo das nötige Geld auf andere Weise durchaus nicht zu beschaffen ist.

Wie bereits angedeutet, müssen diejenigen Baugenossenschaften, die einen Sparkassenverkehr pflegen, ganz besonders darauf achten, daß sie nicht infolge einer Massenkündigung von Spareinlagen illiquid werden.

Der allgemeine Genossenschaftstag in München (1912) hat den Baugenossenschaften hinsichtlich ihrer Liquidität die Beachtung folgender Leitsätze empfohlen:

1. Baugenossenschaften, die einen Sparkassenverkehr pflegen, müssen 50 % der Spareinlagen in liquiden Mitteln anlegen. Unter liquiden Mitteln sind zu verstehen: Kassenbestand, Bankguthaben und mündelsichere, jederzeit lombardfähige Anlagen. Die Rückzahlung der Spareinlagen muß an eine Kündigungsfrist von mindestens einem Monat geknüpft sein. Anzustreben bleibt eine Kündigungsfrist von mindestens sechs Monaten.
2. Das eigene Vermögen der Baugenossenschaft, Geschäftsguthaben und Reservefonds, kann zum Ankauf von Grundstücken und

Bau von Häusern Verwendung finden. Es müssen aber mindestens 10 % der Geschäftsguthaben in liquiden Mitteln vorhanden sein. Bei Baugenossenschaften mit stets wechselnder Mitgliederzahl muß der Prozentsatz entsprechend höher sein.

3. Den Baugenossenschaften wird empfohlen, im Wege der Satzungsänderung den Austritt der Mitglieder von der Einhaltung einer einjährigen Kündigungsfrist abhängig zu machen.
4. Die laufenden Einnahmen aus Mieten, Zinsen usw. dürfen nur zur Bestreitung laufender Ausgaben Verwendung finden. Es wird abgeraten, sie zur Bestreitung von Baukosten heranzuziehen.

Diese Grundsätze bedeuten für die Baugenossenschaften mit Sparkassenverkehr eine weitgehende Beschränkung in bezug auf die Anlegung der Spargelder in den Immobilien der Genossenschaft. Unter den liquiden Mitteln im Sinne des obigen Antrages sollen allerdings nicht nur die Kasse, die Bankguthaben und die Wertpapiere verstanden werden, sondern auch die jederzeit lombardfähigen Anlagen. Eine Anzahl von Baugenossenschaften hat Hypotheken durch Amortisation getilgt oder sogar eine Reihe hypothekenfreier Grundstücke. Diese Genossenschaften sind in der Lage, innerhalb der mündelsicheren Grenze Hypotheken aufzunehmen. Es fragt sich nun, wie sollen sich diese Baugenossenschaften dem Antrage gegenüber verhalten. Sollen auch für sie die Grundsätze der Liquidität, die der obige Antrag festlegt, ohne weiteres zur Anmeldung kommen. Diese Frage dürfte zu verneinen sein; man wird vielmehr diejenigen Beträge, die eine Baugenossenschaft jederzeit auf hypothekenfreie Grundstücke oder auf solche Grundstücke, die nur schwach belastet sind, aufnehmen kann, mit zu den liquiden Mitteln bzw. zu den jederzeit lombardfähigen Anlagen rechnen dürfen. Hypotheken werden allerdings von der Reichsbank nicht lombardiert. In der Sparkassengesetzkommission des preußischen Abgeordnetenhauses hat der Präsident der Reichsbank erklärt, es könne nie nnd nimmer daran gedacht werden, daß die Reichsbank Hypotheken lombardiere. Diejenigen Baugenossenschaften, die Eigentümerhypotheken innerhalb der mündelsicheren Grenze ihr eigen nennen, müssen sich also darüber im klaren sein, daß sie über diese nicht so verfügen können, wie über mündelsichere Wertpapiere. In dieser Beziehung ist namentlich zu bedenken, daß die Hypothekenbeschaffung selbst bei weitgehendster dinglicher Sicherheit nicht von heute auf morgen vor sich gehen kann, während auf Staatspapiere zu jeder Stunde Darlehen bei der Reichsbank erhältlich sind. Eine Bank, die Eigentümerhypotheken beleiht, wird immer zunächst Nachforschungen über die Sicherheit dieser Hypotheken anstellen müssen. Ganz abgesehen hiervon, würde namentlich im Falle eines Krieges Geld auf freie Hypothekenstellen, auch wenn diese innerhalb der mündelsicheren Grenze liegen, sehr viel schwerer zu haben sein, als gegen Verpfändung von Wertpapieren.

Diejenigen Baugenossenschaften, die einen ausgedehnten Sparkassenverkehr pflegen und ihre Liquidität zum großen Teile auf Eigentümerhypotheken stützen, sollten sich deshalb im voraus durch entsprechende Verträge mit den Banken, mit denen sie in Geschäftsverbindung stehen, sichern. Es muß alle Vorsorge getroffen werden, damit die Baugenossenschaft auf Grund ihres Vertrages und auf Grund ihrer Sicherheiten mit Bestimmtheit darauf rechnen kann, das Geld zu erhalten, das sie bei einer Massenkündigung von Spareinlagen zur Befriedigung der Spareinleger benötigt.

Es wird noch darauf hingewiesen, daß die Baugenossenschaften, die Spareinlagen annehmen, regelmäßig auch auf die Einhaltung der ausbedungenen Kündigungsfristen halten sollten. Unter dem Druck der Konkurrenz, die die öffentlichen Sparkassen ausüben, wird von den Baugenossenschaften ihren Spareinlegern meist die Zusicherung gegeben, daß auf die Kündigungsfrist verzichtet wird für den Fall, daß die Kassenverhältnisse der Baugenossenschaft eine sofortige Rückzahlung der Spareinlagen erlauben. Dieses Verfahren ist insofern bedenklich, als dann, wenn eine Baugenossenschaft die Erklärung abgeben müßte, ihre Geldverhältnisse erlaubten gegenwärtig eine sofortige Zurückzahlung nicht, sofort das Vertrauen der Mitglieder zu der Genossenschaft erschüttert werden würde. Wird grundsätzlich stets an der Einhaltung der Kündigungsfrist festgehalten, so werden die Genossen eine sofortige Zurückzahlung überhaupt nicht erwarten und fordern.

Formular 22 enthält ein Muster für Bestimmungen über die Annahme, Verzinsung und Rückzahlung von Spareinlagen.

Achtes Kapitel.

Sollen die Baugenossenschaften Miethäuser oder Erwerbshäuser bauen?

Die Beschäftigung des gewerblichen Arbeiters, die in der überwiegenden Mehrzahl der Fälle in geschlossenen Räumen und nicht in freier Luft erfolgt und vielfach den Körper nur in einseitiger Weise in Anspruch nimmt, muß auch dann, wenn eine nachweisbare Gesundheitsschädigung unmittelbar nicht mit ihr verbunden ist, im Laufe der Jahre und im Laufe der Generationen eine Abnutzung und Entwertung von Körper und Geist zur Folge haben, die durch noch so gute Wohnungsverhältnisse in der Stadt nicht aufgehoben werden kann. Der städtische Industriearbeiter ist und bleibt, so wie die Dinge zurzeit liegen, losgelöst und dauernd geschieden von dem Urgrund aller Volkskraft: von der Berührung mit dem Lande, mit der Mutter Erde.

Auf diese Zustände hat der um das Baugenossenschaftswesen so hoch verdiente Landrat Berthold in einem Vortrage über die ländliche und halbländliche Ansiedelung der gewerblichen Arbeiter, gehalten auf dem 51. allgemeinen Genossenschaftstage zu Bad Nauheim, in sehr eindrucksvoller Weise hingewiesen. Namentlich hat er auf folgendes aufmerksam gemacht:

Die Landentfremdung und die Lostrennung vom heimischen Boden seitens der städtischen Arbeiterbevölkerung wird zum Teil auch heute noch stark empfunden. Davon legen in rührender Weise die Kolonien von Laubengärten Zeugnis ab, die sich, wo es irgendwie möglich ist, um unsere Großstädte lagern. Ob es gelingen wird, durch Förderung derartiger Kolonien für unsere großstädtische Arbeiterschaft einigermaßen die Fühlung mit dem Lande aufrechtzuerhalten, bleibe dahingestellt. Günstigenfalls wird diese Form aber immer nur ein Notbehelf dürftiger Art bleiben. Im großen und ganzen muß man mit der Tatsache rechnen, daß die Lebensbedingungen unserer Großstädte, unserer größeren Städte und vielleicht auch eines Teiles unserer mittleren Städte eine ausreichende Berührung der in ihnen lebenden Arbeiterbevölkerung mit der Natur so gut wie ausschließen.

Nicht notwendig wäre diese scharfe Loslösung des gewerblichen Arbeiters vom Boden indes überall da gewesen, wo die Industrie, den Schienenstraßen und Wasserwegen folgend, in die kleinen Städte und auf die Dörfer hinausging. Daß hier die Entwickelung der Wohnungsverhältnisse meist dem städtischen Vorbild folgte, daß neben den Fabrikschornsteinen auch das städtische Massenmiethaus auf das platte Land hinauswanderte, daß mitten im freien Felde der gewerbliche Arbeiter von der Natur fast ebenso losgelöst dasteht, wie inmitten der städtischen Straßen, das ist etwas, was nicht notwendig, nicht in der Natur der Dinge begründet war, was sich sehr wohl hätte ändern lassen, was sich noch ändern läßt und was — wenn unser Volk gesund bleiben soll — auch geändert werden muß.

Es könnte beinahe scheinen, als gehörten Großindustrie und Arbeitermassenmiethaus gewissermaßen kraft Zwanges zusammen. Allein, sieht man näher zu und geht man den Dingen auf den Grund, so findet man, daß von Selbstverständlichkeit und Naturnotwendigkeit hier nicht die Rede sein kann, daß diese Entwickelung im Gegenteil etwas Unnatürliches ist und daß es nur einigen guten Willens bedarf, um da, wo die Industrie auf das platte Land hinausgegangen ist, den gewerblichen Arbeiter nicht auf städtische Art, sondern, den ländlichen Verhältnissen angepaßt, vielmehr in der Form einer ländlichen oder halbländlichen Ansiedelung unterzubringen. In einer Anzahl von Fällen hat man bereits, bewußt oder unbewußt, die ländliche oder halbländliche Form der Arbeitersiedelung durchgeführt, überall mit bestem Erfolge. Ein ganz entschiedenes Verdienst darum, daß die öffentliche Aufmerksamkeit auf diese Frage gelenkt, das Ungesunde der rein städtischen Ansiedelungsform in das helle Licht gestellt und die Vorzüge der weiträumigen Ansiedelung geltend gemacht sind, hat sich die Gartenstadtbewegung erworben, der hierfür wärmster Dank und volle Anerkennung gebührt. Es hat den Anschein, als wollten nunmehr, wo die öffentliche Meinung sich für die Angelegenheit zu interessieren anfängt, auch die staatlichen und Selbstverwaltungsbehörden ihr größere Aufmerksamkeit schenken.

Soll die Übertragung städtischer Wohnformen auf das platte Land verhütet werden, so bedarf es dazu des Zusammenwirkens einer Mehrheit von Stellen. Viel kann die Verwaltungsbehörde tun, besonders auf dem Gebiete der Baupolizei, viel die Gemeinde und der weitere Kommunalverband und viel unsere Baugenossenschaften.

Fragt man nun, worin liegt eigentlich die Bedeutung der weiträumigen Bauweise für unsere Arbeiter? welches sind ihre Vorteile? und stehen diesen Vorteilen nicht auch Nachteile gegenüber?, so ist das eine klar, daß zunächst aus Rücksichten der Volksgesundheitspflege der weiträumigen Bauweise entschieden der Vorzug zu geben ist. Je mehr Luft und Sonne um die Häuser fluten und in die Häuser dringen kann, um so besser für die Gesundheit der Einwohner. Wenn es auch wohl zweifellos ist, daß die Wohnung im Ein- oder Zweifamilienhause nicht unbeträchtlich teurer herzustellen ist als die Wohnung im Massenmiethaus, so ist doch gerade der gesundheitliche Vorteil ein so großer und schwerwiegender, daß ihm gegenüber der größere Kostenaufwand nicht ins Gewicht fällt.

Vorteil für die Gesundheit bringt ferner der eigene Garten und die eigene kleine Viehwirtschaft. Die Tätigkeit in freier Luft auf dem Lande, die den Leuten gegenüber ihrer vielfach mechanischen Fabrikarbeit in geschlossenen Räumen ein Vergnügen ist, gewährt eine Erfrischung und einen Bewegungsausgleich, der nur günstig wirkt. Von sehr großer gesundheitlicher Bedeutung aber ist es, daß die Leute durch ihre kleine Landwirtschaft in den Stand gesetzt sind, sich eine Ziege zu halten und dadurch die Kinder den gesundheitlichen Gefahren zu entziehen, die der Mangel an Milch oder der Genuß mangelhafter Milch für sie mit sich bringt. Verglichen mit der Kindersterblichkeit in den Familien, in denen keine Ziege gehalten werden kann und deren Kinder auf die Milch von Milchwagen angewiesen sind, ist die Kindersterblichkeit in den Familien, die sich eine Ziege halten, ganz auffällig gering.

Neben den Vorteilen für die Gesundheit bringt der eigene Garten und die eigene Viehhaltung sodann ganz wesentliche volkswirtschaftliche Vorteile mit sich. Alle Reste und Abfälle, die der Haushalt abwirft, aller produzierter Dünger, ein ganzes Quantum überschüssiger Arbeitskraft — namentlich der Familienangehörigen — wird volkswirtschaftlich nutzbar gemacht und setzt sich um in recht beträchtliche Werte. Man sollte deshalb überall da, wo billige Bodenpreise es gestatten, die Ansiedelung der Industriearbeiter in möglichst weiträumiger Bebauungsweise, und zwar dann in Häusern vornehmen, die allmählich in das Eigentum der Genossen übergehen.

Wo der Grund und Boden noch für den landwirtschaftlichen Wert käuflich ist, scheint es vorteilhaft zu sein, die einzelnen Hausgrundstücke für die anzusiedelnden Industriearbeiter in Größe von etwa ½ bis 1½ Morgen zu bemessen. Da, wo der Grund und Boden teurer ist, müssen die Parzellen selbstverständlich kleiner bemessen werden.

Diejenigen Baugenossenschaften, die in der Nähe der Großstädte Erwerbshäuserkolonien errichten, müssen zum Teil die Parzellen auf das Mindestmaß — etwa 400 qm — beschränken. Im zwölften Kapitel wird noch näher dargelegt werden, welche Bauweise sich für die Erwerbshäuser als notwendig erweist, wenn der Grund- und Bodenpreis mehr als 3 M. für den Quadratmeter beträgt.

Von den Gegnern der Erwerbshäuser wird auf eine Reihe von Mängeln hingewiesen, die sich aus der Erbauung von Häusern zum Eigentumserwerb ergeben. So wird oft geltend gemacht, daß es ein Nachteil ist, daß eine Baugenossenschaft, die solche Häuser baut, niemals allen Mitgliedern helfen kann, sondern daß bei dieser Genossenschaftsart nur diejenigen Genossen einen wesentlichen Vorteil haben, denen es infolge ihrer günstigen Lohnverhältnisse möglich ist, neben den Zinsen für den Kaufpreis auch noch Spareinlagen in Form der Abträge zu machen.

Ein Nachteil solcher Genossenschaften, die nicht Einfamilienhäuser, sondern Zweifamilienhäuser zum Erwerb bauen, liegt darin, daß der ein solches Haus erwerbende Genosse darauf angewiesen ist, einen Mieter in sein Haus aufzunehmen. Bei schlechten Zeitverhältnissen kann unter Umständen die zweite Wohnung in dem Erwerbshause leer stehen, so daß der Hausanwärter für seine eigene Wohnung dann einen unverhältnismäßig hohen Preis zu zahlen haben würde.

Als weiterer Nachteil der Zweifamilienhäuser wird häufig angegeben, daß in Rücksicht auf das Risiko, das der Erwerber durch die zu vermietende Wohnung trägt, die Baugenossenschaft nicht berechtigt sein darf, dem Erwerber vorzuschreiben, daß er als Mieter nur Genossen aufnimmt, weil, insofern sich ein Genosse nicht findet, die Wohnung doch lieber an einen Nichtgenossen vermietet werden muß, als daß sie leer stehen bleibt.

Diese Einwände haben gewiß ihre Berechtigung, jedoch sind sie nicht geeignet, den Wert des Erwerbshauses grundsätzlich wesentlich herabzusetzen.

Wenn im übrigen den Erwerbshäuser bauenden Genossenschaften häufig vorgeworfen wird, daß die zu Hauseigentümern gewordenen Hausanwärter selbst sehr bald kleine Haustyrannen werden, so ist dieser Einwand sicherlich unberechtigt. Denn ein Haustyrann wird der durch die Genossenschaft in das Eigentum des Hauses gelangte Genosse schon um deswillen nicht werden, weil er meistens froh sein wird, wenn er einen seßhaften zahlungsfähigen Mieter hat.

Auch der Vorwurf, daß der Zweck der Erwerbshäuserbaugenossenschaften, billige und gesunde Wohnungen zu schaffen, vereitelt werden könne durch die Spekulation, indem der in den Besitz gelangte Genosse das Grundstück weiterverkaufen kann und der neue Besitzer eine stärkere Ausnutzung des Grund und Bodens, also eine dichtere Bebauung eintreten lassen wird sobald der Grund- und Bodenpreis steigt — und dieser wird immer da steigen, wo eine Genossenschaft in einem Außenbezirke in größerem Umfange baut — erscheint nicht berechtigt, wenn sich die Baugenossenschaft gegen diese Möglichkeit durch entsprechende grundbuchliche Eintragungen schützt. In welcher Weise dieser Schutz ausgeübt werden kann, ist im folgenden Kapitel näher dargelegt.

Im übrigen lassen sich auch gegen das Miethaus grundsätzliche Bedenken vorbringen. Auf das wesentlichste Bedenken ist bereits hingewiesen worden. Es besteht darin, daß das Wohnen in größeren Miethäusern vom gesundheitlichen Standpunkt aus niemals wünschenswert sein kann. Es tritt außerdem noch ein Umstand hinzu, der diese Häuserart gerade für Baugenossenschaften nicht vorteilhaft erscheinen läßt, nämlich der, daß eine Genossenschaft niemals in der Lage ist, gegen nicht angenehme Mieter so streng vorzugehen, wie das ein Privathausbesitzer tun kann.

Auch lehrt die Erfahrung, daß, selbst die beste Verwaltung vorausgesetzt, in einem Hause, in dem eine große Anzahl Mieter wohnen, die sich, da sie Genossen sind, immerhin vielfach selbst als Mitbesitzer des Hauses fühlen, viele Streitigkeiten vorkommen, und es schwer ist, die Frauen und Kinder auseinanderzuhalten. Man hat diesem Übelstande dadurch zu begegnen gesucht, daß man für jede Familie einen besonderen Flur eingerichtet hat, und gewiß ist das ein Haupterfordernis für solche Häuser. Immerhin gibt es aber so viele gemeinschaftlich benutzte Hausteile, wie Treppen, Waschküche usw., daß doch in den großen Miethäusern die Gelegenheit, in Streit und Unfrieden zu kommen, sehr häufig gegeben ist.

Bei den Miethäuserbaugenossenschaften tritt auch vielfach der Übelstand ein, daß nicht so viele Bewerber unter den Genossen vorhanden sind, wie Wohnungen zur Verfügung stehen, und daß daher die Genossenschaft, da sie größere Mietausfälle in ihrem Etat nicht vertragen kann, gezwungen ist, auch an Nichtgenossen zu vermieten. In einem solchen Hause entstehen dann Mieter erster und zweiter Klasse, was häufig genug zu Unfrieden Veranlassung gibt.

Welche Bauart nach vorstehendem eine zu gründende Genossenschaft bevorzugen soll, hängt ausschließlich von den in Rücksicht zu ziehenden Verhältnissen ab sowie von der Wohnungsart, die die Genossen selber zu haben wünschen. In denjenigen großen Städten, in denen nach den Außenbezirken hin gute Verbindungen fehlen, oder da, wo die Genossen in der Nähe der Betriebsstätten wohnen müssen, wird der Bau von großen Miethäusern vorzuziehen sein. In kleinen Städten oder auf dem Lande, wo sich eine Industrie entwickelt hat, wird der verständige und gutgelohnte Genosse ein kleines Ein- oder Zweifamilienhaus zum Erwerb vorziehen.

Es ist vielfach beliebt worden, zwischen den beiden Arten des Hausbaues Vergleiche zu ziehen, die für die eine oder andere Art ungünstig ausfielen. Es wurde von vielen Sozialpolitikern dann der Schluß gezogen, daß die eine oder andere Art vollkommen zu verwerfen sei, sich zur Abhilfe der Wohnungsnot nicht eigne und daher keine Berechtigung habe. Wie anfechtbar eine solche einseitige Stellungnahme ist, geht aus dem Gesagten hervor.

Es sei noch darauf hingewiesen, daß es eine größere Anzahl Baugenossenschaften gibt, die beide Bauarten pflegen. Dieses wird in sehr vielen Fällen das Richtige sein. Es kann dann eine Genossenschaft möglichst jedem Bedürfnisse der Mitglieder nachkommen.

Wenn die Frage beantwortet werden soll, ob die Wohnungsnot besser durch das Miethaus oder besser durch das Erwerbshaus bekämpft werden kann, so kann diese Frage nur dahin beantwortet werden, daß sie mit dem Miethause und dem Erwerbshause erfolgreich bekämpft werden kann. Beide Häuserarten haben unzweifelhaft je nach Lage der Verhältnisse ihre Vorzüge und ihre Nachteile.

Die Erwerbung der Häuser durch die Genossen erfolgt in der Regel in der Weise, daß neben den Zinsen für den Kaufpreis des Hauses und einem zur Deckung der für die Genossenschaft entstehenden Geschäftsunkosten dienenden Verwaltungskostenzuschlag ein entsprechender Betrag als Kapitaltilgung erhoben wird. Diese Kapitaltilgung wird den Hausanwärtern von seiten der Baugenossenschaften nebst Zins und Zinseszins gutgeschrieben. Sobald die Gesamtsumme der gutgeschriebenen Beträge ein Drittel des Kaufpreises für das Erwerbshaus ausmacht, kann der Hausanwärter in der Regel die grundbuchmäßige Übertragung des Hauses auf seinen Namen von der Baugenossenschaft verlangen. Die näheren Bedingungen, unter denen Hausgrundstücke von den Baugenossenschaften erworben werden können, sind im 9. Kapitel, auf das hier verwiesen wird, erörtert.

So wertvolle Dienste nun auch dieses übliche Tilgungsverfahren bisher geleistet hat, so hat es doch den Mangel, daß bei einem vorzeitigen Tode des Darlehnsnehmers — also in der Regel des Ernährers der Familie — für die Hinterbliebenen leicht erhebliche Schwierigkeiten entstehen. Es wird den Hinterbliebenen oft unmöglich sein, außer den notwendigsten Ausgaben für die Familie auch noch die Zinsen und Tilgungsraten für das Hausdarlehn aufzubringen. Entweder wird dann versucht, das Haus zu veräußern und eine möglichst billige (und infolgedessen meist sehr schlechte) Wohnung zu finden, oder man wird das Erwerbshaus so zu vermieten suchen, daß die Mieterträgnisse eine wesentliche Beihilfe zu den Einnahmen liefern, d. h. man wird möglichst viele Mieter, Aftermieter und Schlafgänger in das Erwerbshaus aufzunehmen suchen. Das eigentliche Ziel der Baugenossenschaft, dem Genossen oder seinen Erben zu einem eigenen Hause zu verhelfen, wird in dem ersteren Falle überhaupt nicht und in dem letzteren Falle nur auf eine Weise erreicht, gegen die allerschwerste Bedenken vorzubringen sind.

Bedenkt man, daß die Bewilligung von Darlehen für Arbeiterhäuser erst seit einer Reihe von Jahren einen größeren Umfang angenommen hat und wie schon die jetzigen Erfahrungen zeigen, daß eine Reihe von Hausanwärtern vor der grundbuchmäßigen Übertragung des Eigentums gestorben sind, so wird man sich vorstellen können, daß in späteren Jahren die Fälle, in denen die Hinterbliebenen eines Hausanwärters das von ihnen bewohnte Häuschen aufgeben müssen, vermutlich sehr häufig eintreten werden.

Dieser Mangel in dem System des Erwerbshauses ließe sich vermeiden, wenn statt der üblichen Tilgung die Lebensversicherung zur Abtragung der Hypothekenschuld herangezogen werden könnte. Zunächst sei darauf hingewiesen, daß in Belgien die Generalsparkasse diesen Gedanken in mehreren tausend Fällen verwirklicht hat. Der allgemeine Genossenschaftstag in Leipzig hat sich deshalb mit dieser, für die Erwerbshäuserbaugenossenschaften hochwichtigen Frage bereits im Jahre 1907 beschäftigt. Er ist aber nach einer außerordentlich eingehenden Prüfung aller einschlägigen Verhältnisse nicht zu einer unbedingten Empfehlung der sogenannten Hypothekarlebensversicherung gekommen, hat vielmehr folgenden Antrag auf ein Referat des Verfassers hin einstimmig angenommen:

> „Der allgemeine Genossenschaftstag erblickt in der sogenannten Hypothekarlebensversicherung kein Mittel von allgemeiner Bedeutung zur Tilgung der auf den Eigenhäusern der Arbeiter ruhenden Hypothekenschulden, weil die Zahlung der Prämie neben den Schuldenzinsen den Anwärtern im allgemeinen eine große wirtschaftliche Last auferlegt, und überdies die Zahl der zur Lebensversicherung mit der Normalprämie aufnahmefähigen Arbeiter von vornherein beschränkt ist."

Hierbei ist zu bemerken, daß die Heranziehung der Lebensversicherung zur Tilgung der auf dem Erwerbshause ruhenden Hypothekenschulden — sofern als Hypothekengläubiger eine Landesversicherungsanstalt in Frage kommt — in folgender Weise gedacht ist:

Derjenige Arbeiter, dessen Haus entweder direkt von der Landesversicherungsanstalt beliehen wird oder der von einem Bauverein ein durch die Landesversicherungsanstalt beliehenes Erwerbshaus übernommen hat, schließt nach vorheriger ärztlicher Untersuchung zugunsten der Landesversicherungsanstalt eine Lebensversicherung in der Regel über denselben Betrag ab, den das Darlehn der Anstalt bzw. der Darlehnsrest ausmacht. Die Versicherung soll in der Regel auf den Todes- und den Erlebensfall abgeschlossen sein, d. h. so, daß das versicherte Kapital an die Landesversicherungsanstalt zahlbar wird im Falle des Todes sofort, spätestens aber im Falle des Erlebens nach einer bestimmten Reihe von Jahren, z. B. nach 20, 25 oder 30 Jahren.

Wird eine derartige Lebensversicherung durch regelmäßige Zahlung der Versicherungsprämien fortgesetzt in Kraft erhalten und stirbt der Versicherte vorzeitig, so wird die versicherte Summe seitens der Lebensversicherungsgesellschaft an die Landesversicherungsanstalt ausgezahlt. Das Darlehn ist damit abgetragen und die Hinterbliebenen sind schuldenfreie Eigentümer ihres Hauses. Erlebt der Versicherte den Ablauf der für die Erlebenszeit gestellten Frist, so wird er selbst, wie sonst nach Beendigung der planmäßigen Tilgung, schuldenfreier Eigentümer.

Da indessen der Eintritt der Schuldentilgung in beiden Fällen davon abhängt, daß die Lebensversicherung fortdauernd in Kraft gehalten wird, so müssen Sicherheitsmaßregeln für den Fall getroffen werden, daß das Versicherungsverhältnis aus irgendwelchem Grunde — z. B. durch Nichtzahlung der Prämie — vorzeitig aufgelöst wird.

Die Gefahr, daß der Arbeiter durch den Eintritt von Erwerbsunfähigkeit außerstand gesetzt werden kann, seine Prämie weiterzuzahlen, kann von vornherein dadurch beseitigt werden, daß seine Versicherung im Falle der Erwerbsunfähigkeit in voller Höhe bestehen bleibt, ohne daß die volle Prämie oder überhaupt eine Prämie weiterentrichtet zu werden braucht. Zu diesem Zwecke kann der Arbeiter von Anfang an einen entsprechenden Prämienzuschlag bezahlen, durch den er in der erforderlichen Höhe seitens derselben Lebensversicherungsgesellschaft für den Fall der Invalidität mitversichert wird. Es läßt sich durch eine entsprechende Prämienerhöhung sogar einrichten, daß der Arbeiter bei Erwerbsunfähigkeit noch eine besondere Rente von der Lebensversicherungsgesellschaft erhält, aus der er auch die Zinsen für das Darlehn, vielleicht auch einen gewissen Betrag zur baulichen Unterhaltung seines Hauses zu bestreiten vermag.

Kann somit durch eine entsprechende Ausgestaltung der Versicherung die Gefahr, die Versicherung infolge von Erwerbsunfähigkeit aufgeben zu müssen, beseitigt werden, so sind doch andere Ursachen denkbar, die zu einer Einstellung der Prämienzahlungen führen können, z. B. Krankheit in der Familie, Arbeitslosigkeit, Wegzug. Wird es in einem solchen Falle dem betreffenden Arbeiter vorübergehend unmöglich, die Prämien zu bezahlen, so müßte ihm zunächst vielleicht die Baugenossenschaft helfen. Muß aber die Versicherung aufgelöst werden, so würde die Lebensversicherungsgesellschaft nach etwa zwei- bis dreijährigem Bestehen der Versicherung zu verpflichten sein, die Polize entweder zurückzukaufen oder sie in eine prämienfreie Versicherung auf einen entsprechend niedrigeren Betrag umzuwandeln. Die Kapitalbeträge, die hieraus erlöst werden, können dann von der Landesversicherungsanstalt im vollen Betrage zur Verminderung der Darlehnsschuld des betreffenden Arbeiters verwendet werden. Die Landesversicherungsanstalt wird sich die Entscheidung darüber vorbehalten, ob Rückkauf der Polize oder Umwandlung in eine prämienfreie Versicherung beantragt werden soll. Sie wird naturgemäß diejenige Form wählen, durch die die Darlehnsschuld am meisten vermindert wird. Denjenigen Teil der Darlehnsschuld, der auf diese Weise keine Deckung findet, muß der Arbeiter in der sonst üblichen Weise durch Tilgung abtragen.

Was nun die praktische Anwendung des ganzen Verfahrens vom Standpunkte des Arbeiters anlangt, so hat sie zwei natürliche Schranken, auf die der Genossenschaftstag in Leipzig hingewiesen hat.

Den weitaus meisten Arbeitern wird die Zahlung der Prämie neben den Schuldenzinsen eine zu große wirtschaftliche Last sein. Im übrigen muß der Gesundheitszustand des Arbeiters so sein, daß er für eine Lebensversicherung aufnahmefähig ist.

Was zunächst den letzteren Einwand anlangt, so ist es klar, daß die Angehörigen einer Reihe von Berufsarten, die nach der Statistik als gesundheitsschädlich angesehen werden, von der regulären Lebensversicherung bei einer soliden Gesellschaft ausgeschlossen ist. Hierher gehören z. B. die Arbeiter der Tabakindustrie, Vergolder, Steinmetzen u. a. Solche schlechten Risiken zu übernehmen, hat keine Gesellschaft Meinung und Veranlassung, wenn ihr Geschäftsbetrieb sich auf versicherungstechnisch richtige Grundsätze stützt. Aus diesem Grunde würde schon eine große Anzahl selbst derjenigen Hausanwärter, die vollständig gesund sind, für die normale Lebensversicherung nicht in Frage kommen. Im übrigen dürfte aber auch der Gesundheitszustand vieler Arbeiter, deren Beschäftigung nicht unmittelbar als ungesund gilt, den Anforderungen der Lebensversicherungsgesellschaft nicht genügen.

Die Hauptschwierigkeit liegt aber in der starken wirtschaftlichen Belastung. Bis jetzt hat nur die Landesversicherungsanstalt für die Rheinprovinz praktische Versuche mit der Hypothekarlebensversicherung gewagt. Bis Februar 1912 hatte diese Versicherungsanstalt 187 Lebensversicherungen mit 916000 M. Versicherungssumme in Pfand. Diese Summe und die Zahl der Versicherten ist gering, wenn man ihr die Summe und die Zahl der sonstigen Beleihungen der rheinischen Versicherungsanstalt gegenüberstellt und sie dürfte ein Beweis dafür sein, wie sehr der bereits erwähnte Beschluß des Genossenschaftstages das Richtige getroffen hat, wenn er die allgemeine Bedeutung der Hypothekarlebensversicherung in Abrede stellt, womit natürlich nicht gesagt sein soll, daß in Ausnahmefällen diese Form der Tilgung gute Dienste leisten kann.

Die Landesversicherungsanstalt Rheinprovinz hat die Erfahrung machen müssen, daß die Hauptschwierigkeit für die Anwendung der Hypothekarlebensversicherung begründet ist in der Mehrbelastung des Arbeiters durch die Prämien in den ersten Jahren. Da die genannte Landesversicherungsanstalt die Übernahme einer Lebensversicherung nicht zur Bedingung macht, sondern in das freie Ermessen der Hausanwärter stellt, so ziehen es die Hausanwärter erklärlicherweise vor, das in der Jahresleistung meist billigere Tilgungsverfahren einzuschlagen.

Die Landesversicherungsanstalt Rheinprovinz will die Mehrbelastung, die durch die Hypothekarlebensversicherung entsteht, für die Folge dem Vernehmen nach dadurch umgehen, daß man die Hauserwerber veranlaßt, nur denjenigen Jahresbetrag, den sie sonst zur Tilgung aufzubringen haben (in der Regel $1\frac{1}{2}$ bis 2 % des Darlehns), zur Beschaffung einer gewissen Lebensversicherungssumme zu benutzen. Diese Summe ist dann natürlich geringer als das Darlehn. Der Rest des Darlehns soll in der Weise getilgt werden, daß die Dividenden nicht zur teilweisen Deckung der Jahresprämie verwendet, sondern mit Zins und Zinseszinsen aufgespart bzw. auf den Darlehnsrest gutgeschrieben werden. Bei diesem Verfahren soll in den ersteren Jahren eine viel größere Summe als beim Tilgungsverfahren gedeckt und getilgt werden und auch unter Umständen die vollständige Tilgung des ganzen Darlehns erreicht werden können. Nur muß der Hausanwärter seine Annuität einige Jahre länger zahlen. In dieser Verlängerung der Tilgungsfrist würde also der finanzielle Ausgleich für die Mitversicherung des Lebens liegen. Es würde mit anderen Worten bei diesem Verfahren die Mehrbelastung für den Versicherten, die bei der gewöhnlichen Versicherung namentlich in den ersten Jahren sehr groß ist, verteilt werden, indem die Tilgungsperiode entsprechend verlängert wird.

Die Landesversicherungsanstalt Rheinprovinz hat sich unter allen Umständen das Verdienst erworben, die Anwendbarkeit der Hypothekarlebensversicherung in Deutschland theoretisch zu erforschen und praktisch zu erproben. Bei dem beabsichtigten neuen Verfahren dieser Versicherungsanstalt würde der hauptsächlichste Einwand, der bislang gegen die Hypothekarlebensversicherung erhoben worden ist, nämlich die Mehrbelastung des Arbeiters durch die Zahlung der Prämie, fortfallen, weil die Prämien so hoch bemessen werden sollen, wie der Abtrag ist. Hieraus ergibt sich allerdings eine neue Schwierigkeit, nämlich die, daß es die meisten Versicherungsanstalten bestimmt ablehnen werden, an Stelle der bisherigen Tilgung eine solche Lebensversicherung anzunehmen, weil sie nicht darauf verzichten werden, in jedem Jahre einen bestimmten Betrag in Form der Tilgung zurückzuerhalten, und es im übrigen schwierig sein wird, in den Einzelfällen zu übersehen, ob das Risiko der Versicherungsanstalten durch den Abschluß einer solchen Lebensversicherung genügend gedeckt ist. Jedenfalls ist bislang keine Versicherungsanstalt dem Beispiele der Landesversicherungsanstalt Rheinprovinz gefolgt, so daß für die übrigen Gebietsteile des Deutschen Reiches zunächst der Abschluß von Hypothekarlebensversicherungen nicht in Frage kommt.

In diesem Buche ist deshalb bei den Erörterungen über Erwerbshäuser stets immer nur das bisher übliche Tilgungsverfahren ins Auge gefaßt.

Neuntes Kapitel.

Bedingungen über die Vermietung und den Verkauf der Genossenschaftshäuser.

a) Vermietung der Genossenschaftshäuser.

Die Bedingungen über die Vermietung von Genossenschaftshäusern bzw. von Wohnungen in den Genossenschaftshäusern werden am besten nicht in die Vereinssatzungen aufgenommen, sondern unabhängig von ihnen vom Vorstand und Aufsichtsrat entworfen und dann der Generalversammlung zur Genehmigung vorgelegt. Es ist sehr wohl möglich, daß diese Bedingungen auf Grund der bei der Genossenschaft gemachten Erfahrungen oder infolge des Wachstums der Genossenschaft oder dadurch, daß sich das Verhältnis zwischen Anzahl und Nachfrage bei den Vereinswohnungen wesentlich verschiebt, abgeändert werden müssen. Sind sie in die Satzungen aufgenommen, so würde zu einer Abänderung jedesmal eine Satzungsänderung notwendig werden, die natürlich nur unter Beachtung der gesetzlichen Vorschriften vor sich gehen könnte. Es empfiehlt sich deshalb, in die Satzungen von den Vermietungsbedingungen nur die in den Mustersatzungen vorgesehenen

Bedingungen allgemeiner Natur aufzunehmen und im übrigen die einzelnen Grundsätze für die Vermietung von Genossenschaftswohnungen — wie bereits gesagt — durch den Vorstand und Aufsichtsrat der Baugenossenschaft entwerfen und durch die Generalversammlung genehmigen zu lassen. Das Formular 13 gibt ein Muster für diese Grundsätze.

Es kann in jeder Baugenossenschaft vorkommen, daß Wohnungen zeitweise an Nichtgenossen vermietet werden müssen, weil unter den Genossen geeignete Bewerber für die freiwerdenden Vereinswohnungen nicht vorhanden sind. Es ist deshalb unzweckmäßig, sich die Möglichkeit, Vereinswohnungen an Nichtmitglieder im Notfalle zu vermieten, durch eine Satzungsbestimmung zu nehmen.

In den Grundsätzen für die Vermietung von Genossenschaftswohnungen muß namentlich geregelt werden, in welcher Weise die Vergebung der Wohnungen an die Mitglieder für den Fall stattfinden soll, daß mehrere Bewerber für eine Wohnung vorhanden sind. Es liegt nahe, daß dann, wenn bei starker Nachfrage nach Vereinswohnungen das Angebot nicht ausreicht, die Vereinswohnungen denjenigen Mitgliedern zu vermieten, die sich zuerst gemeldet haben. Ein solches Verfahren hat indessen doch seine Bedenken, weil es leicht zu einem Wettrennen unter den Bewerbern führen kann, wodurch leicht eine Quelle berechtigter Unzufriedenheit unter den Genossen entsteht. Wer sich bis zu einem bestimmten Termin nicht gemeldet hat, wird nicht deshalb, weil er vielleicht einen Tag später als ein anderer Genosse seine Meldung abgegeben hat, einen Nachteil erleiden dürfen. Wenn man also auf die Zeit der Bewerbung bei Vergebung der Wohnungen kein entscheidendes Gewicht legen darf, so käme in Frage, das Alter der Mitgliedschaft oder das Los über die Zuteilung der Wohnungen entscheiden zu lassen. Es entspräche wohl am meisten der Gerechtigkeit, diejenigen, die schon die längste Zeit als Mitglieder ihre Schuldigkeit getan haben und eine Wohnung verlangen, zuerst zu befriedigen. Indes könnte das nach einer anderen Richtung hin eine sehr unerwünschte Wirkung haben, indem es, wenn viel Bewerber vorhanden sind, die noch auf eine Wohnung warten, vom Beitritt in die Genossenschaft abschreckt, weil die neu Beitretenden für lange Zeit keine Aussicht hätten, eine Mietwohnung des Vereins zu bekommen. Diese Erwägung hat die Genossenschaften veranlaßt, lieber das Los über die Zuteilung der Wohnungen entscheiden zu lassen, das ebensogut zugunsten eines erst seit kurzer Zeit der Genossenschaft angehörenden Genossen ausfallen kann, wie zugunsten eines anderen, der schon seit Jahren Mitglied ist. Um aber den älteren Mitgliedern eine größere Aussicht auf einen günstigen Erfolg bei dieser Verlosung zu verschaffen, bestimmt man in der Regel, daß die älteren Mitglieder eine den Jahren ihrer Mitgliedschaft entsprechende Anzahl von Losen erhalten, so daß sich für sie die Aussicht auf einen guten Erfolg bei der Verlosung nach Maßgabe ihres Mitgliedsalters verbessert.

Unbedingt notwendig ist es, daß mit jedem Mieter ein schriftlicher Mietvertrag abgeschlossen wird und zwar empfiehlt es sich, diesen Mietvertrag nicht nur von dem männlichen Oberhaupt der Familie, sondern auch von der Ehefrau unterschreiben zu lassen und zwar mit der Maßgabe, daß für die Zahlung der Miete die Unterzeichneten als Gesamtschuldner haften. Es empfiehlt sich ferner, daß in dem Mietvertrage von den Mietern die ausdrückliche Versicherung verlangt wird, daß die einzubringenden bzw. eingebrachten Sachen ihr unbeschränktes Eigentum und mit keinem Pfande belastet sind.

Dadurch, daß die Ehefrau den Mietvertrag mit unterschreibt, sichert sich die Baugenossenschaft vor Mietverlusten, die dadurch entstehen können, daß der Mieter beim Auszuge aus der Wohnung die Miete nicht zahlt und im übrigen geltend macht, daß die eingebrachten Sachen nicht ihm, sondern seiner Ehefrau gehören. Der Mietvertrag muß im übrigen ebenso klar und streng entworfen werden, wie es bei den privaten Hausbesitzern üblich ist. Man hat in Baugenossenschaftskreisen häufiger geglaubt, mit milderen Bestimmungen in den Mietverträgen auszukommen. Es ist dieser Versuch aber stets auf Kosten der Genossenschaft gemacht worden. Denn unter einer größeren Anzahl von Mietern finden sich stets immer einige, denen gegenüber eine strenge Handhabe auf Grund eines scharfen Mietvertrages unbedingt notwendig ist, wenn überhaupt ein planmäßiges und wirtschaftliches Vermietungsgeschäft für die Genossenschaft möglich sein soll. Es kann deshalb nicht dringend genug dazu geraten werden, den Mietvertrag so abzufassen, daß die Rechte und Pflichten beider Teile, des Mieters und der Genossenschaft, so scharf wie nur irgend möglich festgelegt sind. In Formular 12 ist ein Mietvertrag nebst Hausordnung abgedruckt, wie er sich bei einer Reihe größerer Miethäuserbaugenossenschaften bewährt hat. Es wird den Vereinsorganen möglich sein, auf die Verhältnisse der einzelnen Mieter derart Rücksicht zu nehmen, daß nicht immer alle Bestimmungen des

Mietvertrages in der Praxis streng durchgeführt werden müssen. Man hüte sich aber, mit dem Entgegenkommen zu weit zu gehen. Namentlich muß unter allen Umständen darauf gehalten werden, daß die Genossen mit ihren Mietzahlungen nicht im Rückstande bleiben. Der Vorstand einer Genossenschaft ist wohl in der Lage, Rücksicht zu nehmen, wenn ein Genosse unverschuldet in eine vorübergehende Notlage gerät. Er kann in diesem Falle mit Genehmigung des Aufsichtsrats die Miete für eine Zeit stunden. Im übrigen muß aber darauf gehalten werden, daß diejenigen Genossen, von denen nicht zwingende Entschuldigungsgründe vorgebracht werden können, die Miete **unbedingt fristzeitig** zahlen müssen. Denn für eine Baugenossenschaft ist der rechtzeitige und vollständige Eingang der Mieten eine Existenzfrage.

Es ist schon gesagt worden, daß im Falle unverschuldeter Not die Baugenossenschaft einen bewährten Mieter nicht gleich vor die Tür setzen wird. Ein sorgsamer Vorstand wird feststellen können, ob wirklich unverschuldete Not die Ursache der Zahlungsunfähigkeit ist und wird im letzteren Falle Mittel und Wege finden, den Genossen über Wasser zu halten. Zu diesem Zwecke werden die Genossenschaften — wie bereits an anderer Stelle hervorgehoben ist — gut tun, einen besonderen Hilfsreservefonds mit der Bezeichnung „Unterstützungsfonds" oder „Mietergänzungsfonds" einzurichten und aus ihm vorübergehend die fälligen Mieten einem notleidenden Genossen als Darlehn zu gewähren, selbstverständlich unter Beobachtung sachgemäßer Vorsichtsmaßregeln, um einen Mißbrauch der Kasse durch leichtsinnige Ausnutzung zu verhüten. Wenn solche Darlehen gegen mäßige Verzinsung gewährt werden, so würden sie mit dem Grundsatze der Selbsthilfe in Einklang stehen. Aber offenbar werden die Verhältnisse bisweilen so liegen, daß man auf jede Verzinsung verzichten und zufrieden sein muß, wenn nur das Darlehn selbst zurückgezahlt wird.

Notwendig ist es unter allen Umständen, daß sich die Genossenschaft das Recht der **Wohnungskündigung** vorbehält. Man hat früher häufig geglaubt, den Mietern einer Genossenschaft die Unkündbarkeit der Wohnungen insoweit zusichern zu müssen, als eine Wohnungskündigung durch den Vorstand der Genossenschaft nur dann zulässig sein sollte, wenn sich der Mieter Verstöße gegen die Satzungen, den Mietvertrag oder die Hausordnung zuschulden kommen läßt. Eine solche Zusicherung führt aber in der Praxis häufig zu Streitigkeiten und Unzufriedenheiten, weil die Mieter, selbst bei groben Verfehlungen, gar zu leicht der Ansicht sind, daß sie nicht gegen die erlassenen Verordnungen verstoßen haben. Soll der Vorstand und mit ihm die Genossenschaft überhaupt noch Herr im eigenen Hause sein, so muß die Vereinsleitung das Recht haben, einen nicht empfehlenswert erscheinenden Mieter zu kündigen. Will man das Recht der Mieter möglichst weitgehend sicherstellen, so kann man den Mietern im Falle einer Wohnungskündigung ein Berufungsrecht an den Aufsichtsrat einräumen. Hierüber sollte man aber nicht hinausgehen. Vor allem wird davor gewarnt, die letzte Entscheidung in bezug auf die Wohnungskündigung der Generalversammlung zu überlassen, denn erfahrungsgemäß fallen hier die Entscheidungen oft sehr ungerecht aus und zwingen die Mitglieder des Vorstandes und Aufsichtsrats häufig, ihr Amt niederzulegen. Hat ein Gläubiger der Genossenschaft in dem Darlehnsvertrage sich das Recht vorbehalten, eine Steigerung oder Ermäßigung der Mieten verlangen zu dürfen, so ist hierauf bei Erlaß der Vermietungsbedingungen und Fassung der Mietverträge Rücksicht zu nehmen.

Wenn in dem als Anlage 12 beigefügten Muster für einen Mietvertrag vorgesehen ist, daß die Miete in vierteljährlichen Beträgen nachträglich gezahlt werden soll, so ist diese Bestimmung nur bei solchen Genossenschaften empfehlenswert, bei denen die Genossen bereits ansehnliche Beträge auf ihren Geschäftsanteil eingezahlt haben, so daß etwaige Mietrückstände bei der Auseinandersetzung aufgerechnet werden können gegen vorhandene Geschäftsguthaben. Diejenigen Genossenschaften, die Wohnungen für minder gutgelohnte Arbeiter errichten, tun gut, die Miete in Monatsbeträgen und zwar möglichst im voraus zu erheben.

Die in den Mietverträgen vorzunehmende Kündigungsfrist muß sich nach den ortsüblichen Gewohnheiten richten, jedoch mit der Maßgabe, daß sie stets mindestens einen Monat länger sein muß, als die ortsübliche Kündigungsfrist. Diese Maßregel ist notwendig, um denjenigen Genossen, die bislang noch keine Wohnung von der Genossenschaft bekommen konnten und deshalb in Privatwohnungen wohnen, die Möglichkeit zu geben, ihrerseits die Privatwohnungen zu kündigen, wenn für sie geeignete Wohnungen in der Genossenschaft frei werden.

Inwieweit es zweckmäßig ist, einen Teil der Kosten für Innenreparaturen durch den Mietvertrag auf die Mieter abzuwälzen, richtet sich nach den jeweiligen Verhältnissen der einzelnen Genossenschaften.

Namentlich die Mieter in den Beamtenwohnungsvereinen stellen häufig große Anforderungen in bezug auf das Tapezieren der Wohnräume. Hier empfiehlt es sich deshalb oft, in den Mietverträgen die Bestimmung vorzusehen, daß ein Teil dieser Kosten von den Mietern zu tragen ist. Wird diese Maßregel getroffen, so können dafür natürlich die Mietsätze eine entsprechende Ermäßigung erfahren.

Ebenso wird in vielen Baugenossenschaften der Anstrich der Fußböden und der Küchenwände von den Mietern besorgt. Auch diese Maßregel hat sich im allgemeinen als zweckmäßig bewährt, weil dadurch die Mietsätze niedriger ausfallen können und diese Ersparnis denjenigen Mietern zugute kommt, die ihre Wohnungen pfleglich behandeln.

Die Instandhaltung und Reinigung der Öfen, Kochherde und Wasserhähne, die Unterhaltung der Schlösser und der Ersatz zerbrochener Fensterscheiben sollte in jedem Falle als Pflicht der Mieter in dem Mietvertrage bezeichnet werden.

Mit der Bestellung eigentlicher Vizewirte, d. h. solcher Mieter, die für das Haus, in dem sie wohnen, die Pflichten eines Hauswirts dergestalt übertragen erhalten, daß sie ihrerseits zu Wohnungsvermietungen, Wohnungskündigungen und Wohnungsinstandsetzungen berechtigt sind, hat sich bei den Baugenossenschaften — das sei an dieser Stelle nochmals hervorgehoben — im allgmeinen nicht bewährt, und zwar einmal deshalb nicht, weil die Befugnis dieser Vizewirte von den Mietern niemals in vollem Maße anerkannt wird und weil ferner die Vizewirte, wenn sie weitgehende Verpflichtungen haben sollen, auch eine Bezahlung aus der Genossenschaftskasse erhalten müssen. Diese Bezahlung der Vizewirte ist aber eine Belastung für die Genossenschaft, die besser gespart wird. Man hat deshalb meistens den Ausweg gewählt, statt eigentlicher Vizewirte Hausverwalter zu bestellen, die eine Art Vertrauensmänner des Vorstandes sind und dem Vorstand Anzeige erstatten, falls irgendwelche Unregelmäßigkeiten in dem Hause vorkommen. Selbstverständlich haben diese Hausverwalter unaufschiebbare Reparaturen, die im Interesse der Genossenschaft sofort ausgeführt werden müssen — z. B. Reparaturen an der Wasserleitung —, selbst zu veranlassen.

Im übrigen ergibt der als Formular 12 beigefügte Mietvertrag nebst Hausordnung alle Einzelheiten, die bei dem abzuschließenden Vertragsverhältnis zwischen Genossenschaft und Mieter zu berücksichtigen sind.

b) Verkauf der Genossenschaftshäuser.

Wenn es schon zweckmäßig ist, den Anspruch auf eine Mietswohnung der Genossenschaft von der Erfüllung gewisser Vorbedingungen abhängig zu machen, so ist es gewiß noch mehr gerechtfertigt, den Anspruch auf Erwerb eines Hauses von der Genossenschaft an Voraussetzungen zu knüpfen, die erwarten lassen, daß der Genosse es an der zu einem solchen Erwerb erforderlichen Ausdauer im Sparen nicht wird fehlen lassen. Man wird deshalb im allgemeinen mindestens eine halbjährige Mitgliedschaft und in jedem Falle die Einzahlung eines vollen Geschäftsanteils verlangen müssen, bevor überhaupt ein Antrag auf den Erwerb eines Genossenschaftshauses gestellt werden kann. Verlangt man die Volleinzahlung des Geschäftsanteils von den Hauserwerbern, so darf man natürlich den Geschäftsanteil nicht zu hoch festsetzen, da durch seine Erfüllung nur die Befähigung zum Sparen nachgewiesen und dem Bauverein eine Gewähr für die Erfüllung der von den Hausanwärtern zu erfüllenden Verbindlichkeiten gegeben werden soll. Anderseits darf allerdings der Geschäftsanteil auch nicht zu niedrig festgesetzt werden, da gerade die Einzahlungen auf den Geschäftsanteil dazu dienen müssen, die Kosten für den Ankauf der Grundstücke und auch die Baukosten insoweit zu decken, als diese nicht aus den aufgenommenen fremden Geldern bezahlt werden können. In den Mustersatzungen ist deshalb der Geschäftsanteil auf 200 M. angenommen, welcher Betrag nach jeder Richtung hin den Verhältnissen bei denjenigen Baugenossenschaften entsprechen dürfte, die Arbeiterwohnungen bauen. Bei Beamtenwohnungsvereinen wird man aber — wie bereits an anderer Stelle bemerkt ist — den Geschäftsanteil auf 250—300 M. festsetzen müssen.

Außerordentlich bedenklich würde es sein, wenn eine Genossenschaft Erwerbshäuser gewissermaßen auf Lager bauen wollte. Es ist deshalb unbedingt erforderlich, an dem Grundsatz festzuhalten, daß Erwerbshäuser stets nur dann gebaut werden, wenn bestimmte Anwärter dafür vorhanden sind. Sind mehr Anwärter vorhanden, als Erwerbshäuser von der Genossenschaft gebaut werden sollen oder können, so muß eine Auslosung stattfinden. Diese Auslosung wird am besten in Gegenwart aller Erwerbslustigen vorgenommen. Es könnte dabei vorkommen, daß mehrere Jahre hindurch immer gerade ältere Genossen ausfallen und muß man daher diesen, um sie nicht ungeduldig zu machen, günstigere Aussichten bei der Verlosung gegenüber den jüngeren Mitgliedern einräumen. Zu diesem Behufe sollten, ähnlich wie es bei der Vergebung der Mietwohnungen empfohlen ist, denjenigen Genossen, die schon eine Reihe von Jahren der Baugenossenschaft angehören, entsprechend mehr Lose gewährt werden.

Bei der Erbauung von Erwerbshäusern können die Wünsche der Anwärter berücksichtigt werden, insoweit dadurch nicht die zweckmäßige Ausführung des Erwerbshauses in Frage gestellt wird. Die Baugenossenschaft muß stets mit der Möglichkeit rechnen, daß der Hausanwärter aus irgendwelchen Gründen — z. B. wegen Zahlungsunfähigkeit oder wegen Verlegung des Wohnsitzes — aus dem Anwartschaftsverhältnis ausscheiden muß. Die Baugenossenschaft ist in diesem Falle gezwungen, einen anderen Anwärter für das betreffende Haus zu suchen und es wird ihr stets leicht gelingen, einen geeigneten Ersatzmann zu finden, wenn das Erwerbshaus zweckmäßig gebaut und nicht allzusehr den vielleicht eigenartigen Wünschen und Bedürfnissen des ersten Hausanwärters angepaßt ist.

Es ergibt sich hieraus, daß nicht alle Wünsche der Hausanwärter ohne weiteres erfüllt werden können, sondern daß stets darauf zu achten ist, das Haus so auszustatten, daß es auch den allgemein üblichen Wünschen und Bedürfnissen der übrigen Mitglieder entspricht.

Es läge am nächsten, mit jedem Hausanwärter einen schriftlichen Mietvertrag abzuschließen, in dem auch sein Erwerbsverhältnis geregelt würde. Ein solcher Mietvertrag mit Kaufanwartschaft würde aber ein bedingter Kaufvertrag sein, für den die Reichs- und Staatsstempelabgaben sowie die kommunalen Besitzwechselsteuern zu entrichten sein würden. Nun kommt es aber, wie bereits angedeutet, häufig vor, daß die Hausanwärter aus irgendeinem Grunde aus dem Erwerbsverhältnis ausscheiden müssen, also gar nicht grundbuchmäßig Eigentümer der Parzelle werden. In allen diesen Fällen würden die sehr erheblichen Besitzwechselabgaben nutzlos ausgegeben sein. Es wird deshalb von den Baugenossenschaften regelmäßig ein schriftlicher Vertrag mit den Hausanwärtern nicht abgeschlossen, sondern es werden nur die Bedingungen, unter denen von der Baugenossenschaft ein Hausgrundstück zu Eigentum erworben werden kann, in allen Einzelheiten festgelegt und den Satzungen als Anhang beigefügt. Es wird aber ausdrücklich hervorgehoben, daß nach den Mustersatzungen zu einer Änderung dieser Bedingungen Vorstand und Aufsichtsrat befugt sind, daß sie also nicht als Teil der Satzungen gelten, die nur durch die Generalversammlung unter Beobachtung der für die Satzungsänderungen maßgebenden Vorschriften abgeändert werden können.

Die Ausarbeitung dieser Erwerbsbedingungen muß natürlich mit großer Sorgfalt geschehen. In dem Formular 13 ist ein Muster für die Bedingungen gegeben, wie sie von denjenigen Baugenossenschaften festgesetzt werden, die mit der Landesversicherungsanstalt Hannover in Geschäftsverbindung stehen.

Besonders wichtig ist es, daß in den Erwerbsbedingungen festgestellt wird, in welcher Weise der Kaufpreis des Hausgrundstücks ermittelt werden soll. Daß die Genossenschaft die von ihr gezahlten Baukosten, Straßenanlagekosten, Kosten der Einfriedigung und alle gezahlten Nebenkosten den Hausanwärtern anrechnen muß, ist selbstverständlich. Fraglich ist es dagegen, zu welchem Preise der Bau- und Gartengrund den Anwärtern in Rechnung gestellt werden soll. Im allgemeinen gehen die Baugenossenschaften auch hier über die Selbstkosten nicht hinaus. Sie beschränken sich lediglich darauf, die Selbstkostensumme, die sich für das Erwerbshaus einschließlich des Grundstücks ergibt, nach oben hin auf volle 10 M. aufzurunden. Es können aber sehr wohl Fälle vorkommen, in denen sich die Genossenschaft nicht mit den Selbstkosten für den Bau- und Gartengrund beschränken darf. Ein solcher Fall liegt z. B. dann vor, wenn von der Baugenossenschaft ein größeres Gelände aufgeschlossen wird, von dem es zweifelhaft ist, zu welchem Preise die weniger gut gelegenen Plätze in späteren Jahren werden verwertet werden können. Es ist im Interesse der wirtschaftlichen Sicherstellung der Baugenossenschaft notwendig, in solchen Zweifelsfällen Sicherheitszuschläge über den Selbstkostenpreis hinaus zu machen.

Wenn eine Baugenossenschaft ein großes Gelände gekauft hat und dieses aus irgendwelchem Grunde erheblich im Werte gestiegen ist, so wird es häufig nur recht und billig sein, den Hausanwärtern einen dem wirklichen Werte entsprechenden Einheitssatz für den Bau- und Gartengrund abzuverlangen und die erzielten Buchgewinne zur Stärkung der wirtschaftlichen Grundlage des Vereins zu benutzen. Allgemeine Regeln darüber, ob der Bau- und Gartengrund zum Selbstkostenpreise oder ob er mit größeren oder geringeren Zuschlägen den Anwärtern anzurechnen ist, lassen sich nicht aufstellen. Es kommt hier ganz auf die Verhältnisse der einzelnen Genossenschaft an.

Die Zahlung der Miete kann bei den Hausanwärtern unbedenklich vierteljährlich nachträglich erfolgen, da im Falle der Zahlungsunfähigkeit eines Hausanwärters und seines Austritts aus dem Verein die Genossenschaft stets Deckung haben wird durch das Geschäftsguthaben und durch das Tilgungsguthaben des Mitglieds.

Die Berechnung der Jahresmiete für den Anwärter hat in folgender Weise zu geschehen. Angenommen, der Verein zahlt für seine Hypotheken $3^1/_2$ % Zinsen und rechnet mit demselben Zinssatze bei der Verzinsung seines eigenen, in den Erwerbshäusern angelegten Geldes. In diesem Falle würde als Verzinsung für den ganzen Kaufpreis der Satz von $3^1/_2$ % anzunehmen sein. Hierzu würde der Tilgungssatz zu rechnen sein. Wie hoch dieser anzunehmen ist, richtet sich nach der Leistungsfähigkeit der Mitglieder, für die die Genossenschaft Erwerbshäuser baut und nach der Höhe der Kapitaltilgung, die die Genossenschaft ihrerseits an ihre Hypothekengläubiger zu leisten hat. Unter keinen Umständen darf aber der Tilgungssatz weniger als 1 % betragen, da sonst die Genossenschaft nicht die nötige Sicherheit hat, eine etwaige Entwertung des Hauses aus dem Tilgungsguthaben decken zu können. Wo es möglich ist, sollte man sich auf diesen Mindestsatz von 1 % bei der Tilgung *nicht* beschränken, sondern wenigstens $1^1/_2$ % als Tilgung fordern, weil die Zeit, die nötig ist, um ein Drittel des Kaufpreises abzutragen und damit den Hausanwärter zu dem grundbuchmäßigen Eigentum des Hauses gelangen zu lassen, sonst zu lang wird. Diese Zeit beträgt nämlich bei einem Zinsfuße von $3^1/_2$ %, wenn 1 % Tilgung gezahlt wird, 22 Jahre, wenn $1^1/_2$ % Tilgung gezahlt wird, 16 Jahre. Hieraus ergibt sich, wie wünschenswert es ist, den Tilgungssatz möglichst auf $1^1/_2$ % zu bemessen. Mehr als $1^1/_2$ % Tilgung wird in der Regel nicht verlangt werden dürfen, weil sonst die regelmäßige Jahresleistung für den Anwärter zu hoch wird. *In allen Fällen muß aber natürlich die Tilgung mindestens auf den Betrag festgesetzt werden, den die Genossenschaft ihrerseits an ihre Hypothekengläubiger zu zahlen hat.*

Selbstverständlich können die Hausanwärter außer der regelmäßigen Tilgung auch noch außerordentliche Tilgungen leisten, die dann für volle Monate und volle 10 M. mit $3^1/_2$ % Zinsen gutgeschrieben werden. Außer Zinsen und Tilgung haben die Hausanwärter auch noch einen Verwaltungskostenzuschuß zu leisten, damit die Genossenschaft in der Lage ist, die entstehenden Geschäftsunkosten zu decken und Reserven aufzusammeln. Der übliche Satz für den Verwaltungskostenzuschuß ist $^1/_2$ % der Kaufsumme. Unter den angenommenen Voraussetzungen würde sich als zu zahlende Miete ergeben: $3\frac{1}{2}$ (für Zinsen) + $1\frac{1}{2}$ (für Tilgung) + $\frac{1}{2}$% (für Verwaltung usw.), also insgesamt $5\frac{1}{2}$% der vereinbarten Kaufsumme.

Die Feuerversicherung der Gebäude wird während der Dauer des Anwärterverhältnisses am besten von der Genossenschaft bewirkt, da diese dann stets die Sicherheit hat, daß die Versicherungsbeiträge regelmäßig gezahlt werden und die Versicherung infolgedessen ordnungsmäßig in Kraft bleibt.

Ebenso empfiehlt es sich, die Steuern, Abgaben und Lasten von seiten der Genossenschaft für die Anwärter auszulegen und in einer Summe an die Berechtigten abzuführen.

Sämtliche Steuern, Abgaben und Versicherungsprämien sowie die Kosten der Instandhaltung des Hauses hat natürlich der Hausanwärter neben der Miete zu übernehmen. Der Vereinsvorstand wird meistens halbjährlich sämtliche Erwerbshäuser besichtigen müssen. Dabei ist festzustellen, ob die Häuser sich in gutem Zustande befinden. Etwa notwendige Reparaturen, namentlich solche an den Dächern, Rinnen und Fenstern, müssen sofort nach Anordnung des Vereinsvorstandes durch den Anwärter vorgenommen werden. Läßt der Anwärter in einer ihm zu stellenden Frist die Reparaturen nicht ausführen, so muß dem Vereinsvorstande das Recht zustehen, diese Reparaturen auf Kosten des Anwärters durch Dritte bewirken zu lassen. Selbstverständlich darf der Hausanwärter Umbauten nur mit Genehmigung der Genossenschaft ausführen.

Unter allen Umständen muß verlangt werden, daß der Hausanwärter eine Wohnung in dem ihm von der Genossenschaft überlassenen Hause selbst bewohnt. Es darf nicht gestattet werden, daß der Hausanwärter sich eine andere Wohnung mietet und das Haus von der Genossenschaft lediglich aus Spekulationsrücksichten erwirbt.

Die Erwerbshäuser sollen regelmäßig nur zu Wohnzwecken benutzt werden. Ein Gewerbebetrieb darf nur mit Genehmigung des Vereinsvorstandes in einem solchen Hause betrieben werden. Ganz besonders gilt dies von einem Gastwirtschaftsbetrieb.

Es ist bereits an anderer Stelle darauf hingewiesen worden, daß Erwerbshäuser regelmäßig nicht mehr als zwei Familienwohnungen enthalten sollen. Die Wahl des Mieters für die von dem Hausanwärter zu vermietende zweite Familienwohnung muß dem Hausanwärter überlassen bleiben. Es wird aber von den Hausanwärtern zu verlangen sein, daß sie ihre Wohnungen in erster Linie den

Bauvereinsmitgliedern zur Mietung anbieten. Damit von den Hausanwärtern in bezug auf die Festsetzung der Jahresmiete kein Wucher getrieben werden kann, ist es notwendig, daß sich Vorstand und Aufsichtsrat der Genossenschaft das Recht vorbehalten, den Höchstbetrag der Jahresmiete für die zu vermietende Wohnung festzusetzen. Selbstverständlich muß sich die Genossenschaft ein Kündigungsrecht vorbehalten für den Fall, daß der Anwärter die vereinbarten Bedingungen nicht einhält, insbesondere seine Miete nicht rechtzeitig zahlt oder aus der Genossenschaft ausgeschlossen wird (zu vgl. Ziff. VIII der Musterbedingungen).

Besonders wichtig ist es auch, mit den Anwärtern darüber Vereinbarungen zu treffen, was zu geschehen hat, wenn sie aus irgendeinem Grunde aus dem Anwärterverhältnis ausscheiden. Im Falle des Ausscheidens wird man die aus außerordentlichen Tilgungsbeträgen stammende Tilgungssumme nebst aufgelaufenen Zinsen dem Anwärter stets zum vollen Betrage zurückzahlen müssen. Dagegen ist an dem Grundsatze festzuhalten, daß aus der regelmäßigen Tilgung dem Vereine mindestens der Satz von 1 % für das Jahr verbleiben muß, um nötigenfalls auf das Erwerbshaus Abschreibungen machen zu können. Im übrigen dürfte eine Erstattung des den Satz von 1 % übersteigenden Betrages der regelmäßigen Tilgung auch nur dann in Frage kommen, wenn der Anwärter zur Verlegung seines Wohnsitzes nach außerhalb durch besondere Verhältnisse gezwungen wird. Wenn die Betriebsstätte, in der ein Arbeiter beschäftigt ist, verlegt wird, oder wenn ein Arbeiter an einem anderen Orte eine lohnendere Beschäftigung finden kann, so wird man von ihm nicht erwarten dürfen, daß er, lediglich um die Genossenschaftswohnung zu behalten, auf die günstige Arbeitsgelegenheit verzichtet. Selbst in solchen Fällen sollten die Baugenossenschaften den den Satz von 1 % übersteigenden Betrag aber nur unter der Voraussetzung erstatten, daß der Anwärter bereits eine Reihe von Jahren — mindestens drei — in dem Hause gewohnt hat, und das Haus sich in einem guten Zustande befindet (zu vgl. Ziff. IX der Musterbedingungen).

Die von den Hausanwärtern mit Zustimmung des Vereinsvorstandes und Aufsichtsrates vorgenommenen Verbesserungen an dem Hause können ihm in angemessener Weise angerechnet werden. Es muß jedoch dem Vorstand oder Aufsichtsrate die endgültige Festsetzung der Entschädigungssumme vorbehalten bleiben (zu vgl. Ziff. IX der Musterbedingungen).

Ganz besonders wichtig ist es, durch entsprechende grundbuchliche Eintragungen die Spekulation mit den von der Genossenschaft erworbenen Häusern zu verhindern. Die Erfahrungen der älteren Baugenossenschaften, die Erwerbshäuser gebaut haben, zeigen, wie notwendig es ist, in dieser Beziehung geeignete Vorsichtsmaßregeln zu treffen.

Der erste praktische Versuch, auf genossenschaftlichem Wege Erwerbshäuser zu errichten, ist im Jahre 1850 in Mühlhausen i. Els. gemacht. Hier wurde die sogenannte Mühlhäuser Arbeiterstadt begründet, die ausschließlich aus Erwerbshäusern bestand. Schon damals war man sich darüber klar, daß vertragliche Vorkehrungen vorgesehen werden mußten, um eine Spekulation mit den Häusern möglichst zu unterbinden. Man traf deshalb die Bestimmung, daß die Erwerber die Häuser innerhalb der ersten zehn Jahre nach der Übernahme nicht verkaufen durften. Einen dauernden Einfluß auf die Gestaltung der Verhältnisse konnte diese Bestimmung natürlich nicht haben. Es muß denn auch festgestellt werden, daß jetzt — also nach Verlauf von etwa 60 Jahren — kaum ein einziges Haus seinem ursprünglichen Zwecke dient, vielmehr das ganze Unternehmen der Spekulation anheimgefallen ist.

Auch von den im Anfange der siebziger Jahre auf genossenschaftlichem Wege erbauten Erwerbshäusern dient wohl nur noch ein sehr geringer Teil den Arbeitern als billige Wohnung. Die Häuser sind auch der Spekulation verfallen. Die Genossenschaften aber, die diese Häuser erbaut haben, sind fast sämtlich aufgelöst.

Die Notwendigkeit von Schutzmaßregeln zur Vermeidung der Spekulation mit den durch die Genossenschaft erworbenen Häusern folgt also nicht etwa nur aus theoretischen Erwägungen, sondern ergibt sich ohne weiteres aus den gemachten Erfahrungen. Es fragt sich nun, welche Schutzmaßregeln gegen die Spekulation stehen der Genossenschaft zur Verfügung und wie sind sie anwendbar. In dieser Beziehung dürften in Frage kommen:

1. Die grundbuchmäßige Eintragung des Vorkaufsrechts für die Genossenschaft gemäß §§ 1094 ff. BGB.
2. Die grundbuchmäßige Eintragung des Wiederkaufsrechts zugunsten der Genossenschaft.
3. Nutzungsbeschränkungen.
4. Die Inanspruchnahme eines Teiles des bei einem späteren Verkaufe erzielten Gewinnes für die Genossenschaft.

Was zunächst das Vorkaufsrecht anlangt, so ist darauf hinzuweisen, daß das Bürgerliche Gesetzbuch neben dem obligatorischen Vorkaufsrecht, das nur für den persönlich Verpflichteten bzw. dessen Erben gilt, auch noch ein dingliches Vorkaufsrecht kennt, das unabhängig von dem jeweiligen Eigentümer auf dem Grundstücke als solchem ruht. Dieses dingliche Vorkaufsrecht braucht also nicht auf den Verkauf durch den Eigentümer, dem das Grundstück zurzeit gehört, beschränkt zu bleiben, sondern kann für alle Zeiten und für alle Verkäufe, die das Grundstück überhaupt jemals erfährt, ausgedehnt werden. Im Systeme des Grundbuchrechts hat das eingetragene Vorkaufsrecht die Wirkung einer Vormerkung. In der Praxis wickelt sich die Sache so ab, daß die Genossenschaft, sobald sie ein Hausgrundstück an einen Anwärter aufläßt, gleichzeitig mit der Auflassung das Vorkaufsrecht eintragen läßt. Verkauft später der Eigentümer das Haus, so ist er nach den Bestimmungen des BGB. verpflichtet, der Genossenschaft den Inhalt des zwischen ihm und dem Käufer abgeschlossenen Kaufvertrages unverzüglich mitzuteilen.

Diese Mitteilung setzt eine Ausschlußfrist für die Ausübung des Vorkaufsrechts in Lauf, die mangels einer anderen Vereinbarung zwei Monate beträgt. Unterläßt der Eigentümer die Benachrichtigung, so macht er sich der Genossenschaft gegenüber schadensersatzpflichtig.

Die Genossenschaft hat in den Regelfällen also zwei Monate Zeit, um prüfen zu können, ob die Inanspruchnahme des Vorkaufsrechts für sie vorteilhaft ist oder nicht. Kommt sie zu dem Entschluß, daß sie das Grundstück zurückerwerben will, so hat sie dem Käufer den Kaufpreis zu ersetzen, soweit er bereits bezahlt ist; im übrigen tritt die Genossenschaft an die Stelle des Käufers. Die Genossenschaft braucht aber die Kosten des zwischen dem Eigentümer und dem Käufer zustande gekommenen Kaufvertrages nicht zu ersetzen.

Das Vorkaufsrecht bietet zur Sicherstellung des sozialpolitischen Zwecks der durch die Genossenschaft errichteten Häuser den unverkennbaren Vorteil, daß es an eine bestimmte Dauer nicht gebunden ist, also nach beliebig langer Zeit im Verkaufsfalle zur Geltung gebracht werden kann. Es hat aber den Nachteil, daß es den Eigentümer unter Umständen zu Scheinverkäufen veranlassen kann. Diese Möglichkeit kommt bei dem Wiederkaufsrechte weniger in Frage, denn das Wiederkaufsrecht hat gegenüber dem Vorkaufsrechte einen bemerkenswerten Vorteil, der darin besteht, daß als Wiederkaufspreis nicht ohne weiteres der von einem Dritten gebotene Preis anzunehmen ist, sondern daß es möglich ist, Bestimmungen in den Erwerbsbedingungen zu treffen, nach denen als Wiederkaufspreis der Schätzungswert des Hausgrundstücks zur Zeit der Veräußerung anzunehmen ist. Hierdurch werden nicht nur Scheinkäufe mit ungewöhnlich hohen Kaufsummen vermieden, sondern die Genossenschaft wird überhaupt vor Überteuerung bewahrt. Deshalb bedeutet das Wiederkaufsrecht eine wesentliche Sicherung des sozialpolitischen Zwecks der Erwerbshäuserbaugenossenschaften. Die Eintragung einer Vormerkung zur Sicherstellung des Wiederkaufsrechts sollte deshalb niemals unterlassen werden. Es ist sogar dringend zu empfehlen, bereits in den Satzungen bzw. in den Erwerbsbedingungen die Grundsätze festzulegen, nach denen das Wiederkaufsrecht vorbehalten und ausgeübt werden soll, und nach welchen Grundsätzen beim Wiederkauf der Schätzungswert zu ermitteln ist.

Da ferner die Möglichkeit ausgeschlossen werden muß, daß auf dem Erwerbshausgrundstücke eine Schankwirtschaft, ein Kaufladen oder andere Gewerbebetriebe errichtet werden, ist es empfehlenswert, der Genossenschaft in jedem Falle folgende Rechte vorzubehalten:

1. Das Wiederkaufsrecht.

Zur Sicherung dieses Rechts ist sofort bei der Eigentumsübertragung zugunsten der Genossenschaft eine Vormerkung im Grundbuch einzutragen. Ob die Genossenschaft von dem Wiederaufsrechte Gebrauch machen will, bestimmt zunächst der Genossenschaftsvorstand; gibt er eine dahin gehende Erklärung ab, so steht dagegen den Beteiligten die Berufung an den Aufsichtsrat der Genossenschaft zu, dessen Entscheidung endgültig ist. Als Regel soll dabei gelten, daß das Wiederkaufsrecht nur dann auszuüben ist, wenn eine der Genossenschaft nicht angehörende Person Eigentumsrechte an dem Grundstück erworben hat oder erwerben soll.

Macht die Genossenschaft von dem Wiederkaufsrechte Gebrauch, so hat sie als Wiederkaufspreis den Schätzungswert des Hausgrundstücks zu zahlen.

In Ermangelung gütlicher Vereinbarung wird dieser Wert durch drei Schätzer ermittelt, von denen jede Partei einen ernennt, während der dritte als Obmann von den beiden Ernannten gewählt wird; zu schätzen ist der gemeine Wert des Hausgrundstücks zur Zeit des Wiederkaufs.

2. Das Recht, zu verlangen, daß ohne schriftliche Genehmigung des Genossenschaftsvorstandes weder auf dem Grundstücke vorhandene oder noch zu errichtende Gebäude anders als zu Wohnzwecken verwendet werden dürfen, noch sonst das Grundstück zu anderen Zwecken benutzt werden darf als zu dem Genossenschaftszwecke: gute und billige Arbeiterwohnungen zu beschaffen. Dieses Recht ist zugunsten der Genossenschaft als beschränkte persönliche Dienstbarkeit (BGB. §§ 1090ff.) im Grundbuche einzutragen.

Praktische Erfahrungen mit dem Wiederkaufsrechte der Genossenschaften liegen zurzeit noch so gut wie gar nicht vor. Jedenfalls sind sie nicht zahlreich genug, um aus ihnen bestimmte Schlüsse ziehen zu können. Die heutige Baugenossenschaftsbewegung ist noch zu jung, um in so weitschichtigen Fragen eine bestimmte Antwort erteilen zu können. Aber so viel wird man doch voraussagen können, daß es sehr zweifelhaft ist, ob das Wiederkaufsrecht ausreichen wird, um in allen Fällen die Spekulation auszuschließen.

Hat eine Baugenossenschaft Erwerbshäuser in der Nähe einer Großstadt oder eines Industrieortes erbaut und erfahren diese Häuser infolge der Steigerung der Bodenwerte und einer regen Spekulation einen ganz bedeutenden Wertzuwachs, so ist es sehr fraglich, ob die Genossenschaft nicht auf ihre Rückkaufsrechte verzichten muß, weil der Kaufpreis bzw. Schätzungswert so hoch ist, daß auch die Genossenschaft die fraglichen Grundstücke nicht mehr ihrem Zweck, d. h. nicht mehr als billige Arbeiterwohnungen erhalten kann.

Diese Erwägungen haben den Gedanken entstehen lassen — falls auf Ausübung des Wiederkaufsrechts aus irgend einem Grunde von Seiten der Genossenschaft verzichtet wird —, bei Weiterverkäufen mit großem Gewinn eine Veräußerungsabgabe zugunsten der Genossenschaft zu erheben. Diese Veräußerungsabgabe würde auf denselben Grundsätzen beruhen, wie die von vielen Kommunen und auch vom Deutschen Reiche bei Grundstücksverkäufen eingeführte Wertzuwachssteuer. Es würde sich also darum handeln, daß die Genossenschaft im Falle des Weiterverkaufs eines Erwerbshausgrundstückes eine Abgabe von dem Veräußerer erhebt, deren Höhe sich nach dem erzielten Gewinne zu richten hätte. Als Gewinn würde der Unterschied zwischen dem an die Genossenschaft bezahlten Kaufpreis und dem Veräußerungspreis anzunehmen sein, wobei spätere Aufwendungen des Eigentümers für

Verbesserungen des Grundstücks, Straßenbaukosten sowie die Kosten für Neu- und Umbauten dem ursprünglichen Kaufpreise hinzuzurechnen sein würden.

Die näheren Bestimmungen, nach denen eine solche Veräußerungsabgabe seitens der Baugenossenschaften erhoben werden könnte, gehen aus Ziff. 14 der Musterbedingungen, wie sie die Landesversicherungsanstalt Hannover für die mit ihr in Geschäftsverbindung stehenden Baugenossenschaften festgesetzt hat, hervor. Da das Vor- und Wiederkaufsrecht für die Baugenossenschaften — wie dargelegt ist — oft gar keinen Wert haben, kann die Erhebung einer Veräußerungsabgabe als wirklich wirksame Schutzmaßregel gegen die Spekulation mit Erwerbshäusern nur dringend empfohlen werden. Wie weit die Genossenschaften in den einzelnen Fällen mit Erhebung einer solchen Veräußerungsabgabe gehen, hängt natürlich wesentlich von den besonderen Verhältnissen der einzelnen Genossenschaften ab. In vielen Fällen wird es genügen, wenn außer der oben bezeichneten Dienstbarkeit nur das Wiederkaufsrecht eingetragen wird, weil mit einem erheblichen Wertzuwachs der Häuser nach menschlichem Ermessen überhaupt nicht zu rechnen ist. Anderseits sind wohl Fälle denkbar, in denen man über die in Ziff. 14 der Musterbedingungen festgesetzten Säße wird hinausgehen müssen. Bemerkt wird noch ausdrücklich, daß, wenn die Veräußerungsabgabe eingeführt werden soll, daneben das Wiederkaufsrecht nicht entbehrt werden kann, weil sonst durch Abschluß eines Scheinkaufs die Veräußerungsabgabe umgangen werden kann. Wiederkaufsrecht und Veräußerungsabgabe sind zwei Faktoren, die in ihrem Zusammenwirken das gewünschte Ergebnis erzielen sollen. Alle weiteren Einzelheiten und die Form der nötigen Grundbucheintragungen ergeben sich aus den Musterbedingungen. (Form. 13.)

Der Vorwurf, daß ein Erwerber durch den Kauf eines mit so weitgehenden grundbuchlichen Eintragungen belasteten Hauses sich und seine Familie derart festlegt, daß das Haus überhaupt nicht verkauft und infolgedessen das in dem Hause angelegte, von ihm ersparte Geld niemals herausgezogen werden kann, ist im allgemeinen unbegründet, denn die Genossenschaft wird in den meisten Fällen schon unter ihren Mitgliedern Personen finden können, die das Grundstück gern übernehmen.

In vielen Baugenossenschaften werden sich Mitglieder befinden, die in der Lage sind, entweder aus eigenen Ersparnissen oder aus einem ihnen zugefallenen Erbteil oder mit Hilfe von Verwandten und Freunden oder Arbeitgebern ein Drittel des Preises eines solchen Häuschens sofort zu zahlen. Die Genossenschaft wird diese Genossen nicht bevorzugen dürfen, da solche Mitglieder meist nicht zu denen gehören, für die die Wohnungsnot am empfindlichsten ist, und die große soziale Aufgabe der Baugenossenschaften gerade darin besteht, dort zu helfen, wo der Notstand am größten ist. Aber insoweit die verfügbaren Mittel der Baugenossenschaft für den Bau von Häusern ohne eine 1/3-Anzahlung nicht mehr ausreichen, mit Hilfe der Drittelzahlung indes die Bautätigkeit noch länger fortgesetzt werden kann, ist der Bau von Häusern gegen Drittelanzahlung für alle Beteiligten vorteilhaft.

Gerade die Erwerber von Häusern mit Drittelanzahlung werden aber am ehesten geneigt sein, in eine Spekulation einzutreten. Es ist deshalb ratsam, zu bestimmen, daß die Anwärter unter allen Umständen erst dann die Übertragung des Eigentums an den Hausgrundstücken verlangen können, wenn sie mindestens drei Jahre in dem zu erwerbenden oder einem anderen Vereinshause gewohnt haben (zu vgl. Ziffer XI der Musterbedingungen). Hierdurch werden solche Personen abgeschreckt, die in der Erwerbung eines Vereinshauses lediglich eine gute Kapitalanlage erblicken.

Zehntes Kapitel.

Die Wirtschaftsrechnung der Baugenossenschaften.

a) Die Berechnung der Wohnungsmieten für Miethäuser.

Trotzdem die Vorstände der Baugenossenschaften meist die Grundsätze, nach denen die Berechnung der Wohnungsmieten vorzunehmen sind, kennen, finden sich bei einer überaus großen Anzahl von Baugenossenschaften falsche Mietberechnungen. Dieser Widerspruch findet dadurch seine Erklärung, daß der Wunsch der Verwaltungsorgane der Baugenossenschaften, den Genossen möglichst billige Wohnungen zur Verfügung zu stellen und die Überzeugung, daß Baugenossenschaften im Hinblick auf den verhältnismäßig billigen

Hypothekarkredit, der ihnen meist zur Verfügung steht, unter allen Umständen ihre Wohnungen billiger vermieten können, als das die Privathausbesitzer tun, bei der Festsetzung der Mietpreise oft stärkere Faktoren sind, als das zahlenmäßige Ergebnis einer richtigen Rentabilitätsberechnung. Es gibt leider auch heute noch immer sehr viele Baugenossenschaftsenthusiasten, die glauben, es bedürfe nur der Gründung einer Baugenossenschaft, um sofort mit Hilfe der Wohlfahrtskredite, die das Reich, der preußische Staat und die Versicherungsanstalten den Baugenossenschaften zur Verfügung stellen, Wohnungen mit außerordentlich billigen Mieten schaffen zu können.

Die Aufgabe der Baugenossenschaften besteht allerdings nicht allein in der Herstellung zweckmäßig eingerichteter und gesunder Wohnungen, sondern die Genossenschaftswohnungen sollen auch billig sein. Über den Begriff „billig" kann man nun aber sehr verschiedener Ansicht sein. Es liegt auf der Hand, daß eine Baugenossenschaft — auch wenn sie Hypothekendarlehen unter besonders günstigen Bedingungen bekommt — bei richtigen Geschäftsgrundsätzen für ihre Vereinswohnungen, die in sanitärer, wie in sittlicher Hinsicht völlig einwandfrei sein sollen, oft eine höhere Miete berechnen muß, als für vorhandene, allerdings meist mangelhafte Arbeiterwohnungen in Privathäusern gefordert wird. Trotzdem kann die Genossenschaftswohnung sehr billig sein. Billig ist eine Wohnungsmiete eben dann, wenn sie nicht höher ist als die angemessene Immobiliarrente. In denjenigen Orten, in denen kein ausgesprochener Mangel an Wohnungen ist und wo die Mieten in den Privathäusern angemessen sind, wird eine Baugenossenschaft ganz gewiß kein Feld für eine Betätigung finden. Denn — darauf muß mit besonderem Nachdruck hingewiesen werden — eine Baugenossenschaft muß bei Berechnung ihrer Mieten von anderen Grundsätzen ausgehen wie der Privatbesitzer, sie muß Lasten übernehmen, die dem Privatbesitzer erspart bleiben, und sie ist — wie bereits im ersten Kapitel hervorgehoben ist — deshalb nur da am Platze, wo die Privatbautätigkeit ungenügend ist oder wo die Mieten im Verhältnis zu den Anlagewerten der Häuser zu teuer sind. Der auf die Mietfestsetzungen einwirkende wesentliche Unterschied zwischen Privatbesitz und Genossenschaftsbesitz besteht darin, daß für den letzteren jeder Konjunkturgewinn fortfällt. Ein Hausbesitzer kann — falls die einschlägigen Verhältnisse sich ändern — sein Haus den veränderten Verhältnissen in jeder Beziehung anpassen. Er kann aus Wohnungen Bureaus,

Läden oder Restaurationslokale machen. Er kann durch einen Umbau sein Haus dem früheren Zwecke vollständig entziehen, wenn es in der neuen Form eine bessere Rentabilität verspricht. Vor allem kann aber der Privatbesitzer sein Haus — wenn sich ihm eine günstige Gelegenheit bietet — oft mit großem Vorteil verkaufen. Man braucht dabei nicht gleich an die Häuserspekulanten zu denken. Auch der Privatbesitzer, der ursprünglich beim Kauf oder bei der Erbauung seines Hauses gar nicht an einen Weiterverkauf gedacht hat, kann durch glückliche Entwickelung der Verkehrsverhältnisse in die angenehme Lage versetzt werden, sein Hausgrundstück mit großem Gewinn verkaufen zu können. Diese Möglichkeit fällt für eine Baugenossenschaft fort. Im übrigen haben die Privatbesitzer bei einer allgemeinen Steigerung der Mietpreise die Möglichkeit, auch ihre Wohnungen im Mietpreise heraufzusetzen, während eine Baugenossenschaft die Mieten auf gleicher Höhe zu belassen bestrebt ist. Um es kurz zu sagen: Ein Privatbesitzer kann die Konjunktur des Wohnungsmarktes nach jeder Richtung hin ausnutzen. Er ist ein schlechter Geschäftsmann, wenn er das nicht tut. Eine Baugenossenschaft kann das aber nicht, denn es hieße den Zweck der Baugenossenschaft auf den Kopf stellen, wollte man eine Hochkonjunktur im Wohnungsmarkte des Gewinns wegen von seiten der Baugenossenschaft mitmachen und unterstützen. Soll aber die Baugenossenschaftswohnung dauernd ihrem Zweck erhalten werden und dauernd zu gleichem Mietspreise an die Genossen vermietet werden, so ist es nötig, daß die Baugenossenschaft — ohne Rücksicht auf eine etwaige Wertsteigerung des Grund und Bodens — den vollen Betrag, um den sich die Bauwerte ihrer Häuser vermindern, durch die Wohnungsmieten aufbringt, ihn in der Jahresrechnung abschreibt und zur Schuldentilgung verwendet. Der Privatbesitzer in einer Großstadt rechnet unter normalen Verhältnissen nicht mit einer Entwertung seines Hausgrundstücks und macht infolgedessen keine Abschreibungen. Für ihn ist der Überschuß der Mieten über die Ausgaben an Zinsen und Unkosten der Bruttogewinn, von dem nur noch die Zinsen für das in dem Hause angelegte eigene Vermögen in Abzug zu bringen sind, um den Reingewinn zu erhalten. Der Verzicht auf den Konjunkturgewinn, insonderheit der Verzicht auf die Möglichkeit des Verkaufs macht also, wie wir gesehen haben, die Vornahme entsprechender Abschreibungen für die Baugenossenschaften unbedingt nötig. Das ist aber nicht die einzige Belastung der Baugenossenschaften gegenüber dem Privatbesitze.

Es kommen noch hinzu:

1. Die sogenannten Geschäftsunkosten, insonderheit Bureaumieten und die Besoldungen der Vorstandsmitglieder. Es sind das Ausgaben, die dem Privatbesitzer, der sein Vermietungsgeschäft selbst besorgt, erspart bleiben;
2. die Mittel zur Bildung der Reservefonds;
3. die Kosten für kleinere Reparaturarbeiten, die ein sparsamer Hauswirt selbst ausführt, die eine Baugenossenschaft aber durch Dritte ausführen lassen muß.

Alle diese Mehraufwendungen müssen durch die Mieten gedeckt werden. Anderseits fällt natürlich der Gewinn, den viele Hausbesitzer aus der Vermietung ihres Hauses erzielen, für die Baugenossenschaft fort. Man sieht also, daß die Festsetzung der Wohnungsmieten bei den Baugenossenschaften von anderen Gesichtspunkten aus geschehen muß, als es bei den Privatbesitzern geschieht.

Die nachfolgenden Grundsätze für die Berechnung der Wohnungsmieten sollen die Richtlinien festlegen, die nach den Erfahrungen bei der Berechnung der Wohnungsmieten bei den Baugenossenschaften zu beachten sind. Diese Richtlinien stimmen mit den Leitsätzen überein, die von den Baugenossenschaftsverbänden als maßgebend anerkannt sind.

1. Aus den Wohnungsmieten der Baugenossenschaften müssen aufgebracht werden:
   a) die Zinsen für die angeliehenen Hypotheken und sonstigen Anleihen,
   b) die Zinsen für das in den vermieteten Hausgrundstücken angelegte eigene Vermögen der Genossenschaft,
   c) die jährlich vorzunehmenden Abschreibungen,
   d) die Betriebsunkosten (Reparaturen, Steuern, Abgaben, Versicherungsprämien, Kosten für Beleuchtung und Reinigung usw.),
   e) die Geschäftsunkosten (Gehälter der Vorstandsmitglieder, Bureauutensilien, Bureaumieten, Porto, Drucksachen usw.),
   f) eine Rücklage zur Bildung angemessener Reserven sowie zur Deckung von Mietausfällen.
2. Die Begriffe „Abschreibung" und „Tilgung" haben an sich nichts miteinander zu tun. Sie stehen aber insofern zueinander in Beziehung, als die Baugenossenschaften die in Form der

Abschreibung in die Mietenberechnung eingestellten und infolgedessen durch die Mieten aufkommenden Beträge zur Schuldentilgung zur Verfügung hat. Da die Baugenossenschaften als regelmäßige Einnahmequelle zur Deckung der vertragsmäßigen Tilgungsbeträge nur die Mieten haben, ist dahin zu streben, daß die Tilgung seitens der Gläubiger nicht höher festgesetzt wird, als die von der Baugenossenschaft vorzunehmende Abschreibung.

3. Die alljährliche Abschreibung muß mindestens so hoch bemessen werden, daß durch sie die Entwertung der Genossenschaftsbaulichkeiten gedeckt wird.

Um den Baugenossenschaften eine stetige Finanzentwickelung zu sichern, muß die Abschreibung von den Vereinshäusern auf einen bestimmten Prozentsatz der Herstellungskosten der Gebäude bemessen werden. Die durch die Tilgung der Hypotheken ersparten Zinsen können mit zur Abschreibung verwendet werden, so daß die anfangs verhältnismäßig geringen Abschreibungsbeträge durch die zuwachsenden Zinsen allmählich erhöht werden.

4. Bei Veranschlagung der Betriebsunkosten ist damit zu rechnen, daß die Reparaturkosten mit dem Alter der Vereinshäuser zunehmen. Neugegründete Baugenossenschaften müssen mindestens 1% des gesamten Anlagewertes ihrer Miethäusergrundstücke als Betriebsunkosten in die Mietenberechnung einstellen.

5. Bei Berechnung der Geschäftsunkosten ist namentlich mit der Notwendigkeit einer angemessenen Besoldung der Vorstandsmitglieder zu rechnen.

6. Bei Veranschlagung der Rückstellungen für die Reservefonds ist auf die Bildung von Hilfsreservefonds, die zur Deckung der Kosten unvorhergesehener, großer Reparaturarbeiten und ungewöhnlicher Verluste (Mietausfälle usw.) zu dienen haben, Bedacht zu nehmen.

7. Eine überschlägige Wohnungsmietenberechnung ist bereits vor Inangriffnahme eines jeden Miethausneubaues an der Hand des Kostenanschlages und des Baugrundpreises seitens der beiden Genossenschaftsorgane aufzustellen, wobei als Erfahrungssatz gelten darf, daß die Baugenossenschaften insgesamt mindestens 1½% bis 2% des Anlagekapitals jährlich für die oben unter den Ziffern 4 bis 6 aufgeführten Unkosten und Rückstellungen aufzubringen haben. Das Bauvorhaben ist unter normalen Verhältnissen als wirtschaftlich gesichert zu betrachten, wenn bei dieser

Berechnung ortsübliche bzw. als angemessen zu erachtende Jahresmieten sich ergeben.

Ziffer 1 dieser Grundsätze enthält, nach Gruppen geordnet, die einzelnen Ausgaben, die durch die Wohnungsmieten bei den Baugenossenschaften gedeckt werden müssen. Unter Buchstabe a sind die Zinsen für die angeliehenen Hypotheken und sonstigen Anleihen aufgeführt. Diese Zinsen stehen meistens auf Heller und Pfennig fest. Allerdings kann bei denjenigen Baugenossenschaften, bei denen die Anleihen kündbar sind, nach Ablauf der Unkündbarkeitsfrist eine Änderung in der Zinsenlast eintreten. Derartige Änderungen, die gerade in den Zeiten der Geldknappheit bei den Privathypotheken der Baugenossenschaften häufig genug vorgekommen sind, lassen sich natürlich von vornherein nicht voraussehen. Änderungen dieser Art — wenn sie nicht unbedeutend und vorübergehender Art sind — müssen notwendig auch eine Änderung der Mietfestsetzungen herbeiführen. Denn wenn vorhin gesagt ist, daß bei den Baugenossenschaften die Wohnungsmieten auf gleicher Höhe gehalten werden sollen, so hat dies zur Voraussetzung, daß auch die Zinsen und Unkosten auf gleicher Höhe gehalten werden können. Es ist selbstverständlich, daß eine früher nicht in Rechnung gezogene Mehrausgabe nur Deckung finden kann durch eine Mieterhöhung.

Wir sehen also, daß selbst dann, wenn die Mieten nach richtigen Grundsätzen berechnet sind, eine Erhöhung der Mieten bei den Baugenossenschaften schon dadurch notwendig werden kann, daß sich die von der Baugenossenschaft aufzubringende Summe an Zinsen ändert. Es ist das ein Beweis dafür, wie notwendig es ist, daß die Baugenossenschaftsverwaltungen sich die Möglichkeit der Mieterhöhung nicht durch das Statut oder den Mietvertrag abschneiden dürfen. In der Praxis kommt es häufig vor, daß den Mitgliedern die Wohnungen — die Erfüllung der Vermietungsbedingungen vorausgesetzt — unkündbar vermietet werden, d. h. daß die Genossenschaft ihrerseits auf ein Kündigungsrecht verzichtet. Das ist — wie bereits an anderer Stelle bemerkt ist — stets ein schwerer Fehler. Kann die Baugenossenschaft nicht kündigen, so kann sie auch die Wohnungsmiete nicht steigern. Wie soll aber eine Baugenossenschaft eine unvorhergesehene, regelmäßige Mehrausgabe — z. B. an Zinsen — decken, wenn sie nicht die Möglichkeit der Mieterhöhung hat.

Zu bemerken ist noch, daß die Baugenossenschaft für den Fall, daß Hausanteilscheine oder Schuldverschreibungen ausgegeben oder

Spareinlagen angenommen und in den Vereinshäusern angelegt sind, auch deren Zinsen unter Buchstabe a, d. h. bei den Zinsen für die angeliehenen Hypotheken und sonstigen Anleihen einzustellen sind. Nun genügt es natürlich nicht, daß durch die Wohnungsmieten nur die Zinsen für die angeliehenen Hypotheken und sonstigen Anleihen aufgebracht werden, sondern auch das in den Häusern angelegte eigene Vermögen der Genossenschaft muß eine entsprechende Verzinsung erfahren. Von dem gesamten Anlagekapital der vermieteten Hausgrundstücke ist die Summe der Hypotheken und Anleihen, deren Verzinsung unter Buchstabe a der Grundsätze berücksichtigt ist, in Abzug zu bringen. Der Rest ist das in den Häusern steckende eigene Vermögen der Genossenschaft. Daß für dieses eine Verzinsung zu rechnen ist, bedarf — wie gesagt — keiner Frage, aber trotzdem wird diese Notwendigkeit häufig in der Praxis vergessen. Es fragt sich nur: Welcher Zinssatz ist für dieses eigene Kapital anzusetzen? In der Annahme, daß unsere Baugenossenschaften wohl ausschließlich eine Dividende von höchstens 4 % in Aussicht nehmen, dürfte eine vierprozentige Verzinsung genügen. Unter diesen Satz sollte man allerdings nicht heruntergehen.

Nach Buchstabe c der Grundsätze sind durch die Mieten die jährlichen Abschreibungen aufzubringen. Durch die vorstehenden Ausführungen ist bereits dargetan, wie unbedingt notwendig es ist, daß die Baugenossenschaften Abschreibungen auf ihre Häuser vornehmen. Daß diese Abschreibungen ebenso wie die unter den Buchstaben d bis f in den Grundsätzen aufgeführten Betriebsunkosten, Geschäftsunkosten und Rücklagen zu den Reservefonds aus den Mieten aufgebracht werden müssen, bedarf keiner weiteren Erörterung. Es fragt sich nur, wie hoch ist die Abschreibung zu bemessen, nach welchen Grundsätzen ist sie vorzunehmen und wie verhält sich die Höhe der Abschreibung zu der Höhe der von der Baugenossenschaft auf ihre Hypothekenschuld zu leistenden Tilgung.

Wenn wir zunächst die letztere Frage beantworten wollen, so kommen wir damit zur Erörterung der in den Baugenossenschaftskreisen so oft mißverstandenen Wechselwirkungen zwischen Abschreibung und Tilgung. Noch heute gibt es viele Genossenschafter, die diese Begriffe überhaupt nicht zu trennen wissen, sondern sie bei allen möglichen Gelegenheiten verwechseln. Die Begriffe stehen sich aber eigentlich vollkommen fern. Die Abschreibung ist vorzunehmen, weil die Häuserwerte sich vermindern, ihre Höhe richtet sich nach der tatsächlichen Entwertung der Häuser und ihr Betrag ist ein den Jahresgewinn kürzender Verlust. Die Tilgung (Amortisation) ist vorzunehmen, weil sie mit dem Hypothekengläubiger ausbedungen ist, ihre Höhe richtet sich nach dem Darlehnsvertrage und ihr Betrag hat mit dem Jahresgewinn der Genossenschaft überhaupt nichts zu tun. Trotzdem darf die Höhe der Amortisation bei der Mietenberechnung nicht völlig unberücksichtigt bleiben. Um das zu verstehen, muß man sich klarmachen, woher denn die Baugenossenschaften die Mittel bekommen, ihrer Amortisationspflicht genügen zu können.

Bezüglich der Aufbringung der Amortisationsraten bieten sich für die Baugenossenschaften drei Wege: die Amortisation kann dadurch erfolgen, daß neue Gelder aufgenommen werden oder dadurch, daß die Einzahlungen der Genossen auf Geschäftsanteilkonto zur Schuldentilgung benutzt werden oder endlich dadurch, daß aus den Mieten entsprechende Überschüsse gebildet werden. In den Regelfällen dürfte es als ausgeschlossen gelten, daß eine Baugenossenschaft an Stelle der amortisierten Beträge andere Hypothekengelder unter ebenso günstigen Bedingungen aufnehmen kann. Wollte man es aber für angemessen halten, die Tilgungsraten durch die Aufnahme fremder Gelder mit kurzen Kündigungsfristen oder hohen Zinsen zu decken, so würde sich die wirtschaftliche Grundlage der Baugenossenschaft immer mehr verschlechtern.

Mit der Aufnahme anderer fremder Gelder an Stelle der getilgten Beträge ist es also in der Regel nichts. Aber auch die Tilgung mit Hilfe der Einzahlungen auf den Geschäftsanteil scheint nicht einwandfrei, denn die Vermögensbildung in Form der Geschäftsguthaben zeigt bei den eingetragenen Genossenschaften im allgemeinen und bei den Baugenossenschaften im besonderen wesentliche Schwächen, weil die Mitglieder kündigen und ihre Geschäftsguthaben der Baugenossenschaft entziehen können. Keine Baugenossenschaft ist also sicher, daß ihr Geschäftsanteilkonto in jedem Jahre so viel zunimmt, daß aus der Zunahme die vertragsmäßige Tilgungsrate gedeckt werden kann. Die einzig zuverlässige Quelle zur Aufbringung der Tilgungsraten sind die Mieten und diese Art der Tilgung entspricht auch dem wirtschaftlichen Zweck der Amortisationshypothek am meisten.

Sehen wir uns die Ziff. 1 der Grundsätze an, so sehen wir, daß sämtliche dort aufgeführten Kosten — abgesehen von den unter f aufgeführten Rücklagen — unmittelbare Ausgaben für die Genossenschaft sind. Eine Ausnahme machen nur die unter c aufgeführten

Abschreibungen. Während die Zinsen und sämtliche Unkosten an Dritte zu zahlen sind, kann die Baugenossenschaft die durch die Mieten aufkommenden Abschreibungsbeträge für sich behalten. Die Baugenossenschaft hat diese aufkommenden Abschreibungsbeträge also frei zur Schuldentilgung. Ist die Tilgung geringer als die Abschreibung, so braucht sich die Baugenossenschaft um die Aufbringung der Tilgung natürlich keine Sorge zu machen. Ist dagegen aber die Tilgung höher als die Abschreibung, so müßte, wie wir gesehen haben, auch dieses Mehr noch durch die Mieten aufgebracht werden. Die Möglichkeit aber, neben der Abschreibung noch andere Beträge durch die Mieten aufzubringen, hat ihre sehr bestimmte Grenze, und diese Grenze liegt in den ortsüblichen Mieten, über die hinaus die Baugenossenschaftsmieten nicht gesteigert werden können.

Die Erfahrungen lehren, daß bei der weitaus größten Mehrzahl der Baugenossenschaften die Wohnungsmieten diese zulässige Höchstgrenze bereits bei Einstellung der notwendigen Abschreibung erreichen. Die Baugenossenschaften müssen also dahin streben, daß die Tilgung seitens der Gläubiger nicht höher festgesetzt wird, als die für ihre Genossenschaftsbauten vorzusehende Abschreibung. Auf diese Notwendigkeit weist Ziff. 2 der Grundsätze hin.

Was nun die Höhe der bei der Mietenberechnung zu berücksichtigenden Abschreibung anlangt, so läge es am nächsten, sie in jedem Jahr durch Schätzung eines Sachverständigen feststellen zu lassen, weil die Abschreibung möglichst gleich sein soll der tatsächlichen Abnutzung (Wertverminderung) der Baulichkeiten. Aber abgesehen davon, daß eine solche Abschätzung vollständig auf persönlicher Anschauung beruht und je nach Wahl der die Abschätzung vornehmenden Personen mehr oder weniger zutreffen würde, so schließt schon die Notwendigkeit, den Ausgabeetat einer Baugenossenschaft in jedem Jahre möglichst gleichmäßig zu belasten, die Feststellung des Abschreibungsbetrages durch jährliche Schätzungen vollständig aus.

Die Abschreibungen auf die Baukosten müssen deshalb nach einem bestimmten Programm erfolgen, das einerseits der Bestimmung des § 40 des Handelsgesetzbuchs gerecht wird, das anderseits aber der Baugenossenschaft eine von Jahr zu Jahr gleichbleibende und daher im voraus bestimmbare Belastung auferlegt. Daß die Abnutzung der Genossenschaftshäuser und damit die notwendigen Abschreibungen bei den einzelnen Baugenossenschaften verschieden sind, bedarf keiner weiteren Erörterung. Die Bauart der Genossenschaftshäuser, die Zahl der Wohnungen in jedem Hause, die Größe und Anzahl der Räume in jeder Wohnung, die wirtschaftliche und soziale Stellung der Mieter, die klimatischen Verhältnisse, alle diese Umstände und noch viele andere sind bei der Abnutzung der Häuser mitentscheidend, so daß es sehr schwierig ist, durch Einstellung einer bestimmten Abschreibungsquote die wirkliche Wertverminderung dauernd zutreffend zum Ausdruck zu bringen. Hinzu kommt noch, daß die Baugenossenschaftshäuser nicht nur durch die eigentliche Abnutzung der Bauwerke, sondern auch durch das Veralten der Bautypen an Wert verlieren.

Will man die Baugenossenschaft für alle Zeiten auf eine unbedingt solide Grundlage stellen, so muß man die Abschreibung eher zu hoch, als zu niedrig annehmen. Es ist bereits angedeutet, daß der Zeitraum, innerhalb welchem die vollständige Abschreibung des Bauwerts stattzufinden hat, bei den verschiedenen Genossenschaftshäusern verschieden ist. In der Regel wird dieser Zeitraum zwischen 60 bis 100 Jahre betragen. Indessen lassen sich auch nur einigermaßen bestimmte Zahlen, die für alle Genossenschaften passen sollen, nicht geben. Es bleibt nichts anderes übrig, als nach Prüfung aller einschlägigen Verhältnisse die für die Abschreibung ins Auge zu fassende Bestandesdauer der Genossenschaftshäuser abzuschätzen.

Es fragt sich nun, soll die Abschreibung innerhalb dieser für die einzelnen Genossenschaftsbauten festzustellenden Bestandesdauer so erfolgen, daß ein bestimmter Prozentsatz von den ursprünglichen Baukosten abgeschrieben wird, so daß die Abschreibungsbeträge stets gleich bleiben, also z. B. bei einer Dauer von 100 Jahren 1 % jährlich betragen, oder soll die Abschreibung so erfolgen, daß jährlich ein bestimmter Prozentsatz von den bilanzmäßig noch zu Buche stehenden Baukosten abgeschrieben wird, daß sich also die Abschreibungsbeträge von Jahr zu Jahr verringern, oder soll endlich die Abschreibung so erfolgen, daß die Abschreibungsbeträge anfangs gering sind, aber allmählich durch die ersparten Zinsen erhöht werden.

In der Praxis trifft man häufig die Abschreibungsart, bei der der Prozentsatz von dem bilanzmäßigen Buchwerte abgeschrieben wird. Bei dieser Abschreibung vom jeweiligen Buchwerte verringert sich der zahlenmäßige Betrag der Abschreibungen von Jahr zu Jahr, wie bereits bemerkt ist. Gegen diese Verringerung der Abschreibungsbeträge, die zwar den Vorteil hat, daß durch die Ersparnisse aus den Abschreibungen Mittel für die mit dem Alter der Häuser zunehmenden Reparaturkosten ohne Erhöhung der Mieten frei werden, sind mit Recht erhebliche Bedenken geltendgemacht. Man fürchtet, daß die Abschreibungsbeträge die jetzige Generation zu stark belasten, dagegen in späteren Jahrzehnten zu gering werden. Man erklärt deshalb jetzt wohl allgemein in Baugenossenschaftskreisen eine prozentuale Abschreibung vom Ursprungswerte für notwendig. Es fragt sich weiter, soll diese mit oder ohne zuwachsende Zinsen geschehen. Diese Frage läßt sich nicht allgemein beantworten. Wo es angängig ist, sollte man den Prozentsatz der Abschreibung so hoch wählen, daß die durch die Amortisation der Hypotheken ersparten Zinsen in späterer Zeit nicht zur Abschreibung verwendet zu werden brauchen. Wo das aber nicht möglich ist, kann auch eine Abschreibung mit den zuwachsenden Zinsen ins Auge gefaßt werden. Vorsicht ist insofern nötig, als dann eine Vermehrung der Betriebsunkosten, die mit dem Alter der Häuser zweifellos eintritt, durch eine Erhöhung der Mieten gedeckt werden muß.

Ziff. 4 der Grundsätze handelt von den Betriebsunkosten. Während die bisherigen Ausgabeposten sich ihren Beträgen nach ziemlich genau im voraus berechnen lassen, ist die Unsicherheit in der Vorausbestimmung der sog. Betriebsunkosten (Reparaturen, Steuern, Abgaben, Versicherungsprämien, Kosten für Beleuchtung und Reinigung usw.) ziemlich groß. Die Vergleiche mit den entsprechenden Aufwendungen anderer Bauvereine bieten allerdings bestimmte Anhaltspunkte. Des Jahrbuch des Allgemeinen Verbandes gibt z. B. hierzu eine willkommene Statistik. Dennoch sind die Steuerlasten bei den Baugenossenschaften recht verschieden und die Reparaturkosten weichen je nach der Bauart der Häuser, Klima, Ortsgebrauch und Geschicklichkeit der Genossenschaftsverwaltung so erheblich voneinander ab, daß der Unterschied in der Höhe der Betriebsunkosten bei den einzelnen Baugenossenschaften zwischen ½ % und 2 % des Anlagewerts der Häuser schwankt.

Für ältere Baugenossenschaften ist es natürlich nicht schwer, zu einer zutreffenden Vorausbestimmung der Betriebsunkosten zu kommen. Die Ertragsberechnungen der älteren Häuser geben hier eine so sichere Grundlage, daß Fehler in der Mietfestsetzung für weitere Neubauten eigentlich bei einiger Aufmerksamkeit kaum vorkommen können.

Neugegründete Baugenossenschaften dagegen, denen jede Erfahrung fehlt, müssen sich entweder Rat bei einer anderen Baugenossenschaft an demselben Orte holen oder die Betriebsunkosten so gut es geht veranschlagen. Die Erfahrungen lehren nun aber, daß die Anschlagssummen für die Betriebsunkosten bei neubegründeten Baugenossenschaften fast immer zu niedrig ausfallen. Als untere Grenze sollte der Satz von 1 % des gesamten Anlagewerts der Genossenschaftshäuser angesehen werden, denn tatsächlich gibt es nur wenige Baugenossenschaften, deren Betriebsunkostenkonto niedriger ausfällt. Besser ist es für die Steuern, Abgaben, Lasten usw. den Satz von 1/2 % des gesamten Anlagewerts der Hausgrundstücke und außerdem für Reparaturkosten den Satz von 3/4 % der Baukosten in die Mietberechnung einzustellen. Im Laufe der Jahre kann dann die Baugenossenschaft ihre Mietsätze regulieren und den wirklichen Aufwendungen anpassen.

Auf die Höhe der Geschäftsunkosten ist die Höhe der Besoldung der Vorstandsmitglieder von wesentlicher Bedeutung. Bei neugegründeten Baugenossenschaften glaubt man häufig, die Geschäftsführung einigen gemeinnützigen Männern ohne Entgelt zumuten zu können. Es ist bereits an anderer Stelle hervorgehoben, daß bei den strengen Anforderungen an die Geschäftsführung des Vorstandes, wie sie nach dem Genossenschaftsgesetz unerläßlich sind, dauernd die Führung der Geschäfte keinesfalls unentgeltlich von den Vorstandsmitgliedern erwarten darf. Unbezahlte Vorstandsmitglieder erweisen dem Vereine zwar eine große Gunst, da sie Zeit und Kraft aus gutem Willen für den Verein aufwenden. Aber gerade dieser Umstand verhindert es meistens diesen Wohltätern des Vereins eine strenge Geschäftsordnung vorzuschreiben und sie mit Nachdruck auf eine pünktliche Erfüllung ihrer Pflichten hinzuweisen. Eine angemessene Bezahlung aller Vorstandsmitglieder ist deshalb meist eine nicht zu umgehende Notwendigkeit. Bei Berechnung der Mieten muß deshalb auf eine solche Bezahlung der Vorstandsmitglieder Rücksicht genommen werden, und zwar auch dann, wenn sich die Vorstandsmitglieder bereit erklärt haben, die Geschäfte für die Genossenschaft einstweilen ohne Entgelt zu führen.

Natürlich lassen sich die Geschäftsunkosten nicht im voraus auf Heller und Pfennig veranschlagen. Mangels irgendwelcher Erfahrungen tun neubegründete Baugenossenschaften gut, 1/4 % des gesamten Anlagewerts der Vereinshäuser in die Mietberechnung einzustellen.

Etwa der gleiche Betrag ist insgesamt für die Speisung des gesetzlichen Reservefonds, der Hilfsreservefonds und für die Deckung etwaiger Mietausfälle infolge Nichtzahlens von Miete oder infolge Leerstehens von Wohnungen in die Mietberechnung einzustellen.

Seitens der Bauvereinsvorstände wird häufig angenommen, daß diese Rückstellung für die Speisung der Reservefonds und zur Deckung von Mietausfällen nicht nötig sei. Namentlich neu begründete Baugenossenschaften sollten aber unter allen Umständen mit dieser Rückstellung rechnen, da die Veranschlagung der Betriebs- und Geschäftsunkosten bei ihnen unsicher ist. Im übrigen müssen aber alle Baugenossenschaften bestrebt sein, neben dem gesetzlichen Reservefonds noch Hilfsreservefonds zu bilden, aus denen namentlich unvorhergesehene Reparaturkosten bestritten werden können.

Ziffer 7 des Antrags enthält dann noch die Mahnung an die Baugenossenschaften, vor der Inangriffnahme eines jeden Miethausneubaus eine genaue Prüfung der Rentabilität vorzunehmen. Wie ausgeführt ist, können neubegründete Baugenossenschaften annehmen, daß von ihnen für Betriebsunkosten (ausschl. Reparaturkosten) $^1/_2$ %, für Geschäftsunkosten $^1/_4$ % und für Rücklagen ebenfalls $^1/_4$ % der gesamten Anlagekosten ihrer Häuser und für Reparaturkosten $^3/_4$ % der Baukosten aufzuwenden sind.

Selbstverständlich werden sich ältere Baugenossenschaften nicht darauf beschränken, diese Durchschnittssätze mechanisch in ihre Mietberechnungen einzustellen, sondern sie werden ihre Erfahrungen zu Rate ziehen.

Formular 24 gibt an, in welcher Weise ein Kostenüberschlag für ein Bauvorhaben aufzustellen ist, während Formular 25 ein Muster für die Berechnung der Wohnungsmieten ist.

Die Berechnung der Mieten für Erwerbshäuser ergibt sich aus den Ausführungen auf Seite 124.

b) Die Besteuerung der Baugenossenschaften.

A. Im Deutschen Reiche.

I. Erbschaftssteuer.

§ 12 Abs. 2 des Erbschaftssteuergesetzes vom 3. Juni 1906 (Reichs-Gesetzbl. 1906 S. 659) bestimmt, daß Gesellschaften, die einen gemeinnützigen Zweck verfolgen und die Rechte juristischer Personen besitzen, nur 5 statt 10 % Erbschaftssteuer zu entrichten haben.

II. Reichsstempelsteuer.

1. Der Auflassungsstempel ist nach Tarifstelle 11 und § 90 des Reichsstempelgesetzes von sämtlichen Baugenossenschaften zu entrichten.

Die Befreiungsvorschrift, nach der Grundstücksübertragungen bei Kauf- und Tauschverträgen, wenn der stempelpflichtige Betrag bei bebauten Grundstücken 20000 M., bei unbebauten Grundstücken 5000 M. nicht überschreitet und der Erwerber weder den Grundstückshandel gewerbsmäßig betreibt noch ein Jahreseinkommen von mehr als 2000 M. hat, auf Antrag stempelfrei sind, findet nur auf physische Personen Anwendung (zu vgl. Finanzministerialerlaß vom 21. November 1910).

2. Der Quittungsstempel (Tarifstelle 10 Abs. 2 des Reichsstempelgesetzes) ist nicht zu entrichten, wenn es sich um Guthaben der Mitglieder handelt, über die nicht anders als im Wege der Barabhebung verfügt werden kann und wenn außerdem die Zahlungen aus dem Guthaben ausschließlich gegen Vorlegung des Sparbuchs behufs Eintragung der Abhebung durch die Genossenschaft erfolgen dürfen (Erlaß des Reichskanzlers [Reichsschatzamt] vom 1. Februar 1910 — II. 1185 — und des Finanzministers vom 14. Februar 1910 — III. 1902 —, abgedruckt in den Blättern für Genossenschaftswesen, Jahrgang 1910 S. 155). Die Baugenossenschaften haben danach für die Empfangsbestätigungen, die Ein- und Rückzahlungen auf Geschäftsanteil- oder Spareinlagenkonto betreffen, einen Quittungsstempel nicht zu zahlen.

III. Zuwachssteuer.

§ 30 Ziffer 4 des Zuwachssteuergesetzes vom 14. Februar 1911 (Reichs-Gesetzbl. 1911 Nr. 6 S. 33) bestimmt:

> „Von der Steuerpflicht befreit sind: Vereinigungen aller Art, welche, ohne Erwerbszwecken zu dienen, satzungsgemäß sich mit innerer Kolonisation, Arbeiteransiedlung, Grundentschuldung oder Errichtung von Wohnungen für die minderbemittelten Klassen befassen, falls sie den zur Verteilung gelangenden Reingewinn auf eine höchstens 4 prozentige Verzinsung der Kapitaleinlagen beschränken, den Mitgliedern, Geschäftsführern oder sonstigen Beteiligten auch nicht in anderer Form besondere Vorteile gewähren, bei Auslosung, Austritt eines Mitgliedes oder für den Fall der Auflösung nicht mehr als den Nennwert ihrer

Anteile zusichern und bei der Auflösung den etwaigen Rest des Vermögens für die vorbezeichneten Zwecke bestimmen. Ob diese Voraussetzungen zutreffen, entscheidet der Bundesrat. Er ist auch ermächtigt, solchen Vereinigungen der vorbezeichneten Art Steuerfreiheit zuzubilligen, die eine höchstens 5prozentige Verzinsung der Kapitaleinlagen gewähren."

Anträge auf Steuerbefreiung sind gemäß § 15 der Zuwachssteuer-Ausführungsbestimmungen (Zentralblatt für das Deutsche Reich 1911 S. 79) zugleich mit dem Nachweis der gesetzlichen Voraussetzungen bei der für den Sitz der Genossenschaft zuständigen Oberbehörde anzubringen, die sie nach Prüfung, mit einer gutachtlichen Äußerung versehen, der Landeszentralbehörde vorlegt. Die gutachtlichen Äußerungen sollen dem Bundesrate bei Prüfung der Anträge einen Anhalt dafür bieten, daß die Befreiungsvoraussetzungen nicht nur nach den Satzungen gegeben, sondern auch tatsächlich vorhanden sind (z. B. Beschränkung der Vermietung von Wohnungen usw. auf minderbemittelte Familien).

Die beigefügten Mustersatzungen sind so gefaßt, daß den Baugenossenschaften, die diese Satzungen annehmen, die Zuwachssteuerfreiheit zusteht.

B. In Preußen.

I. Staatssteuern.

1. Einkommensteuer. Nach § 1 Ziffer 4 des Einkommensteuergesetzes in der Fassung vom 19. Juni 1906 (Preuß. GS. 1906 S. 260) sind Baugenossenschaften — wie alle eingetragenen Genossenschaften — nur dann einkommensteuerpflichtig, wenn ihr Geschäftsbetrieb über den Kreis ihrer Mitglieder hinausgeht.

Ein Hinausgehen des Geschäftsbetriebs über den Kreis der Mitglieder ist nicht schon dann gegeben, wenn leerstehende Wohnungen, für die sich aus den Kreisen der Mitglieder Bewerber nicht finden, an Nichtmitglieder vermietet werden (vgl. Entscheidung des Oberverwaltungsgerichts vom 31. Mai 1902 — Bl. für GenW., Jahrgang 1902 S. 323).

Die Baugenossenschaften sind also von der Einkommensteuer regelmäßig frei.

2. Ergänzungssteuer. Der Ergänzungssteuer unterliegen gemäß § 1 des Ergänzungssteuergesetzes in der Fassung vom 19. Juni 1906 (Preuß. GS. 1906 S. 294) nur physische Personen.

3. Gewerbesteuer. Gewerbesteuerpflichtig ist eine Baugenossenschaft nur dann, wenn ihr Geschäftsbetrieb sich durch besondere Umstände (z. B. Grundstückshandel, Gastwirtschaftsbetrieb usw.) als Gewerbebetrieb kennzeichnet. Die Beschaffung gesunder und billiger Wohnungen — auch die Vermietung an Nichtmitglieder, sofern sie nicht mit der Absicht der Gewinnerzielung, sondern lediglich zwecks Ausnutzung der nicht von Genossen gemieteten Wohnungen erfolgt — stellt keinen Gewerbebetrieb dar. Ebensowenig begründet eine in geringen Grenzen gehaltene Gewinnverteilung oder die Annahme von Spareinlagen, die den Geldbedarf eines gemeinnützigen Bauvereins nicht übersteigt, keine Gewerbesteuerpflicht (Entscheidungen des Oberverwaltungsgerichts vom 4. Dezember 1902 (Bl. 1906 S. 97) und vom 9. Januar 1896 (Bl. 1906 S. 519).

§ 5 des Gewerbesteuergesetzes vom 24. Juni 1891 (Preuß. GS. 1891 S. 205) findet demnach auf Baugenossenschaften, deren Zweck ausschließlich die Beschaffung gesunder und billiger Wohnungen ist, keine Anwendung.

4. Stempelsteuer. Von der Entrichtung der Stempelsteuer sind nach § 5 lit. g des Preußischen Stempelsteuergesetzes vom 1. Juli 1909 (GS. 1909 S. 535) befreit:

> „Genossenschaften usw., deren durch Statut bestimmter Zweck ausschließlich darauf gerichtet ist, minderbemittelten Familien oder Personen gesunde und zweckmäßig eingerichtete Wohnungen in eigens erbauten oder angekauften Häusern zu billigen Preisen zu verschaffen, und deren Statut die an die Gesellschafter zu verteilende Dividende auf höchstens vier Prozent ihrer Anteile beschränkt, auch den Genossen für den Fall der Auflösung der Genossenschaft nicht mehr als den Nennwert ihrer Anteile zusichert, den etwaigen Rest des Genossenschaftsvermögens aber für gemeinnützige Zwecke bestimmt.
>
> Sofern eine dieser Genossenschaften ihr Statut und damit zugleich ihren Zweck in der Weise ändert, daß die vorstehend angegebenen Voraussetzungen nicht mehr zutreffen, können alle Stempelbeträge, die mangels einer Befreiung fällig geworden sein würden, nachträglich binnen Jahresfrist eingefordert werden."

Die beigefügten Mustersatzungen sind so gefaßt, daß denjenigen Baugenossenschaften, die diese Satzungen annehmen, in Preußen die Stempelsteuerfreiheit zusteht.

II. Gemeindesteuern usw.

1. Einkommensteuer. Diese Steuer wird nach § 33 Abs. 3 des Kommunalabgabengesetzes vom 14. Juli 1893 (GS. 1893 S. 152) nur unter denselben Voraussetzungen veranlagt wie die Staatseinkommensteuer (zu vgl. Abschnitt B Ziffer I 1).

2. Gewerbesteuer. Es gelten dieselben Grundsätze wie bei der staatlichen Gewerbesteuer (zu vgl. Abschnitt B Ziffer I 3 und § 33 Abs. 3 des Kommunalabgabengesetzes).

3. Grund- und Gebäudesteuern. Diese Steuern werden entweder in Form von Zuschlägen zu den staatlich festzusetzenden Steuerbeträgen oder nach dem gemeinen Werte der Immobilien auf Grund besonderer Steuerordnungen erhoben. Bevorzugungen der Baugenossenschaften sind weder im Gebäudesteuergesetze vom 21. Mai 1861 (GS. 1861 S. 317) noch im Grundsteuergesetze vom gleichen Tage ausgesprochen und mithin auch bei der staatlichen Veranlagung der den Zuschlägen der Gemeinden zugrunde zu legenden Norm nicht zulässig. Auch § 24 des Kommunalabgabengesetzes enthält keine Bestimmung, aus der für gemeinnützige Baugenossenschaften eine Ausnahme gefolgert werden könnte. Dagegen ist denjenigen Gemeinden, die die Besteuerung der Immobilien auf Grund des gemeinen Wertes einführen, vom Finanzminister in der Verfügung vom 2. Oktober 1899, betreffend die Veranlagung der Grund- und Gebäudesteuern in den Gemeinden, empfohlen worden, bei Grundstücken und Gebäuden gemeinnütziger Baugenossenschaften den gemeinen Wert für die Besteuerung nur mit drei Vierteln oder der Hälfte in Anrechnung zu bringen.

4. Kirchensteuer. Die Verpflichtung zur Zahlung der Kirchensteuer hängt im allgemeinen von der Zugehörigkeit zu einer bestimmten Konfession ab. Da Genossenschaften als juristische Personen einer Konfession nicht angehören können, sind sie grundsätzlich steuerfrei.

In zahlreichen Gemeinden haben jedoch die Kirchensteuern auf Grund älterer Vorschriften, insbesondere auf Grund von Gewohnheitsrechten, einen dinglichen Charakter angenommen. Alsdann ist jeder, der in der Kirchengemeinde ein Grundstück besitzt, kirchensteuerpflichtig.

5. Schulsteuer. Für die Aufbringung der Schullasten findet § 29 Abschnitt II Ziffer 12 des Allgemeinen Landrechts Anwendung:

> „Wo keine Stiftungen für die gemeinen Schulen vorhanden sind, liegt die Unterhaltung der Lehrer sämtlichen Hausvätern

jeden Ortes ohne Unterschied, ob sie Kinder haben oder nicht, und ohne Unterschied des Glaubensbekenntnisses ob."

Hiernach sind nur physische Personen verpflichtet, an den Volksschullasten teilzunehmen. Die Genossenschaften können nicht herangezogen werden.

6. Umsatzsteuer. Von der Umsatzsteuer sind diejenigen Genossenschaften befreit, deren Satzungen den Anforderungen des § 5 lit. g des Preußischen Stempelsteuergesetzes vom 1. Juli 1909 (zu vgl. Abschnitt B Ziffer I 1) entsprechen, da nach den Erlassen des Finanzministers vom 26. Februar 1895 und 7. Juli 1906 Umsatzsteuerordnungen nur dann genehmigt werden, wenn sie die gleichen Befreiungsvorschriften wie das Gesetz über den Urkundenstempel enthalten.

C. In Bayern.

I. Staatssteuern.

1. Einkommensteuer. Gemeinnützige Baugenossenschaften sind nach Artikel 4 Ziffer 9 des Gesetzes vom 14. August 1910 (GVBl. S. 493) von der Entrichtung der Einkommensteuer befreit. Als gemeinnützig gelten diejenigen Baugenossenschaften, die satzungsgemäß die Einzahlungen der Mitglieder mit höchstens 4 vom Hundert verzinsen, den Mitgliedern im Falle der Auflösung nicht mehr als ihr Geschäftsguthaben auszahlen und einen gewerblichen Gewinn nicht anstreben.

Die Beschränkung der Tätigkeit auf die Mitglieder ist keine Bedingung der Steuerbefreiung (§ 5 der Vollzugsvorschriften vom 28. Mai 1911 — GVBl. 455 —).

2. Grund- und Haussteuer. Im Grundsteuergesetze in der Fassung vom 4. November 1910 (GVBl. S. 1030) sind Vergünstigungen für gemeinnützige Baugenossenschaften nicht vorgesehen. Dagegen bringt das Haussteuergesetz in der Fassung vom 4. November 1910 (GVBl. S. 1055) vielfache Erleichterungen für den Kleinwohnungsbau, denn § 33 bestimmt:

„I. Für neu aufgeführte Gebäude beginnt die Steuerpflicht mit Ablauf des dem Jahre, in dem der Neubau vollendet wurde, folgenden Kalenderjahrs.

II. Ist das neu aufgeführte Gebäude ein Kleinwohnungsbau für die minderbemittelte Bevölkerung oder zur Ansiedelung landwirtschaftlicher Arbeiter, für den die im Artikel 14 des Gesetzes, die Landeskulturrentenanstalt betreffend, in der Fassung der Bekanntmachung vom 31. März 1908 aufgeführten Merkmale zutreffen, so beginnt die Steuerpflicht mit Ablauf der dem Jahre, in dem der Neubau vollendet wurde, folgenden sechsten Kalenderjahre.

III. Enthält der Kleinwohnungsbau (Absatz II) nicht mehr als vier Wohnungen oder ist er von einer Gemeinde oder von einer rechtsfähigen gemeinnützigen Vereinigung hergestellt, die sich mit der Erbauung, Beschaffung oder Verbesserung von Wohnungen für die minderbemittelte Bevölkerung befaßt, so beginnt die Steuerpflicht mit Ablauf der dem Jahre, in dem der Neubau vollendet wurde, folgenden zwölften Kalenderjahre. Eine Vereinigung gilt nicht als gemeinnützig, wenn satzungsgemäß die Einzahlungen der Mitglieder mit mehr als vier vom Hundert verzinst werden oder den Mitgliedern im Falle der Auflösung mehr als die Einzahlungen ausgeantwortet wird.

IV. Die Vorschriften der Absätze II, III finden nur so lange Anwendung, als die dort bezeichneten Voraussetzungen erfüllt bleiben; außerdem wird die Steuer vom nächsten Kalendervierteljahr an zugeschrieben.

Die für den Kleinwohnungsbau bestimmten Freijahre (Absatz II und III) erstrecken sich indes nicht auf Gebäude dieser Art, die schon vor dem 1. Januar 1909 vollendet wurden. (Zu vgl. § 27 der Vollzugsvorschriften vom 2. März 1911, GVBl. S. 107.)

3. Gewerbesteuer. Nach Artikel 3 des Gewerbesteuergesetzes vom 14. August 1910 (GVBl. S. 535) sind gemeinnützige Baugenossenschaften gewerbesteuerfrei. (Zu vgl. auch Abschnitt C I Ziffer 1.)

4. Kapitalrentensteuer. Zur Kapitalrentensteuer (Gesetz vom 14. August 1910 — GVBl. S. 549) können nur die Genossenschaften herangezogen werden, die eigenes rententragendes Vermögen besitzen. Dies würde der Fall sein, wenn z. B. die Reservefonds getrennt verwaltet würden.

5. Besitzveränderungsgebühr. Als indirekte Steuer kommt die staatliche Besitzveränderungsabgabe beim Übergange von Grundstücken und Rechten, die den Grundstücken gleichstehen, in Frage. (Artikel 118 Abs. IV, 146, 149 Abs. I Satz 2, 252 und 258 des Gebührengesetzes — GVBl. 1910 S. 311.) Sie beträgt in der

Regel 2 % der Gegenstandssumme und ist auch von gemeinnützigen Baugenossenschaften zu entrichten.

II. Gemeindesteuern usw.

Nach dem Umlagengesetze vom 14. August 1910 (GVBl. S. 581) kommen je nach Bedarf der gemeindlichen Verbände in Form von Zuschlägen zu den direkten Staatssteuern zur Erhebung:

1. Gemeindeumlagen (Zuschläge der Gemeinden).
2. Ortsumlagen (Zuschläge der Ortschaften behufs Bestreitung der besonderen ortschaftlichen Bedürfnisse),
3. Kreisumlagen (Zuschläge der Kreisgemeinden).

Umlagenpflichtig ist, wer zu einer direkten Staatssteuer veranlagt ist (Artikel 2, 37 und 43).

Die Gemeinden sind ferner nach Artikel 1 des Besitzveränderungsabgabengesetzes vom 14. August 1910 (GVBl. S. 433) berechtigt, zu der staatlichen Abgabe einen Zuschlag bis zur Hälfte der Staatsgebühr zu erheben. Zur Einführung der Besitzveränderungsabgabe sowie zur Bestimmung ihrer Höhe ist indes die Genehmigung des Königlichen Staatsministeriums des Innern erforderlich (Artikel 3).

Von der Besitzveränderungsgebühr sind u. a. befreit, Eigentums- und Rechtsübergänge auf rechtsfähige, gemeinnützige Vereinigungen, die sich mit der Erbauung, Beschaffung oder Verbesserung von Wohnungen für die minderbemittelte Bevölkerung befassen. Nicht als gemeinnützig gelten Vereinigungen, die satzungsgemäß die Einzahlungen der Mitglieder mit mehr als 4 vom Hundert verzinsen oder den Mitgliedern im Falle der Auflösung mehr als die Einzahlungen ausantworten (Artikel 6).

D. In Sachsen.

Staatssteuern.

1. Einkommensteuer. Nach § 4 des Einkommensteuergesetzes vom 24. Juli 1900 (GVBl. S. 562) sind:

a) Die Personenvereine (darunter fallen auch die Genossenschaften), die Überschüsse als Aktienzinsen oder Dividenden, gleichviel unter welcher Benennung, unter die Mitglieder verteilen, hinsichtlich der verteilten Überschüsse,

b) alle übrigen juristischen Personen, die Dividende usw. nicht verteilen, hinsichtlich des Reinertrags ihres in Grundbesitz, in einem gewerblichen Betriebe oder sonst werbend angelegten Vermögens, abzüglich der von ihnen zu bezahlenden Schuldzinsen, beitragspflichtig.

2. Ergänzungssteuer. Baugenossenschaften sind von der Ergänzungssteuer befreit (§ 7 bzw. § 3 des Ergänzungssteuergesetzes vom 2. Juli 1902 — GVBl. S. 259 —).

3. Grundsteuer. Der Grundsteuer unterliegen die Genossenschaften nach Maßgabe des Grundsteuergesetzes vom 9. September 1843 (GVBl. S. 97).

4. Stempelsteuer. Für die Erhebung der landesrechtlichen Stempelsteuer ist das Gesetz über den Urkundenstempel in der Fassung vom 10. Juni 1898 (GVBl. S. 153) maßgebend.

E. In Württemberg.

I. Staatssteuern.

1. Einkommensteuer. Einkommensteuerpflichtig sind nach Artikel 2 des Einkommensteuergesetzes vom 8. August 1903 (RegBl. S. 261) sämtliche Erwerbs- und Wirtschaftsgenossenschaften, die in Württemberg ihren Sitz haben, sofern ihr Jahreseinkommen 500 M. und mehr beträgt (Artikel 5).

2. Kapitalsteuer. Der Kapitalsteuer unterliegen nach Artikel 3 des Kapitalsteuergesetzes vom 8. August 1903 (RegBl. S. 313) u. a. auch die Erwerbs- und Wirtschaftsgenossenschaften.

Zur Kapitalsteuer können nur solche Baugenossenschaften herangezogen werden, die Renten tragendes Vermögen besitzen. Dies wird in der Regel nicht der Fall sein, weil die Forderungen und Wertpapiere der Genossenschaften zum gewerblichen Betriebskapital zu rechnen sein werden. Die Genossenschaften werden daher nur in Ausnahmefällen der Kapitalsteuer unterliegen.

3. Grund-, Gebäude- und Gewerbesteuer. Nach Artikel 1 des Grund-, Gebäude- und Gewerbesteuergesetzes vom 28. April 1873/8. August 1903 (RegBl. 1903 S. 344) unterliegen u. a.

a) der Grundsteuer alle innerhalb der Landesgrenze gelegenen ertragsfähigen Grundstücke,
b) der Gebäudesteuer alle im Lande vorhandenen Gebäude,
c) der Gewerbesteuer, wie unter Ziff. 3 ausdrücklich hervorgehoben ist, der Geschäftsbetrieb der Erwerbs- und Wirtschaftsgenossenschaften.

Eine Vergünstigung genießen die Baugenossenschaften in Württemberg nur bezüglich der Umsatzsteuer. Artikel 11 des Umsatzsteuergesetzes vom 28. Dezember 1899 (RegBl. S. 1254) bestimmt nämlich:

„Von der Umsatzsteuer sind befreit:

1. und 2. usw.

3. Aktiengesellschaften, Genossenschaften und Gesellschaften mit beschränkter Haftung, deren durch die Satzungen bestimmter Zweck ausschließlich darauf gerichtet ist, unbemittelten Familien gesunde und zweckmäßig eingerichtete Wohnungen in eigens erbauten oder angekauften Häusern zu billigen Preisen zu verschaffen, und deren Satzungen die an die Gesellschafter zu verteilende Dividende auf höchstens vier vom Hundert ihrer Anteile beschränken, auch den Gesellschaftern für den Fall der Auflösung der Gesellschaft nicht mehr als den Nennwert ihrer Anteile zusichern, den etwaigen Rest des Gesellschaftsvermögens aber für gemeinnützige Zwecke bestimmen.

4. usw."

II. Gemeindesteuern usw.

Die Gemeinden sind befugt, zur Deckung ihrer Ausgaben Beiträge, Gebühren und Steuern nach Maßgabe der Bestimmungen des Gesetzes, betreffend die Besteuerung der Gemeinden und Amtskörperschaften vom 8. August 1903 (RegBl. 397) zu erheben. Für die Baugenossenschaften kommen folgende Steuern in Betracht:

1. Umlage auf Grundeigentum, Gebäude und Gewerbe,
2. Kapitalsteuer,
3. Einkommensteuer,
4. Grundstücksumsatzsteuer.

Die Steuern werden in Form von Zuschlägen zu den Staatssteuern erhoben. Die Befreiung von der Gemeinde-Grundstücksumsatzsteuer erfolgt unter den für die staatliche Umsatzsteuer im Abschnitt I angegebenen Voraussetzungen (Artikel 48).

F. In Baden.

I. Staatssteuern.

1. Einkommensteuer. Nach Artikel 5 des Einkommensteuergesetzes in der Fassung vom 1. Juni 1910 (G. u. VBl. S. 226) sind Baugenossenschaften einkommensteuerfrei.

2. Vermögenssteuer. Der Vermögenssteuer unterliegen die Genossenschaften nach Maßgabe des Vermögenssteuergesetzes vom 28. September 1906 (G. u. VBl. S. 421).

3. Grundstücksverkehrssteuer. Nach § 33 des Gesetzes, betreffend die Besteuerung des Grundstücksverkehrs (Verkehrssteuer) vom 6. Mai 1899 (G. u. VBl. S. 133) bleiben von der Verkehrssteuer befreit:

„Erwerbungen von Aktiengesellschaften, Genossenschaften und Gesellschaften mit beschränkter Haftung, deren durch Statut bestimmter Zweck ausschließlich darauf gerichtet ist, unbemittelten Familien gesunde und zweckmäßig eingerichtete Wohnungen in eigens erbauten oder angekauften Häusern zu billigen Preisen zu verschaffen und deren Statut die an die Gesellschafter zu verteilende Dividende auf höchstens 4% ihrer Anteile beschränkt, auch den Gesellschaftern für den Fall der Auflösung der Gesellschaft nicht mehr als den Nennwert ihrer Anteile zusichert, den etwaigen Rest des Vermögens aber für gemeinnützige Zwecke bestimmt."

II. Gemeindesteuern.

Die Gemeinden und Städte sind zur Deckung ihrer Ausgaben berechtigt, Beiträge, Gebühren und Steuern nach Maßgabe der Bestimmungen der Gemeindeordnung bzw. der Städteordnung vom 19. Oktober 1906 (GVBl. S. 536 usw. und 587 usw.) und der hierzu durch Gesetz vom 26. September 1910 (G. u. VBl. S. 554) erlassenen Änderungen zu erheben.

G. In Hessen.

I. Staatssteuern.

1. Einkommensteuer. Artikel 2 Nr. 2 des Gesetzes, betreffend die allgemeine Einkommensteuer vom 12. August 1899 (RegBl. 1899 S. 472) bestimmt, daß nur diejenigen Genossenschaften einkommensteuerpflichtig sind, deren Geschäftsbetrieb über den Kreis ihrer Mitglieder hinausgeht.

In den zu diesem Gesetze erlassenen Ausführungsbestimmungen ist ausdrücklich hervorgehoben, daß der vorübergehende und zufällige Abschluß von Geschäften mit Nichtmitgliedern in geringfügigem Umfang die Einkommensteuerpflicht nicht begründet.

2. Vermögenssteuer. Nach Artikel 3 des Gesetzes, die Vermögenssteuer betreffend, vom 12. August 1899 (RegBl. 1899 S. 499) können zur Vermögenssteuer nur natürliche Personen herangezogen werden. Genossenschaften sind demnach steuerfrei.

3. Als indirekte Staatssteuern kommen in Frage: die Erbschafts- und Schenkungssteuer sowie die Stempelsteuer. Nach dem Gesetze, betreffend Erbschafts- und Schenkungssteuer vom 22. Dezember 1900 (RegBl. S. 1045) genießen gemeinnützige Baugenossenschaften keinerlei Vergünstigungen. Dagegen sind sie von den Stempel- und Gerichtsgebühren befreit, denn Artikel 13 des Wohnungsfürsorgegesetzes vom 7. August 1902 (RegBl. S. 357), der auch nach Einführung des Gesetzes über den Urkundenstempel vom 24. März 1910 (RegBl. S. 63) gemäß Artikel 7 letzter Absatz dieses Gesetzes in Kraft bleibt, besagt:

„Alle Verhandlungen, welche die Erbauung von Wohnungen für Minderbemittelte nach Maßgabe dieses Gesetzes (vom 1. August 1902) zum Gegenstande haben, insbesondere die Aufnahme und Sicherstellung von Darlehen sowie der Erwerb von Gelände sind von Stempel- und Gerichtsgebühren befreit. Der Artikel 2 des Gesetzes, betreffend die Befreiung gemeinnütziger, auf die Errichtung von Wohnungen für Unbemittelte gerichteter Unternehmungen von Gerichtsgebühren und Stempel vom 9. Juni 1894 (RegBl. S. 245) findet entsprechende Anwendung."

Das Gesetz vom 9. Juni 1894 bestimmt:

„Artikel 1:

Gesellschaften und Genossenschaften mit dem statutarisch festgestellten Zwecke der Beschaffung von Wohnungen für Unbemittelte sind bei Errichtung und Abänderung des Gesellschaftsvertrags, ferner bei der Beurkundung von Beschlüssen und bei Eintragungen in das Handels- oder Genossenschaftsregister sowie bei der Erwerbung, Veräußerung und Belastung von Liegenschaften von Gerichtsgebühren und Stempel befreit.

Diese Befreiung tritt aber nur ein, wenn das Statut der Gesellschaft oder Genossenschaft die an deren Mitglieder zu zahlenden jährlichen Zinsen oder Dividenden auf höchstens 4% des eingezahlten Kapitals beschränkt und den Mitgliedern im Falle der Auflösung nur dieses Kapital zusichert, den etwaigen Überschuß aber für gemeinnützige Zwecke bestimmt usw.

Artikel 2:

Veräußert oder verwendet die Gesellschaft oder Genossenschaft, Gemeinde oder Stiftung eine von ihr erworbene Liegenschaft ganz oder zum Teil für andere als die oben bezeichneten statutarischen Zwecke, so sind die bei der früheren Erwerbung oder Belastung außer Ansatz gebliebenen Gebühren und Stempelbeträge nachträglich zu entrichten und daneben die für das neue Rechtsgeschäft vorgeschriebenen Gebühren und Stempelbeträge anzusetzen."

II. Gemeindesteuern.

Gemäß Artikel 1 des Gemeindeumlagengesetzes vom 8. Juli 1911 (RegBl. S. 195) sind die Gemeinden berechtigt, im Bedarfsfalle direkte Steuern (Gemeindeumlagen) vom Grundbesitz und vom Gewerbebetriebe sowie vom Einkommen und vom Kapitalvermögen der Steuerpflichtigen zu erheben.

1. Grundsteuer. Die Steuer wird nach dem gemeinen Werte erhoben, wie er für die ihr unterliegenden Grundstücke und Rechte zu Zwecken der staatlichen Vermögenssteuer festgestellt wird oder festzustellen wäre, wenn der steuerpflichtige Gegenstand der Vermögenssteuer unterliegen würde (Artikel 4). Steuerbefreiungen für gemeinnützige Baugenossenschaften sind nicht vorgesehen.

2. Gewerbesteuer. Nach Artikel 7 gilt als Gewerbebetrieb auch der Geschäftsbetrieb der Erwerbs- und Wirtschaftsgenossenschaften. Demnach würden alle Genossenschaften ohne Unterschied der Gewerbesteuer unterliegen. Ob trotzdem die gemeinnützigen Baugenossenschaften zu den Betrieben gerechnet werden können, die nach Artikel 8 steuerfrei sind, erscheint zweifelhaft.

Artikel 8 lautet:

„Der Gewerbesteuer unterliegen nicht:

1. Betriebe, die ausschließlich wohltätigen oder gemeinnützigen Zwecken dienen, insbesondere auch die öffentlichen Sparkassen, wenn sie ihre verfügbaren Überschüsse nur zu diesen Zwecken verwenden oder in öffentliche Kassen fließen lassen.
2. usw."

Das gewerbliche Betriebskapital umfaßt sämtliche dem Gewerbebetrieb gewidmeten Gegenstände und Rechte mit Ausnahme derjenigen, welche der Grundsteuer unterliegen.

Als Besteuerungsmaßstab gilt der für die staatliche Vermögenssteuer angesetzte bzw. anzusetzende Wert des Anlage- bzw. Betriebskapitals.

Laufende Geschäftsschulden können in Abzug gebracht werden (Artikel 9).

3. Kapitalsteuer. Zur Kapitalsteuer werden Genossenschaften nur in Ausnahmefällen veranlagt werden können, weil nach Artikel 40 der Steuer vom Kapitalvermögen nur die der staatlichen Vermögenssteuer unterworfenen Vermögensteile unterliegen, die nicht bereits zur Gewerbesteuer herangezogen sind.

4. Einkommensteuer. Nach Artikel 49 sind der Gemeindeeinkommensteuer nur diejenigen Steuersubjekte unterworfen, die der staatlichen Einkommensteuer unterliegen (zu vgl. Abschnitt G I Ziff. 1).

c) Die von den Baugenossenschaften abzuschließenden Versicherungen.

1. Feuerversicherung.

Selbstverständlich müssen die Baugenossenschaften ihre Häuser gegen Feuerschaden versichern. Hierzu zwingt nicht nur die Gefahr, durch Feuer großen Schaden zu erleiden, sondern auch die regelmäßig gestellte und durchaus berechtigte Forderung der Hypothekengläubiger, die von ihnen beliehenen Baulichkeiten in ausreichender Höhe gegen Feuerschaden zu versichern. Am besten erfolgt die Versicherung bei einer öffentlichen Feuerversicherungsgesellschaft. Zu achten ist in jedem Falle darauf, daß auch die durch Blitzschlag verursachten Schäden mit versichert werden. Die für die Feuerversicherung zu zahlende Prämie ist bei den Versicherungsgesellschaften und auch in den einzelnen Gegenden Deutschlands sehr verschieden. Sie richtet sich im allgemeinen nach der Zahl und der Höhe der in dem betreffenden Bezirke erfahrungsgemäß entstehenden Brandschäden. Die öffentlichen Feuerversicherungsgesellschaften haben nicht immer die billigsten Prämien. Sie regulieren aber die Brandschäden meist in sehr zuvorkommender Weise.

Die Hypothekengeber der Baugenossenschaften werden entweder ihre Hypothekenforderungen in Gemäßheit der §§ 100 und 103 des Reichsgesetzes über den Versicherungsvertrag vom 30. Mai 1908 bei dem Versicherungsträger anmelden oder sie werden die Ausstellung eines Hypothekensicherungsscheines bei der Versicherungsgesellschaft beantragen, um sicher zu sein, daß die Feuerversicherung von der Baugenossenschaft weder aufgegeben, noch herabgesetzt, und im Falle eines Brandschadens die Entschädigungssumme nicht ohne Vorwissen der Hypothekengeber an die Baugenossenschaft ausgezahlt werden kann. Diese auf die Sicherung der Hypotheken abzielenden Maßnahmen sind mit nennenswerten Kosten für die Baugenossenschaft nicht verbunden.

2. Wasserleitungsschädenversicherung.

Die Zahl der Wasserleitungsschäden ist bei den Baugenossenschaften verhältnismäßig groß. Die meisten Schadenfälle entstehen dadurch, daß bei starkem Froste die Wasserrohre platzen. Trotzdem kann der Abschluß einer Wasserleitungsschädenversicherung den Baugenossenschaften im allgemeinen nicht empfohlen werden, weil die Prämien für diese Versicherungsart meist höher sind, als die von der Versicherungsgesellschaft zu zahlenden Entschädigungssummen. Wird aus irgendeinem Grunde eine Wasserleitungsschädenversicherung abgeschlossen, so ist darauf zu achten, daß diese Versicherung die durch Frost entstandenen Schäden mit umfaßt, weil sonst die ganze Wasserleitungsschädenversicherung wenig Wert hat.

3. Haftpflichtversicherung.

Es erscheint unbedingt ratsam, die Haftpflichtgefahr, der die Baugenossenschaften in ihrer Eigenschaft als Hausbesitzer unterliegen, durch den Abschluß einer entsprechenden Versicherung auszuschließen. Die Prämie für eine Haftpflichtversicherung, deren Entschädigungssumme für einen Personenschaden im Einzelfalle auf 50000 und im Falle einer Katastrophe auf 150000 M. beschränkt ist und bei der Sachschäden bis zum Betrage von 10000 M. mit versichert sind, beträgt bei den meisten deutschen Versicherungsanstalten 1 M. vom Tausend der Mieteinnahme, mindestens jedoch 3 M. für *jedes Haus*. Bei dieser Art der Prämienberechnung stellen sich die Haftpflichtprämien für *kleine* Wohnhäuser zu teuer. Eine große Anzahl von Baugenossenschaften hat deshalb mit der Versicherungs-Aktiengesellschaft Albingia in Hamburg ein Abkommen getroffen, nach dem die Jahresprämie für eine Haftpflichtversicherung 35 Pfennig für jede Wohnung beträgt. Es wird deshalb der Abschluß einer Haftpflichtversicherung bei der Albingia jedenfalls dann ratsam sein, wenn sich bei ihr billigere Prämien ergeben, als bei anderen Versicherungsgesellschaften.

4. Einbruchsversicherung.

Die Baugenossenschaften sollten ihre verfügbaren Kassenbestände möglichst sofort bei einer Sparkasse mündelsicher belegen. Wo eine solche mündelsichere Anlage bei einer Sparkasse mit Schwierigkeiten verbunden ist, wird eine vorübergehende Belegung größerer Kassenbestände bei einer vertrauenswürdigen Bank möglich sein. Immerhin läßt es sich nicht überall vermeiden, daß eine Baugenossenschaft auf kurze Zeit größere Geldbestände in ihrem Geldschranke aufbewahren muß. Wo dieses der Fall ist, empfiehlt sich der Abschluß einer Einbruchsversicherung. Die Prämie beträgt etwa 1 M. für das Tausend der versicherten Summe. In der Regel wird allerdings eine Mindestprämie von 5 M. für das Jahr verlangt.

5. Glasversicherung.

Diejenigen Baugenossenschaften, die in ihren Häusern Geschäftslokale mit Schaufenstern eingebaut haben, werden eine Glasversicherung abschließen müssen. Die Prämien hierfür sind in jedem Einzelfalle mit der Versicherungsgesellschaft zu vereinbaren.

9. Krankenversicherung.

Die bei den Baugenossenschaften Angestellten und Beamten sind in Gemäßheit der Reichsversicherungsordnung gegen Krankheit zu versichern. Während es früher zweifelhaft war, ob neben den Angestellten und Beamten auch die Vorstandsmitglieder einer Genossenschaft krankenversicherungspflichtig waren, dürften nach Inkrafttreten der Reichsversicherungsordnung diese Zweifel beseitigt, und die Vorstandsmitglieder der Genossenschaften allgemein als krankenversicherungspflichtig zu betrachten sein.

Voraussetzung für diese Versicherungspflicht ist aber in jedem Falle, daß:

a) die Beschäftigung bei der Baugenossenschaft den Hauptberuf bildet, und

b) der regelmäßige Jahresarbeitsverdienst 2500 M. nicht übersteigt.

Die Vorstandsmitglieder der meisten Baugenossenschaften kommen für diese Versicherung deshalb nicht in Frage, weil sie ihre Beschäftigung bei der Baugenossenschaft nur nebenamtlich ausüben.

7. Invaliden- und Hinterbliebenenversicherung.

Nach der Spruchpraxis des Reichsversicherungsamtes und der Verwaltungsbehörden sind die Vorstandsmitglieder der Genossenschaften Betriebsbeamte. Sie unterliegen deshalb ebenso wie die Angestellten und Beamten der Genossenschaft der Versicherungspflicht insoweit

a) die Beschäftigung bei der Baugenossenschaft ihren Hauptberuf bildet, und

b) der regelmäßige Jahresarbeitsverdienst die Summe von 2000 M. nicht übersteigt.

Die Vorstandsmitglieder der meisten Baugenossenschaften kommen für diese Versicherung ebenso wie für die Krankenversicherung deshalb nicht in Frage, weil sie ihre Beschäftigung bei der Baugenossenschaft nur nebenamtlich ausüben.

8. Unfallversicherung.

Der Gewerbeunfallversicherung nach Maßgabe der Reichsversicherungsordnung würden nur solche Baugenossenschaftsbetriebe unterliegen, die als unmittelbare Arbeitgeber der bei ihnen beschäftigten Bauarbeiter aufzufassen sein würden. Dies trifft aber wohl in keinem Falle zu, so daß die Gewerbeunfallversicherung für die Baugenossenschaften nicht in Frage kommt.

Einige Baugenossenschaften haben diejenigen Vorstands- und Aufsichtsratsmitglieder, die mit Beaufsichtigung der Neubauten betraut sind, bei einer privaten Unfallversicherungsgesellschaft gegen Unfälle insoweit versichert, als sich diese in Ausübung von Baubesichtigungen in den Genossenschaftshäusern ereignen. Da diese Unfallgefahr gering ist, und die zu zahlenden Prämien ziemlich hoch sind, kann im allgemeinen der Abschluß einer solchen Versicherung nicht empfohlen werden.

9. Angestelltenversicherung.

Vorstandsmitglieder, Bevollmächtigte und Beamte, die im Hauptberufe bei den Baugenossenschaften angestellt sind, unterliegen der Angestelltenversicherung insoweit sie eine Jahresvergütung von höchstens 5000 M. beziehen. Insoweit sie weniger als 2000 M. Jahreseinkommen haben, unterliegen diese Personen also der Doppelzwangsversicherung zur Invaliden- und Hinterbliebenen versicherung und zur Angestelltenversicherung.

10. Mietverlustversicherungen.

Die Mieter und Hausanwärter der Baugenossenschaften setzen sich durchweg aus Männern zusammen, die, ohne irgendwelches Kapitalvermögen, darauf angewiesen sind, von dem verdienten Arbeitslohne zu leben. Dieser Arbeitsverdienst ist aber vielfach Schwankungen unterworfen, so daß der Abschluß eines sich auf mehrere Jahrzehnte ausdehnenden Hauserwerbsvertrages, wie er bei den Erwerbshäuserbaugenossenschaften üblich ist, stets ein gewisses Risiko sowohl für den Erwerber als auch für die Baugenossenschaft in sich schließt. In beschränkterem Umfange trifft das auch für viele Mieter der Baugenossenschaften zu, denn bei jedem Tagelohnarbeiter, auch bei dem sparsamsten und fleißigsten, kann leicht durch Arbeitslosigkeit und längere Krankheit Zahlungsunfähigkeit eintreten.

Trotzdem die sozialpolitische Gesetzgebung in Deutschland die ärgste Not in den meisten Fällen beseitigt hat, so reichen doch die gezahlten Krankengelder, namentlich wenn der kranke Ernährer der Familie in einer Anstalt untergebracht ist, oft nicht aus, um der Familie den nötigen Unterhalt zu gewähren, bzw. die Zahlung der Miete möglich zu machen.

Unter diesen Umständen liegt der Gedanke nahe, Mittel und Wege zu suchen, die dahin führen, daß während der Zeit einer langen Krankheit den Hauserwerbern und Mietern der Baugenossenschaften die Mietzahlung erlassen werden kann, bzw. daß die Zahlung der Miete in diesen Fällen von dritter Seite aus geschieht.

Eine Reihe von Baugenossenschaften, z. B. der Wilhelmshavener Spar- und Bauverein, hat deshalb Unterstützungsfonds gebildet, aus denen kranke Familienväter Unterstützungen in erster Linie zur Deckung rückständiger Wohnungsmieten erhalten.

In Belgien hat man diesen Gedanken weiter ausgebaut und zwar auf dem Grundsatz der Versicherung. Die Bedingungen der belgischen Versicherungsträger weichen im einzelnen voneinander ab, im großen und ganzen stimmen sie aber darin überein, daß jedes Mitglied eine jährliche Prämie in bestimmter Höhe zu leisten hat, wofür der Versicherungsträger bei Krankheiten von mindestens sechsmonatiger Dauer die Zahlung der Miete bzw. der Hypothekenzinsen für die ganze Dauer der Erwerbsunfähigkeit übernimmt.

Auf Anregung des Oberregierungsrats Jungé hat sich im Jahre 1902 der Verband schleswig-holsteinischer Baugenossenschaften mit einer solchen Mietzahlungsversicherung beschäftigt und zwar mit dem Ergebnis, daß den schleswig-holsteinischen Baugenossenschaften die Begründung einer solchen Versicherung als Gegenseitigkeitsversicherung empfohlen wurde.

Bislang haben nur — soweit dem Verfasser bekannt ist — zwei Bauvereine von der Empfehlung Gebrauch gemacht. Die Versuche sind so bescheidener Art, daß von eigentlichen Erfahrungen auf diesem Gebiete noch nicht gesprochen werden kann.

Eine Mietzahlungsversicherung hat zweifellos für erkrankte Zahlungspflichtige viele Vorzüge, weil sie unter bestimmten Voraussetzungen einen vermögensrechtlichen Anspruch in bestimmter Höhe erstehen läßt, während die Bedürftigen bei den Baugenossenschaften, die Unterstützungsfonds haben, immer mehr oder weniger auf das Wohlwollen der Vereinsorgane angewiesen sind.

Andererseits muß aber zugegeben werden, daß sich ein zwingendes Bedürfnis für die Einführung einer solchen Mietzahlungsversicherung bislang bei den Baugenossenschaften nicht fühlbar gemacht hat.

Noch geringer als das Bedürfnis für eine Mietzahlungsversicherung ist das Bedürfnis bei den Baugenossenschaften für eine Mietverlustversicherung, soweit sie sich nur erstrecken soll auf Mietausfälle infolge Zahlungsunfähigkeit der Mieter. Daß für eine solche Versicherung ein Bedürfnis nicht vorliegt, geht aus den Zusammenstellungen in den Jahrbüchern des Allgemeinen Verbandes hervor. Die Mietverluste infolge Zahlungsunfähigkeit der Mieter sind bei den Baugenossenschaften sehr gering.

Anders liegen die Verhältnisse, sobald sich die Mietverlustversicherung auf die Mietverluste erstrecken soll, die durch das Leerstehen von Wohnungen verursacht werden. Zwar ist in den Zeiten normaler wirtschaftlicher Entwickelung auch hierfür das Bedürfnis bei den Baugenossenschaften sicherlich nicht groß, weil vor einer Neubautätigkeit seitens der Baugenossenschaften stets die Bedürfnisfrage eingehend geprüft zu werden pflegt. Jedoch sind die Konjunkturschwankungen in dem Vermieten von Kleinwohnungen bekanntermaßen recht groß, so daß das Risiko der Baugenossenschaften, in wirtschaftlich kritischen Zeiten infolge Leerstehens einer großen Anzahl von Wohnungen hohe Mietverluste zu erleiden, nicht zu unterschätzen sein dürfte.

Das Interesse der Baugenossenschaften an einer solchen Leerstehensversicherung ist deshalb schon allein vom finanziellen Standpunkt aus betrachtet größer als das Interesse für eine Mietzahlungsversicherung.

Der Professor Manes in Berlin hat eine Studie über Mietverlustversicherung bei Mittler & Sohn in Berlin herausgegeben. Diejenigen, die sich für das Problem der Mietverlustversicherung interessieren, werden auf diese interessante Schrift und auf den Vortrag des Professor Manes verwiesen, gehalten auf der 11. Generalversammlung des Rheinischen Vereins zur Förderung des Arbeiterwohnungswesens am 25. September 1908 in Duisburg.

Aus den Untersuchungen des Professor Manes ergibt sich, daß die Bedingungen, die die Versicherungsgesellschaften für diese Art der Versicherung stellen, bzw. wegen des von ihnen zu übernehmenden Risikos stellen müssen, ungünstig sind.

Das Wesen der Mietverlustversicherung bringt es mit sich, daß die Eigentümer der versicherten Häuser der Versicherungsgesellschaft weitgehende Rechte einräumen müssen, die es schließlich zweifelhaft erscheinen lassen, wer Herr im Hause ist. Schon aus diesem Grunde ist eine derartige Versicherung für unsere Baugenossenschaften nicht zu empfehlen.

Elftes Kapitel.

Der Geländeerwerb.

a) Allgemeines.

Der Ankauf eines größeren Baugeländes ist stets mehr oder weniger ein Spekulationsgeschäft, das sich unter Umständen in der Zukunft als recht vorteilhaft erweisen kann, das aber auch die Möglichkeit, erhebliche Verluste zu erleiden, in sich trägt. Umfangreiche Grundstücksankäufe können namentlich für denjenigen gefahrvoll werden, der nur geringe Mittel besitzt; denn gelingt es diesem nicht, das Grundstück sofort nutzbar zu machen, so ist er nicht in der Lage, die Zinsen für die aufgenommenen Grundstückshypotheken zu zahlen und verliert bei einem Zwangsverkauf die auf das Grundstück geleistete Anzahlung. Diese Grundsätze gelten nicht nur für die Einzelperson, sondern auch für Genossenschaften, insonderheit für Baugenossenschaften. Da die Mitglieder der Baugenossenschaften durchweg den minderbemittelten Kreisen angehören, also zur Bildung eines Genossenschaftsvermögens nur verhältnismäßig wenig beizutragen vermögen, so werden die für den Geländeankauf bei einer jungen Baugenossenschaft vorhandenen Mittel selbst dann sehr beschränkt sein, wenn es auch gelingen sollte, die Baukosten für die Häuser zur vollen Summe als Hypotheken zu bekommen, daß also die Einzahlungen der Genossen zur Deckung von Baukosten nicht herangezogen zu werden brauchen. Die Baugenossenschaften, die nicht über erhebliche Betriebsmittel verfügen, werden deshalb guttun, wenn sie ihre wirtschaftlichen Kräfte nicht durch umfangreiche Geländeankäufe überspannen, sondern möglichst nur so viel Land erwerben, als in dem betreffenden Geschäftsjahr bezw. in der zunächst überblickbaren Geschäftszeit für ihre Bautätigkeit erforderlich ist. Leider läßt sich aber ein dem jeweiligen Bedürfnis entsprechender Geländeerwerb nicht überall durchführen. Es ist nicht immer möglich, Baugelände gerade in solchem Umfange zu erwerben, wie es die Baugenossenschaft zu haben wünscht. Sehr häufig liegt den Grundstücksbesitzern daran, ihr Gelände als Ganzes ungeteilt zu verkaufen. Eine Baugenossenschaft, die unter solchen Umständen ein Angebot auf den Ankauf eines Teiles des zum Verkauf stehenden Grundstückes abgeben wollte, müßte, wenn ihr Angebot überhaupt Berücksichtigung finden würde, mindestens einen höheren Preis zahlen. Namentlich ist aber auch in Rücksicht zu ziehen, daß die Baugenossenschaften durch ihre Bautätigkeit den Bodenwert für die Nachbargrundstücke steigern, indem für diese die Wahrscheinlichkeit einer baldigen Bebauung verstärkt wird. Die Baugenossenschaft, die später die neben ihren Baublocks liegenden Grundstücke erwerben will, muß dann den durch sie geschaffenen Mehrwert an den Grundstückseigentümer bezahlen.

Allgemeine Grundsätze darüber, wieviel Baugelände eine Baugenossenschaft erwerben soll, lassen sich natürlich nicht aufstellen. Nur sei darauf hingewiesen, daß manche Baugenossenschaften dadurch einen günstigen Geländeerwerb möglich gemacht haben, daß sich die an ihrem Gedeihen interessierten Industriellen oder Gemeinden, in

Einzelfällen auch wohlhabende Mitglieder, bereitfinden ließen, ein Grundstück zur Verfügung zu stellen, das für eine Reihe von Jahren für die Bautätigkeit der Genossenschaft ausreichte, das aber nicht in einem Stück an die Genossenschaft, sondern je nach Bedarf gegen entsprechende Abzahlung der übernommenen Flächen aufgelassen wurde. In diesen Fällen sind bei Festsetzung des Kaufpreises zu den Einheitspreisen für das erste Trennstück bei späteren Ankäufen meist nur die Zinsen und Unkosten hinzugerechnet worden, so daß die Baugenossenschaften bei dieser Art der Grundstückserwerbung ebenso billig gekauft haben, als ob sie von vornherein das ganze Grundstück gekauft hätten. Sie brauchten weder das Risiko, das ein weitgehender Grundstückserwerb mit sich bringt, zu übernehmen, noch irgendwelche Mittel in unbebauten Grundstücken festlegen.

b) Anhandkauf.

Da sich solche Gönner, die dem Bauverein Grundstücksteile je nach Bedarf zum Selbstkostenpreise abtreten, nur sehr selten finden, ist eine so bequeme Art der Grundstückserwerbung nur in Ausnahmefällen möglich. Dagegen hat sich namentlich bei solchen Baugenossenschaften, die in den noch nicht für die Bebauung erschlossenen Außenbezirken der Großstädte bauen, oft eine sehr günstige Art des Geländeerwerbs durch einen sogenannten Anhandkauf bewerkstelligen lassen. Die Baugenossenschaften, die in den Außenbezirken Häuserkolonien errichten, erschließen das Gelände als Bauland und steigern so die Bodenwerte. Derjenige Grundeigentümer, der große Geländeflächen in einem noch nicht erschlossenen Außenbezirke einer Großstadt hat, wird deshalb gern einen Teil seines Besitzes an eine Baugenossenschaft verkaufen in der Hoffnung, daß durch die Bautätigkeit der Baugenossenschaft sich bald Käufer für seine anderen Baustellen finden werden. Diese Grundeigentümer werden daher im eigenen Interesse einer Baugenossenschaft verhältnismäßig günstige Verkaufsbedingungen einräumen, da sie wissen, daß die Baugenossenschaft das erworbene Gelände alsbald bebaut. Auf diese Weise ist es häufig gelungen, Verträge zustande zu bringen, nach denen die Baugenossenschaften berechtigt sind, bestimmte Grundflächen zu bestimmten Preisen in jedem Jahre von dem Grundeigentümer abzufordern. Regelmäßig ist in diesen Fällen der Kaufpreis allerdings für das später abgenommene Gelände höher festgesetzt worden. Ein solches Abkommen bleibt aber auch dann günstig, wenn die vereinbarten Zuschläge höher sind als die aufgelaufenen Zinsen. Wo es möglich ist, tut also eine Baugenossenschaft am besten, wenn sie nur das für die nächste Bauperiode unbedingt nötige Baugelände fest kauft und im übrigen die nebenliegenden Grundstücksflächen durch notariellen Vertrag unter Festsetzung eines bestimmten Einheitspreises für den Quadratmeter auf eine Reihe von Jahren an die Hand kauft. Es sei noch darauf hingewiesen, daß bei dieser Art des Kaufes die Möglichkeit vorliegt, von der weiteren Bebauung eines Grundstückes, das sich vielleicht im Laufe der Jahre als für die beabsichtigten Zwecke wenig geeignet oder gar ungeeignet gezeigt hat, abzusehen. Es ist in der Praxis mehrfach vorgekommen, daß Baugenossenschaften, die Gelände fest gekauft hatten, gezwungen wurden, dasselbe unverhältnismäßig schnell zu bebauen, nur weil sie die auflaufenden Grundstückszinsen des unbebauten Geländes nicht zu tragen vermochten. Durch ein solches Bauen über das unmittelbar nachweisbare Bedürfnis hinaus kann es leicht dahin kommen, daß mehr Wohnungen geschaffen werden, als vermietbar sind, so daß die Genossenschaft infolge Leerstehens von Wohnungen großen Schaden erleiden kann oder die Mietpreise, die sie bei gesunder Wirtschaftsrechnung zu erheben hat, herabsetzen muß, um alle Wohnungen zu vermieten. Hierdurch kann möglicherweise die Wirtschaftlichkeit der ganzen Genossenschaft in Frage gestellt werden.

c) Fester Kauf zu dauerndem Eigentum.

Läßt sich ein Anhandkauf nicht erreichen, so muß die Baugenossenschaft den allgemein üblichen Weg des festen Kaufes einschlagen. Er wird gewöhnlich in der Art abgeschlossen, daß ein bestimmter Prozentsatz der Kaufsumme in bar erlegt und der übrigbleibende Betrag — das sogenannte Restkaufgeld — zur ersten Hypothek bei ortsüblichem Zinsfuß eingetragen wird. Diese Grundstückshypothek hat für die Baugenossenschaft nur einen vorübergehenden Wert, da die letztere immer darauf angewiesen ist, sich für ihre Bautätigkeit Geldmittel flüssig zu machen. Sie kann diese Geldmittel aber meist nur zur ersten Hypothek erlangen und so wird sie fast immer gezwungen sein, in verhältnismäßig kurzer Zeit die für das Restkaufgeld des Grund und Bodens eingetragene Hypothek durch die ihr gewährten Bauhypotheken abzulösen. Es wird sich deshalb empfehlen, bei jedem Geländekauf darauf zu achten, daß der Verkäufer sich zwar bindet, das Restkaufgeld mindestens fünf Jahre stehen zu lassen, daß aber der Baugenossenschaft das Recht verbleibt, innerhalb dieser Unkündbarkeitsfrist ihrerseits die Hypothek jeder Zeit zurückzuzahlen.

Grundstücksbesitzer, die große Gelände in der Nähe von Großstädten haben, werden häufig geneigt sein, einer Baugenossenschaft auch bezüglich der Belassung des Restkaufgeldes für den Grund und Boden besondere Vergünstigungen zu gewähren und zwar aus den bereits vorher erwähnten Gründen. Es ist deshalb häufiger gelungen, mit den Verkäufern von Grundstücken dahin einig zu werden, daß sie das Restkaufgeld als zweitstellige Hypothek der Baugenossenschaft belassen und gestatten, daß an erster Stelle eine Hypothek in Höhe der wirklich aufgewandten Baukosten eingetragen wird. Wird eine solche Vereinbarung mit einem Grundstückseigentümer getroffen, so muß unter allen Umständen stets darauf gehalten werden, daß diese zweite Hypothek für eine längere Reihe von Jahren unkündbar ist, da es einer jungen Baugenossenschaft im Falle einer Kündigung schwer fallen dürfte, für die gekündigte Hypothek Ersatz zu schaffen.

d) Erbbaurecht.

Abgesehen von dem Anhandkauf oder dem festen Grundstückskauf zu dauerndem Eigentum kommt noch eine dritte Form für den Grundstückserwerb in Frage. Es ist dies das Erbbaurecht, auch Erbpacht genannt.

Gerade diese Form der Grundstücksnutzung hat das Interesse der Wohnungspolitiker in den beiden letzten Jahrzehnten in hohem Maße in Anspruch genommen, weil man aus ihr die Hoffnung auf billigere Kleinwohnungen und damit vielleicht sogar die Hoffnung auf eine Lösung der Wohnungsfrage hergeleitet hat. Es ist deshalb notwendig, daß hier das Erbbaurecht, seine Verwendungsmöglichkeit und sein Wert für die genossenschaftliche Bautätigkeit vom Standpunkte der Baugenossenschaften aus besprochen wird.

Das Erbbaurecht ist nicht etwa, wie vielfach angenommen wird, erst durch das Bürgerliche Gesetzbuch in unser Wirtschaftsleben eingeführt, sondern es ergibt sich aus der Literatur, daß es als sogenannte Bodenleihe, Platzrecht oder superficies von alters her weit verbreitet, in der letzten Zeit vor Inkrafttreten des Bürgerlichen Gesetzbuches allerdings nur selten zur Anwendung gekommen war.

Bei Ausarbeitung des Bürgerlichen Gesetzbuches hat man die §§ 1012—1017 wohl auch nur deshalb mit aufgenommen, weil das Erbbaurecht einmal bestand und keine Veranlassung vorlag, es aus der Welt zu schaffen. Daß man aber von ihm nur wenig erhoffte, dürfte schon daraus hervorgehen, daß man einer so schwierigen Materie, wie es das Erbbaurecht ist, insgesamt nur sechs Paragraphen gewidmet hat.

Diese kärgliche Behandlung im Bügerlichen Gesetzbuche macht es denn auch sehr leicht, die gesamten gesetzlichen Bestimmungen über das Erbbaurecht hier wiederzugeben:

§ 1012 des BGB. lautet:

„Ein Grundstück kann in der Weise belastet werden, daß demjenigen, zu dessen Gunsten die Belastung erfolgt, das veräußerliche und vererbliche Recht zusteht, auf oder unter der Oberfläche des Grundstücks ein Bauwerk zu haben."

Derjenige, der das Recht zum Bauen des Hauses erwirbt, wird also nicht Eigentümer des Grund und Bodens. Das ist das Wesentliche am Erbbaurecht. Praktisch steht das Erbbaurecht also der Pacht am nächsten. Es wird daher auch vielfach „Erbpacht" genannt. Es bestehen jedoch wesentliche Unterschiede zwischen Pacht und Erbbaurecht. Das Erbbaurecht ist dinglich. Die Pacht persönlich. Sie begründet nur persönliche Rechte und Pflichten zwischen dem Pächter und dem Verpächter. Das Erbbaurecht ist frei veräußerlich. Eine Weiterverpachtung ist nur mit Genehmigung des Verpächters möglich.

Eine Pacht ist auch stets zeitlich beschränkt. Eine solche zeitliche Beschränlung ist für das Erbbaurecht nicht ohne weiteres nötig. Ein namhafter Kenner des Erbbaurechts ist sogar der Ansicht, daß eine im Erbbauvertrage festgelegte zeitliche Beschränlung des Erbbaurechts streng juristisch nicht mit den Bestimmungen des Bürgerlichen Gesetzbuches zu vereinbaren sei. Während vor dem Inkrafttreten des Bürgerlichen Gesetzbuches häufiger zeitlich unbeschränkte Erbbaurechte bestellt wurden, sind nach dem Inkrafttreten des Bürgerlichen Gesetzbuches Erbbaurechte dem wirtschaftlichen Bedürfnisse entsprechend stets nur für einen bestimmten Zeitraum eingeräumt. Die Dauer der Erbbauverträge schwankt meistens zwischen 65 und 90 Jahren.

Ausdrücklich hervorzuheben ist, daß nach der Gesetzesbestimmung dem Erbbauberechtigten zwar das Recht zusteht, auf dem Erbbaugelände zu bauen, nicht aber die Pflicht zum Bauen auferlegt ist.

Soll eine solche festgelegt werden, so muß das durch den Erbbauvertrag geschehen. Es kommt nicht darauf an, ob die baulichen Anlagen bereits bestehen oder erst hergestellt werden sollen.

Wesentlich für den Begriff des Erbbaurechts ist, daß das Grundstück als Baugrund dienen soll. § 1013 des BGB. besagt allerdings:

> „Das Erbbaurecht kann auf die Benutzung eines für das Bauwerk nicht erforderlichen Teiles des Grundstücks erstreckt werden, wenn sie für die Benutzung des Bauwerks Vorteil bietet."

Hierdurch wird bestimmt, daß nicht nur die unmittelbar zur Bebauung bestimmte Fläche in Erbbau gegeben werden kann, sondern daß auch, abgesehen von der eigentlichen Baufläche, noch ein anderes Stück Land in Erbbau ausgegeben werden darf, wenn es für die Benutzung des Bauwerks von Vorteil ist.

Kurz gesagt, es ist zulässig, auf Erbbaurecht Wohnhäuser mit Gärten zu bauen. Wie groß die Gärten sein dürfen, um nicht gegen den § 1013 des BGB. zu verstoßen, läßt sich allgemein nicht sagen. Jedenfalls darf das unbebaute Stück nicht die Hauptsache, das Wohnhaus die Nebensache sein.

Die §§ 1014 und 1015 des BGB. haben folgenden Wortlaut:

> „Die Beschränkung des Erbbaurechts auf einen Teil eines Gebäudes, insbesondere ein Stockwerk, ist unzulässig.
>
> Die zur Bestellung des Erbbaurechts nach § 873 erforderliche Einigung des Eigentümers und des Erwerbers muß bei gleichzeitiger Anwesenheit beider Teile vor dem Grundbuchamte erklärt werden."

Die Begründung des Erbbaurechts geht also genau so vor sich, wie eine Eigentumsauflassung. Die Vertragschließenden müssen zum Grundbuchamte gehen und, nachdem sie ihre Erklärungen abgegeben haben, wird das Erbbaurecht im Grundbuch eingetragen.

Für das Erbbaurecht kann die Anlegung eines besonderen Grundbuchblattes beantragt werden. Selbstverständlich ist die Anlegung eines besonderen Grundbuchblattes nötig, wenn das Erbbaurecht mit Hypotheken belastet werden soll.

Grundbuchmäßig wirkt das Erbbaurecht für den Grundeigentümer als Belastung des Grundbesitzes, für den Erbbauberechtigten als eine Gerechtsame. Der Grundeigentümer kann, wenn er sein Grundstück mit einem Erbbaurechte belastet hat, trotzdem später noch Hypotheken auf seinen Grundbesitz aufnehmen, jedoch stehen diese Hypotheken im Range dem Erbbaurechte nach.

Waren vorher auf dem Grundbesitze Hypotheken eingetragen, so gehen diese dem Erbbaurechte vor. Es ist deshalb unter allen Umständen notwendig, darauf zu achten, daß das Erbbaurecht an erster Stelle steht.

Die beiden letzten über das Erbbaurecht handelnden Paragraphen des Bürgerlichen Gesetzbuches, nämlich die §§ 1016 und 1017, lauten so:

> „Das Erbbaurecht erlischt nicht dadurch, daß das Bauwerk untergeht.
>
> Für das Erbbaurecht gelten die sich auf Grundstücke beziehenden Vorschriften.
>
> Die für den Erwerb des Eigentums und der Ansprüche aus dem Eigentum geltenden Vorschriften finden auf das Erbbaurecht entsprechende Anwendung."

Diese Gesetzesparagraphen wollen das Erbbaurecht rechtlich möglichst dem Grundstücke gleichstellen. Deswegen kann z. B., wie bereits bemerkt, für das Erbbaurecht auch die Anlegung eines besonderen Grundbuchblattes beantragt werden. Eine weitere Gleichstellung zwischen Erbbaurecht und Grundstück besteht darin, daß zu einem Veräußerungsvertrage gerichtliche oder notarielle Beurkundung nötig ist usw.

Der Allgemeine Genossenschaftstag in München (1912) hat zu dem Erbbaurechte durch folgenden, zum Beschluß erhobenen Antrag Stellung genommen:

Der Allgemeine Genossenschaftstag erklärt:

1. Als Besteller von Erbbaurechten werden voraussichtlich auch zukünftig in Deutschland hauptsächlich nur das Reich, die Bundesstaaten und die Gemeinden oder Gemeindeverbände in Frage kommen; private Besitzer nur da, wo gebundener Besitz für die Bebauung erschlossen werden soll.
2. Der Abschluß eines Erbbauvertrages wird in der Regel den Baugenossenschaften keine wesentlichen Vorteile bringen. Wo Erwerb zu Eigentum möglich ist, verdient dieser vom Standpunkte der Baugenossenschaften aus den Vorzug.
3. Vor Abschluß eines Erbbauvertrages oder durch den Erbbauvertrag hat die Beleihungsfrage ihre befriedigende Lösung zu finden. Als Geldgeber auf Erbbaurecht werden voraussichtlich

neben den bisherigen Erbbaubestellern — Reich, Staat und Gemeinden — vor der Hand nur die Landesversicherungsanstalten in Frage kommen.

Dieser Beschluß ist von dem Verfasser auf dem Genossenschaftstage folgendermaßen begründet worden:

In den letzten Jahrzehnten sind die Grundstückswerte in den Großstädten — vor allem in Berlin — so in die Höhe gegangen, daß heute in Berlin tatsächlich ein nicht unwesentlicher Teil der bezahlten Wohnungsmieten lediglich zur Verzinsung des in den Grundstücken angelegten Kapitals dient. Will man aber zu einem zutreffenden Urteil über den Wert des Erbbaurechts für die Baugenossenschaften kommen, so darf man nicht, wie das vielfach geschieht, allein auf die Berliner Verhältnisse Rücksicht nehmen, sondern muß auch überlegen, wie sich in den anderen Gebietsteilen Deutschlands das Verhältnis zwischen Bodenwert und Baukosten stellt. Man wird finden, daß bereits in den übrigen Großstädten Deutschlands die Verzinsung des Kaufpreises für den Grund und Boden eine wesentlich geringere Rolle spielt. Für die Baugenossenschaften kommt namentlich in Frage, daß sie ihre Häuser nicht an Geschäftsstraßen, wo der Grund und Boden besonders teuer ist, errichten, sondern meist in den Außenbezirken der Städte bauen. Sie legen deshalb im allgemeinen für ihre Grundstücke nur eine verhältnismäßig geringe Summe an. Als Beispiel sei eine Hannoversche Baugenossenschaft herausgegriffen, die in einem jetzt eingemeindeten Vororte der Stadt große Miethäuser mit acht bis zehn Familienwohnungen baut. Für die Bauplätze sind von dieser Genossenschaft durchschnittlich etwa 7500 M. bezahlt worden. Die Verzinsung des Bauplatzes erfordert also jährlich, wenn man mit einer 4prozentigen Verzinsung rechnet, 4 mal 75 gleich 300 M. Verteilt man diese Summe auf die in dem Hause enthaltenen zehn Wohnungen, so erhält man als Bodenrente für jede Wohnung den Betrag von 30 M. für das Jahr.

Hierbei ist aber sehr wohl zu beachten, daß die weitaus meisten Baugenossenschaften noch einen weit geringeren Betrag für ihre Bauplätze anlegen. Vor allen Dingen spielt der Kaufpreis für den Grund und Boden bei denjenigen Baugenossenschaften, die in kleineren Orten begründet worden sind, oft überhaupt kaum eine wesentliche Rolle. Die meisten Baugenossenschaften in den kleineren Orten bezahlen für ihren Grund und Boden nicht mehr als höchstens 3 M.

für den Quadratmeter. Selbst dann, wenn diese Baugenossenschaften nur kleine Ein- und Zweifamilienhäuser bauen und auch den einzelnen Wohnungen verhältnismäßig große Gärten beigeben, spielt die Verzinsung des Bodenwertes keine so erhebliche Rolle, wie vielfach angenommen wird. Tatsächlich kosten die Bauplätze für die Erwerbshäuser der Baugenossenschaften, die zwei Familienwohnungen enthalten, meist weniger als 1000 M. Die Bodenrente würde, wenn man mit einem Kaufpreise von 1000 M. und einer 4prozentigen Verzinsung rechnet, für ein solches Grundstück 40 M., also für jede Wohnung 20 M. betragen. Man sieht hieraus, daß die Bodenrente für unsere Genossenschaftsgrundstücke gar nicht so sehr bedeutend ist, daß also selbst für den Fall, daß infolge des Abschlusses eines Erbbauvertrages ein Teil der Bodenrente erspart würde, diese Ersparnis jedenfalls niemals sehr wesentlich sein kann.

Nun hat aber das Erbbaurecht, abgesehen davon, daß bei ihm unter Umständen ein Teil der Bodenrente erspart wird, für die Baugenossenschaften auch noch den weiteren Vorteil, daß sie die für den Ankauf des **Grund und Bodens** nötigen Kapitalien nicht in barem Gelde aufzubringen brauchen. Selbstverständlich müssen sie aber die zum Bau nötigen Kapitalien anleihen. Es ist nun zwar möglich, ein Erbbaurecht genau wie ein Grundstück mit Hypotheken zu belasten, es fragt sich aber nur, ob man Hypothekarier findet, die geneigt sind, auf ein solches Erbbaurecht hin Hypotheken darzuleihen. Wir werden später sehen, daß der allgemeine Geldmarkt heute für die Beleihung von Erbbaurechten so gut wie gar nicht in Frage kommt. Vorerst sei nur bemerkt, daß die Hypotheken, die auf ein Erbbaurecht eingetragen sind, erlöschen, so bald dies Baurecht selbst untergeht, also z. B. bei dem Ablauf der Erbbaufrist. Die abgeschlossenen Erbbauverträge, namentlich die in früherer Zeit abgeschlossenen Verträge, enthalten aber zum Teil Bestimmungen, denen zufolge das Erbbaurecht bereits vor dem Fristablauf dann erlischt, wenn sich der Erbbauberechtigte Vertragsverletzungen zuschulden kommen läßt. Besonders häufig findet sich die Bestimmung, daß das Erbbaurecht dann erlischt, wenn der Erbbauberechtigte die vertragsmäßigen Erbbauzinsen nicht bezahlt. Es leuchtet ohne weiteres ein, daß hierdurch eine Erbbauhypothek so unsicher wird, daß man eigentlich sagen muß, ein unter gewissen Bedingungen vor Ablauf der Frist erlöschendes Erbbaurecht ist nicht ohne weiteres beleihungsfähig. Es müssen deshalb die Erbbauverträge immer so gefaßt werden, daß sowohl die Interessen des Grundbesitzers und Erbbaunehmers, als auch die Interessen des Hypothekariers genügend gewahrt werden. Der Grundbesitzer hat vor allem ein Interesse daran, daß bestimmte Verpflichtungen des Erbbauberechtigten dinglich sichergestellt werden, namentlich ist das nötig für die Verpflichtung der fristzeitigen Zahlung des Erbbauzinses. Kommt der Erbbauberechtigte dieser Zahlungspflicht nicht nach, so muß vor allem verhindert werden — wenn das Erbbaurecht hypothekarisch beleihungsfähig bleiben soll —, daß das Erbbaurecht und damit die darauf ruhenden Hypotheken untergehen.

Der bisher gefundene beste Ausweg ist die sogenannte Rückübertragung des Erbbaurechts, d. h., falls der Erbbauberechtigte seinen Verpflichtungen nicht nachkommt, so geht das Erbbaurecht auf den Grundherrn über. Es entsteht ein sogenanntes Eigentümererbbaurecht. Erwirbt aber der Grundherr das Erbbaurecht zurück, so hat er auch die darauf ruhenden Hypotheken mit zu übernehmen, vorausgesetzt, daß den Hypotheken der grundbuchmäßige Vorrang vor der die Rückübertragung sichernden Vormerkung eingeräumt ist. Diesen Ausweg hat das Reich bei seinen Erbbauverträgen gewählt. Das Reich hat auf diese Weise die Möglichkeit, dem Erbbauberechtigten, der seine Verpflichtungen nicht erfüllt, das Erbbaurecht zu entziehen. Das Erbbaurecht geht aber nicht unter, sondern auf das Reich selbst über. Dieser Weg der Rückübertragung erfüllt zwar seinen Zweck, er gibt den Hypothekariern die nötige Sicherheit, er ist aber sehr künstlich und kompliziert. Er wird deshalb den privaten Kapitalisten niemals so klar und deutlich werden, daß dieser ihn gern beschreiten wird. Deshalb müssen, wenn das Erbbaurecht überhaupt eine weitere Ausdehnung erfahren soll, zunächst klare Verhältnisse in bezug auf die Sicherstellung des Erbbauzinses einerseits und der Hypotheken andererseits geschaffen werden. Daß dies bislang nicht geschehen ist, darf als eine der Schwächen der Bestimmungen über das Erbbaurecht, deren Beseitigung durch Ergänzung der gesetzlichen Bestimmungen wünschenswert sein würde, bezeichnet werden.

Nach dem heute bestehenden Rechte muß die Sicherstellung des Erbbauzinses einerseits und der Hypotheken andererseits innerhalb des Erbbauvertrages eine Regelung finden. Hierdurch werden die Erbbauverträge naturgemäß sehr kompliziert. Wie bereits angedeutet, wünscht aber jeder private Geldgeber möglichst klare Verhältnisse. Deshalb ist schon die nötige Kompliziertheit der abzuschließenden Verträge einer der Hinderungsgründe für eine weite Ausbreitung des Erbbaurechts unter Privatleuten. Wir werden allerdings sehen, daß auch bei den klarsten Rechtsverhältnissen Private nur in Ausnahmefällen geneigt sein werden, Erbbaurechte zu bestellen oder zu erwerben. Von den zahlreichen Erbbauverträgen, die in letzter Zeit abgeschlossen wurden, sind so gut wie gar keine unter Privatpersonen zustandegekommen, sondern als Erbbauausgeber sind in der Hauptsache nur das Reich, der Preußische Staat und vor allem eine große Anzahl von Gemeinden in Frage gekommen. Als Erbbauberechtigte sind bislang meist gemeinnützige Baugesellschaften eingetragen worden. Das Reich hat z. B. in Dresden, Brunsbüttel, Danzig und Rüstringen gemeinnützige Baugesellschaften finanziert, um in Reichsbetrieben beschäftigten Arbeitern zweckmäßige und billige Wohnungen zu verschaffen.

Der Preußische Staat hat dem Berliner Beamten-Wohnungs-Verein ein Stück der Domäne Dahlem in Erbbau übergeben, und von den Gemeinden ist es namentlich die Stadt Frankfurt a. M., die das Erbbaurecht praktisch verwertet hat. In Frankfurt a. M. werden häufig Erbbauverträge zwischen Stadt und Privatleuten abgeschlossen. Indessen liegen die Verhältnisse in Frankfurt ganz eigentümlich. Die Hälfte des bebauungsfähigen Grundbesitzes gehört der Stadt Frankfurt und diese veräußert überhanpt keinen Grundbesitz mehr, sondern gibt ihn nur auf Erbbaurecht ab und gewährt dann auch dem Erbbauberechtigten das Baugeld. Unter diesen Umständen wird es allerdings möglich sein, verhältnismäßig schnell eine größere Anzahl von Erbbauverträgen zwischen Stadt und Privatleuten zustandezubringen.

In anderen deutschen Städten wird das aber in absehbarer Zeit nicht so leicht möglich sein und zwar liegt der Grund hierfür nicht etwa in erster Linie in der erwähnten Kompliziertheit der Erbbauverträge, sondern in dem Wesen des Erbbaurechts selbst und auch an dem Inhalte der bislang üblichen Erbbauverträge.

Was zunächst den Privatgrundbesitzer anlangt, so will dieser in der Regel den Wert seines Geländes möglichst bald zu einem möglichst hohen Preise realisieren, um die gewonnenen Mittel in anderer Weise nutzbringend verwenden zu können. Er hat also ein Interesse daran, einen möglichst hohen Kaufpreis und eine möglichst hohe Anzahlung zu erzielen. Muß er ein Restkaufgeld stehen lassen, so wird er bestrebt sein, hierfür einen möglichst hohen Zinssatz und eine möglichst kurze Unkündbarkeitsfrist zu vereinbaren. Dagegen hat der private Grundbesitzer kein Interesse daran, auf die Realisierung eines Grundstückswerts deshalb zu verzichten und sich deshalb mit einer verhältnismäßig geringen Rente aus baureifen Grundstücken in Form des Erbbauzinses zu begnügen, um seinen Enkeln und deren Kindern den Wertzuwachs des Grund und Bodens zufallen zu lassen.

Eine so auf die ferne Zukunft berechnete Bodenpolitik wird den Privaten fremd bleiben, sie wird nur vom Reich, Staat, Gemeinden, Stiftungen und ähnlichen Organisationen verfolgt werden. Private Grundbesitzer werden nur da, wo gebundener Besitz für die Bebauung erschlossen werden soll, für die Bestellung von Erbbaurechten geneigt sein. Besonders geeignet erscheint das Erbbaurecht für die Erschließung von Fideikommißgrundstücken zu Bauzwecken. Da diese Grundstücke von den Besitzern nicht verkauft werden können, so ist eine Verwertung dieser Grundstücke zu Bauzwecken nur in der Weise möglich, daß der Eigentümer entweder selbst Häuser darauf errichtet und vermietet oder die Grundstücke in Erbpacht vergibt. Da der Fideikommißinhaber schon wegen der Schwierigkeit der Baukapitalbeschaffung niemals geneigt sein wird, selbst zu bauen, so wird er gern ein Erbbaurecht bestellen, weil er dann aus seinem Grundbesitz eine höhere Rente erzielt, als es bei landwirtschaftlicher Benutzung möglich ist. Das Erbbaurecht kann also gerade für die Erschließung solcher Grundstücke wesentliche Dienste leisten. Im übrigen aber werden private Grundbesitzer aus den bereits angeführten Gründen keine Neigung haben, Erbbaurechte zu bestellen.

Ist hier eine Wandlung für den Fall zu erwarten, daß durch Verbesserung der gesetzlichen Bestimmungen klare Rechtsverhältnisse zwischen den Erbbauausgebern und den Hypothekariern geschaffen werden? Diese Frage ist im allgemeinen zu verneinen. Die privaten Grundherren werden stets auch bei den klarsten Rechtsverhältnissen aus den bereits angeführten Gründen lieber eine Realisierung ihrer Grundwerte vornehmen, um flüssiges Geld zu erhalten.

Ziffer 1 des vorstehenden Antrages besagt deshalb:

> „Als Besteller von Erbbaurechten werden voraussichtlich auch zukünftig in Deutschland hauptsächlich nur das Reich, die Bundesstaaten und die Gemeinden oder die Gemeindeverbände in Frage kommen; private Besitzer nur da, wo gebundener Besitz für die Bebauung erschlossen werden soll."

Es ist ferner die Frage zu prüfen, ob unsere Baugenossenschaften für den Fall, daß ihnen die Möglichkeit geboten wird, vom Reich, einem Bundesstaate oder von der Gemeinde ein Erbbaurecht zu erwerben, dieses vorziehen oder ob sie lieber das Grundstück zu Eigentum erwerben sollen, wobei selbstverständlich vorausgesetzt wird, daß letzteres möglich ist. Diese Frage kann natürlich nicht ohne weiteres mit ja oder nein beantwortet werden, sondern es hängt ganz von den jeweiligen Bedingungen ab, unter denen das Erbbaurecht oder das Eigentum in den vorliegenden Fällen zu haben ist. Es wird dabei namentlich folgendes zu erwägen sein:

Der wesentlichste oder richtiger gesagt, der einzige wesentliche Vorteil, den der Erbbauberechtigte gegenüber dem Eigentümer hat, besteht in der Ersparnis eines Teiles des Bodenzinses. Während für das im Grund und Boden angelegte Kapital in der Regel mindestens 4% Hypothekenzinsen zu zahlen sind, wird meist als Erbbauzins nur 2 bis 3% des gegenwärtigen Grundstückwertes verlangt. Die Baugenossenschaften, die ein Erbbaurecht erwerben, sparen also gegenüber denjenigen Baugenossenschaften, die zu Eigentum kaufen, jährlich 1 bis 2% des Wertes des Grund und Bodens.

Wir haben aber bereits gesehen, daß der Bodenzins bei den Baugenossenschaften überhaupt gar keine so außerordentlich wesentliche Rolle spielt. Wir haben gesehen, daß namentlich in den kleineren Orten das in dem Grundstück investierte Kapital nicht sehr groß ist, daß z. B. bei einer Baugenossenschaft, die in den Außenbezirken der Stadt Hannover verhältnismäßig teure Grundstücke kauft, der jährliche Bodenzins immerhin doch nur etwa 30 M. für die Wohnung beträgt. Selbst dann, wenn der Erbbauzins nur 2% — also nur die Hälfte des regulären Zinsfußes — beträgt, würde nur die Hälfte des Bodenzinses erspart werden, d. h. der Mietpreis für eine solche Wohnung würde sich um die Hälfte von 30 M., also um 15 M., verringern. Man sieht also, daß die Zinsenersparnis, die sich aus dem Erbbaurechte ergeben kann, selbst bei den Baugenossenschaften, die in den Außenbezirken der Großstädte bauen, in der Regel nicht groß sein würde. Nun steht aber dieser Zinsenersparnis eine zweifache Mehrbelastung gegenüber, nämlich einmal insofern, als eine auf Erbbaurecht bauende Baugenossenschaft naturgemäß von dem Wertzuwachs ihres Grund und Bodens nichts hat, und weiter insofern, als sie darüber hinaus bei der jetzigen Art, in der die meisten Erbbauverträge zwischen Gemeinden und Baugenossenschaften abgeschlossen werden, noch einen unmittelbaren Schaden erleidet. Nach den bislang mit den Gemeinden abgeschlossenen Erbbauverträgen wird nämlich den Baugenossenschaften bei Ablauf des Erbbauvertrages nur ein Teil des vorhandenen Wertes der Baulichkeiten, in einzelnen Fällen sogar nichts erstattet. Der Prozentsatz, der den Baugenossenschaften bei Ablauf der Verträge erstattet wird, schwankt bei den einzelnen Verträgen.

Immerhin büßen die Baugenossenschaften selbst bei den verhältnismäßig günstigen Erbbauverträgen mit den Gemeinden erhebliche Kapitalien ein. Wenn z. B. in einer Reihe von Erbbauverträgen bestimmt ist, daß nach Ablauf der Erbbaufrist dem Erbbauberechtigten der vierte Teil des vorhandenen Wertes der Baulichkeiten als Entschädigung gezahlt wird, so ist diese Entschädigung unzureichend. Es ist gar nicht einzusehen, weshalb der Erbbauberechtigte $^3/_4$ des Wertes der vorhandenen Baulichkeiten dem Erbbauausgeber schenken soll. Nach mehreren mit Gemeinden abgeschlossenen Erbbauverträgen bekommen aber die Baugenossenschaften nach Ablauf der Erbbaufrist — wie bereits gesagt — überhaupt keine Entschädigung. Die Beträge, die der Erbbauberechtigte zufolge der abgeschlossenen Verträge dem Erbbauausgeber zu schenken verpflichtet ist, bedeuten im allgemeinen eine so große Belastung des Erbbauberechtigten, daß dadurch der Zinsvorteil mehr oder weniger ausgeglichen wird.

Soll das Erbbaurecht wirklich dem Erbbauberechtigten Vorteile bringen, so muß vor allem bestimmt werden, daß der Grundeigentümer in jedem Falle den vollen Wert, der in sein Eigentum übergehenden Gebäude zu erstatten hat oder verpflichtet ist, den Erbbauvertrag zu verlängern. Das Reich gewährt nach dem neuen Mustererbbauvertrage volle Entschädigung. Als Höchstgrenze gelten allerdings die aufgewandten Selbstkosten abzüglich eines Prozents von dieser Summe für jedes Jahr, das seit Fertigstellung der Bauten verflossen ist. Hieran sollten sich die Gemeinden ein Beispiel nehmen.

Dr. Pesl, der Rechtsanwalt am Oberlandesgericht in München ist und ein außerordentlich klares und objektives Werk über das Erbbaurecht herausgegeben hat, kommt zu dem Ergebnis, daß die Verpflichtung des Grundeigentümers zur vollen Entschädigung gesetzlich festgelegt werden sollte. Man wird sich dieser Ansicht mit bestimmten Einschränkungen anschließen können und würde es für einen wesentlichen Fortschritt halten müssen, wenn die gesetzlichen Bestimmungen über das Erbbaurecht durch Festlegung einer bestimmten Entschädigungspflicht eine Erweiterung erfahren könnten. Nur wird man dem

Erbbauausgeber auf jeden Fall die Wahl lassen müssen, ob er den vollen Wert der Gebäude erstatten oder das Erbbaurecht verlängern will, weil viele Gemeinden sonst die vertragsmäßigen Entschädigungssummen nicht würden zahlen können. Solange von den Gemeinden den Erbbaunehmern bei Ablauf der Erbbauverträge nur ein Teil des Wertes der vorhandenen Baulichkeiten erstattet wird, solange kann die Erwerbung von Erbbaurechten den Baugenossenschaften — wenn man lediglich den geschäftlichen Standpunkt gelten lassen will — schon aus diesem Grunde in der Regel nicht empfohlen werden. Es bleibt dabei zu berücksichtigen, daß die Baugenossenschaften, die ein Erbbaurecht erwerben, für die geringe Zinsenersparnis an und für sich schon etwas sehr Wesentliches hergeben müssen, nämlich den Wertzuwachs ihrer Grundstücke. In fast allen deutschen Städten, die mit einer zunehmenden Einwohnerzahl rechnen dürfen, steigen die Bodenwerte so, daß der Betrag, um den sich die Bauwerke infolge der Abnutzung vermindern, ausgeglichen wird durch die Bodenwertsteigerung. In den meisten Städten können deshalb die privaten Hausbesitzer mit Recht so rechnen, daß ihr Liegenschaftsbesitz nicht mit zunehmendem Alter an Wert verliert, sondern im Gegenteil, sehr häufig wird nicht nur keine Wertverminderung, sondern sogar noch eine Wertvermehrung stattfinden.

Es fragt sich allerdings, ob diese Verhältnisse dauernd anhalten werden, ob also auch in Zukunft mit einem Wertzuwachs von Grund und Boden zu rechnen ist. Diese Frage kann natürlich nicht mit unbedingter Sicherheit bejaht werden, doch aber mit großer Wahrscheinlichkeit für alle diejenigen Orte, die mit einer zunehmenden Bevölkerungszahl rechnen dürfen. Namentlich die starke Bevölkerungszunahme der Großstädte hat eine Steigerung des Bodenwertes zur natürlichen Folge. Zu bedenken ist, daß die städtischen Baugenossenschaften ihre Landankäufe meistens in den aufblühenden Außenbezirken der Städte vorgenommen haben. Sie dürfen deshalb im allgemeinen mit Sicherheit auf eine Wertsteigerung ihrer Grundstücke rechnen. Die Erfahrungen lehren denn auch, daß tatsächlich die Grundstücke der Baugenossenschaften fast ausnahmslos im Werte gestiegen sind. Schon heute besitzen einige Baugenossenschaften ein erhebliches, aus den Bilanzen allerdings nicht ersichtliches Vermögen, das lediglich durch die Wertsteigerung ihrer Gelände entstanden ist. Geben die Baugenossenschaften die Aussicht auf den Wertzuwachs für die sich aus dem Erbbaurecht ergebende Zinsenersparnis, die, wie wir gesehen haben, im allgemeinen nur sehr gering sein kann, hin, so werden sie im allgemeinen — vom kaufmännischen Standpunkt aus betrachtet — kein gutes Geschäft machen. Dies Geschäft wird aber, wie bereits bemerkt, unmittelbar ungünstig, sobald die Erbbauausgeber bei den bislang mit den Gemeinden abgeschlossenen Erbbauverträgen meistens noch einen erheblichen Teil der von der Baugenossenschaft geschaffenen Werte für sich dadurch in Anspruch nehmen, daß sie nur einen mehr oder weniger großen Bruchteil des Wertes der vorhandenen Gebäude bei Ablauf des Erbbauvertrages zu ersetzen haben.

Man kann deshalb nur zu dem in Ziffer 2 des vorliegenden Antrages festgestellten Ergebnis kommen, nämlich dahin, daß der Abschluß eines Erbbauvertrages in der Regel den Baugenossenschaften keinen wesentlichen Vorteil bringt und daß da, wo Erwerb zu Eigentum möglich ist, dieser vom Standpunkte der Baugenossenschaften aus meist den Vorzug verdient. Eine andere Frage ist es natürlich, ob sich der Abschluß von Erbbauverträgen für die Gemeinden empfiehlt oder ob eine weitere Verbreitung des Erbbaurechts vom volkswirtschaftlichen oder wohnungspolitischen Standpunkte aus zu wünschen ist. Diese Frage ist hier nicht zu erörtern, sondern nur der rein geschäftliche Standpunkt der Baugenossenschaften zu vertreten.

Gegen das System des Erbbaurechts werden häufig noch zwei weitere Einwände erhoben, nämlich:

1. es sei schwierig, eine planmäßige Häuserunterhaltung in der letzten Zeit des Erbbaurechts sicherzustellen und
2. es böte die Geldbeschaffung auf Erbbaurecht große Schwierigkeiten.

Die Befürchtung bezüglich der schlechten Häuserunterhaltung stützt sich auf die englischen Erfahrungen. Im allgemeinen soll es in England üblich sein, daß das Erbbauhaus nach Ablauf des Vertrages dem Grundherrn ohne jede Entschädigung zufällt. Unter diesen Umständen hat allerdings der Erbbaunehmer gar kein Interesse daran, seine Baulichkeiten in der letzten Zeit des Erbbaurechts gut instand zu halten. In England sollen denn auch die Erbbauhäuser so gebaut werden, daß sie möglichst keine längere Standesdauer haben, als das Erbbaurecht.

Es wird auch von Verfechtern des Erbbaurechts zugegeben, daß die englischen Erbbauhäuser regelmäßig, aus minderwertigem Material erbaut, so schlecht unterhalten werden, daß sie nach Ablauf des Erbbauvertrages sehr oft als völlig wertloser Schutt abgefahren werden müssen. Eine solche Verschlechterung in der

Bauweise und in der Häuserunterhaltung wird kein Verständiger für unser deutsches Vaterland wünschen. Es ergibt sich aus den englischen Erfahrungen vielmehr die Notwendigkeit, Maßnahmen zu treffen, die den Erbbauberechtigten bis zum letzten Tag an der guten Unterhaltung der Gebäude interessieren. Das kann gar nicht besser und gar nicht wirksamer geschehen, als dadurch, daß dem Erbbauberechtigten nach Beendigung des Erbbauvertrages eine Entschädigung gezahlt wird, die dem vollen Werte der vorhandenen Baulichkeiten gleichkommt.

Der zweite der erwähnten Einwände besteht in dem Umstande, daß das Privatkapital heute in Deutschland ein Erbbaurecht kaum beleiht. Der Grund hierfür liegt darin, das die Beleihung von Nutzungsrechten dem deutschen Hypothekengeschäfte völlig fremd ist.

Solange aber das Privatkapital sich bezüglich der Hergabe von Hypotheken auf Erbbaurechte ablehnend verhält, solange kommen außer dem Reich, dem Staate und den Kommunen eigentlich nur noch die Landesversicherungsanstalten als Hypothekengeber in Betracht. Die Landesversicherungsanstalten dürfen aber nur einen bestimmten Teil ihres Vermögens in nicht mündelsicherer Weise anlegen. Jedes Jahr wird vom Reichsversicherungsamt für jede Versicherungsanstalt der Betrag festgesetzt, den sie in nicht mündelsicherer Weise anlegen darf. Die Landesversicherungsanstalten haben deshalb ein großes Interesse an der Frage, inwieweit Hypotheken auf Erbbaurecht mündelsicher sind. Das Reichsversicherungsamt als Aufsichtsbehörde der Landesversicherungsanstalten hat, soviel dem Verfasser bekannt ist, die meisten Darlehen auf Erbbaurecht als nicht mündelsicher bezeichnet. Dagegen hat das Reichsjustizamt sich in einem Gutachten auf den Standpunkt gestellt, daß da, wo es die Landesgesetze nicht ausdrücklich verbieten, der § 1807 des BGB. auch auf Erbbaurechte anwendbar ist. Mündelgeld kann danach auch belegt werden in Forderungen, für die eine sichere Hypothek an einem inländischen Erbbaurechte besteht. Hält also ein Vormund nach pflichtgemäßem Ermessen eine Hypothek auf Erbbaurecht für sicher, so kann er Mündelgeld in dieser Hypothek anlegen. Der Vormund ist für den etwa entstehenden Schaden verantwortlich, wenn ihm ein Verschulden bei Prüfung der Sicherheit zur Last fällt. Aus diesem Gutachten ergibt sich nun zwar, daß Mündelgeld auf ein Erbbaurecht ausgeliehen werden darf, dagegen ist die Grenze, bis zu der diese Beleihung stattfinden kann, in dem Gutachten nicht festgestellt.

Nun wäre es aber nicht nur im Interesse der Landesversicherungsanstalten, sondern auch im Interesse der Geldbeschaffung auf Erbbaurechte dringend zu wünschen, daß gesetzliche Bestimmungen darüber getroffen würden, unter welchen Voraussetzungen bzw. inwieweit eine Beleihung von Erbbaurechten mit Mündelgeld zulässig ist. Eine gesetzliche Regelung dieser Beleihungsfrage könnte ohne Änderung der bestehenden Bestimmungen im Bürgerlichen Gesetzbuch durch die Landesgesetzgebung erfolgen, denn nach § 1807 des BGB. können die Landesgesetze die Grundsätze bestimmen, nach denen die Sicherheit einer Hypothek festzustellen ist.

Selbst nach einer solchen gesetzlichen Regelung würde allerdings wahrscheinlich das Privatkapital in absehbarer Zeit Erbbaurechte in Deutschland kaum beleihen. Der Grund hierfür liegt darin, daß bei uns in Deutschland Erbbaurechte noch nicht marktgängig sind, sie sind im Zwangsversteigerungswege kaum zu verwerten. Grundstücke zu Volleigentum werden deshalb gern beliehen, weil sie ein besonders sicheres Befriedigungsobjekt bilden. Ein Grundstück kann verhältnismäßig leicht verkauft werden, und der erhaltene Preis kann zur Deckung der Hypotheken Verwendung finden. An und für sich wäre es natürlich möglich, daß auch ein Erbbaurecht in Deutschland verkauft würde. In England sollen Erbbaurechte häufig verkauft werden. In absehbarer Zeit wird das aber bei uns in Deutschland nicht möglich sein und infolgedessen wird sich auch selbst dann, wenn die Feststellung der mündelsicheren Grenze von Gesetzes wegen wirklich zur Tat würde, das Privatkapital doch von der Beleihung von Erbbaurechten fern halten. Unter diesen Umständen ist es selbstverständlich notwendig, daß derjenige, der ein Erbbaurecht erwirbt, die Beleihungsfrage vor dem Abschluß des Erbbauvertrages oder durch den Erbbauvertrag selbst befriedigend zu lösen hat. Auf diese Notwendigkeit und auch darauf, daß als Geldgeber auf Erbbaurechte voraussichtlich neben den bisherigen Erbbaubestellern, Reich, Staat und Gemeinden, vor der Hand nur die Landesversicherungsanstalten in Frage kommen werden, weist Ziffer 3 des vorstehenden Antrages hin.

Die obigen, für das Erbbaurecht aufgestellten Grundsätze fanden Annahme durch den Allgemeinen Genossenschaftstag in München (1912). Sie werden also einstweilen als Richtschnur für die Baugenossenschaften bei der Erwerbung von Erbbaurechten gelten dürfen.

Formular 26 läßt die Einzelheiten eines abzuschließenden Erbbauvertrages erkennen.

e) Prüfung des Baugeländes.

Soll ein Baugelände erworben werden, so hat in jedem Falle vor Abschluß des Kaufvertrages eine genaue Prüfung des Grundstücks stattzufinden. Diese ist mindestens auf folgende Punkte zu erstrecken:

Die das Gelände erwerbende Baugenossenschaft hat vor allen Dingen, ehe sie den Kauf abschließt, sich das Grundbuchblatt des bezüglichen Grundstückes anzusehen und festzustellen, ob nicht irgendwelche Baubeschränkungen, die unter Umständen für die Bebauung verhängnisvoll werden können, auf dem Grundstücke ruhen. Die Genossenschaft hat ferner selbstverständlich nachzusehen, daß sie nicht etwa als Käuferin Schulden übernimmt, die ihr nicht in Anrechnung gebracht worden sind. Außerdem hat sie noch wichtige Vorerhebungen zu machen, sofern es sich um Baustellen handelt, die nicht im Innern der Stadt, sondern in den Außenbezirken an neuen Straßen, seien sie von der Gemeinde oder von dem Geländespekulanten ausgeführt, sich befinden. In Preußen kommt hier namentlich das Baufluchtliniengesetz vom 2. Juli 1875 in Betracht, auf Grund dessen sich fast alle Gemeinden Ortsstatuten gegeben haben, nach denen Straßenbaukosten und ebenso die Kosten für die Entwässerung von den Anliegern eingezogen werden, sobald die Anlieger auf der Baustelle einen Bau errichten. Leider gibt es keine Vorschrift, daß die Gemeinden sich dieses Recht auf Zahlung der Pflasterungs- und Entwässerungskosten ins Grundbuch eintragen lassen müssen, denn ohne die grundbuchliche Eintragung kann es vorkommen, daß der Käufer einer Baustelle, selbst wenn er das Grundbuchblatt derselben genau eingesehen hat, beim Nachsuchen der Bauerlaubnis zu seinem Schaden erfährt, daß er außer dem Kaufpreise, den er an den früheren Besitzer bezahlt, nun noch an die Stadtgemeinde ortsstatutarische Beiträge zu leisten hat. Die ortsstatutarischen Beiträge, die sich aus den Kosten des Geländes, das für die Straße erforderlich ist, und aus den Kosten für die Pflasterung und Entwässerung zusammensetzen, können sehr beträchtlich sein und es kann daher der Kaufpreis für den Grund und Boden weit höher werden, als ihn die Baugenossenschaft bei ihren Wirtschaftsberechnungen angenommen hatte. Es empfiehlt sich daher, nicht nur an der zuständigen Stelle Erkundigungen darüber einzuziehen, inwieweit im Falle der Bebauung des angekauften Geländes ortsstatutarische Beiträge noch zu zahlen sind, sondern es ist auch nötig, in den Kaufvertrag die Bedingung aufzunehmen, daß für alle solche von der Gemeinde etwa geforderten Beiträge der Verkäufer der Baugenossenschaft gegenüber haftet, wobei freilich eine entsprechende Leistungsfähigkeit des Käufers vorausgesetzt werden muß. Erwirbt die Baugenossenschaft ein so großes Gelände, daß sie selbst Straßen anlegen muß, um geeignete Baustellen zu bekommen, so hat sie besonders darauf zu achten, daß nach dem erwähnten Baufluchtliniengesetz die Gemeinden durch ihre Vorstände und Vertretungen allein berechtigt sind, neue Straßenzüge, die im bisherigen Bebauungsplan noch nicht vorgesehen waren, zu genehmigen. Eine vorsichtige Baugenossenschaft wird daher, ehe sie ein solches größeres Gelände erwirbt, sich sehr wohl vorsehen müssen, ob sie diese nach dem Gesetze notwendige Genehmigung auch tatsächlich erhält, weil sie im Falle der Verweigerung Baustellen erhalten könnte, die für ihre Zwecke vollkommen ungeeignet wären, ja die vielleicht gar als Bauland überhaupt nicht zu verwerten sind.

Fast alle Gemeindewesen haben Bebauungspläne aufgestellt, in denen die zukünftigen Straßen festgelegt sind und die durch Zoneneinteilung eine gewisse Staffelung der Bauweise festlegen. Meistens ist dabei der Grundsatz verfolgt, die Bebauung nach außen hin immer niedriger und weiträumiger festzulegen. Zweifellos ist es für eine Baugenossenschaft von bedeutendem Werte zu erfahren, in welcher Zone ihr Grundstück liegt. Es regelt sich daraus die Höhe der zulässigen Geschosse, ferner die Größe der bebauungsfähigen Fläche und des erforderlichen Hofraumes und schließlich die Zulässigkeit geschlossener Bauweise (Reihenhaus) oder offener Bauweise. Letztere kann darin bestehen, daß stets zwischen zwei oder mehreren zusammengebauten Häusern ein unbebaut bleibender Streifen (Bauwich) liegen bleiben muß. Es ist sogar möglich, daß in einer Zone die Vorschrift besteht, jedes einzelne Haus vollständig freistehend zu bauen.

Aus dem Bebauungsplan erhält man auch Aufschluß, ob und in welcher Breite ein Vorgarten vorzusehen ist und inwieweit dieser als unbebaute Fläche dem Hofraum zugerechnet wird.

Die Bebauungspläne teilen die Gelände meistens noch in besondere Viertel. Es werden unterschieden: Wohnviertel, Fabrikviertel, Landhausviertel, mit und ohne Bauwich usw. Es ist Pflicht jeder Baugenossenschaft, einen tüchtigen, erfahrenen und unabhängigen Architekten, der am besten nicht gleichzeitig Unternehmer ist, beim Geländeerwerb hinzuzuziehen und sich durch sein sachverständiges Urteil genauen Aufschluß geben zu lassen, in welchem Viertel das Gelände liegt und ob es für die Baugenossenschaft brauchbar ist. Im Wohnviertel werden meistens mehrstöckige Reihenhäuser (Mietshäuser) zugelassen. Im Fabrikviertel wird eine Baugenossenschaft im allgemeinen Wohngebäude nicht errichten. Im Landhausviertel werden sich nur Erwerbshäuser errichten lassen, doch vermeide man Bezirke, die für herrschaftliche Bebauung vorgesehen sind, da die Baugenossenschaften meistens nicht in der Lage sind, den gestellten Ansprüchen auf Ausbildung der äußeren Ansicht der Häuser nachzukommen. Außerdem sind die beliebten kleinen Stallgebäude in solchen Bezirken verboten.

Von ganz besonderer Bedeutung ist auch die Lage des Geländes in bezug auf die gegebenen Verkehrsmöglichkeiten. Es muß den Bewohnern leicht sein, in verhältnismäßig geringer Zeit zu ihren Arbeitsstätten gelangen zu können. Bei der außerordentlichen Verbesserung der Verkehrsmittel (Hochbahnen, Straßenbahnen, Omnibusse, Fahrrad) ist es heute leichter als früher, ein entferntliegendes Gelände aufzuschließen. Vermeiden sollte es aber jede Baugenossenschaft, an ausgesprochenen Verkehrsstraßen sich anzusiedeln; die Nachteile überwiegen hier die Vorteile ganz bedeutend. Zunächst ist an Hauptverkehrsstraßen das Gelände teurer. Dann sind die Straßenzüge unverhältnismäßig breit und die auf das Grundstück fallenden Straßenkosten demnach höher. Der lebhafte Durchgangsverkehr beeinträchtigt ein ruhiges Wohnen und hat eine Staubplage zur Folge. Außerdem schweben die Kinder — angesichts der bekannten Tatsache, daß Kinder am liebsten auf der Straße spielen — stets in Gefahr, durch Straßenbahnen, Wagen oder Automobile überfahren zu werden. Man wähle also das Grundstück wohl stets in der Nähe der Verkehrsmittel, aber niemals an den eigentlichen Verkehrsadern.

Liegt das Grundstück in den Außenbezirken einer Stadt, so ist genau zu prüfen, welchen Weg die Kinder zur Schule zurückzulegen haben. Mancher Familienvater schreckt davor zurück, sich in einer Baugenossenschaftskolonie anzubauen oder einzumieten, wenn er dadurch seinen Kindern bei schlechtem Wetter oder im Winter einen unverhältnismäßig weiten Schulweg zumuten muß.

Vor jedem Kauf eines Grundstückes ist ferner die Beschaffenheit des Baugrundes festzustellen. Nötigenfalls sind, sobald irgendwie ein schlechter Baugrund vermutet werden kann, Bohrversuche zu machen. Aufgeschütteter Boden, schwarze Erde oder Moorerde müssen von den Fundamenten derart durchdrungen werden, daß diese sich unzweifelhaft auf den unterhalb liegenden festen gewachsenen Boden aufsetzen. Wenn auch ein schlechter Baugrund unbequem werden kann, so ist die Frage, ob die Erwerbung eines Grundstücks mit schlechtem Baugrund empfehlenswert ist, doch nur eine Frage der Berechnung, denn wenn das Gelände derart billig ist — gegenüber einem Gelände mit gutem Baugrund —, daß trotz der Berechnung der besonderen Fundamentierungskosten noch eine erhebliche Ersparnis gegen den Preis der Gelände mit gutem Baugrund herauskommt, sollte man, wenn nicht etwa unabsehbare Schwierigkeiten zu befürchten sind, auch vor einer besonderen Fundamentierung nicht unter allen Umständen zurückschrecken. Notwendig ist aber, daß bei schlechtem Baugrunde eine besonders vorsichtige Berechnung der Baukosten aufgestellt wird. Meistens wird es ratsam sein, lieber teureres Gelände, vielleicht auch in größerer Entfernung vom Stadtmittelpunkt, zu erwerben, wenn dort der Fundamentierung Schwierigkeiten nicht entgegenstehen.

Ein weiterer wesentlicher Punkt ist die Prüfung der Trinkwasserverhältnisse und die Beseitigung der Abwässer und Fäkalien. Es ist natürlich das beste, wenn man an eine vorhandene Wasserleitung anschließen kann. Trifft dieses nicht zu, so müssen Brunnen gebohrt werden. Es ist deshalb zu untersuchen, ob sich das Grundwasser zum Trinkwasser eignet und zwar durch Entnahme einer Probe und Einreichung an einen Chemiker, der die Analyse feststellt. Ob dann jedes Haus einen besonderen Brunnen erhält, oder ob man eine gemeinsame Anlage mit Kraftbetrieb für alle Bauten herstellt, ist lediglich Sache der Kostenberechnung.

Ebenso wichtig wie die Wasserversorgung ist die Beseitigung der Abwässer und Fäkalien. Das einfachste ist auch hier der Anschluß an eine bestehende Kanalisation. Ist diese nicht vorhanden, so gibt es verschiedene Wege:

Man kann für jedes Haus eine wasserdichte Grube bauen, in die man die Abwässer und Fäkalien einleitet, um sie später auszupumpen und abzufahren. Sind Gärten vorhanden, so wird es sich empfehlen, die Abwässer der Küchen in besonderen Gruben zu sammeln, damit die Fäkalien der Aborte als Dünger verwendbar bleiben. Manchmal ist es auch zulässig, die Küchenabwässer in den Stadtgraben oder in sonstige Flurgräben laufen zu lassen.

Anstatt für jedes Haus eine besondere Grube zu bauen, kann man auch eine gemeinsame Anlage schaffen. Welche Lösung am empfehlenswertesten ist, kann nur durch sachverständige Berechnung ermittelt werden.

Unzulässig ist es, die vorhandenen Gruben mit einem Überlauf zu versehen und die flüssigen Bestandteile versickern zu lassen. Selbst wenn keine Brunnen vorhanden sind, die durch ein derartiges Verfahren in Mitleidenschaft gezogen werden könnten, darf eine Baugenossenschaft, die gesundheitlich einwandfreie Wohnungen schaffen will, niemals zu diesem Mittel der Abwässerungsbeseitigung greifen, da es zur Verjauchung des Geländes führen kann und der Entstehung von Krankheiten, wie Typhus usw., Vorschub leistet.

Neuanlagen von Brunnen für Trinkwasser dürfen nur in einer Entfernung von mindestens 10 m von Viehställen, Dungstätten, Jauche-, Abortgruben und sonstige Gruben für schädliche Flüssigkeiten, sowie von Ableitungen von Küchen- und Schmutzwässern und der Verunreinigung ausgesetzten Wasserläufen hergestellt werden. Diese Entfernung kann bis auf 5 m herabgesetzt werden, wenn die Brunnen als Röhrenbrunnen von mehr als 12 m Tiefe angelegt werden und die in Betracht kommenden Viehställe wasserdichten Fußboden haben. Sinngemäße Anwendung haben diese Vorschriften zu finden bei der Neuanlage von Viehställen, Dungstätten, Jauche-, Abortgruben usw. in der Nähe von vorhandenen Brunnen.

Mehrere in ländlichen Bezirken belegene Baugenossenschaften, bei denen Kanalisation und Wasserleitung fehlen, und die Anlage eines besonderen Brunnens für jedes einzelne Haus zu kostspielig ist, verwerten das Regenwasser dadurch, daß sie Zisternen zur Ansammlung dieses Wassers außerhalb des Hauses einrichten, aus denen das Wasser durch eine Pumpe direkt in die Küche geleitet werden kann. Wird dieses Wasser durch eine entsprechende Filtrieranlage geklärt, so ist es auch als Trinkwasser verwendbar. Die Zisternen sind für ein Zweifamilienhaus so groß anzulegen, daß sie 10 cbm Wasser aufnehmen können.

Solche Zisternen für Trinkwasser sind in ihren Umfassungswänden und im Boden wasserdicht herzustellen und dicht zu überdecken. Wenn ihre Entfernung von Viehställen, Dungstätten, Jauche-, Abortgruben usw. weniger als 5 m beträgt, sind ihre Umfassungswände und ihr Boden durch eine mindestens 30 cm starke Ton- oder Lehmschicht gegen das umgebende Erdreich abzudichten.

Jede Zisterne muß eine Entlüftungsvorrichtung, eine vor Eindringen von unreinen Stoffen sicher geschützte, abgedeckte Einsteigeöffnung sowie einen Überlauf und eine Vorrichtung haben, in der die gröbsten Sinkstoffe des Regenwassers zurückgehalten werden.

In jedem Falle sind natürlich die Bestimmungen der für die Baugenossenschaft in Frage kommenden Bauordnung zu beachten.

Grundsätzliche Unterschiede in den Vorbedingungen über die Beschaffenheit des Geländes — je nachdem, ob auf den gekauften Flächen Miethäuser oder Erwerbshäuser erbaut werden sollen — bestehen eigentlich nicht. Natürlich können Erwerbshäuser nur da errichtet werden, wo der Grund und Boden so billig ist, daß die Erbauung dieser Häuserart möglich ist. Hierauf ist bereits im achten Kapitel hingewiesen worden. Wenn man auf dem angekauften Gelände Erwerbshäuser errichten will, wird man auch im allgemeinen mehr Wert darauf legen, daß das angekaufte Gelände einen guten Gartengrund hat, damit die den Erwerbshäusern zugeteilte Gartenfläche auch leicht eine entsprechende Nutzung möglich macht. Ein wie schwerer Fehler es ist, sowohl vom baugenossenschaftlichen, als vom volkswirtschaftlichen Standpunkte aus, wenn auf einem billigen Baugelände in den entlegenen Außenbezirken hohe Etagenhäuser mit möglichst vielen Familienwohnungen errichtet werden, ist bereits im achten Kapitel erörtert. Die Erbauung solcher Mietskasernen dürfte sich in den entlegenen Außenbezirken allerdings schon deshalb oft von selbst verbieten, als die Beseitigung der Abwässer, wenn keine Kanalisation vorhanden, für große Mietshäuser meist recht schwierig ist.

Sind die vorstehenden Fragen in zufriedenstellender Weise beantwortet und erscheint der Ankauf des Geländes ratsam, so wird sich die Baugenossenschaft durch einen befähigten Architekten den Bebauungsplan für das Gelände aufstellen lassen. Es kommt zunächst hauptsächlich darauf an, daß der Architekt ermittelt, in welcher Weise die Gesamtbebauung erfolgen muß, und ob es bei vorsichtiger Berechnung der Baukosten möglich ist, Wohnungen zu angemessenen Mietpreisen zu schaffen.

Zwölftes Kapitel.

Das Gesetz über die Sicherung der Bauforderungen. Bebauungsplan und Bauentwürfe für Genossenschaftshäuser.

a) Gesetz über die Sicherung der Bauforderungen.

Seit Jahrzehnten ist von den verschiedensten Seiten darauf hingewiesen worden, daß in jedem Jahre viele Millionen den Bauhandwerkern verloren gehen, weil gewissenlose Unternehmer es verstehen, die aufgenommenen Baugelder anderweitig zu verwenden bzw. derartig beiseite zu schaffen, daß zur Befriedigung derjenigen, die das Bauwerk ganz oder teilweise errichtet haben, nicht genügend Mittel vorhanden sind. Da einerseits die Hausgrundstücke solcher Unternehmer mit Hypotheken und Sicherungshypotheken meist derart belastet sind — bzw. auch wohl oft künstlich belastet werden —, daß die Summe der Belastungen den Wert der Immobilien weit übersteigt, und anderseits natürlich irgendwelches Kapitalvermögen bei dieser Art von Bauunternehmern nicht vorhanden ist, fallen die Handwerker in solchen Fällen oft mit ihren Forderungen aus. In Fachzeitschriften ist mitgeteilt worden, daß allein in Berlin die Bauhandwerker in den vier Jahren 1890 bis 1893 bei 731 Zwangsversteigerungen etwa 75 000 000 M. verloren haben. Ob diese Angabe richtig ist, mag dahingestellt bleiben. Tatsache ist jedenfalls, daß große Summen den soliden Bauhandwerkern auf die oben angedeutete Weise verloren gegangen sind. Auf den ersten Blick möchte man sagen, daß es Schuld der Handwerker sei, wenn sie überhaupt mit Unternehmern von zweifelhaftem Rufe in geschäftliche Beziehungen treten. Demgegenüber muß aber doch bedacht werden, daß bei der starken Konkurrenz, die heute namentlich durch das Submissionswesen im Bauhandwerke herrscht, jeder Unternehmer froh ist, wenn er Aufträge erhält. Er muß, um genügend Arbeit für sein Geschäft heranzuholen zweifelhafte Risiken eingehen, und so kommt es, daß selbst ein in geschäftlicher Beziehung sonst recht vorsichtiger Handwerksmeister doch leicht durch einen gewissenlosen Unternehmer — namentlich, wenn dieser noch nicht als „Bauritter" in den maßgebenden Kreisen bekannt ist — um große Geldsummen gebracht werden kann. Es sind deshalb an die gesetzgebenden Körperschaften in Deutschland schon mehrfach Petitionen um Erlaß eines Gesetzes über die Sicherung von Bauforderungen ergangen. Die Schwierigkeiten, die eine solche Gesetzgebung bietet, liegen in der Hauptsache darin, daß eine dingliche Sicherstellung der Bauforderungen unter Umständen die hypothekarische Beleihung der Häuser und namentlich auch die Darleihung von Baugeldern erschweren kann. Bei der Verschiedenartigkeit der örtlichen Verhältnsse würde eine durch Reichsgesetz ein für allemal festgelegte dingliche Sicherstellung tatsächlich zu den allergrößten Bedenken Veranlassung geben. Sie könnte das Hypothekengeschäft bei vielen Bauten ungemein erschweren und die Gewährung von Baugeldkredit in vielen Fällen unmöglich machen.

Das erlassene Reichsgesetz über die Sicherung der Bauforderungen zerfällt in zwei Abschnitte. Der erste enthält allgemeine Sicherungsmaßregeln, die überall ohne besondere Schwierigkeiten durchführbar sind. Der zweite Abschnitt enthält den eigentlichen Schwerpunkt des Gesetzes: die dingliche Sicherstellung der Bauforderungen. Während der erste Abschnitt vom 1. Juni 1909 ab für das ganze Deutsche Reich Gesetzeskraft erlangt hat, tritt der zweite Teil überhaupt nur für die Gemeinden in Kraft, für die er durch landesherrliche Verordnung eingeführt ist. Soweit dem Verfasser bekannt, ist der zweite Abschnitt des Reichsgesetzes über die Sicherung der Bauforderungen bislang noch für keine Gemeinde in Deutschland eingeführt. Zurzeit hat also nur der erste Abschnitt Gesetzeskraft und nur dieser ist von allen Bauherren, also auch von allen Baugenossenschaften bzw. deren Vorständen, zu beachten. Die wesentlichen Bestimmungen des ersten Abschnittes des Gesetzes sind folgende:

§ 1.

Der Empfänger von Baugeld ist verpflichtet, das Baugeld zur Befriedigung solcher Personen, die an der Herstellung des Baues auf Grund eines Werk-, Dienst- oder Lieferungsvertrages beteiligt sind, zu verwenden. Eine anderweitige Verwendung des Baugeldes ist bis zu dem Betrage statthaft, in welchem der Empfänger aus anderen Mitteln Gläubiger der bezeichneten Art bereits befriedigt hat.

Ist der Empfänger selbst an der Herstellung beteiligt, so darf er das Baugeld in Höhe der Hälfte des angemessenen Wertes der von ihm in den Bau verwendeten Leistung, oder, wenn die Leistung von ihm noch nicht in den Bau verwendet worden ist, der von ihm geleisteten Arbeit und der von ihm gemachten Auslagen für sich behalten.

Baugeld sind Geldbeträge, die zum Zwecke der Bestreitung der Kosten eines Baues in der Weise gewährt werden, daß zur Sicherung der Ansprüche des Geldgebers eine Hypothek oder Grundschuld an dem zu bebauenden Grundstücke dient oder die Übertragung des Eigentums an dem Grundstück erst nach gänzlicher oder teilweiser Herstellung des Baues erfolgen soll. Als Geldbeträge, die zum Zwecke der Bestreitung der Kosten eines Baues gewährt werden, gelten insbesondere:

1. solche, deren Auszahlung ohne nähere Bestimmung des Zweckes der Verwendung nach Maßgabe des Fortschreitens des Baues erfolgen soll,
2. solche, die gegen eine als Baugeldhypothek bezeichnete Hypothek gewährt werden.

§ 2.

Zur Führung eines Baubuchs ist verpflichtet, wer die Herstellung eines Neubaues unternimmt und entweder Baugewerbetreibender ist oder sich für den Neubau Baugeld gewähren läßt. Über jeden Neubau ist gesondert Buch zu führen.

Neubau im Sinne dieses Gesetzes ist die Errichtung eines Gebäudes auf einer Baustelle, die zur Zeit der Erteilung der Bauerlaubnis unbebaut oder nur mit Bauwerken untergeordneter Art oder mit solchen Bauwerken besetzt ist, welche zum Zwecke der Errichtung des Gebäudes abgebrochen werden sollen.

Aus dem Baubuche müssen sich ergeben:

1. die Personen, mit denen ein Werk-, Dienst- oder Lieferungsvertrag abgeschlossen ist, die Art der diesen Personen übertragenen Arbeiten und die vereinbarte Vergütung;
2. die auf jede Forderung geleisteten Zahlungen und die Zeit dieser Zahlungen;
3. die Höhe der zur Bestreitung der Baukosten zugesicherten Mittel und die Person des Geldgebers sowie Zweckbestimmung und Höhe derjenigen Beträge, die gegen Sicherstellung durch das zu bebauende Grundstück (§ 1 Absatz 3), jedoch nicht zur Bestreitung der Baukosten gewährt werden;

4. die einzelnen in Anrechnung auf die unter Ziffer 3 genannten Mittel an den Buchführungspflichtigen oder für seine Rechnung geleisteten Zahlungen und die Zeit dieser Zahlungen;
5. Abtretungen, Pfändungen oder sonstige Verfügungen über diese Mittel;
6. die Beträge, die der Buchführungspflichtige für eigene Leistungen in den Bau aus diesen Mitteln entnommen hat.

Das Buch ist bis zum Ablaufe von fünf Jahren, von der Beendigung des letzt eingetragenen Baues an gerechnet, aufzubewahren.

§ 3.

Die Vorschriften des § 2 finden auch auf Umbauten Anwendung, wenn für den Umbau Baugeld gewährt wird.

§ 4.

Bei Neubauten ist der Bauleiter verpflichtet, an leicht sichtbarer Stelle einen Anschlag anzubringen, welcher den Stand, den Familiennamen und wenigstens einen ausgeschriebenen Vornamen sowie den Wohnort des Eigentümers und, falls dieser die Herstellung des Gebäudes oder eines einzelnen Teiles des Gebäudes einem Unternehmer übertragen hat, des Unternehmers in deutlich lesbarer und unverwischbarer Schrift enthalten muß. Wird der Bau von einer Firma als Eigentümer oder Unternehmer ausgeführt, so ist diese und deren Niederlassungsort anzugeben.

§ 5.

Baugeldempfänger, welche ihre Zahlungen eingestellt haben oder über deren Vermögen das Konkursverfahren eröffnet worden ist und deren im § 1 Absatz 1 bezeichnete Gläubiger zur Zeit der Zahlungseinstellung oder der Konkurseröffnung benachteiligt sind, werden mit Gefängnis nicht unter einem Monate bestraft, wenn sie vorsätzlich zum Nachteile der bezeichneten Gläubiger den Vorschriften des § 1 zuwidergehandelt haben. Sind mildernde Umstände vorhanden, so kann die Strafe bis auf einen Tag Gefängnis ermäßigt oder auf Geldstrafe bis zu 3000 M. erkannt werden.

§ 6.

Zur Führung eines Baubuchs verpflichtete Personen, welche ihre Zahlungen eingestellt haben oder über deren Vermögen das Konkursverfahren eröffnet worden ist und deren im § 2 Absatz 3 Ziffer 1 bezeichnete Gläubiger zur Zeit der Zahlungseinstellung oder der

Konkurseröffnung benachteiligt sind, werden mit Gefängnis bis zu einem Jahr oder mit Geldstrafe bis zu 3000 M. bestraft, wenn sie das vorgeschriebene Baubuch zu führen unterlassen, oder es verheimlicht, vernichtet oder so unordentlich geführt haben, daß es keine genügende Übersicht, insbesondere über die Verwendung der zur Bestreitung der Baukosten zugesicherten Mittel, gewährt.

§ 7.

Mit Geldstrafe bis zu 150 M. und im Unvermögensfalle mit Haft bis zu vier Wochen wird bestraft, wer den Vorschriften des § 4 zuwiderhandelt.

Für die Baugenossenschaften ergeben sich aus den obigen Bestimmungen drei Verpflichtungen.

1. Die Baugenossenschaften müssen die erhobenen Baugelder zur Befriedigung der im § 1 Absatz 1 genannten Personen verwenden.
2. Die Baugenossenschaften müssen über jeden Neubau ein Baubuch führen.
3. Der Bauleiter der Genossenschaft bzw., falls ein solcher nicht bestellt ist, der Genossenschaftsvorstand ist verpflichtet, den im § 4 näher bezeichneten Anschlag auf der Baustelle anzubringen. Der Anschlag soll erkennen lassen, wer Eigentümer und wer Bauunternehmer ist.

Bezüglich der ersten Bestimmung ist namentlich zu beachten, daß die Zahlungen stets an die nach dem Gesetze Forderungsberechtigten geleistet werden. Zu zahlen ist an denjenigen Unternehmer, Handwerker, Lieferant oder Techniker, der „an der Herstellung des Baues auf Grund eines Werk-, Dienst- oder Lieferungsvertrages beteiligt ist". Vergibt einer der Beteiligten, mit dem ein Vertrag abgeschlossen ist, die Arbeiten seinerseits ganz oder zum Teil an Dritte, so darf die Baugenossenschaft an diesen Dritten nicht zahlen.

In welcher Weise das Baubuch zu führen ist, ergibt sich in der Hauptsache schon aus den Bestimmungen im § 2 des Gesetzes. Zu beachten ist namentlich folgendes:

a) Über jeden Neubau ist gesondert Buch zu führen. Es fragt sich, ob die Baugenossenschaften, die größere Häuserblocks oder größere Gruppen von Erwerbshäusern auf einmal bauen, verpflichtet sind, für jeden einzelnen Bau gesondert Buch zu führen. Nach

Ansicht des Verfassers ist dieses dann nicht notwendig, wenn für mehrere Bauten Gesamthypotheken eingetragen sind.

b) Das Baubuch wird zweckmäßig in vier Abteilungen einzuteilen sein. In die erste Abteilung sind die Forderungsberechtigten und die an sie geleisteten Zahlungen einzutragen; am besten geordnet nach der Art der ausgeführten Arbeiten. In der zweiten Abteilung sind die etwa für den Bau geleisteten eigenen Arbeiten anzugeben, zum Beispiel Lieferung von Materialen aus einer eigenen Ziegelei, aus einem eigenen Steinbruch oder einer eigenen Kalkbrennerei, auch die eigene Tätigkeit als Architekt, Bauleiter u. dgl. Die Angaben haben zu erfolgen unter genauer Bezeichnung der eigenen Lieferung und Arbeiten sowie des Wertes dieser Lieferungen und des Betrages, der für diese Arbeiten aus den Baugeldern entnommen ist. In die dritte Abteilung sind die zur Bestreitung der Baukosten zugesicherten und vereinnahmten Baugelder einzutragen und zwar nach Maßgabe des § 2 Ziffer 3 des Gesetzes. Zweckmäßig ist hier eine Trennung der Eintragung vorzunehmen, je nachdem, ob die Gelder zur Bestreitung von Baukosten verwandt sind oder zu anderen Zwecken, z. B. zur Bestreitung der Auflassungskosten, Umsatzsteuern und eines etwaigen Restkaufgeldes. In der vierten Abteilung sind die Abtretungen, Verpfändungen und sonstigen Verfügungen über die zugesicherten und vereinnahmten Baugelder aufzuführen.

Es dürfte sich empfehlen, obwohl dies nicht gesetzlich vorgeschrieben ist, jedes Baubuch durch Zusammenstellung der Einnahmen und Ausgaben abzuschließen. Eine nähere Erörterung über die Einrichtung der Baubücher erscheint überflüssig, weil zweckmäßige Baubücher im Buchhandel erschienen sind. Es ist deshalb den Baugenossenschaften zu raten, sich diese fertigen Baubücher zu beschaffen. Die obige Einrichtung zeigen die Baubücher, die bei A. & S. Weil in Tübingen erschienen sind (Generalvertrieb: Louis Zander, Pirmasens).

Der Preis beträgt für

Ausgabe A, für einen Bau ausreichend, in Umschlag geheftet	1,50 M.
Ausgabe B, für 6 Bauten ausreichend, in Halbleinwand gebunden	7,00 „
Ausgabe C, für 12 Bauten ausreichend, in Halbleder gebunden	13,00 „

Was das oben an dritter Stelle aufgeführte gesetzliche Erfordernis anlangt, so ist zu dessen Erfüllung in erster Linie der Bauleiter verpflichtet. Falls ein Bauleiter nicht bestellt ist, würde natürlich der Baugenossenschaftsvorstand zur Erfüllung dieser Bestimmung verpflichtet sein. Ist die Ausführung des Baues an einen Unternehmer schlüsselfertig vergeben, so braucht nur dieser eine Unternehmer auf dem Anschlag bekanntgegeben zu werden. Erfolgt indessen die Vergebung der einzelnen Arbeiten je nach ihrer Art an eine größere Zahl von Unternehmern, so müssen sie alle angegeben werden; wenigstens scheint dies die Absicht des Gesetzgebers zu sein.

Zuwiderhandlungen gegen die Bestimmungen des Gesetzes über die Sicherung der Bauforderungen sind unter Strafe gestellt (zu vgl. §§ 5 und 7).

b) Der Bebauungsplan.

Hat die Baugenossenschaft ein Gelände erworben, auf dem mehrere Häuser zur Errichtung gelangen sollen, so muß zunächst — wie bereits im vorigen Kapitel angedeutet ist — durch einen Bebauungsplan die Nutzungsmöglichkeit des Geländes ermittelt werden.

Zur Anfertigung eines wirklich guten Bebauungsplanes muß die Baugenossenschaft einen erfahrenen Sachverständigen hinzuziehen, der nach Aufstellung eines allgemeinen Bauprogramms unter Zugrundelegung der etwa schon vorhandenen oder in Aussicht genommenen Straßen seine Vorschläge macht.

Die Straßenzüge sollen eine möglichst geringe Breite der Fahrbahn aufweisen. Auch für die Bürgersteige genügt im allgemeinen eine verhältnismäßig geringe Breite. Werden Fahrdamm und Bürgersteige in möglichst geringer Breite gehalten, so spart man dadurch Straßenkosten und erhält Platz für Vorgärten. Ist kein großer Verkehr für die Baugenossenschaftsstraßen zu erwarten, und liegt das Baugelände in einem Außenbezirke, so wird es genügen, wenn der Fahrdamm chaussiert oder höchstens mit Kleinpflaster versehen wird, während für die Bürgersteige Bordsteine aus Werkstein und Kohlenaschebelag für den Fußgängerverkehr ausreichen. Selbstverständlich haben die Behörden über die Art des Straßenausbaues das Bestimmungsrecht.

Die Straßenzüge auf dem erworbenen Gelände sind meistens durch den Bebauungsplan oder die Form des Grundstückes gegeben. Sollte man aber bei Anlegung des Straßennetzes freie Hand haben, so verdient die Anlage den Vorzug, die gestattet, die Fronten der Häuser nach Osten und Westen zu richten. Die Straßeneinteilung wird jedesmal von dem Verkehr abhängen, der in den Straßen zu erwarten ist. Leider ist in den meisten Ortsstatuten der Vorortgemeinden größerer Städte eine zu große Fahrbreite der Straßen angenommen worden, während umgekehrt in den größeren Städten vielfach das Bestreben obwaltet, untergeordnete Straßen in ihrer Breite stark zu beschränken. Die Gemeindebehörden vieler Vororte haben die Hoffnung, jede neue Straße bei ihnen würde über kurz oder lang eine glänzende Geschäfts- und Hauptstraße werden, und so sind zuweilen Straßendammbreiten angenommen, die den anmutigen ländlichen Charakter der Straßen schon allein durch die infolge der Pflasterung entstehende Steinwüste vollständig verderben. Aber gerade der ländliche Charakter ist den Bewohnern solcher Vororte und denjenigen, die dorthin ziehen wollen, durchaus erwünscht, und es wird sich daher empfehlen, wo immer ein größerer Verkehr auch in der Zukunft ausgeschlossen erscheint, mit allen Mitteln dahin zu wirken, daß die Straßendammbreite auf 6—7 m angenommen wird. Zu beiden Seiten sieht man dann einen Bürgersteig von 2 m Breite vor und bis zur Baufluchtlinie der Gebäude einen Vorgarten von 4—5 m Breite, so daß von Baufluchtlinie zu Baufluchtlinie die Straße eine Breite von 18—20 m erhält. Bedenkt man, daß in Städten die Häuser nach den bestehenden Bauordnungen gewöhnlich so hoch gebaut werden, wie die Straße breit ist, so wird man erkennen, daß in solchen Koloniestraßen, an denen in der Regel Häuser mit höchstens zwei Stockwerken gebaut werden, soviel Licht und Luft zugeführt wird, wie nur irgend denkbar ist, und dabei der ländliche Charakter nach jeder Richtung hin gewahrt bleibt. Eine größere Straßenbreite könnte nur auf Kosten der Vorgärten erzielt werden. Um diesen Preis den Straßendamm zu erweitern, wäre aber ein sehr bedauerlicher Fehler, da gerade die Vorgärten diesen Straßen das freundliche Aussehen geben. Für den Fall, daß die Genossenschaft bei den Gemeindebehörden in bezug auf den Straßenausbau in obigem Sinne auf unüberwindlichen Widerstand stößt, empfiehlt sich folgender Ausweg:

Man schlage vor, die Dammbreite zurzeit nur auf 6—7 m zu bemessen, aber zugunsten der Gemeinde im Grundbuch für jedes einzelne Grundstück die Eintragung bewirken zu lassen, daß für den Fall, daß das öffentliche Interesse eine Verbreiterung des Straßendammes erfordert, diese durch Beschränkung der Vorgärten erfolgen soll. Gemeindebehörden, die die Straßenpläne nur einigermaßen verständig prüfen, werden diesen Ausweg, der ihnen für die Zukunft bei steigendem Verkehr die gewünschten Straßenbreiten sichert, zulassen.

Besonders ansprechend wirkt eine Häusergruppe, wenn die Straße nicht schnurgerade ist, sondern im Bogen geführt wird. Die Bauten erscheinen viel weniger nüchtern und abwechselungsreicher. Man schaffe auch freiwillig zweckmäßige Vor- und Rücksprünge in der Baufluchtlinie, die nicht nur nach außen hübsch wirken, sondern auch die Wohnlichkeit und Behaglichkeit der Innenräume bedeutend erhöhen. Unbedingt verwerflich ist es, wenn man eine große Anzahl durchaus gleicher Häuser an eine lange, gerade Straße stellt. Solche Gepflogenheiten haben das Wohnen in Häusern von Baugenossenschaften vielfach in Verruf gebracht. Die Baugenossenschaften müssen sich verpflichtet fühlen, auch in bezug auf die geschmackvolle Anlage von Häusergruppen und Kolonien vorbildlich zu wirken.

In vielen Fällen wird es sich empfehlen, geeignete Spielplätze für die Kinder in dem Bebauungsplan vorzusehen. Die Aufstellung von Turngeräten erscheint weniger wünschenswert, da ihre Benutzung oft zu Streitigkeiten und auch wohl zuweilen gar zu Unfällen führt.

Kann im Straßenzuge ein geeigneter Schmuckplatz mit geringen Kosten hergestellt werden, so erhöht er die Gesamtwirkung der Anlage ganz bedeutend.

Eine zweckmäßige Ausnutzung der etwa vorhandenen landschaftlichen Reize kann — wie die Erfahrungen lehren — einer Genossenschaftskolonie zu wirklich hervorragendem Aussehen verhelfen.

Bei der Berechnung der notwendigen Fläche für jedes einzelne Haus, die dem Geländeerwerb vorhergehen muß, um feststellen zu können, wie viele Häuser man auf dem zu erwerbenden Gelände erbauen kann, wird man sich vorweg darüber entscheiden müssen, ob man die Häuser in offener Bauweise, d. h. eins vom anderen entfernt, bauen will, oder ob man Reihenhäuser, d. h. ein Haus dicht neben das andere, setzen will. Im ersteren Falle empfiehlt es sich meistens, je zwei Häuser mit den Giebeln aneinander zu bauen, dann einen Zwischenraum zu lassen und dann wiederum zwei solche Häuser zu errichten. Die Größe des zwischen je zwei Häusern liegenden Zwischenraumes hängt von den baupolizeilichen Bestimmungen ab, wird aber mindestens 6 m betragen müssen. Bei der offenen

Bauweise kommen selbstverständlich für jedes einzelne Grundstück, da dessen Front länger ist, größere Straßenbaukosten in Frage, während bei den Reihenhäusern die Straßenbaukosten sich auf den Mindestsatz ermäßigen. Im übrigen wird man bei der offenen Bebauung die Nutzgärten in Zusammenhang mit den Vorgärten bringen, während bei den Reihenhäusern die Nutzgärten immer getrennt hinter den Häusern liegen. Zumeist wird die Frage, ob die Häuser getrennt oder in ununterbrochenen Reihen gebaut werden sollen, eine reine Geldfrage sein. Man wird im allgemeinen annehmen dürfen, daß Häuser zum Erwerb selbst für gut gelohnte Arbeiter und Unterbeamte überhaupt nur dann gebaut werden können, wenn der Grund- und Bodenpreis einschließlich Straßenbaukosten die Summe von 5 M. für den Quadratmeter nicht übersteigt. Bei diesem Preis wird man aber schon immer Reihenhäuser vorsehen müssen. Häuser in offener Bauweise werden nur dann einigermaßen preiswürdige Wohnungen enthalten können, wenn der Grund- und Bodenpreis nicht höher als 3 M. für den Quadratmeter ist.

c) Bauentwürfe.

Bei den Entwürfen für die Bauten ist selbstverständlich die Baupolizeiverordnung des in Frage kommenden Ortes genau zu beachten; aus ihr wird sich z. B. die zulässige Höhe der Gebäude und manches andere ohne weiteres ergeben.

Da die genossenschaftliche Bautätigkeit möglichst auch in künstlerischer Beziehung Mustergültiges leisten soll, wird als selbstverständlich vorausgesetzt, daß die Baugenossenschaften sich zur Ausarbeitung ihrer Bauentwürfe an einen im Kleinwohnungsbau erfahrenen Architekten wenden. Ein solcher ist allerdings nicht überall zu haben. Es ist deshalb in mehreren Gegenden Deutschlands die Einrichtung getroffen worden, sogenannte Bauberatungsstellen zu gründen. Diese Bauberatungsstellen erteilen den Baugenossenschaften Rat in allen Angelegenheiten, die sich auf die Ausführung der Bauten beziehen. Sie begutachten die ihnen vorgelegten Bauentwürfe, Bebauungspläne, Bauordnungen usw. und ändern die ihnen vorgelegten Pläne nötigenfalls ab. Wo ein Gutachten von einer solchen Bauberatungsstelle erhältlich ist, sollte man es einziehen.

Es kann nicht die Aufgabe dieses Buches sein, eine Anleitung zum Projektieren von Genossenschaftsbauten zu geben, der Architekt der Genossenschaft wird vielmehr freien Spielraum behalten müssen, in welcher Weise er die gestellte Aufgabe am besten löst. Es sollen im nachstehenden aber einige Punkte hervorgehoben werden, die allgemeiner Natur sind, stets berücksichtigt werden müssen, aber erfahrungsgemäß häufig nicht genügend beachtet werden.

1. Miethäuser.

Es ist dringend wünschenswert, daß jede Wohnung für sich abgeschlossen ist, so daß von einem verschließbaren Vorplatz aus die einzelnen Räumlichkeiten zugängig sind. Insoweit Spülaborte angelegt werden können, sollte der Abort stets innerhalb des abschließbaren Vorplatzes angeordnet werden, da bei Wasserspülung eine Geruchbelästigung nicht zu befürchten ist. Können die Aborte keine Wasserspülung erhalten, so ist man gezwungen, den Eingang zu ihnen außerhalb des Vorplatzes anzuordnen. Daß jede Wohnung einen besonderen Abort erhalten muß, ist selbstverständlich.

Licht und Luft müssen überall in reichlichem Maße in allen Räumen vorhanden sein. Dieses gilt auch für die Nebengelasse, wie Speisekammer, Aborte usw. Eine Gelegenheit, Speisevorräte geeignet aufbewahren zu können, sollte jede Genossenschaftswohnung — auch die kleinste — haben. Kann man eine eigentliche Speisekammer wegen Raummangels nicht neben der Küche einrichten, so ordne man unter dem Küchenfenster wenigstens einen lüftbaren Speiseschrank an. Ein solcher Speiseschrank bleibt allerdings stets ein Notbehelf. Man spare lieber bei anderen Räumen und beherzige, daß für eine Arbeiterwohnung oft eine Speisekammer oder Rumpelkammer notwendiger ist, als ein sogenannter „Salon“, mit Recht „kalte Pracht“ genannt.

Bezüglich der Größe der Räume halte man sich an die ortsüblichen Maße, insoweit sie berechtigten Ansprüchen genügen.

Bei kleinen Wohnungen wähle man die Küche so groß, daß sie bewohnbar ist. Es ist Tatsache, daß kleinere Leute, schon um Feuerung zu sparen, hauptsächlich in der Küche wohnen. Es müssen sich also ein Tisch, ein Sofa und einige Stühle außer den Küchenmöbeln aufstellen lassen. Über dem Herde und über dem Ausgußbecken bringe man einige Quadratmeter Wandfliesen an. Außerdem bringe man in der Küche einige Haken zum Aufhängen von Küchengeräten an und befestige über den Fliesen des Herdes noch ein etwa 25 cm breites Brett als Topfbört, das unterwärts ebenfalls mit Haken zu versehen ist. Die Ausgaben für diese Anlagen sind gering im Verhältnis zu den sonst immerwährend nötigen Ausbesserungsarbeiten. Den Sockel der Küche lasse man in einer Höhe von etwa 1,30—1,50 m in Ölfarbe streichen. Für den Küchenherd wähle man eine ortsübliche, aber gute Ausstattung. Ein schöner Herd ist der Stolz der guten Hausfrau. Ist ein Anschluß der Häuser an die Gasleitung möglich, so sehe man auch in Arbeiterwohnungen mindestens für Kochzwecke und für Beleuchtung der Küchen und des Treppenhauses Anschlüsse vor, da die Vorteile dieser Einrichtungen auch in Arbeiterkreisen allgemein geschätzt sind. Wenn die Möglichkeit des Gasanschlusses erst in einigen Jahren vorhanden sein wird, empfiehlt es sich, schon gleich bei Erbauung der Häuser die Rohrleitungen in die Häuser einzubauen, weil die Kosten der Rohrlegung, wenn sie bei dem Neubau erfolgt, im Verhältnis zu den späteren Umänderungskosten geringfügig sind.

In großen und mittleren Städten wird wohl immer eine öffentliche Wasserleitung vorhanden sein. Daß dann in den Küchen und Waschküchen ausreichend große Becken mit Wasserzufluß angelegt werden müssen, ist selbstverständlich. Soll auf einem Gelände, auf dem ein Anschluß an die öffentliche Wasserleitung nicht möglich ist, eine große Anzahl von Genossenschaftshäusern erbaut werden, so empfiehlt es sich, durch Anlage eines Tiefbrunnens und Aufstellung von Maschinen eine eigene Wasserleitung herzustellen. Im ersten Augenblick scheint den Leitern von Baugenossenschaften eine derartige Anlage oft zu kostspielig und daher unmöglich zu sein; man sollte aber in solchen Fällen stets Kostenanschläge einfordern und prüfen, ob die Ausführung einer solchen Anlage möglich ist. Wünschenswert erscheint ferner, im Interesse der Verminderung der Feuersgefahr, an geeigneten Punkten Hydranten anzulegen.

Da bei kleinen Wohnungen in Massenmiethäusern der Raum für ein Badezimmer meistens fehlt, kann man bisweilen eine Badegelegenheit dadurch schaffen, daß man in der Küche eine Nische von etwa 70 cm Tiefe, 2,50 m Länge und 2 m Höhe anordnet, in der die Wanne mit dem Badeofen steht. Die Nische kann man durch eine zweiflügelige Tür verschließen. Ein gemeinsames Badezimmer im Keller ist weniger empfehlenswert. Es hat den Nachteil, daß die Entwässerung meistens schwierig ist und daß unter den Bewohnern leicht Streit über die Benutzungszeit und die Reinigung entsteht. Die Errichtung von besonderen Badeanstalten mit Brause- oder Wannenbädern, wie sie von einigen größeren Baugenossenschaften ausgeführt sind, hat sich im allgemeinen als unwirtschaftlich herausgestellt. Man nehme lieber Abstand davon.

Eine zweckmäßige Anlage der Klosetts ist manchmal dort schwierig, wo es an einer unterirdischen Entwässerung mangelt und die Baupolizei eine oberirdische Entwässerung nicht zuläßt. Die Anlage von Wasserklosetts, die Geruchlosigkeit gewährleisten, ist dann unmöglich und man wird die sog. Torfklosetts oder Klosetts mit Tonnensystem verwenden müssen. Es kommt auch in Frage, ob man möglicherweise Klosetts mit Gruben, die man durch pneumatische Wagen entleert, anlegt.

Unter den Zimmern sollten stets die Schlafräume die größten sein, denn es ist eine altbekannte Tatsache, daß sich der Mensch gerade in ihnen am längsten aufhält. Die Größe eines Schlafzimmers ist dann als ausreichend anzusehen, wenn es für jeden darin schlafenden Erwachsenen 10 und für jedes darin schlafende Kind unter 10 Jahren 5 cbm Luftraum enthält. Die Fenster der Schlafräume sollten ebenso wie die in den Küchen Lüftungsflügel erhalten. Das ist eine Forderung, die unbedingt erfüllt werden muß.

Alle Wohn- und Schlafzimmer statte man einfach, aber gut aus. Es empfiehlt sich, einen Neubau nicht gleich tapezieren, sondern die Wände einstweilen in Leimfarbe streichen zu lassen. Die Tapeten werden auf neuem Putz sehr bald zerstört, überdies verlangsamen sie die Austrocknung. Die Anwendung von Deckenstuck, teuren Bronzebeschlägen an Türen und Fenstern und ähnliche Äußerlichkeiten sind als falsch angewandter Luxus verwerflich. Es genügt, wenn die Decken glatt geputzt und einfach gestrichen werden, die Beschläge von Türen und Fenstern zweckmäßig und haltbar sind. Eine Baugenossenschaft braucht ihren Mietern keinen falschen Prunk, der gar nicht zu den Lebensgewohnheiten der Bewohner paßt, vorzutäuschen.

Die Heizung erfolgt am besten durch Öfen. Eine Zentralheizung empfiehlt sich für Baugenossenschaftshäuser im allgemeinen nicht; sie ist selbst bei billigem Brennmaterial zu teuer. Bei einer Zentralheizung muß naturgemäß davon ausgegangen werden, daß alle Räume geheizt werden, während die Arbeiterfamilie aus Ersparnis regelmäßig eigentlich nur die Küche heizt. Im Norden und Osten Deutschlands sind Kachelöfen gebräuchlich, im Westen und Süden werden mehr eiserne Öfen verwandt, obgleich auch für diese Landesteile dringend empfohlen werden kann, in Genossenschaftshäusern Kachelöfen zu verwenden, weil sie die Wohnräume gleichmäßiger und länger erwärmen. In einzelnen

Gegenden Deutschlands ist es üblich, daß die Mieter ihre eigenen Öfen haben, die sie bei Wohnungsveränderungen von einer Wohnung in die andere mitnehmen. Selbstverständlich müssen die Baugenossenschaften auf diese bedauerliche Gewohnheit Rücksicht nehmen.

In den Erdgeschossen der größeren Miethäuser werden oft Läden eingerichtet. Hiergegen ist an sich nichts einzuwenden, wenn die Einrichtung dieser Läden einem wirklichen Bedürfnis entspricht. Dieses ist sehr oft der Fall. Denn wenn eine Baugenossenschaft eine größere Kolonie von Häusern errichtet, die von der eigentlichen Ortschaft entfernt liegt, so ist es ganz selbstverständlich, daß sie auch ihren Mietern die nötige Kaufgelegenheit für die Lebensbedürfnisse dadurch bieten muß, daß sie für Ansiedelung der nötigen Kaufgeschäfte sorgt. Es muß aber davor gewarnt werden, mit der Erbauung von Läden über das unmittelbare Bedürfnis hinauszugehen. Baugenossenschaften haben schon infolge Leerstehens von Läden sehr erhebliche Mietverluste erlitten. In mehreren Fällen mußten die Läden später zu Wohnungen umgebaut werden, wodurch erhebliche Kosten entstanden und die Wirtschaftsrechnung des Vereins stark in Mitleidenschaft gezogen wurde.

Von mehreren Baugenossenschaften ist ein Gastwirtschaftsbetrieb in den Vereinshäusern eingerichtet worden. Hiergegen ist grundsätzlich nichts einzuwenden, wenn die Bedürfnisfrage außer Zweifel steht. Einige Baugenossenschaften, bei denen das Bedürfnis zur Errichtung einer Gastwirtschaft vorlag, die aber glaubten, von der Errichtung einer solchen absehen zu müssen, um ihre Genossen nicht zum Trinken zu verleiten, haben die Erfahrung machen müssen, daß sehr bald in unmittelbarer Nähe ihres Vereinsgeländes dann doch von dritter Seite eine Gastwirtschaft eingerichtet wurde. Die Gelegenheit zum Wirtshausgehen war also den Genossen auch auf diese Weise gegeben, der Genossenschaft aber die gute Pachteinnahme, die sich meistens aus einem Gastwirtschaftsbetriebe herausholen läßt, entgangen. Ist das Bedürfnis für eine Gastwirtschaft da, so wird sie gebaut. Baut sie die Genossenschaft nicht, so baut sie ein anderer. Wird aber die Gastwirtschaft von der Genossenschaft gebaut, so hat diese die Möglichkeit, den Gastwirtschaftsbetrieb so einzurichten, daß er nicht zur Belästigung der Anwohner wird. Mehrfach ist es vorgekommen, daß die Genossenschaften die von ihnen eingerichtete Gastwirtschaft auf lange Jahre hinaus für eine sehr mäßige Pacht vermietet haben. Es ist nicht immer leicht, abzuschätzen, wie hoch die Pacht für eine Gastwirtschaft sein darf, um den Pächter existenzfähig zu halten. Im allgemeinen soll man annehmen dürfen, daß eine Gastwirtschaft, in der täglich 1 Hektoliter Bier verschenkt wird, jährlich eine Pacht von 4000 M aufbringen kann. Hierbei wird natürlich vorausgesetzt, daß das Bier zu ortsüblichen Preisen verschenkt wird, daß also die Genossen nicht für sich Vorzugspreise verlangen, wie das in vielen Genossenschaftswirtschaften üblich ist. Im übrigen handelt es sich nicht um eine allgemein gültige Norm, da der Pachtwert natürlich auch wesenlich von dem Umsatz der Spirituosen abhängt.

Die Höhe der Geschosse richtet sich in erster Linie nach den baupolizeilichen Bestimmungen. Ferner muß sich aber auch die Höhe der Geschosse richten nach der Anzahl der Geschosse, die erforderlich ist, um eine angemessene Mieteinnahme aus dem Hause zu erzielen. Endlich ist auf die Gewohnheiten in der bezüglichen Gegend Rücksicht zu nehmen.

Wenn schon betont worden ist, daß jeder unnütze Luxus, der sonst wohl aus allen möglichen Beweggründen in den Häusern der Privateigentümer angewandt wird, in Genossenschaftshäusern vermieden werden soll, so darf anderseits überall dort, wo es sich darum handelt, die Wohnung in gesundheitlicher Beziehung gut auszustatten, nicht übermäßig gespart werden. Zu den Forderungen der Hygiene gehört aber vor allen Dingen, daß für jeden Menschen in der Wohnung ein entsprechender Kubikinhalt Luft vorhanden ist, der, da der Flächeninhalt durch den Grundriß gegeben, wesentlich von der Höhe der Stockwerke beeinflußt wird. Man wird annehmen müssen, daß die lichte Höhe der Stockwerke in großen Miethäusern wenigstens 3—3,20 m betragen muß.

Jede Wohnung erhalte einen Keller und einen verschließbaren Bodenraum. Außerdem muß eine für die Zahl der Wohnungen ausreichende Waschküche vorhanden sein.

Die äußere Architektur darf sich nicht zu weit von der ortsüblichen entfernen. Sie kann Eigenartiges haben, z. B. darauf hinweisen, daß hier ein Werk aus gemeinsamer Kraft entstanden ist, darf aber nicht schablonenhaft wirken. Sie soll einfach sein, ohne infolge übermäßiger Sparsamkeit abzuschrecken. Der Architekt wird durch geschickte Anordnung der Fenster, durch ruhige Flächenwirkung der Baumassen und durch vorteilhafte Gruppierung der einzelnen Bauwerke in der Lage sein, reizvolle Häuser und Straßenzüge zu schaffen.

Man schone vorhandene Bäume und versuche sie nach Möglichkeit zu erhalten. Selbstverständlich sollen alle Bauten eine bodenständige Architektur erhalten, denn es wirkt befremdend und unnatürlich, Bauweisen anderer Gegenden nachzuahmen. Ein Schweizerhaus in der norddeutschen Tiefebene wirkt stets lächerlich und geschmacklos.

Man vernachlässige auch nicht weithin sichtbare Hof- und Seitenfronten in der architektonischen Ausbildung, da sonst die Architektur der Hauptfront als unnatürliche Kulisse wirkt. Besonders lege man Wert beim freistehenden Ein- und Zweifamilienhaus auf allseitige Durchbildung der Ansichten.

2. Erwerbshäuser.

Weil der Grund- und Bodenpreis bei diesen Häusern sehr viel niedriger ist und sein muß, als derjenige für die großen Mietshäuser, braucht hier nicht mit solcher Sparsamkeit in der Abmessung einzelner Nebenräume vorgegangen zu werden. Es darf allerdings nicht vergessen werden, daß auch hier der Quadratmeter bebauter Fläche den Baupreis wesentlich erhöht und dem Eigentümer den Erwerb des Hauses erschwert.

Die Errichtung von Erwerbshäusern hat gerade deshalb Schwierigkeiten, weil die allgemeinen Unkosten für die Anlegung des Hauseinganges, des Treppenhauses, des Kellers und des Daches sich nur auf eine oder zwei Wohnungen verteilen.

Ob man die Abortanlagen bei den Erwerbshäusern im Hause anbringt oder sie in einem besonderen Gebäude auf dem Hofe, vielleicht in Verbindung mit kleinen Stallungen, schafft, kommt auf die Gewohnheiten in der betreffenden Gegend an. Bei Krankheitsfällen ist es jedenfalls von großem Werte, wenn die Aborte im Wohngebäude liegen.

Wo es irgend möglich ist, sollte auf die Einrichtung von Dachkammern, die sich zum Bewohnen eignen, Bedacht genommen werden, weil es gerade ein Vorzug dieser kleinen Häuser ist, daß den Besitzern oder deren Mietern meistens mehr Räume, als bei den in großen Häusern belegenen Mietwohnungen zur Verfügung gestellt werden können. Die Dachkammern bieten den erwachsenen Kindern gute Schlafräume.

Die Höhe sämtlicher Wohnräume wird mit 3 m ausreichend bemessen sein, eine größere Höhe erscheint in diesen Häusern nicht erforderlich, da Licht und Luft in ausreichender Weise den Räumen zugeführt werden kann. Zur Verbilligung der Baukosten ist es sogar empfehlenswert, bei den kleinen Erwerbshäusern die nach den baupolizeilichen Vorschriften zulässige geringste Geschoßhöhe anzunehmen. Für ein gesundes Wohnen in den Außenbezirken — und nur da stehen die Erwerbshäuser — ist es ausreichend, wenn im Erdgeschoß die Räume 2,50 m und im Dachgeschoß 2,30 m im Lichten hoch sind. Namentlich auf dem Lande liegt kein Grund vor, über dieses Maß dann hinauszugehen, wenn es den ortsüblichen Gewohnheiten entspricht.

Bei der Erbauung eines jeden Hauses ist ganz besonders darauf zu achten, daß, wenn das Haus nach der Wetterseite hin frei steht, die betreffende Wand so isoliert wird, daß keine Feuchtigkeit in die inneren Räume eindringen kann. Leider zeigen sehr viele kleine Genossenschaftshäuser, die an ungeschützter Lage liegen, nach der Wetterseite hin feuchte Wände, weil auf eine wirksame Isolierung nicht genügend Bedacht genommen wurde.

Ob die Häuser ganz oder nur teilweise zu unterkellern sind, hängt von den örtlichen Verhältnissen ab. Im allgemeinen wird es stets zweckmäßig sein, wenn die Häuser ganz unterkellert werden. Eine Ausnahme wird man da machen müssen, wo der Grundwasserstand so hoch ist, daß die Kosten für die wasserdichte Herstellung der Keller oder für das entsprechende Höherlegen des Erdgeschosses so erheblich sind, daß man aus wirtschaftlichen Gründen von einer vollständigen Unterkellerung absehen muß. In England sollen die Arbeiterwohnungen fast niemals unterkellert werden. Auch in einigen Arbeiterwohnungskolonien in Deutschland ist von einer vollständigen Unterkellerung abgesehen worden. Zu einem derartigen Verfahren kann aber, wie gesagt, aus gesundheitlichen Gründen im allgemeinen nicht geraten werden. Die Höhe der Keller sollte stets mindestens 1,80 m betragen.

Ein Flur kann selbst in Einfamilienhäusern nicht entbehrt werden. Es ist zwar öfter versucht worden, von der Anlage eines Flures abzusehen. Es ist dies aber stets ein Fehler, da derjenige Raum, der dann die Haustür erhält, im Winter als Wohnraum kaum benutzbar ist. Der Fußboden im Flur wird am besten in Terrazzo oder billigen Tonfliesen ausgeführt. An den Wänden empfiehlt es sich, den Sockel in einer Höhe von $1^1/_4$ bis $1^1/_2$ m in Ölfarbe streichen zu lassen. Das Tapezieren von Flur und Treppenhaus, wie es in manchen Gegenden Deutschlands immer noch Brauch ist, muß als unzweckmäßig durchaus widerraten werden. Auch für das Treppenhaus setze man einen Ölfarbesockel vor und streiche im übrigen die darüberlegenden Teile im Treppenhause wie im Flur mit Leimfarbe.

Als Fußbodenbelag in den Zimmern und in der Küche wird am besten Bretterboden aus Kiefernholz mit Nut und Feder verwandt. Vereinzelt sind massive Fußböden in Genossenschaftshäusern eingebaut worden. Der Nachteil dieser Fußböden besteht darin, daß sie fußkälter sind als hölzerne Fußböden und überdies auch den Schall besser leiten. Man sollte sie deshalb im allgemeinen nicht verwenden und zwar auch für die Küche nicht, weil gerade auf dem Fußboden der Küche häufig die kleineren Kinder spielen und sitzen. — Die Verwendung von Linoleum als Fußbodenbelag empfiehlt sich jedenfalls nur da, wo die Mieter ihre Wohnungen sorgsam instandhalten, weil Linoleum durch unsachgemäße Behandlung schnell verdorben werden kann.

Häufig ist der Fehler gemacht worden, daß die Fensterflächen zu groß angenommen sind. Große dreiteilige Fenster, die im Interesse der äußeren Architektur mehrfach in den Wohnräumen oder auch in der Küche angeordnet sind, bieten für die verhältnismäßig kleinen Räume der Arbeiterwohnungen im Winter zu große Abkühlungsflächen, während sie im Sommer die Hitze leicht in die Räume gelangen lassen. Im übrigen lasse man die Fenster nach außen aufschlagen, schon deshalb, weil sie dann besser schließen.

Es ist zweckmäßig, die Türen stets als Füllungstüren ausführen zu lassen. Man hat wiederholt versucht, die Türen, die zu den in dem oberen Stockwerk liegenden Schlafräumen führen, der Ersparnis wegen als einfache Brettertüren auszuführen. Diese geringe Ersparnis ist aber deshalb nicht empfehlenswert, weil solche Türen recht unschön aussehen und auch meist nicht staubdicht bleiben.

Die Arbeiter, die sich in den Genossenschaftskolonien ansiedeln, legen erfahrungsgemäß großen Wert darauf, daß sie etwas Garten- und Viehwirtschaft treiben können. Es wird deshalb notwendig sein, die Arbeitererwerbshäuser regelmäßig mit Stallbauten zu versehen. Diese müssen so eingerichtet werden, daß sie mindestens Platz bieten für zwei Schweine und eine Ziege. Das Fettfüttern von Schweinen und Haltung einer Ziege ist für einen Arbeiterhaushalt — wie bereits an anderer Stelle ausgeführt ist — auch vom wirtschaftlichen Standpunkt aus vorteilhaft, weil die Abfälle der Haushaltung dann eine nutzbringende Verwendung finden können. Die Haltung von Geflügel bringt weniger Nutzen, ist deshalb auch nicht allgemein zu empfehlen.

In vielen Gegenden ist es Brauch, den Stall unmittelbar an das Haus heranzurücken oder mit dem Hause derart zu verbinden, daß die Stallgerüche sich im ganzen Hause verbreiten. Man sollte, wo es irgendwie angängig ist, mit dieser Sitte zu brechen suchen. Es ist richtiger, den Stall als selbständigen Bau vom Wohnhause abzurücken, allerdings so, daß der Stall leicht erreichbar bleibt. Über den Ställen wird zweckmäßig ein Boden vorgesehen, der zur Aufbewahrung von Brennmaterial, Heu usw. dient.

Die Eckplätze in den Genossenschaftskolonien werden am besten nicht als Erwerbshausgrundstücke vergeben, sondern in Vereinsbesitz behalten und mit den erforderlichen Geschäften, wie Bäckerei, Schlächterei, Kolonialwarenladen usw., ausgestattet. Die Geschäftshäuser, die mehr oder weniger immer Spekulationsobjekte sind, bleiben so dauernd im Besitze der Genossenschaft. Die nachträgliche Einrichtung von Geschäften in den Erwerbshäusern muß durch entsprechende Eintragungen im Grundbuche unmöglich gemacht werden.

Von der Verwendung von Fachwerk in der Fassade wird abgeraten. Es läßt sich zwar nicht leugnen, daß gerade durch die Verwendung von Fachwerk die Arbeiterhäuser vielfach ein recht reizvolles Äußeres erhalten können. Es ist deshalb auch die Verwendung von Fachwerk bei den Architekten, die auf dem Gebiete des Arbeiterwohnungswesens noch wenig Erfahrung haben, und denen eine künstlerische Wirkung des Äußeren häufig wichtiger erscheint als die praktische Benutzbarkeit, beliebt. Es ist jedoch ratsamer, die Außenwände in allen Teilen massiv mauern zu lassen, da hierdurch später Reparaturkosten gespart werden.

Eine Reihe von Baugenossenschaften hat in den letzten Jahren Erwerbshäuser aus Kalksandsteinen gebaut. Die Erfahrungen lehren, daß die Güte dieser Steine sehr verschieden ist, je nachdem aus welcher Fabrik sie stammen. Im allgemeinen steht jedenfalls fest, daß die Kalksandsteine mehr Wasser aufnehmen als gebrannte Ziegelsteine. Man wird deshalb mit ihrer Verwendung zu den Außenwänden sehr vorsichtig sein müssen. Für Innenwände können sie unbedenklich überall verwandt werden.

Da erfahrungsgemäß die Hausanwärter für die Anlage und Pflege der Vorgärten meist wenig Verständnis haben, kommt es häufig vor, daß die Vorgärten der Genossenschaftshäuser ein wenig erfreuliches Bild bieten. Es sei deshalb darauf hingewiesen, daß die Baugenossenschaften in der Provinz Hannover mit dem Provinzial-Gartenbauverein in Hannover auf Veranlassung der dortigen Landes-Versicherungsanstalt ein Abkommen getroffen haben, demzufolge den Hausanwärtern durch die dem Provinzial-Gartenbauverein angehörenden Gärtner eine Anweisung zur Anlage und Unterhaltung der Vorgärten erteilt wird. Diejenigen Baugenossenschaften, die sich an dieser Einrichtung beteiligen wollen, zahlen dafür an den Gartenbauverein eine Pauschalsumme von 60 M. jährlich für jede Baugenossenschaft. Vielleicht läßt sich auch in anderen Provinzen ein derartiges Abkommen mit bestehenden Gartenbauvereinen treffen.

Das Äußere eines Erwerbshauses soll einfach und geschmackvoll sein. Jedes überflüssige Beiwerk ist in der Fassade zu vermeiden. Besonders ist darauf zu achten, daß die Erwerbshäuser möglichst ein verschiedenes Aussehen bekommen. Dadurch, daß die Erwerbshäuser, die in einer Kolonie liegen, fast alle gleiche Höhe und auch wenigstens annähernd gleich große Grundflächen haben, wirkt allerdings selbst dann, wenn die Häuser in der Architektur auch verschieden sind, eine große Erwerbshäuserkolonie immer leicht eintönig. Einem geschickten Architekten wird es aber unter Beachtung der gegebenen Winke sehr wohl möglich sein, der ganzen Anlage ein reizvolles Äußeres zu geben.

d) Die Vergebung der Arbeiten.

Die Vergebung der Bauarbeiten erfolgt am besten im Wege der Verdingung. Geteilt sind die Meinungen darüber, ob es richtiger ist, einen sogenannten Generalunternehmer mit der vollständigen Herstellung des Baues zu betrauen oder ob die Genossenschaft lieber die einzelnen Bauarbeiten nach Losen geteilt an die einzelnen Handwerksmeister im Wege der Verdingung vergibt. Welche Art der Verdingung den Vorzug verdient, wird in jedem einzelnen Falle davon abhängen, welche technischen Hilfskräfte dem Vorstande zur Seite stehen bzw. sich im Vorstande befinden. Wenn ein Vereinsarchitekt angenommen ist oder durch ein Vorstandsmitglied die sachgemäße Ausführung der Baulichkeiten bis in alle Einzelheiten überwacht werden kann, empfiehlt sich die letztere Art der Verdingung, also die Vergebung der Arbeiten an die einzelnen Handwerksmeister. Dagegen hat man namentlich in denjenigen Baugenossenschaften, in denen kleine Erwerbshäuser erbaut werden, bei denen schwierigere technische Aufgaben meist nicht zu lösen sind, mit der Vergebung der Arbeiten an einen Generalunternehmer bessere Erfahrungen gemacht. Ein Generalunternehmer wird allerdings stets geneigt sein, mit äußerster Sparsamkeit zu bauen, ein Umstand, der es nötig macht, daß bei Abnahme des Baues besondere Vorsicht und Sorgfalt angewendet wird. Vor allem sei aber auf folgendes hingewiesen: Sehr häufig werden während des Baues Änderungen an dem ursprünglichen Bauplane vorgenommen. Ist für den Bau mit dem Generalunternehmer ein bestimmter Preis ausbedungen, so werden diese Änderungen von dem Unternehmer der Genossenschaft meist überaus teuer angerechnet. Auf diese Weise werden die zu einem bestimmten Preise einem Generalunternehmer übergebenen Bauten oft erheblich teurer, als ursprünglich angenommen ist. Bei geschickten und namentlich bei erfahrenen Vorstandsmitgliedern und überall da, wo ein gewissenhafter Vereinsarchitekt vorhanden ist, wird die Baugenossenschaft deshalb bei der Errichtung größerer Bauwerke — wie bereits angedeutet — nicht nur besser, sondern auch billiger bauen, wenn sie die einzelnen Arbeiten direkt an Handwerksmeister vergibt.

Alle diejenigen Arbeiten, die von einem Handwerksmeister ausgeführt werden können, werden zu einem Lose vereinigt in öffentlicher Verdingung in einer oder einigen geeigneten Zeitungen ausgeschrieben. Vorbedingung ist natürlich die Aufstellung genauer Kostenanschläge. Die Formulare 27 und 28 enthalten im übrigen Muster für die aufzustellenden „Allgemeinen Bedingungen" und „Besonderen Bedingungen". In den Ausschreibungen ist ein bestimmter Termin festzusetzen, bis zu dem Offerten angenommen werden. Ist dieser Termin verstrichen, so werden die Offerten geöffnet und der Zuschlag wird in der Regel demjenigen erteilt werden, der der billigste ist und dabei durch seinen Ruf die Gewähr für eine solide, ordnungsmäßige und fristzeitige Ausführung bietet. Selbstverständlich kann und darf aber niemals die Billigkeit allein entscheiden. Vor allem wird davor gewarnt, nicht ohne weiteres die Endsumme einer Offerte als maßgeblich anzusehen, denn durch irgendwelche Irrtümer und Rechenfehler, die in Einzelfällen vielleicht sogar absichtlich in die Offerten hinein gesetzt werden mögen, kann das Ergebnis in dem Angebote vollständig verändert werden. Es ist deshalb notwendig, daß vor der Zuschlagserteilung die Offerten durch einen Bauverständigen rechnerisch geprüft werden. Wenn sich in den Einzelpreisen sehr erhebliche

Unterschiede finden, ist es ratsam, diese aufzuklären, um etwaige Mißverständnisse auszuschalten.

An Stelle der öffentlichen Ausschreibung in den Zeitungen kann die Baugenossenschaft auch den Weg der beschränkten Ausschreibung beschreiten, indem sie nur ihr bekannte, tüchtige Unternehmer und Handwerker auffordert, sich an der Verdingung zu beteiligen. Sie verhütet dadurch, daß sie vielleicht doch mit einem wenig leistungsfähigen oder gar unehrlichen Unternehmer abschließt. Die Erfahrungen lehren nämlich, daß die über Bauunternehmer eingeholten Auskünfte nicht immer zuverlässig sind.

Mit jedem Handwerksmeister ist ein Vertrag abzuschließen. Vor allem ist in diesen Verträgen ein bestimmter Zeitpunkt für die Fertigstellung der Arbeiten vorzusehen. Da ein Aussetzen der Arbeiten bei etwa entstandenen Streitigkeiten zwischen den Handwerksmeistern und der Baugenossenschaft unter Umständen die fristzeitige Fertigstellung der Bauten in Frage stellen kann, ist es ratsam, eine schnelle Erledigung solcher Streitigkeiten dadurch sicherzustellen, daß man in die Verträge eine Bestimmung aufnimmt, nach der ein Schiedsgericht über alle Streitigkeiten bezüglich der Ausführung sowie der Innehaltung des Fertigstellungstermins unter Ausschluß des Rechtsweges endgültig endscheidet. Für eine Überschreitung des Fertigstellungstermins ist eine Vertragsstrafe und zwar für jeden Tag der Verspätung festzusetzen. Die Praxis lehrt allerdings, daß es, wenn mehrere Handwerker gleichzeitig im Bau arbeiten, außerordentlich schwierig ist, festzustellen, wen die Schuld an der Verspätung trifft. Die Forderung von Vertragsstrafen kann im übrigen wegen der etwa erforderlichen Gewährung von Nachfristen auf Schwierigkeiten stoßen. Man hat daher die Vertragsstrafe vielfach durch folgende Maßnahme ersetzt: Man trifft in dem Vertrage die Abmachung, daß der Unternehmer für jeden Tag der verspäteten Lieferung oder Behinderung anderer Handwerksmeister einen freiwilligen Nachlaß in der Höhe von soundso viel Prozent der Gesamtsumme gewährt. Den Prozentsatz wählt man so, daß er etwa der sonst in Aussicht genommenen Vertragsstrafe für den Tag entsprechen würde.

Notwendig ist es, in den Verträgen mit den Bauunternehmern und Lieferanten bestimmte Zahlungstermine für zu leistende Abschlagszahlungen festzustellen. Es wird dies allerdings nur da möglich sein, wo die Genossenschaft entweder selbst über die nötigen

Baugelder verfügt oder solche von ihren Hypothekengebern oder von dritter Seite zu bestimmten Terminen anzuleihen in der Lage ist. Die Baugenossenschaften haben sich den Ruf verschafft, ein guter und zahlungsfähiger Kunde zu sein. Es ist ohne weiteres klar, daß ein Handwerksmeister, wenn er auf Barzahlung rechnen kann, geneigt sein wird, ein möglichst billiges und vorteilhaftes Angebot zu machen. Barzahlung bedeutet deshalb im allgemeinen eine Verbilligung der Baukosten. Die Baugenossenschaften müssen hierauf bei Abschluß ihrer Dahrlehnsverträge Rücksicht nehmen und sich nach Möglichkeit Abschlagszahlungen oder Baugelder in solcher Höhe sichern, daß sie aus ihnen die fälligen Handwerkerforderungen sofort begleichen können.

Selbstverständlich wird aber eine Baugenossenschaft niemals einem Handwerker oder Lieferanten den vollen Betrag seiner Forderung sofort nach Fertigstellung der Arbeiten auszahlen, sondern stets eine Vereinbarung dahingehend treffen, daß ein bestimmter Betrag — mindestens 10 v. H. — von der Baugenossenschaft als Sicherheitsleistung einstweilen — mindestens auf ein Jahr — einbehalten wird. Diese einbehaltenen Sicherheiten sind seitens der Baugenossenschaften angemessen, in der Regel mit 4%, zu verzinsen.

Dreizehntes Kapitel.

Formulare.*)

Formular 1.

Mustersatzungen für eine Baugenossenschaft, die nur Miethäuser baut.

Satzungen

des Bauvereins in . . . .,
eingetragene Genossenschaft mit beschränkter Haftpflicht.

A. Firma, Sitz und Gegenstand des Unternehmens.

§ 1.

Die Genossenschaft führt die Firma „Bauverein . . . ., eingetragene Genossenschaft mit beschränkter Haftpflicht", und hat ihren Sitz in . . . .

Der Gegenstand des Unternehmens ist die Erbauung von Häusern zum Vermieten. Der Zweck der Genossenschaft ist ausschließlich darauf gerichtet, minderbemittelten Familien oder Personen gesunde und zweckmäßig eingerichtete Wohnungen in eigens erbauten oder angekauften Häusern zu billigen Preisen zu verschaffen.

B. Organe der Genossenschaft.

§ 2.

Die Genossenschaft ordnet ihre Angelegenheiten selbständig unter Teilnahme ihrer Mitglieder. Ihre Organe sind:

1. der Vorstand,
2. der Aufsichtsrat,
3. die Generalversammlung.

I. Vorstand.

a) Zusammensetzung und Wahl.

§ 3.

Der Vorstand besteht aus:

1. dem Vorsitzenden,
2. dem Kassierer,
3. dem Schriftführer

*) Anmerkung: Die Formulare 5, 10, 11 und 28 sind mit wenigen Änderungen aus dem Taschenbuch für Baugenossenschaften von Wohlgemuth und Schneider übernommen.

und wird in der Generalversammlung auf Vorschlag des Aufsichtsrates in getrennten Wahlhandlungen auf drei Jahre nach Stimmenmehrheit gewählt. Erhält der Vorgeschlagene die Mehrheit nicht, so muß der Aufsichtsrat in derselben oder in einer anderen Versammlung weitere Vorschläge machen.

Jedes Jahr scheidet ein Mitglied des Vorstandes aus und wird durch Neuwahl ersetzt. In den ersten beiden Jahren entscheidet hierüber das Los, das vor der Wahl in der Sitzung des Aufsichtsrates durch den Vorsitzenden aus der Hand des Schriftführers gezogen wird, später die Zeit des Eintritts des Einzelnen.

Bei dem Ausscheiden eines Vorstandsmitgliedes vor Ablauf der Wahlperiode findet die Ersatzwahl für den Rest der Wahlperiode statt. Die Wahlperiode läuft von Generalversammlung zu Generalversammlung. Die Wiederwahl derselben Personen nach Ablauf der Wahlperiode ist zulässig*).

Die Vorstandsmitglieder müssen Genossen sein.

b) Befugnisse und Geschäftsführung des Vorstandes.

§ 4.

Der Vorstand vertritt die Genossenschaft gerichtlich und außergerichtlich mit allen im Genossenschaftsgesetze ihm erteilten Befugnissen.

§ 5.

Willenserklärungen des Vorstandes sind für die Genossenschaft verbindlich, wenn zwei Vorstandsmitglieder sie abgeben, bezw. der Firma der Genossenschaft ihre eigenhändige Unterschrift hinzufügen.

§ 6.

Der Vorstand führt die Geschäfte selbständig, soweit er nicht durch die Satzungen oder besondere Geschäftsanweisungen darin beschränkt und an die Genehmigung des Aufsichtsrates oder der Generalversammlung gewiesen ist.

§ 7.

Der Vorstand ist insbesondere verpflichtet, für vollständige und übersichtliche Buchführung, für Aufstellung der Bilanz am Jahresschlusse sowie für die sichere Aufbewahrung der Kassenbestände, Wertpapiere, Schriften und Bücher Sorge zu tragen.

§ 8.

Die Vorstandsmitglieder erledigen die vorkommenden Geschäfte der Genossenschaft in Sitzungen unter Leitung des Vorsitzenden. Mindestens zwei Vorstandsmitglieder müssen über jede Maßregel einig sein, die in Vereinsangelegenheiten vorgenommen werden soll. Mitglieder des Vorstandes, die bei einem zu beratenden Gegenstande beteiligt sind, dürfen

---

*) Anmerkung: Für größere Baugenossenschaften, bei denen Vorstandsmitglieder vollamtlich tätig sind, empfiehlt sich häufig die Anstellung der Vorstandsmitglieder auf Kündigung.

während der Beratung und Beschlußfassung über diesen Gegenstand der Sitzung nicht beiwohnen.

Die Beschlüsse der Sitzungen sind in ein dazu bestimmtes Protokollbuch einzutragen und von den Beteiligten zu unterzeichnen. Ein einer Maßregel des Vorstandes widersprechendes Vorstandsmitglied kann die Eintragung seines Widerspruchs in das Protokollbuch verlangen.

§ 9.

Die Obliegenheiten der einzelnen Vorstandsmitglieder werden durch eine vom Vorstande zu entwerfende und vom Aufsichtsrate zu genehmigende Geschäftsanweisung geregelt. Die Geschäftsanweisung ist vom Vorstande zu unterzeichnen.

§ 10.

Für den Fall der dauernden oder längeren Verhinderung, des Ausscheidens oder des Todes eines der Vorstandsmitglieder vor Ablauf der Wahlperiode hat der Aufsichtsrat für die nötige Stellvertretung sofort Fürsorge zu treffen und in den letzteren beiden Fällen die Ersatzwahl für den Rest der Wahlperiode zu veranlassen.

c) Enthebung der Vorstandsmitglieder von ihrem Amte.

§ 11.

Der gesamte Vorstand sowie jedes einzelne Mitglied kann jederzeit durch Beschluß der Generalversammlung seines Amtes enthoben werden. Den Enthobenen steht nur nach Maßgabe der mit ihnen vom Vereine etwa abgeschlossenen Verträge ein Entschädigungsanspruch zu.

d) Entschädigung der Vorstandsmitglieder.

§ 12.

Die Vorstandsmitglieder verwalten ihr Amt als Ehrenamt. Für ihre Aufwendungen können ihnen vom Aufsichtsrate Vergütungen gewährt werden.*)

II. Aufsichtsrat.

a) Zusammensetzung und Wahl.

§ 13.

Der Aufsichtsrat besteht aus 12 Mitgliedern, die von der Generalversammlung nach absoluter Stimmenmehrheit in einem einzigen Wahlgange auf drei Jahre gewählt werden. Wenn mehr Personen, als zu wählen sind, die absolute Stimmenmehrheit erhalten, so gelten diejenigen als gewählt, die die meisten Stimmen erhalten haben. Wird diese Mehrheit beim ersten Wahlgange nicht erreicht, so kommt von denen, die die meisten Stimmen erhalten haben, die doppelte Zahl der noch zu Wählenden auf die engere Wahl und wird mit den engeren Wahlen in derselben Art so lange fortgefahren, bis für alle zu Wählenden eine absolute Mehrheit

*) Anmerkung: Bei größeren Baugenossenschaften ist von vornherein eine entsprechende Bezahlung der Vorstandsmitglieder vorzusehen.

erzielt worden ist. Bei Stimmengleichheit entscheidet das vom Vorsitzenden zu ziehende Los. Die Wahlperiode läuft von Generalversammlung zu Generalversammlung.

Von den Mitgliedern des Aufsichtsrates scheidet alljährlich ein Drittel aus und wird durch Neuwahl ersetzt. In den ersten beiden Jahren entscheidet über die Reihenfolge des Ausscheidens das vom Vorsitzenden zu ziehende Los, später die Zeit des Eintritts des Einzelnen. Die Wiederwahl der Ausgeschiedenen ist zulässig.

Die Aufsichtsratsmitglieder müssen Genossen sein.

b) Geschäftsführung.

§ 14.

Der Aufsichtsrat überträgt einem seiner Mitglieder den Vorsitz, einem andern das Schriftführeramt und ernennt zugleich für beide Stellvertreter. Er ist beschlußfähig, wenn mindestens die Mehrheit seiner Mitglieder anwesend ist, und faßt seine Beschlüsse nach Stimmenmehrheit der Anwesenden. Bei Stimmengleichheit gilt der Antrag als abgelehnt. Bei Wahlen entscheidet in diesem Falle das vom Vorsitzenden zu ziehende Los.

Aufsichtsratsmitglieder, die bei zu beratenden Gegenständen beteiligt sind, dürfen während der betreffenden Beratung und Beschlußfassung der Sitzung nicht beiwohnen.

§ 15.

Zur Erledigung seiner Geschäfte hält der Aufsichtsrat nach Bedarf — mindestens jedoch einmal in jedem Vierteljahre — Sitzungen ab, für die Zeit und Ort im voraus bestimmt werden.

§ 16.

Außerordentliche Sitzungen hat der Vorsitzende des Aufsichtsrates zu berufen, wenn er dieses für erforderlich hält, oder wenn der Vorstand oder der dritte Teil der Mitglieder des Aufsichtsrates solche unter schriftlicher Angabe der Beratungsgegenstände verlangen.

Mit der Einladung zu einer außerordentlichen Aufsichtsratsitzung sind die Gegenstände der Verhandlung den Mitgliedern des Aufsichtsrates bekannt zu geben.

§ 17.

Der Aufsichtsrat ist berechtigt, die Teilnahme der Vorstandsmitglieder an seinen Sitzungen mit beratender Stimme zu verlangen, um von dem Vorstande alle Aufschlüsse zu erhalten, die der Aufsichtsrat für nötig hält.

§ 18.

Die Protokolle der Aufsichtsratssitzungen müssen die gefaßten Beschlüsse enthalten und werden von dem Vorsitzenden und dem Schriftführer unterzeichnet. Aufsichtsratsmitglieder, die mit den gefaßten Beschlüssen nicht einverstanden sind, können ihren Widerspruch vermerken lassen.

Die Aufbewahrung der Protokolle liegt dem Schriftführer ob.

c) Enthebung der Aufsichtsratsmitglieder von ihrem Amte.

§ 19.

Aufsichtsratsmitglieder können von der Generalversammlung jederzeit ihres Amtes enthoben werden. Der Beschluß bedarf einer Mehrheit von drei Vierteilen der erschienenen Genossen.

Der Antrag darauf steht dem Vorstande wie dem Aufsichtsrate zu und kann auch aus der Mitte der Mitglieder selbst hervorgehen. In letzterem Falle kann er aber nur berücksichtigt werden, wenn er schriftlich mit Angabe der Gründe eingereicht und von dem zehnten Teile der Genossen unterstützt ist.

d) Obliegenheiten und Befugnisse des Aufsichtsrates.

§ 20.

Der Aufsichtsrat hat die Geschäftsführung in allen Zweigen der Verwaltung zu überwachen und muß sich deshalb über den Gang der Verwaltung stets unterrichtet halten.

Der Aufsichtsrat kann zu diesem Behufe jederzeit von dem Vorstande über alle Angelegenheiten der Genossenschaft Bericht und Aufklärung verlangen, alle Bücher und Schriften der Genossenschaft selbst einsehen oder durch Beauftragte einsehen lassen, die Kasse sowie die Materialbestände und Immobilien prüfen und bei sich zeigenden Unregelmäßigkeiten alle zur Sicherung des Vereins nötigen Maßregeln ergreifen. Er kann die Vorstandsmitglieder vorläufig bis zur Entscheidung der ohne Verzug zu berufenden Generalversammlung von der Leitung der Geschäfte entfernen und hat alsdann wegen der einstweiligen Fortführung durch Ernennung von Stellvertretern sowie wegen Übernahme der Kassenbestände, Bücher, Papiere, Mobilien und Immobilien des Vereins die nötigen Anordnungen zu treffen.

Der Aufsichtsrat hat ferner die Vierteljahrsabschlüsse des Vorstandes zu prüfen und sich dabei die nötige Übersicht über die Geschäfte zu verschaffen.

Insbesondere muß er die am Schlusse des Geschäftsjahres zu legende Rechnung nebst Bilanz prüfen, sie mit den Büchern, Urkunden, Mobilien und Kassenbeständen vergleichen, die Werte der Vereinshäuser feststellen, darüber der Generalversammlung berichten und die Vorschläge zur Gewinnverteilung machen.

Der Aufsichtsrat hat bei den Prüfungen durch den Verbandsrevisor mitzuwirken und in der nächsten Generalversammlung über das Ergebnis der Prüfung zu berichten.

§ 21.

Die Mitglieder des Aufsichtsrates verwalten ihr Amt ehrenamtlich.

Das vom Aufsichtsrate bei seiner Geschäftstätigkeit einzuhaltende Verfahren wird in einer besonderen, vom Vorstand und Aufsichtsrat aufzustellenden Geschäftsanweisung bestimmt.

Die Geschäftsanweisung ist von den Mitgliedern des Aufsichtsrates zu unterschreiben.

§ 22.

Über folgende Angelegenheiten beschließen Vorstand und Aufsichtsrat in gemeinschaftlicher Sitzung:

a) über die Ausschließung von Mitgliedern;*)
b) über den Erwerb von Grundeigentum;
c) über die Baupläne und über die Verträge für den Bau von Vereinshäusern;
d) über die Belegung verfügbarer Gelder der Genossenschaft;
e) über die Einrichtung der Buchführung;
f) über die Anstellung von Beamten und Bevollmächtigten, Regelung ihrer Tätigkeit und ihrer Besoldung sowie Verfolgung von Rechtsansprüchen gegen sie;
g) über die Feststellung der Grundsätze für die Vergebung der Wohnungen, des Mietvertragsmusters und der Hausordnung;
h) über die Verwendung des Bauerneuerungs- und Ergänzungsfonds;
i) über die Geschäftsanweisungen für den Vorstand und Aufsichtsrat sowie über die Geschäftsordnung für die Generalversammlung;
k) über die Aufnahme von Anleihen;
l) über den Anschluß an genossenschaftliche Verbände (Revisionsverbände) oder Austritt aus ihnen;
m) über die Genehmigung des Ausscheidens durch Übertragung des Geschäftsguthabens (§ 40).

Zur Beschlußfähigkeit einer gemeinschaftlichen Sitzung gehört die Anwesenheit der Mehrheit sowohl der Vorstands- wie der Aufsichtsratsmitglieder. Den Vorsitz führt der Vorsitzende des Aufsichtsrates. Über die Beschlüsse der gemeinschaftlichen Sitzungen ist von dem Schriftführer des Aufsichtsrates bzw. dessen Stellvertreter ein Protokoll zu führen. Das Protokoll ist von dem Vorsitzenden, dem Protokollführer und einem Vorstandsmitgliede zu unterschreiben. Zu einem gültigen Beschlusse wird die Mehrheit der anwesenden Mitglieder des Vorstandes und die Mehrheit der anwesenden Mitglieder des Aufsichtsrates erfordert.

Beide Organe stimmen getrennt ab.

III. Generalversammlung.

a) Teilnehmerrechte.

§ 23.

Die den Mitgliedern in Vereinsangelegenheiten zustehenden Rechte werden von ihnen in der Generalversammlung ausgeübt.

Jedes Mitglied hat eine Stimme, die nicht übertragbar ist. Nur juristische Personen können sich als Mitglieder durch einen mit schriftlicher Vollmacht versehenen Bevollmächtigten vertreten lassen, ebenso mehrere Erben eines verstorbenen Mitgliedes. Ein Bevollmächtigter kann nicht mehr als einen Genossen vertreten.

---

*) Anmerkung: In den Baugenossenschaften, die Arbeiterwohnungen bauen, ist es ratsam, auch über die Aufnahme von Mitgliedern gemeinsam durch Vorstand und Aufsichtsrat beschließen zu lassen.

b) Berufung und Einladung.

§ 24.

Die Berufung der Generalversammlung geht in der Regel vom Aufsichtsrat aus; doch kann, wenn der Aufsichtsrat sie verzögert, auch der Vorstand dazu schreiten.

Die Einladung zur Generalversammlung erfolgt durch einmalige Bekanntmachung in dem im § 64 bestimmten Blatte und wird, wenn sie vom Aufsichtsrat ausgeht, von dessen Vorsitzenden, andernfalls vom Vorstand in der für die Willenserklärung des Vorstandes vorgeschriebenen Form unterzeichnet. Zwischen dem Tage der Versammlung und dem Datum der die Bekanntmachung enthaltenden Blätter muß ein Zeitraum von mindestens sieben Tagen liegen.

§ 25.

Mit der Einladung müssen die Gegenstände der Tagesordnung kurz bekanntgemacht werden.

Über Gegenstände, die nicht drei Tage vor der Generalversammlung in dem für die Veröffentlichung der Bekanntmachungen bestimmten Blatt angekündigt sind, können Beschlüsse nicht gefaßt werden.

Beschlüsse über die Leitung der Generalversammlung sowie über Anträge auf Berufung einer außerordentlichen Generalversammlung sind nach § 46 des Genossenschaftsgesetzes hiervon ausgenommen.

Gegenstände für die Tagesordnung, die nach der Bekanntmachung der Einladung zur Generalversammlung rechtzeitig und nach Vorschrift des § 28 dieser Satzungen eingebracht werden, sind durch einmalige Einrückung in das im § 64 bestimmte Blatt bekanntzumachen.

c) Ordentliche Generalversammlungen.

§ 26.

Die ordentliche Generalversammlung findet regelmäßig nach dem Schlusse des Rechnungsjahres, und zwar spätestens innerhalb vier Monaten nach diesem Zeitpunkte statt behufs Mitteilung der Jahresrechnung und Jahresbilanz, Erledigung etwaiger Beanstandungen der Rechnung, Beschlußfassung über die Gewinnverteilung und die dem Vorstande zu erteilende Entlastung. In der ordentlichen Generalversammlung werden auch etwaige Ersatzwahlen für ausscheidende Vorstands- und Aufsichtsratsmitglieder vorgenommen.

Die Bilanz sowie eine den Gewinn und Verlust des Jahres zusammenstellende Berechnung (Jahresrechnung), müssen mindestens eine Woche vor der Generalversammlung, die über die Genehmigung der Bilanz und die Gewinnverteilung zu beschließen hat, in dem Geschäftslokale der Genossenschaft zur Einsicht der Genossen ausgelegt werden.

d) Außerordentliche Generalversammlungen.

§ 27.

Außerordentliche Generalversammlungen können jederzeit nach Bedürfnis berufen werden. Der Aufsichtsrat ist ohne Verzug dazu verpflichtet, wenn der Vorstand oder der zehnte Teil der Vereinsmitglieder schriftlich unter Anführung des Zweckes und der Gründe darauf antragen.

Wird dem Verlangen der Mitglieder weder vom Aufsichtsrate noch vom Vorstand entsprochen, so können sie sich an das Gericht wenden, das die Genossen zur Berufung der Generalversammlung ermächtigt. Die Berufung wird von den Mitgliedern, denen die Ermächtigung erteilt ist, unterzeichnet. Mit der Berufung ist die gerichtliche Ermächtigung bekanntzumachen.

e) Tagesordnung.

§ 28.

Die Tagesordnung wird vom Aufsichtsrate festgesetzt, sofern er die Versammlung beruft, andernfalls vom Vorstand oder den die Versammlung berufenden Mitgliedern. In die Tagesordnung müssen alle Anträge aufgenommen werden, die von dem Vorstand oder dem Aufsichtsrat oder dem zehnten Teile der Mitglieder so zeitig gestellt werden, daß sie drei Tage vor der Generalversammlung bekanntgemacht werden können. Wird dem Verlangen der Mitglieder auf Ankündigung ihrer Anträge nicht stattgegeben, so können sie sich an das Gericht wenden und dieses kann die Mitglieder zur Ankündigung ihrer Anträge ermächtigen. Die Mitglieder haben die Anträge dann durch das im § 64 bezeichnete Blatt mindestens drei Tage vor der Generalversammlung anzukündigen und mit der Ankündigung der Anträge die gerichtliche Ermächtigung bekanntzumachen.

f) Leitung.

§ 29.

Die Leitung der Generalversammlung führt der Vorsitzende des Aufsichtsrates oder des Vorstandes, je nachdem ob die Berufung von dem Aufsichtsrat oder von dem Vorstand ausgeht. Wird die Generalversammlung von den Mitgliedern berufen, so wählen diese den Vorsitzenden. Durch Beschluß der Generalversammlung kann jedoch die Leitung jederzeit einem andern Vereinsmitglied übertragen werden.

Der Vorsitzende ernennt den Schriftführer.

g) Abstimmung.

§ 30.

Die Abstimmung erfolgt mittels Aufhebens der Hände oder auch — je nach Wahl des Vorsitzenden — durch Erheben von den Sitzen. Der Vorsitzende kann die Zählung, sobald ihm das Ergebnis zweifelhaft erscheint und auch Gegenprobe nicht Klarheit verschafft, durch zwei von ihm aus den Anwesenden ernannte Stimmzähler vornehmen lassen; er ist hierzu verpflichtet, sobald zehn Mitglieder in der Versammlung darauf antragen.

Nur bei Wahlen erfolgt die Abstimmung in der Regel durch Stimmzettel, doch kann die Wahl — falls niemand widerspricht — auch durch Zuruf bewirkt werden.

Bei Stimmengleichheit entscheidet das vom Vorsitzenden zu ziehende Los.

h) Beschlüsse.

§ 31.

Die von der Mehrheit der in der Generalversammlung erschienenen Genossen gefaßten Beschlüsse haben für die Genossenschaft verbindliche Kraft, wenn die Einladung gehörig erfolgt ist und die Gegenstände der Verhandlung in der Tagesordnung rechtzeitig bekanntgemacht worden sind.

i) Beurkundung der Beschlüsse.

§ 32.

Die über die Verhandlungen der Generalversammlungen aufzunehmenden Protokolle haben die gestellten Anträge, die gefaßten Beschlüsse, soweit nötig unter Angabe der Zahl der für und gegen sie abgegebenen Stimmen, die Wahlen unter Angabe der Zahl und der Verteilung der abgegebenen Stimmen zu enthalten und werden unter dem Datum der Generalversammlung in ein besonderes „Protokollbuch" eingetragen, vom Vorsitzenden, dem Schriftführer und von mindestens drei anderen Vereinsmitgliedern unterzeichnet und vom Aufsichtsrate mit den zugehörigen Anlagen, insbesondere den die Bekanntmachung der Einladung und Tagesordnung enthaltenden Blättern aufbewahrt.

Hat der Vorsitz im Laufe der Versammlung gewechselt, so genügt die Unterschrift desjenigen Vorsitzenden, der die Versammlung zum Schlusse geleitet hat.

k) Der Beschlußfassung der Generalversammlung unterliegende Angelegenheiten.

§ 33.

Der Beschlußfassung der Generalversammlung unterliegen außer den sonst ausdrücklich in diesen Satzungen dahin verwiesenen Gegenständen folgende Angelegenheiten:

1. die Abänderung der Satzungen;
2. Auflösung der Genossenschaft;
3. Wahl des Vorstandes und Aufsichtsrates;
4. Verfolgung von Rechtsansprüchen gegen die Mitglieder des Vorstandes und Aufsichtsrates und deren Enthebung von den Ämtern;
5. Wahl der Bevollmächtigten zur Führung von Prozessen gegen die Mitglieder des Aufsichtsrates;
6. Genehmigung der Geschäftsordnung für die Generalversammlung;
7. Festsetzung des Gesamtbetrages, den Anleihen der Genossenschaft nicht überschreiten sollen.

8. Genehmigung der Bilanz, Verteilung von Gewinn oder Verlust und Entlastung des Vorstandes;
9. Einsetzung des nach § 57 Absatz 3 vorgesehenen Prüfungsausschusses und Wahl von dessen Mitgliedern.
10. Bericht über die gesetzliche Revision (Verbandsrevision).

§ 34.

Über folgende Angelegenheiten:
1. Abänderung der Satzungen,
2. Widerruf der Bestellung zum Mitgliede des Aufsichtsrates,
3. Auflösung der Genossenschaft

kann nur von einer Mehrheit von drei Vierteilen der in der Generalversammlung erschienenen Genossen gültig beschlossen werden.*)

Zur Gültigkeit der Beschlußfassung über die Auflösung der Genossenschaft ist weiter erforderlich, daß mindestens ein Vierteil aller Genossen in der Generalversammlung anwesend ist.

Ist das erforderliche Vierteil der Genossen in der Generalversammlung nicht anwesend, so wird eine zweite Generalversammlung mit einem Zwischenraum von mindestens 8 Tagen und höchstens 4 Wochen zur Erledigung derselben Tagesordnung anberaumt, die ohne Rücksicht auf die Zahl der anwesenden Genossen gültig beschließen kann.

C. Entstehung und Endigung der Mitgliedschaft.

§ 35.

Aufnahmefähig sind:
1. Einzelpersonen, die sich im Besitze der bürgerlichen Ehrenrechte befinden;
2. Juristische Personen des öffentlichen und Privatrechts.

Zum Erwerb der Mitgliedschaft ist erforderlich: Ausstellung einer unbedingten schriftlichen Beitrittserklärung und Aufnahme durch den Vorstand. Lehnt der Vorstand einen Antrag auf Aufnahme ab, so entscheidet auf Berufung des Abgewiesenen der Aufsichtsrat endgültig über die Aufnahme.

Die Mitgliedschaft des Beitretenden entsteht durch die Eintragung in die Liste der Genossen seitens des Gerichts.

Jeder beitretende Genosse hat zwei gleichlautende Beitrittserklärungen zu vollziehen, von denen eine die Genossenschaft bei ihren Akten behält.

Gründe für die Ablehnung der Aufnahme werden nicht angegeben.

§ 36.

Jeder Genosse hat das Recht, mittels Aufkündigung seinen Austritt aus der Genossenschaft zu erklären.

---

*) Anmerkung: Für Baugenossenschaften, die Reichs- bzw. Staatsdarlehen in Anspruch nehmen, ist hier folgende Bestimmung einzufügen:

Eine Änderung der §§ 1 Abs. 2; 59 Abs. 1 sowie 61 Abs. 1—3 und dieser Bestimmung ist nur mit Zustimmung des Reichskanzlers (Reichsamt des Innern) bzw. Ministeriums des Innern oder Ministeriums der öffentlichen Arbeiten, zulässig.

(Es ist hier diejenige Fondsverwaltung einzurücken, von der die Genossenschaft das erste Wohlfahrtsdarlehn bekommt.)

Die Aufkündigung findet nur zum Schlusse eines Geschäftsjahres statt und muß mindestens . . . Monate vorher schriftlich erfolgen.

§ 37.

Ein Genosse kann ausgeschlossen werden:

a) wegen des Verlustes der bürgerlichen Ehrenrechte,
b) wegen der gleichzeitigen Mitgliedschaft in einer andern Baugenossenschaft hier am Orte,
c) wegen Nichterfüllung der satzungsmäßigen oder anderer vertragsmäßiger Verpflichtungen gegenüber dem Vereine,
d) wegen Eröffnung des Konkurses über sein Vermögen,
e) wenn er durch sein Verhalten die Genossenschaft schädigt.

Die Ausschließung erfolgt zum Schlusse des Geschäftsjahres durch Beschluß des Vorstandes und Aufsichtsrates in gemeinschaftlicher Sitzung.

Gesellschaften sind auszuschließen, sofern sie aufgelöst werden und keine Kündigung erfolgt ist. Der Ausschließungsbeschluß ist dem Ausgeschlossenen mittels eingeschriebenen Briefes ohne Verzug mitzuteilen. Von dem Zeitpunkte der Absendung des Briefes ab verliert der Ausgeschlossene das Recht der Teilnahme an der Generalversammlung und der Mitgliedschaft im Vorstand oder Aufsichtsrate.

§ 38.

Im Falle des Todes eines Genossen gilt dieser mit dem Schlusse des Geschäftsjahres, in dem der Tod erfolgt ist, als ausgeschieden.

Bis zu diesem Zeitpunkte wird die Mitgliedschaft des Verstorbenen durch dessen Erben fortgesetzt.

Für mehrere Erben ist das Stimmrecht in der Generalversammlung durch einen Bevollmächtigten auszuüben.

Der Vorstand hat, sobald er von dem Tod eines Genossen Kenntnis erhält, ohne Verzug dem Gerichte zur Liste der Genossen Anzeige zu erstatten.

§ 39.

Die Auseinandersetzung mit dem Ausgeschiedenen erfolgt auf Grund der Bilanz. Er erhält sein Geschäftsguthaben einschließlich der Dividende für das letzte Jahr oder — wenn die Genossenschaft im Verluste war — nach Abzug der erforderlichen Abschreibung spätestens im sechsten Monate nach Endigung der Mitgliedschaft ausgezahlt. Reicht das Vermögen der Genossenschaft einschließlich der Reserven und aller Geschäftsguthaben zur Deckung der Schulden nicht aus, so hat der Ausgeschiedene von dem Fehlbetrag den ihn treffenden Anteil an die Genossenschaft zu zahlen. Der Anspruch der Genossenschaft an den Ausgeschiedenen wird durch die Haftsumme beschränkt.

An die Reservefonds und das sonstige Vermögen der Genossenschaft hat der ausgeschiedene Genosse keinen Anspruch.

Geschäftsguthaben, die nicht innerhalb dreier Jahre nach dem Ausscheiden des Mitglieds abgehoben sind, verfallen zu Gunsten der Genossenschaft. Wird die Genossenschaft binnen sechs Monaten nach dem Ausscheiden des Genossen aufgelöst, so gilt das Ausscheiden als nicht erfolgt.

§ 40.

Das Ausscheiden durch Übertragung des Geschäftsguthabens nach Maßgabe des § 76 des Gesetzes ist mit Genehmigung des Vorstandes und Aufsichtsrates zulässig.

D. Rechte und Pflichten der Genossen.

§ 41.

Die Mitglieder der Genossenschaft sind berechtigt:

a) bei allen Beschlüssen und Wahlen in den Generalversammlungen zu stimmen und Anträge zu stellen;

b) nach Maßgabe der Bestimmungen im § 27 der Satzungen Generalversammlungen zu berufen;

c) nach Maßgabe des § 59 eine Dividende vom Geschäftsgewinne zu beanspruchen;

d) bei allen Vermietungen von Wohnungen nach Maßgabe der zu erlassenden „Grundsätze für die Vergebung der Wohnungen" berücksichtigt zu werden.

§ 42.

Dagegen ist jeder Genosse verpflichtet:

a) zur Bildung eines Geschäftsanteils die im § 43 bestimmten Einzahlungen zu leisten;

b) ein Eintrittsgeld bei der Aufnahme nach Bestimmung des § 48 zu zahlen;

c) den Satzungen sowie den Beschlüssen und dem Interesse der Genossenschaft nicht entgegenzuhandeln;

d) für Erfüllung der Verbindlichkeiten der Genossenschaft, dieser sowie unmittelbar deren Gläubigern gemäß dem Genossenschaftsgesetze mit der in diesen Satzungen bestimmten Haftsumme solidarisch zu haften.

E. Geschäftsanteile, Geschäftsguthaben, Haftsummen der Genossen.

§ 43.

Der Geschäftsanteil jedes Genossen wird auf 200 M. festgesetzt. Dieser Geschäftsanteil kann sogleich beim Eintritt voll eingezahlt oder nach und nach durch Einzahlungen von halbmonatlich mindestens 1 M. und durch Zuschreibung der auf das Geschäftsguthaben entfallenden Dividende (§ 59) gebildet werden. Die auf die Geschäftsanteile geleisteten Einzahlungen zuzüglich des zugeschriebenen Gewinnes und abzüglich eines etwa abgeschriebenen Verlustes bilden das Geschäftsguthaben eines Mitgliedes.

Eine Beteiligung mit mehr als 10 Geschäftsanteilen ist nicht gestattet.

§ 44.

Die Beteiligung auf einen zweiten oder weiteren Geschäftsanteil hängt von der Erfüllung des vorhergehenden Geschäftsanteiles oder der vorhergehenden Geschäftsanteile und von der Genehmigung des Vorstandes ab.

Ein Genosse, der auf einen weiteren Geschäftsanteil beteiligt sein will, hat darüber eine von ihm zu unterzeichnende unbedingte Erklärung abzugeben.

Die Beteiligung auf den weiteren Geschäftsanteil tritt mit der Eintragung in die Liste der Genossen in Kraft.

§ 45.

Das Geschäftsguthaben eines Genossen darf während der Dauer der Mitgliedschaft von der Genossenschaft weder ganz noch teilweise ausgezahlt und von der Genossenschaft nicht zum Pfande genommen werden. Eine auf den Geschäftsanteil geschuldete Einzahlung kann nicht erlassen werden.

§ 46.

Die Haftsumme beträgt 200 M.

Mit dem Erwerb eines weiteren Geschäftsanteiles erhöht sich die Haftung des Genossen auf das der Zahl der Geschäftsanteile entsprechende Vielfache der Haftsumme.

F. Reserven.

§ 47.

Der gesetzliche Reservefonds dient nur zur Deckung eines aus der Bilanz sich ergebenden Verlustes und muß auf 10 % der ursprünglichen Herstellungs- bzw. Ankaufskosten der Immobilien gebracht und nach Abschreibung von Verlusten wieder gebracht werden.

Der Reservefonds wird gebildet durch die Eintrittsgelder neuer Mitglieder und die im § 59 bestimmten Anteile am Reingewinne.

§ 48.

Das Eintrittsgeld der Mitglieder wird von Zeit zu Zeit durch die Generalversammlung festgesetzt, bis auf weiteres mit ... M. erhoben und ist sofort bei Erlangung der Mitgliedschaft zu zahlen.

Die Witwe eines verstorbenen Mitgliedes bleibt von der Zahlung des Eintrittsgeldes befreit, wenn sie innerhalb sechs Monaten nach dem Todestage des Mitgliedes bei dem Vorstande den Antrag auf Aufnahme in die Genossenschaft stellt und als Mitglied aufgenommen wird.

§ 49.

Zur Deckung unvorhergesehener Ausgaben und zur Ausgleichung der Dividende ist ein Hilfsreservefonds und für außerordentliche Ergänzungen und Verbesserungen ein Bauerneuerungs- und Ergänzungsfonds zu bilden.

Über die Verwendung des Hilfsreservefonds zu den angegebenen Zwecken beschließt die Generalversammlung. Über die Verwendung des Bauerneuerungs- und Ergänzungsfonds beschließen Aufsichtsrat und Vorstand in gemeinschaftlicher Sitzung.

Sämtliche Rücklagen, insbesondere der Hilfsreservefonds, dürfen nur für den im § 1 Abs. 2 bezeichneten gemeinnützigen Zweck verwendet werden.

G. Unkündbare Schuldverschreibungen.

§ 50.

Der Verein kann unkündbare, auf den Namen der Käufer lautende Schuldverschreibungen ausgeben. Diese sind nach den darüber vom Vorstand und Aufsichtsrate festzusetzenden Bedingungen zu verzinsen und zu tilgen.

H. Vermietung der Genossenschaftshäuser.

§ 51.

Für jedes Miethaus wird aus der Zahl der darin wohnenden Genossen ein Hausverwalter vom Vorstande bestellt.

Der Hausverwalter, der in der Hauptsache auf die genaue Befolgung der Hausordnung zu sehen hat, erhält seine Anweisung vom Vorstande.

§ 52.

Als Mieter von Genossenschaftswohnungen werden nur solche Personen (Familien) zugelassen, die den Anforderungen des § 5 Abs. 1 Buchstabe g des preußischen Stempelsteuergesetzes in der Fassung vom 30. Juni 1909 entsprechen.

Unter mehreren berechtigten Bewerbern um eine Mietwohnung erhält sie der, den das Los trifft. Bei der Verlosung werden die in der Mitgliedschaft älteren Genossen nach Maßgabe der vom Vorstand und Aufsichtsrate zu entwerfenden und von der Generalversammlung zu genehmigenden „Grundsätze für die Vermietung von Genossenschaftswohnungen" bevorzugt. Bei der Zuteilung von Wohnungen kommt, wenn die Gewährung von Darlehen an die Bedingung geknüpft wird, daß den im Dienstverhältnisse zu dem Gläubiger stehenden Genossenschaftsmitgliedern ein bestimmter Teil der Genossenschaftswohnungen anzubieten ist, auch diese Bedingung zur Anwendung. Mit jedem Mieter ist ein schriftlicher Mietvertrag abzuschließen, in dem auch der Genossenschaft das Recht der Wohnungskündigung vorzubehalten ist.

J. Rechnungswesen.

§ 53.

Das erste Geschäftsjahr läuft vom Gründungstage bis zum 31. Dezember des Gründungsjahres, alle folgenden vom 1. Januar bis 31. Dezember. Sofort nach Beendigung des Geschäftsjahres muß

a) der Bestand der Kassenvorräte, Schulddokumente und Wertpapiere durch den Aufsichtsrat geprüft und festgestellt sowie

b) mit dem Abschlusse der Bücher vom Vorstande begonnen werden.

§ 54.

Die vollständige Jahresabrechnung hat der Vorstand längstens bis zum 1. März des folgenden Jahres dem Aufsichtsrate vorzulegen, widrigenfalls dieser berechtigt ist, sie unter seiner Aufsicht durch andere Personen auf Kosten des Vorstandes anfertigen zu lassen.

§ 55.

Die Rechnungslegung muß enthalten:

1. sämtliche Einnahmen und Ausgaben innerhalb des Jahres nach den bei der Buchführung eingeführten Sachkonten geordnet;
2. eine besondere Gewinn- und Verlustberechnung;
3. die Bilanz über den Stand des Genossenschaftsvermögens am Jahresschlusse;
4. ein Inventar zur Bilanz, in dem die am Jahresschlusse vorhandenen Vermögensstücke und Schulden einzeln aufzuführen sind.

§ 56.

Bei der Aufstellung der Bilanz sind folgende Grundsätze zu beachten:

1. Unter die Schulden sind aufzunehmen:
   a) die Schulden und Verpflichtungen der Genossenschaft aller Art, insbesondere Anleihen;
   b) die Geschäftsguthaben der Genossen;
   c) der Reservefonds;
   d) die Hilfsreservefonds.
2. Unter das Vermögen sind aufzunehmen:
   a) die baren Kassenbestände;
   b) die Wertpapiere höchstens zum Börsen- oder Marktpreise, sofern dieser Preis jedoch den Anschaffungspreis übersteigt, höchstens zu dem letzteren;
   c) Grundbesitz und Baulichkeiten nach den Erwerbs- bzw. Herstellungskosten unter Abzug einer angemessenen Abschreibung für Abnutzung;
   d) außenstehende Forderungen;
   e) Mobiliar und Inventar zum Anschaffungs- bzw. Herstellungspreise unter Abzug von jährlich mindestens 10 % des Anschaffungspreises für Abnutzung.

Unsichere Forderungen sind nur nach ihrem wahrscheinlichen Werte aufzuführen, uneinziehbare aber ganz auszuscheiden und zurückzustellen.

Der hiernach verbleibende Überschuß des Vermögens über die Schulden bildet den Reingewinn.

§ 57.

Die Prüfung der Rechnung erfolgt durch den Aufsichtsrat, der sich die nötigen Unterlagen dabei durch Einsicht der Bücher und Belege, wie durch die nach § 53 von ihm vorzunehmende Inventur zu verschaffen hat.

Spätestens eine Woche vor der über die Jahresrechnung beschließenden Generalversammlung ist die Jahresrechnung zur Einsicht der Genossen im Geschäftslokale der Genossenschaft auszulegen.

Erheben sich in der Generalversammlung Bedenken gegen die Richtigkeit der Rechnung und die Prüfung des Aufsichtsrates, so kann durch Beschluß der Versammlung, ohne daß der Antrag vorher auf die Tagesordnung gebracht ist, ein besonderer Ausschuß mit der Nachprüfung betraut werden.

§ 58.

Die Einrichtungen der Genossenschaft und ihre Geschäftsführung in allen Zweigen der Verwaltung sind mindestens in jedem zweiten Jahre der Prüfung durch einen der Genossenschaft nicht angehörigen sachverständigen Revisor zu unterwerfen. Der Vorstand hat mit Genehmigung des Aufsichtsrats die Aufnahme in einen geeigneten Revisionsverband zu erwirken.

K. Verteilung von Gewinn und Verlust.

§ 59

Von dem nach Deckung aller Unkosten, Verluste und Abschreibungen verbleibenden Reingewinn erhält vorweg der Reservefonds, solange er noch nicht oder nicht wieder die im § 47 festgesetzte Höhe erreicht hat, mindestens 10%. Der Rest des Reingewinns wird, soweit die Generalversammlung daraus nicht Gewinnvorträge oder Überweisungen an eine Hilfsreserve beschließt, an die Mitglieder nach der Höhe ihres Geschäftsguthabens als Dividende gewährt. Die Höhe der Dividende darf 4% des Geschäftsguthabens nicht übersteigen. Den Mitgliedern, Geschäftsführern oder sonstigen Beteiligten dürfen auch nicht in anderer Form besondere Vorteile gewährt werden.

Der Gewinn wird auf die Mitglieder nach Maßgabe ihres Geschäftsguthabens bei Beginn des Geschäftsjahres verteilt. Hat sich das Geschäftsguthaben eines Mitglieds im Laufe des Geschäftsjahrs vermehrt, so wird der anderweite Betrag vom Beginn des auf die Vermehrung folgenden Kalendervierteljahrs berücksichtigt.

Bei der Verteilung werden nur volle Markbeträge der Geschäftsguthaben berücksichtigt.

Solange der Geschäftsanteil nicht erfüllt ist, wird die Dividende dem Genossen auf Geschäftsanteilkonto gutgeschrieben, also nicht bar ausgezahlt.

§ 60.

Ergibt sich am Schlusse des Geschäftsjahrs ein Verlust, so sind zunächst die Hilfsreservefonds, dann der gesetzliche Reservefonds zur Deckung heranzuziehen. Nach dessen Erschöpfung wird der Verlust auf die am Schlusse des Geschäftsjahrs vorhandenen Mitglieder im Verhältnis zur Höhe ihrer Guthaben verteilt und der auf jedes Mitglied entfallende Betrag von seinem Geschäftsguthaben abgeschrieben. Bis zur Wiederergänzung eines durch Verlust verminderten Guthabens findet eine Auszahlung des Gewinnes nicht statt.

Reicht das Vermögen der Genossenschaft einschließlich der Geschäftsguthaben und Reserven zur Deckung der Schulden nicht aus, so wird der die zum Schlusse des betreffenden Geschäftsjahres Ausgeschiedenen treffende Anteil am Fehlbetrage nach Verhältnis der Haftsummen der Mitglieder berechnet.

L. Auflösung und Liquidation.

§ 61.

Die Auflösung der Genossenschaft kann erfolgen:

1. durch Beschluß der Generalversammlung;
2. in den durch das Gesetz bestimmten Fällen.

Die Liquidation erfolgt nach den Bestimmungen des Genossenschaftsgesetzes.

Die Mitglieder erhalten nicht mehr als ihr Geschäftsguthaben ausgezahlt. Der Rest des Genossenschaftsvermögens ist für den im § 1 Abs. 2 bezeichneten gemeinnützigen Zweck zu verwenden.

M. Die Bekanntmachungen der Genossenschaft und die dazu bestimmten öffentlichen Blätter.

§ 62.

Alle Bekanntmachungen der Genossenschaft ergehen unter deren Firma und werden mindestens von zwei Vorstandsmitgliedern unterzeichnet.

§ 63.

Die Einladungen zu den Generalversammlungen dagegen, insofern sie vom Aufsichtsrat ausgehen (§ 24), erläßt der Vorsitzende des Aufsichtsrates mit der Zeichnung:

Der Aufsichtsrat de . . . . ,
eingetragene Genossenschaft mit beschränkter Haftpflicht.

N. . . . , Vorsitzender.

§ 64.

Zur Veröffentlichung ihrer Bekanntmachungen bedient sich die Genossenschaft des „. . . . .“*).

Für den Fall, daß dieses Blatt eingehen oder aus anderen Gründen die Veröffentlichung in diesem Blatte unmöglich werden sollte, tritt der „Deutsche Reichsanzeiger“ so lange an dessen Stelle, bis für die Veröffentlichung der Bekanntmachungen der Genossenschaft durch Beschluß der Generalversammlung ein anderes Blatt bestimmt worden ist.

So beschlossen in der Generalversammlung des . . . . in . . . . am . . . . ten . . . . 19 . .

*) Einzutragen der Name der betreffenden Zeitung.

Formular 2.

Mustersatzungen für eine Baugenossenschaft, die Miethäuser und Erwerbshäuser oder nur Erwerbshäuser baut.

Satzungen

des Bauvereins in ...., eingetragene Genossenschaft mit beschränkter Haftpflicht.

A. Firma, Sitz und Gegenstand des Unternehmens.

§ 1.

Die Genossenschaft führt die Firma „Bauverein ...., eingetragene Genossenschaft mit beschränkter Haftpflicht" und hat ihren Sitz in ....

Der Gegenstand des Unternehmens ist die Erbauung von Häusern zum Vermieten oder zum Verkauf. Der Zweck der Genossenschaft ist ausschließlich darauf gerichtet, minderbemittelten Familien oder Personen gesunde und zweckmäßig eingerichtete Wohnungen in eigens erbauten oder angekauften Häusern zu billigen Preisen zu verschaffen.

B. Organe der Genossenschaft.

§ 2.

Die Genossenschaft ordnet ihre Angelegenheiten selbständig unter Teilnahme ihrer Mitglieder. Ihre Organe sind:

1. der Vorstand,
2. der Aufsichtsrat,
3. die Generalversammlung.

I. Vorstand.

a) Zusammensetzung und Wahl.

§ 3.

Der Vorstand besteht aus:

1. dem Vorsitzenden,
2. dem Kassierer,
3. dem Schriftführer

und wird in der Generalversammlung auf Vorschlag des Aufsichtsrats in getrennten Wahlhandlungen auf drei Jahre nach Stimmenmehrheit gewählt. Erhält der Vorgeschlagene die Mehrheit nicht, so muß der Aufsichtsrat in derselben oder in einer anderen Versammlung weitere Vorschläge machen.

Jedes Jahr scheidet ein Mitglied des Vorstandes aus und wird durch Neuwahl ersetzt. In den ersten beiden Jahren entscheidet hierüber das Los, das vor der Wahl in der Sitzung des Aufsichtsrats durch den Vorsitzenden aus der Hand des Schriftführers gezogen wird, später die Zeit des Eintritts des Einzelnen.

Bei dem Ausscheiden eines Vorstandsmitgliedes vor Ablauf der Wahlperiode findet die Ersatzwahl für den Rest der Wahlperiode statt. Die Wahlperiode läuft von Generalversammlung zu Generalversammlung.

Die Wiederwahl derselben Personen nach Ablauf der Wahlperiode ist zulässig*).

Die Vorstandsmitglieder müssen Genossen sein.

b) Befugnisse und Geschäftsführung des Vorstandes.

§ 4.

Der Vorstand vertritt die Genossenschaft gerichtlich und außergerichtlich mit allen im Genossenschaftsgesetze ihm erteilten Befugnissen.

§ 5.

Willenserklärungen des Vorstandes sind für die Genossenschaft verbindlich, wenn zwei Vorstandsmitglieder sie abgeben bzw. der Firma der Genossenschaft ihre eigenhändige Unterschrift hinzufügen.

§ 6.

Der Vorstand führt die Geschäfte selbständig, soweit er nicht durch die Satzungen oder besondere Geschäftsanweisungen darin beschränkt und an die Genehmigung des Aufsichtsrates oder der Generalversammlung gewiesen ist.

§ 7.

Der Vorstand ist insbesondere verpflichtet, für vollständige und übersichtliche Buchführung, für Aufstellung der Bilanz am Jahresschlusse sowie für die sichere Aufbewahrung der Kassenbestände, Wertpapiere, Schriften und Bücher Sorge zu tragen.

§ 8.

Die Vorstandsmitglieder erledigen die vorkommenden Geschäfte der Genossenschaft in Sitzungen unter Leitung des Vorsitzenden. Mindestens zwei Vorstandsmitglieder müssen über jede Maßregel einig sein, die in Vereinsangelegenheiten vorgenommen werden soll. Mitglieder des Vorstandes, die bei einem zu beratenden Gegenstande beteiligt sind, dürfen während der Beratung und Beschlußfassung über diesen Gegenstand der Sitzung nicht beiwohnen.

Die Beschlüsse der Sitzungen sind in ein dazu bestimmtes Protokollbuch einzutragen und von den Beteiligten zu unterzeichnen. Ein einer Maßregel des Vorstandes widersprechendes Vorstandsmitglied kann die Eintragung seines Widerspruchs in das Protokollbuch verlangen.

§ 9.

Die Obliegenheiten der einzelnen Vorstandsmitglieder werden durch eine vom Vorstande zu entwerfende und vom Aufsichtsrate zu genehmigende

*) Anmerkung: Für größere Baugenossenschaften, bei denen Vorstandsmitglieder vollamtlich tätig sind, empfiehlt sich häufig die Anstellung der Vorstandsmitglieder auf Kündigung.

Geschäftsanweisung geregelt. Die Geschäftsanweisung ist vom Vorstande zu unterzeichnen.

§ 10.

Für den Fall der dauernden oder längeren Verhinderung, des Ausscheidens oder des Todes eines der Vorstandsmitglieder vor Ablauf der Wahlperiode hat der Aufsichtsrat für die nötige Stellvertretung sofort Fürsorge zu treffen und in den letzten beiden Fällen die Ersatzwahl für den Rest der Wahlperiode zu veranlassen.

c) Enthebung der Vorstandsmitglieder von ihrem Amte.

§ 11.

Der gesamte Vorstand sowie jedes einzelne Mitglied kann jederzeit durch Beschluß der Generalversammlung seines Amtes enthoben werden. Dem Enthobenen steht nur nach Maßgabe der mit ihnen vom Vereine etwa abgeschlossenen Verträge ein Entschädigungsanspruch zu.

d) Entschädigung der Vorstandsmitglieder.

§ 12.

Die Vorstandsmitglieder verwalten ihr Amt als Ehrenamt. Für ihre Aufwendungen können ihnen vom Aufsichtsrate Vergütungen gewährt werden.*)

II. Aufsichtsrat.

a) Zusammensetzung und Wahl.

§ 13.

Der Aufsichtsrat besteht aus 12 Mitgliedern, die von der Generalversammlung nach absoluter Stimmenmehrheit in einem einzigen Wahlgange auf drei Jahre gewählt werden. Wenn mehr Personen, als zu wählen sind, die absolute Stimmenmehrheit erhalten, so gelten diejenigen als gewählt, die die meisten Stimmen erhalten haben. Wird diese Mehrheit beim ersten Wahlgange nicht erreicht, so kommt von denen, die die meisten Stimmen erhalten haben, die doppelte Zahl der noch zu Wählenden auf die engere Wahl und wird mit den engeren Wahlen in derselben Art so lange fortgefahren, bis für alle zu Wählenden eine absolute Mehrheit erzielt worden ist. Bei Stimmengleichheit entscheidet das vom Vorsitzenden zu ziehende Los. Die Wahlperiode läuft von Generalversammlung zu Generalversammlung.

Von den Mitgliedern des Aufsichtsrates scheidet alljährlich ein Drittel aus und wird durch Neuwahl ersetzt. In den ersten beiden Jahren entscheidet über die Reihenfolge des Ausscheidens das vom Vorsitzenden zu ziehende Los, später die Zeit des Eintritts des Einzelnen. Die Wiederwahl der Ausgeschiedenen ist zulässig. Die Aufsichtsratsmitglieder müssen Genossen sein.

---

*) Anmerkung: Für größere Baugenossenschaften ist von vornherein eine entsprechende Bezahlung der Vorstandsmitglieder vorzusehen.

b) Geschäftsführung.

§ 14.

Der Aufsichtsrat überträgt einem seiner Mitglieder den Vorsitz, einem andern das Schriftführeramt und ernennt zugleich für beide Stellvertreter. Er ist beschlußfähig, wenn mindestens die Mehrheit seiner Mitglieder anwesend ist und faßt seine Beschlüsse nach Stimmenmehrheit der Anwesenden. Bei Stimmengleichheit gilt der Antrag als abgelehnt. Bei Wahlen entscheidet in diesem Falle das vom Vorsitzenden zu ziehende Los.

Aufsichtsratsmitglieder, die bei zu beratenden Gegenständen beteiligt sind, dürfen während der betreffenden Beratung und Beschlußfassung der Sitzung nicht beiwohnen.

§ 15.

Zur Erledigung seiner Geschäfte hält der Aufsichtsrat nach Bedarf — mindestens jedoch einmal in jedem Vierteljahre — Sitzungen ab, für die Zeit und Ort im voraus bestimmt werden.

§ 16.

Außerordentliche Sitzungen hat der Vorsitzende des Aufsichtsrates zu berufen, wenn er dieses für erforderlich hält, oder wenn der Vorstand oder der dritte Teil der Mitglieder des Aufsichtsrates solche unter schriftlicher Angabe der Beratungsgegenstände verlangen.

Mit der Einladung zu einer außerordentlichen Aufsichtsratsitzung sind die Gegenstände der Verhandlung den Mitgliedern des Aufsichtsrates bekanntzugeben.

§ 17.

Der Aufsichtsrat ist berechtigt, die Teilnahme der Vorstandsmitglieder an seinen Sitzungen mit beratender Stimme zu verlangen, um von dem Vorstand alle Aufschlüsse zu erhalten, die der Aufsichtsrat für nötig hält.

§ 18.

Die Protokolle der Aufsichtsratssitzungen müssen die gefaßten Beschlüsse enthalten und werden von dem Vorsitzenden und dem Schriftführer unterzeichnet. Aufsichtsratsmitglieder, die mit den gefaßten Beschlüssen nicht einverstanden sind, können ihren Widerspruch vermerken lassen.

Die Aufbewahrung der Protokolle liegt dem Schriftführer ob.

c) Enthebung der Aufsichtsratsmitglieder von ihrem Amte.

§ 19.

Aufsichtsratsmitglieder können von der Generalversammlung jederzeit ihres Amtes enthoben werden. Der Beschluß bedarf einer Mehrheit von drei Vierteilen der erschienenen Genossen.

Der Antrag darauf steht dem Vorstande wie dem Aufsichtsrate zu und kann auch aus der Mitte der Mitglieder selbst hervorgehen. In letzterem Falle kann er aber nur berücksichtigt werden, wenn er schriftlich mit Angabe der Gründe eingereicht und von dem zehnten Teile der Genossen unterstützt ist.

d) Obliegenheiten und Befugnisse des Aufsichtsrates.

§ 20.

Der Aufsichtsrat hat die Geschäftsführung in allen Zweigen der Verwaltung zu überwachen und muß sich deshalb über den Gang der Verwaltung stets unterrichtet halten.

Der Aufsichtsrat kann zu diesem Behufe jederzeit von dem Vorstande über alle Angelegenheiten der Genossenschaft Bericht und Aufklärung verlangen, alle Bücher und Schriften der Genossenschaft selbst einsehen oder durch Beauftragte einsehen lassen, die Kasse sowie die Materialbestände und Immobilien prüfen und bei sich zeigenden Unregelmäßigkeiten alle zur Sicherung des Vereins nötigen Maßregeln ergreifen. Er kann die Vorstandsmitglieder vorläufig bis zur Entscheidung der ohne Verzug zu berufenden Generalversammlung von der Leitung der Geschäfte entfernen und hat alsdann wegen der einstweiligen Fortführung durch Ernennung von Stellvertretern sowie wegen Übernahme der Kassenbestände, Bücher, Papiere, Mobilien und Immobilien des Vereins die nötigen Anordnungen zu treffen.

Der Aufsichtsrat hat ferner die Vierteljahresabschlüsse des Vorstandes zu prüfen und sich dabei die nötige Übersicht über die Geschäfte zu verschaffen.

Insbesondere muß er die am Schlusse des Geschäftsjahres zu legende Rechnung nebst Bilanz prüfen, sie mit den Büchern, Urkunden, Mobilien und Kassenbeständen vergleichen, die Werte der Vereinshäuser feststellen, darüber der Generalversammlung berichten und die Vorschläge zur Gewinnverteilung machen.

Der Aufsichtsrat hat bei den Prüfungen durch den Verbandsrevisor mitzuwirken und in der nächsten Generalversammlung über das Ergebnis der Prüfung zu berichten.

§ 21.

Die Mitglieder des Aufsichtsrats verwalten ihr Amt ehrenamtlich.

Das vom Aufsichtsrate bei seiner Geschäftstätigkeit einzuhaltende Verfahren wird in einer besonderen, vom Vorstand und Aufsichtsrat aufzustellenden Geschäftsanweisung bestimmt.

Die Geschäftsanweisung ist von den Mitgliedern des Aufsichtsrates zu unterschreiben.

§ 22.

Über folgende Angelegenheiten beschließen Vorstand und Aufsichtsrat in gemeinschaftlicher Sitzung:

a) über die Ausschließung von Mitgliedern;*)

---

*) Anmerkung: Bei den Baugenossenschaften, die Arbeiterwohnungen bauen, ist es ratsam, auch über die Aufnahme von Mitgliedern gemeinsam durch Vorstand und Aufsichtsrat beschließen zu lassen.

b) über den Erwerb von Grundeigentum sowie über die Bedingungen betr. den Erwerb von Vereinshäusern;
c) über die Baupläne und über die Verträge für den Bau von Vereinshäusern;
d) über die Feststellung des Kaufpreises der Erwerbshausgrundstücke;
e) über die Feststellung der Grundsätze für die Vergebung der Wohnungen, des Mietvertragsmusters und der Hausordnung;
f) über die Belegung verfügbarer Gelder der Genossenschaft;
g) über die Einrichtung der Buchführung;
h) über die Anstellung von Beamten und Bevollmächtigten, Regelung ihrer Tätigkeit und ihrer Besoldung sowie Verfolgung von Rechtsansprüchen gegen sie;
i) über die Geschäftsanweisung für den Vorstand und Aufsichtsrat sowie über die Geschäftsordnung für die Generalversammlung;
k) über die Aufnahme von Anleihen;
l) über den Anschluß an genossenschaftliche Verbände (Revisionsverbände) oder Austritt aus ihnen;
m) über die Genehmigung des Ausscheidens durch Übertragung des Geschäftsguthabens (§ 40);
n) über die Verwendung des Bauerneuerungs- und Ergänzungsfonds.

Zur Beschlußfähigkeit einer gemeinschaftlichen Sitzung gehört die Anwesenheit der Mehrheit sowohl der Vorstands- wie der Aufsichtsratsmitglieder. Den Vorsitz führt der Vorsitzende des Aufsichtsrates. Über die Beschlüsse der gemeinschaftlichen Sitzungen ist von dem Schriftführer des Aufsichtsrats, bzw. dessen Stellvertreter, ein Protokoll zu führen. Das Protokoll ist von dem Vorsitzenden, dem Protokollführer und einem Vorstandsmitgliede zu unterschreiben. Zu einem gültigen Beschlusse wird die Mehrheit der anwesenden Mitglieder des Vorstandes und die Mehrheit der anwesenden Mitglieder des Aufsichtsrates erfordert.

Beide Organe stimmen getrennt ab.

III. Generalversammlung.

a) Teilnehmerrechte.

§ 23.

Die den Mitgliedern in Vereinsangelegenheiten zustehenden Rechte werden von ihnen in der Generalversammlung ausgeübt.

Jedes Mitglied hat eine Stimme, die nicht übertragbar ist. Nur juristische Personen können sich als Mitglieder durch einen mit schriftlicher Vollmacht versehenen Bevollmächtigten vertreten lassen, ebenso mehrere Erben eines verstorbenen Mitgliedes. Ein Bevollmächtigter kann nicht mehr als einen Genossen vertreten.

b) Berufung und Einladung.

§ 24.

Die Berufung der Generalversammlung geht in der Regel vom Aufsichtsrat aus; doch kann, wenn der Aufsichtsrat sie verzögert, auch der Vorstand dazu schreiten.

Die Einladung zur Generalversammlung erfolgt durch einmalige Bekanntmachung in dem im § 70 bestimmten Blatte und wird, wenn sie vom Aufsichtsrat ausgeht, von dessen Vorsitzenden, andernfalls vom Vorstand in der für die Willenserklärung des Vorstandes vorgeschriebenen Form unterzeichnet. Zwischen dem Tage der Versammlung und dem Datum der die Bekanntmachung enthaltenden Blätter muß ein Zeitraum von mindestens sieben Tagen liegen.

§ 25.

Mit der Einladung müssen die Gegenstände der Tagesordnung kurz bekanntgemacht werden.

Über Gegenstände, die nicht drei Tage vor der Generalversammlung in dem für die Veröffentlichung der Bekanntmachung bestimmten Blatt angekündigt sind, können Beschlüsse nicht gefaßt werden.

Beschlüsse über die Leitung der Generalversammlung sowie über Anträge auf Berufung einer außerordentlichen Generalversammlung sind nach § 46 des Genossenschaftsgesetzes hiervon ausgenommen.

Gegenstände für die Tagesordnung, die nach der Bekanntmachung der Einladung zur Generalversammlung rechtzeitig und nach Vorschrift des § 28 dieser Satzungen eingebracht werden, sind durch einmalige Einrückung in das im § 70 bestimmte Blatt bekanntzumachen.

c) Ordentliche Generalversammlungen.

§ 26.

Die ordentliche Generalversammlung findet regelmäßig nach dem Schlusse des Rechnungsjahres, und zwar spätestens innerhalb vier Monaten nach diesem Zeitpunkte statt behufs Mitteilung der Jahresrechnung und Jahresbilanz, Erledigung etwaiger Beanstandungen der Rechnung, Beschlußfassung über die Gewinnverteilung und die dem Vorstande zu erteilende Entlastung. In der ordentlichen Generalversammlung werden auch etwaige Ersatzwahlen für ausscheidende Vorstands- und Aufsichtsratsmitglieder vorgenommen.

Die Bilanz sowie eine den Gewinn und Verlust des Jahres zusammenstellende Berechnung (Jahresrechnung) müssen mindestens eine Woche vor der Generalversammlung, die über die Genehmigung der Bilanz und die Gewinnverteilung zu beschließen hat, in dem Geschäftslokale der Genossenschaft zur Einsicht der Genossen ausgelegt werden.

d) Außerordentliche Generalversammlungen.

§ 27.

Außerordentliche Generalversammlungen können jederzeit nach Bedürfnis berufen werden. Der Aufsichtsrat ist ohne Verzug dazu verpflichtet, wenn der Vorstand oder der zehnte Teil der Vereinsmitglieder schriftlich unter Anführung des Zwecks und der Gründe darauf antragen.

Wird dem Verlangen der Mitglieder weder vom Aufsichtsrate noch vom Vorstand entsprochen, so können sie sich an das Gericht wenden, das die Genossen zur Berufung der Generalversammlung ermächtigt. Die Berufung wird von den Mitgliedern, denen die Ermächtigung erteilt ist, unterzeichnet. Mit der Berufung ist die gerichtliche Ermächtigung bekanntzumachen.

e) Tagesordnung.

§ 28.

Die Tagesordnung wird vom Aufsichtsrate festgesetzt, sofern er die Versammlung beruft, andernfalls vom Vorstand oder den die Versammlung berufenden Mitgliedern. In die Tagesordnung müssen alle Anträge aufgenommen werden, die von dem Vorstand oder dem Aufsichtsrat oder dem zehnten Teile der Mitglieder so zeitig gestellt werden, daß sie drei Tage vor der Generalversammlung bekanntgemacht werden können. Wird dem Verlangen der Mitglieder auf Ankündigung ihrer Anträge nicht stattgegeben, so können sie sich an das Gericht wenden und dieses kann die Mitglieder zur Ankündigung ihrer Anträge ermächtigen. Die Mitglieder haben die Anträge dann durch das im § 70 bezeichnete Blatt mindestens drei Tage vor der Generalversammlung anzukündigen und mit der Ankündigung der Anträge die gerichtliche Ermächtigung bekanntzumachen.

f) Leitung.

§ 29.

Die Leitung der Generalversammlung führt der Vorsitzende des Aufsichtsrates oder des Vorstandes, je nachdem ob die Berufung von dem Aufsichtsrat oder von dem Vorstand ausgeht. Wird die Generalversammlung von den Mitgliedern berufen, so wählen diese den Vorsitzenden. Durch Beschluß der Generalversammlung kann jedoch die Leitung jederzeit einem andern Vereinsmitglied übertragen werden.

Der Vorsitzende ernennt den Schriftführer.

g) Abstimmung.

§ 30.

Die Abstimmung erfolgt mittels Aufhebens der Hände oder auch — je nach Wahl des Vorsitzenden — durch Erheben von den Sitzen. Der Vorsitzende kann die Zählung, sobald ihm das Ergebnis zweifelhaft erscheint und auch Gegenprobe nicht Klarheit verschafft, durch zwei von ihm aus den Anwesenden ernannte Stimmzähler vornehmen lassen; er ist hierzu verpflichtet, sobald zehn Mitglieder in der Versammlung darauf antragen.

Nur bei Wahlen erfolgt die Abstimmung in der Regel durch Stimmzettel, doch kann die Wahl — falls niemand widerspricht — auch durch Zuruf bewirkt werden.

Bei Stimmengleichheit entscheidet das vom Vorsitzenden zu ziehende Los.

h) Beschlüsse.

§ 31.

Die von der Mehrheit der in der Generalversammlung erschienenen Genossen gefaßten Beschlüsse haben für die Genossenschaft verbindliche

Kraft, wenn die Einladung gehörig erfolgt ist und die Gegenstände der Verhandlung in der Tagesordnung rechtzeitig bekanntgemacht worden sind.

i) Beurkundung der Beschlüsse.

§ 32.

Die über die Verhandlungen der Generalversammlungen aufzunehmenden Protokolle haben die gestellten Anträge, die gefaßten Beschlüsse, soweit nötig unter Angabe der Zahl der für und gegen sie abgegebenen Stimmen, die Wahlen unter Angabe der Zahl und der Verteilung der abgegebenen Stimmen zu enthalten und werden unter dem Datum der Generalversammlung in ein besonderes „Protokollbuch" eingetragen, vom Vorsitzenden, dem Schriftführer und von mindestens drei anderen Vereinsmitgliedern unterzeichnet und vom Aufsichtsrate mit den zugehörigen Anlagen, insbesondere den die Bekanntmachung der Einladung und Tagesordnung enthaltenden Blättern, aufbewahrt.

Hat der Vorsitz im Laufe der Versammlung gewechselt, so genügt die Unterschrift desjenigen Vorsitzenden, der die Versammlung zum Schlusse geleitet hat.

k) Der Beschlußfassung der Generalversammlung unterliegende Angelegenheiten.

§ 33.

Der Beschlußfassung der Generalversammlung unterliegen außer den sonst ausdrücklich in diesen Satzungen dahin verwiesenen Gegenständen folgende Angelegenheiten:

1. die Abänderung der Satzungen;
2. Auflösung der Genossenschaft;
3. Wahl des Vorstandes und Aufsichtsrates;
4. Verfolgung von Rechtsansprüchen gegen die Mitglieder des Vorstandes und Aufsichtsrates und deren Enthebung von den Ämtern;
5. Wahl der Bevollmächtigten zur Führung von Prozessen gegen die Mitglieder des Aufsichtsrates;
6. Genehmigung der Geschäftsordnung für die Generalversammlung;
7. Festsetzung des Gesamtbetrages, den Anleihen der Genossenschaft nicht überschreiten sollen;
8. Genehmigung der Bilanz, Verteilung von Gewinn oder Verlust und Entlastung des Vorstandes;
9. Einsetzung des nach § 63 Absatz 3 vorgesehenen Prüfungsausschusses und Wahl von dessen Mitgliedern;
10. Bericht über die gesetzliche Revision (Verbandsrevision).

§ 34.

Über folgende Angelegenheiten:

1. Abänderung der Satzungen,
2. Widerruf der Bestellung zum Mitgliede des Aufsichtsrates,
3. Auflösung der Genossenschaft

kann nur von einer Mehrheit von drei Vierteilen der in der Generalversammlung erschienenen Genossen gültig beschlossen werden.*)

Zur Gültigkeit der Beschlußfassung über die Auflösung der Genossenschaft ist weiter erforderlich, daß mindestens ein Vierteil aller Genossen in der Generalversammlung anwesend ist.

Ist das erforderliche Vierteil der Genossen in der Generalversammlung nicht anwesend, so wird eine zweite Generalversammlung mit einem Zwischenraum von mindestens 8 Tagen und höchstens 4 Wochen zur Erledigung derselben Tagesordnung anberaumt, die ohne Rücksicht auf die Zahl der anwesenden Genossen gültig beschließen kann.

C. Entstehung und Endigung der Mitgliedschaft.

§ 35.

Aufnahmefähig sind:

1. Einzelpersonen, die sich im Besitze der bürgerlichen Ehrenrechte befinden;
2. Juristische Personen des öffentlichen und Privatrechts.

Zum Erwerb der Mitgliedschaft ist erforderlich: Ausstellung einer unbedingten schriftlichen Beitrittserklärung und Aufnahme durch den Vorstand. Lehnt der Vorstand einen Antrag auf Aufnahme ab, so entscheidet auf Berufung des Abgewiesenen der Aufsichtsrat endgültig über die Aufnahme.

Die Mitgliedschaft des Beitretenden entsteht durch die Eintragung in die Liste der Genossen seitens des Gerichts.

Jeder beitretende Genosse hat zwei gleichlautende Beitrittserklärungen zu vollziehen, von denen eine die Genossenschaft bei ihren Akten behält.

Gründe für die Ablehnung der Aufnahme werden nicht angegeben.

§ 36.

Jeder Genosse hat das Recht, mittels Aufkündigung seinen Austritt aus der Genossenschaft zu erklären.

Die Aufkündigung findet nur zum Schlusse eines Geschäftsjahres statt und muß mindestens . . . Monate vorher schriftlich erfolgen.

§ 37.

Ein Genosse kann ausgeschlossen werden:

a) wegen des Verlustes der bürgerlichen Ehrenrechte,
b) wegen der gleichzeitigen Mitgliedschaft in einer andern Baugenossenschaft hier am Orte,
c) wegen Nichterfüllung der satzungsmäßigen oder anderer vertragsmäßiger Verpflichtungen gegenüber dem Vereine,
d) wegen Eröffnung des Konkurses über sein Vermögen,
e) wenn er durch sein Verhalten die Genossenschaft schädigt.

---

*) Anmerkung: Für Baugenossenschaften, die Reichs- bzw. Staatsdarlehen in Anspruch nehmen, ist hier folgende Bestimmung einzufügen:

Eine Änderung der §§ 1 Abs. 2; § 58, 65 Abs. 1 sowie 67 und dieser Bestimmung ist nur mit Zustimmung des Reichskanzlers (Reichsamt des Innern) bzw. Ministeriums des Innern oder Ministeriums der öffentlichen Arbeiten, zulässig.

(Es ist hier diejenige Fondsverwaltung einzurücken, von der die Genossenschaft das erste Wohlfahrtsdarlehn bekommt.)

Die Ausschließung erfolgt zum Schlusse des Geschäftsjahres durch den Beschluß des Vorstandes und Aufsichtsrates in gemeinschaftlicher Sitzung.

Gesellschaften sind auszuschließen, sofern sie aufgelöst werden und keine Kündigung erfolgt ist. Der Ausschließungsbeschluß ist dem Ausgeschlossenen mittels eingeschriebenen Briefes ohne Verzug mitzuteilen. Von dem Zeitpunkte der Absendung des Briefes ab verliert der Ausgeschlossene das Recht der Teilnahme an der Generalversammlung und der Mitgliedschaft im Vorstand oder Aufsichtsrate.

§ 38.

Im Falle des Todes eines Genossen gilt dieser mit dem Schlusse des Geschäftsjahres, in dem der Tod erfolgt ist, als ausgeschieden.

Bis zu diesem Zeitpunkte wird die Mitgliedschaft des Verstorbenen durch dessen Erben fortgesetzt.

Für mehrere Erben ist das Stimmrecht in der Generalversammlung durch einen Bevollmächtigten auszuüben.

Der Vorstand hat, sobald er von dem Tod eines Genossen Kenntnis erhält, ohne Verzug dem Gerichte zur Liste der Genossen Anzeige zu erstatten.

§ 39.

Die Auseinandersetzung mit dem Ausgeschiedenen erfolgt auf Grund der Bilanz. Er erhält sein Geschäftsguthaben einschließlich der Dividende für das letzte Jahr oder — wenn die Genossenschaft im Verluste war — nach Abzug der erforderlichen Abschreibung spätestens im sechsten Monate nach Endigung der Mitgliedschaft ausgezahlt. Reicht das Vermögen der Genossenschaft einschließlich der Reserven und aller Geschäftsguthaben zur Deckung der Schulden nicht aus, so hat der Ausgeschiedene von dem Fehlbetrag den ihn treffenden Anteil an die Genossenschaft zu zahlen. Der Anspruch der Genossenschaft an den Ausgeschiedenen wird durch die Haftsumme beschränkt.

An die Reservefonds und das sonstige Vermögen der Genossenschaft hat der ausgeschiedene Genosse keinen Anspruch.

Geschäftsguthaben, die nicht innerhalb dreier Jahre nach dem Ausscheiden des Mitglieds abgehoben sind, verfallen zu Gunsten der Genossenschaft.

Wird die Genossenschaft binnen sechs Monaten nach dem Ausscheiden des Genossen aufgelöst, so gilt das Ausscheiden als nicht erfolgt.

§ 40.

Das Ausscheiden durch Übertragung des Geschäftsguthabens nach Maßgabe des § 76 des Gesetzes ist mit Genehmigung des Vorstandes und Aufsichtsrates zulässig.

D. Rechte und Pflichten der Genossen.

§ 41.

Die Mitglieder der Genossenschaft sind berechtigt:

a) bei allen Beschlüssen und Wahlen in den Generalversammlungen zu stimmen und Anträge zu stellen;
b) nach Maßgabe der Bestimmungen im § 27 der Satzungen Generalversammlungen zu berufen;
c) nach Maßgabe des § 65 eine Dividende vom Geschäftsgewinne zu beanspruchen;
d) bei allen Vermietungen und Verkäufen von Wohnungen und Hausgrundstücken nach Maßgabe der zu erlassenden „Grundsätze für die Vergebung der Wohnungen“ und der „Bedingungen, betr. den Erwerb von Vereinshäusern“ berücksichtigt zu werden.

§ 42.

Dagegen ist jeder Genosse verpflichtet:

a) zur Bildung eines Geschäftsanteils die im § 43 bestimmten Einzahlungen zu leisten;
b) ein Eintrittsgeld bei der Aufnahme nach Bestimmung des § 48 zu zahlen;
c) den Satzungen sowie den Beschlüssen und dem Interesse der Genossenschaft nicht entgegen zu handeln;
d) für Erfüllung der Verbindlichkeiten der Genossenschaft dieser sowie unmittelbar deren Gläubigern gemäß dem Genossenschaftsgesetze mit der in diesen Satzungen bestimmten Haftsumme solidarisch zu haften.

E. Geschäftsanteile, Geschäftsguthaben, Haftsummen der Genossen.

§ 43.

Der Geschäftsanteil jedes Genossen wird auf 200 M. festgesetzt. Dieser Geschäftsanteil kann sogleich beim Eintritt voll eingezahlt oder nach und nach durch Einzahlungen von halbmonatlich mindestens 1 M. und durch Zuschreibung der auf das Geschäftsguthaben entfallenden Dividende (§ 65) gebildet werden. Die auf die Geschäftsanteile geleisteten Einzahlungen zuzüglich des zugeschriebenen Gewinns und abzüglich eines etwa abgeschriebenen Verlustes bilden das Geschäftsguthaben eines Mitglieds.

Eine Beteiligung mit mehr als 10 Geschäftsanteilen ist nicht gestattet.

§ 44.

Die Beteiligung auf einen zweiten oder weiteren Geschäftsanteil hängt von der Erfüllung des vorhergehenden Geschäftsanteiles oder der vorhergehenden Geschäftsanteile und von der Genehmigung des Vorstandes ab.

Ein Genosse, der auf einen weiteren Geschäftsanteil beteiligt sein will, hat darüber eine von ihm zu unterzeichnende unbedingte Erklärung abzugeben.

Die Beteiligung auf den weiteren Geschäftsanteil tritt mit der erfolgten Eintragung in die Liste der Genossen in Kraft.

§ 45.

Das Geschäftsguthaben eines Genossen darf während der Dauer der Mitgliedschaft von der Genossenschaft weder ganz noch teilweise ausgezahlt und von der Genossenschaft nicht zum Pfande genommen werden. Eine auf den Geschäftsanteil geschuldete Einzahlung kann nicht erlassen werden.

§ 46.

Die Haftsumme beträgt 200 M.

Mit dem Erwerb eines weiteren Geschäftsanteiles erhöht sich die Haftung des Genossen auf das der Zahl der Geschäftsanteile entsprechende Vielfache der Haftsumme.

F. Reserven.

§ 47.

Der gesetzliche Reservefonds dient nur zur Deckung eines aus der Bilanz sich ergebenden Verlustes und muß auf 10% der ursprünglichen Herstellungs- bzw. Ankaufskosten der Immobilien gebracht und nach Abschreibung von Verlusten wieder gebracht werden.

Der Reservefonds wird gebildet durch die Eintrittsgelder neuer Mitglieder und die im § 65 bestimmten Anteile am Reingewinn.

§ 48.

Das Eintrittsgeld der Mitglieder wird von Zeit zu Zeit durch die Generalversammlung festgesetzt, bis auf weiteres mit ... M. erhoben und ist sofort bei Erlangung der Mitgliedschaft zu zahlen.

Die Witwe eines verstorbenen Mitgliedes bleibt von der Zahlung des Eintrittsgeldes befreit, wenn sie innerhalb sechs Monaten nach dem Todestage des Mitglieds bei dem Vorstande den Antrag auf Aufnahme in die Genossenschaft stellt und als Mitglied aufgenommen wird.

§ 49.

Zur Deckung unvorhergesehener Ausgaben und zur Ausgleichung der Dividende ist ein Hilfsreservefonds und für außerordentliche Ergänzungen und Verbesserungen ein Bauerneuerungs- und Ergänzungsfonds zu bilden.

Über die Verwendung des Hilfsreservefonds zu den angegebenen Zwecken beschließt die Generalversammlung. Über die Verwendung des Bauerneuerungs- und Ergänzungsfonds beschließen Aufsichtsrat und Vorstand in gemeinschaftlicher Sitzung.

Sämtliche Rücklagen, insbesondere der Hilfsreservefonds, dürfen nur für den im § 1 Abs. 2 bezeichneten gemeinnützigen Zweck verwendet werden.

G. Unkündbare Schuldverschreibungen.

§ 50.

Der Verein kann unkündbare, auf den Namen der Käufer lautende Schuldverschreibungen ausgeben. Diese sind nach den darüber vom Vorstand und Aufsichtsrate festzusetzenden Bedingungen zu verzinsen und zu tilgen.

H. Vermietung und Verkauf der Genossenschaftshäuser.

§ 51.

Für jedes Miethaus wird aus der Zahl der darin wohnenden Genossen ein Hausverwalter vom Vorstande bestellt. Für das Erwerbshaus übernimmt der Hausanwärter während der Dauer der Anwartschaft das Amt des Hausverwalters.

Der Hausverwalter, der in der Hauptsache auf die genaue Befolgung der Hausordnung zu sehen hat, erhält seine Anweisung vom Vorstande.

§ 52.

Als Mieter von Genossenschaftswohnungen oder als Erwerber der von der Genossenschaft für den Verkauf bereitgestellten Hausgrundstücke werden nur solche Personen (Familien) zugelassen, die den Anforderungen des § 5 Abs. 1 unter g des preußischen Stempelsteuergesetzes in der Fassung vom 30. Juni 1909 entsprechen.

Unter mehreren berechtigten Bewerbern um eine Mietwohnung erhält sie der, den das Los trifft. Bei der Verlosung werden die in der Mitgliedschaft älteren Genossen nach Maßgabe der vom Vorstand und Aufsichtsrate zu entwerfenden und von der Generalversammlung zu genehmigenden „Grundsätze für die Vermietung von Genossenschaftswohnungen" bevorzugt. Bei der Zuteilung von Wohnungen und Erwerbshausgrundstücken kommt, wenn die Gewährung von Darlehen an die Bedingung geknüpft wird, daß den im Dienstverhältnisse zu dem Gläubiger stehenden Genossenschaftsmitgliedern ein bestimmter Teil der Genossenschaftswohnungen anzubieten ist, auch diese Bedingung zur Anwendung. Mit jedem Mieter ist ein schriftlicher Mietvertrag abzuschließen, in dem auch der Genossenschaft das Recht der Wohnungskündigung vorzubehalten ist.

§ 53.

Zur Erwerbung eines Hausgrundstückes (Erwerbshauses) sind nur Genossen berechtigt, die ihren Geschäftsanteil voll eingezahlt haben.

Der Genosse kann nicht mehr als ein Hausgrundstück erwerben.

Das Erwerbshaus darf höchstens zwei Familienwohnungen enthalten.

§ 54.

Eigentumsrecht an dem Erwerbshausgrundstücke wird auf den Anwärter erst übertragen, nachdem er mindestens drei Jahre in einem Genossenschaftshause gewohnt und ein Dritteil des Kaufpreises getilgt hat.

Sobald ein Drittel des Kaufpreises getilgt ist, wird gegen Verpfändung des Grundstückes für den Restbetrag des Kaufgeldes das Hausgrundstück dem erwerbenden Genossen zum Eigentum übertragen und die Überschreibung auf seinen Namen im Grundbuche beantragt.

§ 55.

Bis zum Übergange des Eigentums wird das Hausgrundstück an den Anwärter vermietet.

Unter mehreren berechtigten Erwerbern um ein Erwerbshaus bestimmt das Los denjenigen, dem es zugewiesen werden soll. Bei der Verlosung wird ebenso verfahren, wie nach § 52 Abs. 2 dieser Satzungen bei der Verlosung von Mietwohnungen.

Die Jahresmiete ist in Prozenten des Kaufpreises so zu bemessen, daß nach Abzug der für die Verzinsung des Kaufpreises und für die anteiligen Verwaltungskosten erforderlichen Beträge mindestens noch 1% dem Anwärter zur Gutschrift als Tilgung verbleibt.

In die von dem Vorstand und Aufsichtsrate festzustellenden Erwerbsbedingungen ist aufzunehmen, daß jeder Erwerbshausanwärter bis zur Eigentumsübertragung zu beliebigen — in runden durch 10 ohne Rest teilbaren — Abzahlungen auf den Kaufpreis berechtigt ist. Diese Abzahlungen sowohl, als auch die regelmäßigen Tilgungsraten sind seitens der Genossenschaft dem Erwerbshausanwärter angemessen zu verzinsen. Den Zinsfuß setzt der Vorstand in Gemeinschaft mit dem Aufsichtsrate fest.

§ 56.

Der Hausanwärter muß in dem von ihm gemieteten Hause selbst Wohnung nehmen. Enthält das Erwerbshaus noch eine zweite Familienwohnung, so setzt der Vorstand in Gemeinschaft mit dem Aufsichtsrate den Jahreshöchstsatz der Miete für die zweite Wohnung mit der Maßgabe fest, daß der Hausanwärter über den Höchstsatz hinaus seinen Mitbewohner nicht in Anspruch nehmen darf.

Aftervermietung einer Familienwohnung ist nur mit der stets widerruflichen Genehmigung des Vorstandes gestattet.

§ 57.

Erwerbshäuser sollen nur nach Maßgabe des Bedürfnisses hergerichtet werden. Die Inangriffnahme des Baues hat daher die vorherige Anmeldung des Hausanwärters zur Voraussetzung.

Sobald das Erwerbshaus zur Vergebung an den Genossen fertiggestellt worden ist, wird der Anwärter unter Angabe des Preises und der Erwerbsbedingungen hiervon benachrichtigt und aufgefordert, sich bei dem Vorstande bis zu einem bestimmten Termine zwecks Übernahme des Hausgrundstückes zu melden.

§ 58.

Der Genossenschaft sind folgende Rechte an dem Erwerbshausgrundstücke vorzubehalten*):

1. Das Wiederkaufsrecht.

   Zur Sicherung dieses Rechts ist sofort bei der Eigentumsübertragung zugunsten der Genossenschaft eine Vormerkung zur Erhaltung des Anspruchs auf Auflassung des Grundstückes im Grundbuche einzutragen. Ob die Genossenschaft von dem Wiederkaufsrechte Gebrauch machen will, bestimmt zunächst der Genossenschaftsvorstand; gibt er eine dahin gehende Erklärung ab, so steht dagegen den Beteiligten die Berufung an die Generalversammlung der Genossenschaft zu, deren Entscheidung endgültig ist. Als Regel soll dabei gelten, daß das Wiederkaufsrecht nur dann auszuüben ist, wenn eine der Genossenschaft nicht angehörende Person Eigentumsrechte an dem Grundstücke erworben hat oder erwerben soll.

   Erwirbt ein Genosse solche Eigentumsrechte, so ist er auf Verlangen der Genossenschaft verpflichtet, die dem Wiederkaufsrecht entsprechenden Verbindlichkeiten des ursprünglichen Käufers unter Fortbestand der eingetragenen Vormerkung auch persönlich zu übernehmen.

   Macht die Genossenschaft von dem Wiederkaufsrechte Gebrauch, so hat sie als Wiederkaufspreis den Schätzungswert des Hausgrundstückes zu zahlen. In Ermangelung gütlicher Vereinbarung wird dieser Wert durch drei Schätzer ermittelt, von denen jede Partei je einen ernennt, während der dritte als Obmann von den beiden Ernannten gewählt wird; zu schätzen ist der gemeine Wert des Hausgrundstückes zur Zeit des Wiederkaufs.

2. Das Vorkaufsrecht, kraft dessen die Genossenschaft unbeschadet des Wiederkaufsrechts in allen Verkaufsfällen gemäß §§ 1094 f. des Bürgerlichen Gesetzbuches zum Vorkauf berechtigt sein soll. Es ist zugunsten der Genossenschaft als dingliches Recht im Grundbuche einzutragen.

3. Das Recht, zu verlangen, daß ohne schriftliche Genehmigung des Genossenschaftsvorstandes weder auf dem Grundstücke vorhandene oder noch zu errichtende Gebäude anders als zu Wohnzwecken verwendet werden dürfen, noch sonst das Grundstück zu anderen Zwecken benutzt werden darf, als zu dem Genossenschaftszwecke: minderbemittelten Familien gesunde und zweckmäßige Wohnungen zu billigen Preisen zu beschaffen. Dieses Recht ist zugunsten der Genossenschaft als beschränkte persönliche Dienstbarkeit (Bürgerliches Gesetzbuch §§ 1090 f.) im Grundbuch einzutragen.

---

*) Für den Fall, daß Reichs- oder Staatsdarlehen in Anspruch genommen werden, sind die vertragsmäßigen Verfügungsbeschränkungen aufzunehmen.

Gegen Versagung jener Genehmigung steht den Beteiligten lediglich die Berufung an die Generalversammlung zu, deren Entscheidung endgültig ist.

4. Die Erhebung einer Veräußerungsabgabe, falls der Hauseigentümer das von der Genossenschaft zu Eigentum erworbene Hausgrundstück mit Vorteil verkauft. Die näheren Bedingungen für die Erhebung dieser Abgabe werden von der Generalversammlung auf Vorschlag des Vorstandes und Aufsichtsrates festgesetzt.

J. Rechnungswesen.

§ 59.

Das erste Geschäftsjahr läuft vom Gründungstage bis zum 31. Dezember des Gründungsjahres, alle folgenden vom 1. Januar bis 31. Dezember. Sofort nach Beendigung des Geschäftsjahres muß

a) der Bestand der Kassenvorräte, Schulddokumente und Wertpapiere durch den Aufsichtsrat geprüft und festgestellt sowie

b) mit dem Abschlusse der Bücher vom Vorstande begonnen werden.

§ 60.

Die vollständige Jahresabrechnung hat der Vorstand längstens bis zum 1. März des folgenden Jahres dem Aufsichtsrate vorzulegen, widrigenfalls dieser berechtigt ist, sie unter seiner Aufsicht durch andere Personen auf Kosten des Vorstandes anfertigen zu lassen.

§ 61.

Die Rechnungslegung muß enthalten:

1. sämtliche Einnahmen und Ausgaben innerhalb des Jahres nach den bei der Buchführung eingeführten Sachkonten geordnet;
2. eine besondere Gewinn- und Verlustberechnung;
3. die Bilanz über den Stand des Genossenschaftsvermögens am Jahresschlusse;
4. ein Inventar zur Bilanz, in dem die am Jahresschlusse vorhandenen Vermögensstücke und Schulden einzeln aufzuführen sind.

§ 62.

Bei der Aufstellung der Bilanz sind folgende Grundsätze zu beachten:

1. Unter die **Schulden** sind aufzunehmen:
   a) die Schulden und Verpflichtungen der Genossenschaft aller Art, insbesondere Anleihen;
   b) die Geschäftsguthaben der Genossen;
   c) der Reservefonds;
   d) die Hilfsreservefonds;
   e) der Erwerbshäusertilgungsfonds.
2. Unter das **Vermögen** sind aufzunehmen:
   a) die baren Kassenbestände;

b) die Wertpapiere höchstens zum Börsen- oder Marktpreise, sofern dieser Preis jedoch den Anschaffungspreis übersteigt, höchstens zu dem letzteren;
c) Grundbesitz und Baulichkeiten nach den Erwerbs- bzw. Herstellungskosten, unter Abzug einer angemessenen Abschreibung für Abnutzung der Miethäuser;
d) außenstehende Forderungen;
e) Mobiliar und Inventar zum Anschaffungs- bzw. Herstellungspreise unter Abzug von jährlich mindestens 10% des Anschaffungspreises für Abnutzung.

Unsichere Forderungen sind nur nach ihrem wahrscheinlichen Werte aufzuführen, uneinziehbare aber ganz auszuscheiden und zurückzustellen.

Der hiernach verbleibende Überschuß des Vermögens über die Schulden bildet den Reingewinn.

§ 63.

Die Prüfung der Rechnung erfolgt durch den Aufsichtsrat, der sich die nötigen Unterlagen dabei durch Einsicht der Bücher und Belege, wie durch die nach § 59 von ihm vorzunehmende Inventur zu verschaffen hat.

Spätestens eine Woche vor der über die Jahresrechnung beschließenden Generalversammlung ist die Jahresrechnung zur Einsicht der Genossen im Geschäftslokale der Genossenschaft auszulegen.

Erheben sich in der Generalversammlung Bedenken gegen die Richtigkeit der Rechnung und die Prüfung des Aufsichtsrates, so kann durch Beschluß der Versammlung, ohne daß der Antrag vorher auf die Tagesordnung gebracht wäre, ein besonderer Ausschuß mit der Nachprüfung betraut werden.

§ 64.

Die Einrichtungen der Genossenschaft und ihre Geschäftsführung in allen Zweigen der Verwaltung sind mindestens in jedem zweiten Jahre der Prüfung durch einen der Genossenschaft nicht angehörigen sachverständigen Revisor zu unterwerfen. Der Vorstand hat mit Genehmigung des Aufsichtsrats die Aufnahme in einen geeigneten Revisionsverband zu erwirken.

K. Verteilung von Gewinn und Verlust.

§ 65.

Von dem nach Deckung aller Unkosten, Verluste und Abschreibungen verbleibenden Reingewinn erhält vorweg der Reservefonds, solange er noch nicht oder nicht wieder die im § 47 festgesetzte Höhe erreicht hat, mindestens 10%. Der Rest des Reingewinns wird, soweit die Generalversammlung daraus nicht Gewinnvorträge oder Überweisungen an eine Hilfsreserve beschließt, an die Mitglieder nach der Höhe ihres Geschäftsguthabens als Dividende gewährt.

Die Höhe der Dividende darf 4 % des Geschäftsguthabens nicht übersteigen. Den Mitgliedern, Geschäftsführern oder sonstigen Beteiligten dürfen auch nicht in anderer Form besondere Vorteile gewährt werden.

Der Gewinn wird auf die Mitglieder nach Maßgabe ihres Geschäftsguthabens bei Beginn des Geschäftsjahrs verteilt. Hat sich das Geschäftsguthaben eines Mitglieds im Laufe des Geschäftsjahrs vermehrt, so wird der anderweite Betrag vom Beginn des auf die Vermehrung folgenden Kalendervierteljahrs berücksichtigt.

Bei der Verteilung werden nur volle Markbeträge der Geschäftsguthaben berücksichtigt.

Solange der Geschäftsanteil nicht erfüllt ist, wird die Dividende dem Genossen auf Geschäftsanteilkonto gutgeschrieben, also nicht bar ausgezahlt.

§ 66.

Ergibt sich am Schlusse des Geschäftsjahrs ein Verlust, so sind zunächst die Hilfsreservefonds, dann der gesetzliche Reservefonds zur Deckung heranzuziehen. Nach dessen Erschöpfung wird der Verlust auf die am Schlusse des Geschäftsjahrs vorhandenen Mitglieder im Verhältnis zur Höhe ihrer Guthaben verteilt und der auf jedes Mitglied entfallende Betrag von seinem Geschäftsguthaben abgeschrieben. Bis zur Wiederergänzung eines durch Verlust verminderten Guthabens findet eine Auszahlung des Gewinnes nicht statt.

Reicht das Vermögen der Genossenschaft einschließlich der Geschäftsguthaben und Reserven zur Deckung der Schulden nicht aus, so wird der die zum Schlusse des betreffenden Geschäftsjahrs Ausgeschiedenen treffende Anteil am Fehlbetrage nach Verhältnis der Haftsumme der Mitglieder berechnet.

L. Auflösung und Liquidation.

§ 67.

Die Auflösung der Genossenschaft kann erfolgen:

1. durch Beschluß der Generalversammlung;
2. in den durch das Gesetz bestimmten Fällen.

Die Liquidation erfolgt nach den Bestimmungen des Genossenschaftsgesetzes.

Die Mitglieder erhalten nicht mehr als ihr Geschäftsguthaben ausgezahlt. Der Rest des Genossenschaftsvermögens ist für den im § 1 Abs. 2 bezeichneten gemeinnützigen Zweck zu verwenden.

M. Die Bekanntmachungen der Genossenschaft und die dazu bestimmten öffentlichen Blätter.

§ 68.

Alle Bekanntmachungen der Genossenschaft ergehen unter deren Firma und werden mindestens von zwei Vorstandsmitgliedern unterzeichnet.

§ 69.

Die Einladungen zu den Generalversammlungen dagegen, insofern sie vom Aufsichtsrat ausgehen (§ 24), erläßt der Vorsitzende des Aufsichtsrates mit der Zeichnung:

Der Aufsichtsrat de . . . .,
eingetragene Genossenschaft mit beschränkter Haftpflicht.
N. . . ., Vorsitzender.

§ 70.

Zur Veröffentlichung ihrer Bekanntmachungen bedient sich die Genossenschaft des „. . . . .“*).

Für den Fall, daß dieses Blatt eingehen oder aus anderen Gründen die Veröffentlichung in diesem Blatt unmöglich werden sollte, tritt der „Deutsche Reichsanzeiger“ so lange an dessen Stelle, bis für die Veröffentlichung der Bekanntmachungen der Genossenschaft durch Beschluß der Generalversammlung ein anderes Blatt bestimmt worden ist.

So beschlossen in der Generalversammlung des . . . . in . . . . am . . . . .ten . . . . 19 . .

Formular 3.

Geschäftsanweisung für den Vorstand einer Baugenossenschaft.

I. Allgemeine Bestimmungen.

§ 1.

Der Vorstand hat die Geschäfte der Genossenschaft nach den Vorschriften des Genossenschaftsgesetzes und den Satzungen zu führen und dabei nach den Bestimmungen dieser Anweisung zu verfahren.

Die Mitglieder des Vorstandes sind der Genossenschaft für Erfüllung dieser Verpflichtungen nach § 34 des Genossenschaftsgesetzes verantwortlich.

§ 2.

Die Vorstandsmitglieder haben sich bei Erledigung der Geschäfte gegenseitig nach Bedürfnis zu unterstützen und zu kontrollieren.

Bei vorübergehender Behinderung des Kassierers oder Schriftführers hat der Vorsitzende deren Geschäfte zu versehen, und im Falle der Verhinderung des Vorsitzenden hat der Schriftführer letzteren zu vertreten.

§ 3.

Zu jeder längeren Abwesenheit hat das Vorstandsmitglied die Genehmigung des Aufsichtsrates einzuholen.

Bei einer nach § 10 der Satzungen erforderlich werdenden Stellvertretung für ein Vorstandsmitglied haben die anderen Vorstandsmitglieder dem Aufsichtsrat von dem die Stellvertretung veranlassenden Umstande sofort Anzeige zu machen.

---

*) Einzutragen der Name der betreffenden Zeitung.

§ 4.

Der Vorstand hält in jeder Woche am . . . . . eine ordentliche Sitzung ab, außerdem kann der Vorsitzende außerordentliche Vorstandssitzungen berufen, sobald er es für erforderlich hält, und er muß solche berufen, sobald ein Mitglied des Vorstandes es verlangt.

Mit der Einladung zu der außerordentlichen Vorstandssitzung sind die Gegenstände der Beratung bekanntzugeben.

Die Vorstandssitzung leitet der Vorsitzende. Die Beschlüsse werden nach Stimmenmehrheit gefaßt.

Mitglieder des Vorstandes, die bei einem zu beratenden Gegenstande beteiligt sind, dürfen während der Beratung und Beschlußfassung über diesen Gegenstand der Sitzung nicht beiwohnen.

Die gefaßten Beschlüsse sind durch den Schriftführer in ein Protokollbuch einzutragen und von den anwesenden Vorstandsmitgliedern zu unterzeichnen.

Wenn ein Mitglied des Vorstandes mit einem gefaßten Beschlusse nicht einverstanden ist, so hat es das Recht, zu verlangen, daß seine abweichende Meinung in dem Protokolle vermerkt wird.

§ 5.

Soweit die Beschlüsse des Vorstandes nach den Satzungen der Genehmigung des Aufsichtsrates bedürfen, sind sie der nächstfolgenden Sitzung des Aufsichtsrates zur Genehmigung vorzulegen.

Die nach den Bestimmungen der Satzungen der Beschlußfassung des Vorstandes und Aufsichtsrates in gemeinschaftlicher Sitzung oder der Beschlußfassung der Generalversammlung unterstellten Angelegenheiten sind durch Beschlüsse des Vorstandes vorzubereiten.

§ 6.

Der Vorstand hat die geeigneten Ermittelungen zur Erwerbung von Grundeigentum anzustellen und bis zu der vom Aufsichtsrat erteilten Genehmigung zum Ankaufe strengste Verschwiegenheit über das Ankaufsprojekt zu beobachten. Imgleichen hat der Vorstand durch geeignete Bauverständige die Baupläne und Kostenanschläge zu den Bauprojekten ausarbeiten zu lassen — und falls eine Baukommission bestellt worden ist — Plan und Kostenanschlag zunächst dieser zur Begutachtung und danach dem Aufsichtsrate behufs der Genehmigung zu unterbreiten. Auch darüber hat der Vorstand in Gemeinschaft mit dem Aufsichtsrate zu beschließen, ob die Übernahme schlüsselfertiger Häuser von Unternehmern oder die Ausführung der Bauten in eigener Regie beliebt wird. Mag es sich um die Übernahme fertiger Häuser oder um die Ausführung von Regiebauten handeln: in keinem Falle ist den Vorstandsmitgliedern oder ihren nahen Blutsverwandten die Beteiligung an den Lieferungen für die Genossenschaft gestattet. Die Beteiligung der Bauhandwerker in der Genossenschaft an den Genossenschaftsbauten ist nur insoweit zulässig, als diese Handwerker etwa zufällig in einem Dienst- oder Lohnverhältnis zu dem betreffenden Bauunternehmer stehen.

Die Bauten bzw. — insofern Regiebauten in Frage kommen — die Lieferungen zu den Bauten sind im Wege der beschränkten Submission an solide Unternehmer zu vergeben, wobei in der Regel dem Mindestfordernden der Zuschlag zu erteilen ist. Die Feststellung der Submissionsbedingungen und des Wortlautes der Lieferungsverträge und die Auswahl der Lieferanten unter den drei Mindestfordernden unterliegt der Genehmigung durch den Aufsichtsrat.

Im Dezember jeden Jahres ist für das nächstfolgende Jahr ein Haushaltsplan aufzustellen, der insbesondere auch die im nächsten Jahre erforderlich werdenden Ausbesserungsarbeiten an den Mietshäusern mit einer ungefähren Kostenangabe enthalten muß. Der Plan ist dem Aufsichtsrat zur Genehmigung zu unterbreiten.

Neuanschaffungen von Inventargegenständen im Werte von über 5 Mark bedürfen der Genehmigung des Aufsichtsrates.

§ 7.

Über die Immobilien des Vereins ist von dem Vorstand zu der Bilanz für den Schluß eines jeden Geschäftsjahres ein Inventar nach folgendem Muster aufzustellen:

A. Mietshäuser.

1 Laufende Nr.	2 Belegenheit der Hausgrundstücke: Haus-Nr.	3 Straße	4 Anzahl der Wohnungen	5 Buchwert der Baukosten am 31. Dez 19.. (M ₰)	6 Buchwert des Grundstücks am 31. Dez. 19.. (M ₰)	7 Gesamter Buchwert am 31. Dez. 19.. (Sp. 5 u. 6) (M ₰)	8 Zugang im Jahre 19.. (M ₰)	9 Abgang im Jahre 19.. (M ₰)	10 Wert nach Zu- bzw. Absatz der Werte in Spalte 8 u. 9 (M ₰)	11 Abschreibung für 19.. (M ₰)	12 Buchwert am 31. Dez. 19.. (Sp. 10 min Sp. 11) (M ₰)	13 Bemerkungen über den baulichen Zustand

B. Erwerbshäuser.

1 Laufende Nr.	2 Belegenheit des Hausgrundstücks: Haus Nr.	3 Straße	4 Name des Erwerbshausanwärters	5 Vereinbarter Kaufpreis (M ₰)	6 Zugang im Jahre 19.. (M ₰)	7 Abgang im Jahre 19.. (M ₰)	8 Wert nach Zu- bzw. Absatz der Werte in Sp. 6 u. 7 (M ₰)	9 Gesamtguthaben des Anwärters am 31. Dez. 19.. (M ₰)	10 Buchwert am 31. Dez. 19.. (Sp. 8 min. Sp. 9) (M ₰)	11 Bemerkungen über den baulichen Zustand

C. Unbebaute Grundstücke.

Laufende Nr.	Katasterbezeichnung			Größe			Ankaufspreis		Buchwert		Bemerkungen
	Gemarkung	Kartenblatt	Parzellen Nr.	ha	a	qm	M	S	M	S	

§ 8.

Der Vorstand hat in seinen Sitzungen über sämtliche Verwaltungsmaßnahmen zu beschließen. Insbesondere hat er folgende Angelegenheiten zu erledigen:

1. die Zuteilung der Arbeiten an die einzelnen Vorstandsmitglieder im Rahmen der Satzungen und dieser Geschäftsanweisung;
2. die Aufnahme von Mitgliedern in die Genossenschaft und die Zulassung von Mitgliedern zum Erwerb weiterer Geschäftsanteile;
3. Wohnungsvermietungen, Wohnungskündigungen, Beschlußfassung über vorzunehmende Reparaturen;
4. Vergebung von Arbeiten an Bauunternehmer und Lieferanten und Überwachung der Bautätigkeit;
5. die Entlassung von Beamten, Gehilfen und Arbeitern aus dem Dienste der Genossenschaft;
6. die Feuerversicherung der fertigen und der im Bau begriffenen Gebäude der Genossenschaft;
7. die Versicherung der Beamten und Arbeiter der Genossenschaft, soweit sie nach den Gesetzen der Verpflichtung zur Invaliden- und Hinterbliebenenversicherung, zur Angestelltenversicherung, zur Krankenversicherung und zur Unfallversicherung unterworfen sind.

§ 9.

Der Vorstand hat für die Einrichtung einer vollständigen und übersichtlichen Buchführung zu sorgen und sich dabei der doppelten kaufmännischen Buchführung zu bedienen.

§ 10.

Der bare Kassenbestand, insoweit er die Summe von . . . M. übersteigt, die Wertpapiere und Werturkunden (Kaufverträge usw.) der Genossenschaft sind von dem Kassierer und dem Vorsitzenden unter doppeltem Verschluß zu halten. Die Geschäftsbücher und der Kassenbestand bis zu . . . M. werden dem Kassierer zur alleinigen Verwahrung überlassen.

Sobald die Kassenbestände mehr als . . . M. betragen, sind sie bei der . . . . zu belegen.

§ 11.

Die Vorstandsmitglieder müssen auf Erfordern den Sitzungen des Aufsichtsrates, jedoch nur mit beratender Stimme, beiwohnen und alle Aufschlüsse erteilen, die der Aufsichtsrat für nötig hält.

§ 12.

Der Vorstand hat dem Aufsichtsrate die in den Satzungen vorgeschriebenen Berichte zu erstatten.

§ 13.

Am Schlusse des Geschäftsjahres hat der Vorstand behufs Aufstellung der Jahresrechnung und Bilanz eine vollständige Inventur aufzunehmen.

Die Kasse ist noch am letzten Tage des Geschäftsjahres nachzuzählen und die Übereinstimmung des Barbestandes mit dem Sollbestande des gleichzeitig abzuschließenden Kassenbuches festzustellen. Ein Offenlassen der Kassenbücher über den Tag des Jahresschlusses hinaus ist unstatthaft. Alle nach dem letzten Tage des Geschäftsjahres noch vorkommenden, auf das abgelaufene Geschäftsjahr sich beziehenden Geschäftsvorfälle sind durch sogenannte Memorialbuchungen in den Geschäftsbüchern des abgelaufenen Jahres einzutragen.

Gleichzeitig mit der Ermittelung des baren Kassenbestandes ist der Bestand an Wertpapieren, Schuldscheinen, Hypothekendokumenten, Kautionsdepots usw. festzustellen und mit den Büchern zu vergleichen.

Mit der Inventuraufnahme der weiteren Wertobjekte muß hintereinander fortgefahren werden. Die Werte der Immobilien dürfen nicht nur nach den Büchern festgestellt werden, es muß auch eine Besichtigung der Häuser zum Zwecke richtiger Bewertung und etwaiger Abschreibung stattfinden.

Noch nicht fertiggestellte oder noch nicht abgerechnete Bauten können derart aufgenommen werden, daß als Wert nur die Höhe der an Handwerker, Arbeiter und für Lieferungen bereits gezahlten Beträge auf die Aktivseite der Bilanz eingesetzt wird.

Die in die Inventur aufzunehmenden Passiven sind durch Abschluß der Spezialbücher festzustellen. Zur Kontrolle sind allen Genossen Auszüge ihres Guthabens auf Anteilkonto, Sparkassenkonto und Hausabtragskonto zuzusenden.

Der Aufsichtsrat hat bei der Inventuraufstellung mitzuwirken.

II. Besondere Bestimmungen.

a) Für den Vorsitzenden.

§ 14.

Dem Vorsitzenden steht die Leitung der Geschäfte zu, er hat die Geschäftsführung zu überwachen und von Unregelmäßigkeiten in der Geschäftsbehandlung, im Kassenwesen und in der Buchführung dem Aufsichtsrate sofort Anzeige zu machen. Er ist berechtigt, von sämtlichen Büchern, Listen, Urkunden und Akten der Genossenschaft stets Einsicht zu nehmen und Kassen- und Geschäftsrevisionen zu jeder Zeit vorzunehmen.

§ 15.

Der Vorsitzende ist verpflichtet, in jedem Vierteljahre mindestens einmal unvermutet eine Revision der Kasse und der Geschäftsbücher und in jedem Halbjahre mindestens einmal eine Revision der Genossenschaftshäuser vorzunehmen.

Über die Revision und deren Ergebnis hat der Vorsitzende in der nächsten Vorstandssitzung zu berichten und diesen Bericht in das Protokollbuch des Vorstandes eintragen zu lassen.

§ 16.

Der Vorsitzende hat den Verkehr mit dem Gerichte wahrzunehmen, die für die Genossenschaft bestimmten Briefe zu empfangen, zu öffnen und für deren Erledigung und Beantwortung sowie für geordnete Aufbewahrung der eingegangenen und der Abschriften oder Kopien der ausgehenden Schriftstücke zu sorgen. Bei allen auszuführenden schriftlichen Arbeiten wird der Vorsitzende durch den Schriftführer unterstützt (vgl. § 30).

§ 17.

Der Vorsitzende hat für die vorschriftsmäßige Ausstellung der Beitrittserklärungen eintretender Genossen, die monatliche Einreichung dieser Beitrittserklärungen zum Genossenschaftsregister, für die richtige Abfassung und Unterzeichnung der Beteiligungserklärungen auf weitere Geschäftsanteile und die alsbaldige Einreichung dieser Beteiligungserklärungen, für die rechtzeitige Einreichung der Aufkündigungen austretender Genossen und der übrigen auf den Eintritt und das Ausscheiden von Genossen sich beziehenden Urkunden, für die Erstattung aller durch das Genossenschaftsgesetz vorgeschriebenen Anmeldungen, Anzeigen und Erklärungen zum Genossenschaftsregister sowie endlich für die nach dem Gesetz und den Satzungen erforderlichen Bekanntmachungen Sorge zu tragen.

§ 18.

Der Vorsitzende hat das nach § 30 des Genossenschaftsgesetzes vorgeschriebene Verzeichnis der Genossen zu führen und es mit der Liste der Genossen in Übereinstimmung zu halten.

Der Vorsitzende hat für die das Verzeichnis der Genossen betreffenden Urkunden und die darauf bezüglichen Benachrichtigungen des Gerichts besondere Akten anzulegen.

§ 19.

Alle nach den Satzungen der Beschlußfassung des Vorstandes und Aufsichtsrats oder der Generalversammlung vorbehaltenen Angelegenheiten hat der Vorsitzende genügend vorzubereiten, zur Beratung und Beschlußfassung vorzulegen und in den gemeinschaftlichen Sitzungen und in der Generalversammlung zu begründen, auch die Ausführung der gefaßten Beschlüsse zu bewirken.

Die Überwachung der Neubautätigkeit hat der Vorsitzende gemeinsam mit dem Schriftführer gemäß § 31 Abs. 3 dieser Geschäftsanweisung auszuführen.

§ 20.

Der Vorsitzende hat dafür zu sorgen, daß die Jahresrechnung bis spätestens Ende des Monats ..... dem Aufsichtsrate vorgelegt wird. Er hat nach Schluß des Geschäftsjahres einen umfassenden Bericht über das abgelaufene Geschäftsjahr, der eine nach Sachkonten geordnete Geschäftsübersicht, die Gewinn- und Verlustberechnung und Geschäftsbilanz, sowie geeignete Erläuterungen und Mitteilungen über die Geschäftstätigkeit und die Entwickelung der Genossenschaft zu enthalten hat, zu verfassen, zur Verteilung an die Genossen vervielfältigen zu lassen und in der ordentlichen Generalversammlung des neuen Geschäftsjahres mündlich zu erläutern.

Der Vorsitzende hat ferner dafür zu sorgen, daß der Geschäftsbericht mindestens eine Woche vor der Generalversammlung, die über die Genehmigung der Bilanz und die Gewinnverteilung zu beschließen hat, in dem Geschäftslokale der Genossenschaft zur Einsicht der Genossen ausgelegt wird, und daß den Genossen hiervon durch Bekanntmachung in dem für die Bekanntmachungen der Genossenschaft bestimmten Blatte Kenntnis gegeben wird.

§ 21.

Der Vorsitzende hat zu veranlassen, daß gemäß § 53 des Genossenschaftsgesetzes mindestens in jedem zweiten Jahre die Einrichtungen und die Geschäftsführung der Genossenschaft der Prüfung durch den Verbandsrevisor unterworfen werden.

§ 22.

Der Vorsitzende hat darüber zu wachen, daß die Kassenbestände, die die Summe von M. .... übersteigen, die Wertpapiere, Urkunden, insbesondere Hypothekenbriefe unter doppelten Verschluß genommen werden, zu dem er selbst den einen und der Kassierer den anderen Schlüssel hat, und daß ferner die sonstigen Schriftstücke, Akten und Geschäftsbücher sowie Drucksachen aller Art in gehöriger Ordnung aufbewahrt und für die Anschaffung und Unterhaltung der zum Geschäftsbetrieb erforderlichen anderweitigen Gegenstände in geeigneter Weise Anordnungen getroffen werden.

b) Für den Kassierer.

§ 23.

Der Kassierer hat die gesamte Kassen- und Rechnungsführung für den Verein auszuüben.

§ 24.

Sämtliche Einnahmen und Ausgaben hat der Kassierer sofort in das Kassenbuch einzutragen und die den Eintragungen entsprechenden Belege aufzubewahren.

§ 25.

Über die Einnahmen hat der Kassierer in Gemeinschaft mit einem zweiten Vorstandsmitgliede zu quittieren.

Ausgaben dürfen nur auf schriftliche Anweisung zweier Vorstandsmitglieder gemacht werden. Zu Zahlungen, die sich auf die Herstellung der Genossenschaftshäuser beziehen, soll die Anweisung von dem bauleitenden Architekten mitunterschrieben werden, der dadurch die verlangten Preise als gerechtfertigt anerkennt.

Zur Erleichterung der Kassengeschäfte werden die regelmäßigen Beiträge auf den Geschäftsanteil durch Vertrauensmänner eingezogen, die darüber durch Marken quittieren, die in das Guthabenbuch des Genossen eingeklebt werden.

Die Marken nimmt der Vorsitzende unter Verschluß. Der Kassierer und die Vertrauensmänner bekommen eine bestimmte Summe in Marken als Vorschuß. Die einkassierten Beträge sind monatlich abzuliefern. Für die abgelieferten Summen werden wieder Marken verabfolgt*).

Die Mietzahlungen erfolgen entweder unmittelbar oder durch Vermittelung der Hausverwalter an den Kassierer. Der Kassierer hat darüber zu wachen, daß die Mieten pünktlich entrichtet und pünktlich an die Genossenschaftskasse abgeführt werden. Verzögerungen hat er dem gesamten Vorstand anzuzeigen.

§ 26.

Der Kassierer ist verpflichtet, von einer Kassendifferenz unverzüglich dem Vorsitzenden Anzeige zu erstatten. Ist auch nach Mitwirkung des Vorsitzenden bei der sofort vorzunehmenden Bücherrevision die Differenz nicht aufgeklärt worden, so ist dem Aufsichtsrate hiervon umgehend zur weiteren Veranlassung Mitteilung zu machen.

§ 27.

Der Kassierer hat folgende Bücher zu führen:

a) . . . .
b) . . . .
c) . . . .

§ 28.

Der Kassierer hat die nach den Satzungen dem Aufsichtsrate vorzulegenden Berichte aufzustellen, die Jahresrechnung unter Mitwirkung des Vorsitzenden anzufertigen und innerhalb . . . Wochen nach dem Jahresschlusse dem Schriftführer vorzulegen.

§ 29.

Der Kassierer hat die am Ende des Geschäftsjahres durch den Vorstand und Aufsichtsrat vorzunehmende Inventur durch Aufstellung der hierzu erforderlichen Verzeichnisse der vorhandenen Wertpapiere, Hypotheken und anderen Forderungen vorzubereiten und Kasse, Wertpapiere, Hypotheken und andere Forderungen sowie die betreffenden Geschäftsbücher vorzulegen.

*) Dieses Verfahren (Markensystem) empfiehlt sich nur bei größeren Genossenschaften. Bei kleinen Genossenschaften verdient die Erteilung von handschriftlichen Quittungen in den Quittungsbüchern den Vorzug.

§ 30.

Der Kassierer ist verpflichtet, dem Vorsitzenden, dem Schriftführer, dem Aufsichtsrat und dessen Revisoren jederzeit die Einsicht der von ihm geführten Bücher und aller in seiner Verwahrung und Verwaltung befindlichen Urkunden und Akten zu gestatten sowie die Barbestände und Marken vorzulegen.

c) Für den Schriftführer.

§ 31.

Der Schriftführer hat den Vorsitzenden bei der Erledigung der schriftlichen Arbeiten zu unterstützen. Wie weit diese Unterstützung im allgemeinen zu gehen hat, bleibt der Vereinbarung zwischen beiden vorbehalten. Bei Meinungsverschiedenheiten in bezug auf die Arbeitseinteilung entscheidet der Aufsichtsrat.

Der Schriftführer hat im übrigen die ständige Aufsicht über die Häuser, Grundstücke und etwaige Baumaterialien der Genossenschaft zu führen und vierteljährlich über den Zustand der Wohnhäuser und Wohnungen dem Vorstande Bericht zu erstatten und diesen Bericht zu Protokoll zu geben.

Der Schriftführer hat die Kostenanschläge und Zeichnungen für Neubauten, die Verträge mit Bauhandwerkern und Unternehmern zusammen mit dem Vorsitzenden zu prüfen bzw. zu entwerfen. Die Ausführung der angeordneten Bauten und Ausbesserungen hat er ebenfalls gemeinsam mit dem Vorsitzenden fortwährend zu überwachen, das zur Verwendung kommende Material zu prüfen und den Verkehr mit den Unternehmern, Handwerkern und Lieferanten zu vermitteln sowie alle darauf bezüglichen schriftlichen Arbeiten vorzubereiten. Die Baurechnungen für die Genossenschaft hat der Schriftführer gemeinsam mit dem Vorsitzenden zu prüfen und mit Zahlungsanweisung zu versehen oder bei obwaltenden Bedenken der nächsten Vorstandssitzung zu unterbreiten.

Der Schriftführer hat für die angemessene Feuerversicherung aller Baulichkeiten usw. der Genossenschaft Sorge zu tragen.

Unaufschiebbare Instandsetzungen kann der Schriftführer auf eigene Verantwortung herbeiführen, er hat aber in der nächsten Vorstandssitzung über den Umfang und die voraussichtlichen Kosten zu berichten.

§ 32.

Der Schriftführer hat die am Ende des Geschäftsjahres durch den Vorstand und Aufsichtsrat vorzunehmende Inventur durch Aufstellung der die Immobilien der Genossenschaft umfassenden Verzeichnisse vorzubereiten und an der Besichtigung und Prüfung der Immobilien und Baumaterialien teilzunehmen.

§ 33.

Der Schriftführer hat das Baubuch zu führen.

Formular 4.

Geschäftsanweisung für den Aufsichtsrat einer Baugenossenschaft.

§ 1.

Nach den Bestimmungen des Gesetzes und den Vorschriften der Satzungen ist die Überwachung der Geschäftsführung der Genossenschaft in allen Teilen der Verwaltung das Recht und die wichtigste Pflicht des Aufsichtsrats.

Um dieser Pflicht zu genügen, muß der Aufsichtsrat sich fortwährend über die Angelegenheiten der Genossenschaft unterrichten und zu diesem Zwecke monatlich Bericht von dem Vorstande fordern, von den Büchern und Schriften der Genossenschaft Einsicht nehmen, die Bautätigkeit überwachen, den Bestand der Kasse und die Bestände an Wertpapieren, Hypothekenforderungen u. dgl. untersuchen, die von dem Vorstande erstatteten Berichte, Geschäftsabschlüsse und namentlich die Jahresrechnung nebst Bilanz und die Gewinnberechnung sorgfältig prüfen und darüber der Generalversammlung vor Genehmigung der Bilanz Bericht erstatten.

Der Aufsichtsrat hat eine Generalversammlung zu berufen, wenn es das Interesse der Genossenschaft fordert.

§ 2.

Der Aufsichtsrat überträgt in jedem Jahre nach erfolgter Neuwahl einem seiner Mitglieder den Vorsitz, einem anderen das Schriftführeramt und ernennt für beide Stellvertreter.

Die Beschlüsse des Aufsichtsrats werden durch einfache Stimmenmehrheit der in der Sitzung anwesenden Mitglieder gefaßt.

Der Aufsichtsrat ist beschlußfähig, wenn die Mehrheit der Mitglieder anwesend ist.

Bei Stimmengleichheit gilt der Antrag als abgelehnt, nur bei Wahlen entscheidet in diesem Falle das Los.

§ 3.

Der Aufsichtsrat hält zur Erledigung der ihm obliegenden Geschäfte an jedem .... in dem Geschäftslokale der Genossenschaft eine Sitzung ab.

§ 4.

Zu außerordentlicher Sitzung hat der Vorsitzende des Aufsichtsrats einzuladen, wenn es das Interesse der Genossenschaft fordert oder wenn der Vorstand oder der dritte Teil der Aufsichtsratsmitglieder unter schriftlicher Angabe der Beratungsgegenstände die Berufung einer außerordentlichen Sitzung verlangen.

Mit der Einladung zu einer außerordentlichen Sitzung sind die Gegenstände der Verhandlung mitzuteilen.

§ 5.

In die Protokolle sind die gefaßten Beschlüsse aufzunehmen.

Die Protokolle sind von dem Vorsitzenden und dem Schriftführer zu unterzeichnen.

In den Protokollen ist festzustellen, ob die abwesenden Mitglieder des Aufsichtsrats entschuldigt oder unentschuldigt fehlen.

Mitglieder des Aufsichtsrats, die bei Gegenständen der Tagesordnung persönlich beteiligt sind, müssen während der Verhandlung über diese Gegenstände das Sitzungslokal verlassen.

Die Beteiligung an Submissionen für Ausführung von Genossenschaftsbauten oder Lieferungen zu den Bauten ist den Aufsichtsratsmitgliedern nicht gestattet.

§ 6.

Die Vierteljahrsabschlüsse sowie die Jahresrechnung und Bilanz sind von dem Aufsichtsrate sorgfältig zu prüfen.

Der Aufsichtsrat hat zu diesem Zwecke eine aus dem Vorsitzenden und zwei weiteren Mitgliedern bestehende Rechnungs-Revisionskommission aus seiner Mitte zu bilden. Diese Kommission hat regelmäßig am Schlusse jeden Vierteljahres eine Kassen- und Geschäftsrevision vorzunehmen und außerdem nach Bedürfnis außerordentliche und unvermutete Revisionen, mindestens einmal im Jahre, eintreten zu lassen.

Den Tag, an dem die unvermutete Kassenrevision stattfinden soll, bestimmt der Vorsitzende des Aufsichtsrats. Er teilt an dem betreffenden Tage seine Absicht den Mitgliedern dieser Kommission mit und begibt sich unmittelbar darauf in Gemeinschaft mit ihnen in die Wohnung des Kassierers bzw. in das Geschäftslokal der Genossenschaft.

Bei den Revisionen — sowohl den regelmäßigen als auch den unvermuteten — ist im allgemeinen das folgende Verfahren zu beobachten.

Zunächst hat der Kassierer den in seinen Händen befindlichen baren Kassenbestand aufzuzählen. Das Ergebnis ist zu vermerken. Sodann hat der Kassierer — sofern das für die regelmäßige Revision noch nicht geschehen sein sollte — im Kassenbuch den Abschluß der Hauptgeldspalte zu bewirken. Danach ist der Vergleich zwischen dem Soll- und dem wirklichen Bestande vorzunehmen, wobei — falls ein nicht sofort aufzuklärender Fehlbetrag oder ein Kassenüberschuß festgestellt wird — die Beschlußfassung über die Beseitigung der Kassendifferenz bis nach Beendigung des Revisionsgeschäfts auszusetzen ist. Ist auch im Laufe der Bücherrevision die Differenz nicht aufgeklärt worden, so hat der Kassierer einen etwaigen Fehlbetrag sofort zu ersetzen, während die Beschlußfassung darüber, was mit einem Kassenüberschusse geschehen soll, dem Aufsichtsrate vorbehalten bleibt.

Nach dem Vergleiche des Soll- und Ist-Kassenbestandes ist zur Prüfung der Eintragungen im Kassenbuch überzugehen. Zur Ermöglichung einer Prüfung der Einnahmen hat der Kassierer — soweit tunlich — die erforderlichen Unterlagen zu schaffen. Beispielsweise ist eine Hypothekendarlehnsrate der Versicherungsanstalt an der Hand des Benachrichtigungsschreibens, ein von der Sparkasse abgehobenes Kapital an der Hand des Sparkassenbuches zu prüfen. Für Mieteneingänge bietet das Mietenkontrolljournal die Grundlage. Bezüglich der Einzahlungen auf den Geschäftsanteil ist eine Prüfung des Markenbestandes vorzunehmen. Falls über die Einzahlungen auf den Geschäftsanteil durch den Kassierer handschriftlich quittiert wird, sind wenigstens Stichproben in der Weise anzustellen, daß einige Quittungsbücher von Genossen einzusammeln und Vergleiche zwischen den Eintragungen in den Quittungsbüchern mit denjenigen im Kassenbuch vorzunehmen sind. Die Revisoren haben auch darauf ihr Augenmerk zu richten, ob die Einnahmen immer unter dem Tage des Eingangs gebucht worden sind und ob die in der Geschäftsanweisung für den Vorstand in bezug auf den zulässigen Höchstbetrag des Kassenbestandes gegebene Bestimmung immer Beachtung gefunden hat.

Rücksichtlich der Prüfung der Eintragungen auf der Ausgabeseite des Kassenbuches gilt der Grundsatz, daß jeder Ausgabeposten durch einen Beleg nachzuweisen ist. Für die Eintragungen in der Spalte „Bankkonto" bildet wiederum das Sparkassenbuch bzw. Kontobuch der Bank den Beleg. Jeder Beleg muß mit der Quittung des Empfängers und auch mit einer Zahlungsanweisung versehen sein. Für Zahlungen an auswärtige Empfänger bis zum Betrage von 800 M. im einzelnen Falle genügt an Stelle der eigenhändigen Quittung die Beifügung des Posteinlieferungsscheins. Durch Vergleichung des Datums der Anweisung mit dem Datum der Quittung ist festzustellen, ob bei Begleichung der Gefälle nicht eine ungebührliche Verzögerung stattgefunden hat.

Alle in Einnahme und Ausgabe richtig befundenen Eintragungen sind seitens des mit der Prüfung des Kassenbuchs betrauten Revisors entweder mit Farbstift oder mit roter Tinte zu unterstreichen. Entdeckte Unrichtigkeiten sind vorläufig auf einem Zettel zu vermerken.

Darauf sind die Seitensummen des Kassenbuchs in Einnahme und Ausgabe nachzurechnen, auch ist der auf der Einnahmeseite befindliche Kassenabschluß rechnerisch zu prüfen. Nach Richtigbefund ist das Kassenbuch unterhalb des Abschlusses seitens der revidierenden Aufsichtsratsmitglieder mit folgendem Vermerk zu versehen:

Festgestellt zum Soll-Bestande von . . . . . M. . . Pf.
in Worten: usw.

. . . ., den . . . . 19 . .
(Folgen die Unterschriften.)

Darauf sind die Übertragungen aus dem Kassenbuch in das Hauptbuch zu prüfen. Was die Prüfung der Nebenbücher — Mitglieder-Kontobücher I und II — anbetrifft, so werden sich die Rechnungsprüfer — sofern Unstimmigkeiten nicht zutage treten — in der Regel auf Stichproben beschränken dürfen, zumal da der Abschluß der Nebenbücher mit dem Kassenbuch Vergleiche im ganzen gestattet.

Nach Beendigung des Revisionsgeschäfts ist über dessen Ergebnis eine Verhandlung nach folgendem Muster aufzunehmen. Diese Verhandlung ist zur nächsten Aufsichtsratssitzung behufs Beschlußfassung darüber vorzulegen, ob sie als erledigt anzusehen oder dem Vorstande zur baldigen Erledigung etwaiger wesentlicher Anstände zu überweisen ist. Sind einzelne Erinnerungen auch nicht durch gemeinschaftliche Beratung mit dem Vorstande zu erledigen, so hat der Aufsichtsrat der Generalversammlung darüber Bericht zu erstatten. Spätestens zur nächstfälligen Revision ist die Verhandlung wieder vorzulegen, um festzustellen, ob sämtliche Erinnerungen inzwischen ihre Erledigung gefunden haben.

Muster für das Protokoll einer Kassenrevision.

Geschehen im Geschäftslokale

des ....

..................am....................19

Gegenwärtig.

I. Von seiten des Vorstandes

....

....

II. Von seiten des Aufsichtsrats

....

....

Die $\frac{\text{unvermutete}}{\text{ordentliche}}$ Revision der Kasse fand in folgender Weise statt:

An barem Kassenvorrat zeigte Herr Kassierer..................

die Summe von

..........M....Pf.

buchstäblich.................

....

....

vor.

Das Kassenbuch ist in seinen sämtlichen Spalten in Einnahme und Ausgabe nachgerechnet; auch sind die Belege, die zu den seit der letzten Revision eingetragenen Posten gehören, geprüft und mit den Eintragungen in dem Kassenbuch verglichen.

Nach dem Kassenbuch ergibt sich als

Einnahme .....M...Pf.

Ausgabe ......M...Pf.

Mithin Soll-Bestand ...M...Pf.

verglichen mit dem obigen Ist-Kassenbestande von .....M...Pf. ergibt — völlige Übereinstimmung zwischen dem Soll- und dem wirklichen Bestande — oder ergibt einen nicht aufzuklärenden $\frac{\text{Fehlbetrag}}{\text{Kassenüberschuß}}$ von ....M...Pf. — oder ergibt einen $\frac{\text{Fehlbetrag}}{\text{Kassenüberschuß}}$ von ....M...Pf., der darin seine Erklärung fand, daß

....

....

Bei der Prüfung der Geschäftsbücher

hat sich im übrigen folgendes zu bemerken gefunden:

a) Bezüglich der Einnahme:

Es wurden noch folgende Soll-Einnahmen als rückständig festgestellt:

I. an Wohnungsmieten nach dem Mietenkontrolljournale.

a) . . . . M. . . Pf.
b) . . . . " . . "
c) . . . . " . . "
. . . . " . . "

II. an Beiträgen nach dem Kontobuche I.

a) . . . . M. . . Pf.
b) . . . . " . . "
c) . . . . " . . "
. . . . " . . "

III. an sonstigen Einnahmen.

a) . . . . M. . . Pf.
b) . . . . " . . "
c) . . . . " . . "
. . . . " . . "

b) Bezüglich der Ausgabe:

Es fehlten folgende Quittungen:

1. zu Beleg Nr. . . . .
2. zu Beleg Nr. . . . .

Die Leistung der Ausgaben wurde einstweilen durch Posteinlieferungsscheine nachgewiesen.

Die bei der letzten Revision fehlenden Quittungen zu Beleg Nr. . . . . . und Nr. . . . . . wurden vorgezeigt.

Vorgelesen, genehmigt und
(Unterschrift des Kassierers)
unterschrieben.

Zur Beglaubigung:
(Es folgen die Unterschriften der Revisoren.)

§ 7.

Der Aufsichtsrat hat zu prüfen, ob die über den Erwerb von Grundeigentum oder den Bau von Häusern mit der Genossenschaft abgeschlossenen Verträge mit den vom Aufsichtsrate gefaßten Beschlüssen übereinstimmen, ob die Baupläne, so wie er sie genehmigt hat, ordnungsmäßig ausgeführt werden, und ob die Bezahlung für die Bauausführung so erfolgt, wie sie den Beschlüssen des Aufsichtsrats entspricht und vertragsmäßig vorgesehen ist.

Zur Vornahme dieser Prüfungen ist eine aus drei Mitgliedern bestehende Bau-Revisionskommission aus der Mitte des Aufsichtsrats zu bestellen.

§ 8.

Der Aufsichtsrat hat ferner zu prüfen, ob die Vermietung der Wohnungen und Häuser den Satzungen gemäß geschehen ist, und ob die darüber abgeschlossenen Verträge die Genehmigung des Aufsichtsrats erhalten haben.

Der Aufsichtsrat hat zeitweise die Häuser der Genossenschaft zu besichtigen, um sich von ihrer guten Erhaltung zu unterrichten und gegen Mieter, die ihre Wohnungen vernachlässigen und nicht rechtzeitig die erforderlichen Ausbesserungen herbeiführen, die geeigneten Maßnahmen zunächst durch Mitteilung an den Vorstand zu veranlassen. Zur Vornahme dieser Prüfungen ist eine aus drei Mitgliedern bestehende Wohnungsrevisionskommission aus der Mitte des Aufsichtsrats zu bestellen.

§ 9.

Am Schlusse des Geschäftsjahres hat der Aufsichtsrat bei der Aufstellung der Inventur mitzuwirken (s. § 13 der Geschäftsanweisung für den Vorstand).

§ 10.

Die Revisionen des Aufsichtsrats sind auch auf die Beobachtung der gesetzlichen Vorschriften im Verkehr mit dem Gericht durch den Vorstand auszudehnen, namentlich ist darauf zu achten,

a) daß die Beitrittserklärungen den gesetzlichen Anforderungen entsprechen, in je einem Exemplar von jedem Mitgliede bei den Vereinsakten zurückbehalten werden und das andere Exemplar rechtzeitig dem Gericht eingereicht ist;
b) daß die Kündigungen der Mitgliedschaft nach den gesetzlichen Vorschriften rechtzeitig zur Eintragung ins Genossenschaftsregister eingereicht werden;
c) daß bei der Übertragung der Mitgliedschaft (§ 76 des Ges.), bei dem Erwerb weiterer Geschäftsanteile (§ 137 daselbst), bei der Ausschließung von Mitgliedern (§ 68 daselbst) die gesetzlichen Vorschriften genau befolgt sind;
d) daß der Tod von Genossen (§ 77 des Ges.) ohne Verzug dem Gericht angezeigt ist;
e) daß die Benachrichtigungen des Gerichts über die Eintragung neuer und die Löschung bisheriger Mitglieder vorhanden sind, und das auf Grund dieser Benachrichtigungen geführte Verzeichnis der Genossen mit der gerichtlichen Liste sich in Übereinstimmung befindet;
f) daß die in § 33 und § 139 des Gesetzes vorgeschriebenen Veröffentlichungen rechtzeitig erfolgt sind;

g) daß rechtsgültig von der Generalversammlung beschlossene Satzungsänderungen dem Gericht angemeldet und deren Eintragung der Genossenschaft seitens des Gerichts angezeigt ist.

§ 11.

Sobald die Jahresrechnung und die Bilanz von dem Vorstande aufgestellt ist, sind die in sie eingestellten Abschlußsummen der einzelnen Konten mit dem aufgestellten Inventar und den Büchern durch die Rechnungsrevisionskommission des Aufsichtsrats zu vergleichen und danach die Richtigkeit der Bilanz festzustellen und zu bescheinigen.

§ 12.

Die bestellten Kommissionen sind Organe des Aufsichtsrats. Sie sind verantwortlich für die sorgfältige Ausführung der Revisionen.

Der Aufsichtsrat ist befugt, einen Rechnungsverständigen, der nicht Mitglied der Genossenschaft zu sein braucht, zur Besorgung der rechnerischen Revisionsarbeiten bei Revision der Jahresrechnung sowie bei den sonstigen im Laufe des Jahres erfolgenden Revisionen hinzuzuziehen und dessen Honorar festzusetzen.

§ 13.

Über alle vorgenommenen Revisionen sind Protokolle aufzunehmen, aus denen der Umfang der vorgenommenen Revisionshandlungen, die dabei beteiligten Personen und die Arbeiten, die sie im einzelnen ausgeführt haben, sowie das Ergebnis der Revision genau ersichtlich sind.

Das Protokoll ist in der nächsten Aufsichtsratssitzung vorzulegen und, sofern es Erinnerungen enthält, dem Vorstande zu deren baldigen Erledigung zu überweisen. Bleiben einzelne Erinnerungen unerledigt, so hat der Aufsichtsrat der Generalversammlung darüber Bericht zu erstatten.

§ 14.

Gemäß § 63 des Genossenschaftsgesetzes hat der Aufsichtsrat in jedem Falle vor einer Revision durch den Verbandsrevisor oder durch den gerichtlich bestellten Revisor darüber zu beschließen, wie viele und welche Mitglieder des Aufsichtsrats bei der Revision mitzuwirken haben.

Der Vorsitzende des Aufsichtsrats oder dessen Stellvertreter müssen dieser Revision stets beiwohnen.

§ 15.

Die Verträge mit den Mitgliedern des Vorstandes sind schriftlich unter Beachtung der in den Satzungen vorgeschriebenen Form nach den Beschlüssen des Aufsichtsrats und in dessen Namen abzuschließen.

§ 16.

Über die Haftbarkeit der Mitglieder des Aufsichtsrats der Genossenschaft gegenüber wegen entstandenen Schadens bestimmt § 41 des Genossenschaftsgesetzes folgendes:

„Die Mitglieder des Aufsichtsrats haben die Sorgfalt eines ordentlichen Geschäftsmannes anzuwenden.

Mitglieder, welche ihre Obliegenheiten verletzen, haften der Genossenschaft persönlich und solidarisch für den dadurch entstandenen Schaden. Insbesondere sind sie in den Fällen des § 34 Abs. 3 des Genossenschaftsgesetzes zum Ersatze der Zahlung verpflichtet, wenn diese mit ihrem Wissen und ohne ihr Einschreiten erfolgt ist.

Die Ansprüche auf Grund der vorstehenden Bestimmungen verjähren in fünf Jahren."

§ 17.

Die Mitglieder des Aufsichtsrats können nach § 38 des Genossenschaftsgesetzes die Ausübung ihrer Befugnisse und Obliegenheiten nicht anderen Personen übertragen.

Formular 5.

Anstellungsvertrag für Vorstandsmitglieder.

Nachdem Herr .... in der Generalversammlung vom ...... zum .... (Bezeichnung des Vorstandsamtes) gewählt ist, wird zwischen der Baugenossenschaft zu ...., eingetragene Genossenschaft mit beschränkter Haftpflicht, vertreten durch den Aufsichtsrat, und Herrn ...... nachstehender Vertrag geschlossen.

§ 1.

Herr .... übernimmt in der Baugenossenschaft zu ...., eingetragene Genossenschaft mit beschränkter Haftpflicht, das Amt eines ...... (Bezeichnung des Vorstandsamtes) für die Zeit vom .... bis .... und verpflichtet sich, die ihm in dieser Eigenschaft nach dem Genossenschaftsgesetz ...., den Vereinssatzungen und der in Gemäßheit des §.. der Satzungen erlassenen, von ihm durch Unterschrift anerkannten Geschäftsanweisung obliegenden Arbeiten und Obliegenheiten mit der Sorgfalt eines ordentlichen Geschäftsmannes zu erfüllen.

§ 2.

Als Vergütung erhält Herr .... jährlich .... M. festes Gehalt, das nachträglich in ..... Raten gezahlt wird.

§ 3.

Die Vertretungskosten in Fällen der Behinderung werden für die Dauer von .. Wochen von der Genossenschaft als Geschäftsunkosten bezahlt. Bei längerer Behinderung hat Herr ..... die Stellvertretungskosten von der ... Woche ab im vollen Betrage zu decken.

Im Falle Herr ..... während der Vertragsdauer stirbt, wird den Erben desselben das Gehalt für den Sterbemonat und einen darauffolgenden Monat gezahlt, jedoch nicht über die Vertragsdauer hinaus.

§ 4.

Herr . . . . . hat einen Anspruch auf einen Urlaub von . . . . . . in jedem Jahre. Zu dem Antritt des Urlaubs ist rechtzeitig die Genehmigung des Aufsichtsrats einzuholen.

§ 5.

Herr . . . . ist verpflichtet, durch Einzahlung von monatlich mindestens . . . . M. . . . . Geschäftsanteile zu erwerben und die darüber lautenden Guthabenbücher und Anteilscheine bei der Genossenschaft zu hinterlegen.

Die Herausgabe der Guthabenbücher und Anteilscheine erfolgt erst, wenn Herr . . . . . . über die ganze Zeit der Geschäftsführung Rechnung gelegt hat und ihm durch die Generalversammlung Entlastung erteilt ist.

§ 6.

Für den Fall, daß Herr . . . . . . vor Ablauf der Wahlzeit wegen Nichterfüllung der ihm nach dem Genossenschaftsgesetz und dem gegenwärtigen Vertrage obliegenden Verpflichtungen aus seinem Amte entlassen wird, verzichtet derselbe auf alle Entschädigungsansprüche an die Genossenschaft wegen der ihm in diesem Vertrage zugesicherten Vergütung von dem Zeitpunkte der von der Generalversammlung ausgesprochenen Entlassung an. Geht dieser endgültigen Entlassung eine vorläufige Enthebung von dem Amte durch den Aufsichtsrat voraus, so tritt der Verzicht schon mit dem Tage der letzteren in Kraft.

Das Vorstehende gilt auch, wenn die Entlassung wegen Unfähigkeit zur ordnungsmäßigen Verrichtung der übertragenen Funktionen oder wegen Verlust der bürgerlichen Ehrenrechte erfolgt.

. . . ., den . . . .

. . . . P. P.

(Unterschrift des Vorstandsmitglieds). Vorsitzender des Aufsichtsrats.

Formular 6.

Niederschrift über die Gründungsversammlung einer Baugenossenschaft.

H., den . . . .

Die zwecks Gründung einer Baugenossenschaft berufene Versammlung, die durch Herrn . . . . eröffnet wird, wählt Herrn . . . . zum Vorsitzenden und Herrn . . . . zum Schriftführer.

Der vorgelegte Satzungsentwurf wird in den einzelnen Bestimmungen durchberaten und dann auf Antrag des Herrn . . . . im ganzen einstimmig angenommen.

Die Satzungen werden daraufhin von . . . Personen unterschrieben. Diejenigen Anwesenden, die die Satzungen nicht unterschrieben haben, verlassen die Versammlung. Die Unterzeichner der Satzungen schreiten darauf zur Wahl des Aufsichtsrats. Es sind zwölf Aufsichtsratsmitglieder in einem Wahlgange zu wählen. Die meisten Stimmen haben erhalten:

1. Herr . . . . Stimmen,
2. " . . . . "
3. " . . . . "
4. " . . . . "
5. " . . . . "
6. " . . . . "
7. " . . . . "
8. " . . . . "
9. " . . . . "
10. " . . . . "
11. " . . . . "
12. " . . . . "

Anwesend sind . . . . Personen. Die absolute Mehrheit beträgt also: . . . . Die vorstehend aufgeführten zwölf Mitglieder haben alle die absolute Stimmenmehrheit erhalten und sind somit als Aufsichtsratsmitglieder gewählt. Sie nehmen die Wahl an.

Der Vorsitzende vertagt darauf die Versammlung auf 1/4 Stunde zwecks Konstituierung des Aufsichtsrats. Nach Wiedereröffnung der Versammlung übernimmt der Vorsitzende des Aufsichtsrats, Herr . . . ., den Vorsitz und teilt mit, daß der Aufsichtsrat den Herrn . . . . zum Vorsitzenden des Vorstandes vorschlägt. Herr . . . . beantragt, die Wahl durch Zuruf vorzunehmen. Da niemand widerspricht, erfolgt die Wahl durch Zuruf, und zwar einstimmig. Herr . . . . nimmt die Wahl an.

Der Vorsitzende teilt daraufhin mit, daß der Aufsichtsrat zum Kassierer den Herrn . . . . vorschlägt. Auch hier findet, da Wahl durch Zuruf von Herrn . . . . beantragt wird und niemand widerspricht, die Wahl durch Zuruf statt. Die Wahl erfolgt einstimmig. Herr . . . . nimmt die Wahl an.

Der Vorsitzende teilt endlich mit, daß der Aufsichtsrat zum Schriftführer den Herrn . . . . vorschlägt. Von Herrn . . . . wird Stimmzettelwahl beantragt. Es werden 120 gültige Stimmzettel abgegeben. Von diesen sind 115 mit „ja" und 5 mit „nein" beschrieben. Herr . . . . ist danach zum Schriftführer gewählt. Er nimmt die Wahl an. Schluß der Versammlung um . . . .

Unterschriften: (Die Unterzeichnung hat in der in den Satzungen angegebenen Form zu geschehen. Nach den Mustersatzungen haben die Niederschrift zu unterschreiben: der Vorsitzende, der Schriftführer und mindestens drei andere Vereinsmitglieder.)

Formular 7.

Niederschrift über die am ..... in ..... abgehaltene Generalversammlung der Baugenossenschaft ....

Tagesordnung.

1. Vorlage des Rechnungsabschlusses für das Geschäftsjahr 19 . ., Genehmigung der Bilanz, Beschlußfassung über die Gewinnverteilung und die Entlastung des Vorstandes.
2. Bericht über die gesetzliche Revision der Genossenschaft.
3. Ersatzwahlen für die ausscheidenden Vorstands- und Aufsichtsratsmitglieder.
4. Änderung des § . . der Satzungen.
5. Festsetzung des Höchstbetrages für die aufzunehmenden Anleihen.

Anwesend vom Vorstande sind die Herren: (folgen die Namen), vom Aufsichtsrate die Herren: (folgen die Namen). Entschuldigt haben sich die Herren: (folgen die Namen).

Die ordnungsmäßige Berufung der Versammlung wurde durch den Vorsitzenden festgestellt.

Beschlüsse.

Zu 1. Nachdem von dem vorgelegten Rechnungsabschluß und dem Geschäftsberichte Kenntnis genommen ist, wird die Bilanz einstimmig genehmigt. Die Verteilung des Gewinnes wird in folgender Weise gegen 2 Stimmen beschlossen:

a) Dem gesetzlichen Reservefonds 10% des Reingewinnes = 436 M.;
b) auf die dividendenberechtigten Geschäftsguthaben 4% Dividende = 2815 M.;
c) der Rest des Reingewinnes = 1109 M. zum Hilfsreservefonds.

Der Aufsichtsrat beantragt, dem Vorstande Entlastung zu erteilen. Diese wird einstimmig beschlossen.

Zu 2. Der Vorsitzende des Aufsichtsrats gibt eine Erklärung über den vorliegenden Bericht des Verbandsrevisors ab.

Die Generalversammlung nimmt Kenntnis von dieser Erklärung und ersucht den Vorstand und Aufsichtsrat, den in dem Revisionsberichte angegebenen Anregungen zu folgen.

Zu 3. Aus dem Vorstande scheidet Herr ...... turnusmäßig aus. Der Aufsichtsrat schlägt die Wiederwahl vor. Diese wird, da niemand widerspricht, durch Zuruf vorgenommen. Die Wahl erfolgt einstimmig.

Aus dem Aufsichtsrate scheiden aus die drei Herren: (folgen die Namen). Es wird Stimmzettelwahl beantragt. Abgegeben werden 92 gültige Stimmzettel. Es erhalten:

a) 85 Stimmen,
b) 72 „
c) 56 „
d) 42 „
e) 21 „

Die absolute Mehrheit beträgt 47 Stimmen. Die Herren a) b) c) haben also die absolute Mehrheit erhalten und sind somit als Aufsichtsräte gewählt.

Zu 4. Vorstand und Aufsichtsrat schlagen vor, dem § . . der Satzungen folgende Fassung zu geben: (folgt die vorgeschlagene Fassung). Die Abstimmung ergibt, daß 80 Mitglieder dafür, 12 dagegen stimmen; die Satzungsänderung ist danach angenommen, weil mehr als drei Viertel der erschienenen Mitglieder für sie gestimmt haben.

Zu 5. Vorstand und Aufsichtsrat schlagen vor, den Gesamtbetrag für die Anleihen auf 500 000 M. festzusetzen. Dieser Antrag findet einstimmige Annahme.

Nach Verlesung dieser Niederschrift wurde die Generalversammlung abends 10 Uhr vom Vorsitzenden geschlossen. (Die Unterzeichnung hat in der in den Satzungen vorgeschriebenen Form zu geschehen. Falls die Mustersatzungen angenommen sind, ist die Niederschrift zu unterschreiben vom Vorsitzenden, vom Schriftführer und von mindestens 3 Genossen.)

Formular 8.

Niederschrift über eine gemeinschaftliche Sitzung des Vorstandes und Aufsichtsrats.

H., den....................

Anwesend sind vom Vorstande die Herren (folgen die Namen), vom Aufsichtsrate die Herren (folgen die Namen) und Herr Architekt . . . . . . Entschuldigt fehlt Herr . . . . . .

Tagesordnung.

1. Aufnahme neuer Mitglieder*).
2. Beschlußfassung über die Baupläne für den Neubau 14.

Beschlüsse.

Zu 1. Der Vorstand beantragt, folgende Personen als Mitglieder aufzunehmen:

1. . . . .
2. . . . .
3. . . . .

Der Aufsichtsrat beschließt die Aufnahme einstimmig.

Zu 2. Herr Architekt . . . . . . erläutert die von ihm ausgearbeiteten Baupläne für den Neubau 14. Herr . . . . . . beantragt eine Umarbeitung der Baupläne, da die Lage und die Form der Küche ungünstig ist. Über diesen Antrag wird abgestimmt, und zwar stimmt zunächst der Vorstand ab. Dieser nimmt den Antrag einstimmig an. Von den anwesenden 10 Aufsichtsratsmitgliedern stimmen 6 für den Antrag. Der Antrag ist also sowohl vom Vorstande als vom Aufsichtsrate angenommen. Die Baupläne werden darauf dem Herrn Architekten . . . . zurückgegeben mit dem Ersuchen, sie im Sinne des Beschlusses umzuarbeiten.

*) Anmerkung: Es wird hier vorausgesetzt, daß satzungsgemäß zur Aufnahme neuer Mitglieder die Genehmigung des Aufsichtsrats erforderlich ist.

Vor der Unterzeichnung der Niederschrift hat Herr .... die Sitzung verlassen. Schluß der Sitzung 9 Uhr.

(Die Niederschrift ist in der in den Satzungen festgesetzten Form zu unterzeichnen. Sind die Mustersatzungen angenommen, so sind die Niederschriften der gemeinsamen Sitzungen zu unterzeichnen von dem Vorsitzenden, dem Protokollführer und einem Vorstandsmitgliede.

Formular 9.

Niederschrift über eine Vorstandssitzung.

H., den....................

Anwesend sind die Herren (folgen die Namen).

Tagesordnung.

1. Aufnahme neuer Mitglieder.
2. Beschlußfassung über die Vergebung der Schlosserarbeiten zu dem Neubau 12.

Beschlüsse.

Zu 1. Es haben sich zur Aufnahme gemeldet:

1. ....
2. ....
3. ....

Es wird einstimmig beschlossen, die vorgenannten Personen dem Aufsichtsrate zur Aufnahme zu empfehlen.

Zu 2. Es liegen 3 Offerten vor; die billigste ist abgegeben von dem Schlossermeister .... Da dieser als zuverlässig bekannt ist, wird ihm der Zuschlag erteilt.

(Von sämtlichen anwesenden Vorstandsmitgliedern zu unterschreiben.)

Formular 10.

Geschäftsordnung für die Generalversammlung.

§ 1.

Der Leiter der Generalversammlung hat durch eine geeignete Kontrolle am Eingange des Versammlungslokals dafür Sorge zu tragen, daß nur Mitglieder zu dem Versammlungsraume Zutritt haben, und daß möglichst jederzeit die Zahl der anwesenden Mitglieder ohne besondere Auszählung festgestellt werden kann.

Insofern ausnahmsweise Nichtmitgliedern der Besuch einer Generalversammlung gestattet wird, ist ihre Zahl in der Niederschrift zu vermerken.

§ 2.

Der Vorsitzende ernennt den Schriftführer und hat festzustellen, daß die Generalversammlung den Satzungen gemäß einberufen ist.

Hierauf stellt er die Gegenstände der Tagesordnung in der Reihenfolge, wie sie in der Einladung zur Generalversammlung bekannt gemacht sind, zur Verhandlung.

Eine Beschlußfassung über Gegenstände, die nicht auf der Tagesordnung stehen, darf der Vorsitzende nicht gestatten.

§ 3.

Für die Anträge des Vorstandes oder Aufsichtsrats wird vom Vorstand oder Aufsichtsrat in der Regel ein Berichterstatter (Referent) bestellt, der die Verhandlung einleitet und auch das Schlußwort in derselben erhält.

§ 4.

Kein Mitglied darf in der Versammlung sprechen, ohne vorher das Wort verlangt und vom Vorsitzenden erhalten zu haben.

Der Vorsitzende ruft die Redner in der Reihenfolge auf, in der sie sich zum Wort gemeldet haben.

Sofortige Zulassung zum Wort können nur diejenigen Mitglieder verlangen, die zur Geschäftsordnung reden wollen.

Zu einer persönlichen Bemerkung wird erst nach dem Schluß der Verhandlung unmittelbar vor der Abstimmung das Wort erteilt.

Die Redner sprechen stehend von ihrem Platze aus. Nur die Berichterstatter nehmen den Platz neben dem Vorsitzenden ein.

§ 5.

Der Vorsitzende ist berechtigt, den Redner, der nicht zur Sache spricht, auf den Gegenstand der Verhandlung zu verweisen und, wenn er sich beleidigende oder andere unparlamentarische Äußerungen erlaubt, zur Ordnung zu rufen.

Ist das eine oder das andere in derselben Rede zweimal ohne Erfolg geschehen, und fährt der Redner fort, sich von dem Gegenstande oder von der Ordnung zu entfernen, so kann die Generalversammlung auf die Anfrage des Vorsitzenden ohne Verhandlung beschließen, daß ihm das Wort über den vorliegenden Gegenstand genommen werden solle, wenn er vorher auf diese Folge vom Vorsitzenden aufmerksam gemacht ist.

§ 6.

Die Beratung wird geschlossen, wenn alle Mitglieder, die sich zum Wort gemeldet, gesprochen haben.

Wird vorher von einem Mitgliede Schluß der Verhandlung beantragt, so muß der Vorsitzende darüber sofort abstimmen lassen, nur darf ein im Sprechen begriffener Redner durch einen solchen Antrag nicht unterbrochen werden. Ehe zur Abstimmung geschritten wird, sind der Generalversammlung diejenigen Mitglieder namhaft zu machen, die sich noch zum Wort gemeldet haben.

§ 7.

Jedes Mitglied kann zu dem zur Beratung stehenden Antrag Abänderungs- und Unter-Abänderungsanträge stellen. Diese sind jedoch vor Schluß der Verhandlung schriftlich einzureichen oder so langsam vorzutragen, daß sie der Schriftführer nachschreiben kann. Diese Anträge bedürfen, um zur Beratung und Abstimmung zu kommen, der Unterstützung von mindestens . . . Mitgliedern.

Zieht ein Antragsteller seinen Antrag zurück, so kann derselbe Antrag von jedem anderen Mitgliede wieder aufgenommen werden.

§ 8.

Nach Schluß der Beratung kündigt der Vorsitzende die Anträge, die er zur Abstimmung zu stellen beabsichtigt sowie die Reihenfolge, in der er sie zur Abstimmung stellen will, an.

Der Antrag auf Vertagung und Überweisung der Angelegenheit an eine spätere Generalversammlung geht den sachlichen Anträgen vor und kommt zunächst zur Abstimmung.

Im übrigen kommen Abänderungsanträge vor dem Hauptantrage, auf den sie sich beziehen, zur Abstimmung. Je nach dem Ergebnis der ersten Abstimmung kommt dann der Hauptantrag mit oder ohne den Abänderungsantrag zur Abstimmung.

Unter-Abänderungsanträge kommen zur Abstimmung vor dem Abänderungsantrage, zu dem sie gestellt sind. Je nach dem Ergebnis der ersten Abstimmung kommt dann der Abänderungsantrag mit oder ohne den Unter-Abänderungsantrag zur Abstimmung.

Anträge, die nur für den Fall gestellt sind, daß der Hauptantrag abgelehnt wird, kommen erst nach Ablehnung des letzteren zur Abstimmung.

Jedem Mitgliede steht es frei, eine andere Fassung oder Reihenfolge der Anträge in Vorschlag zu bringen, worüber die Generalversammlung entscheidet.

§ 9.

Zu jeder Zeit kann während der Beratung mit einer Unterstützung von mindestens . . Mitgliedern der Antrag eingebracht werden, die Leitung der Generalversammlung dem derzeitigen Vorsitzenden abzunehmen Über diesen Antrag wird sofort ohne Verhandlung abgestimmt. Im Falle der Annahme desselben erfolgt sofort eine Neuwahl mittels Stimnzettel. Die Wahl kann auch durch Zuruf stattfinden, sofern niemand Widerspruch erhebt.

§ 10.

Die Abstimmung erfolgt mittels Handaufhebens oder — je nach Wahl des Vorsitzenden durch Erheben von den Sitzen. Der Vorsitzende läßt, sobald ihm das Ergebnis zweifelhaft erscheint, die Gegenprobe machen. Wenn auch das Ergebnis der Gegenprobe nach Ansicht des Vorsitzenden unsicher ist, kann derselbe durch zwei von ihm aus den Anwesenden zu ernennende Stimmzähler die Zählung der Stimmen vornehmen lassen. Er ist hierzu verpflichtet, sobald zehn Mitglieder in der Versammlung darauf antragen.

Die Stimmenmehrheit wird ohne Mitzählung derjenigen festgestellt, die sich der Abstimmung enthalten haben.

Bei Stimmengleichheit ist der Antrag abgelehnt.

§ 11.

Über Ausschließung von Mitgliedern und über die Wahl der Vorstandsmitglieder wird in der Regel durch Stimmzettel abgestimmt.

Ungültig sind Stimmzettel, die nicht oder nicht ausschließlich mit „Ja" oder „Nein" beschrieben sind.

Ungültige Stimmzettel werden als nicht abgegeben betrachtet.

Bei Stimmengleichheit ist der Antrag abgelehnt.

Die Ausschließung und Wahl kann auch durch Zuruf stattfinden, sofern niemand Widerspruch erhebt.

§ 12.

Auch die Wahlen zum Aufsichtsrat erfolgen in der Regel durch Stimmzettel und sind dabei soviel Namen auf jeden Stimmzettel zu schreiben, als Personen zu wählen sind.

Wird im ersten Wahlgang nicht die absolute Stimmenmehrheit (mehr als die Hälfte der Stimmen) erreicht, so kommt von denen, die die meisten Stimmen erhalten haben, die doppelte Zahl der noch zu Wählenden auf die engere Wahl, und wird mit den engeren Wahlen in derselben Art so lange fortgefahren, bis für alle zu Wählende eine absolute Mehrheit erzielt ist.

Bei Stimmengleichheit entscheidet das von dem Vorsitzenden zu ziehende Los darüber, wer auf die engere Wahl zu bringen oder wer als schließlich gewählt zu betrachten ist.

Ungültig sind:

1. Stimmzettel, die keinen oder keinen lesbaren Namen enthalten;
2. Stimmzettel, aus denen die Person des Gewählten nicht unzweifelhaft zu erkennen ist;
3. Stimmzettel, auf denen mehr Namen als zu wählende Personen oder der Name einer nicht wählbaren Person verzeichnet ist;
4. Stimmzettel, die einen Protest oder Vorbehalt enthalten.

Alle ungültigen Stimmzettel werden als nicht abgegeben betrachtet.

Auch die Wahlen zum Aufsichtsrat können durch Zuruf stattfinden, sofern niemand Widerspruch erhebt.

§ 13.

Bei den nach den §§ 11 und 12 stattfindenden Abstimmungen ernennt der Vorsitzende zunächst aus der Zahl der anwesenden Mitglieder zwei Stimmzähler, die die Stimmzettel an die anwesenden Mitglieder verteilen. Dann sammeln die Stimmzähler auf Anweisung des Vorsitzenden die inzwischen beschriebenen Stimmzettel wieder ein.

Sind auf Befragen des Vorsitzenden keine Stimmen mehr abzugeben, so erklärt derselbe die Wahl für geschlossen und zählt die Stimmzettel zunächst uneröffnet, um festzustellen, daß die Zahl derselben nicht größer ist, als die Zahl der nach der Kontrolle (§ 1) anwesenden Mitglieder. Hierauf eröffnet der Vorsitzende jeden Stimmzettel und verliest dessen Inhalt, den Stimmzettel dem einen Stimmzähler übergebend, während der andere Stimmzähler die abgegebenen Stimmen einzeln vermerkt und laut zählt.

Über die Gültigkeit der Stimmzettel entscheidet unter Beobachtung der Vorschriften der §§ 11, 12 der Vorsitzende mit den Stimmzählern; auf erhobenen Widerspruch die Generalversammlung.

Nach der Wahl fragt der Vorsitzende den oder die Gewählten, wenn sie in der Generalversammlung anwesend sind, ob sie die Wahl annehmen und läßt ihre Erklärung darüber niederschreiben.

§ 14.

Wenn die Tagesordnung erledigt ist, bezeichnet der Vorsitzende diejenigen Mitglieder, die das Protokoll mit unterzeichnen sollen, läßt dasselbe vom Schriftführer verlesen, von der Generalversammlung genehmigen und von dem Schriftführer und drei[1]) Mitgliedern vollziehen und schließt, nachdem er selbst die Niederschrift vollzogen hat, die Versammlung.

Formular 11.

Grundsätze für die Vermietung von Vereinswohnungen (in Mietshäusern).

§ 1.

Über alle zur Vermietung gelangenden Wohnungen wird eine vom Vorstande jederzeit auf dem laufenden zu haltende Liste geführt. Diese Liste liegt zur jederzeitigen Einsicht durch die Mitglieder im Geschäftszimmer der Genossenschaft aus.

Aus der Liste muß die Lage, der Umfang und der Mietspreis sowie der Zeitpunkt des Freiwerdens der Wohnungen ersichtlich sein.

§ 2.

Die Genossen, die mindestens 6 Monate lang der Genossenschaft angehören und ihre Mitgliedspflichten erfüllt haben, sind berechtigt, sich um alle frei werdenden Wohnungen in Genossenschaftshäusern zu bewerben. Dieselben haben sich zu dem Behuf unter Angabe der von ihnen gewünschten Wohnung oder des Mietspreises oder der Größe der Wohnung in die vom Vorstand geführte Bewerberliste eintragen zu lassen.

Falls der Bewerber nicht schon in einem Genossenschaftshause wohnt, hat derselbe bei der Bewerbung auch die für ihn gültige Kündigungsfrist in seinem alten Mietsverhältnis anzugeben.

§ 3.

Sind mehrere berechtigte Bewerber zu einer Wohnung vorhanden, so wird dieselbe unter den Bewerbern verlost. Hierbei erhält jeder Bewerber mindestens ein Los. Bewerber, die schon längere Zeit Genossen sind, erhalten so viel Lose, als sie Jahre der Genossenschaft angehört haben, jedoch nicht mehr als fünf.

---

[1]) Falls Stimmzähler in Tätigkeit getreten sind, werden diese zunächst vom Vorsitzenden zur Vollziehung der Niederschrift herangezogen werden, wenn die Stimmzähler die Niederschriften nicht etwa schon als Vorstands- oder Aufsichtsratsmitglieder zu unterschreiben haben.

Zeit und Ort der Vergebung oder Verlosung der Wohnungen wird den Bewerbern durch den Vorstand mit dem Bemerken rechtzeitig vorher mitgeteilt, daß es ihnen frei steht, bei der Verlosung anwesend zu sein.

§ 4.

Für das Verhältnis der Genossen als Mieter gegenüber der Genossenschaft als Vermieterin gelten ausschließlich die Bestimmungen des schriftlich in jedem Falle abzuschließenden Mietvertrages.

Formular 12.

A. Mietvertrag.

. . . ., den . . . .

Herrn und Frau . . . . in . . . .

Auf Grund der vorgenommenen Verlosung vermieten wir Ihnen vom . . . . ab die an der . . . . Straße Nr. . . . in . . . . in dem . . . . Geschosse belegene Wohnung, bestehend aus:

. . Stube . ., . . Kammern, . . Küche, . . Keller, zum Preise von Mark . . . . ., wörtlich: . . . . Mark für das Jahr einschließlich Wassergeld, unter nachstehenden Bedingungen:

1. Die Miete ist vierteljährlich nachträglich, und zwar spätestens am:

31. März,
30. Juni,
30. September und
31. Dezember

jeden Jahres zu zahlen.*)

Für Zahlung der Miete haften die Unterzeichneten als Gesamtschuldner. Sie versichern, daß die einzubringenden bzw. eingebrachten Sachen ihr unbeschränktes Eigentum und mit keinem Pfande belastet sind. Falls diese Versicherung sich nachträglich als unrichtig herausstellen sollte, kann Vermieter zu jeder Zeit das Mietverhältnis ohne Kündigungsfrist aufheben.

Die Mieter sind nicht befugt, wegen irgendwelcher ihnen etwa zustehenden Gegenforderung oder wegen etwaiger Nichterfüllung oder nicht gehöriger Erfüllung der Mietbedingungen die fällige Miete ganz oder teilweise zurückzubehalten, können vielmehr die ihnen etwa zustehenden Ansprüche nur im Wege einer selbständigen Klage, also auch nicht im Wege der Widerklage, der Aufrechnung oder einer sonstigen Einrede geltend machen.

2. Bei unpünktlicher oder unvollständiger Mietzahlung ist der Vermieter berechtigt, den Vertrag ohne Kündigung zu lösen. Die Wohnung

*) Anmerkung: In Baugenossenschaften, die Arbeiterwohnungen bauen, empfiehlt es sich, die Miete in monatlichen Teilbeträgen, möglichst im voraus zu erheben.

ist in diesem Falle auf Verlangen des Vermieters sofort zu räumen. Das gleiche Recht steht dem Vermieter zu, wenn liederlichen Personen in den Mieträumen auch nur zeitweiliger Aufenthalt gestattet wird. Die Miete ist im Falle der Räumung bis zum Ablauf des Vierteljahres, in dem die Räumung erfolgt ist, zu zahlen. Hat der Vermieter den Vertrag wegen mangelhafter Mietzahlung gelöst, so können die Mieter von allen ferneren Wohnungsverlosungen ausgeschlossen werden.

3. Das Mietverhältnis kann — unbeschadet der Rechte des Vermieters zur sofortigen Aufhebung (zu vgl. Ziffer 1 und 2 dieses Vertrags) — beiderseits nur zum 1. April und 1. Oktober gekündigt werden, und zwar unter Einhaltung einer viermonatigen Kündigungsfrist, so daß die Kündigung spätestens am vorhergehenden 1. Dezember bzw. 1. Juni dem anderen Teile zugegangen sein muß.

Die Kündigung muß schriftlich erfolgen.

Die zwecks anderweitiger Vermietung der Wohnung etwa erforderliche Besichtigung derselben durch den Vorstand oder Mietlustige muß Mieter sich täglich zwischen 10 Uhr vormittags und 4 Uhr nachmittags gefallen lassen.

Zum Zweck der Prüfung, ob Reparaturen oder bauliche Veränderungen vorzunehmen sind, hat der Vermieter bzw. dessen Vertreter das Recht, selbst oder durch Beauftragte die Mieträume zu gelegener Zeit zu besichtigen bzw. besichtigen zu lassen.

4. Die Einräumung und die demnächstige Wiederräumung der Wohnung erfolgen an den ortsüblichen Ziehtagen. Die Mieter erkennen mit dem Einzuge an, daß ihnen die Mieträume nebst Zubehör zum vertragsmäßigen Gebrauche in gutem, die Gesundheit der Bewohner nicht gefährdenden Zustande eingeräumt sind, sofern nicht unverzüglich dem Vermieter von einem etwaigen Mangel Nachricht gegeben worden ist. Wegen etwaiger beim Abschluß des Mietvertrages vorhandener Mängel ist die Gewährleistungs- und Schadenersatzpflicht des Vermieters ausgeschlossen, sofern dieser auf Aufforderung der Mieter für mögliche Abhilfe in angemessener Frist besorgt ist. Auslagen für notwendige, dem Vermieter obliegende Reparaturen kann der Mieter dann nicht ersetzt verlangen, wenn er solche vorgenommen hat, ohne dem Vermieter vorher Anzeige gemacht und Abhilfe binnen angemessener Frist abgewartet zu haben.

5. Die Mieter haben beim Auszuge alle Befestigungsmittel in Mauern, Holzwerk und Decken, z. B. Nägel, Gardinenhaken, Haken, Schrauben, Bankeisen, kostenlos in der Wohnung zu belassen.

6. Bei längerer Abwesenheit oder beim Auszuge, auch wenn er vor Ablauf des Mietverhältnisses erfolgt, haben die Mieter dem Vermieter die Schlüssel zur Wohnung, auch solche, die von den Mietern auf ihre Kosten angeschafft sind, einzuhändigen, widrigenfalls Vermieter berechtigt ist, die Mieträume öffnen zu lassen. Wenn die Mieter vor Ablauf der vertraglich festgesetzten Zeit ausziehen, so haften sie für gehörige Beleuchtung und Reinigung der Treppe bis zum Ablauf des Mietverhältnisses. Der Vermieter ist berechtigt, die Mieträume ausbessern zu lassen. Die Mieter verzichten in diesem Falle auf das Recht, die Zahlung des

Mietzinses zu verweigern (oder den gezahlten Mietzins zurückzufordern), und zwar auch dann, wenn durch Ausführung der Ausbesserungsarbeiten die Benutzbarkeit bei einem Teil der Räume zeitweise aufgehoben wird.

7. Die Mieter haben auf ihre Kosten zu besorgen:

a) die Unterhaltung der Schlösser und den Ersatz zerbrochener Fensterscheiben;

b) den Anstrich der Fußböden und der Küchenwände;

c) die Instandhaltung und Reinigung der Öfen, Kochherde und Wasserkrähne.

Falls das Wasser abgestellt werden oder einfrieren sollte, haben die Mieter dieserhalb keinen Anspruch auf Schadenersatz.

In das Ausgußbecken dürfen keine übelriechenden Stoffe geschüttet werden, auch ist das Ausgußbecken vor Verstopfung nach Möglichkeit zu bewahren. Jede eintretende Verstopfung haben die Mieter sofort auf ihre Kosten zu beseitigen. Die Mieter sind verpflichtet, jeden durch die Wasserleitung oder an derselben verursachten Schaden zu ersetzen, soweit sich dieser Schaden bei gehöriger Sorgfalt auf seiten der Mieter hätte vermeiden lassen.

Falls Mieter vorstehende Bestimmungen nicht erfüllen, ist Vermieter berechtigt, die Zuleitung des Wassers den Mietern ohne Entschädigung zu entziehen und das Ausgußbecken zu verschließen.

8. Von den Bewohnern wird vorausgesetzt, daß sie als Mieter der Genossenschaft bestrebt sind, die ihnen zur Benutzung vermieteten Räume im Interesse der Genossenschaft in gutem Zustande zu erhalten und für gehörige Reinigung und Lüftung zu sorgen. Aus dem Umstande, daß die Wohnungen nur an Mitglieder der Genossenschaft vermietet werden, darf kein Mieter das Recht herleiten, nach eigenem Ermessen irgendwelche Änderungen in seiner Wohnung vorzunehmen. Für jede mutwillige oder fahrlässige Beschädigung sind die Mieter verantwortlich. Die Mieter haben nicht das Recht, andere als die ihnen vertraglich vermieteten Räume zu benutzen.

9. Die Mieter haften für jeden Schaden, der durch Aftermieter, Hausgenossen, Bedienstete oder sonstige Beauftragte an dem Hausgrundstück und Zubehör angerichtet wird.

10. Die nachstehende Hausordnung gilt als Bestandteil dieses Vertrages.

B. Hausordnung.

Zur Aufrechterhaltung der Ordnung im Hause ist ein Hausverwalter bestellt, dessen Weisungen sämtliche Mieter des betreffenden Hauses Folge zu leisten haben.

Jeder Mieter hat insbesondere folgende Vorschriften streng zu beachten:

a) Die Beleuchtung des Hausflurs und der Treppen hat von den in dem betreffenden Geschoß wohnenden Mietern gemeinschaftlich kostenlos zu geschehen. Die Beleuchtung hat mit eintretender Dunkelheit zu beginnen und ist bis 10 Uhr abends fortzusetzen. In welcher Weise die betreffenden Mieter für die Beleuchtung sorgen, bleibt deren Verständigung untereinander überlassen, doch muß die Beleuchtung eine ausreichende, den polizeilichen Vorschriften gemäße sein. Die Mieter haften dem Vermieter für allen aus der Nichtbeachtung dieser Verpflichtung entstehenden Schaden.

b) Die im Erdgeschoß wohnenden Mieter haben gemeinschaftlich für Reinigung des Hausflurs und der Haustüren zu sorgen. Der Hausflur und die von der Straße in das Haus und vom Hofe in das Haus führenden Treppenstufen sind stets besenrein zu halten und mindestens einmal wöchentlich gut zu scheuern. Nach dem Einbringen von Kohlen oder sonstigen Materialien haben die Mieter den Bürgersteig, den Hausflur, Keller usw. sofort zu reinigen.

c) Die in den oberen Geschossen wohnenden Mieter haben für Reinigung der zu ihrem Geschoß führenden Treppe, der Treppenfenster und des Aborts zu sorgen, und zwar derart, daß die Treppe täglich gefegt und mindestens zweimal wöchentlich gescheuert wird. Eine Reinigung durch Kinder unter zwölf Jahren ist unstatthaft. Den Kehricht unter den Abtretern haben die Mieter zu beseitigen.

d) Die Hofräume und die Zugänge zu den Kellern sind von sämtlichen Mietern im Hause abwechselnd, und zwar wöchentlich mindestens einmal, zu reinigen. Welche Reihenfolge dabei eingehalten werden soll, wird von dem Hausverwalter bestimmt.

e) Die Zugänge zu den Kellern, die Treppenaufgänge, überhaupt alle diejenigen Räume, die zum gemeinschaftlichen Verkehr dienen, dürfen nicht durch Hinstellen von Gegenständen beengt werden, ebenso darf kein Mieter durch Reinigung von Kleidern, Schuhzeug und anderen Sachen diese Zugänge verunreinigen.

f) Die Reinigung und Lüftung der Aborte ist nach jeder Benutzung vorzunehmen. Küchenabfälle, Kohlenasche, Glas, Scherben usw. dürfen nicht in die Aborte geworfen werden.

g) In den Küchen dürfen Küchenabfälle nicht länger als einen Tag aufbewahrt werden.

h) Die Benutzung der Waschküche und des Trockenbodens wird derart geregelt, daß diejenigen Mieter, die diese Räume zu benutzen wünschen, solches bei dem Hausverwalter in ein zu diesem Zwecke bereit zu haltendes Buch eintragen, doch darf kein Mieter die Benutzung für länger als drei aufeinanderfolgende Tage beanspruchen. Nach Benutzung der Waschküche hat jeder Mieter für die drei folgenden Tage Anspruch auf den Trockenboden. Mehr als einmal im Monat kann ein Mieter die Waschküche usw. nicht beanspruchen. Ein Wechsel der von den Mietern angemeldeten Zeiten für die Benutzung der Waschküche usw. kann nur nach vorheriger Anmeldung beim Hausverwalter geschehen. Nach beendigter Benutzung der Waschküche hat derjenige, der die Waschküche benutzt hat, für gründliche Reinigung des Waschkessels, der Feuerstelle, des Fußbodens, der Türe sowie der Eingangstreppe zu sorgen. Ebenso ist der Trockenboden und die zu ihm führende Treppe nach beendigtem Gebrauche zu reinigen.

In den Wohnräumen darf unter keinen Umständen gewaschen werden. In dringenden Fällen ist das Waschen von Kinderwäsche in der Küche gestattet.

i) Nach 10 Uhr abends darf niemand durch Gesang, Musik und sonstigen Lärm die Ruhe der Mitbewohner und Nachbarn stören. Für das Betragen der bei den Mietern etwa wohnenden Aftermieter ist der Mieter verantwortlich. Jeder Mieter darf nur eine Person als Aftermieter aufnehmen. Die Aftermieter sind durch die Mieter bei dem Vereinsvorstande an- und abzumelden.

k) Von den Mietern und deren Angehörigen sowie von den Aftermietern wird ein anständiges, ruhiges Betragen vorausgesetzt. Jeder Mieter hat namentlich dafür zu sorgen, daß durch seine Kinder usw. keine Verunreinigung oder Zerstören von Genossenschaftseigentum oder dem Eigentum der übrigen Mieter im Hause und Nachbarn geschieht, andernfalls ist der Mieter für den entstandenen Schaden haftbar resp. zur Reinigung verpflichtet.

l) Die Haustür wird um 10 Uhr abends durch den Hausverwalter geschlossen und muß bis 5 Uhr morgens geschlossen gehalten werden.

m) Die An- und Abmeldung bei der Polizei hat Mieter selbst zu besorgen. Für alle Strafen, die ihm oder dem Vermieter durch eine unterlassene polizeiliche Meldung erwachsen sollten, hat der Mieter einzustehen.

n) Sobald die Schornsteine gefegt sind, haben die Mieter gemeinschaftlich für das Fortschaffen des Rußes zu sorgen.

o) Das Umherstehen und Sitzen vor dem Hauseingange, im Hausflur und auf den Treppen ist nicht gestattet.

p) Zur Haltung von Vogelhecken ist zuvor die Erlaubnis des Vorstandes einzuholen.

Da das Amt des Hausverwalters ausschließlich Ehrenamt ist, so wird erwartet, daß die Bewohner des Hauses durch Entgegenkommen dem Hausverwalter die Verwaltung seines Amtes erleichtern und seine Anordnungen befolgen.

Zuwiderhandlungen gegen die Bestimmungen der Hausordnung haben sofortige Kündigung zur Folge.

Mit ihrer Unterschrift erkennen Mieter an, daß vorstehender Vertrag von ihnen gelesen und angenommen ist.

Der Vermieter	Die Mieter
. . . . (Stempel der Baugenossenschaft und darunter die Unterschriften zweier Vorstandsmitglieder.)	Unterschrift { des Ehemannes . . . . der Ehefrau . . . .

Formular 13.

Bedingungen,

unter denen ein Hausgrundstück zu Eigentum von solchen Baugenossenschaften erworben werden kann, die Hypotheken von der Landesversicherungsanstalt Hannover erhalten.

(Zu verwenden als Muster für die Ausarbeitung der „Bedingungen betr. den Erwerb von Vereinshäusern.")

A. Pflichten und Rechte des Hausanwärters während des Mietverhältnisses.

I.

Zur Erwerbung eines Hausgrundstücks (Erwerbshauses) sind nur Genossen berechtigt, die ihren Geschäftsanteil voll eingezahlt haben und dem Arbeiter- oder unteren Beamtenstande (Werkmeister usw.) angehören.

Der Genosse kann nicht mehr als ein Hausgrundstück erwerben.

II.

Das Erwerbshaus darf höchstens zwei Familienwohnungen enthalten.

III.

Der Kaufpreis des Hausgrundstücks wird ermittelt aus:

a) dem vom Vorstand und Aufsichtsrate festzusetzenden Preise für den Bau- und Gartengrund,
b) den vom Verein gezahlten Baukosten des Hauses,
c) den Straßenanlagekosten einschließlich etwaiger Beleuchtungsanlagen,
d) den etwaigen Kosten für Einfriedigungen,
e) einem einmaligen Zuschlage zur Deckung der Verzinsung des Baukapitals während der Bauperiode sowie zur Abrundung des Kaufpreises auf eine durch 10 ohne Rest teilbare Summe.

IV.

Dem Hausanwärter wird das Hausgrundstück zunächst mietweise überlassen; das Mietverhältnis endet mit der grundbuchmäßigen Übertragung der Eigentumsrechte auf den Anwärter.

Die in Kalendervierteljahresraten am Schlusse fällige Jahresmiete beträgt $5^1/_2$ Prozent des Kaufpreises. Von dem gezahlten Mietzinse werden dem Hausanwärter alljährlich nach Schluß des Kalenderjahres $1^1/_2$ Prozent als Tilgung gutgeschrieben.

Es steht dem Anwärter frei, jederzeit außerordentliche Abzahlungen auf den Kaufpreis in runden, durch 10 ohne Rest teilbaren Beträgen zu leisten.

Die regelmäßige Tilgung wird — auf volle 10 M. nach unten abgerundet — vom ersten Tage des folgenden Kalenderjahres an mit $3^1/_2$ Prozent seitens des Bauvereins verzinst. Für außerordentliche Kapitalabträge werden für volle Monate und volle 10 M. ebenfalls $3^1/_2$ Prozent Zinsen gutgeschrieben.

Bleibt ein Hausanwärter länger als 14 Tage mit einem Mietbetrage in Verzug, so können mit Genehmigung des Aufsichtsrates 6 Prozent des geschuldeten Betrages als Verzugszinsen von dem ihm gutzuschreibenden Zinsen- bzw. Tilgungsbetrage in Abzug gebracht werden. Bei Berechnung der Verzugszinsen wird der geschuldete Betrag auf volle 10 M. nach unten abgerundet und jeder angefangene Monat für voll gerechnet.

Der Anwärter kann ein etwaiges Guthaben bei der Genossenschaft an Dividende usw., soweit es nicht nach gesetzlichen und satzungsmäßigen Bestimmungen zu anderen Zwecken verfügbar bleiben muß, zur Mietzahlung benutzen.

Die Feuerversicherung der Gebäude wird während der Dauer des Mietverhältnisses von der Genossenschaft bewirkt. Die Kosten der Versicherung, ebenso alle auf das Grundstück entfallenden Grund- und Gebäudesteuern, Abgaben und Lasten, die von der Genossenschaft vorgelegt werden, hat der Anwärter neben dem Mietpreise an dem dem Zahlungstage folgenden Mietzahlungstermine zu erstatten. Bleibt ein Anwärter mit der Erstattung dieser Beträge im Rückstande, so werden seine nächsten Zahlungen zunächst auf diese Rückstände verrechnet.

V.

Der Anwärter hat das Hausgrundstück in einem guten baulichen Zustande zu erhalten und zu dem Zwecke Reparaturen aller Art — auch die der Wasserleitung — auf seine Kosten zu bewirken; insbesondere ist darauf zu achten, daß das Dach dicht ist, Fenster und Türen gut schließen und in gutem Anstrich erhalten werden, Tapeten ganz und sauber sind, Decken und nicht tapezierte Wände in angemessenen Zwischenräumen gekalkt werden und dergleichen mehr.

Der Vereinsvorstand ist berechtigt, von Zeit zu Zeit — in der Regel halbjährlich — eine genaue Besichtigung des baulichen Zustandes des Hauses vorzunehmen und alle notwendigen Reparaturen auf Kosten des Anwärters durch Dritte bewirken zu lassen.

Bauliche Veränderungen jeder Art darf der Anwärter nur mit Genehmigung der Genossenschaft ausführen.

VI.

Der Anwärter muß eine Wohnung in dem ihm vermieteten Hause selbst bewohnen; er kann die von ihm selbst nicht benutzten Räume des Hauses nur mit Genehmigung des Vorstandes an andere vermieten. Auch der Untermieter darf nur mit Genehmigung des Vorstandes Räume vermieten. Der Anwärter hat diesen Vorbehalt bei der Vermietung als Bedingung zu stellen.

Auf dem Hausgrundstücke darf eine Gastwirtschaft oder irgendein sonstiges Gewerbe nur mit Genehmigung des Vereinsvorstandes betrieben werden. Dieser Vorbehalt gilt sowohl für den Hausanwärter als auch für die Mitbewohner.

Der Vereinsvorstand kann verlangen, daß der Hausanwärter den Untermietern, die gegen diese Bestimmungen verstoßen oder durch ihren

Lebenswandel Ärgernis erregen, kündigt, und darf im Falle der Weigerung des Anwärters zur Kündigung der Untermieter selbst schreiten.

In der Wahl des Mieters der zweiten Familienwohnung ist der Hausanwärter zwar unbeschränkt, doch überläßt sich der Bauverein der Erwartung, daß er die andere Wohnung in erster Linie einem Bauvereinsmitgliede zur Mietung anbieten und erst nach erfolglosem Versuch an eine außerhalb der Genossenschaft stehende Person vermieten wird. Nötigenfalls muß sich der Hausanwärter angelegen sein lassen, den der Genossenschaft etwa noch nicht angehörenden Mieter zum Eintritt in den Bauverein zu bewegen. Unzulässig ist aber unter allen Umständen die Aufnahme oder Beibehaltung eines auf Grund des § 37 der Satzungen aus dem Bauverein ausgeschlossenen Mitgliedes als Untermieter.

Vorstand und Aufsichtsrat setzen gemeinschaftlich den Höchstbetrag der Jahresmiete fest, über den hinaus der Hausanwärter seinen Mieter nicht in Anspruch nehmen darf. Zuwiderhandlungen haben die Kündigung des Mietverhältnisses des Anwärters zur Folge. Der Wortlaut des zwischen dem Hausanwärter und seinem Untermieter in jedem Falle abzuschließenden schriftlichen Mietvertrages wird bauvereinsseitig vorgeschrieben.

VII.

Das Mietverhältnis endet:

a) wenn das Eigentum des vermieteten Grundstückes an den Mieter übertragen wird (vgl. Ziffer XI), mit diesem Zeitpunkte,
b) wenn der Anwärter seinen Wohnort nach außerhalb verlegt, nach voraufgegangener vierteljährlicher Kündigung, die sowohl der Genossenschaft wie dem Anwärter zusteht,
c) wenn der Anwärter während der Dauer des Mietverhältnisses stirbt und seine Witwe oder, falls diese darauf verzichtet, die Kinder bzw. deren Vormünder das Mietverhältnis nicht fortsetzen wollen. In diesem Falle endet das Mietverhältnis mit dem auf den Todestag des Anwärters folgenden Vierteljahrsschluß; jedoch kann der Vorstand auch einen anderen Termin zugunsten der Witwe oder Kinder auf deren Wunsch festsetzen.

Ein freiwilliges Ausscheiden des Anwärters aus der Genossenschaft berechtigt diesen nicht zur Auflösung des Mietverhältnisses; jedoch ist die Genossenschaft in diesem Falle berechtigt, das Mietverhältnis nach zuvoriger vierteljährlicher Kündigung aufzulösen.

VIII.

Die Genossenschaft kann ohne Einhaltung einer Kündigungsfrist das Mietverhältnis kündigen, wenn der Anwärter

a) die in diesen Bedingungen enthaltenen Verpflichtungen nicht erfüllt,
b) für zwei aufeinanderfolgende Termine mit der Entrichtung der Miete oder eines Teiles der Miete im Verzuge ist,
c) in Gemäßheit des § 37 der Satzungen aus der Genossenschaft ausgeschlossen wird.

IX.

Endet das Mietverhältnis aus einem anderen als dem unter VIIa erwähnten Grunde, so zahlt der Bauverein dem Anwärter die außerordentliche Tilgungssumme nebst aufgelaufenen Zinsen zum vollen Betrage zurück; dagegen wird von dem aus der regelmäßigen Tilgung herrührenden Gesamtabtrage nur der den Satz von 1 Prozent übersteigende Betrag erstattet, und zwar auch nur dann, wenn folgende Voraussetzungen erfüllt sind:

a) der Anwärter muß mindestens drei Jahre in dem Hause gewohnt haben und die fälligen Zahlungen müssen bis zum Zeitpunkte des Verlassens des Hausgrundstückes geleistet sein;
b) der Anwärter muß zur Verlegung seines Wohnsitzes nach außerhalb durch besondere Verhältnisse — insbesondere Erwerbsverhältnisse — gezwungen sein;
c) das Haus muß sich in einem Zustande befinden, der sich bei einer bis zur Herausgabe fortgesetzten ordnungsmäßigen Verwaltung ergibt. Ist das nicht der Fall, so ist das Haus auf Kosten des Anwärters in diesen Zustand zu versetzen. Die dazu erforderlichen Kosten sind — soweit sie nicht durch das Tilgungsguthaben bzw. durch das Geschäftsguthaben gedeckt werden — von dem Anwärter bar herauszuzahlen.

Ein Ersatz der Auslagen für die von dem Anwärter an dem Grundstücke, insbesondere dem Gebäude, vorgenommenen Verbesserungen steht dem ausscheidenden Anwärter nur dann zu, wenn diese Verbesserungen mit Zustimmung des Vereinsvorstandes und Aufsichtsrates vorgenommen sind und darüber eine schriftliche Verhandlung zu den Vereinsakten gebracht worden ist. Der Ersatz findet jedoch in jedem Falle nur insoweit statt, als zur Zeit des Ausscheidens der Wert des Grundstücks durch die Verbesserung noch erhöht ist.

Welche Beträge dem Anwärter aus den Verbesserungen gutzurechnen sind, entscheiden Vorstand und Aufsichtsrat in gemeinschaftlicher Sitzung endgültig.

Ein Privatabkommen zwischen dem ausscheidenden Anwärter und seinem Nachfolger wegen Übernahme des Hauses und des Tilgungsguthabens ist ausgeschlossen.

X.

Wird das Hausgrundstück nach dem Ausscheiden des Anwärters durch den Bauverein an einen anderen Hausanwärter vergeben, so ist der Kaufpreis für den neuen Anwärter durch Beschluß des Vorstandes und Aufsichtsrates in gemeinschaftlicher Sitzung festzusetzen.

B. Rechte und Pflichten des Hausanwärters bei und nach der Eigentumsübertragung.

XI.

Der Anwärter ist berechtigt, die Übertragung des Eigentums an dem Hausgrundstücke durch Auflassung auf seine Kosten zu verlangen, sobald er

a) drei Jahre in dem zu erwerbenden oder einem anderen Vereinshause gewohnt hat,
b) die gutgeschriebenen Beträge ein Drittel des Kaufpreises erreicht haben, und
c) die Bedingungen unter a und b zu einem Zeitpunkte erfüllt sind, in dem nicht bereits ein Ereignis eingetreten ist, das nach Ziffer VII die Endigung des Mietverhältnisses herbeiführen kann.

Verzögert der zum Eigentumserwerb berechtigte Anwärter ohne einen für den Vereinsvorstand erkennbaren Grund den Antrag auf Auflassung des Hausgrundstücks, so hört der Verein mit der Verzinsung (Ziffer IV Abs. 4) des bei ihm angesammelten Kaufpreisdrittels von dem Zeitpunkte der zulässigen Eigentumsübertragung an gerechnet auf und erhebt für die Restschuld ($^2/_3$ des Kaufpreises) bis zum Zeitpunkte der Übernahme des Hausgrundstücks einen ortsüblichen Zins, mindestens aber jährlich 4 Prozent.

XII.

Die Landesversicherungsanstalt Hannover hat die einzelnen Hausgrundstücke des Bauvereins in Höhe der aufgewandten Baukosten zum Zinsfuße von jährlich $3^1/_2$ Prozent und gegen eine Tilgung von jährlich mindestens 1 Prozent hypothekarisch beliehen. Die Versicherungsanstalt hat sich dem Bauverein gegenüber verpflichtet, falls ihre auf einem Erwerbshause ruhende Hypothekenforderung bis auf zwei Dritteile des Kaufpreises bei ihr abgetragen ist, die Resthypothek dem neuen Eigentümer (Hausanwärter) zu belassen, und zwar unter folgenden Bedingungen:

A. falls der neue Eigentümer sich zur Tilgung der Resthypothek nur bis auf die Hälfte des Kaufpreises — die mündelsichere Grenze — verpflichtet:

a) der Zinsfuß beträgt jährlich 4 Prozent, zahlbar in Kalendervierteljahresraten am Ende;
b) das noch zu tilgende Sechstel des Kaufpreises ist innerhalb zehn Jahren vom Tage der Auflassung an den neuen Eigentümer mit jährlich mindestens 2 Prozent nebst zuwachsenden Zinsen der Resthypothek zu tilgen;
c) die Gebäude sind bei der zuständigen öffentlichen Brandversicherungsanstalt (im Bereiche der vereinigten landschaftlichen Brandkasse in Hannover bei dieser) gegen Feuersgefahr versichert zu lassen;
d) der Anwärter hat in Gemeinschaft mit dem Vereinsvorstande die Eintragung der in Ziffern XIII und XIV vorgesehenen Eigentumsbeschränkungen in das Grundbuch zu beantragen;
e) der Hauseigentümer oder seine Hinterbliebenen müssen in dem beliehenen Hause wohnen;
f) das Darlehen kann beiderseits mit halbjährlicher Frist gekündigt werden. Für die Landesversicherungsanstalt Hannover ist jedoch die Kündigung während der ersten zehn Jahre nach der Auflassung ausgeschlossen, sofern die Bedingungen unter den Buchstaben a bis e erfüllt werden. Bei Nichterfüllung einer dieser fünf Be-

dingungen ist der noch ungetilgte Rest des Darlehns sofort und ohne Kündigung zur Rückzahlung fällig;

g) zur schnelleren Tilgung des Kaufpreissechstels ist der Schuldner berechtigt, an jedem Vierteljahrsersten beliebige Abzahlungen — jedoch nicht unter 100 M. — in durch 10 ohne Rest teilbaren Summen zu leisten.

B. falls der neue Eigentümer sich zur völligen Tilgung der Resthypothek verpflichtet:

a) der Zinsfuß beträgt jährlich $3^1/_2$ Prozent, zahlbar in Kalendervierteljahresraten am Ende;

b) die Resthypothek ist mit dem bis zum Eigentumsübergange an den Bauverein gezahlten Prozentsatze — mindestens aber mit jährlich $1^1/_2$ Prozent nebst zuwachsenden Zinsen — in Jahresraten am Ende zu tilgen;

c) die Gebäude sind bei der zuständigen öffentlichen Brandversicherungsanstalt (im Bereiche der vereinigten landschaftlichen Brandkasse in Hannover bei dieser) gegen Feuersgefahr versichert zu lassen;

d) der Hauseigentümer muß mindestens bis zur gänzlichen Tilgung der Resthypothek Genossenschaftsmitglied bleiben;

e) der Hauseigentümer oder seine Hinterbliebenen müssen in dem beliehenen Hause wohnen;

f) die an die Landesversicherungsanstalt Hannover zu leistenden Zins- und Tilgungsraten sind durch Vermittelung des Bauvereins fristzeitig — d. h. innerhalb 14 Tagen nach dem Fälligkeitstermine — portofrei einzuzahlen;

g) der Anwärter hat in Gemeinschaft mit dem Vereinsvorstande die Eintragung der in Ziffer XIII und XIV vorgesehenen Eigentumsbeschränkungen in das Grundbuch zu beantragen;

h) das Darlehn kann seitens des Schuldners halbjährlich gekündigt werden, nicht aber auch seitens der Gläubigerin, sofern die Bedingungen unter a bis g erfüllt werden. Bei Nichterfüllung einer dieser sieben Bedingungen ist der noch ungetilgte Rest des Darlehns sofort und ohne Kündigung zur Rückzahlung fällig;

i) zur schnelleren Tilgung der Resthypothek ist der Schuldner berechtigt, an jedem Vierteljahrsersten beliebige Abzahlungen — jedoch nicht unter 100 M. — in durch 10 ohne Rest teilbaren Summen zu leisten.

XIII.

Bei der Auflassung oder im Anschluß an diese sind folgende Bestimmungen in das Grundbuch einzutragen bzw. von dem Eigentümer in einer Urkunde anzuerkennen:

1. zugunsten der Genossenschaft

mit dem Vorrange vor den in Abteilung III des Grundbuchs eingetragenen Hypotheken:

a) Vormerkung zur Sicherung des Rechtes auf Auflassung für den Bauverein (§ 58 Ziffer 1 der Satzungen);

b) Vorkaufsrecht für den Bauverein (§ 58 Ziffer 2 der Satzungen);
c) beschränkte persönliche Dienstbarkeit dahin, daß auf dem Grundstücke vorhandene oder noch zu errichtende Gebäude nicht anders als zu Wohnzwecken verwendet werden dürfen, auch das Grundstück nicht zu anderen Zwecken benutzt werden darf als zu dem Genossenschaftszwecke, „gute und billige Arbeiterwohnungen zu beschaffen" (§ 58 Ziffer 3 der Satzungen);
d) beschränkte persönliche Dienstbarkeit dahin, daß auf dem Grundstücke eine Gastwirtschaft oder irgendein sonstiges Gewerbe nur mit Genehmigung des Vorstandes betrieben werden darf (Ziffer VI Abs. 2 dieser Bedingungen).

2. zugunsten der Landesversicherungsanstalt Hannover

a) die Bestimmungen der Ziffer XII, Buchstabe A, a bis g bzw. B, a bis i, soweit das nicht auf Grund des Darlehnsvertrages des Bauvereins mit der Landesversicherungsanstalt Hannover bereits geschehen ist;
b) Sicherungshypothek gemäß Ziffer XIV, 6 dieser Bedingungen.

XIV.

Veräußert der inzwischen Eigentümer gewordene Anwärter oder dessen Rechtsnachfolger das von der Genossenschaft erworbene Hausgrundstück mit Gewinn an einen Dritten und macht die Genossenschaft weder von dem Wiederkaufsrechte (§ 58 Ziffer 1 der Satzungen), noch von dem Vorkaufsrechte (§ 58 Ziffer 2 der Satzungen) Gebrauch, so hat der Veräußerer an die Landesversicherungsanstalt Hannover eine Veräußerungsabgabe zu zahlen. Die Landesversicherungsanstalt Hannover verpflichtet sich dagegen, die ihr zugeflossenen Veräußerungsabgaben ohne irgendwelche Gegenleistung unverkürzt und unverzüglich der Genossenschaft zu überweisen oder ihr auf fällige Zahlungen anzurechnen, solange die Genossenschaft besteht und ihren Zweck, gute und billige Kleinwohnungen bereitzustellen, erfüllt.

Für die Erhebung dieser Abgabe gelten die folgenden, auf Grund § 58 Ziffer 4 der Satzungen von der Generalversammlung zum Beschluß erhobenen Bestimmungen:

1. Der Berechnung der Veräußerungsabgabe wird die erzielte Wertsteigerung zugrunde gelegt.

   Als Wertsteigerung gilt der Unterschied zwischen dem an die Genossenschaft gezahlten Kaufpreise zuzüglich der nach Ziffer XIV, 2 dieser Bedingungen gestatteten Anrechnungen und dem Veräußerungspreise, abzüglich der nach Ziffer XIV, 3 zugelassenen Abzüge, dagegen unter Hinzurechnung des Wertes der zugunsten des Veräußerers neben dem Kaufpreise ausbedungenen weiteren Leistungen und der ihm vorbehaltenen Nutzungen. Der Veräußerer hat der Genossenschaft oder — sofern sie sich inzwischen aufgelöst hat — der Landesversicherungsanstalt Hannover über sämtliche Einzelheiten des Veräußerungsvertrages unter Vorlegung aller vorhandenen schriftlichen

Unterlagen Auskunft zu erteilen, insbesondere den Veräußerungspreis wahrheitsgemäß anzugeben. Kommt er dieser Verpflichtung nicht nach, oder erweisen sich seine Angaben auch nur teilweise als unwahr, so hat er eine Vertragsstrafe mindestens in Höhe der nach Ziffer XIV, 6 dieser Bedingungen eingetragenen Sicherungshypothek zu entrichten. Stellt sich die Veräußerungsabgabe bei zutreffender Berechnung höher, so wird der Anspruch der Landesversicherungsanstalt Hannover auf den Mehrbetrag dadurch nicht berührt.

2. Es sind folgende Anrechnungen auf den Kaufpreis zulässig:
   a) alle nachgewiesenen Ausgaben für Verbesserungen des Grundstückes einschließlich Straßenbaukosten sowie die Kosten der mit schriftlicher Genehmigung des Genossenschaftsvorstandes vorgenommenen Neubauten und Umbauten;
   b) ein Zuschlag von 5 Prozent des Kaufpreises als Ersatz für die gezahlten Erwerbskosten.
3. Von dem Veräußerungspreise werden die etwaigen dem Veräußerer zur Last fallenden nachweisbaren Kosten der Veräußerung in Abzug gebracht.
4. Eine Wertsteigerung bis zu 10 Prozent des ursprünglichen Kaufpreises einschließlich der gemäß Ziffer 2 zulässigen Anrechnungen bleibt von einer Veräußerungsabgabe frei.
5. Für die Höhe der Abgabe ist die ganze Wertsteigerung maßgebend; letztere wird ihrem Betrage nach vom Vorstand und Aufsichtsrate festgesetzt.

   Die Veräußerungsabgabe beträgt:
   a) bei einer Wertsteigerung von mehr als 10 Prozent des ursprünglichen Kaufpreises und bis zu 25 Prozent ein Drittel der Wertsteigerung;
   b) bei einer Wertsteigerung von mehr als 25 Prozent die Hälfte der Wertsteigerung.

   Die unter a und b aufgeführten Sätze kommen zum vollen Betrage nur dann zur Erhebung, wenn seit der grundbuchmäßigen Übernahme des Hausgrundstücks durch den Anwärter bis zum Abschluß des Kaufvertrages bzw. — falls ein Vertrag nicht abgeschlossen ist — bis zum Tage der grundbuchmäßigen Auflassung an den neuen Erwerber weniger als zehn Jahre verflossen sind.

   Beträgt dieser Zeitraum 10 Jahre und mehr, aber weniger als 20 Jahre, so werden nur zwei Drittel, beträgt er dagegen 20 Jahre und mehr, so wird nur ein Drittel der Sätze unter a und b erhoben.
6. Zur Sicherung des Anspruchs der Landesversicherungsanstalt Hannover auf die Veräußerungsabgabe und auf die obige Vertragsstrafe wird bei der Auflassung seitens der Genossenschaft an den Anwärter eine Sicherungshypothek in Höhe eines Drittels des Kaufpreises in einer auf volle hundert Mark nach unten abgerundeten Summe mit dem

Range unmittelbar hinter der erststelligen Hypothek der Landesversicherungsanstalt Hannover eingetragen.

XV.

Die Vereinssatzungen gelten als Teil dieser Bedingungen.

* * *

Auf Grund § 22 Buchstabe b der Satzungen so beschlossen in der gemeinschaftlichen Sitzung des Vorstandes und Aufsichtsrates des Gemeinnützigen Bauvereins in . . . . am . . . . 191 .

Formular 14.

Bedingungen für die Gewährung von Baudarlehen aus dem Wohnungsfürsorgefonds des Reichsamts des Innern.

I.

Aus dem durch den Reichshaushaltsetat zur Verfügung gestellten Fonds zur Förderung der Herstellung geeigneter Kleinwohnungen für Arbeiter, Handwerker und gering besoldete Beamte in den Betrieben und Verwaltungen des Reichs sowie in den Betrieben der Militärverwaltungen können Darlehen an gemeinnützige Unternehmungen (Baugenossenschaften, Bauvereine, Baugesellschaften usw.) bewilligt werden, wenn

1. ein erhebliches Bedürfnis zur Verbesserung der Wohnungsverhältnisse der im Geschäftsbezirke der Unternehmung tätigen Arbeiter, Handwerker und gering besoldeten Beamten in den Betrieben und Verwaltungen des Reichs sowie in den Betrieben der Militärverwaltung besteht, und
2. die geplanten Wohnungen nach ihrer Lage, Größe, Ausstattung usw. zur Befriedigung dieses Bedürfnisses dienlich sind.

Auf Bewilligung eines Darlehns kann beim Vorhandensein der angegebenen Voraussetzungen und der erforderlichen Mittel nur gerechnet werden, wenn vor Erwerb des Baugrundstücks und vor Inangriffnahme der Bauten sämtliche für die Beleihung wesentlichen Punkte durch das Reichsamt des Innern geprüft worden sind.

II.

Bei Vorhandensein der Voraussetzungen zu I werden Darlehen nur solchen Genossenschaften (Vereinen, Aktiengesellschaften, Gesellschaften mit beschränkter Haftung usw.) gewährt werden, deren Satzungen folgende Bestimmungen enthalten:

a) Gegenstand des Unternehmens:

Der Zweck der Genossenschaft ist ausschließlich darauf gerichtet, minderbemittelten Familien oder Personen gesunde und zweckmäßig eingerichtete Wohnungen in eigens erbauten oder angekauften Häusern zu billigen Preisen zu verschaffen.

b) Gewinnverteilung:

Die Höhe der Dividende darf 4 % des Geschäftsguthabens der Mitglieder nicht übersteigen.

c) Auflösung und Liquidation:

Die Mitglieder erhalten nicht mehr als ihr Geschäftsguthaben ausgezahlt. Der Rest des Genossenschaftsvermögens ist zu gemeinnützigen Zwecken zu verwenden.

d) Abänderungen der Satzungen:

Änderungen der Bestimmungen der Satzungen über den Gegenstand des Unternehmens (§ . .), über den Höchstbetrag der an die Mitglieder zu verteilenden Dividende (§ . .), über die Verteilung des Genossenschaftsvermögens im Falle der Auflösung der Genossenschaft (§ . .) sowie dieser Bestimmung über die Abänderung der Satzungen selbst sind nur mit Zustimmung des Reichskanzlers (Reichsamt des Innern) zulässig.

e) Genossenschaften, deren Satzungen die Möglichkeit einer Überlassung der errichteten Häuser an einzelne Mitglieder der Genossenschaft vorsehen, ohne dabei zu bestimmen, daß diese Überlassung nur in der Form des Erbbaurechts oder unter Vorbehalt eines seinem Inhalt nach genau bezeichneten Wiederkaufsrechts erfolgen darf, müssen in ihren Satzungen außerdem folgende, gleichfalls nur mit Zustimmung des Reichskanzlers (Reichsamt des Innern) abzuändernde Bestimmungen haben.

Erwerbsbeschränkungen:

In dem Mietsvertrage sind die Bedingungen, unter denen der Anwärter demnächst die Auflassung des Hauses verlangen kann, aufzunehmen. Dabei ist der Anwärter zu verpflichten, bei der Auflassung folgende Lasten in die zweite Abteilung des Grundbuchblatts, auf dem das ihm aufzulassende Grundstück eingetragen sein wird, in nachstehender Rangordnung eintragen zu lassen:

1. Folgende beschränkte persönliche Dienstbarkeiten:

„Ohne Genehmigung des Reichsfiskus und der Genossenschaft dürfen auf dem Grundstück keine Neubauten, Aufbauten und Anbauten — auch keine vorläufigen —, welche dem Besitztum die Eigenschaft als Einzelwohnung bzw. Doppelwohnhaus für minderbemittelte Familien nehmen, vorgenommen werden. Auch darf das Grundstück nicht durch Mauern abgegrenzt werden, die höher als 1 m sind.

Auf dem Grundstück dürfen nur minderbemittelte Familien und zwar nur in der vom Vorstand der Genossenschaft mit Zustimmung des Reichsfiskus festgesetzten Zahl wohnen.

Lärmende und ehrenrührige Geschäfte dürfen auf dem Grundstück nicht betrieben werden und es darf Personen, welche derartiges betreiben oder in schlechtem Rufe stehen, der Aufenthalt auf dem Grundstück nicht gestattet werden. Zum Gast- und Schankwirtschaftsbetrieb oder zum gewerbsmäßigen Verkaufe geistiger Getränke ist die Einwilligung des Reichsfiskus und des Vorstandes der Genossenschaft erforderlich, die jederzeit widerrufen werden kann.

Gleiche — stets widerrufliche — Einwilligung ist auch zu Vermietungen erforderlich, mag es sich nun um eine Vermietung des ganzen Grundstücks oder einzelner Teile oder um Aufnahme von Schlafburschen, Kostgänger oder dgl. handeln.

Der Reichsfiskus sowie die Genossenschaft haben das Recht, das Grundstück zu angemessener Tageszeit besichtigen zu lassen."

2. Ein Vorkaufsrecht für alle Verkaufsfälle zugunsten der Genossenschaft.
3. Ein Vorkaufsrecht für alle Verkaufsfälle zugunsten des Reichsfiskus.

III.

Bei der Gewährung von Darlehen sind folgende Gesichtspunkte maßgebend:

1. Die Genossenschaft soll in der Regel aus mindestens 100 Mitgliedern bestehen, die Haftsumme der Mitglieder einer Genossenschaft mit beschränkter Haftung soll in der Regel insgesamt mindestens 30 000 M. betragen.
2. Das Darlehn darf 90% der Selbstkosten des Baues und des Grund und Bodens nicht übersteigen. Der Wert des Grund und Bodens darf hierbei nicht höher als mit dem Erwerbspreis angesetzt werden. Ausnahmsweise kann das Darlehn auch bis zum vollen Betrage der Selbstkosten des Baues ohne Berücksichtigung des Wertes des Grund und Bodens gewährt werden.
3. Um mit den vorhandenen Mitteln einer tunlichst großen Zahl geldbedürftiger Genossenschaften zu Hilfe zu kommen, wird die Reichsverwaltung sich in der Regel mit der Eintragung der Darlehen zur zweiten oder nötigenfalls auch zu einer späteren Stelle im Grundbuch begnügen, sofern das Darlehn innerhalb der vorbezeichneten Beleihungsgrenzen verbleibt und diese Sicherheit auch durch etwaige Eintragungen in der zweiten Abteilung des Grundbuchs nicht wesentlich beeinträchtigt wird.

IV.

Zwischen dem Reichsfiskus und der Genossenschaft ist ein Darlehnsvertrag abzuschließen.

Sollen die zu beleihenden Häuser in dem Eigentum der Genossenschaft verbleiben, so hat diese in dem Darlehnsvertrage die nachstehend aufgeführten und etwa sonst noch zu vereinbarenden Verpflichtungen zu übernehmen.

Sind die zu beleihenden Häuser zum Erwerbe durch die Mitglieder der Genossenschaft bestimmt, so finden die nachstehenden Bestimmungen entsprechende Anwendung.

1. Das Darlehn ist mit 3% jährlich zu verzinsen und mit mindestens 1% jährlich unter Zuwachs der von den getilgten Kapitalbeträgen ersparten Zinsen zu tilgen, so daß also bis zur Tilgung ein Jahresbetrag

(Annuität) von mindestens 4% für die Verzinsung und Tilgung zu entrichten ist.

Die Zins- und Tilgungsbeträge (Abs. 1) sind in der Regel am Ersten eines jeden Kalenderhalbjahres für das voraufgegangene Halbjahr fällig und spätestens innerhalb zwei Wochen nach dem Fälligkeitstag in deutscher Reichswährung unter Ausschluß der Aufrechnung an die Reichshauptkasse in Berlin C 19, Kleine Jägerstraße Nr. 1, oder auf das Reichsbank-Girokonto dieser Kasse porto- und kostenfrei zu zahlen.

2. Die Darlehnsforderung des Reichsfiskus ist auf Kosten der Genossenschaft in das Grundbuch einzutragen. Ferner hat sich der Darlehnsschuldner zu verpflichten, die der Reichshypothek im Range vorgehenden oder gleichstehenden Hypotheken auf Verlangen des Reichsfiskus löschen zu lassen, wenn und soweit sie sich mit dem Eigentum in einer Person vereinigen, und eine dieser Verpflichtung entsprechende Vormerkung in das Grundbuch eintragen zu lassen. Endlich ist dem Reichsfiskus ein dingliches Vorkaufsrecht an den zu beleihenden Grundstücken für alle Verkaufsfälle einzuräumen.

3. Die Genossenschaft ist verpflichtet, den Bau nach den im Einverständnisse mit dem Reichsamt des Innern festgestellten Bauzeichnungen und Kostenanschlägen unter Verwendung guten Materials sorgfältig und dauerhaft auszuführen und bei etwa als notwendig sich herausstellenden Änderungen zuvor der Zustimmung des Reichsamts des Innern sich zu versichern. Auch ist dem Reichsamt des Innern oder dessen Beauftragten jederzeit auf Verlangen das Baubuch zur Einsicht vorzulegen, das auf Grund der §§ 2 und 3 des Reichsgesetzes über die Sicherung der Bauforderungen vom 1. Juni 1909 (Reichs-Gesetzbl. S. 449) für die geplanten Bauten zu führen ist.

4. Die Genossenschaft ist ferner verpflichtet, alle dem Reichsfiskus verpfändeten Gebäude stets in einem guten baulichen Zustand und sämtliche Räume den Anforderungen der Gesundheitspflege entsprechend zu erhalten. Sie hat die vom Reichsfiskus geforderten Ausbesserungen und Erneuerungen sowie die ihm aus gesundheitlichen oder sittlichen Gründen erforderlich erscheinenden Einrichtungen binnen der vom Reichsfiskus gesetzten Frist auszuführen. Kommt sie diesen Verpflichtungen nicht oder nur ungenügend nach, so ist der Reichsfiskus berechtigt, die erforderlichen Arbeiten auf ihre Kosten herstellen zu lassen.

Wesentliche Änderungen (An-, Auf- oder Nebenbauten) eines dem Reichsfiskus verpfändeten Gebäudes oder sein gänzlicher oder teilweiser Abbruch dürfen nur mit der vorher einzuholenden schriftlichen Einwilligung des Reichsfiskus vorgenommen werden.

Wird ein dem Reichsfiskus verpfändetes Bauwerk durch einen Brand ganz oder teilweise zerstört, so ist die Genossenschaft usw. verpflichtet, dasselbe nach Bauplänen und Kostenanschlägen, die der Reichsfiskus genehmigt hat, innerhalb der von ihm festzusetzenden Frist wieder herzustellen.

Die Genossenschaft ist endlich verpflichtet, den baulichen Zustand sämtlicher dem Reichsfiskus verpfändeten Gebäude von drei zu drei Jahren durch einen höheren bautechnischen Reichs- oder Staatsbeamten untersuchen zu lassen und dem Reichsfiskus einen Bericht dieses Beamten über das Ergebnis seiner Prüfung spätestens bis zum nächsten 1. Oktober vorzulegen.

5. Die Baulichkeiten sind nach ihrem vollen Werte gegen Brandschaden und zwar, wenn nicht besondere Umstände entgegenstehen, bei einer öffentlichen Feuerversicherungsanstalt — soweit zulässig, schon während der Bauzeit — zu versichern und fortdauernd versichert zu erhalten.

Dem Reichsfiskus ist spätestens nach der Vollendung des Rohbaues der Versicherungsschein oder ein sonstiger Nachweis über den Versicherungsabschluß vorzulegen.

6. Zum Gast- und Schankwirtschaftsbetriebe sowie zum gewerbsmäßigen Verkaufe geistiger Getränke in allen dem Reichsfiskus verpfändeten Gebäuden ist die jederzeit widerrufliche Einwilligung des Reichsfiskus erforderlich. Aftervermietungen und die Aufnahme von Einliegern, Schlafgängern und anderen zur Hausgemeinschaft des Wohnungsinhabers nicht gehörigen Personen dürfen nur mit Einwilligung des Reichsfiskus erfolgen, der dem Vorstand der Genossenschaft hiermit unter Vorbehalt jederzeitigen Widerrufs die Erteilung der Einwilligung überträgt. Diese hat nach Grundsätzen zu erfolgen, die von dem Reichsfiskus zu genehmigen sind.

7. Die Genossenschaft darf ohne vorher einzuholende schriftliche Einwilligung des Reichsfiskus weder neue Grundstücke erwerben, noch neue Bauten herstellen oder wegen ihrer Herstellung bindende Abmachungen treffen.

8. Der Reichsfiskus ist befugt, durch Beauftragte sämtliche Grundstücke und Gebäude der Genossenschaft zu jeder angemessenen Tageszeit besichtigen und untersuchen und in die Bücher, den Schriftwechsel und die Belege der Genossenschaft Einsicht nehmen zu lassen. Zu den Versammlungen des Vorstandes, des Aufsichtsrats und zu den Generalversammlungen kann er Vertreter entsenden, die auf Verlangen jederzeit gehört werden müssen. Diese Befugnisse können einem Vertrauensmanne des Reichsamts des Innern übertragen werden.

Die Genossenschaft ist verpflichtet, die Bilanz und die Gewinn- und Verlustrechnung in Anlehnung an das vom Reichsamt des Innern zu bezeichnende Muster aufzustellen. Abschriften der Bilanz nebst Gewinn- und Verlustrechnung, der Geschäftsberichte und der Protokolle über die Generalversammlungen sind dem Reichsfiskus alsbald unaufgefordert einzureichen und ihm jede andere zur Beurteilung der Verhältnisse für erforderlich erachtete Auskunft zu erteilen. Insbesondere sind dem Reichsfiskus auf Verlangen die Revisionsberichte (vgl. § 53 des Genossenschaftsgesetzes) und Hausertragsberechnungen für sämtliche Häuser der Genossenschaft auf dem vom Reichsamt des Innern zu bezeichnenden Muster vorzulegen.

9. Die Genossenschaft ist verpflichtet, einem Revisionsverbande anzugehören, dessen Auswahl der Genehmigung des Reichsfiskus bedarf.

Der Austritt aus diesem Verbande sowie der Eintritt in einen anderen Revisionsverband oder einen sonstigen genossenschaftlichen Verband darf nur mit Einwilligung des Reichsfiskus stattfinden.

10. Die Genossenschaft ist verpflichtet bis zur vollständigen Tilgung des Darlehns von den durch sie hergestellten Wohnungen — außer den nach früheren Verträgen bereitzustellenden Wohnungen — stets mindestens eine vertraglich festzusetzende Anzahl an Arbeiter, Handwerker oder gering besoldete Beamte, die in Betrieben und Verwaltungen des Reichs oder in Betrieben der Militärverwaltung beschäftigt sind, zu vermieten. Wenn das Darlehn vor Ablauf der vereinbarten Tilgungszeit vollständig zurückgezahlt wird, so ist dieser Verpflichtung auf Verlangen des Reichsfiskus auch weiterhin zu genügen und zwar bis zum Ablauf von 20 Jahren von dem Tage an gerechnet, an dem die Auszahlung des ganzen Darlehens oder des letzten Teilbetrages erfolgt ist.

Bei der Vergebung derjenigen Wohnungen, die die Genossenschaft nach vorstehender Bestimmung für gering besoldete Bedienstete des Reichs oder der Militärverwaltung bereitzuhalten hat, sind Bewerbungen mittlerer Beamten um Wohnungen, deren jährlicher Mietspreis einem vertraglich festzusetzenden Betrag nicht übersteigt, erst dann zu berücksichtigen, wenn Bewerbungen von Arbeitern, Handwerkern oder Unterbeamten nicht mehr vorliegen.

Sollten sich für diejenigen Wohnungen, welche für gering besoldete Bedienstete des Reichs oder der Militärverwaltung bereitzuhalten sind, nicht genügend Bewerber finden, so hat die Genossenschaft dem Reichsfiskus hiervon unter Angabe der Mietpreise der Wohnungen sowie der Größe und Zahl ihrer sämtlichen Räume sofort Anzeige zu erstatten. Der Reichsfiskus hat alsdann das Recht, binnen vier Wochen nach dem Eingang der Anzeige der Genossenschaft in den Betrieben und Verwaltungen des Reichs oder in den Betrieben der Militärverwaltung beschäftigte Arbeiter, Handwerker oder gering besoldete Beamte zu bezeichnen, an die nach ihrem Eintritt in die Genossenschaft die Wohnungen zu vermieten sind. Macht der Reichsfiskus innerhalb der angegebenen Frist von dieser Befugnis keinen Gebrauch oder erklärt er vor Ablauf dieser Frist, die verfügbaren Wohnungen für Bedienstete des Reichs oder der Militärverwaltung nicht in Anspruch nehmen zu wollen, so hat die Genossenschaft in ihrer Vergebung an andere Bewerber für dieses Mal freie Hand.

Die Genossenschaft ist verpflichtet, dem Reichsfiskus alljährlich nach dem Stande am 1. Juli eine Übersicht über die von ihr errichteten Häuser und ein Verzeichnis der Mieter, bei Erwerbshäusern auch den Eigentümer, auf den vom Reichsfiskus jeweilig vorgeschriebenen Mustern einzureichen.

11. Die Auszahlung des Darlehns erfolgt nicht eher, als bis die in dem Vertrage vorgesehenen Grundbucheintragungen bewirkt und dem Reichsfiskus durch Vorlegung eines öffentlich beglaubigten Grundbuchauszuges nachgewiesen sind. Ist diese Voraussetzung erfüllt, so können schon während des Baues der Genossenschaft, ohne daß ihr ein Rechts-

anspruch hierauf zusteht, angemessene Teilzahlungen nach dem Fortschreiten des Bauwerks geleistet werden.

Die Teilzahlungen, für welche der Zinsenlauf je mit dem Tage der Zahlung beginnt, sind spätestens zwei Wochen vor dem gewünschten Zahlungstermine nachzusuchen. Dem Antrag ist jedesmal die Bescheinigung eines höheren bautechnischen Reichs- oder Staatsbeamten, welcher auf Wunsch des Vereins, der Genossenschaft, Gesellschaft usw. von dem Staatssekretär des Innern bezeichnet wird, über den jeweiligen Bauwert, den plan- und sachgemäßen Fortgang des Baues und die zweckentsprechende Verwendung der etwa schon gezahlten Darlehensbeträge beizufügen. Bei Einholung der Bescheinigung ist dem höheren bautechnischen Beamten das Baubuch (vgl. Ziff. 5) unaufgefordert vorzulegen.

Die Höhe der Selbstkosten des Baues ist nach der Fertigstellung auf Grund der Bauabrechnungen usw. von einem höheren bautechnischen Reichs- oder Staatsbeamten zu bescheinigen. Ergibt sich aus dieser Bescheinigung, daß der eingetragene Darlehnsbetrag die vorgeschriebene Beleihungsgrenze überschreitet, so wird über den nicht zur Zahlung gelangenden Teil des Darlehns löschungsfähige Quittung erteilt. Sollte der überschießende Betrag bereits ausgezahlt sein, so ist er sofort, ohne daß es einer Kündigung bedarf, zurückzuzahlen.

12. I. Die Genossenschaft kann das Darlehn mit dreimonatiger Kündigungsfrist ganz oder teilweise kündigen.

II. Der Reichsfiskus kann das Darlehn unter Einhaltung einer dreimonatigen Kündigungsfrist ganz oder teilweise kündigen,

1. wenn nach seinem Ermessen der Charakter der Gemeinnützigkeit des Unternehmens nicht mehr hinreichend gewahrt ist,
2. wenn wesentliche Änderungen der Grundsätze über die Vergebung der Wohnungen, der Mietverträge oder der Hausordnungen ohne Einwilligung des Reichsfiskus vorgenommen werden,
3. wenn die Zahlung der Zinsen und Tilgungsbeträge nicht innerhalb der festgesetzten Frist erfolgt,
4. wenn zwei Jahre hindurch an Arbeiter, Handwerker oder gering besoldete Beamte in den Betrieben und Verwaltungen des Reichs oder in den Betrieben der Militärverwaltung nicht diejenige Anzahl von Wohnungen vermietet worden ist, die vertraglich ausbedungen ist, oder wenn der Genossenschaft in den Betrieben und Verwaltungen des Reichs oder in den Betrieben der Militärverwaltung beschäftigte Arbeiter, Handwerker oder gering besoldete Beamte überhaupt nicht mehr angehören,
5. wenn die Genossenschaft den vorstehend bezeichneten oder sonst etwa auferlegten Verpflichtungen nicht nachkommt,
6. wenn seit der letzten Teilzahlung an die Genossenschaft zehn Jahre verstrichen sind.

In den vorstehend unter Ziff. 1 bis 5 aufgeführten Fällen ist der Reichsfiskus auch berechtigt, statt der Kündigung eine Erhöhung des Zinsfußes auf 4% für die Dauer des vertragswidrigen Verhaltens der Genossenschaft eintreten zu lassen.

Das Recht auf Kündigung und auf Erhöhung des Zinsfußes erlischt in den vorstehend unter Ziff. 1 bis 5 aufgeführten Fällen, wenn es nicht innerhalb sechs Monate nach Feststellung des Kündigungsgrundes ausgeübt wird.

III. Ohne Kündigung ist das Darlehn sofort zur Rückzahlung fällig,

1. wenn die verpfändeten Gebäude nicht gegen Feuerschaden versichert werden, wenn die Feuerversicherung von der Genossenschaft ohne Einwilligung des Reichsfiskus aufgehoben oder von der Feuerversicherungsgesellschaft wegen nicht rechtzeitiger Prämienzahlung gekündigt wird, oder wenn die Versicherungssumme herabgesetzt wird,
2. wenn die verpfändeten Grundstücke veräußert oder im Wege der Zwangsversteigerung oder Zwangsverwaltung beschlagnahmt werden,
3. wenn die Genossenschaft aufgelöst wird.

Anträge auf Gewährung von Darlehen unter den vorstehend angegebenen Bedingungen sind unmittelbar an das Reichsamt des Innern zu richten. Dem Antragsteller werden alsdann die für die Prüfung des Antrags notwendigen Unterlagen bezeichnet und die für die Nachweisungen erforderlichen Vordrucke übersandt werden.

Formular 15.

Darlehnsvertrag (betr. Miethäuser).

Zwischen
dem Reichsfiskus, vertreten durch den Staatssekretär des Innern
und
d . . . .
eingetragene Genossenschaft mit beschränkter Haftpflicht, in . . . .
vertreten durch . . . . Vorstand, wird folgender

Vertrag

geschlossen.

§ 1.

Der Reichsfiskus gewährt der Genossenschaft aus dem Wohnungsfürsorgefonds des Reichsamts des Innern ein Darlehn bis zum Höchstbetrage von . . . . M. (i. B.) als Beitrag zu den Kosten des Baues von . . . . Gebäude . . mit kleinen Wohnungen, d . . die Genossenschaft auf d . . ihr (gehörigen / zu Erbbaurecht gegebenen) in . . . . an der . . . . straße Nr. . . gelegenen, ... qm großen Grundstücke . . Gemarkung . . . ., (Kartenblatt / Flur) . . . . . Parzelle Nr. . . zu errichten beabsichtigt.

§ 2.

Das Darlehn ist mit 3% jährlich zu verzinsen und mit 1% jährlich unter Zuwachs der von den getilgten Kapitalbeträgen ersparten Zinsen abzutragen, so daß bis zur Tilgung ein Jahresbetrag von 4% zu entrichten ist.

Der Zinsenlauf beginnt für jede Teilzahlung mit dem Tage der Zahlung des Geldes an die Genossenschaft. Die erste Tilgungsrate ist am . . . . 19 . . fällig.

Die Zins- und Tilgungsbeträge sind am Ersten eines Kalenderhalbjahrs für das voraufgegangene Halbjahr fällig und spätestens binnen zwei Wochen nach Fälligkeit in deutscher Reichswährung unter Ausschluß der Aufrechnung an die Reichshauptkasse in Berlin C 19, Kleine Jägerstraße 1, oder auf das Reichsbank-Girokonto dieser Kasse kostenfrei zu zahlen.

§ 3.

Als Sicherheit für das Darlehn samt Nebenforderungen verpfändet die Genossenschaft

entweder:

d . . im § 1 näher bezeichnete . . Baugrundstück . . . ., eingetragen im Grundbuch von . . . ., Band . . . Blatt . . . unter Nr. . . .,

oder:

das ihr an de . . im § 1 näher bezeichnete Baugrundstücke . . zustehende Erbbaurecht, eingetragen im Grundbuch von . . . . Band . . . Blatt Nr. . . .

Die Erteilung eines Hypothekenbriefs wird ausgeschlossen. Die Genossenschaft verpflichtet sich aber, einen solchen Brief auf Verlangen jederzeit ausfertigen und dem Reichsfiskus von dem Grundbuchamt aushändigen zu lassen.

Die Genossenschaft verpflichtet sich, sämtliche der Hypothek des Reichsfiskus im Range vorgehenden oder gleichstehenden Hypotheken auf Verlangen des Reichsfiskus löschen zu lassen, wenn und soweit sie sich mit dem $\frac{\text{Eigentum}}{\text{Erbbaurecht}}$ in einer Person vereinigen und zur Sicherung dieses Anspruchs Vormerkungen in das Grundbuch auf ihre Kosten eintragen zu lassen.

Dem Reichsfiskus wird an d . . verpfändeten Grundstücke . . ein dingliches Vorkaufsrecht für alle Verkaufsfälle eingeräumt.

§ 4.

Die Genossenschaft hat den Bau nach den im Einverständnisse mit dem Reichsfiskus festgestellten Bauzeichnungen und Kostenanschlägen unter Verwendung guten Materials sorgfältig und dauerhaft auszuführen.

Die Genossenschaft ist verpflichtet, dem Reichsfiskus oder dessen Beauftragten jederzeit auf Verlangen das Baubuch zur Einsicht vorzulegen, das sie auf Grund der §§ 2 und 3 des Reichsgesetzes über die Sicherung der Bauforderungen vom 1. Juli 1909 (Reichs-Gesetzbl. S. 449) für die geplanten Bauten zu führen hat.

Sie ist ferner verpflichtet, alle dem Reichsfiskus verpfändeten Gebäude stets in einem guten baulichen Zustand und sämtliche Räume den Anforderungen der Gesundheitspflege entsprechend zu erhalten. Sie hat die vom Reichsfiskus geforderten Ausbesserungen und Erneuerungen sowie die ihm aus gesundheitlichen oder sittlichen Gründen erforderlich erscheinenden Einrichtungen binnen der vom Reichsfiskus gesetzten Frist auszuführen. Kommt sie diesen Verpflichtungen nicht oder nur ungenügend nach, so ist der Reichsfiskus berechtigt, die erforderlichen Arbeiten auf ihre Kosten herstellen zu lassen.

Wesentliche Änderungen (An-, Auf- oder Nebenbauten) eines dem Reichsfiskus verpfändeten Gebäudes oder sein gänzlicher oder teilweiser Abbruch dürfen nur mit der vorher einzuholenden schriftlichen Einwilligung des Reichsfiskus vorgenommen werden.

Wird ein dem Reichsfiskus verpfändetes Bauwerk durch einen Brand ganz oder teilweise zerstört, so ist die Genossenschaft verpflichtet, dasselbe nach Bauplänen und Kostenanschlägen, die der Reichsfiskus genehmigt hat, innerhalb der von ihm festzusetzenden Frist wiederherzustellen.

Die Genossenschaft ist endlich verpflichtet, den baulichen Zustand sämtlicher dem Reichsfiskus verpfändeten Gebäude von drei zu drei Jahren, zum erstenmal im Sommer 1915 — 1918 — 1921, durch einen höheren bautechnischen Reichs- oder Staatsbeamten untersuchen zu lassen und dem Reichsfiskus einen Bericht dieses Beamten über das Ergebnis seiner Prüfung spätestens bis zum nächsten 1. Oktober vorzulegen.

§ 5.

D . . verpfändete . . Gebäude $\frac{\text{ist}}{\text{sind}}$ nach . . . . vollen Werte bei der . . . . gegen Feuerschaden zu versichern und fortdauernd versichert zu halten. Dem Reichsfiskus ist spätestens nach der Vollendung des Rohbaues der Versicherungsschein oder ein sonstiger Nachweis über den Versicherungsabschluß vorzulegen.

§ 6.

Die Genossenschaft verpflichtet sich, bis zur vollständigen Tilgung des Darlehns von den durch sie hergestellten Wohnungen — außer den nach früheren Verträgen bereitzustellenden Wohnungen — stets mindestens . . . . (i. B.) an Arbeiter, Handwerker oder gering besoldete Beamte, die in Betrieben und Verwaltungen des Reichs oder in Betrieben der Militärverwaltung beschäftigt sind, zu vermieten. Wenn das Darlehn vor Ablauf der im § 2 vereinbarten Tilgungszeit vollständig zurückgezahlt wird, so ist dieser Verpflichtung auf Verlangen des Reichsfiskus auch weiterhin zu genügen, und zwar bis zum Ablauf von 20 Jahren von dem Tage an gerechnet, an dem die Auszahlung des ganzen Darlehns oder des letzten Teilbetrags erfolgt ist.

Bei der Vergebung derjenigen Wohnungen, die die Genossenschaft nach vorstehender Bestimmung — oder nach den entsprechenden Bestimmungen früherer Erbbau- und Darlehnsverträge — für gering besoldete Bedienstete des Reichs oder der Militärverwaltung bereitzuhalten hat, sind Bewerbungen mittlerer Beamter um Wohnungen, deren jährlicher Mietpreis nicht mehr als . . . . . . M.*) beträgt, erst dann zu berücksichtigen, wenn Bewerbungen von Arbeitern, Handwerkern oder Unterbeamten nicht mehr vorliegen.

Sollten sich für diejenigen Wohnungen, welche für gering besoldete Bedienstete des Reichs oder der Militärverwaltung bereitzuhalten sind, nicht genügend Bewerber finden, so hat die Genossenschaft dem Reichsfiskus hiervon unter Angabe der Mietpreise der Wohnungen sowie der Größe und Zahl ihrer sämtlichen Räume sofort Anzeige zu erstatten. Der Reichsfiskus hat alsdann das Recht, binnen vier Wochen nach dem Eingang der Anzeige der Genossenschaft in den Betrieben und Verwaltungen des Reichs oder in den Betrieben der Militärverwaltung beschäftigte Arbeiter, Handwerker oder gering besoldete Beamte zu bezeichnen, an die nach ihrem Eintritt in die Genossenschaft die Wohnungen zu vermieten sind. Macht der Reichsfiskus innerhalb der angegebenen Frist von dieser Befugnis keinen Gebrauch oder erklärt er vor Ablauf dieser Frist, die verfügbaren Wohnungen für Bedienstete des Reichs oder der Militärverwaltung nicht in Anspruch nehmen zu wollen, so hat die Genossenschaft in ihrer Vergebung an andere Bewerber für dieses Mal freie Hand.

§ 7.

Die Mietpreise für die mit Hilfe des Reichsdarlehns hergestellten Wohnungen und sonstigen Räume dürfen nicht höher, aber auch nicht niedriger festgesetzt werden, als es die Aufwendungen für die Verzinsung der Grunderwerbs- und Baukosten, für die Tilgung des Baukapitals, für die Abgaben und die Kosten der Verwaltung und Instandhaltung usw. sowie für die Bildung angemessener Rücklagen erfordern.

Der Reichsfiskus ist befugt, jederzeit für den Beginn des übernächsten Kalendervierteljahrs die Erhöhung oder Herabsetzung der Mieten sämtlicher Genossenschaftswohnungen zu verlangen, falls ihm dies zur Sicherung einer ausreichenden Ertragsfähigkeit der Genossenschaftshäuser oder zur Sicherstellung der Gemeinnützigkeit des Unternehmens erforderlich erscheint.

Die Genossenschaft ist verpflichtet, dem Reichsfiskus alljährlich nach dem Stande am 1. Juli eine Übersicht über den Wohnungsbestand und ein Verzeichnis der Mieter auf den vom Reichsfiskus jeweilig vorgeschriebenen Mustern einzureichen.

§ 8.

Zum Gast- und Schankwirtschaftsbetriebe sowie zum gewerbsmäßigen Verkauf geistiger Getränke in allen dem Reichsfiskus verpfändeten Gebäuden ist die jederzeit widerrufliche Einwilligung des Reichsfiskus erforderlich. Aftervermietungen und die Aufnahme von Einliegern, Schlaf-

---

*) Durchschnitt zwischen dem Wohnungsgeldschuß der mittleren und der unteren Reichsbeamten.

gängern und anderen zur Hausgemeinschaft des Wohnungsinhabers nicht gehörigen Personen dürfen nur mit Einwilligung des Reichsfiskus erfolgen, der dem Vorstand der Genossenschaft hiermit unter Vorbehalt jederzeitigen Widerrufs die Erteilung der Einwilligung überträgt. Diese hat nach Grundsätzen zu erfolgen, die vom Reichsfiskus zu genehmigen sind.

§ 9.

Die Genossenschaft darf ohne vorher einzuholende schriftliche Einwilligung des Reichsfiskus weder neue Grundstücke erwerben noch neue Bauten herstellen oder wegen ihrer Herstellung bindende Abmachungen treffen.

§ 10.

Der Reichsfiskus ist befugt, durch Beauftragte sämtliche Grundstücke und Gebäude der Genossenschaft zu jeder angemessenen Tageszeit besichtigen und untersuchen und in die Bücher, den Schriftwechsel und die Belege der Genossenschaft Einsicht nehmen zu lassen. Zu den Versammlungen des Vorstandes, des Aufsichtsrats und zu den Generalversammlungen kann er Vertreter entsenden, die auf Verlangen jederzeit gehört werden müssen. Diese Befugnisse können einem Vertrauensmanne des Reichsamts des Innern übertragen werden.

Die Genossenschaft ist verpflichtet, die Bilanz sowie die Gewinn- und Verlustrechnung in Anlehnung an das vom Reichsamt des Innern zu bezeichnende Muster aufzustellen. Abschriften der Bilanz nebst Gewinn- und Verlustrechnung, der Geschäftsberichte und der Protokolle über die Generalversammlungen sind dem Reichsfiskus alsbald unaufgefordert einzureichen. Auch ist ihm jede andere zur Beurteilung der Verhältnisse für erforderlich erachtete Auskunft zu erteilen. Insbesondere sind dem Reichsfiskus auf Verlangen die Revisionsberichte (vgl. § 53 des Genossenschaftsgesetzes) und Hausertragsberechnungen für sämtliche Häuser der Genossenschaft auf dem vom Reichsamt des Innern zu bezeichnenden Muster vorzulegen.

§ 11.

Die Genossenschaft $\frac{\text{gehört}}{\text{ist verpflichtet,}}$ dem . . . .

$\frac{\text{an}}{\text{beizutreten}}$. Der Austritt aus diesem Verbande sowie der Eintritt in einen anderen Revisionsverband oder einen sonstigen genossenschaftlichen Verband darf nur mit Einwilligung des Reichsfiskus stattfinden.

§ 12.

Die Auszahlung des Darlehns erfolgt nicht eher, als bis die in diesem Vertrag vorgesehenen Grundbucheintragungen bewirkt und dem Reichsfiskus durch Vorlegung eine . . öffentlich beglaubigten $\frac{\text{Abschrift}}{\text{Auszuges}}$ $\frac{\text{de . . Grundbuchblatte . . . .}}{\text{aus dem Grundbuche}}$ nachgewiesen sind. Ist diese Voraussetzung erfüllt, so können schon während des Baues der Genossenschaft, ohne daß ihr ein Rechtsanspruch hierauf zusteht, angemessene Teilzahlungen nach dem Fortschreiten des Bauwerkes geleistet werden.

Alle Zahlungen sind von der Genossenschaft spätestens 2 Wochen vor dem gewünschten Zahlungstermine nachzusuchen. In dem Zahlungsantrag ist anzugeben, ob und gegebenenfalls in welcher Höhe bereits Auszahlungen auf die der Hypothek des Reichsfiskus im Range vorgehenden oder gleichstehenden Hypotheken erfolgt sind.

Dem Zahlungsantrag ist die Bescheinigung eines höheren bautechnischen Reichs- oder Staatsbeamten über den jeweiligen Bauwert, den plan- und sachgemäßen Fortgang des Baues und die zweckentsprechende Verwendung der etwa schon gezahlten Darlehnsbeträge beizufügen. Aus der Bescheinigung muß hervorgehen, daß sie sich auf $\frac{\text{d . .}}{\text{das}}$ dem Reichsfiskus verpfändete . ., kataster- und grundbuchmäßig zu bezeichnende . . $\frac{\text{Grundstück . .}}{\text{Erbbaurecht}}$ bezieht. Bei Einholung der Bescheinigung ist dem höheren bautechnischen Beamten das Baubuch (vgl. § 4 Abs. 2) unaufgefordert vorzulegen.

Die Beleihung de . . im § 1 bezeichneten $\frac{\text{Grundstück . .}}{\text{Erbbaurecht}}$ durch den Reichsfiskus darf einschließlich der Vorhypothek in keinem Falle 90% der Selbstkosten übersteigen, die die Genossenschaft — für den Erwerb und die bauliche Erschließung d . . Grundstück . . und für die Errichtung der Gebäude verauslagt hat.

Die Genossenschaft ist verpflichtet, dem Reichsfiskus nach Fertigstellung der Bauten eine auf Grund der Schlußabrechnungen ausgestellte Bescheinigung eines höheren bautechnischen Reichs- oder Staatsbeamten über die Höhe der vorstehend bezeichneten Selbstkosten und auf Verlangen auch die Kostenabrechnungen einzureichen.

Stellt sich heraus, daß der im Grundbuch eingetragene Darlehnsbetrag die oben bezeichnete Grenze überschreitet, so wird der überschießende Teil nicht ausgezahlt, für ihn vielmehr die Löschung bewilligt. Sollte dieser überschießende Betrag bereits ausgezahlt sein, so ist er sofort, ohne daß es einer Kündigung bedarf, zurückzuzahlen.

§ 13.

I. Die Genossenschaft kann das Darlehn mit dreimonatiger Kündigungsfrist ganz oder teilweise kündigen.

II. Der Reichsfiskus kann das Darlehn unter Einhaltung einer dreimonatigen Kündigungsfrist ganz oder teilweise kündigen,

1. wenn nach seinem Ermessen der Charakter der Gemeinnützigkeit des Unternehmens nicht mehr hinreichend gewahrt ist,
2. wenn wesentliche Änderungen der Grundsätze über die Vergebung der Wohnungen, der Mietverträge oder der Hausordnungen ohne Einwilligung des Reichsfiskus vorgenommen werden,
3. wenn die Zahlung der Zinsen und Tilgungsbeträge nicht innerhalb der im § 2 Abs. 3 festgesetzten Frist erfolgt,

4. wenn zwei Jahre hindurch an Arbeiter, Handwerker oder gering besoldete Beamte in den Betrieben und Verwaltungen des Reichs oder in den Betrieben der Militärverwaltung nicht diejenige Anzahl von Wohnungen vermietet worden ist, die in diesem Vertrag — und in den anderen zwischen dem Reichsfiskus und der Genossenschaft bestehenden Verträgen — ausbedungen ist, oder wenn der Genossenschaft in den Betrieben und Verwaltungen des Reichs oder in den Betrieben der Militärverwaltuug beschäftigte Arbeiter, Handwerker oder gering besoldete Beamte überhaupt nicht mehr angehören,
5. wenn die Genossenschaft den in den §§ 4, 7 bis 11 dieses Vertrages festgesetzten Verpflichtungen nicht nachkommt,
6. wenn seit der letzten Teilzahlung an die Genossenschaft zehn Jahre verstrichen sind.

In den vorstehend unter Ziff. 1 bis 5 aufgeführten Fällen ist der Reichsfiskus auch berechtigt, statt der Kündigung eine Erhöhung des Zinsfußes auf 4% für die Dauer des vertragswidrigen Verhaltens der Genossenschaft eintreten zu lassen.

Das Recht auf Kündigung und auf Erhöhung des Zinsfußes erlischt in den vorstehend unter Ziff. 1 bis 5 aufgeführten Fällen, wenn es nicht innerhalb sechs Monaten nach Feststellung des Kündigungsgrundes ausgeübt wird.

III. Ohne Kündigung ist das Darlehn sofort zur Rückzahlung fällig,

1. wenn die verpfändeten Gebäude nicht gegen Feuerschaden versichert werden, wenn die Feuerversicherung von der Genossenschaft ohne Einwilligung des Reichsfiskus aufgehoben oder von der Feuerversicherungsgesellschaft wegen nicht rechtzeitiger Prämienzahlung gekündigt wird, oder wenn die Versicherungssumme herabgesetzt wird,
2. wenn $\frac{\text{d . .}}{\text{das}}$ verpfändete . . $\frac{\text{Grundstück . .}}{\text{Erbbaurecht}}$ veräußert oder im Wege der Zwangsversteigerung oder Zwangsverwaltung beschlagnahmt $\frac{\text{w . . .}}{\text{wird}}$,
3. wenn die Genossenschaft aufgelöst wird.

§ 14.

Die Genossenschaft bewilligt und beantragt folgende Eintragungen in das Grundbuch von . . . . Band . . . . . Blatt . . . . .

1. in die dritte Abteilung:

a) zu de . . in den §§ 1 und 3 bezeichneten $\frac{\text{Grundstück . .}}{\text{Erbbaurecht}}$: . . . . . M.

(i. B.) Darlehn zugunsten des Reichsfiskus, vertreten durch den Staatssekretär des Innern. Das Darlehn ist mit 3%, unter Umständen mit 4% jährlich zu verzinsen. Die Bildung eines Hypothekenbriefs ist ausgeschlossen. Im übrigen unter Bezugnahme auf die §§ 2 und 13 des Darlehnsvertrages vom (Datum dieses Vertrages) eingetragen (Datum der Eintragung);

b) bei allen der Hypothek des Reichsfiskus im Range vorgehenden oder gleichgestellten Hypotheken gemäß § 1179 BGB.:

Vormerkung: Auf Verlangen des Reichsfiskus, vertreten durch den Staatssekretär des Innern, zu löschen, wenn und soweit die Hypothek sich mit dem $\frac{\text{Eigentum}}{\text{Erbbaurecht}}$ in einer Person vereinigt;

2. in die zweite Abteilung zu de . . in den §§ 1 und 3 bezeichneten $\frac{\text{Grundstück . .}}{\text{Erbbaurecht}}$:

Ein Vorkaufsrecht für alle Verkaufsfälle zugunsten des Reichsfiskus, vertreten durch den Staatssekretär des Innern.

§ 15.

Alle aus diesem Vertrage jetzt oder in Zukunft entstehenden Kosten fallen dem Schuldner zur Last — soweit sie nicht wegen der Stempel- und Gebührenfreiheit des Reichsfiskus oder der Genossenschaft außer Ansatz bleiben.

. . . ., den . . . . 191 . .

Berlin, den . . . . 191 . .

Der Staatssekretär des Innern.

Formular 16.

Bedingungen für Gewährung von staatlichen Baudarlehen an Baugenossenschaften.

Vom 3. Juni 1902.

§ 1.

Aus den Staatsmitteln, welche auf Grund der Gesetze, betreffend die Bewilligung von Staatsmitteln zur Verbesserung der Wohnungsverhältnisse von Arbeitern, die in staatlichen Betrieben beschäftigt sind, und von gering besoldeten Staatsbeamten, zur Verfügung gestellt werden, können an Baugenossenschaften (mit unbeschränkter Haft- oder Nachschuß- oder mit beschränkter Haftpflicht), denen Arbeiter der preußischen Staatsbetriebe oder untere oder mittlere preußische Staatsbeamte in größerer Zahl angehören, Baudarlehen unter der Voraussetzung bewilligt werden, daß ein erhebliches Bedürfnis zur Verbesserung der Wohnungsverhältnisse der bezeichneten Personen in dem Genossenschaftsbereiche besteht, und daß zur Befriedigung dieses Bedürfnisses Wohnungen der von der Genossenschaft geplanten Art an der in Aussicht genommenen Stelle dienlich sind.

§ 2.

Beim Vorhandensein der in § 1 bestimmten Voraussetzungen dürfen Darlehen nur solchen Genossenschaften gewährt werden, deren durch das Statut bestimmter Zweck ausschließlich darauf gerichtet ist, minderbemittelten Familien gesunde und zweckmäßig eingerichtete Wohnungen in eigens erbauten oder angekauften Häusern zu billigen Preisen zu verschaffen, und deren Statut die an die Mitglieder zu verteilende Dividende auf höchstens vier v. H. ihrer Anteile beschränkt, auch den Mitgliedern für den Fall der Auflösung der Genossenschaft nicht mehr als den Nennwert ihrer Anteile zusichert, den etwaigen Rest des Genossenschaftsvermögens aber für gemeinnützige Zwecke bestimmt. Die Genossenschaften haben im Falle der Gewährung eines Darlehens aus Staatsmitteln ihrem Statut die Vorschrift einzufügen, daß Abänderungen der vorbezeichneten Statutbestimmungen sowie des diese Vorschrift enthaltenden Paragraphen des Statuts nur mit Genehmigung der Provinzialbehörde (§ 3 dieser Bedingungen) zulässig sind.

Die Genossenschaft soll in der Regel aus mindestens 100 Mitgliedern bestehen. Der Gesamtbetrag der Geschäftsanteile muß mindestens 30 000 M. betragen

§ 3.

Der Antrag auf Bewilligung eines Staatsdarlehens ist an die Provinzialbehörde, in deren Bezirk die Baugenossenschaft ihren Sitz hat, zu richten und zwar, wenn die Mehrheit der an einer Genossenschaft beteiligten preußischen Staatsbediensteten der Staatseisenbahn- oder der Bergwerksverwaltung angehört, an die Eisenbahndirektion bzw. an das Oberbergamt, in den anderen Fällen an den Regierungspräsidenten (in Berlin an den Polizeipräsidenten). Die Provinzialbehörde, die gemäß dieser Zuständigkeit einer Baugenossenschaft ein Baudarlehen einmal gewährt hat, bleibt fernerweit zuständig, auch wenn die ursprünglich entscheidend gewesene Mehrheit im Laufe der Zeit sich ändert. Die Eisenbahndirektionen bleiben zuständig für diejenigen Baugenossenschaften, die schon seither von ihnen ein Staatsdarlehen empfingen.

§ 4.

Den Antrage sind vom Vorstande der Genossenschaft von vornherein beizufügen:

1. das Statut. Bei neubegründeten Baugenossenschaften soll das Statut, zum mindesten in der Reihenfolge seiner Bestimmungen, einem der von den Revisionsverbänden empfohlenen Muster oder dem Statute einer schon länger bestehenden erfolgreichen Baugenossenschaft sich anschließen das benutzte Muster ist zu bezeichnen;

2. eine gerichtliche Bescheinigung, daß die Eintragung zum Genossenschaftsregister erfolgt ist, und welche Personen als Vorstandsmitglieder (Name, Beruf, Vorstandsamt) eingetragen sind;

3. ein Verzeichnis der Aufsichtsratsmitglieder (Name, Beruf, ob Vorsitzender usw.) und eine Auskunft darüber, aus wie vielen Mitgliedern, geordnet nach Berufsarten, die Genossenschaft besteht, insbesondere wie

viele von ihnen als höhere, mittlere oder untere Beamte oder als Arbeiter den einzelnen Verwaltungszweigen oder Betrieben des Preußischen Staates oder Deutschen Reiches oder einer Kommunalverwaltung usw. angehören, wie viele Anteile voll und bis zu welchen Beträgen die übrigen eingezahlt sind; bei Genossenschaften mit beschränkter Haftpflicht, wie viele Mitglieder auf weitere Geschäftsanteile — und auf wie viele der letzteren — beteiligt sind, und auf welchen Betrag die Haftsumme aller Mitglieder sich beläuft; auf Verlangen auch ein vollständiges Verzeichnis der Genossenschaftsmitglieder (Name, Beruf);

4. eine Erklärung, wieviel für Arbeiter, desgleichen für Unterbeamte und für mittlere Beamte geeignete Wohnungen bereits hergestellt und wieviel geplant sind, und in welchem Verhältnis den Staatsbediensteten diese Wohnungen angeboten werden sollen (s. § 6 Ziff. 7 dieser Bedingungen);

5. eine Darlegung, in welcher Vermögenslage die Genossenschaft sich befindet, und wie die außer dem begehrten Staatsdarlehen für die Bauten erforderlichen Geldmittel aufgebracht werden sollen, ob sie in eigenen Mitteln der Genossenschaft vorhanden oder von anderen Seiten mit hinlänglicher Gewißheit zu angemessenen Bedingungen auf längere Zeit zu erwarten sind; geeignetenfalls sind die Zins-, Tilgungs- und Kündigungsbedingungen erststelliger Hypotheken sowie langfristiger sonstiger Darlehen (Schuldverschreibungen) anzugeben; auch sind, falls die Genossenschaft schon länger besteht, die letztmalige Bilanz und Jahresrechnung nebst Geschäftsbericht und die über die Vermögenslage der Genossenschaft sonst noch Auskunft gebenden Schriften vorzulegen sowie der Bericht über die letzte gesetzliche Revision beizufügen. Frühere Verhandlungen wegen Erlangung von Staats- oder Reichsdarlehen sind zu erwähnen.

§ 5.

Erscheint nach Prüfung dieser Vorlagen und nach Lage der zur Verfügung stehenden Mittel nicht die gänzliche oder zeitweilige Ablehnung des Antrages geboten, so sind der Provinzialbehörde weiter vorzulegen:

1. eine beglaubigte Abschrift des Grundbuchblattes zum Nachweise, daß das Grundstück frei ist von Schulden und Lasten, welche die Sicherheit der Hypothek wesentlich beeinträchtigen würden, nebst einem den Gesamtbesitz der Baugenossenschaft kennzeichnenden Lageplan, geeignetenfalls auch Stadtplan;

2. der Kaufvertrag über das zu beleihende Grundstück, oder falls dieser erst nach erlangter vorläufiger Zusage des Darlehens abgeschlossen werden soll, ein glaubhafter Nachweis, daß und zu welchem Preise und zu welchen sonstigen Bedingungen das Grundstück überlassen und aus welchen Mitteln der Kaufpreis berichtigt werden soll und nach Abschluß des Kaufvertrages noch vor der endgültigen Entscheidung über die Darlehensbewilligung der Kaufvertrag selbst;

3. der Bauentwurf, aus welchem sämtliche Wohnungen nebst ihrem Zubehör zu ersehen sein müssen;

4. a) ein Überschlag der Kosten für das zu errichtende Gebäude (auch für Bauleitung und Bauzinsen),

b) ein Überschlag der Kosten, die für Straßenregelung, Pflasterungen, Ent- und Bewässerungsanlagen, Einfriedigung, Baumpflanzungen usf. entstehen werden,

beide mit der Bescheinigung eines höheren bautechnischen Staats- oder Reichsbeamten, welcher auf Wunsch der Baugenossenschaft durch die Provinzialbehörde bezeichnet wird, über die Angemessenheit und Zulänglichkeit der Veranschlagungen;

5. eine Berechnung über die Ertragsfähigkeit des zu beleihenden Grundstücks, aus der insbesondere die Höhe der in Aussicht genommenen und der sonst üblichen Mietzinse sowie der etwa verbleibende Überschuß hervorgeht;

6. die Grundsätze, nach denen die Entscheidung unter mehreren Wohnungsbewerbern getroffen wird (Verlosung usw.) sowie das Muster der abzuschließenden Mietverträge und der für die Benutzung der Wohnungen zu erlassenden Vorschriften (Hausordnungen usw.).

§ 6.

Für die Bewilligung des Darlehens sind die nachfolgenden Bestimmungen maßgebend:

1. Das Darlehen darf 90 v. H. des Werts des Hauses mit Einschluß des Grund und Bodens (90 v. H. des Bau- und Bodenwerts) oder den vollen Bauwert des Hauses mit Ausschluß des Grund und Bodens (100 v. H. des Bauwerts) nicht übersteigen, und seine Sicherheit durch eine Eintragung in der zweiten Abteilung des Grundbuchs nicht wesentlich beeinträchtigt sein. Sein Betrag wird von der Provinzialbehörde zunächst vorläufig bestimmt. Der Bauwert wird vorläufig auf Grund des Baukostenüberschlags (§ 5 Ziff. 4a) oder des auf Verlangen der Provinzialbehörde vorzulegenden Baukostenanschlags angenommen. Er wird endgültig, sobald das Haus vollendet ist, auf Grund der Taxe eines höheren bautechnischen Staats- oder Reichsbeamten, welchem auf seinen Wunsch die Bauabrechnungen zur Verfügung zu stellen sind, oder der Taxe der öffentlichen Feuerversicherungsanstalt, bei welcher das Gebäude versichert ist, oder auf Grund einer gerichtlichen Taxe ermittelt. Welche Taxe vorzulegen ist, bestimmt die Provinzialbehörde: sie ist auch berechtigt, mehrere Taxen zu erfordern. Der Wert des Grund und Bodens darf dabei nicht höher als mit dem Erwerbspreise angesetzt werden, doch können Kosten für Straßenregelung, Pflasterung, Kanalisations-, Ent- und Bewässerungsanlagen, Einfriedigungen, Anpflanzungen und dergleichen, die nach dem Erwerbe des Grund und Bodens aufgewendet werden, dem Bodenwerte hinzugerechnet werden: für den Bauwert kommen diese Kosten nicht in Betracht.

Das zu beleihende Haus muß die Bestimmung haben, dauernd im Eigentum der Genossenschaft zu bleiben und an die Genossen vermietet zu werden.

2. Für das Darlehen ist eine Hypothek an dem Grundstücke zu bestellen.

Innerhalb der vorbezeichneten Grenzen kann dies an anderer als an erster Stelle geschehen.

Die Provinzialbehörde kann die Bedingung stellen, daß mindestens bis zur Grenze der Mündelsicherheit anderweit von der Baugenossenschaft Hypothekendarlehen zu angemessenen Bedingungen aufgenommen werden.

3. Das Darlehen ist mit 3 v. H. jährlich zu verzinsen und mit 1 v. H. jährlich unter Zuwachs der ersparten Zinsbeträge zu tilgen, so daß also während der gesamten Tilgungsdauer ein Jahresbetrag (Annuität) von 4 v. H. des ursprünglichen Kapitals für die Verzinsung und Tilgung zu entrichten ist.

Die Zins- und Tilgungsbeträge sind am ersten eines jeden Kalendervierteljahres für das voraufgegangene Vierteljahr fällig und längstens innerhalb zwei Wochen nach dem Fälligkeitstag ohne Berufung auf Gegenforderung und Aufrechnung an die von der Provinzialbehörde zu bezeichnende Kasse porto- und kostenfrei zu zahlen.

Die Verzinsung beginnt mit dem Tage des Empfangs der Teilzahlungen (§ 6 Ziff. 12), die Tilgung mit dem Beginn des auf die letzte Teilzahlung folgenden Staatsrechnungsjahres.

Dem nicht getilgten Teile des Staatsdarlehens ist vor dem jeweilig getilgten Teile desselben, desgleichen vor dem jeweilig getilgten Teile des im Range vorgehenden anderweiten Hypothekendarlehens das hypothekarische Vorrecht einzuräumen.

4. Die Baugenossenschaft ist verpflichtet, den Bau nach dem vorgelegten und auf Verlangen der Provinzialbehörde etwa abgeänderten Entwurf und Kostenanschlag unter Verwendung guten Materials sorgfältig und dauerhaft innerhalb der besonders vereinbarten Frist auszuführen und bei etwa als notwendig sich herausstellenden wesentlichen Änderungen zuvor der Zustimmung der Provinzialbehörde sich zu versichern. Wird nach einem Brande das Gebäude neu hergestellt, so hat die Genossenschaft über den Bauentwurf, den Kostenanschlag und die Baufrist mit der Provinzialbehörde eine neue Vereinbarung herbeizuführen.

Die Genossenschaft ist verpflichtet, das Gebäude nebst Zubehör stets in gutem baulichen Zustande zu erhalten und auf Verlangen der Provinzialbehörde die notwendigen Ausbesserungen und Erneuerungen, desgleichen die aus gesundheitlichen und sittlichen Gründen etwa erforderlich erscheinenden Einrichtungen binnen der gesetzten Frist auszuführen.

Wesentliche Änderungen des Gebäudes (An-, Auf-, Umbauten) oder der gänzliche oder teilweise Abbruch desselben dürfen nur nach vorgängiger Zustimmung der Provinzialbehörde stattfinden.

Diese ist jederzeit befugt, die Grundstücke und Gebäude der Genossenschaft — und zwar auch diejenigen, an welchen für das Staatsdarlehen eine Hypothek nicht besteht — durch Beauftragte besichtigen zu lassen.

5. Die Genossenschaft ist verpflichtet, ihre jährlichen Rechnungsnachweise (Jahresrechnung, Bilanz usw.), ihre Geschäftsberichte und übrigen

Bekanntmachungen sowie die Protokolle über die Generalversammlungen unaufgefordert der Provinzialbehörde einzureichen, dieser auch jede noch sonst von ihr zur Beurteilung der Verhältnisse für erforderlich erachtete Auskunft zu erteilen. Sie ist verpflichtet, auf eine klare und pünktliche Geschäfts-, Kassen- und Buchführung und auf eine sorgfältige Kontrolle zu halten, auch jederzeit der Provinzialbehörde auf deren Verlangen Einblick in die Verwaltung sowie Teilnahme an den Versammlungen des Aufsichtsrats und an den Generalversammlungen (ohne Stimmrecht) zu gestatten. Sie ist verpflichtet, einem Revisionsverbande der Baugenossenschaften (§ 54 des Genossenschaftsgesetzes vom 1. Mai 1889/20. Mai 1898) nach ihrer Wahl beizutreten und die Revisionen durch die Verbandsrevisoren ausführen zu lassen, auch die Berichte der letzteren unter Angabe dessen, was darauf geschehen ist oder wird, der Provinzialbehörde unaufgefordert einzureichen.

Diese ist berechtigt, in Vertretung des Fiskus Mitglied der Baugenossenschaft zu werden.

6. Das Gebäude ist nach seinem vollen Bauwerte gegen Brandschaden und zwar, wenn nicht besondere Umstände entgegenstehen, bei einer öffentlichen Feuerversicherungsanstalt — soweit zulässig schon während der Bauzeit – zu versichern und fortdauernd versichert zu erhalten. Daß die Prämienzahlung rechtzeitig erfolgt ist, ist regelmäßig spätestens innerhalb zwei Wochen nach dem Fälligkeitstage der Prämien ohne Aufforderung der Provinzialbehörde nachzuweisen, sofern die Versicherungsanstalt nicht eine sogenannte Hypothekenbescheinigung erteilt hat.

7. Den zu den Staatsbediensteten gehörenden Mitgliedern der Genossenschaft ist mindestens derjenige Teil der von der Genossenschaft insgesamt beschafften Wohnungen anzubieten, der dem Verhältnis der Staatsdarlehen zu dem gesamten, auf die Beschaffung von Genossenschaftswohnungen verwendeten Kapitale entspricht, sofern nicht nach der besonderen Lage des Falles von der Provinzialbehörde eine andere Vereinbarung über die Berücksichtigung der Staatsbediensteten nachgelassen oder zur Bedingung gemacht wird.

8. Dem Fiskus, vertreten durch die Provinzialbehörde, wird das Vorkaufsrecht auf das zu beleihende Grundstück und Gebäude eingeräumt.

9. Das Darlehen kann von beiden Teilen mit dreimonatiger Frist ganz oder teilweise gekündigt werden, vom Gläubiger jedoch, wenn die in diesem Paragraphen unter Ziffer 3—8 bezeichneten und noch sonst etwa auferlegten Verpflichtungen von der Schuldnerin erfüllt werden, nicht vor Ablauf von zehn Jahren seit der letzten Teilzahlung. Jede Zuwiderhandlung gegen jene Verpflichtungen berechtigt den Gläubiger ohne weitere Anmahnung zur Kündigung, welche jedoch spätestens binnen sechs Monaten nach Feststellung der Zuwiderhandlung ausgesprochen werden muß. Ein gleiches Kündigungsrecht steht der Provinzialbehörde zu, wenn nach ihrem Ermessen der Charakter der Gemeinnützigkeit des Unternehmens nicht mehr hinreichend gewahrt ist, insbesondere auch, wenn wesentliche Abänderungen des Musters der Mietverträge oder der für die Benutzung der Gebäude und Wohnungen zu erlassenden

Vorschriften (§ 5 Ziff. 6) vorgenommen werden. Wird das Grundstück oder Gebäude veräußert oder wird die Genossenschaft aufgelöst, so wird das Darlehen ohne Kündigung sofort zur Rückzahlung fällig, sofern die Provinzialbehörde nicht ausdrücklich in die Belassung des Darlehens willigt.

10. Die vorstehenden und noch sonst etwa vereinbarten Bedingungen und Verpflichtungen, insbesondere auch die zufolge Ziff. 7 dieses Paragraphen getroffene Vereinbarung sind von der Schuldnerin in einem Vertrage anzuerkennen, in welchem sie zugleich sich verbindlich macht, die Eintragung des Darlehensbetrages sowie der Bedingungen und Verpflichtungen § 6 Ziff. 3—9 im Grundbuche in der zweiten und dritten Abteilung auf ihre Kosten herbeizuführen.

11. Sobald diese letztere Bedingung erfüllt ist, wird das Darlehen, sofern es an erster Stelle eingetragen ist und nichts anderes vereinbart wird, in folgender Weise gezahlt:

a) schon vor Beginn des Baues ein Viertel der vorläufig bewilligten Darlehenssumme, jedoch nicht mehr als die Hälfte des Grundstückspreises;
b) demnächst nach Maßgabe des Fortschrittes des Baues innerhalb der vorläufig bewilligten Darlehenssumme bis zu drei Vierteln des jeweiligen Bauwerts oder Bau- und Bodenwerts;
c) im übrigen nach Fertigstellung des Baues auf Grund der nach § 6 Ziff. 1 vorzulegenden Taxen.

Ist das Darlehen nicht an erster Stelle eingetragen, so gelten, mangels anderer Vereinbarungen, die Bestimmungen zu b und c mit der Maßgabe, daß dem Betrage des (vorläufig bewilligten) Staatsdarlehens der Betrag der vorgehenden Hypothekdarlehen zugerechnet wird.

Ergibt sich aus den Taxen (§ 6 Ziff. 1), daß der eingetragene Darlehensbetrag die gemäß § 6 Ziff. 1 bestimmte Beleihungsgrenze überschreitet, so wird über den überschießenden und deshalb nicht zur Zahlung gelangenden Teil eine löschungsfähige Quittung erteilt.

12. Die Teilzahlungen, für die der Zinsenlauf je mit dem Tage der Zahlung beginnt, sind rechtzeitig vor dem gewünschten Zahlungstage nachzusuchen. Dem Antrage ist jedesmal die Bescheinigung eines höheren bautechnischen Staats- oder Reichsbeamten, welcher auf Wunsch der Genossenschaft von der Provinzialbehörde bezeichnet wird, über den plan- und sachgemäßen Fortgang des Baues und dessen jeweiligen Bauwert beizufügen. Auf Wunsch der Baugenossenschaft werden die Zahlungen unmittelbar an die Bauunternehmer oder Bauhandwerker geleistet.

Während der Bauzeit wird der Genossenschaft auf deren Verlangen von der Provinzialbehörde eine Bescheinigung darüber ausgestellt, wieviel auf die im Grundbuch eingetragene Summe in Wirklichkeit bereits gezahlt worden ist.

§ 7.

Abweichungen von den vorstehenden Bedingungen oder der Erlaß einzelner derselben sind nicht ausgeschlossen, bedürfen aber der Genehmigung der Zentralbehörde.

Festgesetzt von dem Minister der öffentlichen Arbeiten, dem Finanzminister, dem Minister des Innern und dem Minister für Handel und Gewerbe.

Berlin, den 3. Juni 1902.

Formular 17.

Darlehensvertrag.

Zwischen . . . . vertreten durch . . . . Vorstand, und dem Staatsfiskus, vertreten durch den Regierungspräsidenten in . . . . wird folgender Vertrag abgeschlossen:

§ 1.

Der Staatsfiskus gewährt de . . . . ein Darlehen bis zum Höchstbetrage von . . . . M. als Beitrag zu den Kosten eines Kleinwohnungen enthaltenden Gebäudes, daß d . . . . auf dem ih . . gehörigen, in . . . . belegenen Grundstücke errichte . . . .

Das Darlehen ist mit 3 v. H. jährlich zu verzinsen und mit 1 v. H. jährlich unter Zuwachs der von den getilgten Kapitalbeträgen ersparten Zinsen abzutragen, so daß also während der gesamten Dauer der Tilgung ein Jahresbetrag (Annuität) von 4 v. H. zu entrichten ist (vgl. aber § 6 Abs. 3 und § 7 Abs. 3).

Die Zins- und Tilgungsbeträge sind am Ersten eines jeden Kalendervierteljahres für das voraufgegangene Vierteljahr fällig und längstens innerhalb zwei Wochen nach dem Tage der Fälligkeit in deutscher Reichswährung ohne Berufung auf Gegenforderung und Aufrechnung an die . . . . oder auf das Reichsbank-Girokonto dieser Kasse kostenfrei zu zahlen.

Der Zinsenlauf beginnt für jede Teilzahlung mit dem Tage der Zahlung des Geldes an den Schuldner. Die erste Rate der Tilgung ist am . . . . 19 . . fällig*).

§ 2.

Als Sicherheit für Kapital, Zinsen und Rückzahlungen verpfändet die Genossenschaft das beliehene, im Grundbuche von . . . . eingetragene Grundstück. Sie verpflichtet sich, die Eintragung des Darlehens nebst den in den §§ 1, 2, 3, 6, 7 und 8 dieses Vertrages angeführten Bedingungen in das Grundbuch . . . . auf ihre Kosten herbeizuführen.

Die Genossenschaft verpflichtet sich dem Staatsfiskus gegenüber, sämtliche den Staatshypotheken im Range vorgehenden oder gleichstehenden Hypotheken auf Verlangen des . . . . löschen zu lassen, wenn und soweit sie mit dem Eigentum in einer Person vereinigt sind, und zur Sicherung des Anspruches auf Löschung eine Vormerkung in das Grundbuch auf ihre Kosten eintragen zu lassen.

---

*) Beginn des auf die letzte Teilzahlung folgenden Staatsrechnungsjahres.

Die Erteilung eines Hypothekenbriefes wird zunächst nicht verlangt. Der Schuldner verpflichtet sich jedoch, jederzeit auf Verlangen des Staatsfiskus in die nachträgliche Bildung und Aushändigung eines solchen Briefes an die Gläubiger zu willigen.

Unbeschadet der hypothekarischen Sicherheit bleibt die Genossenschaft dem Staatsfiskus für das im § 1 bezeichnete Darlehen bis zu seiner völligen Tilgung in jedem Falle mit ihrem gesamten sonstigen Vermögen verhaftet.

§ 3.

Die Baulichkeiten sind nach ihrem vollen Werte bei .... — soweit zulässig, schon während der Bauzeit, spätestens aber nach Vollendung des Rohbaues — zu versichern und fortdauernd versichert zu halten. Dem Gläubiger ist auf Verlangen ein Hypothekensicherungsschein der Versicherungsanstalt mit dem von ihm als erforderlich bezeichneten Inhalte vorzulegen.

§ 4.

Dem Staatsfiskus wird ein dingliches Vorkaufsrecht auf die in den §§ 1 und 2 bezeichneten Grundstücke eingeräumt.

§ 5.

Die Auszahlung des Darlehens erfolgt nicht eher, als bis die in diesem Vertrage vorgesehenen Grundbucheintragungen bewirkt und dem Gläubiger durch Vorlegung einer beglaubigten Abschrift des Grundbuchblattes nachgewiesen sind.

Ist diese Voraussetzung erfüllt, so können schon während der Bebauung der verpfändeten Grundstücke angemessene Teilzahlungen nach dem Fortschreiten des Bauwerkes geleistet werden.

Alle Zahlungen sind von dem Schuldner spätestens zwei Wochen vor dem gewünschten Zeitpunkte der Zahlung nachzusuchen.

Dem Antrage auf Auszahlung ist die Bescheinigung eines höheren bautechnischen Reichs- oder Staatsbeamten über den plan- und sachgemäßen Fortgang des Baues, die zweckentsprechende Verwendung der etwa schon gezahlten Darlehensbeträge und über den jeweiligen Bauwert beizufügen. Aus der Bescheinigung muß hervorgehen, daß sie sich auf das dem Staatsfiskus verpfändete — grundbuchmäßig zu bezeichnende — Grundstück bezieht. Ferner ist — und zwar spätestens nach Vollendung des Rohbaues — der Nachweis über die Feuerversicherung vorzulegen, dagegen der etwa geforderte Hypothekensicherungsschein, sobald er erlangt werden kann.

In keinem Falle dürfen die Zahlungen über 90 v. H. des Grundstückswertes hinausgehen, der sich aus dem von dem Schuldner für den Grund und Boden gezahlten Preise und aus den Baukosten nach den — dem Gläubiger oder seinen Beauftragten vorzulegenden — Abrechnungen ergibt, oder über 100 v. H. der so ermittelten Baukosten allein. Stellt sich heraus, daß der im Grundbuch eingetragene Darlehensbetrag diese Grenze überschreitet, so wird der überschießende Teil nicht ausgezahlt, für ihn vielmehr die Löschung bewilligt.

§ 6.

Das Darlehen kann von beiden Teilen mit dreimonatiger Frist ganz oder teilweise gekündigt werden, vom Staatsfiskus jedoch, wenn die von dem Schuldner durch diesen Vertrag übernommenen Verpflichtungen erfüllt werden, nicht vor Ablauf von zehn Jahren seit der letzten Teilzahlung.

Jede Zuwiderhandlung gegen jene Verpflichtungen berechtigt den Gläubiger ohne weitere Mahnung zur Kündigung, die jedoch spätestens binnen sechs Monaten nach Feststellung der Zuwiderhandlung ausgesprochen werden muß. Ein gleiches Recht zur Kündigung steht dem Staatsfiskus zu, wenn nach dem Ermessen des Regierungspräsidenten der Charakter der Gemeinnützigkeit des Unternehmens nicht mehr hinreichend gewahrt ist, namentlich auch, wenn wesentliche Abänderungen der Mietbeträge, der Mietverträge oder der Hausordnungen ohne seine Zustimmung vorgenommen werden.

In allen Fällen des Abs. 2 ist der Gläubiger auch berechtigt, statt der Kündigung eine Erhöhung des Zinsfußes (§ 1 Abs. 2) bis auf 4 v. H. vom Beginn des folgenden Monats ab eintreten zu lassen und die Eintragung des erhöhten Zinsfußes in das Grundbuch zu verlangen.

Wird seitens des Schuldners eines der in den §§ 1 und 2 bezeichneten Grundstücke veräußert, oder wird die Feuerversicherung der beliehenen Gebäude ohne Genehmigung des Gläubigers aufgehoben oder herabgesetzt, oder wird die darlehensnehmende Genossenschaft aufgelöst, so wird das Darlehen ohne Kündigung sofort zur Rückzahlung fällig, sofern der Staatsfiskus nicht ausdrücklich in seine Belassung willigt.

§ 7.

Die Genossenschaft verpflichtet sich, bis zur vollständigen Tilgung des Darlehens von den durch sie hergestellten Kleinwohnungen (d. h. Wohnungen bis zu 4 Zimmern nebst Küche und Zubehör . . . .) stets mindestens soviel Wohnungen an Arbeiter oder gering besoldete Beamte in den Betrieben und Verwaltungen des Staates zu vermieten, wie dies dem Verhältnisse des staatsseitig gewährten Darlehens zu dem gesamten auf die Beschaffung von Kleinwohnungen verwendeten Kapitale entspricht. Sollte das Darlehen vor Ablauf der regelmäßigen Dauer der Tilgung (§ 1 Abs. 2) vollständig zurückgezahlt werden, so ist dieser Verpflichtung auf Verlangen des Staatsfiskus auch weiterhin zu genügen, und zwar bis zum Ablaufe von 20 Jahren, von dem Tage an gerechnet, an dem die Auszahlung des ganzen Darlehens oder die letzte Teilzahlung darauf erfolgt ist.

Sollten sich aus dem Kreise der der darlehensnehmenden Genossenschaft angehörenden Arbeiter und gering besoldeten Beamten in den Betrieben und Verwaltungen des Staates nicht genügend Bewerber um die hiernach für sie offenzuhaltenden Wohnungen finden, so hat die Genossenschaft unter Beifügung der Pläne und Mietpreise der verfügbaren Wohnungen dem Regierungspräsidenten dies sofort anzuzeigen. Dieser hat alsdann das Recht, binnen vier Wochen nach Eingang der Anzeige Arbeiter und gering besoldete Beamte in den Betrieben und Verwaltungen des Staates zu bezeichnen, an die nach ordnungsmäßig zu bewirkendem Eintritt in die Genossenschaft die Wohnungen zu vermieten sind. Macht er innerhalb der angegebenen Frist keine solche Mitteilung, oder erklärt er vor Ablauf dieser Frist, die verfügbaren Wohnungen für Staatsangestellte nicht in Anspruch nehmen zu wollen, so hat die Genossenschaft in ihrer Vergebung an andere Bewerber für dieses Mal freie Hand.

Ist zwei Jahre hindurch tatsächlich nicht diejenige Anzahl von Wohnungen, die im Abs. 1 dieses Paragraphen und in den entsprechenden Vorschriften anderer Verträge zwischen der Genossenschaft und dem Staatsfiskus vorgesehen ist, an Arbeiter oder gering besoldete Beamte in den Betrieben und Verwaltungen des Staates vermietet gewesen, so kann der Gläubiger vom Beginn des folgenden Monats ab solange eine Erhöhung des Zinsfußes (§ 1 Abs. 2) bis auf 4 v. H. eintreten lassen, bis die bedungene Anzahl von Wohnungen an Staatsbedienstete vermietet ist, und die Eintragung des erhöhten Zinsfußes in das Grundbuch verlangen.

§ 8.

I. Die Genossenschaft ist verpflichtet, den Bau nach dem vorgelegten und auf Verlangen des Gläubigers etwa abgeänderten Entwurf und Kostenanschlag unter Verwendung guten Materials sorgfältig und dauerhaft bis zum . . . . 19 . . auszuführen und bei etwa als notwendig sich herausstellenden Änderungen zuvor der Zustimmung des Gläubigers sich zu versichern.

Sie hat die in den §§ 1 und 2 bezeichneten Gebäude stets in gutem baulichen Zustande zu erhalten und auf Verlangen des Gläubigers die notwendigen Ausbesserungen und Erneuerungen, desgleichen die ihm aus gesundheitlichen und sittlichen Gründen etwa erforderlich erscheinenden Einrichtungen binnen der gesetzten Frist auszuführen.

Ohne Genehmigung des Gläubigers darf auf den Grundstücken kein Schankbetrieb und kein gewerbsmäßiger Verkauf geistiger Getränke stattfinden. Diese Genehmigung ist stets widerruflich.

Wesentliche Änderungen (An-, Auf-, Umbauten) der Gebäude oder ihr Abbruch im Ganzen oder in Teilen dürfen nur nach vorgängiger Zustimmung des Gläubigers stattfinden.

Werden nach einem Brande die Gebäude neu hergestellt, so hat die Genossenschaft über den Bauentwurf, den Kostenanschlag und die Baufrist eine neue Vereinbarung mit dem Gläubiger herbeizuführen.

II. Die Mietpreise für die mit Hilfe der Staatsdarlehens hergestellten Wohnungen dürfen nicht höher, aber auch nicht niedriger angesetzt werden, als dies die Aufwendungen für Verzinsung des zum Grunderwerb und zum Bau der Häuser aufgewendeten Kapitals, für eine mindestens der Tilgung des Baukapitals entsprechende Abschreibung vom Bauwerte sowie für Verwaltung und Instandhaltung (unter Berücksichtigung der Schaffung einer Rücklage für Mietausfälle, Haupterneuerungen usw.) erfordern. Insbesondere ist die Genossenschaft verpflichtet, im Aktivum der Bilanz beim Gebäudekonto alljährlich mindestens soviel abzuschreiben, wie im gleichen Jahre von der Staatshypothek getilgt worden ist.

III. Der Regierungspräsident ist befugt, alle Gebäude des Schuldners zu angemessener Tageszeit zu besichtigen oder durch Beauftragte besichtigen zu lassen.

Der Gläubiger ist ferner befugt, in die Bücher, den Schriftwechsel und die Belege des Schuldners Einsicht zu nehmen oder durch Beauftragte Einsicht nehmen zu lassen, sowie zu den Versammlungen des Vorstandes, des Aufsichtsrates und zu den Generalversammlungen Vertreter (ohne Stimmrecht) zu entsenden, die auf Verlangen jederzeit gehört werden müssen.

Der Schuldner ist verpflichtet, die jährlichen Rechnungsnachweise (Jahresrechnung, Bilanz usw.), die Geschäftsberichte und übrigen Bekanntmachungen, sowie die Protokolle über die Generalversammlungen und Revisionen (vgl. § 53 des Genossenschaftsgesetzes) unaufgefordert dem Gläubiger in doppelter Ausfertigung einzureichen, diesem auch jede noch sonst von ihm zur Beurteilung der Verhältnisse für erforderlich erachtete Auskunft zu erteilen.

IV. Die darlehensnehmende Genossenschaft ist verpflichtet, einem Revisionsverbande anzugehören, dessen Auswahl der Genehmigung des Gläubigers bedarf.

Der Austritt aus diesem Verbande sowie der Eintritt in einen anderen Revisionsverband oder sonstigen genossenschaftlichen Verband darf nur mit Genehmigung des Gläubigers stattfinden.

§ 9.

Der Schuldner bewilligt und beantragt folgende Eintragungen im Grundbuch auf seine Kosten:

I. . . . .

Darlehen zugunsten des Staatsfiskus, vertreten durch den Regierungspräsidenten zu . . . . Das Darlehen ist mit 3 v. H., unter Umständen gemäß §§ 6 und 7 des Darlehensvertrages mit 4 v. H. für das Jahr in vierteljährlichen Zahlungen am 1. Januar, 1. April, 1. Juli und 1. Oktober zu verzinsen und in gleichzeitig zahlbaren Teilbeträgen mit 1 v. H. jährlich unter Zuwachs der von den getilgten Kapitalbeträgen ersparten Zinsen abzutragen. Das Darlehen ist bei Veräußerung des beliehenen Grundstückes, bei Aufhebung oder Herabsetzung der Feuerversicherung ohne Genehmigung des Gläubigers oder bei Auflösung der schuldnerischen Genossenschaft sofort rückzahlbar, im übrigen mit dreimonatiger Frist kündbar, seitens des Gläubigers jedoch erst nach Ablauf von zehn Jahren oder nach Eintritt gewisser Bedingungen gemäß § 6 des Darlehensvertrages. Vorläufig ohne Brief, eingetragen unter Bezugnahme auf die §§ 1, 2, 3, 6, 7 und 8 des Darlehensvertrages vom . . . . am . . . .

II. Bei de . . in den §§ 1 und 2 dieses Vertrages bezeichneten Grundstücke . .:

ein Vorkaufsrecht zugunsten des Staatsfiskus.

III. Bei allen diesem Staatsdarlehen im Range vorgehenden oder gleichstehenden Hypotheken:

Vormerkung: Auf Verlangen des Staatsfiskus zu löschen, wenn und soweit die Hypothek mit dem Eigentum in einer Person vereinigt ist.

§ 10.

Dieser Vertrag ist in drei Ausfertigungen vollzogen. Die Hauptausfertigung erhält der Gläubiger, die eine Nebenausfertigung der Schuldner, die andere das Grundbuchgericht.

§ 11.

Alle Kosten, die aus diesem Vertrage jetzt oder für die Folge entstehen, fallen dem Schuldner zur Last, soweit sie nicht wegen der Stempel- und Gebührenfreiheit des Staatsfiskus außer Ansatz bleiben.

. . . ., den . . . . 19 . .
. . . ., den . . . . 19 . .

Formular 18.

Bedingungen,

unter denen Baugenossenschaften von der Landesversicherungsanstalt Hannover hypothekarische Darlehen zur Erbauung von Arbeiterwohnhäusern erhalten.

I.

Die Geschäftsverbindung zwischen der Landesversicherungsanstalt Hannover und einer neu zu gründenden Baugenossenschaft mit beschränkter Haftpflicht hat zur Voraussetzung, daß dem Unternehmen die vorgeschriebenen Mustersatzungen zugrunde gelegt werden und zwar der Genossenschaft

a) mit ausschließlichem Dauerbesitz (Miethäuser) das Formular 1,
b) nach dem gemischten System (Erwerbs- und Miethäuser) das Formular 2.

Wesentliche, aus örtlichen oder sonstigen Verhältnissen sich ergebende Abweichungen vom Muster sind vor der endgültigen Beschlußfassung über die Satzungen in der Gründungsversammlung mit der Landesversicherungsanstalt zu vereinbaren.

Für das Verhältnis zwischen der Baugenossenschaft nach dem gemischten System und den Genossenschaftsmitgliedern als Erwerbshausanwärtern gelten die auf Grund des § 22 Buchstabe b der Satzungen seitens des Vorstandes und Aufsichtsrates zum Beschluß zu erhebenden, den Satzungen als Anhang beizufügenden Sonderbedingungen (Formular 11). Die von der Erhebung einer Veräußerungsabgabe handelnde Ziffer XIV der Sonderbedingungen bedarf überdies der Beschlußfassung in der Gründungsgeneralversammlung. (§ 58 Ziff. 4 der Satzungen.)

Ohne unser Vorwissen bzw. gegen unseren Willen dürfen Änderungen der Vereinssatzungen sowie der Sondererwerbsbedingungen nicht vorgenommen werden. Geschieht das gleichwohl und es sind die Änderungen nach unserem Dafürhalten geeignet, das Genossenschaftsvermögen zu gefährden, so werden wir zu dem satzungsmäßig zulässigen nächsten Termine aus der Genossenschaft als Mitglied ausscheiden, ein Schritt, der für den Bauverein dann weitere Folgen — Verweigerung der Baumittel zu noch nicht genehmigten Bauten usw. — haben würde.

II.

Baugrunderwerbungen sind nur im Einverständnis mit der Landesversicherungsanstalt Hannover zu bewirken. Unbeschadet der der Landesversicherungsanstalt durch Teilnahme an Vorversammlungen bereits gewordenen Kenntnis von beabsichtigten Landankäufen bedarf es in jedem einzelnen Falle eines förmlichen schriftlichen Antrages bei der Landesversicherungsanstalt auf Genehmigung, unter Vorlegung von Katasterauszügen und Katasterhandzeichnungen, zwecks Nachweises der katastermäßigen Größe der Baufläche. Dieser Vorbehalt gilt insbesondere auch bezüglich späterer Baugrunderwerbungen, sofern sie unter der Voraussetzung erfolgen sollen, daß die Landesversicherungsanstalt Hannover die darauf zu errichtenden Baulichkeiten hypothekarisch beleihen werde.

III.

Von der zur Bebauung ins Auge gefaßten Fläche ist von berufener Seite ein Lage- und Bebauungsplan zu entwerfen, in dem die beabsichtigten Neubauten sowie etwaige Straßenzüge anzudeuten sind. Der baupolizeilich genehmigte Plan — oder eine Abschrift davon — ist zu unseren Akten einzuliefern.

IV.

Ohne unsere ausdrückliche Genehmigung darf kein Bau in Angriff genommen werden. Hat der Vereinsvorstand in Gemeinschaft mit dem Aufsichtsrat die Bauausführung beschlossen, so ist uns zunächst der Bauplan — die baupolizeilich genehmigten Zeichnungen und der Kostenanschlag — zur Prüfung und Genehmigung vorzulegen, da wir uns von der Zweckmäßigkeit des Bauplanes überzeugen und dem Bauverein nötigenfalls mit unserem sachverständigen Rate zur Hand gehen wollen. Soweit die Bauausführungen nach einem und demselben Muster erfolgen sollen, bedarf es nur der einmaligen Vorlegung des Bauplanes, dagegen ist unsere Genehmigung zu jedem einzelnen Bau bzw. — bei gleichzeitiger Ausführung mehrerer Bauten — zu der Zahl der jeweilig in Angriff zu nehmenden Bauten vorher einzuholen.

Dem Bauplan zu dem Miethause ist eine Wohnungsmietenrohertragsberechnung beizufügen. Bei Vorlegung des Bauplanes ist zu bestätigen, daß die auf Grund der Rohertragsberechnung für die einzelnen Wohnungen vorläufig festgesetzten Jahresmietsätze die Zustimmung des Aufsichtsrates in gemeinschaftlicher Sitzung gefunden haben.

Der Normalmietzinsfaktor von 6 v. H. des Gesamtanlagekapitals setzt sich aus $3^1/_2$ v. H. Zinsen, 1 v. H. Betriebsunkosten (Steuern, Versicherungsbeiträgen, Baureparaturkosten), $^1/_2$ v. H. Geschäftsunkosten (Vergütungen, Bureaumaterial, Porto, Druckkosten usw.) und 1 v. H. Abschreibung (für Abnutzung des Bauwerks) zusammen. Sind für die Hypotheken und Anleihen teilweise mehr als jährlich 3½ v. H. Zinsen zu entrichten, so haben die beiden Vereinsvertretungen spätestens nach Ablauf eines vollen Betriebsjahres eine genaue Ertragsberechnung vorzunehmen und an deren Hand den Wohnungsmietentarif einer wiederholten Prüfung zu unterziehen, auch nötigenfalls die Jahresmieten dem höheren Mietzinsfaktor entsprechend festzusetzen.

V.

Der Bauverein räumt uns das Recht ein, die im Bau begriffenen Häuser jederzeit durch unseren bautechnischen Beirat besichtigen zu lassen.

Des weiteren gestattet der Vereinsvorstand auf unseren Wunsch einem von uns dazu beauftragten Beamten der Landesversicherungsanstalt jederzeit die Einsichtnahme der Akten, Bücher und Belege des Bauvereins.

Der Bauverein muß dem Verbande der Baugenossenschaften für Niedersachsen (Revisionsverband) als Mitglied beitreten. (§ 22 Buchstabe i bzw. k der Mustersatzungen.)

VI.

Unbeschadet der der Landesversicherungsanstalt Hannover als Bauvereinsmitglied zustehenden Rechte verpflichtet sich der Vereinsvorstand, uns alljährlich unaufgefordert die **Bilanz** des abgelaufenen Geschäftsjahres nebst Gewinn- und Verlustberechnung mindestens acht Tage vor der ordentlichen Generalversammlung — und zwar zusammen mit der **Einladung** zur Generalversammlung — zugehen zu lassen. Dagegen erwarten wir besondere Einladung zu einer außerordentlichen Generalversammlung oder zu gemeinschaftlichen Sitzungen des Vorstandes und Aufsichtsrates nur dann, wenn wichtige — insbesondere auf Bauausführungen oder Landankäufe Bezug habende — Verhandlungsgegenstände auf der Tagesordnung stehen, bezüglich deren zwischen uns und der Vereinsvertretung noch kein Einverständnis erzielt worden ist.

Befindet sich am Sitze des Bauvereins ein bevollmächtigter Beamter der Landesversicherungsanstalt Hannover, so ist dieser zu den gemeinschaftlichen Sitzungen und Generalversammlungen regelmäßig einzuladen.

VII.

Die Landesversicherungsanstalt Hannover beleiht die Liegenschaften des Bauvereins **innerhalb der ihr zur Verfügung stehenden Geldmittel** wie folgt:

a) wenn die Wohnungsverhältnisse der einheimischen Arbeiterschaft nach Auskunft der Lokalbehörden in gesundheitlicher und sittlicher Beziehung dringend einer Verbesserung bedürfen, die Leistungsfähigkeit der Interessenten selbst aber nur gering ist:

„entweder in Höhe der wirklich aufgewendeten Baukosten, oder bis zu 90 v. H. des buchmäßigen Gesamtwertes der beleihungsfähigen Hausgrundstücke";

b) wenn die Anhäufung einer größeren Zahl von Arbeitskräften durch einzelne Fabrikbetriebe die Ursache der Wohnungsnot ist und das Unternehmen vorzugsweise im Interesse dieser Betriebe ins Leben gerufen werden soll:

„bis zu 75 v. H. des buchmäßigen Gesamtwertes der beleihungsfähigen Hausgrundstücke abzüglich der eigenen Leistung des Vereins (Geschäftsguthaben, Spareinlagen, baren Anzahlungen der Erwerbshausanwärter auf den Kaufpreis, schwebenden Anleihen)".

Reichen in dem Falle zu a die eigenen Mittel des Bauvereins (Geschäftsguthaben usw.) zur Deckung der Baugrundkosten nicht aus, verbleibt vielmehr ein Baugrundschuldenrest, so sind dem Gläubiger hierfür nicht mehr als jährlich $3^1/_2$ v. H. Zinsen bei einer regelmäßigen Tilgung von jährlich $1^1/_2$ v. H. und Sicherstellung seiner Forderung hinter der der Landesversicherungsanstalt Hannover (Ziffer VIII) anzubieten. Wird ein höherer Zinsfuß und erststellige hypothekarische Sicherstellung verlangt, so ist dazu die Zustimmung der Landesversicherungsanstalt Hannover vorher einzuholen. Beansprucht dagegen der Baugrundgläubiger weder erststellige, noch überhaupt hypothekarische Sicherstellung, stundet er vielmehr seine Restforderung gegen einfachen Schuldschein des Vereinsvorstandes, so verzichtet die Landesversicherungsanstalt Hannover bis zur völligen Befriedigung des Baugrundgläubigers auf die ihr seitens des Bauvereins zu leistende regelmäßige Jahrestilgung (Ziffer VIII) und ermächtigt den Bauverein zur Verwendung aller am Jahresschluß verfügbar gebliebenen eigenen Geldmittel zwecks baldiger Abstoßung der Baugrundschuld.

Die im Falle zu b mit einem Viertel am Gesamtaufwande beteiligten Fabrikbetriebe haben dagegen — sofern sie hypothekarische Sicherstellung beanspruchen — mit ihrer Forderung grundbuchmäßig unter allen Umständen hinter die der Landesversicherungsanstalt Hannover zu treten und im übrigen das Kapital unter den Bedingungen der Landesversicherungsanstalt Hannover (Ziffer VIII) zu gewähren. Zur Ersparung von Gerichtskosten empfiehlt sich aber an Stelle der hypothekarischen Sicherstellung die Gewährung des Anlagekapitalviertels in Form der sog. schwebenden Anleihe (gegen Schuldschein der Vereinsvertretung).

VIII.

Die grundbuchmäßig zu beurkundenden Bedingungen, unter denen die Landesversicherungsanstalt Hannover dem Bauverein innerhalb der von Jahr zu Jahr im voraus festzulegenden Grenzen hypothekarische Darlehen gewährt (Ziffer VII), sind in den Formularen zur Schuld- und Pfandverschreibung zusammengefaßt. Die wichtigsten Bedingungen sind

1. Zinsfuß jährlich $3^1/_2$ v. H.,
2. Tilgung jährlich 1 v. H. nebst zuwachsenden Zinsen vom getilgten Darlehen,

3. zehnjährige*) Unkündbarkeitsfrist auf seiten der Gläubigerin bei pünktlicher Erfüllung des Vertrages seitens des Schuldners.

Ergeben sich nach Abführung der grundbuchmäßig vereinbarten Jahrestilgungssumme noch weitere entbehrliche Kassenbestände, so sind auch diese am Geschäftsjahresschluß in runden durch 100 ohne Rest teilbaren Summen an die Kasse der Landesversicherungsanstalt Hannover mit der Maßgabe abzuliefern, daß der Bauverein bei einem Geldinstitut (Sparkasse usw.) ein jederzeit flüssiges Barkapital in Höhe des gesetzlichen Reservefonds halten darf.

Zur Ersparung von Gerichtskosten ist nichts dagegen einzuwenden, daß auf die zunächst erworbene Baugrundfläche gleich eine größere — dem voraussichtlichen Wert der auf der ganzen Fläche zu errichtenden Gebäude entsprechende — Hypothekensumme in das Grundbuch eingetragen wird, während unsere auf die eingetragene Summe erfolgenden Ratenzahlungen (Ziffer IX) selbstverständlich nur nach Maßgabe der jeweilig wirklich vorhandenen Gebäudewerte zu bemessen sind. Vor Stellung des Antrages auf Eintragung der Gesamthypothek ist daher deren Höhe mit uns zu vereinbaren.

IX.

Während der Bauperiode können Abschlagszahlungen — sogenannte Baugelder — nicht gewährt werden. Erst nach Vollendung des Rohbaues zahlen wir dem Vereinsvorstande unter der Voraussetzung, daß der Hypothekenbrief sowie die vorläufigen Feuerversicherungsscheine (Ziffer X) inzwischen bei uns eingegangen sind, zwei Drittel der Endsumme des Baukostenanschlages (Ziffer IV), höchstens aber den durch die vorläufigen Feuerversicherungsscheine nachgewiesenen Rohbauwert in einer nach unten angemessen abgerundeten Summe. Bei Ausführung von Regiebauten gewähren wir die bezeichneten zwei Drittel auch in Raten nach Maßgabe einer von Fall zu Fall dem Antrage beizulegenden Bescheinigung des aufsichtführenden Architekten. Dem Antrage auf Eintragung einer Hypothek oder auf Gewährung der Teil- bzw. Restzahlung ist überdies eine Nachweisung der beleihungsfähigen Häuserwerte nach vorgeschriebenem Schema beizufügen. Unter „Rohbau" ist der Zustand des Neubaues nach der baupolizeilichen Abnahme zu verstehen. Auf das letzte Drittel der Vertragssumme — abzüglich einbehaltener Beträge als Kaution für solide Bauausführung — hat der Bauverein bzw. der Unternehmer erst Anspruch, nachdem

a) die endgültigen Feuerversicherungsscheine uns vorgelegen haben und

b) der Bauverein durch ein Attest des aufsichtführenden Architekten uns die anstandslose Abnahme der Häuser bestätigt.

*) In der Regel gewährt die Landesversicherungsanstalt Hannover den Baugenossenschaften eine Unkündbarkeitsfrist von 25 Jahren. Die Landesversicherungsanstalt Hannover muß sich aber grundbuchmäßig das kürzere Kündigungsrecht für den Fall vorbehalten, daß eine wesentliche Veränderung der Verhältnisse des Geldmarktes oder der Versicherungsanstalt eine Änderung des Zinssatzes erforderlich machen.

Anträge auf Zahlbarmachung von Baudarlehensraten sind seitens des Bauvereins mindestens 14 Tage bis 3 Wochen vor dem Zahlungstermin bei uns zu stellen, damit wir uns beizeiten darauf einrichten können. Auf Wunsch des Bauvereins zahlen wir auch unmittelbar zu Händen des Bauunternehmers, oder durch Vermittelung eines Geldinstituts (Sparkasse, Bank, Reichsbankgiro).

X.

Die Gebäude des Bauvereins sind bei der zuständigen öffentlichen Brandversicherungsanstalt (im Bereiche der vereinigten landschaftlichen Brandkasse in Hannover bei dieser) gegen Feuersgefahr zu versichern und daselbst versichert zu lassen. Zur Vermeidung von Verlusten hat der Vereinsvorstand immer auf eine frühzeitige Anmeldung der Baulichkeiten zur Feuerversicherung durch Vermittelung der Verwaltungsbehörde schon während der Bauperiode Bedacht zu nehmen. Steht der voraussichtliche Gesamtwert des Gebäudes anschlagsmäßig fest, so können in der Regel doppelte Schätzergebühren dadurch vermieden werden, daß gleich der gesamte Feuerversicherungswert zur Anmeldung gebracht wird.

Der Bilanz nebst Gewinn- und Verlustberechnung ist das in einer Konferenz der Vertreter von Baugenossenschaftsverbänden am 15. Mai 1908 in Hamburg beschlossene Muster zugrunde zu legen.

XI.

Vorstehende Bedingungen treten an die Stelle der Bedingungen vom 1. Mai 1909.

Hannover, den 2. Januar 1911.

Landesversicherungsanstalt Hannover.

Liebrecht, Dr.

Formular 19.

Bestimmungen

der Landesversicherungsanstalt Westfalen

über Gewährung von Darlehen an Kommunalverbände und Baugenossenschaften zum Bau von Kleinwohnungen.

I. Darlehensnehmer können sein:

a) Kommunalverbände der Provinz Westfalen, die auf Verlangen die erforderliche Sicherheit durch Vorlegung der notwendigen Unterlagen nachzuweisen haben;

b) gemeinnützige Baugenossenschaften oder ähnliche Vereinigungen (Vereine, Aktiengesellschaften).

Gemeinnützig sind Genossenschaften usw., wenn ihre Statuten gemäß den Bestimmungen des § 5 g des preußischen Stempelsteuergesetzes vom 31. Juli 1895 die Höchstdividende auf 4 v. H.

des Guthabens der Genossen beschränken und für den Fall der Auflösung die Verwendung eines Vermögensüberschusses über die Geschäftsanteile der Genossen hinaus zu gemeinnützigen Zwecken bestimmt haben.

Auf Erfordern der Landesversicherungsanstalt sind die Baugenossenschaften verpflichtet, andere die dauernde Gemeinnützigkeit der Genossenschaften sichernde Bestimmungen in die Statuten aufzunehmen. Die Versicherungsanstalt kann verlangen, daß Änderungen der Bestimmungen über die Gemeinnützigkeit ihrer oder der Gemeinde Genehmigung bedürfen.

Genossenschaften müssen dem Verbande westfälischer Baugenossenschaften angehören und durch ihn die gesetzlichen Revisionen vornehmen lassen. Vereinigungen, welche diesem Verbande nicht angehören können, müssen nach Bestimmung der Versicherungsanstalt auf andere Weise einen ordnungsmäßigen Geschäftsbetrieb nachweisen.

Bauvereinigungen können Darlehen nicht erhalten, wenn sie mehr dem Interesse der Arbeitgeber als der Arbeitnehmer dienen oder deren Wohnungen nur für Arbeiter eines einzelnen Betriebes bestimmt sind, namentlich wenn die Verwendbarkeit der Wohnungen von dem Bestande eines einzelnen Betriebes abhängig ist.

II. Die Darlehensgelder dürfen nur verwendet werden zur Erbauung gesunder und billiger Kleinwohnungen.

Die Gewährung eines Darlehns ist ausgeschlossen, wenn es zur Rückzahlung anderer Darlehen dienen soll.

Es können gebaut werden:

a) Mietshäuser, d. h. solche Häuser, die dauernd im Besitze der Gemeinde oder Genossenschaft bleibend stets durch Vermietung nutzbar gemacht werden sollen und deren Veräußerung nicht bezweckt ist.

Diese Mietshäuser müssen in jeder Beziehung den gesundheitlichen Anforderungen entsprechen. In der Regel sollen die Wohnungen mindestens drei Wohnräume einschließlich Küche enthalten. Jede Wohnung soll für sich abgeschlossen sein und die nötigen Nebenräume (Keller, Abort usw.) für sich besitzen. Aftervermietungen sollen nicht gestattet sein, abgesehen von besonderen Fällen, in denen die ausdrückliche Genehmigung des Vermieters zu fordern ist.

Die Häuser dürfen nur von Versicherten der Landesversicherungsanstalt Westfalen und in den Grenzbezirken von Versicherten der angrenzenden Landesversicherungsanstalten bewohnt werden. Ausnahmen bedürfen der Genehmigung der Versicherungsanstalt, welche nach Lage des Falles davon abhängig gemacht wird, daß die Vorteile des billigen Geldes nur denjenigen Mietern zukommen, welche bei der Landesversicherungsanstalt versichert sind.

b) Erwerbshäuser, d. h. solche Häuser, die entweder von vornherein oder später Eigentum einzelner Versicherter werden sollen.

Diese Erwerbshäuser dürfen nur Ein- oder Zweifamilienhäuser sein, in welchen der Eigentümer bzw. der Anwärter selbst Wohnung nimmt.

Die Herstellungskosten des Gebäudes und der Kaufpreis (Wert) des Grundstücks dürfen zusammen bei einem Einfamilienhaus den Betrag von 6000 M., bei einem Zweifamilienhaus den Betrag von 10 000 M. nicht überschreiten.

Gehört zu dem Hause ein größerer Garten oder ein landwirtschaftlich benutzbares Grundstück, so kommt bei Berechnung der Summen von 60000 und 10 000 M. nur der Wert des Grundstücks in der Größe von etwa 2,5 a bzw. 5 a in Anrechnung. Auch bleiben die Herstellungskosten der Stallgebäude und anderer zu einem kleinen landwirtschaftlichen oder gewerblichen Betriebe dienenden Räume bei Festsetzung der Wertgrenze außer Ansatz.

In besonderen Fällen können, namentlich wenn persönliche Verhältnisse, wie sehr hoher Lohn oder vorhandenes Vermögen, es gerechtfertigt erscheinen lassen, Häuser von höherem Werte, jedoch nicht über 7000 bzw. 12 000 M. (einschl. Grund und Boden) hinaus beliehen werden.

Die Häuser sollen ihrem Zweck nicht entfremdet werden. Bauliche Veränderungen, die den Charakter eines Hauses wesentlich ändern, sowie Abvermietungen über die vorgesehene Zahl von Familien hinaus, die Aufnahme von Schlafgängern, Einrichtung eines Wirtschaftsbetriebes und der Verkauf geistiger Getränke bedürfen der Genehmigung der Versicherungsanstalt (bzw. der Gemeindeverwaltung, wenn sie die Bürgschaft übernommen hat).

Jede Wohnung muß aus mindestens drei Räumen bestehen.

Der Mietpreis für die zweite Wohnung muß so bemessen sein, daß unter billiger Berücksichtigung der vom Eigentümer alljährlich für Instandhaltung, Steuern usw. zu bestreitenden Ausgaben dem Mieter der Genuß einer wohlfeilen Wohnung gewährleistet wird, namentlich soll der Eigentümer sich nicht durch Vermietung zuungunsten des Mieters einen unverhältnismäßigen Vorteil verschaffen.

c) Anstalten, die Wohngelegenheiten für ledige Versicherte bieten.

Soweit solche Anstalten daneben noch anderen Zwecken dienen, bleibt die Entscheidung über die Beleihung und ihre Höhe sowie über Zins- und Tilgungssatz besonderer Beschlußfassung vorbehalten.

Sämtliche Häuser sind zu ihrem wirklichen Werte gegen Feuersgefahr versichert zu halten.

Die Wohnungen sollen dauernd den Charakter der Kleinwohnungen haben. Um diesen zu erhalten und um jede spekulative Ausnutzung der Häuser zu verhindern, haben die Gemeinden und

Baugenossenschaften die hierzu notwendigen Maßnahmen zu ergreifen und sind verpflichtet, sich den von der Versicherungsanstalt verlangten Anforderungen zu unterwerfen, die im Einzelfalle festgesetzt und in die Schuldurkunde aufgenommen werden.

III. Die Gewährung der Darlehen erfolgt:

a) bei Darlehen an Gemeinden gegen eine ordnungsmäßig vollzogene Schuldurkunde mit dem Genehmigungsvermerk der vorgesetzten Behörde. Mit der Schuldurkunde ist eine beglaubigte Abschrift des Beschlusses der Vertretung des Kommunalverbandes zu verbinden.

Die Beleihung erfolgt bis zur Höhe des Bedarfs.

Der Zinsfuß beträgt $3^1/_2$ v. H., der Tilgungssatz mindestens 1 v. H. jährlich.

b) bei Darlehen an Genossenschaften:

1. Gegen Bürgschaft eines Kommunalverbandes.

Der Kommunalverband muß die selbstschuldnerische Bürgschaft für Kapital, Zinsen und Tilgung übernehmen. Beglaubigte Abschrift des Beschlusses der Vertretung ist einzureichen. Die Bürgschaftserklärung ist unter die Schuldurkunde zu setzen.

Eine hypothekarische Eintragung der Versicherungsanstalt findet in der Regel nicht statt. Dem Kommunalverband bleibt es überlassen, sich durch Eintragung einer (Sicherheits-) Hypothek oder auf andere Weise zu sichern. Die Bürgschaft darf der Versicherungsanstalt gegenüber nicht von Bedingungen abhängig gemacht oder zeitlich beschränkt werden.

Die Beleihung erfolgt in Höhe der Bürgschaftssumme.

Der Zinsfuß beträgt $3^1/_2$ v. H., die Tilgung mindestens 1 v. H. jährlich.

2. Gegen hypothekarische Sicherstellung.

Für das Darlehen muß eine Hypothek an erster Stelle eingetragen und ein Hypothekenbrief ausgefertigt werden.

Die Beleihung erfolgt nicht über 75 v. H. des Bau- und Bodenwerts. Die Entscheidung über die Höhe der Beleihung erfolgt von Fall zu Fall.

Der Wert des Grund und Bodens wird ermittelt auf Grund des Kaufvertrages, der Wert des Gebäudes auf Grund der Taxe der Provinzialfeuersozietät oder beide Werte durch zuverlässige Schätzung Sachverständiger, es genügt jedoch, wenn die Hypothek innerhalb des 15fachen Betrages des Gebäudesteuernutzungswertes bzw. des 30fachen des Grundsteuerreinertrages oder innerhalb $^3/_5$ der Steuertaxe in denjenigen Gemeinden, die eine Grundwertsteuer eingeführt haben, liegt.

Der Zinsfuß beträgt $3^1/_2$ v. H., der Tilgungssatz für Darlehen innerhalb der Mündelsicherheit mindestens 1 v. H. Darlehen sind mit mindestens $1^1/_2$ v. H. zu tilgen, wenn und solange sie über die Mündelsicherheit hinausgehen.

Bei sämtlichen Darlehen bleibt die Summe der Zins- und Tilgungsbeträge bis zur völligen Abtragung der Schuld in jedem Jahre gleich groß. Soweit diese Summe nicht zur Verzinsung des jeweils noch vorhandenen Schuldbetrages erforderlich ist, dient sie zur Tilgung.

Anstatt des vorgedachten Tilgungsverfahrens (47 Jahre) kann bei Darlehen an Baugenossenschaften zur Erbauung von Mietshäusern auf Antrag die Tilgung so festgesetzt werden, daß die Leistung an Zins- und Tilgungsbeträgen zusammen sich von 5 zu 5 Jahren jedesmal um $^1/_{10}$ v. H. der urspgrüglichen Summe ermäßigt. (Dauer der Tilgung 68 Jahre). Das Nähere ist aus dem Tilgungsplan ersichtlich.

IV. Die Auszahlung des Darlehens erfolgt nach Maßgabe der vorhandenen Mittel erst nach Eingang der Schuldurkunde (III a und b 1) oder des Hypothekenbriefes (III b 2), und zwar in der Regel erst nach Fertigstellung des Hauses, welche durch amtliche Bescheinigung (z. B. polizeilicher Abnahmeschein) nachzuweisen ist. Jedoch kann das Darlehen, soweit die entsprechende Sicherheit dargetan wird, auch vorher in Teilbeträgen zur Bezahlung des Baugeländes oder je nach dem Fortschreiten des Baues gezahlt werden. In diesem Falle sind dem jedesmaligen Ersuchen auf Auszahlung eines Teilbetrages amtliche Bescheinigungen über das Fortschreiten des Baues beizufügen. Abhebungen über den jedesmaligen Bedarf hinaus sind unzulässig.

Bei Darlehen gegen Bürgschaft bedarf es zur Abhebung des Darlehens oder eines Teiles der schriftlichen Zustimmung des bürgenden Kommunalverbandes.

V. Die Zinsen sind am 30. Juni und 31. Dezember, die Tilgungsbeträge am 31. Dezember eines jeden Jahres an die Kasse der Landesversicherungsanstalt Westfalen oder, nach Wahl der Gläubigerin, an die Kasse der Landesbank der Provinz Westfalen zu Münster i. W. kostenfrei zu zahlen. Bei Zahlungsverzögerungen über zwei Wochen hinaus ist die Versicherungsanstalt berechtigt, den Zinssatz für die letzte Zinsperiode um $^1/_2$ v. H. zu erhöhen. Die erste Tilgungsrate ist fällig am 31. Dezember des Jahres, welches der Auszahlung des Darlehens folgt. Bei ratenweiser Auszahlung des Darlehens beginnt die Tilgung nach Vereinbarung. Aus besonderen Gründen kann anfänglich für einige Jahre die Tilgung ausgesetzt oder der Tilgungssatz ermäßigt werden.

VI. Der Darlehensnehmer ist berechtigt, drei Monate nach Aufkündigung das Darlehen oder mehrere Tilgungsraten, letztere jedoch nur am 31. Dezember, zurückzuzahlen.

Die Versicherungsanstalt hat das Recht, das Darlehen mit Frist von 6 Monaten zur Rückzahlung zu kündigen, doch wird sie von diesem Rechte ohne triftigen Grund keinen Gebrauch machen, solange Zinsen und Tilgungsbeträge pünktlich eingehen.

Dagegen kann das Darlehen seitens der Versicherungsanstalt schon mit dreimonatlicher Frist zur Rückzahlung gekündigt werden,

a) wenn Darlehensnehmer entweder ein halbes Jahr lang mit einer Rate der Zins- oder Tilgungsbeträge im Rückstande ist, oder wenn gegen den Darlehensnehmer — sei es von der Darlehensgeberin oder von Dritten — eine Zwangsvollstreckung eingeleitet wird;

b) wenn die dargeliehenen Gelder nicht bestimmungsmäßig verwandt werden;

c) wenn die Häuser unwirtschaftlich oder zweckwidrig benutzt werden;

d) wenn den Bedingungen zu VIII nicht genügt wird;

e) sobald der Inhaber eines Hauses aus anderen Gründen als infolge Erlangung der Invalidenrente aus der Invalidenversicherung ausscheidet, ein freiwillig Versicherter sich nicht in genügender Weise weiter versichert oder das Grundstück von dem ersten Erwerber durch Veräußerung oder Vererbung an einen Nichtversicherten übergeht. Der Darlehensnehmer ist verpflichtet, von einem derartigen Übergang der Gläubigerin unverzüglich Mitteilung zu machen.

VII. Alle durch das Darlehen entstehenden Kosten (für Abschätzung des Hauses, gerichtliche Eintragung, Stempel usw.) hat der Darlehensnehmer zu tragen. Zur Deckung der Abschätzungskosten hat er auf Verlangen einen entsprechenden Vorschuß zu leisten.

VIII. Die Versicherungsanstalt hat das Recht, sich von der bestimmungsmäßigen Verwendung der hingegebenen Gelder jederzeit zu überzeugen. Die Kommunalverbände und Baugenossenschaften sind verpflichtet, ihr diese Prüfung durch Vorlegung der erforderlichen Unterlagen, auch durch Gestattung der Einsichtnahme in das Grundbuch, zu ermöglichen. Ferner hat die Versicherungsanstalt das Recht, jederzeit die mit dem Darlehensgelde erbauten Häuser zu besichtigen, an den Generalversammlungen der Vereinigungen teilzunehmen und bei den von dem Revisionsverbande vorzunehmenden Revisionen sich vertreten zu lassen, sowie die Revisionsprotokolle und alle Verhandlungen mit dem Revisionsverbande einzusehen.

Die Gemeinden und Baugenossenschaften haben der Versicherungsanstalt alljährlich eine Verwendungsübersicht über die in dem Geschäftsjahre erbauten oder in Benutzung genommenen Häuser und über Veränderungen an Häusern einzureichen, sowie auf Verlangen Geschäftsbericht und Bilanz.

IX. Anträge auf Darlehensbewilligungen sind vor Beginn des Baues zu stellen. Ist mit dem Bau begonnen, so bleibt es im einzelnen Falle der Versicherungsanstalt überlassen, dem Antrage stattzugeben. Fertige Häuser sollen nicht beliehen werden.

Die Anträge sind auf den von der Versicherungsanstalt zu beziehenden Antragsformularen einzureichen. Beizufügen sind die in diesem Formular verlangten Unterlagen, und zwar in allen Fällen:

Kostenanschlag mit Bauzeichnung,

bei Darlehen gegen hypothekarische Sicherheit außerdem noch:

Kaufvertrag über das Grundstück,

Auszug aus dem Grundbuche,

Katasterauszug,

Feuerversicherungspolice und wenn das Gebäude nicht bei einer öffentlichen Feuerversicherungsanstalt versichert ist, ein Hypothekensicherungsschein, sowie

wenn das Haus noch nicht zum Kataster übernommen ist, eine amtliche Bescheinigung, daß das neuerbaute Haus auf der verpfändeten Parzelle steht.

X. In allen die Gewährung von Darlehen betreffenden Fragen ist sowohl die Landesversicherungsanstalt als auch der Westfälische Verein zur Förderung des Kleinwohnungswesens (Geschäftsstelle: Münster i. W., Bispinghof 3) zu jeder Auskunft gern bereit. Letzterer Verein erteilt auch Auskunft in allen übrigen Fragen des Kleinwohnungswesens.

Münster, den 22. Februar 1908.

Landesversicherungsanstalt Westfalen.

Dr. Althoff.

Formular 20.

Bestimmungen der Landesversicherungsanstalt Hessen-Nassau über Gewährung von Darlehen an gemeinnützige Bauvereine, Baugenossenschaften und Baugesellschaften zum Zwecke der Förderung des gemeinnützigen Baues von Arbeiterwohnungen.

1. Die Landesversicherungsanstalt gewährt an gemeinnützige Bauvereine, Baugenossenschaften und Baugesellschaften zum Zwecke der Förderung des gemeinnützigen Baues von Arbeiterwohnungen innerhalb des Geschäftsbezirkes der Landesversicherungsanstalt Darlehen zu regelmäßig $3^1/_2$ % Zinsen gegen erststellige Hypotheken und zwar unter Umständen über die mündelsichere Grenze hinaus bis zu 75 % des durch Schätzung der amtlich bestellten Taxatoren zu ermittelnden Wertes der Liegenschaften oder bis zum vollen Bauwert des Hauses ohne Grund und Boden, unter keinen Umständen aber über die Selbstkosten des Darlehnsnehmers hinaus.

2. Die Häuser müssen neu erbaut sein.

3. Die Darlehen unterliegen einer regelmäßigen Tilgung. Die Höhe des jährlichen Kapitalabtrags wird im Einzelfalle vereinbart, darf jedoch in der Regel nicht weniger als 1 % betragen.

4. Zinsen und Kapitalabtrag sind halbjährlich am 31. März und am 30. September jeden Jahres zu zahlen und zwar in einer bis zur gänzlichen Tilgung des Darlehns sich gleichbleibenden Summe.

5. Die Verzinsung beginnt mit dem Tage, an welchem das Geld von Cassel oder der sonstigen Zahlungsstelle aus abgesandt wird.

6. Die Auszahlung der Darlehen erfolgt — auf Wunsch in Teilbeträgen — sobald die Hypothekenbriefe (Pfandverschreibungen) über erststellige Hypotheken in dem Besitze der Landesversicherungsanstalt sind und die Mittel der Landesversicherungsanstalt die Auszahlung gestatten. Die

Zahlungstermine werden besonders vereinbart und sind bezügliche Wünsche dem Vorstande der Landesversicherungsanstalt wenigstens zwei Monate vor dem Termine mitzuteilen. Die Auszahlung kann in der Regel zwischen dem 5. und 15. eines Monats erfolgen, da der Landesversicherungsanstalt zu dieser Zeit Geldmittel zur Verfügung stehen. In dem jeweilig ersten Monate eines Vierteljahres kann die Auszahlung auch schon vom 1. des Monats ab geschehen.

Die Abhebung des Darlehns muß spätestens bis zum 1. April des auf das Bewilligungsjahr folgenden Kalenderjahres bewirkt sein, widrigenfalls die Zusage erlischt.

7. Je nach den Fortschritten des Baues können Darlehnsteilzahlungen, sogenannte Baugelder, gewährt werden. Es können in diesem Falle jedoch nicht volle 75% des nach Ziffer 1 zu ermittelnden Wertes des Baues zur Auszahlung kommen, vielmehr muß ein im Einzelfalle besonders zu bestimmender Betrag frei bleiben.

8. Die Versicherung des Hauses gegen Brandschaden muß im Regierungsbezirk Cassel bei der Hessischen Brandversicherungsanstalt, im Regierungsbezirk Wiesbaden bei der Nassauischen Brandversicherungsanstalt und im Fürstentum Waldeck bei der Immobiliar-Feuerversicherungsanstalt der Fürstentümer Waldeck und Pyrmont erfolgen.

9. Der Erborger ist berechtigt, nach vorheriger sechsmonatlicher Ankündigung neben dem regelmäßigen Abtrag beliebige Beträge in runder Summe, jedoch nicht unter 300 M., auf die Schuld abzutragen.

10. Das Darlehn ist beiderseits kündbar. Bei der Kündigung ist im allgemeinen eine Kündigungsfrist von sechs Monaten zu beobachten.

Die Kündigung darf in einem solchen Falle nur auf einen der unter Ziffer 4 gedachten Zinstermine erfolgen.

In folgenden Fällen ist jedoch die Landesversicherungsanstalt Hessen-Nassau ohne Einhaltung der sechsmonatlichen Kündigungsfrist befugt, die Rückzahlung des Darlehns zu verlangen:

a) wenn über das Vermögen des Schuldners das Konkursverfahren eröffnet wird;
b) wenn über das verpfändete Grundeigentum oder einen Teil desselben das Zwangsversteigerungsverfahren eingeleitet wird;
c) wenn die geleisteten Abträge von Dritten gepfändet werden;
d) wenn das verpfändete Grundvermögen durch Veräußerung, Vererbung oder im Zwangsversteigerungsverfahren an Dritte übergeht, ohne daß wegen Übernahme der Schuld mit der Landesversicherungsanstalt ein Abkommen getroffen worden ist, oder der Veräußerer nicht binnen drei Monaten nach erfolgter Eintragung die im § 416 BGB. vorgesehene Mitteilung bewirkt;
e) wenn der Wert des verpfändeten Grundvermögens nach einer von der Landesversicherungsanstalt veranlaßten Abschätzung dergestalt gesunken ist, daß für den Darlehnsrest nach Ansicht der Landesversicherungsanstalt nicht mehr genügende Sicherheit besteht;
f) wenn Zinsen und Abtrag länger als vier Wochen im Rückstande bleiben;

g) wenn im Falle eines Zusammenlegungsverfahrens die an Stelle der bisher verpfändeten Grundstücke getretenen Planstücke nicht ganz für die Hypothekforderung haften und der Schuldner die Nachverpfändung der nicht haftenden Planteile an erster Stelle nicht binnen drei Monaten bewirkt;

h) sobald seitens der zuständigen Brandversicherungsanstalt die Aufhebung der Versicherung der verpfändeten Gebäude oder die Herabsetzung der Versicherungssumme angeordnet worden ist;

i) wenn der Schuldner durchschnittlich jährlich mehr als 4% Zinsen auf das Aktienkapital (die Genossenschaftsanteile) zur Verteilung bringt oder durch anderweite Maßregeln, z. B. unverhältnismäßig hohe Besoldung der Vorstandsmitglieder, den Charakter der Gemeinnützigkeit verliert;

k) wenn mit der Aftervermietung nach Ansicht der Landesversicherungsanstalt Mißbrauch getrieben wird;

l) wenn den sonstigen Bedingungen der Schuldurkunde nach Ansicht der Landesversicherungsanstalt nicht genügt wird.

In den Fällen von a, b, d, g und h gilt das Darlehn ohne weitere Kündigungsfrist als fällig, in den Fällen unter c, e, f, i, k und l ist die Landesversicherungsanstalt zur jederzeitigen, an die Zinstermine nicht gebundenen Kündigung mit dreimonatlicher Frist berechtigt.

11. Alle Rückzahlungen auf das Darlehn sowie alle Zinszahlungen müssen von seiten des Erborgers in bar und zwar in Reichsgoldwährung, Reichsbanknoten und Reichskassenscheinen ganz porto- und gebührenfrei an die Kasse der Landesversicherungsanstalt Hessen-Nassau erfolgen.

12. Die in dem Hause vorhandenen Wohnungen darf der Eigentümer nur an solche Personen vermieten, welche bei der Landesversicherungsanstalt Hessen-Nassau dauernd und regelmäßig versichert sind.

13. Die Mietpreise dürfen in der Regel nicht höher angesetzt werden als unter Berücksichtigung des gemeinnützigen Zwecks des Unternehmens für angemessene Verzinsung des für den Grunderwerb und zum Bau der Häuser aufgewendeten Kapitals, zur Tilgung des Baukapitals, zur Deckung der Steuern sowie der Kosten der Verwaltung und Instandhaltung erforderlich ist.

14. Aftervermietung ist regelmäßig nur an Blutsverwandte bis zum dritten Grade (Eltern, Geschwister, Onkel, Tante) oder an Schwiegereltern oder Mündel zulässig; an sonstige Personen ist Aftervermietung nur mit Genehmigung des Bauvereins gestattet.

15. Im Falle der Veräußerung der einzelnen Grundstücke an Arbeiter, welche bei der Landesversicherungsanstalt Hessen-Nassau dauernd und regelmäßig versichert sind, beabsichtigt die Landesversicherungsanstalt, die gewährten Darlehen dem erwerbenden Arbeiter noch zehn Jahre von der Veräußerung seitens des ersten Eigentümers an zu belassen, falls eine Weiterveräußerung des Grundstücks während dieser Zeit nicht stattfindet, Zinsen und die Kapitalabträge pünktlich gezahlt werden und die Kündigung nicht aus besonderen Verhältnissen notwendig wird.

16. Beim Verkaufe eines Hauses ist als Kaufpreis der Selbstkostenpreis zugrunde zu legen, welcher sich berechnet aus dem Erwerbspreise des Grundstücks, den Baukosten, den Zinsen, Steuern und Verwaltungskosten bis zu dem Tage, an welchem der künftige Erwerber das Haus bezieht. Daneben ist ein Zuschlag bis zu 10% der Gesamtsumme gestattet.

17. Ob bei Veräußerung eines Hauses an einen versicherten Arbeiter ein Teil des auf dem Hause ruhenden Darlehens zurückzuzahlen ist, unterliegt der jedesmaligen Bestimmung des Vorstandes der Landesversicherungsanstalt.

18. Unter allen Umständen bleibt jedoch die Gesellschaft (Genossenschaft) bis zur gänzlichen Abtragung des Darlehens für dasselbe persönlich haftbar.

19. Die Gesellschaft (Genossenschaft) darf keinem Arbeiter mehr als ein Wohnhaus verkaufen.

20. Veräußert oder vermietet die Gesellschaft (Genossenschaft) ein Grundstück oder eine Wohnung an Personen, welche bei der Landesversicherungsanstalt Hessen-Nassau nicht dauernd und regelmäßig versichert sind, oder veräußert der erste Erwerber vor Ablauf von zehn Jahren das erworbene Grundstück weiter oder werden die Zinsen und Kapitalabträge nicht pünktlich gezahlt oder kommt der Erwerber den von ihm der Gesellschaft (Genossenschaft) gegenüber übernommenen sonstigen Vertragspflichten nicht nach, so ist die Landesversicherungsanstalt berechtigt, die sofortige, d. h. binnen längstens drei Monaten zu bewirkende Rückzahlung des auf dem betreffenden Grundstücke ruhenden hypothekarischen Darlehns zu verlangen.

21. Bis zur endgültigen Tilgung aller der Landesversicherungsanstalt gegenüber übernommenen Verpflichtungen ist das verpfändete Grundeigentum stets in gutem baulichen Zustande zu erhalten und hat der Vorstand der Landesversicherungsanstalt Hessen-Nassau das Recht, sich jederzeit hiervon durch Entsendung von Beamten zu überzeugen.

22. Alle durch das Darlehen unmittelbar oder mittelbar entstehenden Kosten (Stempelkosten, Kosten der Auszahlung und Rückzahlung der Darlehen, Eintragung und Löschung der Hypotheken, Tagegelder und Reisekosten der Beamten usw.), sind von dem Darlehnsnehmer zu tragen.

23. Zur Abtragung oder Verbilligung älterer Schulden werden Darlehen aus Mitteln der Landesversicherungsanstalt nicht gewährt.

24. Zum Zwecke der Revision der Darlehensnehmer müssen sich dieselben verpflichten, der unter Leitung eines Vorstandsmitgliedes der Landesversicherungsanstalt Hessen-Nassau stehenden Sektion des Verbandes der Baugenossenschaften Deutschlands beizutreten.

25. Die Bewilligung des Darlehens ist abhängig:

a) von der Darlehnssicherheit;
b) von dem Nachweise der Gemeinnützigkeit des Unternehmens;
c) von der Übernahme der Verpflichtung, bei Veräußerung eines Hauses an einen Arbeiter dem zwischen der Gesellschaft (Genossen-

schaft) und diesem Arbeiter zu schließenden Kaufvertrage Bedingungen nach Maßgabe des vorgeschriebenen Vertragsmusters zugrunde zu legen.

26. Den Darlehensgesuchen sind zwecks Prüfung der Darlehnssicherheit beizufügen:

a) das Statut;
b) eine gerichtliche Bescheinigung, daß die Eintragung zum Genossenschaftsregister erfolgt ist, und welche Personen als Vorstandsmitglieder (Name, Beruf, Vorstandsamt) eingetragen sind;
c) ein Verzeichnis der Aufsichtsratsmitglieder (Name, Beruf, ob Vorsitzender usw.) und eine Auskunft darüber, aus wie vielen Mitgliedern, geordnet nach Berufsarten, die Genossenschaft besteht und auf welchen Betrag die Haftsumme aller Mitglieder sich beläuft;
d) eine eingehende Darlegung, in welcher Vermögenslage sich die Genossenschaft (Gesellschaft) befindet und wie die außer dem begehrten Darlehn für die Bauten erforderlichen Geldmittel aufgebracht werden sollen, ob sie in eigenen Mitteln der Genossenschaft (Gesellschaft), vorhanden oder von anderen Seiten mit hinlänglicher Gewißheit zu angemessenen Bedingungen auf längere Zeit zu erwarten sind; als eigene Mittel der Genossenschaft (Gesellschaft) sind in der Regel mindestens 5 v. H. ihrer fertiggestellten oder in Angriff genommenen Unternehmungen nachzuweisen;
e) die letzte Bilanz und Jahresrechnung nebst Geschäftsbericht;
f) der Bau- und Lageplan;
g) eine Abschrift des Grundbuchblatts zum Nachweise, daß das Grundstück hypothekenfrei ist;
h) der Kaufvertrag über das zu beleihende Grundstück oder ein glaubhafter Nachweis, daß und zu welchem Preise das Grundstück überlassen und aus welchen Mitteln der Kaufpreis berichtigt werden soll;
i) der Kostenanschlag über das oder die zu errichtenden Gebäude;
k) ein Anschlag über die Kosten, welche für Straßenregelung, Pflasterungen, Ent- und Bewässerungsanlagen, Einfriedigung, Baumpflanzungen usw. aufzuwenden sein werden;
l) eine Schätzungsverhandlung (zu vgl. Ziffer 1);
m) der Brandversicherungsschein;
n) eine Berechnung über die Ertragsfähigkeit des zu beleihenden Grundstücks, aus der insbesondere die Höhe der in Aussicht genommenen Mietpreise sowie der etwa verbleibende Überschuß hervorgehen.

Cassel, den 1. Juli 1910.

Der Vorstand:
Riedesel Freiherr zu Eisenbach,
Landeshauptmann.

Formular 21.

Teilschuldverschreibung

№

über

Einhundert Mark

zu der 4 prozentigen Anleihe von . . . . . . Mark

des . . . .

eingetragene Genossenschaft mit beschränkter Haftpflicht.

Die Hauptversammlung des . . . ., eingeragene Genossenschaft mit beschränkter Haftpflicht, hat am . . . . . . beschlossen, zur teilweisen Deckung des Hypothekenbedarfs und zu Grundstücksankäufen eine Anleihe von . . . . Mark Reichswährung aufzunehmen.

Der Vorstand des . . . ., eingetragene Genossenschaft mit beschränkter Haftpflicht, bekennt hiermit namens des genannten Vereins von

. . . .

von obiger Anleihe als Teilbetrag die Summe von

Einhundert Mark

bar als Darlehn erhalten zu haben. Für die Anleihe und alle zu derselben gehörenden Teilschuldsummen gelten die umstehenden Bedingungen. (Siehe unten.)

. . . ., den . . . . .

Firma.

eingetragene Genossenschaft mit beschränkter Haftpflicht.

(Schriftzeichen sämtlicher Vorstandsmitglieder.)

Vermerkt. Ausgefertigt am . . .ten . . . . 19 . .

. . . . Einnahmebuch Nr. . . . . .

Kassenprüfer. . . . .

Kassenführer.

Für Umschreibungen ist die Rückseite bestimmt.

Text auf der Rückseite der Schuldverschreibung:

1. Es werden folgende Teilschuldverschreibungen aufgelegt:
   . . . Stück zu . . . M.
   . . . Stück zu . . . M.
   . . . Stück zu . . . M.
2. Die Teilschuldverschreibungen lauten auf den Namen des Gläbigers.
3. Die Schuldsumme wird vom . . . . ab bis zum Tage der Fälligkeit mit jährlich 4 v. H. verzinst, in halbjährlichen am 1. Januar und 1. Juli fälligen Beträgen.
4. Jeder Teilschuldverschreibung sind 20 Zinsscheine für die ersten zehn Jahre beigefügt. Nach Ablauf der zehn Jahre werden neue

Zinsscheine gegen Vorzeigung der Teilschuldverschreibung ausgehändigt.

5. Bis zum . . . . ist die Kündigung der Anleihe ausgeschlossen. Von da ab, erstmalig zum . . . . werden alljährlich . . . v. H. der Anleihe getilgt. Die Nummern der Teilschuldverschreibungen, die zurückgenommen werden sollen, werden durch Auslosung im März j. J. ermittelt und im . . . . bekanntgemacht.
6. Die Verzinsung des durch Auslosung oder Kündigung fällig gewordenen Kapitals hört mit dem Fälligkeitstage auf.
7. Der Gläubiger kann die Teilschuldverschreibungen nicht kündigen, aber durch Umschreibung auf andere Personen übertragen. Die Umschreibung muß durch unseren Kassenführer erfolgen.
8. Für die Sicherheit der hiernach eingegangenen Verpflichtungen haftet der . . . . in . . . . . ., eingetragene Genossenschaft mit beschränkter Haftpflicht, mit seinem ganzen Vermögen.

Formular 22.

Bestimmungen über Annahme, Verzinsung und Rückzahlung von Spareinlagen

bei dem . . . . in . . . .
(eingetragene Genossenschaft mit beschränkter Haftpflicht).

§ 1.

Für die Spareinlagen und Zinsen haftet die Genossenschaft mit ihrem ganzen Vermögen nach den Bestimmungen des Genossenschaftsgesetzes.

§ 2.

Jede Spareinlage muß mindestens 1 M. betragen. Einzahlungen in einem Posten werden nur bis zum Höchstbetrage von 5000 M. angenommen. Den Zinsfuß setzen Vorstand und Aufsichtsrat in gemeinschaftlicher Sitzung fest.

§ 3.

Einlagen am ersten oder zweiten Werktage des Monats werden vom 1. desselben Monats, später eingehende vom 1. des folgenden Monats ab verzinst. Die Verzinsung endet mit dem letzten Tage des der Rückzahlung voraufgehenden Monats.

Die Zinsen werden bei Abhebung des ganzen Guthabens oder am Schlusse des Geschäftsjahres festgestellt. Die am Jahresschlusse berechneten Zinsen werden, soweit sie vom Sparer nicht erhoben werden, dem Kapital zugeschrieben und mit diesem vom Beginn des neuen Geschäftsjahres ab verzinst.

§ 4.

Spareinlagen können nur nach Ablauf einer halbjährigen Kündigungsfrist zurückverlangt werden. Die Kündigung kann nur auf den 1. eines Vierteljahres erfolgen mit der Maßgabe, daß von dem Einleger nicht mehr als 1000 M. auf einen Termin gekündigt werden können.

Kündigungen werden von der Kasse im Sparkassenbuche vermerkt, Kündigungen durch die Post erfolgen auf Gefahr des Absenders.

§ 5.

Die Genossenschaft hat das Recht, ihrerseits Spareinlagen mit Frist von einem halben Jahre zur Rückzahlung zu kündigen. Diese Kündigung kann durch zweimalige Bekanntmachung in den satzungsgemäß für die Veröffentlichung der Genossenschaft bestimmten Tageszeitungen erfolgen. Mit Ablauf der Kündigungsfrist hört die Verzinsung des gekündigten Kapitals auf.

§ 6.

Die Abrechnung mit dem Sparer erfolgt in einem Sparbuche, das mit dem Vereinsstempel und mit einer laufenden Nummer versehen ist.

Beigeheftet ist dem Sparbuch ein Abdruck dieser Bestimmungen, die der Sparer als für sich verbindlich anerkennt.

Über die Einzahlungen kann nur durch Einkleben von Wertmarken quittiert werden, die von dem mit der Annahme von Spareinlagen betrauten Kassenführer oder Vertrauensmann mittels Durchschreiben seines Namenszuges und Datums entwertet werden.

§ 7.

Auszahlungen von Sparguthaben erfolgen gegen Vorlage des Sparbuches und unter Quittungsleistung des Empfängers; sie können an jeden Vorzeiger des Sparbuches geleistet werden, so lange nicht von dem Einleger, dessen Vertreter oder Rechtsnachfolger gegen diese Auszahlung bei dem Vorstande der Genossenschaft schriftlich Einspruch erhoben ist. Solcher Einspruch ist in den Büchern der Genossenschaft zu vermerken. Die Genossenschaft ist jedoch berechtigt, die Legitimation des Vorzeigers des Sparbuches zu prüfen und ist dazu verpflichtet, wenn gegen die Auszahlung Einspruch erhoben ist.

§ 8.

Gegen Auszahlung von Spargeldern an unbefugte Dritte kann der Einzahler sich dadurch sichern, daß er für sein Sparbuch ein Stichwort oder eine Kontrollnummer eintragen läßt. Die Auszahlung erfolgt dann nur nach Angabe des Stichwortes oder nach Vorzeigung der Kontrollnummer.

§ 9.

Die Übertragung der durch das Buch beurkundeten Forderung an einen Dritten muß der Genossenschaft angezeigt und von dieser in dem Sparbuch und in den Büchern der Genossenschaft vermerkt werden.

§ 10.

Wird der Verlust oder die gänzliche Vernichtung eines Sparbuches von dem Sparer oder seinem Rechtsnachfolger behauptet und auf eine nach dem Ermessen des Vorstandes überzeugende Weise dargetan, so wird ihm ohne weiteres auf Grund der Kassenbücher ein neues Buch ausgestellt. In allen übrigen Fällen erfolgt ein Aufgebot in den im § 5 bezeichneten Blättern auf Kosten des Spareinlegers.

Meldet sich innerhalb sechs Wochen nach Ausgabe der betreffenden Zeitung niemand mit dem Buche und werden auch von anderer Seite keine Ansprüche auf das Sparkassenguthaben geltend gemacht, so gilt das alte Buch für kraftlos erklärt und wird ein neues Buch ausgestellt.

§ 11.

Wenn auf ein Sparbuch während fünfundzwanzig Jahre weder Einzahlungen noch Auszahlungen geleistet sind, hört die Verzinsung auf und es wird das Guthaben gekündigt. Erfolgt die Erhebung nicht, so kann nach Ablauf der gesetzlichen Verjährungsfrist das Guthaben für den Hilfsreservefonds der Genossenschaft eingezogen werden.

§ 12.

Spareinlagen werden angenommen:

a) von dem Kassenführer der Genossenschaft in den regelmäßigen Vorstandssitzungen und an dem ersten Werktage jedes Monats, nachmittags von 6 bis 8 Uhr, im Geschäftszimmer . . . . Straße . . .;

b) durch Vermittelung von Vertrauensmännern an den Werktagen.

§ 13.

Die Vertrauensmänner dürfen namens der Genossenschaft Einlagen bis zum Betrage von 500 M. (fünfhundert Mark) annehmen. Zu Rückzahlungen und Entgegennahme von Kündigungen sind sie jedoch nicht befugt.

§ 14.

Die vorstehenden Bestimmungen können vom Vereinsvorstande mit Genehmigung des Aufsichtsrats abgeändert werden. Die Änderungen, auch des Zinsfußes, sind für jeden Sparer verbindlich, wenn sie mindestens sechs Monate vor dem Zeitpunkte, an dem sie in Kraft treten sollen, in den im § 5 bezeichneten Blättern bekannt gemacht sind.

§ 15.

Die Auflösung der Sparkasse bedarf der Genehmigung der Hauptversammlung.

Der Beschluß ist dreimal unter Aufkündigung der Guthaben bekanntzumachen.

Die für die Abhebung der Guthaben zu stellende Frist, die vom Tage des Erscheinens der ersten Bekanntmachung zu rechnen ist, muß mindestens drei Monate betragen. Die Guthaben, die in der gestellten Frist nicht abgehoben worden sind, werden nicht weiter verzinst, sondern auf Gefahr und Kosten der Empfangsberechtigten bei der öffentlichen Hinterlegungsstelle hinterlegt.

. . . ., den . . . .

Firma.

Eingetragene Genossenschaft mit beschränkter Haftpflicht.

(Namen sämtlicher Vorstandsmitglieder.)

Formular 23.

Tilgungsdauer für Amortisationsdarlehen.

Tilgungssatz	Bei einem Zinsfuß von 3% nach Jahren	3¼% nach Jahren	3½% nach Jahren	3¾% nach Jahren	4% nach Jahren	4¼% nach Jahren	4½% nach Jahren
⅛	108	103	97	93	89	85	82
¼	86	82	78	75	72	69	66
⅜	74	70	67	65	62	60	58
½	65	62	60	58	56	54	52
⅝	59	57	54	52	51	49	47
¾	54	52	50	48	47	45	44
⅞	50	48	46	45	43	42	41
1	46	45	43	42	41	39	38
1⅛	43	42	41	39	38	37	36
1¼	41	40	38	37	36	35	34
1⅜	39	37	36	35	34	33	32
1½	37	36	34	34	33	32	31
1⅝	35	34	33	32	31	30	30
1¾	33	32	31	31	30	29	28
1⅞	32	31	30	29	29	28	27
2	30	30	29	28	28	27	26
2⅛	29	29	28	27	26	26	25
2¼	28	27	27	26	26	25	24
2⅜	27	26	26	25	25	24	24
2½	26	26	25	24	24	23	23
2⅝	25	25	24	24	23	23	22
2¾	24	24	23	23	22	22	22
2⅞	24	23	23	22	22	21	21
3	23	22	22	22	21	21	20

Bei Benutzung der Tabelle ist zu beachten:

1. daß die Resultate nur die vollen Jahre angeben, die zu der Tilgung notwendig sind, daß also die überschießenden Bruchteile, auch wenn sie mehr als ½ betragen, aus der Tabelle nicht ersichtlich sind;
2. daß der Einfachheit halber jährliche Zinsen- und Tilgungszahlung angenommen ist, so daß also, falls die Zahlung in halb- oder vierteljährlichen Raten erfolgt, eine geringe Verschiebung in einigen Resultaten eintreten kann, die aber für den praktischen Gebrauch in der Regel nicht von Bedeutung sein wird.

Formular 24.

Kostenüberschlag.

für d . . . von de . . . . eingetragene Genossenschaft mit beschränkter Haftpflicht in . . . . auf de . . . Grundstücke . . . . Straße Nr. . . . Kartenblatt . . . . . . Parzelle . . . . . . der Gemarkung . . . . geplante . . . . . . Gebäude.

I. Bodenkosten:

1. Kosten des Geländes lt. Kaufvertrag . . . . M.
2. Zinsen bis zur Herstellung der Bauwerke . . . . . . „
3. Gerichts- oder Notariatskosten, Stempel und Kosten der Vermessung . . . . „
4. Umsatzsteuer . . . . „
5. Sonstige Nebenkosten . . . . „

Gesamte Bodenkosten . . . . . . M.

II. Straßenanlagekosten:

1. Kosten der Kanalisation . . . . M.
2. „ „ Wasserzuführung . . . . „
3. „ „ Gaszuführung . . . . „
4. „ „ Straßenherstellung . . . . „

Gesamte Straßenanlagekosten . . . . . . M.

III. Baukosten:

1. . . . . Hauptgebäude / cbm umbauter Raum je . . . . . . M. für das cbm = ... M.
2. . . . . Nebengebäude / cbm umbauter Raum je . . . . . . M. für das cbm = ... „
3. . . . . Balkons je . . . . . M.
   . . . . Erker je . . . . . „ . . . . „
4. Hofregulierung, Gartenanlagen, Fahrbahnen, Fliesen usw. . . . . „
5. Baupolizeigebühren, Bauentwurf, Bauleitung . . . . „
6. Bauzinsen . . . . „
7. Unvorhergesehenes und Abrundung . . . . „

Gesamte Baukosten . . . . . . M.

Gesamte Anlagekosten (Ziffer I bis III) . . . . . . M.

Formular 25.

Ertragsberechnung.

für die Baulichkeiten, die d . . . . eingetragene Genossenschaft mit beschränkter Haftpflicht in . . . . auf dem an der . . . . Straße Nr. . . . gelegenen Grundstück Kartenblatt . . . Parzelle . . . der Gemarkung . . . . zu errichten beabsichtigt.

A. Anlagekosten (laut Kostenüberschlag).

1. Bodenkosten . . . . M.
2. Straßenanlagekosten . . . . "
3. Baukosten . . . . "
4. Mithin Gesamtanlagekosten: Summe A: . . . . . . M.

B. Geldbeschaffung.

1. Erste Hypothek (des/der . . . .) . . . . . . M.
   (Verzinsungs- und Tilgungsbedingungen: . . . .)
2. Zweite Hypothek (des/der . . . .) . . . . . . "
   (Verzinsungs- und Tilgungsbedingungen: . . . .)
3. Dritte Hypothek (des/der . . . .) . . . . . . "
   (Verzinsungs- und Tilgungsbedingungen: . . . .)
4. Aus eigenen Mitteln der Genossenschaft (Geschäftsguthaben, Reservefonds), aus Schuldverschreibungen und anderen Anleihen . . . . "

Summe B*): . . . . . . M.

C. Jährliche Ausgaben.

1. Zinsen (ohne Tilgung):
   a) I. Hypothek von . . . . . . M. zu . . . % . . . . M.
   b) II. Hypothek von . . . . . . M. zu . . . % . . . . "
   c) III. Hypothek von . . . . . . M. zu . . . % . . . . "
   d) Eigene Mittel usw. . . . . . . M. zu . . . % . . . . "
   e) Erbbauzins und Zinsen für einmalige öffentlich rechtliche Lasten lt. Erbbauvertrag . . . . "

   Summe C 1: . . . . . . M.
2. Geschäftsunkosten:
   (Gehälter, Bureaumiete, Geschäftsbücher, Drucksachen, Porto, Insertionskosten, Verbandsbeiträge)**) . . . . M.

Seite: . . . . . . M.

*) Summe B muß gleich der Summe A sein.

**) Mangels eigener Erfahrungen sind hier mindestens $^1/_4$% der gesamten Anlagekosten (Summe A) einzustellen.

3. Betriebsunkosten: Übertrag: . . . . . . M.
   a) Steuern und Abgaben . . . . ,,
   b) Feuer-, Glas-, Haftpflichtversicherungsbeiträge . . . . ,,
   c) Beleuchtung des Hofes und Hauses (soweit sie nicht von den Mietern zu übernehmen ist) . . . . ,,
   d) Wassergeld . . . . ,,
   e) Kanalisationsgebühren . . . . ,,
   f) Reinigungskosten (Straßen- und Schornsteinreinigung, Müll- und Abortabfuhr) . . . . ,,
   g) Lohn für den Hauswart*) . . . . ,,
   h) Kosten der Gartenpflege . . . . ,,
   i) Sonstige Betriebsunkosten**) . . . . ,,
4. Unterhaltungskosten***) . . . . ,,
5. Abschreibung . . . % von A 3 (. . . . . . M.) . . . . ,,
6. Rücklagen:
   a) Zum gesetzlichen Reservefonds . . . . ,,
   b) Zum Bauerneuerungs- und Ergänzungsfonds . . . . ,,
   c) Zum Hilfsreservefonds †) (Ausgleich der Dividende, auch Mietausfälle) . . . . ,,
7. Sonstige Ausgaben . . . . ,,

Insgesamt Ausgaben C 1—7): . . . . . . M.

D. Jährliche Einnahmen.

1. Mieten . . . . M.
2. Sonstige Einnahmen (für . . . .) . . . . . . ,,

Gesamte Einnahmen: . . . . . . M.

Formular 26.

Erbbauvertrag.

Zwischen dem Reichsfiskus, vertreten durch den Staatssekretär des Innern, und d . . . . eingetragenen Genossenschaft mit beschränkter Haftpflicht in . . . ., vertreten durch ihren Vorstand, wird folgender

Vertrag

geschlossen:

§ 1.

Der Reichsfiskus bestellt der oben bezeichneten Genossenschaft an d . . ihm gehörenden, im Grundbuch von . . . . Band . . . Blatt . . .

---

*) Erhält der Hauswart einen Nachlaß an seiner unter D voll eingestellten Miete, so ist dieser Mietnachlaß hier mit in Rechnung zu stellen.

**) Mangels eigener Erfahrungen sind für die gesamten Betriebsunkosten (ausschließlich Geschäftsunkosten und Unterhaltungskosten und Rücklagen) mindestens $1/2$ % der gesamten Anlagekosten (Summe A) einzustellen.

***) Die Ausgaben unter 4 und 6 b sind zusammen mit mindestens 0,75 % der Baukosten (A 3) in Ansatz zu bringen.

†) Die Ausgaben unter 6 a und c und unter 7 sind zusammen mit mindestens $1/4$ % der gesamten Anlagekosten einzustellen.

unter der lfd. Nr. . . . . eingetragenen Grundstücke . . $\frac{\text{Flur}}{\text{Kartenblatt}}$ . . . . Parzelle . . . . der Gemarkung . . . . von insgesamt . . . . qm Flächeninhalt ein Erbbaurecht gemäß §§ 1012 bis 1017 des Bürgerlichen Gesetzbuchs unter folgenden Bedingungen:

§ 2.

Kraft des Erbbaurechts ist die Genossenschaft berechtigt, das Erbbaugelände mit Wohngebäuden, zu diesen gehörigen Nebengebäuden (Ställen, Waschküchen u. dgl.) und Bauwerken zur Aufnahme von Einrichtungen für die auf dem Erbbaugelände wohnenden Personen zu bebauen. Das Erbbaurecht erstreckt sich auch auf den für die Bauwerke nicht erforderlichen Teil des Geländes, das der Erbbauberechtigte in jeder Weise, die für die Benutzung der Bauwerke Vorteil bietet, zu benutzen und — soweit ortspolizeiliche oder ortsstatutarische Bestimmungen nicht entgegenstehen — ganz oder teilweise einzufriedigen berechtigt ist.

§ 3.

Die auf dem Erbbaugelände herzustellenden Wohnungen dürfen in Größe und Ausstattung die Anforderungen nicht überschreiten, die von Arbeitern, Handwerkern, gering besoldeten Beamten oder diesen sozial gleichstehenden Personen an eine Wohnung ortsüblich oder berechtigterweise gestellt werden.

Gewerbliche Anlagen, Betriebsstätten oder Verkaufsstellen dürfen nur mit Einwilligung des Reichsfiskus errichtet werden.

§ 4.

Der Bebauungsplan für das Erbbaugelände, die Bauzeichnungen für die Errichtung der Gebäude, deren Änderung, Ergänzung und Wiederherstellung sowie die Festsetzung der Mietpreise bedürfen der schriftlichen Genehmigung des Reichsfiskus, dem der Bebauungsplan, die Bauzeichnungen, die der Festsetzung der Mietpreise zugrunde liegende Rentabilitätsberechnung (vgl. § 8 Abs. 1) nebst den geforderten Nachweisen rechtzeitig einzureichen sind. Desgleichen dürfen die Gebäude weder ganz noch zum Teil ohne die schriftlich erteilte Einwilligung des Reichsfiskus abgebrochen werden.

Die Genossenschaft ist verpflichtet, die Bauten innerhalb einer angemessenen Frist nach der Genehmigung gemäß den Bauzeichnungen unter Verwendung guten Materials sorgfältig und dauerhaft ausführen zu lassen.

Sofern die Genossenschaft auf Grund des Reichsgesetzes über die Sicherung der Bauforderungen vom 1. Juni 1909 (Reichs-Gesetzbl. S. 449) ein Baubuch zu führen hat, ist sie verpflichtet, dasselbe dem Reichsfiskus oder seinen Beauftragten jederzeit auf Verlangen zur Einsicht vorzulegen.

Nach der Fertigstellung der Bauten sind dem Reichsfiskus die Abrechnungen über die aufgewendeten Baukosten einzureichen.

§ 5.

Die Genossenschaft ist verpflichtet, die errichteten Bauwerke nebst Zubehör stets in einem guten baulichen Zustand und die Wohn-, Schlaf-, Arbeits- und sonstigen Räume den Anforderungen der Gesundheitspflege entsprechend zu erhalten. Werden die Baulichkeiten durch einen Brand ganz oder zum Teil zerstört, so ist die Genossenschaft verpflichtet, sie wieder herzustellen. Entspricht sie diesen Verpflichtungen auf Mahnung innerhalb einer angemessenen, vom Reichsfiskus näher zu bestimmenden Frist nicht oder nur ungenügend, so ist der Reichsfiskus berechtigt, die erforderlichen Arbeiten auf Kosten der Genossenschaft herstellen zu lassen.

Die Genossenschaft ist endlich verpflichtet, den baulichen Zustand sämtlicher von ihr auf dem Reichsgelände errichteten Gebäude von drei zu drei Jahren, zum ersten Male im Sommer 19 . ., durch einen höheren bautechnischen Reichs- oder Staatsbeamten untersuchen zu lassen und dem Reichsfiskus einen Bericht dieses Beamten über das Ergebnis seiner Prüfung spätestens bis zum nächsten 1. Oktober vorzulegen.

§ 6.

Die Genossenschaft ist verpflichtet, sämtliche auf dem Erbbaugelände errichteten Baulichkeiten nach ihrem vollen Werte bei d . . . . gegen Brandschaden zu versichern, fortdauernd versichert zu halten und den Nachweis hierüber dem Reichsfiskus jederzeit auf Verlangen vorzulegen.

§ 7.

Die auf dem Erbbaugelände hergestellten Wohnungen dürfen im Falle ausreichender Nachfrage nur an Arbeiter, Handwerker, gering besoldete Beamte oder diesen sozial gleichstehende Personen vermietet werden.

. . . . Wohnungen müssen an Arbeiter, Handwerker oder gering besoldete Beamte vermietet werden, die in Betrieben und Verwaltungen des Reichs oder der Militärverwaltung beschäftigt sind. Sollten sich für diese Wohnungen aus dem Kreise der der Genossenschaft angehörenden gering besoldeten Bediensteten des Reichs oder der Militärverwaltung nicht genügend Bewerber finden, so hat die Genossenschaft dem Reichsfiskus hiervon unter Angabe der Mietpreise, der Größe und Zahl der Zimmer, der Größe der Küche, der Badestube und sonstiger Räume sofort Anzeige zu erstatten.

Der Reichsfiskus hat alsdann das Recht, binnen vier Wochen nach dem Eingang der Anzeige der Genossenschaft gering besoldete Bedienstete des Reichs oder der Militärverwaltung zu bezeichnen, an die nach ihrem Eintritt in die Genossenschaft die Wohnungen zu vermieten sind. Macht der Reichsfiskus innerhalb der angegebenen Frist von dieser Befugnis keinen Gebrauch oder erklärt er vor Ablauf dieser Frist die verfügbaren Wohnungen für Bedienstete des Reichs oder der Militärverwaltung nicht in Anspruch nehmen zu wollen, so hat die Genossenschaft in ihrer Vergebung an andere nach Abs. 1 geeignete Bewerber freie Hand.

§ 8.

Die Mietpreise für die auf dem Erbbaugelände hergestellten Wohnungen und sonstigen Räume sind im Einverständnisse mit dem Reichsfiskus festzusetzen. Sie dürfen nicht höher, aber auch nicht niedriger angesetzt werden, als es die Aufwendungen erfordern, die zur Deckung

1. des Erbbauzinses und der nach § 12 Abs. 2 zu zahlenden Zinsen,
2. der Verzinsung des Anlagekapitals,
3. der Unkosten, Abgaben, Kosten der Verwaltung und Instandhaltung usw.,
4. einer angemessenen Abschreibung und
5. einer angemessenen Reservestellung (gesetzlicher Reservefonds, Hilfsreservefonds und sonstige Fonds)

notwendig sind.

Über Meinungsverschiedenheiten hinsichtlich des Betrages der zu erhebenden Mietpreise findet eine Sachverständigenentscheidung gemäß § 16 Abs. 3 statt.

Die Genossenschaft ist verpflichtet, dem Reichsfiskus alljährlich eine Übersicht über die auf dem Erbbaugelände vorhandenen Mietwohnungen oder sonstigen Räumlichkeiten unter Angabe der Mietpreise und ein Verzeichnis der Mieter auf den vom Reichsfiskus jeweils vorgeschriebenen Mustern einzureichen.

§ 9.

Die Mieter sind im Mietvertrage zu verpflichten, zur Aftervermietung und zur Aufnahme von Einliegern oder nicht zur Hausgemeinschaft des Wohnungsinhabers gehörigen Personen die Einwilligung des Vorstandes der Genossenschaft einzuholen. Bei der Erteilung oder Versagung der Einwilligung ist der Vorstand an die Grundsätze gebunden, die von ihm und dem Aufsichtsrate der Genossenschaft auszuarbeiten und vom Reichsfiskus zu genehmigen sind.

Den Mietern ist, sofern nicht eine Ausnahme nach § 3 Abs. 2 gestattet ist, im Mietvertrage ferner die Verpflichtung aufzuerlegen, auf dem Erbbaugelände Handel oder Gewerbe nicht zu betreiben, insbesondere ist ihnen der Gastwirtschaftsbetrieb, der gewerbsmäßige Verkauf geistiger Getränke sowie jedes lärmende oder ehrenrührige Geschäft zu untersagen.

Die Genossenschaft hat sich in dem Mietvertrage das Recht vorzubehalten, für den Fall einer Zuwiderhandlung gegen die nach den Absätzen 1 und 2 aufzuerlegenden Verpflichtungen das Mietverhältnis ohne Einhaltung einer Kündigungsfrist zu kündigen.

§ 10.

Der Reichsfiskus ist befugt, das Erbbaugelände und die Baulichkeiten zu jeder angemessenen Tageszeit durch Beauftragte besichtigen und untersuchen zu lassen.

§ 11.

Die Genossenschaft ist verpflichtet, für die Zeit vom .... 191 . . ab einen jährlichen Erbbauzins von .... M. (i. B.) zu entrichten.

Der Reichsfiskus ist berechtigt, den Erbbauzins für die Zeit vom .... auf das Einundeinhalbfache und vom .... auf das Doppelte dieses Betrages zu erhöhen.

Wenn eine der Bestimmungen in den §§ 4 bis 10 trotz zweimaliger schriftlicher Mahnung nicht befolgt wird, so kann der Reichsfiskus unbeschadet der ihm sonst zustehenden Rechte den Erbbauzins auf die Dauer des vertragswidrigen Verhaltens bis auf das Doppelte des nach den Absätzen 1 und 2 zu zahlenden Betrages erhöhen.

Der Erbbauzins ist am Ersten eines jeden Kalendervierteljahres für die vorausgegangene Zeit fällig und spätestens binnen zwei Wochen nach Fälligkeit in deutscher Reichswährung unter Ausschließung der Aufrechnung an die Reichshauptkasse in Berlin C 19, Kleine Jägerstraße Nr. 1 oder auf das Reichsbank-Girokonto dieser Kasse kostenfrei zu entrichten.

§ 12.

Die auf das Erbbaugelände entfallenden wiederkehrenden öffentlich-rechtlichen Lasten hat die Genossenschaft zu tragen.

Die einmaligen öffentlich-rechtlichen Lasten trägt der Reichsfiskus. Die Genossenschaft hat den dafür gezahlten Betrag vom Tage der Zahlung ab mit 2 vom Hundert zu verzinsen. Der Reichsfiskus ist aber berechtigt, vom . . . . 19 . . ab den Zinssatz auf drei . . . . . vom Hundert und für die Zeit vom . . . . 19 . . ab auf vier . . . . . . vom Hundert zu erhöhen. Die Zinsen sind zusammen mit dem Erbbauzinse zu entrichten. Die Verzinsung der vor dem Abschluß des Vertrages dem Reichsfiskus aus der Übernahme einmaliger öffentlicher Lasten entstandenen Unkosten ist in dem Erbbauzinse (§ 11 Abs. 1 und 2) enthalten.

Der Reichsfiskus ist berechtigt, von der Genossenschaft die Bestellung einer Reallast an dem Erbbaurecht für die nach Abs. 2 zu zahlenden Zinsen zu fordern. Zur Sicherung dieses Anspruchs ist eine Vormerkung in das Grundbuch einzutragen.

§ 13.

Die Genossenschaft bestellt dem Reichsfiskus an dem Erbbaurechte das Vorkaufsrecht für alle Verkaufsfälle.

§ 14.

Die Genossenschaft bleibt aus diesem Vertrag auch nach der Veräußerung des Erbbaurechts verpflichtet.

Übernimmt der Erwerber des Erbbaurechts die Verpflichtungen aus diesem Vertrage, so haftet die Genossenschaft für die Erfüllung der Verpflichtungen als selbstschuldnerische Bürgin.

§ 15.

Das Erbbaurecht endigt mit dem . . . . Die Genossenschaft ist nach der Beendigung des Erbbaurechts verpflichtet, dem Reichsfiskus die auf dem Erbbaugelände vorhandenen Baulichkeiten und Anlagen lastenfrei zu Eigentum zu übertragen.

Der Reichsfiskus ist berechtigt, die Rückübertragung des Erbbaurechts mit den auf dem Erbbaugelände befindlichen Bauwerken und Anlagen zu verlangen:

1. vom . . . . an jederzeit;
2. wenn das Erbbaurecht veräußert wird;
3. wenn der jeweilige Erbbauberechtigte in Konkurs gerät oder wenn

die Zwangsversteigerung oder Zwangsverwaltung des Erbbaurechts angeordnet wird;

4. wenn der Erbbauzins nicht binnen Jahresfrist nach Fälligkeit bezahlt wird;
5. wenn der jeweilige Erbbauberechtigte auf dem Erbbaugelände ohne die erforderliche Genehmigung oder wesentlich abweichend von den genehmigten Bauzeichnungen baut, trotz zweimaliger schriftlicher Mahnung die gestellten Baufristen ohne ausreichende Entschuldigung nicht innehält, die Bauwerke nicht gegen Feuersgefahr versichert, sie nicht ordnungsgemäß unterhält oder bei der Vermietung der Wohnungen den Bestimmungen in den §§ 7 bis 9 zuwiderhandelt.

Zur Sicherung des Anspruchs auf Rückübertragung des Erbbaurechts ist eine Vormerkung in das Grundbuch einzutragen.

§ 16.

Nach der Beendigung oder Rückübertragung des Erbbaurechts gewährt der Reichsfiskus als Gegenleistung für die Bauwerke und Anlagen eine Entschädigung in Höhe des Realwerts, den die auf dem Erbbaugelände vorhandenen, dem Erbbauberechtigten gehörig gewesenen Bauten und Anlagen zur Zeit der Übergabe haben. Die Entschädigungssumme darf aber nicht höher sein, als die tatsächlich aufgewendeten Kosten für die Ausführung der gemäß diesem Vertrage genehmigten Bauten und Anlagen, abzüglich eines Prozents von dieser Summe für jedes angefangene Kalenderjahr seit der Fertigstellung der Bauten und Anlagen, und auch nicht den Nutzungswert übersteigen, den die Bauten und Anlagen zur Zeit der Übergabe für den Reichsfiskus als Eigentümer des Grund und Bodens haben.

Der Nutzungswert ist auf Grund des Mietertrages, den die Gebäude nebst den übrigen Anlagen unter Berücksichtigung ihrer Beschaffenheit zur Zeit der Beendigung der Rückübertragung des Erbbaurechtes nachhaltig gewähren können, in der Weise zu berechnen, daß der nach Abzug eines angemessenen Betrages für Abgaben, Verwaltung, Instandsetzung, Abschreibung, Reservestellung verbleibende Reinertrag unter Anwendung eines angemessenen Zinsfußes kapitalisiert wird. Es darf jedoch der Abzug nicht niedriger als ein Viertel des Mietertrages und der Zinsfuß nicht niedriger als 5 Prozent sein.

Wenn sich die Parteien auf Grund dieser Bestimmungen über die Entschädigungssumme nicht einigen, so erfolgt die für die Berechnung dieser Summe erforderliche Feststellung des Real- und Nutzungswertes durch zwei Sachverständige, von denen die Genossenschaft den einen, der Reichsfiskus den anderen bestimmt. Bezeichnet die Genossenschaft auf schriftliche Aufforderung des Reichsfiskus binnen vier Wochen keinen Sachverständigen, so ernennt ihn der Präsident des Landgerichts zu . . . . . . Einigen sich die Sachverständigen nicht, so wählen diese einen Obmann. Kommt es über dessen Person zwischen den Sachverständigen zu keiner Einigung, so wird der Obmann durch den Präsidenten des oben bezeichneten Landgerichts ernannt. Der Obmann entscheidet innerhalb der durch die Meinungsverschiedenheit der beiden Sachverständigen gegebenen Grenzen, kann also entweder der höheren oder niederen Schätzung beitreten oder eine zwischen beiden liegende Summe festsetzen.

§ 17.

Ist das Erbbaurecht zur Zeit der Beendigung oder Rückübertragung zugunsten anderer Berechtigter als der Genossenschaft selbst dinglich belastet, so hinterlegt der Reichsfiskus die Entschädigungssumme für die Berechtigten bei der Reichsbank, bei einer Staatsbank oder bei einer anderen durch Landesgesetz zur Anlegung von Mündelgeld für geeignet erklärten inländischen Bank. Soweit im Falle der Rückübertragung Belastungen der bezeichneten Art ihm gegenüber wirksam bleiben, bringt er deren Wert in Abzug und hinterlegt nur den Rest für die übrigen Berechtigten.

Der Reichsfiskus gibt die Hinterlegung den Berechtigten, für die sie erfolgt ist, mittels eingeschriebener Briefe bekannt. Die Berechtigten erwerben gemäß dem Range, den ihre Rechte zu dem im Abs. 1 bezeichneten Zeitpunkt hatten, einen unmittelbaren und unentziehbaren Anspruch auf die hinterlegte Summe. Ihr Anspruch erlischt, wenn sie ihn nicht binnen drei Monaten nach der Bekanntgabe der Hinterlegung bei der Hinterlegungsstelle anmelden.

Die Verteilung und Auszahlung der Entschädigungssumme an die Berechtigten erfolgt gemäß der zwischen ihnen und der Genossenschaft zu treffenden, erforderlichenfalls durch richterliche Entscheidung zu ergänzenden Vereinbarung. Den nach der Verteilung verbleibenden Rest erhält die Genossenschaft.

§ 18.

Die Vertragschließenden bewilligen und beantragen:

I. auf dem Grundbuchblatte der im § 1 bezeichneten Grundstücke einzutragen:

Ein Erbbaurecht nach Maßgabe des Erbbauvertrages vom ...... für d ...., eingetragene Genossenschaft mit beschränkter Haftpflicht in ....;

II. Für das bestellte Erbbaurecht ein besonderes Grundbuchblatt anzulegen und auf diesem als Belastungen einzutragen:

1. eine Vormerkung zur Sicherung des Anspruchs auf Bestellung einer Reallast gemäß § 12 Abs. 3 des Erbbauvertrages vom .... für den Reichsfiskus (Reichsamt des Innern);
2. eine Vormerkung zur Sicherung des Anspruchs auf Rückübertragung des Erbbaurechts an den Reichsfiskus gemäß § 15 des Erbbauvertrages vom .... für den Reichsfiskus (Reichsamt des Innern);
3. ein Vorkaufsrecht für alle Verkaufsfälle für den Reichsfiskus (Reichsamt des Innern);
4. eine Reallast zugunsten des Reichsfiskus (Reichsamt des Innern) auf Entrichtung eines Erbbauzinses, der in Höhe von jährlich

. . . . M. (i. B.) bzw. auf Verlangen des Grundstückseigentümers für die Zeit vom . . . . 19 . . ab in Höhe des Einundeinhalbfachen und für die Zeit vom . . . . 19 . . ab in Höhe des Doppelten dieses Betrages zu entrichten ist und sich unter den Voraussetzungen des § 11 Abs. 3 des Erbbauvertrages vom . . . . . . auf das Doppelte des jeweils zu zahlenden Betrages erhöht;

5. beschränkt persönliche Dienstbarkeiten zugunsten des Reichsfiskus (Reichsamt des Innern) des Inhalts,
   a) daß auf dem Erbbaugelände andere Baulichkeiten als Wohngebäude, deren Wohnungen in Größe und Ausstattung die Anforderungen nicht überschreiten, die von Arbeitern, Handwerkern, gering besoldeten Beamten oder diesen sozial gleichstehenden Personen ortsüblich oder berechtigterweise gestellt werden, dazu gehörige Nebengebäude (Ställe, Waschküchen u. dgl.) und Bauwerke zur Aufnahme von Einrichtungen für die auf dem Erbbaugelände wohnenden Personen nicht errichtet werden dürfen;
   b) daß gewerbliche Anlagen, Betriebsstätten oder Verkaufsstellen ohne die Einwilligung des Reichsfiskus nicht errichtet werden dürfen;
   c) daß die errichteten Baulichkeiten ohne die schriftliche Einwilligung des Reichsfiskus weder durch An-, Auf- oder Umbauten wesentlich verändert, noch ganz oder zum Teil abgebrochen werden dürfen;
   d) daß die auf dem Erbbaugelände hergestellten Wohnungen im Falle ausreichender Nachfrage nur an Arbeiter, Handwerker, gering besoldete Beamte oder diesen sozial gleichstehende Personen vermietet werden dürfen, und daß von diesen Wohnungen . . . . an andere als an gering besoldete Bedienstete des Reichs oder der Militärverwaltung erst dann vermietet werden dürfen, wenn sich für diese Wohnungen aus dem Kreise der der Genossenschaft angehörenden gering besoldeten Bediensteten des Reichs oder der Militärverwaltung nicht genügend Bewerber finden, und der Reichsfiskus binnen vier Wochen nach ordnungsmäßiger Anzeige hiervon keine gering besoldeten Bediensteten des Reichs oder der Militärverwaltung als Mieter benennt oder vorher auf die Benennung verzichtet;
   e) daß auf dem Erbbaugelände ein Gastwirtschaftsbetrieb und der gewerbsmäßige Verkauf geistiger Getränke sowie der Betrieb lärmender oder ehrenrühriger Geschäfte nicht stattfinden darf;
   f) daß Vertreter des Reichsfiskus berechtigt sind, das Erbbaugelände und die auf ihm befindlichen Bauten und Anlagen zu jeder angemessenen Tageszeit zu betreten, zu besichtigen und zu untersuchen.

§ 19.

Der Reichsfiskus verpflichtet sich für den Fall, daß das Erbbaurecht mit Hypotheken belastet werden soll, diesen Hypotheken den Vorrang vor den nach § 18 II einzutragenden Belastungen einzuräumen, jedoch nur dann, wenn die Hypotheken jährlich mit mindestens $^1/_2$ Prozent unter Zuwachs der von den getilgten Kapitalbeträgen ersparten Zinsen abzutragen sind und innerhalb der ersten 60 Prozent des zur Zeit der Vorrangseinräumung vorhandenen Kapitalwerts des Erbbaurechts liegen, und nur in dem Maße, daß der Vorrang sich auf den nach dem Amortisationsplane der Tilgung noch nicht unterliegenden Teil der Hypotheken und die in der Zwangsversteigerung der Hypothek gleichstehenden laufenden und rückständigen Zins- und Tilgungsbeträge erstreckt.

Der Bestimmung des Kapitalwerts des Erbbaurechts ist ein Diskont von . . . Prozent und ein Unkostensatz von . . . Prozent der Mieten oder von . . . Prozent der Baukosten und des für die Bestimmung des Erbbauzinses maßgebenden Bodenwerts zugrunde zu legen.

§ 20.

Alle jetzt und in Zukunft aus diesem Vertrag entstehenden Kosten, namentlich auch die Grundbuchgebühren, trägt die Genossenschaft, soweit sie nicht wegen der Stempel- und Gebührenfreiheit des Reichsfiskus oder der Genossenschaft außer Ansatz bleiben.

. . . ., den . . . . 19 . .

Für den Staatssekretär des Innern
kraft Vollmacht vom . . . . . . 19 . .
(I B . . . . .)

Formular 27.

Allgemeine Bedingungen

für die Ausführung der Arbeiten und Lieferungen zu den Bauten de . . . .

§ 1.

Gegenstand des Vertrages.

1. Den Gegenstand des Vertrages bildet die Ausführung der im Kostenanschlage angeführten Bauwerke, Arbeiten und Lieferungen.

2. Im einzelnen bestimmt sich Art und Umfang der dem Unternehmer obliegenden Arbeiten und Lieferungen nach dem Verdingungsanschlage, den Zeichnungen und sonstigen als zum Vertrage gehörig bezeichneten Unterlagen.

3. Die Anordnung nachträglicher Abänderungen der Beschaffenheit des Lieferungsgegenstandes oder der Leistungen bleibt der Bauleitung vorbehalten. Wird dadurch eine Änderung des Preises bedingt, so erfolgt die Entschädigung hierfür nach den im Kostenanschlag eingesetzten Einheitspreisen und falls solche nicht vorhanden, in einem billigen Verhältnisse zu dem vertragsmäßig vereinbarten Preise.

§ 2.

Berechnung der Vergütung.

1. Der Unternehmer übernimmt die ihm laut Kostenanschlag und Zeichnung übertragenen Arbeiten zu den in § 7 der besonderen Bedingungen festgesetzten Abmachungen. Hierzu wird ausdrücklich bemerkt, daß weder von seiten des Bauherrn noch der Bauleitung irgend eine Gewähr für die Richtigkeit der im Kostenanschlag angegebenen Massen übernommen wird. Für Rechenfehler und alle sonstigen Versehen ist weder der Bauherr noch die Bauleitung dem Unternehmer verantwortlich, da demselben vor Abschluß des Vertrages alle Unterlagen zur Prüfung vorgelegen haben.

Für seine Rechenfehler trägt der Unternehmer selbst die Verantwortung und den daraus etwa entstehenden Schaden.

2. Für Nebenleistungen, insbesondere für Vorhalten von Werkzeug und Geräten, sind besondere Preisansätze nicht vorgesehen, und umfassen die vereinbarten Preise zugleich die Vergütung für Nebenleistungen aller Art.

3. Etwaige auf den Lieferungsgegenständen ruhende Patentgebühren trägt der Unternehmer.

§ 3.

Mehrleistungen und Mehrlieferungen.

1. Ohne ausdrückliche Genehmigung oder Anordnung der Bauleitung darf der Unternehmer keinerlei vom Vertrag oder den Zeichnungen oder vom Verdingungsanschlag abweichende oder nicht vorgesehene Arbeiten und Lieferungen ausführen.

2. Diesem Verbote zuwider einseitig von dem Unternehmer bewirkte Arbeiten oder Lieferungen kann die Bauleitung auf Gefahr und Kosten des Unternehmers beseitigen lassen. Auch hat der Unternehmer nicht nur keinerlei Vergütung für derartige Arbeiten und Lieferungen zu beanspruchen, sondern muß für allen Schaden aufkommen, der etwa durch die Abweichungen vom Vertrage entstanden ist.

§ 4.

Minderarbeiten und Minderlieferungen.

Bleiben die ausgeführten Arbeiten oder Lieferungen unter der im Kostenanschlag angegebenen Menge zurück, so wird der hierdurch entstehende Minderbetrag abgezogen. Wird von seiten der Bauleitung oder des Bauherrn bestimmt, daß für einzelne Arbeiten eine billigere Art der Ausführung, als im Kostenanschlage vorgesehen ist, in Anwendung kommen soll, oder Arbeiten ganz in Wegfall kommen, so wird dieser Minderbetrag nach vorheriger Vereinbarung festgestellt und vom Gesamtguthaben abgezogen. Die Bauleitung hat das Recht, derartige Bestimmungen auch noch während der Bauzeit zu treffen. Eine Entschädigung für entgangenen Gewinn kann in keinem Falle beansprucht werden.

§ 5.

Güte der Leistungen oder Lieferungen.

1. Die Leistungen und Lieferungen müssen den besten Regeln der Technik und den besonderen Bedingungen des Vertrages entsprechen.

2. Bei den Arbeiten dürfen nur tüchtige und geübte Arbeiter beschäftigt werden.

3. Arbeiten, die die Bauleitung den gedachten Bedingungen nicht entsprechend findet, sind sofort zu beseitigen und durch untadelhafte zu ersetzen.

4. Arbeiter, die nach dem Urteile der Bauleitung untüchtig sind sowie solche, die sich den Anordnungen der Bauleitung widersetzen, müssen auf Verlangen sofort entlassen und durch tüchtige ersetzt werden.

5. Ist die Güteprüfung bereits vorgenommen und ihr Ergebnis als bedingungsgemäß anerkannt worden, so findet eine Wiederholung der Prüfung bei der Abnahme in der Regel nicht statt.

6. Mit der Abnahme der letzten Arbeit beginnt die in den besonderen Bedingungen des Vertrages vorgesehene Frist für die dem Unternehmer obliegende Gewährleistung für die Güte der Leistungen und Lieferungen.

7. Der Einwand nicht rechtzeitiger Anzeige von Mängeln gelieferter Arbeiten und Waren (§ 377 des Handelsgesetzbuches) ist nicht statthaft.

8. Bezüglich der bei der Abnahme zurückgewiesenen Gegenstände liegt dem Unternehmer die gleiche Ersatzverpflichtung ob, wie bezüglich der bei der Güteprüfung nicht bedingungsgemäß befundenen Gegenstände.

9. Für alle Gegenstände, die sich während der Dauer der Gewährleistung als nicht bedingungsgemäß erweisen oder für solche, die infolge schlechten Materials oder mangelhafter Herstellung bei gewöhnlicher Betriebsbenutzung, d. h. mit Ausschluß nachweislicher Unfälle, betriebsunbrauchbar werden oder bei Bearbeitung sich als fehlerhaft herausstellen, ist der Unternehmer verpflichtet, sofort nach ergangener Aufforderung entsprechenden Ersatz zu schaffen, bzw. die gerügten Mängel endgültig abzustellen. Kommt der Unternehmer dieser Aufforderung nicht sofort nach so ist der Bauherr bzw. die Bauleitung berechtigt, die Mängel auf Kosten des Unternehmers anderweitig beseitigen zu lassen. Dem Unternehmer werden in diesem Falle von der zurückbehaltenen Sicherheitssumme (Garantiesumme) entsprechende Abzüge gemacht.

10. Materialien, die den Verträgen nicht entsprechen, sind auf Anordnung der Bauleitung innerhalb einer zu bestimmenden Frist von der Baustelle zu entfernen, widrigenfalls sie auf Kosten und Rechnung des Unternehmers beliebig veräußert werden können.

11. Behufs Überwachung der Ausführung der Arbeiten sowie zur Vornahme von Materialprüfungen steht der Bauleitung bzw. ihrem Beauftragten jederzeit während der Arbeitsstunden der Zutritt zu den Arbeitsstätten und Werkstätten frei, in welchen die zu dem Unternehmen gehörigen Gegenstände angefertigt werden.

12. Auf Verlangen hat der Unternehmer den Beginn der Herstellungsarbeiten rechtzeitig der Bauleitung mitzuteilen.

§ 6.
Ort der Anlieferung und Versand.

1. Die Anlieferung aller Leistungen und Lieferungsgegenstände hat stets frei Baustelle bzw. Verwendungsstelle zu erfolgen und trifft dies auch dann zu, wenn solches bei den einzelnen Positionen nicht besonders vermerkt ist.

2. Das Abfahren und Zurückbefördern nicht notwendiger oder nicht vorschriftsmäßiger Materialien sowie nicht gebrauchter Werkzeuge, Rüstungen usw. erfolgt ebenfalls ausschließlich auf Kosten des Unternehmers.

3. Der Unternehmer kann keinen Lagerplatz beanspruchen.

§ 7.
Abnahme und Gewährleistung.

1. Die Abnahme des Gegenstandes der Leistung oder Lieferung erfolgt an dem von der Bauleitung zu bezeichnenden Zeitpunkte. Erst mit diesem Zeitpunkte der Abnahme geht die Gefahr für den Gegenstand auf die Bauleitung über.

2. Sollen die Arbeiten oder Lieferungen zu einem vertraglich bestimmten Zeitpunkt erfolgen, so ist der Unternehmer nicht berechtigt, die Abnahme vor jenem Zeitpunkt zu verlangen.

§ 8.
Beseitigung von Mängeln, Entziehung der Arbeiten und Lieferungen.

1. Wenn die Arbeiten oder Lieferungen des Unternehmers mangelhaft sind oder die Arbeiten oder Lieferungen entsprechend der abgelaufenen Zeit nicht genügend gefördert sind, so daß eine Überschreitung der in den besonderen Bedingungen festgesetzten Fristen zu erwarten ist, so hat die Bauleitung das Recht, die Arbeiten und Lieferungen dem Unternehmer zu entziehen und sie auf seine Kosten einem anderen Unternehmer zu übertragen oder selbst auf Kosten des Unternehmers auszuführen, falls dieser nicht sofort die Forderungen der Bauleitung in ausreichendem Maße erfüllt. Es wird besonders hervorgehoben, daß Nachfristen nicht bewilligt werden.

2. Abschlagszahlungen, wie solche in den Zahlungsbedingungen vereinbart sind, können im Falle der Arbeitsentziehung, auch wenn diese nur eine teilweise ist, dem Unternehmer vor endgültiger Abrechnung und Fertigstellung der Arbeiten nicht gewährt werden. Die Schlußzahlung erfolgt in diesem Falle nicht eher, als bis das Guthaben des Unternehmers unter Berücksichtigung der Gegenansprüche ermittelt ist.

§ 9.
Gemeinsame Bestimmungen für die Güteprüfung, Abnahme und Gewährleistung.

1. Der Unternehmer ist verpflichtet, sich dem Urteile der Bauleitung bei der Güteprüfung und Abnahme zu unterwerfen. Etwa erforderliche

Nacharbeiten an den einzelnen, den Bedingungen nicht voll entsprechenden Leistungen und Lieferungsgegenständen hat der Unternehmer ungesäumt auszuführen, widrigenfalls dies seitens der Bauleitung auf seine Kosten geschehen kann.

2. Der Unternehmer ist verpflichtet, während der Garantiezeit schadhaft gewordene Gegenstände auf Aufforderung des Bauherrn oder der Bauleitung von der Baustelle unentgeltlich abzufahren und nach Aufforderung frei wieder anzuliefern.

§ 10.

Ordnungsvorschriften.

1. Der Unternehmer oder dessen Vertreter müssen sich auf der Baustelle einfinden, sobald nach dem Ermessen der Bauleitung oder des Bauherrn die betreffenden baulichen Anordnungen ein mündliches Benehmen auf der Baustelle notwendig machen. Die sämtlichen auf dem Bau beschäftigten Bevollmächtigten, Gehilfen und Arbeiter des Unternehmers sind bezüglich der Bauausführung und der Aufrechterhaltung der Ordnung auf dem Bauplatze den Anordnungen der Bauleitung unterworfen. Im Falle des Ungehorsams kann die sofortige Entfernung der betreffenden Personen von der Baustelle verlangt werden.

2. Der Unternehmer hat für angemessene Unterkunft der Arbeiter während der Arbeitspausen oder bei eintretendem Unwetter zu sorgen und die dazu erforderlichen Einrichtungen auf seine Kosten zu treffen. Er hat in dieser Beziehung den an ihn gestellten Forderungen der Behörde zu genügen.

3. Der Unternehmer hat Räume, Vorrichtungen oder Gerätschaften, die er zur Verrichtung der Arbeiten zu beschaffen hat, auf seine Kosten so einzurichten und zu erhalten und Dienstleistungen, die unter seiner Anordnung oder Leitung vorzunehmen sind, so zu regeln, daß die Angestellten und Arbeiter gegen Gefahr für Leben und Gesundheit so weit geschützt sind, wie die Natur der Dienstleistung es gestattet (§ 618 BGB.).

Für die Bewachung seiner Geräte, Werkzeuge, Gerüste usw. sowie seiner auf der Baustelle lagernden Materialien hat der Unternehmer selbst zu sorgen.

§ 11.

Mitbenutzung von Geräten.

Die von dem Unternehmer hergestellten Rüstungen sind während ihres Bestehens auch noch anderen Handwerksmeistern unentgeltlich zur Benutzung zu überlassen. Gegebenenfalls sind die Rüstungen für diesen Zweck so lange wie nötig unentgeltlich stehen zu lassen.

§ 12.

Beobachtung polizeilicher Vorschriften. Haftung des Unternehmers für seine Angestellten.

1. Für die Befolgung der für die Bauausführung bestehenden baupolizeilichen Vorschriften und der etwa besonders ergehenden polizeilichen

Anordnungen ist der Unternehmer für den ganzen Umfang seiner vertragsmäßigen Verpflichtungen verantwortlich. Kosten, die ihm dadurch entstehen, hat der Unternehmer zu tragen und werden nicht vergütet.

2. Der Unternehmer trägt insbesondere die Verantwortung für die gehörige Stärke und sonstige Tüchtigkeit der Rüstungen, Transportbrücken usw. Dieser Verantwortung unbeschadet ist er aber auch verpflichtet, eine von der Bauleitung angeordnete Ergänzung und Verstärkung der Rüstungen, Transportbrücken usw. unverzüglich auf eigene Kosten zu bewirken.

3. Der Unternehmer haftet für sich, seine Beamten und Arbeiter für jeden Schaden, der diesen oder anderen Personen durch Fahrlässigkeit bei der Beobachtung der erforderlichen Sicherheitsmaßregeln entstehen sollte. Insbesondere haftet er auch für die Sicherheit der Nachbargebäude.

§ 13.

Aufmessen des Baues und Abnahme.

1. Die Bauleitung ist berechtigt zu verlangen, daß über alle später nicht mehr nachzuweisenden Arbeiten von den beiderseits zu bezeichnenden Beauftragten während der Ausführung gegenseitig anzuerkennende Aufzeichnungen geführt werden, die der späteren Kostenberechnung zugrunde zu legen sind.

2. Von der Vollendung der Arbeiten und Lieferungen hat der Unternehmer die Bauleitung zu benachrichtigen, worauf der Termin für die Abnahme von dieser so schnell wie irgend möglich festgesetzt wird.

3. Über die Abnahme wird in der Regel eine Verhandlung aufgenommen. Auf Verlangen des Unternehmers muß dieses geschehen. Die Verhandlung ist von dem Unternehmer oder dem für ihn etwa erschienenen Vertreter zu vollziehen.

4. Erscheint in dem zur Abnahme anberaumten Termine gehöriger Benachrichtigung ungeachtet weder der Unternehmer noch sein Vertreter, so gelten die durch die Beauftragten der Bauleitung bewirkten Aufnahmen und sonstigen Feststellungen als anerkannt.

5. Auf die Feststellungen der von dem Unternehmer geleisteten Arbeiten im Falle der Entziehung der Arbeiten und Lieferungen finden diese Bestimmungen gleichmäßig Anwendung.

6. Müssen Teillieferungen sofort nach ihrer Anlieferung abgenommen werden, so bedarf es einer besonderen Benachrichtigung des Unternehmers nicht, vielmehr ist es Sache des Unternehmers, für seine Anwesenheit oder Vertretung bei der Abnahme Sorge zu tragen.

§ 14.

Rechnungsstellung.

1. Bezüglich der förmlichen Aufstellung der Rechnung, die in der Form, Ausdrucksweise, Bezeichnung der Bauteile und Reihenfolge der Posten genau nach dem Verdingungsanschlage bezw. nach dem gemeinschaftlichen Aufmaß einzurichten ist, hat der Unternehmer den von der Bauleitung gestellten Anforderungen zu entsprechen.

2. Alle aufzumessenden Leistungen und Lieferungen des Unternehmers werden auf Grund der gemeinschaftlich gemachten Aufmessungen in Rechnung gestellt.

3. Wann die Aufmessung der gelieferten Arbeiten stattfinden soll, ent scheidet allein die Bauleitnng, und muß die zur Hilfeleistung für die Auf messung nötige Anzahl von Gesellen bzw. der Werkführer anwesend sein.

4. Etwaige Mehrarbeiten oder Mehrlieferungen, die nachträglich vom Bauherrn oder der Bauleitung bestellt sind, müssen in besonderer Rechnung nachgewiesen werden und zwar unter deutlichem Hinweis auf die schriftlichen Vereinbarungen, die darüber getroffen sind.

§ 15.

Tagelohnrechnung.

1. Tagelohnarbeiten werden nur bezahlt, wenn sie auf Grund eines schriftlich erteilten Auftrages der Bauleitung oder des Bauherrn ausgeführt sind.

2. Werden im Auftrag der Bauleitung oder des Bauherrn seitens des Unternehmers Tagelohnarbeiten ausgeführt, so ist die Liste der hierbei beschäftigten Arbeiter und eine Angabe über das verwendete Material der Bauleitung oder deren Vertretern behufs Prüfung der Richtigkeit täglich vorzulegen. Etwaige Ausstellungen dagegen sind dem Unternehmer binnen längstens acht Tagen mitzuteilen.

3. Die Tagelohnrechnungen sind längstens am Schluß einer jeden Woche einzureichen.

§ 16.

Zahlungsbedingungen.

1. Die Zahlungen erfolgen bei unbeanstandetem Fortgang der Arbeiten nach Maßgabe der besonderen Bedingungen.

2. Entstehen während des Baues Meinungsverschiedenheiten oder bleiben solche bei der Schlußrechnung bestehen, so erfolgt Raten- oder Schlußzahlung nicht eher, als bis die Meinungsverschiedenheiten vollständig geklärt sind. Mit Empfangnahme der Schlußzahlung verzichtet der Unternehmer auf alle Ansprüche, die er an den Bauherrn in betreff der für diesen Bau übernommenen Arbeiten zu haben glaubt. Die Garantiesumme ist hiervon selbstverständlich ausgeschlossen.

3. Die Zahlung erfolgt im Auftrag des Bauherrn durch die Bauleitung.

4. Ansprüche irgendwelcher Art sind niemals gegen die Bauleitung zu richten, da diese stets nur im Auftrage des Bauherrn handelt.

§ 17.

Übertragbarkeit des Vertrages.

1. Ohne Genehmigung der Bauleitung darf der Unternehmer seine vertragsmäßigen Verpflichtungen nicht auf andere Personen übertragen.

2. Verfällt der Unternehmer vor Erfüllung des Vertrages in Konkurs, so ist die Bauleitung berechtigt, den Vertrag mit dem Tage der Konkurs-

eröffnung aufzuheben. Auch kann die Bauleitung den Vertrag sofort auflösen, wenn das Guthaben des Unternehmers ganz oder teilweise mit Arrest belegt oder gepfändet wird.

3. Bezüglich der in diesem Falle zu gewährenden Zahlungen finden die Bestimmungen des § 8 sinngemäß Anwendung.

4. Für den Fall, daß der Unternehmer vor Erfüllung des Vertrages sterben sollte, hat die Bauleitung die Wahl, ob sie das Vertragsverhältnis mit seinen Erben fortsetzen oder es als aufgelöst betrachten will.

5. Macht die Bauleitung von dem ihr nach Absatz 2 und 4 zustehenden Rechte der Vertragsauflösung Gebrauch, so teilt sie dies dem Konkursverwalter bzw. den Erben des Unternehmers mittels eingeschriebenen Briefes mit. Erfolgt keine Mitteilung, so ist anzunehmen, daß sie auf Erfüllung des Vertrages besteht.

§ 18.
Streitigkeiten und Erfüllungsort.

Streitigkeiten über die Auslegung und die Ausführung dieses Vertrages und die durch ihn begründeten Rechte und Pflichten, mit Ausnahme derjenigen, über die nach den vorliegenden Bedingungen die Bauleitung endgültig zu entscheiden hat, sollen mit Ausschluß des Rechtsweges durch ein Schiedsgericht entschieden werden, das wie folgt zu bilden ist:

Die beiden streitenden Parteien ernennen je einen Sachverständigen, die den Streitgegenstand prüfen und danach die Entscheidung fällen. Können diese beiden Schiedsrichter sich nicht zu einem einheitlichen Spruche einigen, so wählen sie gemeinschaftlich einen Oberschiedsrichter. Insoweit über die Wahl eines Oberschiedsrichters keine Einigung zu erzielen ist, soll unter den Vorgeschlagenen das Los entscheiden. Das Urteil des Oberschiedsrichters ist endgültig unter Ausschluß des Rechtsweges. Die Kosten des Verfahrens trägt die unterliegende Partei. Erfüllungsort für alle gegenseitigen Verbindlichkeiten und Gerichtsstand ist . . . .

§ 19.
Kosten und Stempel.

1. Die Kosten für Briefe und Depeschen, die den Abschluß und die Ausführung des Vertrages betreffen, werden von den Absendern getragen.

2. Die Postkosten für Geld- und sonstige Sendungen, die im Interesse des Unternehmers erfolgen, trägt dieser.

3. Alle Stempelkosten trägt nach Maßgabe der gesetzlichen Bestimmungen der Unternehmer allein. Auch diejenigen Stempelbeträge sind von dem Unternehmer zu zahlen, die von der Steuerbehörde etwa nachträglich gefordert werden sollten.

4. Die Kosten des Vertragsabschlusses und der Verdingungen hat der Unternehmer der Bauleitung bei Unterzeichnung des Vertrages zu zahlen.

Vorstehende allgemeine Bedingungen haben beide Teile gelesen, in allen Teilen anerkannt, und ist dem Unternehmer ein gleichlautendes Exemplar ausgehändigt worden.

. . . ., den . . . . 191 . .

Der Unternehmer: Der Bauherr:

. . . .

Formular 28.

Ergänzung der allgemeinen Bedingungen für die Ausführung der Arbeiten und Lieferungen

für die

Bauten de . . . .

1. Erdarbeiten.

Die Ausschachtung der Baugrube wird berechnet nach den tatsächlich vorhandenen äußersten Maßen im Fundament, multipliziert mit der Höhe des ausgehobenen Geländes, die bei der Ausschachtung gemeinschaftlich durch den Unternehmer und Bauleiter festzustellen ist. Hierzu ist für Dossierung und Arbeitsraum bei einer Tiefe der Baugrube bis zu 1 m $^1/_{12}$ und bei größerer Tiefe bis zu $^1/_6$ der ganzen Ausschachtung zu rechnen.

Die Ausschachtung der Fundamentgräben wird berechnet nach der wirklich ausgeführten Breite, Länge und Höhe der Fundamente zuzüglich $^1/_3$ dieser Ausschachtung für Dossierung und Arbeitsraum.

Für Hinterfüllung sind gegebenenfalls die vorgenannten, für Dossierung und Arbeitsraum berechneten Massen zu rechnen.

2. Maurerarbeiten.

Alles Mauerwerk wird nach den Maßen der Bauzeichnung bzw. nach den wirklich vorhandenen Längen- und Höhenmaßen des Mauerwerks multipliziert mit den Wandstärken, die mit 0,13, 0,25, 0,38, 0,51, 0,64 0,77 usw. anzunehmen sind, berechnet. Gesimse, Pilaster, sonstige Vorlagen und Vorkragungen an den Fronten bleiben bei der Berechnung der Massen zum Arbeitslohn, ebenso wie Aussparungen der Rinnenschlitze usw., unberücksichtigt.

Äußerer Fassadenputz, Fugenverstrich oder Verblendung wird berechnet aus der Hauslänge multipliziert mit der Höhe der Fassade von Terrain bis Oberkante des Hauptgesimses.

Pilastervorsprünge und sonstige Vorlagen sowie Rinnenschlitzvertiefungen werden hierbei nicht berücksichtigt. Risalitvorsprünge werden berechnet sobald deren Hervortreten vor die eigentliche Front 13 cm übersteigt. Öffnungen werden nicht abgezogen. Freistehende Frontaufsätze über dem Hauptgesims werden in der Vorderansichtsfläche je nach ihrer Form berechnet; die Stirnseiten derselben nur insoweit, als sie nicht mit Zink abgedeckt sind.

Bei Berechnung der inneren Wandputzflächen werden Fenster- und Türöffnungen von beiden Seiten in Abzug gebracht, wenn deren Laibungen nicht geputzt, und von einer Seite, wenn die Laibungen geputzt sind. Die Berechnung geschieht nach Zeichnung und besonderem Aufmaß.

Bei Deckenputzflächen werden Öffnungen und Vorlagen unter 0,5 qm nicht abgezogen.

Das Schlemmen, Filzen, Berappen und Ausbessern von Wand- und Deckenflächen wird wie vor berechnet.

Gewölbe werden nur in plano gemessen, in denselben hineingreifende Vorlagen sind in Abzug zu bringen.

3. Zimmerarbeiten.

Die Feststellung der Massen zu allen Zimmerarbeiten nebst den dazu gehörigen Lieferungen geschieht nach Zeichnung und Aufmaß.

Bei Balkenanlagen und Dachverbänden werden Zapfen, Kämme, Überblattungen, Schmiegen, Schrägen usw. in äußerster Lage mitgemessen, ein Prozentsatz für Verschnitt aber nicht gewährt.

Bei Berechnung der gehobelten Fußböden werden die Flächen unter den Öfen und Kochherden nicht in Abzug gebracht.

Bei rauhem Dachfußboden werden Wandvorlagen und große Schornsteine in Abzug gebracht, Aussparungen für Stiele, Streben werden indessen nicht berücksichtigt.

Bei Berechnung der Dachschalung werden gleich oder nachträglich ausgeschnittene Fenster- und Luftöffnungen sowie Schornsteindurchführungen bis zu 1 qm Größe nicht in Abzug gebracht.

Podestfußböden werden bis zur Hinterkante der Austrittstufe gemessen; bei nicht in einer Linie liegenden Aus- und Antritten wird das Mittel gemessen.

Scheuerleisten in nicht gedielten Räumen werden, wenn sie nicht als zum Fußboden gehörig berechnet sind, nur in der tatsächlich vorhandenen Länge berechnet, also die Längen für Türen, Öfen, Kochherde usw. von den Umfassungen der einzelnen Räume abgerechnet.

Bei Berechnung der Stakung der Balkenlagen werden immer die Lichtmaße der untenliegenden Räume in Ansatz gebracht. Über Bretter Rabitz- und Gipsdielenwände wird die Stakung durchgerechnet.

4. Dachdecker- und Klempnerarbeien.

Bei Berechnung der Dacheindeckungen werden Abzüge für eiserne Dachfenster, Schornsteine, Aussteigeluken nicht gemacht, dagegen werden Dachlukenaufbauten, die selbst Dacheindeckung haben, in voller Größe in Abzug gebracht.

Bei Dacheinschnitten, durch die Kehlen entstehen, werden die einzelnen Flächenlängen immer von Mitte zu Mitte Kehle oder von Mitte Kehle bis Wand gerechnet.

Bei allen Dacheindeckungen, ob Schiefer, Falzziegel, Pappe oder Holzzement, wird nur die tatsächliche Breite resp. Höhe der mit diesem Material belegten oder behängten Fläche in Ansatz gebracht.

Klempnerarbeiten werden nur nach Aufmaß der wirklich vorhandenen Flächen berechnet.

Bei den Gesimsabdeckungen wird der Dreikant in der Abwickelung und die Aufkantung gegen die Wand der Länge und Breite hinzugerechnet. Bei den Kehlen der Dacheinschnitte werden ebenso die Abwickelungen den Umkantungen hinzugerechnet.

5. Glaserarbeiten.

Die Berechnung geschieht nach Aufmaß an Ort und Stelle. Sämtliche Scheiben werden im Falz gemessen. Bei nicht rechteckigen Scheiben wird die größte Höhe und größte Breite gemessen. Runde Scheiben werden mit dem Durchmesser als Quadrat berechnet.

6. Malerarbeiten.

Die Berechnung geschieht nach Zeichnung und Aufmaß.

Bei den Fußbödenanstrichen werden, wenn der Anstrich der Scheuerleisten nicht besonders berechnet wird, die einzelnen Raumflächen voll berechnet, d. h. es werden Aussparungen für Öfen, Kochherde und Schornsteinvorlagen und Erweiterungen durch Nischen und Türschwellen nicht berücksichtigt.

Decken werden in plano gemessen, d. h. die Höhe der Hohlkehle wird nicht mit gemessen; Rohrvorlagen werden nicht berücksichtigt.

In Räumen, die an Wänden oben Leimfarbenanstrich, unten herum aber Ölpaneel erhalten, wird der Leimfarbenanstrich nur von Oberkante Paneel bis Decke berechnet.

7. Verschiedene Arbeiten.

Zementfußböden, Zementdecken, Fliesen, Linoleum, Asphaltbeläge und Rohrgewebedecken werden nach Zeichnung und Aufmaß berechnet und zwar so, daß Aussparungen in den einzelnen Raumflächen durch Öfen, Vorlagen usw. und Erweiterungen durch Nischen, Türöffnungen usw. berücksichtigt werden.

Formular 29.

Besondere Bedingungen

für die Ausführung der Arbeiten und Lieferungen zu den Bauten de .

. . . .

§ 1.

Gegenstand des Vertrages.

Der endesunterzeichnete Unternehmer übernimmt die in dem Kostenanschlag angeführten Arbeiten zum Neubau . . . . unter Anerkennung der von ihm unterschriebenen allgemeinen und den nachstehenden . . . . besonderen Bedingungen.

§ 2.

Festsetzung der Bautermine.

Die Arbeiten sind sofort nach Unterzeichnung dieser Bedingungen zu beginnen und so zu fördern, daß:

. . . .

§ 3.

Vertragsstrafe.

1. Die in § 2 festgesetzten Termine hat der Unternehmer einzuhalten und bewilligt er freiwillig für jeden Tag der Fristüberschreitung bzw. Behinderung anderer Handwerksmeister einen Nachlaß von . . . % der Bauforderung, den er an den Bauherrn zu zahlen hat bzw. dieser an der Rechnung kürzt.

Wird ein Handwerksmeister durch Verschulden des Unternehmers an der Fortführung seiner Arbeiten behindert, so hat letzterer außer dem oben festgesetzten Preisnachlaß jeden Tag auch noch die dem Handwerksmeister auferlegte Vertragsstrafe zu zahlen und wird ihm dieselbe von seinem Guthaben abgezogen. Macht schlechte Witterung die Einhaltung der Fristen unmöglich, so verschieben sich diese zunächst um die Dauer der unverschuldeten Unterbrechung; der Unternehmer muß jedoch durch Vermehrung der Arbeitskräfte Sorge tragen, daß die versäumte Zeit möglichst wieder eingeholt wird.

2. Der Preisnachlaß gilt nicht als erlassen, wenn die Bauleitung verspätete oder ungenügende Leistungen von Lieferungen vorbehaltlos angenommen hat.

3. Für die Berechnung des Preisnachlasses bei Leistungen oder Lieferungen ist der Zeitpunkt maßgebend, zu dem die Leistung nach dem Vertrage fertiggestellt oder die Anlieferung an dem im Vertrage bezeichneten Anlieferungsorte stattfinden sollte.

4. Der tageweise zu berechnende Preisnachlaß für verspätete Ausführung von Leistungen oder Lieferungen bleibt für die in die Zeit einer Verzögerung fallenden Sonntage und allgemeinen Festtage außer Ansatz.

5. Ein bestehender oder ausbrechender Streik oder eine Aussperrung entbindet nicht von der Einhaltung der Fristen.

§ 4.

Behinderung der Leistungen und Lieferungen.

1. Glaubt der Unternehmer sich in der ordnungsmäßigen Fortführung der übernommenen Arbeiten oder Lieferungen durch Anordnungen der Bauleitung oder eines anderen Handwerksmeisters oder höhere Gewalt behindert, so hat er der Bauleitung hiervon sofort Anzeige zu erstatten.

2. Unterläßt der Unternehmer diese Anzeige, so steht ihm ein Anspruch auf Berücksichtigung der angeblich hindernden Umstände nicht zu.

3. Der Bauleitung bleibt vorbehalten, falls die bezüglichen Angaben des Unternehmers für begründet zu erachten sind, eine angemessene Verlängerung der im Vertrage festgesetzten Leistungs- und Lieferungsfristen zu bewilligen.

4. Nach Beseitigung der Hinderungen sind die Leistungen und Lieferungen ohne weitere Aufforderung ungesäumt wieder aufzunehmen.

5. In keinem Falle kann der Unternehmer von der Bauleitung bzw. dem Bauherrn Schadenersatz fordern, wenn er durch Anordnungen des letzteren oder der Bauleitung oder durch elementare Ereignisse oder sonstige Umstände behindert wird, mit den Arbeiten an den im Vertrage vorgesehenen Zeitpunkte zu beginnen oder im Vertrage vorgesehenen Termine zur Beendigung der Arbeiten einzuhalten, insbesondere verzichtet der Unternehmer auf Geltendmachung der ihm aus den §§ 304 und 642 BGB. zustehenden Rechte. Durch diese Bestimmungen wird natürlich der Anspruch der Bauleitung und des Bauherrn vom Unternehmer Schadenersatz oder Preisnachlaß zu verlangen, sofern die gesetzlichen Bestimmungen und die vertraglichen Voraussetzungen vorliegen, nicht berührt.

§ 5.

Lieferung von Nebenarbeiten.

1. Für die im Kostenanschlag angegebenen Einheitspreise sind alle Nebenarbeiten, für die eine besondere Vergütung nicht vorgesehen ist, mit auszuführen. Die Gebühr für Benutzung von Straßenflächen während der Bauzeit ist vom Unternehmer zu entrichten. Der Unternehmer hat auch für die nötige Beleuchtung straßenseitig lagernder Materialien zu sorgen.

2. Der Unternehmer ist ferner verpflichtet auf der Baustelle die zur ersten Hilfeleistung vor Ankunft des Arztes erforderlichen Verbandstoffe und Arzneien nach Weisung der Bauleitung bzw. den bestehenden Vorschriften gemäß bereitzuhalten. Die Bauleitung ist berechtigt, die ordnungsmäßige Ausführung der auf Grund der Bestimmung dieses Absatzes getroffenen Anordnungen zu überwachen.

§ 6.

Gewährleistung.

Der Unternehmer haftet für die von ihm ausgeführten Arbeiten und für den durch sein Verschulden entstandenen Schaden nach Maßgabe der §§ 8 und 9 der allgemeinen Bedingungen und der gesetzlichen Vorschriften. Als Gewähr für die Güte seiner Leistungen und Lieferungen läßt der Unternehmer von der Gesamtsumme rund ...... ein Jahr vom Tage der Schlußabnahme an gerechnet als Garantiesumme stehen. An dieser hält sich der Bauherr bei nicht sofortiger Abstellung von vorkommenden Mängeln schadlos.

§ 7.

Zahlungsbedingungen.

Der endesunterzeichnete Unternehmer übernimmt die .... zu den Neubauten .... zu den Einheitspreisen des Kostenanschlages vom ....

Der Unternehmer verzichtet auf jede hypothekarische Sicherstellung seiner Forderung sowohl vor Beginn als auch während und nach Vollendung der Arbeiten, auch auf Eintragung einer sogenannten Handwerker- oder Zwangshypothek.

Die Rechnung ist nach gemeinschaftlich aufgestelltem Aufmaß des Unternehmers und der Bauleitung doppelt einzureichen.

Verschiedenes.

Der Unternehmer verpflichtet sich, unter seinen Lieferanten bei vollständiger Preisgleichheit stets den von der Bauleitung bzw. dem Bauherrn gewünschten Lieferanten den Vorzug zu geben.

Die Zahlungen werden von .... (nach vorheriger Prüfung der Rechnung durch die Baukommission) geleistet, und zwar erfolgen sie erst stets nach Anweisung durch die Bauleitung und den Vereinsvorstand.

Vorstehender Vertrag ist heute von den Unterzeichneten gelesen und anerkannt und jedem Beteiligten ist ein gleichlautendes Exemplar ausgehändigt worden.

........, den ....

Der Unternehmer: **Der Bauherr:**

Formular 30.

Berechnung des Kaufpreises

des Erwerbshausgrundstückes . . . . Straße Nr. . . in . . . .
für den Hausanwärter, Herrn . . . . daselbst.

Laufende Nr.	Bezeichnung der Arbeiten.	Gesamtkosten M	₰
1	Maurerarbeit		
2	Zimmerarbeit		
3	Maurermaterial		
4	Dachdeckerarbeit		
5	Klempnerarbeit		
6	Töpferarbeit		
7	Tischlerarbeit		
8	Schlosserarbeit und Eisenlieferung		
9	Malerarbeit		
10	Glaserarbeit		
11	Gas- und Wasserleitung		
12	Brunnenanlagen		
13	Tapeten- und Tapezierarbeit		
14	Entwässerung		
15	Verschiedene Arbeiten		
16	Straßenbaukosten		
17	Gelände		
	Summa		
	Hierzu . . Aufschlag		
	Kaufpreis:		

. . . . den . . . .

Formular 31.

Verzeichnis der Genossen.

Lfd. Nr.	Genossen: Tag der Eintragung	Genossen: Name und Beruf	Genossen: Wohnort	Weitere Geschäftsanteile: Tag der Eintragung	Weitere Geschäftsanteile: Zahl der weiteren Geschäftsanteile	Ausscheiden: Tag der Eintragung	Ausscheiden: Grund des Ausscheidens	Ausscheiden: Tag des Ausscheidens	Bemerkungen
1	2	3	4	5	6	7	8	9	10

Formular 32.

Veröffentlichung der Mitgliederbewegung.

Mitgliederzahl am 1. Januar 19	. . . .	(mit . . . . Anteilen)
Eingetreten im Jahre 19	. . . .	(„ . . . . „)
Weitere Beteiligungen	. . . .	(„ . . . . „)
zusammen	. . . .	(mit . . . . Anteilen)
Durch Übertragung schieden im Laufe des Jahres 19 . . aus	. . . .	(„ . . . . „)
Mitgliederzahl Ende 19	. . . .	(mit . . . . Anteilen)
Mit Ablauf des Jahres 19 . . schieden aus	. . . .	(„ . . . . „)
Mithin Mitgliederbestand am 1. Januar 19 . .	. . . .	(mit . . . . Anteilen)

Im Laufe des Jahres 19 . . hat sich das Geschäftsguthaben der Mitglieder um . . . . M. vermehrt (vermindert).

Die Gesamthaftsumme betrug am 1. Januar 19 . . M. . . . ., am Schlusse des Jahres 19 . . M. . . . . und am 1. Januar 19 . . M. . . . . Sie hat sich im Laufe des Jahres 19 . . um M. . . . . vermehrt (vermindert).

(Firma)

Unterschriften.

Formular 33.

a) Beitrittserklärung.

Ich erkläre hierdurch meinen Beitritt zu der unter der Firma . . . . zu . . . ., eingetragene Genossenschaft mit beschränkter Haftpflicht, hier bestehenden Baugenossenschaft.

. . . ., den . . . .

N. N. (Vor- und Zuname.)
. . . . . . (Stand.)
. . . . . . (Wohnort.)

b) Erklärung über Beteiligung mit einem weiteren Geschäftsanteil.

Ich erkläre, daß ich mich auf einen . . . . (zweiten oder dritten usw.) Geschäftsanteil bei der Baugenossenschaft zu . . . ., eingetragene Genossenschaft mit beschränkter Haftpflicht, beteiligen will.

. . . ., den . . . .

(Unterschrift des Mitglieds.)

Formular 34.

Kündigung der Mitgliedschaft.

Ich kündige hiermit meine Mitgliedschaft bei der . . . . (Firma der Genossenschaft) zum . . . . (Ende des Geschäftsjahres).

. . . ., den . . . .

N. N.

(Vor- und Zuname.)

. . . .

(Stand, unter Angabe des Standes bei Erwerb der Mitgliedschaft, falls Änderung eingetreten ist.)

. . . .

(Wohnort, unter Angabe des Wohnortes bei Erwerb der Mitgliedschaft, falls Änderung eingetreten ist.)

Formular 35.

Übertragung des Geschäftsguthabens.

Der . . . . zu . . . . . . überträgt hiermit sein Geschäftsguthaben bei . . . . . (Firma der Genossenschaft) in Gemäßheit des § 76 des GenG. vom 20. Mai 1898 an den Genossen . . . . zu . . . ., welcher die Übertragung annimmt.

. . . ., den . . . . . .

(Unterschriften beider Mitglieder.)

Wenn der Erwerber noch nicht Mitglied ist, fallen die Worte „den Genossen" fort und der Erwerber hat eine Beitrittserklärung auszustellen, die von der Genossenschaft zusammen mit vorstehender „Übereinkunft" dem Gericht einzureichen ist.

Wenn der Erwerber schon Mitglied ist, hat der Vorstand bei Einreichung der „Übereinkunft" an das Gericht noch zu erklären:

Wir versichern, daß das Geschäftsguthaben des Herrn N. zu . . . . . . mit dem ihm nach der Übereinkunft mit Herrn M. zu . . zuzuschreibenden Betrage die der höchsten Zahl der Geschäftsanteile entsprechende Gesamtsumme nicht übersteigt.

. . . ., den . . . .

Firma der Genossenschaft.

(Unterschriften.)

Formular 36a.

Schriftliche Anmeldung der Satzungen.

An das Kgl. Amtsgericht ...., den .... 19 ..
in ......

Wir melden die hierselbst durch die Satzungen vom ...... 19 .. begründete .... (Firma) zu ...., eingetragene Genossenschaft mit beschränkter Haftpflicht, behufs Eintragung in das Genossenschaftsregister an. Gemäß § 11 des Genossenschaftsgesetzes fügen wir bei:

1. die Satzungen in Urschrift und in Abschrift;
2. die Liste der Genossen;
3. Abschrift der Urkunden über die Bestellung des Vorstands und des Aufsichtsrats.

Wir, die gewählten Vorstandsmitglieder, werden unsere Unterschrift zeichnen, wie hierunter geschieht:

(Folgen Unterschriften sämtlicher Vorstandsmitglieder.)

Die vorstehenden, vor mir vollzogenen Unterschriften beglaubige ich.

........, den ...... 19 ..

N. N.
(L. S.) Gemeindevorsteher.

Formular 36b.

Schriftliche Anmeldung von Satzungsänderungen.

An das Kgl. Amtsgericht ...., den .... 19 ..
in ......

Unter Überreichung zweier Abschriften des in der ordnungsmäßig berufenen Generalversammlung vom ...... 19 .. unter Beobachtung der Vorschriften der Satzungen gefaßten Beschlusses, betreffend Abänderung der Satzungen, melden wir hiermit diesen Beschluß zur Eintragung in das Genossenschaftsregister an.

Firma,
eingetragene Genossenschaft mit beschränkter Haftpflicht,
und Unterschriften sämtlicher Vorstandsmitglieder.

Die vorstehenden, vor mir vollzogenen Unterschriften beglaubige ich.

........., den ...... 19 ..

N. N.
(L. S.) Gemeindevorsteher.

Formular 37.

Einreichung von Beitrittserklärungen.

An das Kgl. Amtsgericht . . . ., den . . . . 19 . .
in . . . . . .

Anliegend überreichen wir die Beitrittserklärungen des
1. . . . .
2. . . . .
behufs Eintragung in die Liste der Genossen.

Firma,
eingetragene Genossenschaft mit beschränkter Haftpflicht.

(Unterzeichnung hat in der für die Willenserklärungen des Vorstandes maßgebenden Form zu erfolgen. Bei Annahme der Mustersatzungen genügen also zwei Unterschriften.)

Formular 38.

Einreichung von Kündigungen.

An das Kgl. Amtsgericht . . . ., den . . . 19 . .
in . . . . . .

Wir überreichen die Kündigungserklärungen der unter den nachstehenden Nummern in die Liste der Genossen eingetragenen Mitglieder:
1. . . . . . (Mitgliednummer, Name, Beruf, Wohnort),
2. . . . . . (desgl.)
behufs Eintragung in die Liste der Genossen.

Wir geben die Versicherung ab, daß die Aufkündigungen rechtzeitig erfolgt sind.

(Firma und Unterschriften wie bei Formular 37.)

Formular 39.

Einreichung der Kündigung von Gläubigern der Genossen.

An das Kgl. Amtsgericht . . . ., den . . . . 19 . .
in . . . . . .

Wir überreichen die durch den . . . . erfolgte Aufkündigung der Mitgliedschaft des unter Nr. . . . . der Liste der Genossen eingetragenen . . . . in . . . . . . und fügen bei:

a) beglaubigte Abschrift des rechtskräftigen Urteils vom . . . .,
b) beglaubigte Abschrift des Beschlusses des Königl. Amtsgerichts zu . . . . vom . . . ., betreffend die Pfändung und Überweisung des Geschäftsguthabens des Genossen an den Gläubiger,
c) beglaubigte Abschrift der Gerichtsvollzieherniederschrift vom . . . . . über die fruchtlose Zwangsvollstreckung bei dem . . . . . .

Wir geben die Versicherung ab, daß die Aufkündigung rechtzeitig erfolgt ist.

(Firma und Unterschriften wie bei Formular 37.)

Formular 40.

Einreichung eines Ausschließungsbeschlusses.

An das Kgl. Amtsgericht ...., den .... 19..
in ......

Wir überreichen in Abschrift den Beschluß der Generalversammlung vom ......, durch den der .... in ......, eingetragen unter Nr. ... der Liste, ausgeschlossen wird behufs Eintragung des Ausscheidens auf den 31. Dezember .... in die Liste der Genossen.

(Firma und Unterschriften wie bei Formular 37.)

Formular 41.

Einreichung der Übereinkunft wegen Übertragung des Geschäftsguthabens an einen Nichtgenossen.

An das Kgl. Amtsgericht ...., den .... 19..
in ......

Wir überreichen:

1. die zwischen dem unter Nr... der Liste der Genossen eingetragenen .... zu .... und dem .... zu .... wegen der Übertragung des Geschäftsguthabens an letzteren geschlossene Übereinkunft,
2. die Beitrittserklärung des .... zu ...... zwecks Eintragung des Ausscheidens des .... und des Erwerbs der Mitgliedschaft des ....

(Firma und Unterschriften wie bei Formular 37.)

Formular 42.

Einreichung der Übereinkunft wegen Übertragung des Geschäftsguthabens an einen Genossen bei Zulassung mehrerer Geschäftsanteile.

An das Kgl. Amtsgericht ...., den .... 19..
in ......

Wir überreichen:

1. die zwischen dem unter Nr... der Liste der Genossen eingetragenen .... in ...... und dem unter Nr... daselbst eingetragenen .... in ...... wegen Übertragung des Geschäftsguthabens an letzteren geschlossene Übereinkunft,
2. die Beteiligungserklärung des .... auf einen zweiten Geschäftsanteil behufs Eintragung des Ausscheidens des .... und der Beteiligung des .... mit einem zweiten Geschäftsanteil.

Wir geben die Versicherung ab, daß der erste Geschäftsanteil des .... erreicht ist und daß das bisherige Geschäftsguthaben desselben mit dem ihm zuzuschreibenden Betrage die der höchsten Zahl der Geschäftsanteile entsprechende Gesamtsumme nicht übersteigt.

(Firma und Unterschriften wie bei Formular 37.)

Formular 43.

Anmeldungen von Wahlen von Vorstandsmitgliedern.

An das Kgl. Amtsgericht ...., den .... 19 ..
in ......

Wir melden die in der ordnungsmäßig berufenen Generalversammlung vom ...... 19 .. nach den Vorschriften der Satzungen vollzogene Wahl des

....

zum Vorstandsmitgliede unter Beifügung einer Abschrift der Wahlniederschrift zur Eintragung in das Genossenschaftsregister an.

Ausgeschieden aus dem Vorstande ist ....

Der Gewählte wird, wie hierunter geschehen, zeichnen.

(Firma und Unterschriften sämtlicher Vorstandsmitglieder.)

Die vorstehenden, vor mir vollzogenen Unterschriften beglaubige ich.

......., den .... 19 .. N. N.,
(L. S.) Gemeindevorsteher.

Formular 44.

Einreichung der Beteiligungserklärung eines Genossen auf weitere Geschäftsanteile.

An das Kgl. Amtsgericht ...., den .... 19 ..
in ......

Wir überreichen die Beteiligungserklärung des .... zu ...., eingetragen unter Nr. ... der Liste, auf den zweiten Geschäftsanteil zur Eintragung in die Liste der Genossen. Wir geben die Versicherung ab, daß der erste Geschäftsanteil erreicht ist.

(Firma und Unterschriften wie bei Formular 37.)

Formular 45.

Antrag auf Eintragung des Todes eines Genossen.

Wir geben behufs Eintragung in die Liste der Genossen die Erklärung ab, daß der unter Nr. ... der Liste der Genossen eingetragene ...... aus .... am .... 19 .. verstorben ist.

(Firma und Unterschriften wie bei Formular 37.)

Vierzehntes Kapitel.

Kassen- und Rechnungsführung.

Erster Abschnitt: Die gesetzlichen Bestimmungen.

Nach § 17 Absatz 2 des Genossenschaftsgesetzes gelten eingetragene Genossenschaften als Kaufleute im Sinne des Handelsgesetzbuches, soweit das Genossenschaftsgesetz keine abweichenden Vorschriften enthält. Insbesondere kommen für alle eingetragenen Genossenschaften, also auch für Baugenossenschaften, diejenigen Bestimmungen des Handelsgesetzbuches zur Anwendung, die sich auf die Führung und Aufbewahrung der Geschäftsbücher und auf die Aufstellung der Bilanz beziehen. Im übrigen verpflichtet § 33 des Genossenschaftsgesetzes den Vorstand, Sorge zu tragen, daß die erforderlichen Bücher der Genossenschaft geführt werden. Durch diese letztere Gesetzesbestimmung wird jedes Mitglied eines Genossenschaftsvorstandes für die ordnungsmäßige Ausführung der Buchführung verantwortlich und hat darüber mit der Sorgfalt eines ordentlichen Geschäftsmannes zu wachen. Es wird besonders darauf aufmerksam gemacht, daß das Gesetz eine Beschränkung einzelner Vorstandsmitglieder mit Bezug auf die Wahrnehmung der gesetzlichen Obliegenheiten des Vorstandes nicht zuläßt, das also auch die Verantwortung für eine ordnungsmäßige Buchführung diejenigen Vorstandsmitglieder trifft, denen nach der Geschäftsanweisung in erster Linie die Ausübung anderer Verwaltungsgeschäfte zugewiesen ist. Die Geschäfts- und Arbeitsteilung, die bei mehreren Vorstandsmitgliedern durch Satzungen, Geschäftsanweisung oder freiwillige Vereinbarung den vorliegenden Verhältnissen entsprechend bestimmt werden kann, vermag keinen rechtlichen Einfluß auszuüben auf die jedem Vorstandsmitgliede als solchem vom Gesetz unbedingt auferlegten öffentlich-rechtlichen Pflichten. Noch weniger kann davon die Rede sein, daß die Anstellung von Beamten und Bevollmächtigten die fragliche Verantwortung der Vorstandsmitglieder beeinflussen kann. Das Genossenschaftsgesetz selbst enthält allerdings keine Strafvorschriften wegen Unterlassung der Führung notwendiger Bücher. Die die Unterlassung genügender Buchführung betreffenden Strafvorschriften finden sich aber in den §§ 239ff. der Reichskonkursordnung. Aus dem Vorstehenden ergibt sich, daß jedes einzelne Vorstandsmitglied diesen Strafbestimmungen unterliegt, daß also nicht nur der Kassierer einer Genossenschaft, sondern alle Vorstandsmitglieder sich schweren Strafen aussetzen, wenn die Buchführung vernachlässigt wird. (Zu vgl. Kommentar von Parisius-Crüger Anm. 1 zu § 33.)

Welche **bestimmten** Bücher der Kaufmann (also auch eine Baugenossenschaft) zu führen hat, darüber enthält das Handelsgesetzbuch keine Vorschriften. Die für die Genossenschaften hauptsächlich in Frage kommenden Bestimmungen des Handelsgesetzbuches über die Führung der Geschäftsbücher sind folgende:

§ 38.

„Jeder Kaufmann ist verpflichtet, Bücher zu führen und in diesen seine Handelsgeschäfte und die Lage seines Vermögens nach den Grundsätzen ordnungsmäßiger Buchführung ersichtlich zu machen.

Er ist verpflichtet, eine Abschrift (Kopie oder Abdruck) der abgesendeten Handelsbriefe zurückzubehalten und diese Abschriften sowie die empfangenen Handelsbriefe geordnet aufzubewahren.

§ 39.

Jeder Kaufmann hat bei dem Beginne seines Handelsgewerbes seine Grundstücke, seine Forderungen und Schulden, den Betrag seines baren Geldes und seine sonstigen Vermögensgegenstände genau zu verzeichnen, dabei den Wert der einzelnen Vermögensgegenstände anzugeben und einen das Verhältnis des Vermögens und der Schulden darstellenden Abschluß zu machen.

Er hat demnächst für den Schluß eines jeden Geschäftsjahres ein solches Inventar und eine solche Bilanz aufzustellen; die Dauer des Geschäftsjahres darf zwölf Monate nicht überschreiten. Die Aufstellung des Inventars und der Bilanz ist innerhalb der einem ordnungsmäßigen Geschäftsgang entsprechenden Zeit zu bewirken.

Hat der Kaufmann ein Warenlager, bei dem nach der Beschaffenheit des Geschäfts die Aufnahme des Inventars nicht füglich in jedem Jahre geschehen kann, so genügt es, wenn sie alle zwei Jahre erfolgt. Die Verpflichtung zur jährlichen Aufstellung der Bilanz wird hierdurch nicht berührt.

§ 40.

Die Bilanz ist in Reichswährung aufzustellen.

Bei der Aufstellung des Inventars und der Bilanz sind sämtliche Vermögensgegenstände und Schulden nach dem Werte anzusetzen, der ihnen in dem Zeitpunkte beizulegen ist, für welchen die Aufstellung stattfindet.

Zweifelhafte Forderungen sind nach ihrem wahrscheinlichen Werte anzusetzen, uneinbringliche Forderungen abzuschreiben.

§ 41.

Das Inventar und die Bilanz sind von dem Kaufmanne zu unterzeichnen. Sind mehrere persönlich haftende Gesellschafter vorhanden, so haben sie alle zu unterzeichnen.

Das Inventar und die Bilanz können in ein dazu bestimmtes Buch eingeschrieben oder jedesmal besonders aufgestellt werden. Im letzteren Falle sind sie zu sammeln und in zusammenhängender Reihenfolge geordnet aufzubewahren.

§ 43.

Bei der Führung der Handelsbücher und bei den sonst erforderlichen Aufzeichnungen hat sich der Kaufmann einer lebenden Sprache und der Schriftzeichen einer solchen zu bedienen.

Die Bücher sollen gebunden Blatt für Blatt oder Seite für Seite mit fortlaufenden Zahlen versehen sein.

An Stellen, die der Regel nach zu beschreiben sind, dürfen keine leeren Zwischenräume gelassen werden. Der ursprüngliche Inhalt einer Eintragung darf nicht mittels Durchstreichens oder auf andere Weise unleserlich gemacht, es darf nichts radiert, auch dürfen solche Veränderungen nicht vorgenommen werden, deren Beschaffenheit es ungewiß läßt, ob sie bei der ursprünglichen Eintragung oder erst später gemacht worden sind.

§ 44.

Die Kaufleute sind verpflichtet, ihre Handelsbücher bis zum Ablaufe von zehn Jahren, von dem Tage der darin vorgenommenen letzten Eintragung an gerechnet, aufzubewahren.

Dasselbe gilt in Ansehung der empfangenen Handelsbriefe und der Abschriften der abgesendeten Handelsbriefe sowie in Ansehung der Inventare und Bilanzen."

* * *

Es kommt darauf an, für Baugenossenschaften die Buchführung so einzurichten, daß sie einerseits den Grundsätzen ordnungsmäßiger Buchführung entspricht und anderseits auch den praktischen Bedürfnissen nach jeder Richtung hin genügt. Alle Versuche, die sogenannte italienische doppelte Buchführung für Baugenossenschaften anzuwenden, sind fehlgeschlagen. Für Baugenossenschaften, ob groß, ob klein, ob sie Miethäuser oder Erwerbshäuser bauen oder gartenstadtähnliche Anlagen errichten, ist eine Buchführung vorzuziehen, die sich auf den Grundsätzen der amerikanischen Buchführung aufbaut. Die großen Vorteile, die die amerikanische Buchführung hat, bestehen hauptsächlich darin, daß nur wenige Geschäftsbücher gebraucht werden, daß begangene Fehler leicht gefunden werden können, daß die Buchführung außerordentlich übersichtlich, auch für Nichkaufleute leicht erlernbar ist und verhältnismäßig schnell und sicher auf ihre Richtigkeit hin geprüft werden kann.

Die ersten wirklich praktischen Vorschläge, die einem größeren Kreise durch eine eingehende gedruckte Anleitung bekanntgegeben wurden, sind — soweit dem Verfasser bekannt — von dem Oberrevisor der Landesversicherungsanstalt Hannover, Herrn Wollenweber in Hannover, gemacht worden. Die von ihm im Jahre 1894 empfohlenen Formulare sind auf Grund der inzwischen gemachten Erfahrungen von ihm und dem Verfasser abgeändert worden. Die nachstehende Buchführung gründet sich im wesentlichen auf diese verbesserten Formulare. Diese Form der Buchführung hat sich im Laufe der Jahre bei einer sehr großen Anzahl von Baugenossenschaften auf das beste bewährt. Auf den ersten Augenblick schrecken allerdings die Kassenjournale durch ihr großes Format ab.

Man kann nämlich bei Einrichtung des Kassenjournals von zwei verschiedenen Grundsätzen ausgehen. Man kann diese Geschäftsbücher so einrichten, daß sie nur Spalten für die häufiger vorkommenden Konten enthalten. Dann muß für die Umbuchungen ein besonderes Buch geführt oder die Umbuchungen können nur im Hauptbuche vorgenommen werden, oder es müssen, namentlich bei den Jahresabschlüssen, viele verschiedenartige Geschäftsvorfälle in einer Spalte (sonstige Einnahmen und Ausgaben) gesammelt und nach dem Abschluß auseinandergeteilt werden. Durch die Beschränkung der Zahl der Kontenspalten erreicht man, daß die Kassenjournale zwar kleiner werden, aber die Übersicht in der Buchführung leidet sehr erheblich. Der andere Grundsatz, nach dem man die Kassenjournale einrichten kann, läuft darauf hinaus, daß das Kassenjournal so viele Spalten enthält, daß unbedingt alle Geschäftsvorfälle in dem Kassenjournal unmittelbar auf diejenigen Konten gebucht werden können, auf denen sie in der Bilanz erscheinen sollen, also auch sämtliche möglichen Umbuchungen unmittelbar in den Kassenjournalen vorgenommen werden können. Hierdurch wird natürlich die Zahl der Konten in dem Formulare des Kassenjournals erheblich vergrößert, aber auch die Übersicht in der Buchführung eine ganz ausgezeichnete. Man braucht nur das Kassenjournal aufzuschlagen, um jederzeit eine vollständige Rohbilanz vor den Augen zu haben. Wer sich erst einmal an das große Formular gewöhnt hat, wird sehr bald dessen außerordentliche Vorteile schätzen lernen. Die Erfahrung hat gelehrt, daß sich in die Buchführung, wie sie im nachstehenden empfohlen wird, selbst Personen, die sich sonst in ihrem Leben um Buchführung noch nie gekümmert hatten, verhältnismäßig leicht hineingefunden und sie völlig einwandsfrei auszuüben gelernt haben.

Zu einer ordnungsmäßigen Buchführung für eine Baugenossenschaft gehören in der Regel folgende Geschäftsbücher:

1. Kassenjournal für die Einnahmen (Formular A),
2. Kassenjournal für die Ausgaben (Formular B),
3. Hauptbuch, auch Abschlußbuch genannt (Formular C I und C II),
4. Kontobuch für die Einzahlungen auf die Geschäftsanteile (Formular D),
5. Mietenkontrolljournal (Formular E),
6. Spezialbaurechnung (Formular F).

Werden von einer Baugenossenschaft Erwerbshäuser erbaut, so ist noch zu führen:

7. Kontobuch für die Abzahlungen der Hausanwärter (Formular G).

Nimmt eine Baugenossenschaft Spareinlagen an und gibt Schuldverschreibungen aus, so hat sie noch zu führen

8. Kontobuch für Spareinlagen (Formular H).
9. Kontobuch für Schuldverschreibungen (Schuldbuch). Die Einrichtung dieses Buches ergibt sich aus den weiter unten folgenden Bemerkungen zu den unkündbaren Schuldverschreibungen. Für große Baugenossenschaften empfiehlt sich dann noch die Führung von einzelnen Konten für die Mitglieder. Am besten werden diese Konten mit statistischen Angaben verbunden und nicht in gebundenen Büchern, sondern auf Karten geführt (Formular J).

Von den nachstehend empfohlenen Formularen werden die am meisten gebrauchten, nämlich die Formulare A, B, C I, D, E und G von der Firma Carl Küster in Hannover, Baringstr. Nr. 7 gedruckt und stets auf Vorrat gehalten. Es empfiehlt sich, diese Formulare von der genannten Buchdruckerei zu beziehen, da die Anfertigung auf Bestellung bei einer anderen Druckerei jedenfalls erheblich teurer werden würde. Das Formular F und das Formular für das Schuldbuch können bei kleinen Baugenossenschaften leicht handschriftlich hergestellt werden. Für mittlere Baugenossenschaften empfiehlt sich die Herstellung durch Steindruck, für größere durch Buchdruck. Das Formular J muß, wenn es gebraucht wird, durch Buchdruck hergestellt werden. Baugenossenschaften, die vor dem großen Formate der empfohlenen Kassenjournale zurückschrecken, können Kassenjournale mit weniger Spalten erhalten bei Carl Heymanns Verlag, Berlin. Diese Formulare haben aber die bereits erwähnten Nachteile.

Für große Baugenossenschaften, die die Kontensummen des Kassenjournals monatlich in das Hauptbuch übertragen müssen, kann das Hauptbuch auch nach Form. C II geführt werden. Dieses Formular müßte handschriftlich hergestellt werden, da es im Druck nicht erschienen ist.

Zweiter Abschnitt: Die Kassenjournale und ihre Konten.

Die Grundlage der ganzen Buchführung bilden die beiden Kassenjournale. In ihnen sind sämtliche Geschäftsvorfälle genau der Zeitfolge nach einzutragen. In den empfohlenen Formularen ist die Einteilung der Konten nach Maßgabe der von den deutschen Baugenossenschaftsverbänden aufgestellten Musterbilanz (Formular K) vorgenommen. Die Spalte „Gesamtbetrag" sowohl wie sämtliche Kontenspalten sind stets weiter zu addieren und zwar auch dann, wenn eine vierteljährliche Rohbilanz gezogen, also die Summe der einzelnen Spalten festgestellt werden soll. Nur bei großen Baugenossenschaften, bei denen die Zahlen in den einzelnen Konten so groß werden, daß sie nicht mehr in dem Formulare Platz finden, empfiehlt sich eine monatliche oder vierteljährliche Übertragung der einzelnen Kontensummen in das Hauptbuch (Formular C II). Im allgemeinen wird selbst bei größeren Baugenossenschaften die Übertragung der Kontensummen in das Hauptbuch nur am Jahresschluß notwendig sein. Haben die Übertragungen in das Hauptbuch stattgefunden, gilt das Kassenbuch für das betreffende Geschäftsjahr als abgeschlossen. Die Endsummen der einzelnen Konten werden also nicht im Kassenbuch auf das neue Jahr vorgetragen. Der einzige Übertrag ist der Kassensaldo, der in der Spalte „Gesamtbetrag" einzutragen und in der Spalte „Sonstige Einnahmen" aufzuführen ist. Die Summe der einzelnen Kontenspalten muß in den Kassenjournalen stets dieselbe sein, wie die Summe, die sich aus der Spalte „Gesamtbetrag" ergibt.

Zu der Führung der einzelnen Konten in den Kassenjournalen ist folgendes zu bemerken:

Geschäftsguthaben.

Zu buchen sind auf diesem Konto die baren Einzahlungen und die baren Rückzahlungen der Mitglieder auf ihren Geschäftsanteil. Der nicht eingezahlte Teil des Geschäftsanteils hat mit den Geschäftsbüchern nichts zu tun. Kleine Baugenossenschaften, bei denen die Einzahlungen auf Geschäftsanteilkonto sämtlich bei dem Vereinskassierer geleistet werden, buchen am besten jede einzelne Einzahlung. Größere Baugenossenschaften mit verschiedenen Einzugsstellen oder mehreren Unterkassierern führen bei der Einzahlung der Mitgliederbeiträge am besten das sogenannte Markensystem ein, d. h. sie lassen über die Einzahlung von Beiträgen nicht handschriftlich, sondern durch die Verwendung von Wertmarken quittieren. In diesem Falle werden nur die von den einzelnen Hebestellen eingelieferten Summen in dem Einnahmekassenjournal gebucht.

Markensystem.

Das Verfahren bei dem Markensystem ist folgendes: Die Baugenossenschaft läßt sich einen Vorrat von Marken drucken, der ihrem Umfange entspricht. (Empfehlenswerte Druckerei für Marken ist Jean Holtze in Hamburg.) Es werden am besten Marken gedruckt im Werte von je 1 M., 2 M. und 10 M. Die Marken werden von dem Aufsichtsrat unter Verschluß genommen. Der Hauptkassierer erhält einen Vorschuß in bestimmter Höhe und gibt aus diesem Vorschusse in runden Summen Vorschüsse an die Unterkassierer gegen Quittung ab. Die Unterkassierer werden angewiesen, die einkassierten Mitgliederbeiträge spätestens am letzten Tage des Monats an den Hauptkassierer abzuliefern. Der Hauptkassierer gibt dann den Unterkassierern aus seinem Markenbestande so viel an Marken, wie er an barem Gelde erhält, trägt den empfangenen Geldbetrag in das Einnahmejournal ein und prüft darauf, ob nach dieser Ergänzung des Markenbestandes der ursprüngliche Vorschußbetrag, den der Unterkassierer erhalten hat, wieder vorhanden ist. Selbstverständlich müssen die Unterkassierer dem Hauptkassierer eine Nachweisung darüber abliefern, von wem sie die verschiedenen Beiträge einkassiert haben. Der Hauptkassierer trägt dann die aus dieser Nachweisung ersichtlichen Summen in das Kontobuch über die Einzahlungen der Mitglieder auf die Geschäftsanteile (Formular D) ein. Sobald die Revisionskommission des Aufsichtsrats die Geschäftsbücher revidiert hat, stellt sie fest, wieviel von dem Hauptkassierer seit der letzten Revision in der Spalte „Geschäftsguthaben" in Einnahme gestellt ist. Diese Summe liefert sie dem Hauptkassierer in Marken aus dem unter Verschluß stehenden Markenbestande aus und prüft, ob nach dieser Ergänzung der dem Hauptkassierer übergebene Markenvorschuß wieder zur vollen Summe vorhanden ist.

Dieses Markensystem hat den außerordentlich großen Vorzug, daß es dem Aufsichtsrat bzw. der Revisionskommission des Aufsichtsrates die Möglichkeit bietet, die Einzahlungen der Mitglieder auf Geschäftsanteilkonto sicher und leicht revidieren zu können. Es ist allerdings notwendig, den Grundsatz hochzuhalten, daß, wenn überhaupt das Markensystem eingeführt ist, auch nur durch Marken, nicht etwa daneben noch handschriftlich Quittung über Einzahlungen auf Geschäftsanteilkonto geleistet werden darf. Wird dieser Grundsatz streng befolgt, so hat die Revisionskommission des Aufsichtsrats bei jeder Revision die Möglichkeit, festzustellen, ob der Vereinskassierer den Geldwert der Marken, die er an die Kassierer abgegeben oder selbst verkauft hat, auch in Einnahme gestellt hat. Anderseits wird dem Hauptkassierer die Möglichkeit gegeben, die Unterkassierer genau zu kontrollieren, denn sie müssen den Geldwert aller Marken, die sie nicht mehr haben, an den vereinbarten Terminen abliefern. Größere Unterschlagungen sind jedenfalls bei diesem Verfahren ausgeschlossen. Es könnten nur insofern Irrtümer unterlaufen, als ein geleisteter Beitrag statt für den Genossen A für den Genossen B in den Geschäftsbüchern vermerkt wird. Um auch diese Irrtümer, die bei größeren Baugenossenschaften leicht vorkommen können, möglichst zu vermeiden, empfiehlt es sich, daß den Genossen nach Aufstellung der Bilanz durch den Aufsichtsrat ein Saldoauszug zugestellt wird. In diesem Saldoauszug ist das Guthaben des Mitglieds auf Geschäftsanteilkonto und, wenn Spareinlagen angenommen werden, auch auf Spareinlagenkonto anzugeben, mit der Aufforderung, gegen diesen Saldoauszug sofort bei dem Aufsichtsrat Einspruch zu erheben, falls der Auszug mit dem Inhalte des Mitgliederquittungsbuches nicht übereinstimmen sollte.

Kleine Baugenossenschaften, für die sich die Einführung des Markensystems nicht lohnt und bei denen über die Einzahlung der einzelnen Beiträge der Kassierer handschriftlich Quittung leistet, müssen durch ihren Aufsichtsrat möglichst bei jeder Kassenrevision eine Anzahl von Quittungsbüchern einziehen lassen, um wenigstens stichprobeweise eine Vergleichung der Eintragungen in den Mitgliederquittungsbüchern mit den Eintragungen in den Geschäftsbüchern vornehmen zu können.

Bei kleinen Baugenossenschaften läßt es sich auch ermöglichen, am Jahresschluß sämtliche Quittungsbücher einzuziehen. Dann ist der Aufsichtsrat in der Lage, wenigstens am Jahresschluß sämtliche Mitgliederquittungsbücher mit den Eintragungen in den Geschäftsbüchern zu vergleichen. Im übrigen empfiehlt es sich aber auch bei kleinen Baugenossenschaften, den Mitgliedern nach Ablauf des Geschäftsjahres durch den Aufsichtsrat Saldoauszüge zugehen zu lassen.

Die Rückzahlungen der Geschäftsguthaben an ausgeschiedene Mitglieder werden am besten einzeln gebucht.

Die den Mitgliedern zuzuschreibende Dividende wird, nachdem ihre Summe durch die Dividendenliste (Formular N) festgestellt ist, in dem Kassenjournal in einer Summe gebucht und zwar in Ausgabe in der Spalte Gewinn- und Verlustrechnung und in Einnahme unter Geschäftsguthaben.

Unbebaute Grundstücke.

Kauft eine Baugenossenschaft ein Grundstück, so ist der gezahlte Kaufpreis unter diesem Konto in Ausgabe zu stellen. Soweit der

Kaufpreis nicht zur vollen Summe in bar gezahlt, sondern für den Restbetrag eine Hypothek bestellt wird, ist zunächst nur die bar geleistete Anzahlung in Ausgabe zu stellen. Das geschuldete Restkaufgeld ist dann in Ausgabe auf dem Konto „Unbebaute Grundstücke" und in Einnahme auf Hypothekenkonto in dem Kassenjournal zu buchen. Auf dem Konto „Unbebaute Grundstücke" sind im übrigen in Ausgabe zu stellen sämtliche Kosten der Auflassung, Vermessungskosten, Straßenbau- und Kanalisationskosten sowie die Kosten für den Bebauungsplan.

Grundstückszinsen.

Eine umstrittene Frage ist es, inwieweit es zulässig ist, diesem Konto auch noch sogenannte Grundstückszinsen zuzuschreiben. Über diese Frage ist in der gelegentlich des 50. Allgemeinen Genossenschaftstages in Freiburg i. B. abgehaltenen Konferenz der Verbandsrevisoren beraten worden. Die Konferenz ist zu folgendem Ergebnis gelangt:

Die obere Grenze für die Bewertung des Kontos „Unbebaute Grundstücke" bildet gemäß § 40 in Verbindung mit § 261 Ziffer 2 des Handelsgesetzbuches der „Anschaffungs- oder Herstellungspreis". Die Beantwortung der Frage, ob Zinsen für das in unbebautem Grund und Boden steckende Kapital berechnet und dem Grundstückskonto zugeschlagen werden dürfen, ist also davon abhängig, ob die aufgelaufenen Zinsen zu den „Anschaffungskosten" oder zu den „Herstellungskosten" zu rechnen sind. Diese Frage ist von der Revisorenkonferenz verneint worden und zwar aus folgenden Gründen:

„1. Der Anschaffungspreis ist zwar nicht übereinstimmend mit dem „Kaufpreis", denn es gehören dazu auch Vertragskosten, Stempel, Provision u. dgl., keinesfalls aber gehören auch die Zinsen des angeschafften Gegenstandes dazu. Diese Zinsen sind natürlich sehr wesentlich für die Ermittelung des Verkaufspreises, d. h. also des Preises, zu welchem der Erwerber ev. weiterveräußern würde. Aber zu den Kosten der „Anschaffung" des Gegenstandes gehören sie zweifellos nicht. Die entgegengesetzte Auffassung verwechselt „Anschaffungspreis" mit „Selbstkostenpreis". So auch Rehm S. 706 und 709; Simon, Bilanzen der Aktiengesellschaften S. 342; Staub § 261 Anm. 19; Hecht, Schriften des Vereins für Sozialpolitik S. 339.

2. Ist das Grundstück seinerzeit zum „wahren Wert" erworben worden — was doch die Regel bildet —, so kann eine Zuschreibung der Zinsen mit Rücksicht auf § 40 des Handelsgesetzbuchs überhaupt nur erfolgen, wenn inzwischen ein Wertzuwachs eingetreten ist. Ein Wertzuwachs darf aber nach § 261 Ziffer 2 des Handelsgesetzbuchs nicht zugeschrieben werden.

3. Aufgewendete Zinsen sind Unkosten und betreffen die Gewinn- und Verlustrechnung. Werden sie aus dieser herausgelassen und um ihren Betrag die Aktiven erhöht, so wird dadurch das Gewinnergebnis unrichtig; es würde ein Gewinn verteilt werden, der nicht erzielt ist (vgl. Simon S. 344 und 345). Das ist aber ein gefährliches Beginnen und zwar um so mehr, als eine Genossenschaft nur dann zur Zinsen-

zuschrift greifen wird, wenn das Gewinnergebnis einer Aufbesserung bedarf.

4. Schließlich macht es auch Schwierigkeiten festzustellen, in welchem Betrage Zinsen dem Anschaffungspreis zugerechnet werden dürfen. Man hat unterscheiden wollen zwischen den Zinsen für eigenes und für fremdes Kapital. Diese Unterscheidung ist praktisch nicht durchführbar. Man hat ferner die Unterscheidung danach treffen wollen, ob die Zinsen aus Einnahmen gedeckt werden können oder ob die Kapitalbestände angegriffen werden müssen. Diese Unterscheidung ist innerlich nicht begründet und im übrigen auch gefährlich (vgl. zu Ziffer 3). Als einziges Kriterium bliebe die hypothekarische Belastung, so daß also nur die Hypothekenzinsen eingerechnet werden dürften. Erachtet man dies aber für zulässig, so könnte man leicht zu der weiteren Folgerung kommen, daß auch Zinsen des eigenen Kapitals dem Kaufpreis zuzurechnen seien, denn andernfalls würde man einen Anreiz zur möglichst hohen Verschuldung geben. Daß die Zuschreibung von Zinsen des eigenen Kapitals aber nicht möglich ist, ergibt die Erwägung, daß dann eine Gesellschaft, die keinen Gewinn erzielt, in der Lage wäre, ihre Anlagewerte beliebig zu erhöhen (Simon S. 380).

Die Praxis der Immobiliengesellschaften befolgt denn auch durchweg den hier vertretenen Grundsatz. Vgl. Hecht a. a. O., S. 339.

Nun hat man freilich eingewendet, daß bei dieser Art der Bilanzierung keine Baugenossenschaft ein größeres Areal ankaufen könne, ohne ihre bilanzmäßige Rentabilität zu gefährden. Das ist richtig, nur folgt daraus nicht, daß die hier vertretene Art der Bilanzierung unrichtig ist."

Die oben angeführten Gründe stützen sich im wesentlichen auf § 261 des Handelsgesetzbuches. Wenn auch der § 261 sich in dem nur für Aktiengesellschaften geltenden Abschnitt des Handelsgesetzbuches befindet, so ist doch nach einer Entscheidung des Reichsgerichts kein stichhaltiger Grund vorhanden, aus dem die für Aktiengesellschaften in dieser Hinsicht — d. h. für Bilanzaufstellung — geltenden Rechtsgrundsätze nicht auch auf Genossenschaften entsprechende Anwendung finden können. Das Reichsgericht hat im Anschluß hieran sogar noch ausgesprochen, daß diese Bestimmungen des § 261 des Handelsgesetzbuches auch für Genossenschaften zwingender Natur seien und durch das Statut nicht abgeändert werden könnten. Hiernach steht fest, daß das Gutachten der Revisorenkonferenz in bezug auf die Unzulässigkeit der Berechnung von Grundstückszinsen nach der rein theoretischen und rechtlichen Seite hin, weil auf Entscheidung des Reichsgerichts gestützt, einwandfrei ist. Dennoch wird die Praxis der Baugenossenschaften häufig anders verfahren müssen und sie tut es auch, weil durch eine mechanische Anwendung des § 261 des Handelsgesetzbuches auf die Baugenossenschaften die gesunde Entwickelung vieler Baugenossenschaften unmöglich gemacht würde. Kann z. B. eine Baugenossenschaft, die mit einem Durchschnittsjahresgewinn von etwa 2000 M. arbeitet, durch irgendeinen glücklichen Zufall ein großes Gelände verhältnismäßig billig, nehmen wir an zum Preise von 100000 M. kaufen, so würde sie, wenn sie Grundstückszinsen nicht zuschreiben darf, diesen Kauf niemals abschließen können. Denn ohne Zuschreibung von Grundstückszinsen müßte diese Baugenossenschaft, so lange nicht das unbebaute Gelände verwertet ist, mit verhältnismäßig hohen Verlusten abschließen. Man wird deshalb die Zuschreibung von Grundstückszinsen je nach Lage der Verhältnisse verschieden zu beurteilen haben. Auf alle Fälle ist größte Vorsicht bei Zuschreibung von Grundstückszinsen angebracht. Es kann nicht verantwortet werden, daß ein Bauverein sich aus der Zuschreibung der Grundstückszinsen buchmäßig möglichst hohe Gewinne verschafft. Mehr als die wirklich entstehenden Zinsenverluste dürfen niemals zugeschrieben werden. Erzielt der Bauverein aus dem Grundstücke irgendwelche Einnahmen, z. B. Pachtgelder, so sind diese von dem zuzuschreibenden Betrage abzusetzen. Im übrigen hat die Zuschreibung in jedem Fall ihre Grenzen in dem wirklichen Werte des Grundstücks, über den hinaus unter keinen Umständen eine Zinsenbelastung stattfinden darf.

Sind genossenschaftliche Neubauten völlig fertiggestellt, so ist der Buchwert des Grund und Bodens, der zu ihnen gehört, auf dem Konto „Unbebaute Grundstücke" in Einnahme zu stellen und in Ausgabe zu buchen unter dem Neubaukonto der Miethäuser oder unter dem Neubaukonto der Erwerbshäuser (s. Ziffer IVa und b der Bilanz).

Neubauten.

Auf diesen Konten erscheinen in der Regel nur Ausgaben. Daher sind Spalten für diese Konten auch nur in dem Ausgabejournal vorgesehen (Spalte 5 und 6). Zu buchen sind auf diesen Konten sämtliche Baukosten und zwar getrennt nach Miethäusern (Spalte 5) und Erwerbshäusern (Spalte 6). Zu den Baukosten gehören nicht nur die Baukosten im eigentlichen Sinne des Wortes, sondern z. B. auch die Kosten der Einfriedigungen, der Baupläne, der Bauaufsicht, der Verdingung von Bauarbeiten, der Abschätzung zur Feuerversicherung und auch die Kosten für die erste hypothekarische Beleihung sowie die Kosten für die Eintragung etwaiger Baugelderhypotheken. Die Kosten für eine spätere Umleihung von Hypotheken gehören zu den Betriebsunkosten.

Soweit die Tätigkeit eines oder mehrerer Vorstandsmitglieder wesentlich auf die Beaufsichtigung der Bautätigkeit gerichtet ist, erscheint es zulässig, die den Vorstandsmitgliedern gezahlte Vergütung für die Dauer der Neubauperiode mit entsprechendem Anteil auf die Neubaukosten zu buchen.

Bauzinsen.

Zu prüfen ist dann noch die Frage, ob die Zuschreibung sogenannter Bauzinsen zulässig ist. Auch über diese Frage ist in der gelegentlich des 50. Allgemeinen Genossenschaftstages abgehaltenen Revisorenkonferenz beraten worden. Die Konferenz ist zu dem Ergebnis gekommen, daß die bei dem Bau von Häusern aufgelaufenen Hypothekenzinsen und die Zinsen des eigenen Kapitals, soweit sie auf die Dauer der Herstellung entfallen, auf den Herstellungspreis aufgeschlagen werden dürfen. Es ist zwar in dieser Konferenz hervorgehoben, daß die Erwägungen, die zur Verneinung der vorhin erörterten Frage über die Zulässigkeit der Berechnung von Grundstückszinsen geführt haben, auch bezüglich der Berechnung von Bauzinsen teilweise zutreffen, daß aber doch die beiden Fragen aus folgenden Gründen nicht gleichmäßig zu behandeln sind.

1. Die Verkehrsauffassung neigt entschieden dazu, diese Zinsen zu den „Herstellungskosten" zu rechnen. Dies ist auch durchaus zutreffend und zwar nicht nur hinsichtlich der zur Bauausführung angeliehenen, sondern auch hinsichtlich der eigenen Gelder. Hier stellen die Zinsen (vom wirtschaftlichen Standpunkte aus gesehen) nicht Verluste, sondern notwendige Kosten der Herstellung dar; es ist überhaupt unmöglich, ohne diese Unkosten einen Bau auszuführen. Hierin ist auch der wesentliche Unterschied gegenüber den Grundstückszinsen zu finden; denn daß das Baugelände unbebaut oder unbenutzt liegen bleibt, ist an sich nicht notwendig.

Auch der Einwand, daß bei Bejahung der Frage die Genossenschaft in der Lage sei, sich auf alle Anlagewerte Zinsen in Anrechnung zu bringen, ist hier ohne Beweiskraft. Denn die Bejahung der Frage gibt der Genossenschaft noch nicht das Recht, nunmehr unbeschränkt Zinsen zuzuschreiben, sondern die Zuschreibung ist natürlich nur insoweit zulässig, als die Aufwendung notwendig war und „bei dem Bau", d. h. während der Bauzeit erfolgt ist. Allerdings würden die Genossenschaften — das ist die Konsequenz dieser Auffassung — nicht nur von Bauten, sondern auch von anderen Anlagen Zinsen für die Herstellungszeit in den Herstellungspreis einrechnen können. Aber hierin liegt nichts Bedenkliches.

2. Die hier vertretene Ansicht deckt sich auch mit der in der Literatur herrschenden. So sagt Rehm S. 711: „Der Betrag der Hypothekenzinsen und der Zinsen des eigenen Kapitals, welcher auf die Dauer der Herstellung, also auf die Zeit der Herstellungsarbeiten entfällt, gehört nach allgemeinen Grundsätzen zu den Herstellungskosten." Ferner auch Staub § 261 Anm. 20 und die dort Zitierten. Die Ausführungen Simons auf S. 347, wonach nur die Unkosten in den Herstellungspreis einzurechnen sind, „welche auf die einzelnen Waren besonders verwandt sind", geben zwar keinen bestimmten Anhalt, wie sich dieser Schriftsteller zu den während der Herstellungszeit aufgelaufenen Zinsen verhält, doch sprechen sie jedenfalls auch nicht für eine Verneinung der Frage.

Die Berechnung der Zinsen hat für die einzelnen Abschlagszahlungen zu erfolgen und zwar vom Zahlungstag ab bis zu dem Tag, an dem die Häuser bezugsfertig und vermietbar sind. Als Zinsfuß ist derjenige Satz anzunehmen, den die Genossenschaft für die aufgenommenen, zu dem Bau verwendeten fremden Gelder zu zahlen hat.

Sobald die endgültigen Abrechnungen über die fertiggestellten Neubauten vorliegen und feststeht, daß keine Baurechnung mehr aussteht, sind die Summen des Neubaukontos auf das Miethäuserkonto zu übertragen. Zu bemerken ist jedoch, daß bei den Miethäusern in der Bilanz die Grunderwerbskosten dauernd von den Baukosten der Miethäuser zu trennen sind (s. Ziffer IIa und b der Musterbilanz) und daß zu den Baukosten der Erwerbshäuser ein einmaliger Zuschlag zwecks Abrundung der Bausumme auf volle 10 M. üblicherweise gemacht wird (s. näheres hierüber unter den Bemerkungen über die Spezialbaurechnung).

Meistens werden die Baukosten auch nach der endgültigen Abrechnung nicht zur vollen Summe an den Unternehmer ausgezahlt werden, sondern die Baugenossenschaft wird eine Sicherheit von den Unternehmern einbehalten. Der Betrag der einbehaltenen Summe muß dann vor Abschluß der Neubaukonten auf dem Neubaukonto der Miethäuser oder dem Neubaukonto der Erwerbshäuser in Ausgabe gebucht und unter dem Konto „Sonstige Schulden" (s. Ziffer VIII der Musterbilanz) in Einnahme gestellt werden.

Miethäuser.

Nachdem die Summe des Miethäuserneubaukontos auf das Miethäuserkonto übertragen ist, sind auf dem letzteren Konto regelmäßig am Schluß des Jahres Buchungen auszuführen und zwar deshalb, weil von den Baukosten der Miethäuser eine Abschreibung vorzunehmen ist. Die Frage, wie hoch diese Abschreibung für die einzelnen Baugenossenschaften sein muß, ist bei der Berechnung der Wohnungsmiete erörtert worden. Hier handelt es sich also nur darum, wie die Abschreibung auf die Miethäuser förmlich in den Kassenjournalen darzustellen ist.

In dieser Beziehung ist zu bemerken, daß die auf die Miethäuser vorzunehmenden regelmäßigen Abschreibungen in den Kassenjournalen in einer Summe zu buchen sind und zwar in Ausgabe in der Spalte Gewinn- und Verlustrechnung und in Einnahme unter Miethäuserkonto. Eine Abschreibung wird selbstverständlich in der Regel nur von den Baukosten gemacht. Es ist schon vorhin darauf hingewiesen worden, daß in der Bilanz die Baukosten der Miethäuser von den Grunderwerbskosten dauernd getrennt zu halten sind. Es könnte auch die Abschreibung auf die Miethäuser in der Weise geschehen, daß auf der Aktivseite der Bilanz die Konten unverändert bleiben und dafür auf der Passivseite ein entsprechendes Bewertungskonto — Erneuerungsfondskonto oder Abschreibungskonto — gebildet wird und daß auf diesem Konto die abgeschriebenen Beträge derart aufgesammelt werden, daß sich der eigentliche Buchwert der Miethäuser erst ergibt, wenn man von dem Miethäuserkonto das Abschreibungskonto in Abzug bringt. Eine derartige Buchungsweise ist zwar zulässig, aber im allgemeinen für Baugenossenschaften nicht zu empfehlen. Die in der Musterbilanz gewählte Form bezüglich der Darstellung der Miethäuserwerte ist zweifellos übersichtlicher. Insbesondere läßt sie auch erkennen, wieviel bislang insgesamt auf die Miethäuser abgeschrieben ist. Wird auf der Passivseite ein besonderes Abschreibungskonto für die Miethäuser gebildet, so liegt die Gefahr nahe, daß dieses Konto als eine Art Reservefondskonto betrachtet wird, auf das die Genossenschaft im Verlustfalle zurückgreifen kann.

Stellt sich bei Besichtigung und Inventarisierung der Bauten heraus, daß die regelmäßigen Abschreibungen nicht ausreichen, um die wirkliche

Entwertung der Häuser rechnungsmäßig genügend zum Ausdruck zu bringen, so sind natürlich noch außerordentliche Abschreibungen zu machen. Die Buchung dieser Sonderabschreibungen geschieht in derselben Weise wie die Buchung der regelmäßigen Abschreibungen.

Verbesserungen.

Es kommt häufig vor, daß in den fertiggestellten Miethäusern nachträglich Verbesserungen vorgenommen werden. Es fragt sich, inwieweit es zulässig ist, die Kosten für Verbesserungen dem Miethäuserkonto zuzuschlagen.

Dadurch, daß die Baugenossenschaft Reparaturen als Verbesserungen, die dem Miethäuserkonto zugeschrieben werden dürfen, auffassen, können sie die rechnungsmäßigen Jahreserträgnisse wesentlich verschieben. Es ist im allgemeinen davon auszugehen, daß bei den Baugenossenschaften die Kosten für nachträgliche Verbesserungen dem Miethäuserkonto nur dann zugeschrieben werden dürfen, wenn diese Verbesserungen einen bleibenden Wert und eine Erhöhung der vereinbarten Wohnungsmiete zur Folge haben. Die Kosten für kleine nebensächliche Verbesserungen (z. B. Kosten eines Ölanstrichs in einem Hausflur, der bislang mit Leimfarbe gestrichen war) gehören zu den Betriebsunkosten. Wird, um ein weiteres Beispiel zu wählen, eine Putzfassade nach Ablauf von zwei Jahren mit Ölfarbe gestrichen, so erscheint es zulässig, die Kosten für diesen ersten Anstrich als nachträglich aufgewendete Neubaukosten zu betrachten und dem Miethäuserkonto zuzusetzen. Ebenso liegt es, wenn z B. in Küchen oder Wohnräumen einige Jahre nach der Fertigstellung des Hauses Linoleum gelegt wird.

Erwerbshäuser.

Auf diesem Konto werden die Kaufpreise für die Erwerbshäuser gebucht. Sind Erwerbshäuser fertiggestellt, so wird der Kaufpreis für sie vom Neubaukonto nach dem Erwerbshäuserkonto umgebucht. Werden Erwerbshäuser an Hausanwärter grundbuchmäßig aufgelassen, so wird ihr Kaufpreis bei dem Erwerbshäuserkonto abgesetzt. Eine Abschreibung auf die Erwerbshäuser findet unter normalen Verhältnissen nicht statt. Die von den Hausanwärtern geleisteten Abzahlungen werden nicht von dem Erwerbshäuserkonto abgesetzt, sondern besser auf einem besonderen Passivkonto angesammelt (s. Ziffer V unter den Passiven der Musterbilanz).

In der Bilanz sind die Erwerbshäuser getrennt in Erwerbshäuser mit Anwärtern und Erwerbshäuser ohne Anwärter. Diese Trennung ist in den Kassenjournalen nicht vorzunehmen, sondern erfolgt nur auf der Bilanz, um dieser eine möglichst große Übersichtlichkeit zu geben.

Inventar.

Auf diesem Konto sind zu buchen die Kosten für den etwa beschafften Geldschrank, für Bureaumöbel, Bureauutensilien, Bücher u. dgl. Gegenstände, die einen längeren Gebrauchswert haben. Die Kosten für

Drucksachen, Geschäftsbücher und kleinere Bureauutensilien dürfen nicht auf Inventarkonto gebucht werden, sondern sind als Geschäftsunkosten zu buchen.

Von dem Inventarkonto ist in jedem Jahre eine Abschreibung zu machen, in der Regel werden 10 % der Anschaffungskosten abgeschrieben. Die Abschreibung wird dadurch in den Kassenjournalen bewerkstelligt, daß der abzuschreibende Betrag in Ausgabe gebucht wird in der Spalte Gewinn- und Verlustrechnung und in Einnahme unter Inventarkonto. Da bei den Baugenossenschaften das Inventarkonto meist nur eine außerordentlich geringe Höhe aufweist, wird es häufig, um die jährlichen Abschreibungsbuchungen zu vermeiden, in einigen Jahren bis auf 1 M. abgeschrieben.

Bank- und Sparkassenguthaben.

Ein tüchtiger Vereinskassierer wird den baren Kassenbestand möglichst niedrig halten und alle entbehrlichen Gelder zinsbar anlegen. Die meisten Baugenossenschaften stehen mit Recht auf dem Standpunkt, daß es richtiger ist, bei Belegung der entbehrlichen Kapitalien weniger auf die Höhe der Zinsen, als auf unbedingte Sicherheit zu sehen. Infolgedessen werden meist die verfügbaren Kapitalien bei mündelsicheren Sparkassen angelegt. Eine überaus große Vorsicht bei der Anlage von Geldern der Baugenossenschaft ist deshalb nötig, weil namentlich junge Baugenossenschaften durch einen Verlust, der ihnen durch den Zusammenbruch eines Bankinstituts zugefügt werden könnte, sehr leicht selbst entweder zum Konkurse gezwungen oder zu langjähriger Unwirtschaftlichkeit gebracht werden könnten. Andere Genossenschaften, z. B. Kreditgenossenschaften, können einen erlittenen Verlust durch gute Geschäfte oft leicht wieder einholen. Für Baugenossenschaften bietet sich aber in der Regel keine Gelegenheit, größere Verluste durch eine besonders günstige Geschäftslage in kurzer Zeit wieder auszugleichen. Denn eine Baugenossenschaft bekommt auch in den besten Geschäftsjahren stets nur die vereinbarten Wohnungsmieten, die in den meisten Fällen knapp ausreichen, um der Baugenossenschaft die nötige Wirtschaftlichkeit zu sichern. Es ist deshalb die Vorsicht der Baugenossenschaften bei Belegung ihrer Kapitalien angebracht und für junge Baugenossenschaften nachahmenswert.

Die Einzahlungen bei der Bank oder der Sparkasse werden in der Spalte Bank- (Sparkassen-) Konto in Ausgabe gebucht, die Abhebungen werden in der gleichen Spalte in Einnahme gestellt. Die Buchungen müssen mit den Eintragungen in dem Kontobuche der Bank bzw. in dem Sparkassenbuche übereinstimmen.

Zinsen auf Bank- und Sparkassenguthaben.

Die am Jahresschluß aufgelaufenen Zinsen werden, wenn sie nicht abgehoben, sondern dem Guthaben zugeschrieben werden, in Ausgabe gebucht in der Spalte Bankkonto und in Einnahme in der Spalte Bank- (Sparkassen-) Zinsen.

Nicht zweckmäßig und dem Gebrauche der Genossenschaften und Kaufleute widersprechend ist es, das Bank- (Sparkassen-) Guthaben als Bargeld zu betrachten, also den Geldverkehr bei der Sparkasse nicht durch die Bücher laufen zu lassen.

Mietforderungen.

Aus dem vorhin angezogenen § 40 des Handelsgesetzbuches ergibt sich, daß das Kassenbuch der Baugenossenschaften am letzten Tage des Geschäftsjahres abzuschließen ist, so daß nach dem Schluß des Geschäftsjahres nur noch sog. Memorialbuchungen gemacht werden dürfen, d. h. Buchungen, die die Kasse nicht mehr betreffen, sondern nur eine verschiedenartige Belastung der Konten unter sich herbeiführen. Hieraus ergibt sich, daß die Baugenossenschaften verpflichtet sind, alle Solleinnahmen, insbesondere Wohnungsmieten, die für das abgelaufene Jahr fällig, aber nicht bis zum letzten Tage des Geschäftsjahres eingezahlt sind, als ausstehende Forderungen in der Bilanz aufzuführen.

Offenhaltung der Kassenbücher.

In früheren Jahren hatte sich bei den Baugenossenschaften die Praxis eingebürgert, die Kassenbücher über den Schluß des Geschäftsjahres hinaus einige Zeit offenzuhalten, um nach Möglichkeit die Aufführung von Mietrückständen unter den Aktiven und von unbezahlten Geschäfts- und Betriebsunkosten unter den Passiven zu vermeiden. Das Reichsgericht hat aber in einer Entscheidung vom 7. April 1902 (veröffentlicht in den Blättern für Genossenschaftswesen, Jahrgang 1904, Seite 365) entschieden, daß das Offenlassen der Geschäftsbücher über den Schluß des Geschäftsjahres hinaus im Hinblick auf die Bestimmung im § 40 des Handelsgesetzbuches als Bilanzfälschung anzusehen ist. Bei dieser strengen Auslegung, die der § 40 durch das Reichsgericht erhalten hat, muß deshalb den Genossenschaften unbedingt geraten werden, nach dem Schluß des Geschäftsjahres eigentliche Kassabuchungen nicht mehr zu machen.

Aus Spalte 24 des Mietenkontrolljournals (Formular E) ergibt sich die Summe der vorzutragenden Mietrückstände. Diese Summe ist am Jahresschluß in Ausgabe zu buchen unter Mietforderungen und in Einnahme zu buchen entweder auf dem Konto „Mieten aus Miethäusern" oder auf dem Konto „Mieten aus Erwerbshäusern", je nachdem, ob die mit der Zahlung rückständigen Genossen Mieter oder Hausanwärter sind.

Fallen von den unter Mietforderungen aufgeführten Mietrückständen später Posten wegen Zahlungsunfähigkeit der Schuldner aus, so sind diese Beträge in Ausgabe zu buchen in der Spalte Gewinn- und Verlustrechnung und in Einnahme unter Mietforderungen.

Die Musterbilanz trennt die Mietforderungen in zwei Posten, nämlich

a) in abgelaufene, noch nicht zur Zahlung fällige Mieten und

b) in rückständige Mieten.

Diese Trennung ist geschehen, um diejenigen Posten, die nur deshalb rückständig erscheinen, weil die Kassenbücher am letzten Tage des

Geschäftsjahres abgeschlossen werden, von denjenigen Mietposten, die wirklich Mietrückstände sind, getrennt zu halten.

Wird bei einer Baugenossenschaft die Miete z. B. vierteljährlich nachträglich gezahlt, so werden die Mietbeträge für die Zeit vom 1. Oktober bis 31. Dezember unter den Mietforderungen erscheinen müssen, soweit sie nicht bereits am 31. Dezember bezahlt sind. Da es sich aber hier um eigentliche Mietrückstände nicht handelt — denn vertragsgemäß braucht die Miete für die Zeit vom 1. Oktober bis 31. Dezember erst in den ersten Tagen des Monats Januar des neuen Jahres gezahlt zu werden — will man diese buchmäßigen Mietforderungen von den wirklichen Rückständen trennen, um nicht dadurch, daß sie unter den Mietforderungen eingestellt sind, den Anschein zu erwecken, als ob viele säumige Mietezahler in der Genossenschaft vorhanden wären.

Die Auseinanderhaltung der Mietforderungen, wie sie die Bilanz vorsieht, braucht in den Geschäftsbüchern nicht vorgenommen zu werden. Sie kann leicht an der Hand des Mietenkontrolljournals bewerkstelligt und nur auf der Bilanz vermerkt werden.

Gesetzlicher Reservefonds.

Da nach den diesem Buche beigefügten Mustersatzungen die Eintrittsgelder dem gesetzlichen Reservefonds zufließen sollen, sind in der Spalte „gesetzlicher Reservefonds" regelmäßig die Eintrittsgelder der Mitglieder in Einnahme zu stellen. Außerdem sind dem gesetzlichen Reservefonds die statutarischen Zuweisungen aus dem Reingewinne zu machen. Diese sind in den Kassenjournalen zu buchen in Ausgabe in der Spalte Gewinn- und Verlustrechnung und in Einnahme unter gesetzlichem Reservefonds. Da der Reservefonds nur zur Deckung von Verlusten dient, die sich aus der Bilanz ergeben, sind Ausgabebuchungen auf diesem Konto in der Regel nicht vorzunehmen.

Hilfsreservefonds.

Die aus dem Reingewinn zurückgestellten Beträge für den Hilfsreservefonds sind in Ausgabe zu buchen in der Spalte Gewinn- und Verlustrechnung und in Einnahme zu buchen in der Spalte Hilfsreservefonds. Werden durch Beschluß der Generalversammlung aus dem Hilfsreservefonds Mittel zur Deckung außergewöhnlicher Reparaturkosten genehmigt, so ist der von der Generalversammlung festgesetzte Betrag in der Spalte Hilfsreservefonds in Ausgabe und in der Spalte Betriebsunkosten in Einnahme zu buchen.

Sind nach den Satzungen oder auf Beschluß der Generalversammlung neben dem Hilfsreservefonds noch andere Rücklagen, z. B. ein Bauerneuerungs- und Ergänzungsfonds oder ein Unterstützungsfonds, gebildet, so sind für die Buchungen auf diese Konten freie Spalten zu benutzen.

Hypotheken.

In dieser Spalte sind die aufgenommenen Hypothekenbeträge in Einnahme zu stellen. Die geleisteten Tilgungen auf die Hypothekenschulden sind auf demselben Konto in Ausgabe zu buchen. Verschiedentlich findet man, daß die auf die Hypothekenschulden geleisteten Tilgungen auf einem besonderen Konto — Schuldentilgungskonto — gebucht und dann auf der Aktivseite der Bilanz nachgewiesen werden. Eine solche Buchungsweise kann nicht empfohlen werden, weil sie die Übersicht in der Bilanzaufstellung beeinträchtigt. Da sich aus der in der Musterbilanz gewählten Form, die Hypothekenschulden nachzuweisen, ergibt, wieviel bislang in früheren Jahren und wieviel im letzten Jahre auf die Hypothekenschulden getilgt worden ist, trifft auch der für die Einstellung eines besonderen Schuldentilgungskontos auf der Aktivseite sonst angeführte Grund, ohne ein besonderes Schuldentilgungskonto sei aus der Bilanz die gesamte Schuldentilgung nicht ersichtlich, nicht zu.

Wenn eine Baugenossenschaft ein Erwerbshaus an einen Eigentümer aufläßt und der Hypothekengläubiger die auf diesem Hause eingetragene Hypotheken stehen läßt, so ist der betreffende Hypothekenbetrag unter den Hypothekenschulden abzusetzen.

Beispiel:

Auf ein Erwerbshaus, das 9000 M. gekostet hat, sind von dem Hausanwärter 3000 M. abgezahlt. Das Erwerbshaus steht in der Bilanz zu Buche unter dem Konto Erwerbshäuser auf der Aktivseite mit 9000 M. und die Abzahlung des Hausanwärters ist enthalten in dem Passivkonto „Von den Hausanwärtern geleistete Abzahlungen". Angenommen nun, dieses Erwerbshaus wird aufgelassen und der nicht getilgte Rest in Höhe von zwei Dritteilen des Kaufpreises bleibt mit 6000 M. als Hypothek stehen, so sind folgende Umbuchungen zu machen:

In Ausgabe	a)	in der Spalte „Hypotheken" . .	6000 M.
	b)	in der Spalte „Von den Hausanwärtern geleistete Abzahlungen"	3000 „
In Einnahme in der Spalte „Erwerbshäuser"		.	9000 „

Abzahlungen der Hausanwärter.

Im Laufe des Geschäftsjahres werden auf diesem Konto die etwa geleisteten außerordentlichen Abträge der Hausanwärter auf den Kaufpreis ihres Hauses in Einnahme gestellt. Bei Vornahme des Jahresabschlusses sind außerdem die in den Jahresmieten der Hausanwärter steckenden regelmäßigen Abträge diesem Konto dadurch zuzuführen, daß die Summe der Spalte 20 des Kontobuchs für die Abzahlungen der Hausanwärter (Formular G) in Ausgabe gebucht wird in einer der freien Geldspalten, die zu überschreiben ist „Mieten aus Erwerbshäusern". In Einnahme zu buchen ist der Betrag in der Spalte „Abzahlungen der Hausanwärter". Ferner ist die Summe der den Hausanwärtern gutzuschreibenden Zinsen, d. h. die Summe der Spalte 19 des Kontobuchs für die Abzahlungen der Hausanwärter zu buchen in dem Ausgabekassenjournal in der Spalte Gewinn- und Verlustrechnung und im Einnahmekassenjournal in der Spalte Abzahlungen der Hausanwärter.

Wird einem ausgeschiedenen Hausanwärter das Tilgungsguthaben ausgezahlt oder verfällt es zugunsten der Genossenschaft oder ist es in Abgang zu stellen, weil das Haus an den Hausanwärter grundbuchmäßig aufgelassen ist, so sind die in Abgang zu stellenden Beträge als Ausgabeposten zu buchen. Insoweit die Beträge zugunsten der Genossenschaft verfallen sind, würden sie wieder in Einnahme zu stellen sein und zwar in der Spalte Gewinn- und Verlustrechnung.

Anleihen.

Die der Genossenschaft von Mitgliedern, interessierten Fabriken oder von irgendeiner anderen Seite gegebenen Darlehen sind als solche in der hierfür vorgesehenen Spalte der Kassenjournale (Spalte 11) in Einnahme und nach erfolgter Rückzahlung wieder in Ausgabe zu stellen. Häufiger kommt es vor, daß die Zinsen bei solchen Anleihen den Baugenossenschaften bis auf weiteres gestundet werden. In diesem Falle sind aber die Zinsen nach Ablauf eines jeden Jahres zu berechnen und in Ausgabe zu stellen in der Spalte „Hypotheken- und Anleihezinsen" und in Einnahme zu stellen in der Spalte „Anleihen".

Spareinlagen.

Werden von einer Genossenschaft Spareinlagen angenommen, so sind diese in der hier vorgesehenen Spalte in dem Kassenjournal in Einnahme und bei ihrer Rückzahlung in Ausgabe zu buchen. Wie für die Geschäftsguthaben, so ist auch für die Spareinlagen ein besonderes Kontobuch zu führen, dessen Einrichtung weiter unten erläutert werden wird. Die Summe der den Spareinlegern gutzuschreibenden Zinsen (Summe der Spalte 15 des Kontobuchs für die Spareinlagen, Formular H) ist beim Jahresabschluß in Ausgabe zu buchen in der Spalte Gewinn- und Verlustrechnung und in Einnahme zu buchen in der Spalte Spareinlagen.

* * *

Außer den vorstehenden Konten, die in den Kassenjournalen vorgesehen sind, findet sich in der Musterbilanz noch eine Reihe weiterer Konten. Diese sind nicht mit in die Kassenjournale hineingenommen, weil sonst das Formular für diese Geschäftsbücher zu groß ausfallen und deshalb für den praktischen Gebrauch unbrauchbar werden würde. Da diese Konten aber nur selten und nur von wenigen Baugenossenschaften benutzt werden, bieten die in den Formularen der Kassenjournale freistehenden Spalten Gelegenheit, dieses oder jenes der in der Bilanz weiter aufgeführten Konten aufzunehmen.

Zu diesen Konten ist im übrigen folgendes zu bemerken:

Baumaterialien.

Dieses Konto wird nur da benutzt werden, wo die Baugenossenschaften in eigener Regie bauen, was verhältnismäßig sehr selten vorkommt. Schafft eine Baugenossenschaft selbst die Baumaterialien an, so muß sie dafür ein besonderes Buch für Baumaterialien anlegen, in dem auf der linken Seite die Ankäufe nebst Ankaufspreisen und auf der rechten Seite die Art der Verwendung mit dem Selbstkostenpreise verrechnet wird. Die nach dem Lagerbuch vorhandenen Sollvorräte sind am Jahresschluß mit den Istvorräten zu vergleichen. In der Bilanz dürfen unter allen Umständen nur die Istvorräte mit den Anschaffungspreisen aufgeführt werden.

Hypotheken und Restkaufgelder.

Es wird nur sehr selten vorkommen, daß Baugenossenschaften Hypotheken ausleihen oder Restkaufgelder stehen lassen. Tun sie es, so sind diese Kapitalanlagen in der Bilanz nachzuweisen. Die Verausgabung hat in einer der freien Spalten mit entsprechender Überschrift zu geschehen.

Bare Hinterlegungen.

Dieses Konto wird häufiger benutzt werden, denn es wird von den Baugenossenschaften sehr oft verlangt, daß sie die Straßenbaukosten vor der Inangriffnahme von Bauten hinterlegen, ohne daß die Straße in absehbarer Zeit ausgebaut wird. Kommt eine Baugenossenschaft in die Lage, Straßenbaukosten hinterlegen zu müssen, so sind die hinterlegten Beträge in einer der freien Geldspalten mit der Überschrift „Bare Hinterlegungen" in Ausgabe zu stellen. Wird die Straße später ausgebaut und stehen die Straßenbaukosten ihrem Betrage nach genau fest, so haben die baren Hinterlegungen ihre Eigenschaft als solche verloren. Es ist dann insofern eine Umbuchung notwendig, als die für Straßenbau zu zahlenden Kosten entweder auf dem Konto unbebaute Grundstücke oder auf dem Konto Miethäuser oder auf dem Konto Erwerbshäuser oder auch auf dem Konto Neubauten nachgewiesen werden, je nachdem das eine oder andere Anlagekonto in Betracht kommt.

Wertpapiere.

Baugenossenschaften sollten es möglichst vermeiden, Wertpapiere anzukaufen und zwar schon deshalb, weil durch einen zufällig am Jahresschluß niedrigen Kursstand der Reingewinn der Baugenossenschaft mehr oder weniger gefährdet werden kann. Sind Wertpapiere angekauft, so würden sie nur mit dem Anschaffungspreis, jedoch höchstens zum Kurse am letzten Tage des Jahresschlusses in die Bilanz eingestellt werden dürfen. Kursverluste oder Kursgewinne sind in der Spalte Gewinn- und Verlustrechnung zu verrechnen und in der Gewinn- und Verlustrechnung als solche nachzuweisen.

Zinsenforderungen.

Zinsenforderungen kommen bei Baugenossenschaften verhältnismäßig selten vor. Sind sie festzustellen, so ergibt sich ihre Buchungsweise aus dem vorstehenden von selbst. Bezüglich der in der Bilanz vorgesehenen Trennung der Zinsenforderungen in aufgelaufenen noch nicht zur Zahlung fälligen Zinsen und in rückständigen Zinsen wird verwiesen auf die entsprechenden Ausführungen unter den Mietforderungen.

Unkündbare Schuldverschreibungen.

Bei der Schwierigkeit, genügendes Betriebskapital für eine Baugenossenschaft zu beschaffen, wird die Ausgabe unkündbarer Schuldverschreibungen immer häufiger versucht. Es wird deshalb auch ein entsprechendes Konto schon jetzt von einer Reihe von Baugenossenschaften gebraucht. Diejenigen Baugenossenschaften, die Schuldverschreibungen ausgeben, müssen die aufgenommenen Beträge in einer der freien Geldspalten mit der Überschrift „Unkündbare Schuldverschreibungen" in Einnahme stellen. Die ausgelosten oder zurückgezahlten Schuldverschreibungen sind in derselben Spalte in Ausgabe zu buchen.

Im übrigen wird darauf hingewiesen, daß die Ausgabe unkündbarer Schuldverschreibungen die Führung einiger Nebenbücher nötig macht, und zwar sind zu führen

1. ein Kontobuch für Schuldverschreibungen (Schuldbuch), in dem
   a) die Nummern der begebenen Stücke,
   b) Name, Stand und Wohnort der Gläubiger,
   c) das Datum der Begebung und
   d) das Datum der Einlösung

   zu vermerken ist,
2. ein Zinsenregister, eingerichtet für etwa 20 Zinszahltermine (zehn Jahre) zwecks Kontrollierung der eingelösten Zinsscheine,
3. eine Zinskontrolle für die betreffenden Zinszahltermine und zwecks Ermittelung des Zinsrückstandes am Jahresschlusse.

Sonstige Forderungen und sonstige Schulden.

Aus vorstehendem ergibt sich, daß die empfohlenen Kassenjournale fast sämtliche Geschäftsvorfälle ins Auge fassen, die überhaupt bei Baugenossenschaften möglich sind. Immerhin kommt es vor, daß bei dieser oder jener Baugenossenschaft Geschäftsvorfälle festzustellen sind, für die besondere Konten weder in den Kassenjournalen, noch in der Musterbilanz vorgesehen sind. Diese Geschäftsvorfälle können meist unter „sonstige Forderungen, sonstige Schulden" oder unter „sonstige Einnahmen oder sonstige Ausgaben" gebucht werden. Zu solchen Geschäftsvorfällen gehören z. B. im voraus gezahlte Versicherungsprämien. Es kommt häufig vor, daß die Baugenossenschaften, um Vergünstigungen bei dem Abschluß von Versicherungen zu erhalten, diese Versicherungen auf mehrere Jahre abschließen und die Prämie auch dann im voraus für mehrere Jahre zahlen müssen. Diese im voraus gezahlten Versicherungsprämien sind nicht ohne weiteres auf die Betriebsunkosten des Jahres zu nehmen, in denen die Zahlung stattfindet, sondern anteilweise unter den sonstigen Forderungen aufzuführen und dann entsprechend abzuschreiben. Auch die von den Baunossenschaften für die Hausanwärter verauslagten Steuerbeträge und sonstigen Auslagen, die nicht rechtzeitig erstattet sein sollten, würden beispielsweise unter den sonstigen Forderungen zu buchen sein. Die Bilanz läßt im übrigen unter Ziff. VIII der Passiva erkennen, welche

Posten regelmäßig unter den sonstigen Schulden zu buchen sind. Zu bemerken ist nur, daß die von Bauunternehmern einbehaltenen Kautionen auch unter diesem Konto zu buchen und auf der Bilanz unter Ziff. VIII e aufzuführen sind.

Gewinn- und Verlustrechnung.

Außer den Konten, deren Saldo als Forderungen oder Schulden auf der Bilanz erscheinen, haben die Kassenjournale natürlich auch die Konten zu enthalten, deren Saldo in die Gewinn- und Verlustrechnung einzustellen ist. Zu diesen letzteren Konten ist folgendes zu bemerken:

Geschäftsunkosten.

Auf diesem Konto sind zu buchen die Gehälter, Bureaumiete, Kosten für Geschäftsbücher und Formulare, Verbandsbeiträge, Porto, Botenlohn, Insertionskosten usw. Zu den Insertionskosten ist aber zu bemerken, daß diese nur dann auf Geschäftsunkostenkonto zu buchen sind, wenn sie die allgemeine Verwaltung der Baugenossenschaft betreffen, z. B. die Kosten für Einladungen zu Generalversammlungen, Bilanzveröffentlichungen usw. Dagegen sind die Insertionskosten für die Verdingungen von Neubauarbeiten auf Neubaukonto und die Insertionskosten, die Wohnungsvermietungen betreffen, auf Betriebsunkostenkonto zu buchen. Es ist bereits bei den Ausführungen unter dem Neubaukonto darauf hingewiesen worden, daß es zulässig ist, die Gehälter der Vorstandsmitglieder insoweit auf Neubaukonto zu buchen, als die Tätigkeit der Vorstandsmitglieder mit diesem Geschäftszweig unmittelbar in Verbindung steht. Unzweckmäßig ist es im allgemeinen, wenn bei größeren Baugenossenschaften die Vergütungen der Vorstandsmitglieder aus dem Reingewinn gezahlt werden. Wo es geschieht, müssen die den Vorstandsmitgliedern bewilligten Vergütungen in der Spalte Gewinn- und Verlustrechnung in Ausgabe gestellt werden.

Da die Kosten für die Beschaffung der Geschäftsbücher und der Satzungen auch bei neugegründeten Baugenossenschaften immer zum vollen Betrage auf die Geschäftsunkosten zu verrechnen sind, wird in den Bilanzen der Baugenossenschaften in dem ersten Geschäftsjahre meistens ein Verlust erscheinen, da nicht genügend Einnahmen vorhanden sind, um diese Kosten der ersten Einrichtung der Genossenschaft auszugleichen.

Betriebsunkosten.

Hier sind zu buchen die Grund- und Gebäudesteuern, Abgaben, Lasten Insertionskosten für Wohnungsvermietungen, Kanalisationsbeträge und Versicherungsprämien, Kosten für Beleuchtung und Wasser und sämtliche Instandhaltungskosten, die die Miethäuser des Vereins verursachen. Die etwa zu zahlenden Stempelkosten für Mietverträge gehören ebenfalls zu den Betriebsunkosten. Die Stempelkosten für Kaufverträge gehören selbstverständlich nicht hierher, sondern, wie bereits früher bemerkt, auf das Grundstückskonto. Die für Erwerbshäuser gezahlten Steuern, Abgaben und Versicherungsprämien sind für die Genossenschaft nur Vorschußzahlungen, die von den einzelnen Hausanwärtern wieder eingezogen werden.

Diese verauslagten Beträge können entweder auf Betriebsunkostenkonto in Ausgabe und nach ihrem Eingang wieder in Einnahme gestellt werden, oder es kann für sie ein besonderes Konto errichtet werden, wenn nicht bereits sämtliche Konten des Kassenjournals anderweitig gebraucht sind.

Zinsen.

Es sind zwei Zinsenkonten in den Kassenjournalen vorgesehen und zwar in der Ausgabe ein Hypotheken- und Anleihezinsenkonto (Spalte 16) und in der Einnahme ein Bank- (Sparkassen-) Zinsenkonto (Spalte 19). Auf dem ersteren Konto sind sämtliche Hypotheken- und Anleihezinsen zu buchen, während auf dem letzteren Konto die Zinsen für belegte Kapitalien in Einnahme zu stellen sind (zu vergleichen die Ausführungen unter Bank- und Sparkassenguthaben). Die auf dem anhängenden Muster zur Gewinn- und Verlustrechnung im übrigen aufgeführten Zinsenposten sind bereits erläutert und zwar die Zinsen auf die Abzahlungen der Hausanwärter bei den „Abzahlungen der Hausanwärter", die Zinsen auf Spareinlagen bei den „Spareinlagen", die zugeschriebenen Bauzinsen bei dem Neubaukonto und die zugeschriebenen Grundstückszinsen bei dem Grundstückskonto.

Gewinn aus verkauften Immobilien.

Verkauft eine Baugenossenschaft ein Grundstück oder ein Vereinshaus mit Gewinn an einen Dritten, so ist der erzielte Gewinn zunächst als solcher in der Gewinn- und Verlustrechnung nachzuweisen, d. h. in dem Kassenjournal in der Spalte Gewinn- und Verlustrechnung in Einnahme zu stellen. Wenn z. B. ein unbebautes Grundstück, das auf der Aktivseite mit 6000 M. zu Buche steht, von dem Verein mit 6500 M. verkauft wird, so ist von dem erzielten Kaufpreise der Betrag von 6000 M. unter dem Konto unbebaute Grundstücke in Einnahme zu stellen, während der überschießende Betrag von 500 M. auf Gewinn- und Verlustkonto einnahmlich zu buchen ist. Es wird hierbei aber bemerkt, daß es im Interesse einer soliden wirtschaftlichen Entwickelung einer Baugenossenschaft liegt, diese aus verkauften Immobilien erzielten Gewinne von der Dividendenverteilung auszuschließen und sie regelmäßig den Reserven des Vereins zu überweisen.

Mieten.

Die Mietenkonten erscheinen im Kassenjournal nur in der Einnahme, weil Ausgabebuchungen auf ihnen nur sehr selten vorkommen. Die Mieteinnahmen sind zu trennen nach Mieten aus Miethäusern und Mieten aus Erwerbshäusern. Wie die in den Erwerbshäusern steckenden Abträge der Hausanwärter zu behandeln sind, ist bereits bei dem Konto „Abzahlungen der Hausanwärter" erläutert. Ebenso ist bereits unter dem Konto „Mietforderungen" dargelegt, wie die rückständigen Mieten beim Jahresabschluß zu buchen sind.

Pachtgelder.

Insoweit eine Baugenossenschaft aus den unbebauten Grundstücken Pachteinnahmen erzielt, sind diese unter dem Konto „Pachtgelder" (Spalte 18) in Einnahme zu stellen.

Reingewinn.

Es ergibt sich bereits aus den Erläuterungen zu den einzelnen Konten, wie die buchmäßige Verteilung des Reingewinnes vor sich zu gehen hat. Diese sei jedoch im nachstehenden noch an einem Beispiel erläutert.

Angenommen, die Generalversammlung hätte einen Reingewinn in Höhe von 6000 M. folgendermaßen zu verteilen beschlossen:

10 % dem Reservefonds		600 M.
4 % Dividende,		
davon bar auszuzahlen	2000 M.	
gutzuschreiben	1400 „	
	zusammen	3400 „
dem Hilfsreservefonds		1000 „
auf die Rechnung des neuen Jahres vorzutragen		1000 „
	zusammen	6000 M.

Es würden danach in den Kassenjournalen folgende Buchungen auszuführen sein:

		Einnahmespalte	Ausgabespalte
dem Reservefonds . . .	600 M.	Reservefonds	Gewinn- und Verlustrechnung
Dividende:			
bar ausgezahlt laut Dividendenliste	2000 „	—	desgl.
übertragen auf Geschäftsanteilkonto	1400 „	Geschäftsguthaben	desgl.
dem Hilfsreservefonds .	1000 „	Hilfsreservefonds	desgl.
=	5000 M.		

Der nach Vornahme dieser Buchungen auf dem Gewinn- und Verlustkonto verbleibende Saldo von 1000 M. ist auf die Gewinn- und Verlustrechnung des nächsten Jahres zu übernehmen.

* * *

Sollten bei einer Baugenossenschaft noch anderweitige Ausgabeposten oder Einnahmeposten zu verrechnen sein, die in den für die Gewinn- und Verlustrechnung vorgesehenen Konten nicht untergebracht werden können, so sind für sie die Spalten „Sonstige Einnahmen" und „Sonstige Ausgaben" zu benutzen.

In den beigefügten Formularen für die Kassenjournale sind einige Buchungen eingetragen. Die Eintragungen unter den Nummern 4 bis 7 machen erkenntlich, welche Form den Umbuchungen zu geben ist. Die Zahl der Musterbuchungen ist nur sehr gering, weil eine im wesentlichen durch Musterbuchungen gegebene Anleitung zu einer Buchführung doch nur immer Stückwerk bleibt. Dafür sind aber die Erläuterungen zu den einzelnen Konten im vorstehenden so ausführlich, daß aus ihnen jede bei einer Baugenossenschaft überhaupt mögliche Buchung leicht gefunden werden kann.

Dritter Abschnitt: Die Nebenbücher.

Das Hauptbuch oder Abschlußbuch (Formular C I und C II).

Die sich aus dem Kassenjournal ergebenden Kontensummen sind in das Hauptbuch oder Abschlußbuch zu übertragen, bei kleinen und mittleren Baugenossenschaften am Jahresschluß, bei großen Baugenossenschaften monatlich oder vierteljährlich. In dem Hauptbuche wird am Jahresschlusse der Saldo gezogen. Die Form, in der dieses zu geschehen hat, ist aus den in Formular C I gemachten Eintragungen ersichtlich. Die sich aus dem Hauptbuche ergebenden Saldi erscheinen dann entweder auf der Bilanz oder auf der Gewinn- und Verlustrechnung, und zwar in der Anordnung, wie sie die beigefügten Muster zur Bilanz- und Gewinn- und Verlustberechnung erkennen lassen. In dem beigefügten Formulare C I sind zwei Konten auf einem Blatt abgeschlossen, um zu zeigen, in welcher Form der Abschluß erfolgt, je nachdem, ob es sich um ein Konto handelt, das in die Bilanz oder in die Gewinn- und Verlustrechnung einzustellen ist. In der Praxis wird für jedes Konto ein besonderes Blatt genommen. Es wird darauf aufmerksam gemacht, daß es nicht zweckmäßig ist, allein im Hauptbuche Umbuchungen zu machen. Sämtliche Buchungen, die eine verschiedenartige Belastung der Konten unter sich herbeiführen sollen, sind vorweg in dem Kassenjournal auszuführen.

Bei großen Baugenossenschaften, die die Kontensummen des Kassenjournals monatlich in das Hauptbuch übertragen müssen, weil sonst die Zahlen im Kassenjournal so groß werden, daß sie in den Spalten nicht ordnungsmäßig eingetragen werden können, kann das Hauptbuch nach Formular C II geführt werden. Der Vorteil der im Formular C II getroffenen Anordnung besteht darin, daß sämtliche Hauptbuchkonten für ein Geschäftsjahr auf nur zwei Blättern stehen, wodurch die Übertragung der Kontensummen und die Übersicht erleichtert wird.

Kontobuch für die Einzahlungen auf die Geschäftsanteile (Formular D).

In diesem Geschäftsbuche sind sämtliche Mitglieder, die in der Mitgliederliste stehen, einzutragen, gleichviel, ob sie bereits Einzahlungen geleistet haben oder nicht. Die Eintragungen der Einzahlungen in den einzelnen Monatsspalten sind so vorzunehmen, daß sie genau mit den Eintragungen in dem Einnahmekassenjournale übereinstimmen. Ergibt sich also z. B., daß bis zum 30. Juni 2000 M. Beiträge laut Kassenjournal eingegangen sind, so muß sich auch aus dem Kontobuche für die Einzahlungen auf die Geschäftsanteile die gleiche Summe ergeben, wenn man die Beträge für die Monate Januar bis Juni zusammenrechnet. Die Spalte 24 des Kontobuchs dient dazu, die Dividende zu berechnen. Da nach den meisten Baugenossenschaftssatzungen die Einzahlungen, die im Laufe des Geschäftsjahres geleistet werden, nicht an der Dividende teilnehmen (auch zu vgl. § 19 Abs. 1 des Genossenschaftsgesetzes), so sind bei Berechnung der Dividende, die z. B. aus dem Reingewinn des Jahres 1912 gezahlt werden soll, die im Jahre 1912 geleisteten Einzahlungen außer Betracht zu lassen, d. h. nur die in Spalte 7 des Kontobuchs für 1912 nachgewiesenen Beträge würden dividendenberechtigt sein. Die in Spalte 24 ausgerechnete Dividende wird, wenn die Bilanz und die Gewinnverteilung durch die Generalversammlung genehmigt ist, dann auf das nächste Geschäftsjahr, und zwar in Spalte 6, eingetragen.

Es empfiehlt sich nicht, die Summe der einzelnen Konten von einem Blatt auf das andere zu übertragen, sondern es ist zweckmäßiger, am Schlusse eines jeden Geschäftsjahres eine Zusammenstellung für die einzelnen Blätter zu machen, weil dann etwa notwendige Berichtigungen leichter zu bewerkstelligen sind.

In dem Kontobuche des neuen Jahres sind die Mitglieder in der Reihenfolge des vorhergehenden Jahres vorzutragen. Die neu Aufgenommenen sind an der Hand der Mitgliederliste nachzutragen.

Mietenkontrolljournal (Formular E).

In diesem Hilfsbuche sind die Mieter und Hausanwärter der Genossenschaft aufzuführen und zwar so, daß zunächst die Mieteinnahmen der Mieter für sich aufgeführt und abgeschlossen und darauf die Mieteinnahmen der Hausanwärter nachgewiesen werden. Die Mieter werden der Reihe nach so eingetragen, wie sie in den einzelnen Häusern wohnen, und zwar am besten so, daß jedesmal eine Zeile freigelassen wird, damit bei einem Wohnungswechsel auf diese freie Zeile der neue Mieter für die Vereinswohnung eingetragen werden kann. Aus der Spalte 3 (Rückstand aus dem Vorjahre) muß sich dieselbe Summe ergeben, die auf dem Konto „Mietforderungen" in der Bilanz erscheint. In der Spalte 4 ist der Mietsatz, der laut Mietvertrag vereinbart ist, einzutragen. Die Spalten Zugang und Abgang sind zu benutzen, falls die Miete im Laufe des Jahres gesteigert oder ermäßigt wird; die letztere Spalte auch dann, falls die Wohnung nicht das ganze Jahr über bewohnt gewesen ist. Der am Jahresschluß einzutragende Betrag in Spalte 7 ergibt sich, wenn die Spalten 3, 4 und 5 zusammengezählt und davon die Spalte 6 abgezogen wird. Die Eintragungen in den einzelnen Monatsspalten sind so vorzunehmen, daß sie genau mit den Einnahmebuchungen im Kassenjournal übereinstimmen. Eine Wohnungsmiete, die im Januar fällig war, aber erst im Mai bezahlt worden ist, muß danach im Mietenkontrolljournal im Monat Mai, nicht im Monat Januar eingetragen werden. Die Summe der Spalte 20 muß gleich sein der Summe der beiden Beträge, die laut Kassenjournal auf Mietenkonto und auf dem Konto

Mietforderungen eingegangen sind. In Spalte 23 sind diejenigen Mietbeträge auszuwerfen, die, weil sie uneinbringlich sind, abgeschrieben werden müssen. Die sich aus Spalte 24 ergebende Summe muß mit dem Konto Mietforderungen auf der Bilanz übereinstimmen. Die sich aus Spalte 22 ergebende Summe würde unter den sonstigen Schulden in der Bilanz für im voraus gezahlte Mieten nachzuweisen sein. Es empfiehlt sich nicht, die Summen, die sich aus den einzelnen Seiten des Mietenkontrolljournals ergeben, auf die andere Seite zu übertragen, sondern es ist zweckmäßiger, am Schlusse eines jeden Geschäftsjahres eine Zusammenstellung der einzelnen Seitensummen zu machen. Selbstverständlich müssen auch in dieser Zusammenstellung die Mieter von den Hausanwärtern getrennt bleiben.

Spezialbaurechnung (Formular F).

Die Kassenjournale weisen in den Spalten 5 und 6 der Ausgabe nur die gesamten Neubaukosten, getrennt nach Miethäusern und Erwerbshäusern, nach. Es ist aber notwendig, daß auch die Baukosten für die einzelnen Häuser nachgewiesen und festgestellt werden. Hierzu ist zunächst notwendig, daß von seiten des Bauleiters auf den einzelnen Baukostenbelägen vermerkt wird, auf welchen Neubau sich die betreffenden Ausgaben beziehen. Sämtliche in den Neubauspalten aufgeführten Beträge müssen in die Spezialbaurechnung eingetragen werden, so daß die Summe der Spalte 5 der Spezialbaurechnung dieselbe ist, wie die Summe der Spalten 5 und 6 im Kassenjournal. Die Verteilung der verausgabten Gesamtbeträge auf die einzelnen Häuser geschieht dann in der Spezialbaurechnung derart, daß die Beträge in der für den betreffenden Neubau vorgesehenen Spalte ausgeworfen werden.

Kontobuch für die Abzahlungen der Hausanwärter (Formular G).

In den Spalten 4 bis 15 sind die von den Hausanwärtern im Laufe des Geschäftsjahres etwa geleisteten außerordentlichen Abträge einzutragen und zwar so, daß die einzelnen Monatssummen genau mit dem Kassenjournal übereinstimmen. Die Summe der Spalte 19 gibt denjenigen Zinsenbetrag an, der beim Jahresabschluß in der Spalte Gewinn- und Verlustrechnung in Ausgabe und in der Spalte Abzahlungen der Hausanwärter in Einnahme zu stellen ist (vgl. die Ausführungen zu dem Konto „Abzahlungen der Hausanwärter"). Die Summe der Spalte 20 gibt den Betrag an, der am Jahresschluß in Ausgabe zu stellen ist unter dem Konto „Mieten aus Erwerbshäusern" und in Einnahme zu stellen ist in der Spalte „Abzahlungen der Hausanwärter" (vgl. ebenfalls die Ausführungen unter „Abzahlungen der Hausanwärter"). Im übrigen ergib sich die Führung des Kontobuchs für die Abzahlungen der Hausanwärter aus dem beigefügten Formular G.

Kontobuch für Spareinlagen (Formular H).

Die Art, wie dieses Kontobuch zu führen ist, ergibt sich aus dem beigefügten Formular H. Selbstverständlich müssen auch in diesem

Kontobuche die Endziffern für die einzelnen Monate und die Schlußsumme für das Jahr mit den entsprechenden Zahlen in den Kassenjournalen übereinstimmen.

Kontobuch für Schuldverschreibungen (Schuldbuch).

Die Art, wie dieses Kontobuch zu führen ist, ergibt sich ohne weiteres aus den Ausführungen über die unkündbaren Schuldverschreibungen.

Einzelkonten der Mitglieder (Formular J).

Wie die Einzelkonten der Mitglieder am besten eingerichtet werden, richtet sich nach den bei den einzelnen Baugenossenschaften eingeführten Geschäftszweigen. Manche Baugenossenschaften verbinden mit den Einzelkonten der Mitglieder gleichzeitig statistische Angaben.

Aus dem beigefügten Formular ist zu ersehen, wie diese Einzelkonten für Hausanwärter bei einer Baugenossenschaft einzurichten sind, die Spareinlagen annimmt.

Ein Formular zu einem Mitgliederquittungsbuche, in dem über Einzahlungen auf den Geschäftsanteil und über Mietzahlungen quittiert wird, ist nicht beigefügt, weil eine zweckmäßige Einrichtung dieses Buches leicht zu finden ist.

Vierter Abschnitt: Die Bilanz und das Inventar.

Entgegen der früher in den Genossenschaftskreisen vertretenen Ansicht, hat das Reichsgericht in dem Urteil vom 25. Juni 1907 (Blätter für Genossenschaftswesen 1907, Seite 615) die Auffassung vertreten, daß auch die Genossenschaften eine Eröffnungsbilanz aufzustellen verpflichtet sind, und zwar, weil die Genossenschaften gemäß § 17 Abs. 2 des Genossenschaftsgesetzes als Kaufleute im Sinne des Handelsgesetzbuches gelten und nach § 30 des Handelsgesetzbuches die Aufstellung einer Eröffnungsbilanz vorgeschrieben ist. Das Reichsgericht bezieht sich dabei auf seine bisherige Rechtsprechung. Diese aber hat nur kapitalistische Gesellschaften im Auge, bei denen das Vorhandensein eines bestimmten Kapitals überhaupt Voraussetzung für die Eintragung ist. Daran fehlt es bei den Baugenossenschaften.

Mit Rücksicht auf die ergangene Reichsgerichtsentscheidung wird man jedoch auch bei den Baugenossenschaften nunmehr eine Eröffnungsbilanz fordern müssen. Als Zeitpunkt für die Aufstellung der Eröffnungsbilanz kommt der Tag der Eintragung in Betracht. Die Baugenossenschaften werden an dem Tage in der Regel weder Forderungen noch Schulden festzustellen haben, so daß die Eröffnungsbilanz weder Aktiva noch Passiva vorweist und damit lediglich zu einer Formsache wird.

Im übrigen sind die Baugenossenschaften verpflichtet, für den Schluß eines jeden Geschäftsjahres eine Bilanz aufzustellen. Wird eine Baugenossenschaft, deren Geschäftsjahr vom 1. Januar bis 31. Dezember läuft, z. B. am 1. Dezember eines Jahres eingetragen, so hat sie, abgesehen von der Eröffnungsbilanz, bereits am 31. Dezember die erste Jahresbilanz aufzustellen. Es ist unzulässig, zu beschließen, daß das erste Geschäftsjahr erst am 31. Dezember des nächsten Jahres ablaufen soll, weil nach § 39 Abs. 2 des Handelsgesetzbuches die Dauer des Geschäftsjahres zwölf Monate nicht überschreiten darf.

Welches Zahlenmaterial die Bilanz zu enthalten hat, ergibt sich aus den vorstehenden Bemerkungen zu den einzelnen Konten. Welche Form ihr zu geben ist, ergibt sich aus den beigefügten Mustern für die Bilanz und für die Gewinn- und Verlustberechnung*).

Außer der Bilanz und Gewinn- und Verlustberechnung muß jede Baugenossenschaft auch noch ein Inventar zur Bilanz aufstellen. Es ist dies eine Bestimmung, die erfahrungsgemäß häufig nicht von den Baugenossenschaften beachtet wird. Während die Bilanz nur die Summen der einzelnen Konten aufzuweisen hat, muß aus dem Inventar hervorgehen, welche einzelnen Vermögensgegenstände und Schulden zu den einzelnen Konten vorhanden sind. Bei den Baugenossenschaften ist namentlich eine genaue Inventarisierung der einzelnen Hausgrundstücke wichtig. In dem beigefügten Muster zu einem Inventare (Formular M) ist angegeben, in welcher Form das Inventar für eine Baugenossenschaft am besten aufgestellt werden kann. In das Muster zu dem Inventare sind nicht alle Bilanzkonten aufgenommen. Es ergibt sich aber aus dem Muster ohne weiteres, in welcher Weise die übrigen Konten der Bilanz zu inventarisieren sind. Für diejenigen Konten, für die ein besonderes Nebenbuch geführt wird — wie z. B. für die Mietforderungen, für die Geschäftsguthaben, für die Abzahlungen der Hausanwärter und für die Spareinlagen —, genügt im Inventar die Angabe des Saldos und der Hinweis auf das entsprechende Kontobuch, weil der Nachweis im einzelnen in den Kontobüchern enthalten ist.

Die Bilanzen und Inventare können entweder in ein dazu beschafftes besonderes Buch eingetragen werden (Bilanzenbuch) oder sie können auf besonderen Bogen aufgestellt werden. Das letztere Verfahren ist das bei den Baugenossenschaften übliche. Die Bilanzen und Inventare sind in diesem Falle in ein besonderes Aktenstück in zusammenhängender Reihenfolge so einzuheften, daß für jedes Geschäftsjahr immer erst das Inventar und darauf die zugehörige Bilanz erscheint.

Die Bilanzen sowohl wie die Inventare müssen stets von *sämtlichen Vorstandsmitgliedern unterschrieben* werden. Es empfiehlt sich, daß auch der Aufsichtsrat, nachdem er die Bilanz geprüft hat, eine Richtigkeitsbescheinigung sowohl unter die Bilanz wie unter das Inventar setzt.

---

*) Das Reichsamt fordert von den Baugenossenschaften, die Reichsdarlehen erhalten haben, eine eingehendere Bilanz, in der die *einzelnen* Häusergruppen und die auf die *einzelnen* Häusergruppen begebenen Hypotheken getrennt nachzuweisen sind.

Wenn auch im § 44 des Handelsgesetzbuches bestimmt ist, daß die Inventare und Bilanzen nur zehn Jahre aufzubewahren sind, so wird man doch gut tun, die Bilanzen und Inventare einer Baugenossenschaft dauernd aufzubewahren.

* * *

Wer die vorstehende Anleitung zur Kassen- und Rechnungsführung für Baugenossenschaften flüchtig durchsieht, wird zunächst zu der Überzeugung kommen, daß es sich um eine sehr verwickelte, schwierige Rechnungsführung bei den Baugenossenschaften handelt und daß es infolgedessen nicht leicht ist, sich in die Buchführung einzuarbeiten. Tatsächlich werden denn auch oft von solchen Personen, die nur halb im Baugenossenschaftswesen eingearbeitet sind, öfter Vorschläge zur Vereinfachung der Buchführung gemacht. Diese laufen aber samt und sonders darauf hinaus, die Buchführung nicht zu vereinfachen, sondern im Gegenteil, sie zu erschweren und weniger übersichtlich zu gestalten. Die vorstehende Anleitung macht nur deshalb einen verwickelteren Eindruck, weil sie möglichst auf alle vorkommenden Geschäftsvorfälle Rücksicht nehmen will. Im übrigen ist aber die im vorstehenden empfohlene Buchführung tatsächlich nicht nur leicht erlernbar auch für solche Personen, die sich bislang um Buchführung wenig oder gar nicht gekümmert haben, sondern sie ist auch ganz außerordentlich durchsichtig und klar und infolgedessen verhältnismäßig leicht und sicher zu prüfen. Man denke deshalb nicht, daß man bei neu gegründeten Baugenossenschaften zunächst mit einer einfacheren Buchführung auskommen kann, sondern man richte sofort die Buchführung so ein, daß sie allen Anforderungen auch dann entspricht, wenn der Geschäftsumfang der Genossenschaft zunimmt. Die vorstehende Buchführung ist bei einer sehr großen Anzahl von Baugenossenschaften eingeführt und hat sich überall gut bewährt.

Muster
für die Einrichtung der Geschäftsbücher.

Die nachstehenden Muster sollen nur die Art der Einrichtung der Geschäftsbücher erkennen lassen. Sie weichen in Größe und Raumeinteilung von den für den Gebrauch bestimmten Formularen ab. Aus typographischen Gründen sind die Muster in folgender Reihenfolge abgedruckt: A, B, C II, C I, F, D, E, G, H, J, K, L, M, N, O.

Formular zu einem Einnahme-

Laufende Nr.	Datum Monat	Datum Tag	Des Einzahlers Name	Des Einzahlers Wohnort	Gegenstand der Einnahme	Belag Nr.	Gesamtbetrag ℳ	Gesamtbetrag ₰
	1912				Übertrag			
1	Jan.	4	Krüger	Linden	Beitrag	—	10	—
2	„	4	Meyer	„	Miete für Januar	—	30	—
3	„	5	Dreyer	„	Außerordentlicher Abtrag	—	100	—
4	April	1	Bankverein	„	Zugeschriebene Zinsen	s. Ausg. f. 1 Nr. 4	50	30
5	Dez.	31	Per Gewinn- u. Verl.-Rechnung/ An Miethäuser		Abschreibung für 1912	s. Ausg. f. 1 Nr. 5	1506	70
6	„	31	Per Gewinn- u Verl.-Rechnung/ An Erwerbshäuser		Zinsen auf Abträge	s Ausg. f. 1 Nr. 6	60	90
7	„	31	Per Mieten aus Erwerbshäusern/ An Erwerbshäuser		Regelmäßige Abträge	s. Ausg. f. 1 Nr. 7	1916	—
					Summe		3673	90
					Ab die Ausgaben		3653	90
					Kassenbestand		20	—
			Übertragen auf Hauptbuch Blatt:					

Das Original hat 30 Zeilen auf jeder Seite.

Fortsetzung des Formulars zum Einnahmekassenjournal.

Laufende Nr.	11 Anleihen ℳ	₰	12 Abzahlungen der Hausanwärter ℳ	₰	13 Spareinlagen ℳ	₰	14 Geschäftsunkosten ℳ	₰	15 Betriebsunkosten ℳ	₰	16 Gesetzlicher Reservefonds ℳ	₰	17 Hilfsreservefonds ℳ	₰	18 Pachtgelder ℳ	₰	19 Bank- (Sparkassen-) zinsen ℳ	₰
1																		
2																		
3			100	—														
4																	50	30
5																		
6																		
7																		
			100	—													50	30
			17														28	
	11 Anleihen		12 Abzahlung. der Hausanwärter		13 Spareinlagen		14 Geschäftsunkosten		15 Betriebsunkosten		16 Gesetzlicher Reservefonds		17 Hilfsreservefonds		18 Pachtgelder		19 Bank- (Sparkassen-) zinsen	

kassenjournal.

Formular A.

1	2	3	4	5	6	7	8	9	10
				Mieten aus					
Geschäftsguthaben	Unbebaute Grundstücke	Miethäuser	Erwerbshäuser	Miethäusern	Erwerbshäusern	Inventar	Bank- (Sparkassen-) guthaben	Mietforderungen	Hypotheken
M ₰	M ₰	M ₰	M ₰	M ₰	M ₰	M ₰	M ₰	M ₰	M ₰
10 —									
				30 —					
		1506 70							
			60 90						
			1916 —						
10 —		1506 70	1976 90	30 --					
1		3	5	9					
1 Geschäftsguthaben	2 Unbebaute Grundstücke	3 Miethäuser	4 Erwerbshäuser	5 Mieten aus Miethäusern	6 Mieten aus Erwerbshäusern	7 Inventar	8 Bank- (Sparkass.-) guthaben	9 Mietforderungen	10 Hypotheken

20	21	22	23	24	25	26	27	
				Gewinn- und Verlustrechnung	Sonstige Forderungen (Debitoren)	Sonstige Schulden (Kreditoren)	Sonstige Einnahmen	Bemerkungen
M ₰	M ₰	M ₰	M ₰	M ₰	M ₰	M ₰	M ₰	
20	21	22	23	24 Gewinn- u. Verlustrechnung	25 Sonstige Forderungen	26 Sonstige Schulden	27 Sonstige Einnahmen	

Formular zu einem Ausgabe-

Laufende Nr.	Datum Monat	Tag	Des Empfängers Name	Wohnort	Gegenstand der Ausgabe	Belag Nr.	Gesamtbetrag ℳ	₰
	1912				Übertrag			
1	Jan.	4	Dux	Linden	Maler-arbeiten	1	5	—
2	"	4	Rohde	Hannover	Vermessungs-kosten	2	15	—
3	"	5	Walter	"	Abschlags-zahlung auf Maurerarb.	3	100	—
4	April	1	Bankverein	Linden	Zugeschrie-bene Zinsen	s. Ein. f. 1 Nr. 4	50	30
5	Dez.	31	Per Gewinn- u. Verlustrechnung/ An Miethäuser		Abschreibung für 1912	s. Ein. f. 1 Nr. 5	1506	70
6	"	31	Per Gewinn- u. Verlustrechnung/ An Erwerbshäuser		Zinsen auf Abträge	s. Ein. f. 1 Nr. 6	60	90
7	"	31	Per Mieten aus Erwerbshäusern/ An Erwerbshäuser		Regelmäßige Abträge	s. Ein. f. 1 Nr. 7	1916	—
						Summe	3653	90
				Übertragen auf Hauptbuch Blatt				

Das Original hat 30 Zeilen auf jeder Seite.

Fortsetzung des Formulars zum Ausgabekassenjournal.

Laufende Nr.	11 Anleihen ℳ	₰	12 Abzahlungen der Hausanwärter ℳ	₰	13 Spareinlagen ℳ	₰	14 Geschäftsunkosten ℳ	₰	15 Betriebsunkosten ℳ	₰	16 Hypotheken und Anleihezinsen ℳ	₰	17 Mieten aus Erwerbshäusern ℳ	₰	18 ℳ	₰	19 ℳ	₰
1									5	—								
2																		
3																		
4																		
5																		
6																		
7													1916	—				
									5	—			1916	—				
									15				29					
	11 Anleihen		12 Abzahlung. der Hausanwärter		13 Spareinlagen		14 Geschäftsunkosten		15 Betriebsunkosten		16 Hypotheken u. Anleihezinsen		17 Mieten aus Erwerbshäusern		18		19	

kassenjournal. **Formular B.**

1		2		3		4		5		6		7		8		9		10	
Geschäfts-guthaben		Unbebaute Grund-stücke		Miet-häuser		Erwerbs-häuser		Neubauten Miet-häuser		Neubauten Erwerbs-häuser		Inventar		Bank-(Sparkass.-)guthaben		Miet-forde-rungen		Hypo-theken	
M	₰	M	₰	M	₰	M	₰	M	₰	M	₰	M	₰	M	₰	M	₰	M	₰
		15	—																
								100	—										
														50	30				
		15	—					100	—					50	30				
		2						6						8					
1		2		3		4		5		6		7		8		9		10	
Geschäfts-guthaben		Unbebaute Grundstücke		Miethäuser		Erwerbs-häuser		Neubauten Miethäuser		Neubauten Erwerbs-häuser		Inventar		Bank-(Sparkass.-)guthaben		Miet-forde-rungen		Hypo-theken	

20		21		22		23		24		25		26		27		
								Gewinn- und Verlust-rechnung		Sonstige Forde-rungen (Debitoren)		Sonstige Schulden (Kreditoren)		Sonstige Ausgaben		Bemerkungen
M	₰	M	₰	M	₰	M	₰	M	₰	M	₰	M	₰	M	₰	
								1506	70							
								60	90							
								1567	60							
								25								
20		21		22		23		24 Gewinn- u. Verlust-rechnung		25 Sonstige Forde-rungen		26 Sonstige Schulden		27 Sonstige Ausgaben		

Formular zu einem Hauptbuch (Abschlußbuch), wenn monatliche Übertragung der Kontensummen stattfindet.

Formular C II.

Ausgaben 19 . . **Einnahmen**

Bank-(Sparkassen-)guthab.	Inventar	Mieten aus Miethäusern	Mieten aus Erwerbshäusern	Erwerbshäuser	Miethäuser	Unbebaute Grundstücke	Geschäftsguthaben	Fol.	Monat	Fol.	Geschäftsguthaben	Unbebaute Grundstücke	Miethäuser	Erwerbshäuser	Mieten aus Miethäusern	Mieten aus Erwerbshäusern	Inventar	Bank-(Sparkassen-)guthab.
ℳ ₰	ℳ ₰	ℳ ₰	ℳ ₰	ℳ ₰	ℳ ₰	ℳ ₰	ℳ ₰				ℳ ₰	ℳ ₰	ℳ ₰	ℳ ₰	ℳ ₰	ℳ ₰	ℳ ₰	ℳ ₰
									Saldo									
									Januar									
									Februar									
									März									
									April									
									Mai									
									Juni									
									Juli									
									August									
									September									
									Oktober									
									November									
									Dezember									
									Saldo									

Gesetzlicher Reservefonds	Betriebsunkosten	Geschäftsunkosten	Spareinlagen	Abzahlung. d. Hausanwärt.	Anleihen	Hypotheken	Mietforderungen	Fol.	Monat	Fol.	Mietforderungen	Hypotheken	Anleihen	Abzahlung. d. Hausanwärt.	Spareinlagen	Geschäftsunkosten	Betriebsunkosten	Gesetzlicher Reservefonds
ℳ ₰	ℳ ₰	ℳ ₰	ℳ ₰	ℳ ₰	ℳ ₰	ℳ ₰	ℳ ₰				ℳ ₰	ℳ ₰	ℳ ₰	ℳ ₰	ℳ ₰	ℳ ₰	ℳ ₰	ℳ ₰
									Saldo									
									Januar									
									Februar									
									März									
									April									
									Mai									
									Juni									
									Juli									
									August									
									September									
									Oktober									
									November									
									Dezember									
									Saldo									

Ausgaben **19 . .** **Einnahmen**

Sonstige Forderungen		Gewinn- und Verlustrechnung		Hypotheken- u. Anleihezinsen		Neubauten Miethäuser		Neubauten Erwerbshäuser		Bank- (Sparkassen-) zinsen		Pachtgelder		Hilfsreservefonds		Fol.	Monat	Fol.	Hilfsreservefonds		Pachtgelder		Bank- (Sparkassen-) zinsen		Neubauten Miethäuser		Neubauten Erwerbshäuser		Hypotheken- u. Anleihezinsen		Gewinn- und Verlustrechnung		Sonstige Forderungen	
ℳ	₰	ℳ	₰	ℳ	₰	ℳ	₰	ℳ	₰	ℳ	₰	ℳ	₰	ℳ	₰				ℳ	₰	ℳ	₰	ℳ	₰	ℳ	₰	ℳ	₰	ℳ	₰	ℳ	₰	ℳ	₰
																	Saldo																	
																	Januar																	
																	Februar																	
																	März																	
																	April																	
																	Mai																	
																	Juni																	
																	Juli																	
																	August																	
																	September																	
																	Oktober																	
																	November																	
																	Dezember																	
																	Saldo																	

														Sonstige Schulden		Fol.	Monat	Fol.	Sonstige Schulden															
ℳ	₰	ℳ	₰	ℳ	₰	ℳ	₰	ℳ	₰	ℳ	₰	ℳ	₰	ℳ	₰				ℳ	₰	ℳ	₰	ℳ	₰	ℳ	₰	ℳ	₰	ℳ	₰	ℳ	₰	ℳ	₰
																	Saldo																	
																	Januar																	
																	Februar																	
																	März																	
																	April																	
																	Mai																	
																	Juni																	
																	Juli																	
																	August																	
																	September																	
																	Oktober																	
																	November																	
																	Dezember																	
																	Saldo																	

Formular C I.

Formular zu einem Hauptbuch (Abschlußbuch),

wenn jährliche oder vierteljährliche Uebertragung der Kontensummen stattfindet.

Blatt 1. | Blatt 1.

Debet. | **Geschäftsguthaben.** | **Credit.**

Datum der Uebertragung: Tag	Monat		Betrag ℳ	₰	Datum der Uebertragung: Tag	Monat		Betrag ℳ	₰
	1912					1912			
31	Dezember	An Bilanz	10	—	31	Dezember	Per Kassenkonto	10	—
			10	—				10	—
						1913			
					1	Januar	Per Bilanz	10	—

Bank- (Sparkassen-) zinsen.

	1912					1912			
31	Dezember	An Gewinn- u. Verlustkonto	50	30	31	Dezember	Per Kassenkonto	50	30

Das Original hat 20 Zeilen auf jeder Seite.

Formular zu einer Spezialbaurechnung.

Formular F.

Laufende Nr.	Datum der Zahlung			Nr. des Ausgabebelags	Name des Geldempfängers	Gegenstand der Ausgabe	Gesamtbetrag der Ausgabe	Der Gesamtbetrag (Spalte 5) entfällt auf											
	Tag	Monat	Jahr					Haus Nr. . . . Anwärter:	Haus Nr. . . . Anwärter:	Haus Nr. . . . Anwärter:	Haus Nr. . . . Anwärter:	Haus Nr. . . . Anwärter:	Haus Nr. . . . Anwärter:	Haus Nr . . . Anwärter:	Haus Nr. . . . Anwärter:	Haus Nr. . . . Anwärter:	Haus Nr. . . . Anwärter:	Haus Nr . . . Anwärter:	Haus Nr. . . . Anwärter:
							ℳ | ₰	ℳ | ₰	ℳ | ₰	ℳ | ₰	ℳ | ₰	ℳ | ₰	ℳ | ₰	ℳ | ₰	ℳ | ₰	ℳ | ₰	ℳ | ₰	ℳ | ₰	ℳ | ₰
	1			2	3	4	5	6	7	8	9	10	11	12	13	14	15	16	17

Das Original hat 30 Zeilen auf jeder Seite.
Falls es sich um Miethäuser handelt, ist das Wort „Anwärter“ zu streichen.

Formular zu einem Kontobuch für die

Laufende Nr.	Mitglied Nr.	Eintrittsjahr	Name	Geschäftsguthaben am Anfange des Geschäftsjahres		Im laufenden Jahre zugeschriebene Dividende für das Vorjahr		Dividendenberechtigtes Geschäftsguthaben (Sp. 5 und Sp. 6)		Einzahlungen im Januar		Februar		März		April		Mai	
				ℳ	₰	ℳ	₰	ℳ	₰	ℳ	₰	ℳ	₰	ℳ	₰	ℳ	₰	ℳ	₰
1	2	3	4	5		6		7		8		9		10		11		12	

Das Original hat 20 Zeilen auf jeder Seite.

Formular zu einem

Haus Nr.	Des Mieters Name	Jahres-Soll-Miete: Rückstand aus dem Vorjahre		Miete für das laufende Jahr		Zugang		Abgang		Mithin wirkliches Jahressoll		Von dem Gesamtsoll: Januar		Februar		März		April		Mai	
		ℳ	₰	ℳ	₰	ℳ	₰	ℳ	₰	ℳ	₰	ℳ	₰	ℳ	₰	ℳ	₰	ℳ	₰	ℳ	₰
1	2	3		4		5		6		7		8		9		10		11		12	

Das Original hat 20 Zeilen auf jeder Seite.

Einzahlungen auf die Geschäftsanteile.

Formular D.

laufenden Jahre im Monat											
Juni	Juli	August	September	Oktober	November	Dezember	Summe der Einzahlungen im laufenden Geschäftsjahre (Spalten 8 bis einschl. 19)	Summe der Einzahlungen im ganzen (Sp. 7 u. 20)	Rückzahlungen im laufenden Jahre	Auf das neue Geschäftsjahr zu übertragende Guthaben (Sp. 21 weniger Sp. 22)	Sp. f. Berechnung der Dividende, die im nächsten Geschäftsjahre zugeschrieb. oder ausgezahlt wird
ℳ | ₰	ℳ | ₰	ℳ | ₰	ℳ | ₰	ℳ | ₰	ℳ | ₰	ℳ | ₰	ℳ | ₰	ℳ | ₰	ℳ | ₰	ℳ | ₰	ℳ | ₰
13	14	15	16	17	18	19	20	21	22	23	24

Mietenkontrolljournal.

Formular E.

in Spalte 7 sind eingekommen im Monat								Mithin sind				
Juni	Juli	August	September	Oktober	November	Dezember	im ganzen (Spalten 8—19)	rückständig geblieben (Sp 7 minus Sp. 20)	bereits im voraus bezahlt (Sp. 20 minus Sp. 7)	Von der Summe in Sp. 21 sind als uneinziehbar niederzuschlagen	Mithin sind auf das neue Rechnungsjahr an Rückstand zu übertragen (Spalte 21 minus Spalte 23)	Bemerkungen
ℳ | ₰	ℳ | ₰	ℳ | ₰	ℳ | ₰	ℳ | ₰	ℳ | ₰	ℳ | ₰	ℳ | ₰	ℳ | ₰	ℳ | ₰	ℳ | ₰	ℳ | ₰	
13	14	15	16	17	18	19	20	21	22	23	24	25

Formular G.

Blatt ....

Formular zu einem Kontobuche für die Abzahlungen der Hausanwärter.

Laufende Nr.	Des Mitgliedes		Guthaben am Anfange des Rechnungsjahres aus			Außerordentliche Abträge in den Monaten									
	Quittungsbuch Nr.	Name	regelmäßigen Abträgen	außerordentlichen Abträgen	Zusammen	Januar	Februar	März	April	Mai	Juni	Juli	August	September	Oktober
			M | ₰	M | ₰	M | ₰	Tag | M | ₰	Tag | M | ₰	Tag | M | ₰	Tag | M | ₰	Tag | M | ₰	Tag | M | ₰	Tag | M | ₰	Tag | M | ₰	Tag | M | ₰	Tag | M | ₰
			1	2	3	4	5	6	7	8	9	10	11	12	13

Fortsetzung des Formulars.

Blatt ....

			. . . % Zinsen für die			Laufender regelmäßiger Jahresabtrag	Laufender Gesamtjahresabtrag (Sp 16, 19 u. 20)	Guthaben an Abträgen und Zinsen bis zum Schlusse des Rechnungsjahres aus			Laufende Gesamtrückzahlungen	Verfallen zugunsten der Genossenschaftskasse	Summe der Spalten 25 und 26	Zu übertragendes Guthaben aus		
November	Dezember	Zusammen	regelmäß. Abträge nach Sp. 1	außerordentlich. Abträge nach Sp. 2 und 16	Zusammen			regelmäßigen Abträgen (Spalten 1, 17 und 20)	außerordentlich. Abträgen (Spalten 2, 16 und 18)	Zusammen				regelmäßigen Abträgen	außerordentlichen Abträgen	Zusammen
Tag | M | ₰	Tag | M | ₰	M | ₰	M | ₰	M | ₰	M | ₰	M | ₰	M | ₰	M | ₰	M | ₰	M | ₰	M | ₰	M | ₰	M | ₰	M | ₰	M | ₰	M | ₰
14	15	16	17	18	19	20	21	22	23	24	25	26	27	28	29	30

Das Original hat 20 Zeilen auf jeder Seite.

Formular zu einem Kontobuche für Spareinlagen.

(Formular H.)

Das Original hat 20 Zeilen auf jeder Seite.

Lfd. Nr.	Des Mitgliedes Sparbuch Nr.	Des Mitgliedes Name	Guthaben aus Spareinlagen am 31. Dezember 19 .. ℳ	₰	Januar ℳ	₰	Februar ℳ	₰	ℳ
			1		2		3		
		Übertrag							
		zusammen							

Einzahlungen in									
April		Mai		Juni		Juli		August	
ℳ	₰	ℳ	₰	ℳ	₰	ℳ	₰	ℳ	₰
5		6		7		8		9	

den Monaten

September		Oktober		November		Dezember	
M	S	M	S	M	S	M	
10		11		12		13	

Zusammen		Gesamtbetrag der für 19 . . aufgelaufenen Zinsen		Gesamtguthaben einschl. der aufgelaufenen Zinsen (Spalten 1, 14 u. 15)	
M	S	M	S	M	S
14		15		16	

Januar						Februar						März					
Spar-einlagen		Zinsen		Zu-sammen		Spar-einlagen		Zinsen		Zu-sammen		Spar-einlagen		Zinsen		sa	
M	S	M	S	M	S	M	S	M	S	M	S	M	S	M	S	M	
a						b						c					

Rückzahlungen in

April						Mai						Juni					
…ar-…gen		Zinsen		Zu-sammen		Spar-einlagen		Zinsen		Zu-sammen		Spar-einlagen		Zinsen		Zu-sammen	
	₰	ℳ	₰	ℳ	₰	ℳ	₰	ℳ	₰	ℳ	₰	ℳ	₰	ℳ	₰	ℳ	₰
d						e						f					

den Monaten																							
Juli						August						September						Oktober					
Spar-einlagen		Zinsen		Zu-sammen		Spar-einlagen		Zinsen		Zu-sammen		Spar-einlagen		Zinsen		Zu-sammen		Spar-einlagen		Zinsen		sa	
ℳ	₰	ℳ	₰	ℳ	₰	ℳ	₰	ℳ	₰	ℳ	₰	ℳ	₰	ℳ	₰	ℳ	₰	ℳ	₰	ℳ	₰		
g						h						i						k					

November						Dezember						Rückzahlungen für 19.. an						Guthaben aus Spareinlagen am 31. Dezember 19.. (Spalte 16 weniger Spalte 19)	
Spareinlagen		Zinsen		Zusammen		Spareinlagen		Zinsen		Zusammen		Spareinlagen		Zinsen		Zusammen			
ℳ	₰	ℳ	₰	ℳ	₰	ℳ	₰	ℳ	₰	ℳ	₰	ℳ	₰	ℳ	₰	ℳ	₰	ℳ	₰
l						m						17		18		19		20	

Formular J.

Formular zu einem auf einer Karte geführten Einzelkonto für Hausanwärter bei einer Baugenossenschaft, die Spareinlagen annimmt (Kartenregister)..

Regierungsbezirk: | Kreis:

Straße: | Haus-Nr.: | Akten-Nr.:

Grundbuch, Band: Blatt: | Flurbuch, Kartenblatt: | Parz.-Nr.:

Anwärter, Vor- und Zuname:

Beruf: Tag der gerichtlichen Eintragung:

Größe des Grundstücks: qm | Größe der Baulichkeiten, Wohnhaus qm, cbm; Stall qm, cbm.

Baujahr: | Feuerversicherungssumme: ℳ | Versicherungsschein vom:

		Keller:	Erdgeschoß:	Obergeschoß:	
Zahl der Familienwohnungen:	Zahl der bewohnten Räume:				Grundkosten . . . . ℳ Baukosten . . . . . „ = ℳ
Hypothek: ℳ	Größe der bewohnten Räume in cbm				Einheitspreis f. d. qm Grundfläche . . . . . . ℳ f. d. cbm Bauwerk: a) des Hauptgebäudes . . . „ b) des Stallgebäudes . . . . „
Zinsfuß: %. Tilgung: %	Kaufpreis: ℳ. Bruttomiete . . . . ℳ				

Jahr	Geschäftsguthaben: Einzahlungen ℳ	₰	Dividende ℳ	₰	Zusammen ℳ	₰	Tilgungsguthaben: Jahresleistung ℳ	₰	Gesamtleistung ℳ	₰	Spareinlagen: Einzahlungen ℳ	₰	Zinsen ℳ	₰	Auszahlungen ℳ	₰	Guthaben ℳ	₰	Bemerkungen
1912	60	—	1	80	61	80	40	30	40	30	16	—	—	30	—	—	16	30	
1913	12	—	2	16	75	96	41	20	81	50	17	—	—	50	2	—	31	80	
1914	15	—	2	25	93	21	42	20	123	70	21	—	—	70	12	—	41	50	

Das Original hat auf der ersten Seite 10 und auf der zweiten Seite 20 Zeilen, reicht also für 30 Jahre.

Bilanz

Aktiva.

I. **Unbebaute Grundstücke**			....
II. **Miethäuser**			
a) Baukosten		....	
Davon sind abgeschrieben			
1. in früheren Geschäftsjahren	....ℳ ..₰		
2. am Schlusse des letzten Geschäftsjahres	....ℳ ..₰	....	
		....	
		....	....
b) Grunderwerbskosten			
III. **Erwerbshäuser**			
a) Erwerbshäuser, die sich noch im Eigentume des Bauvereins befinden, über die aber bereits Erwerbsverträge abgeschlossen sind:			
1. in früheren Geschäftsjahren	....ℳ ..₰		
2. im letzten Geschäftsjahre	....ℳ ..₰	....	
b) Erwerbshäuser ohne Anwärter		....	....
IV. **Neubauten**			
a) Miethäuser			
1. aufgewendete Baukosten	....ℳ ..₰		
2. Grunderwerbskosten	....ℳ ..₰	....	
b) Erwerbshäuser			
1. aufgewendete Baukosten	....ℳ ..₰		
2. Grunderwerbskosten	....ℳ ..₰	....	....
V. **Baumaterialien**			....
VI. Inventar		....	
Abschreibung		....	
VII. **Hypotheken und Restkaufgelder**			....
VIII. **Bare Hinterlegungen** (für Straßenbaukosten usw.)			....
IX. **Wertpapiere**			....
X. **Bank- und Sparkassenguthaben**			....
XI. **Mietforderungen:**			
a) aufgelaufene, noch nicht zur Zahlung fällige Mieten		....	
b) rückständige Mieten		....	....
XII. **Zinsenforderungen:**			
a) aufgelaufene, noch nicht zur Zahlung fällige Zinsen		....	
b) rückständige Zinsen		....	....
XIII. Sonstige Forderungen			....
XIV. Kassenbestand			....
			....

am 31. Dezember 19 . . **Formular K.**

Passiva.

I. **Geschäftsguthaben der Mitglieder**					
Bestand am Ende des Vorjahres		......	...		
Im letzten Jahre: Zugang	....M ..₰				
Abgang	....M ..₰	......	...	......	...
II. **Reservefonds**					
a) gesetzliche Reservefonds		......	...		
b) Hilfsreservefonds		......	...		
c) Sonstige Rücklagen (unter Bezeichnung des Zwecks)		......	...	......	...
III. **Hypothekenschulden**					
Ursprünglicher Schuldbetrag		......	...		
Davon sind getilgt:					
a) in früheren Geschäftsjahren	....M ..₰				
b) im letzten Geschäftsjahre	....M ..₰	......	...	......	...
IV. **Unkündbare Schuldverschreibungen**					
Ausgegeben		......	...		
Davon sind getilgt (durch Auslosung oder Rückkauf)					
a) in früheren Geschäftsjahren	....M ..₰				
b) im letzten Geschäftsjahre	....M ..₰	......	...	......	...
V. **Von den Hausanwärtern geleistete Abzahlungen**					
a) in früheren Geschäftsjahren		......	...		
b) im letzten Geschäftsjahre		......	...	......	...
VI. **Kündbare Anleihen**					
a) mit mindestens 12monatl. Kündigungsfrist		......	...		
b) mit kürzerer Kündigungsfrist		......	...	......	...
VII. **Spareinlagen**					
Bestand Ende des Vorjahres		......	...		
Im letzten Jahre: Zugang	....M ..₰				
Abgang					
a) durch Rückzahlung ...M ..₰					
b) durch Übertragung auf Geschäftsguthaben ...M ..₰					
	....M ..₰	......	...	......	...
VIII. **Sonstige Schulden**					
a) Zinsen		......	...		
b) an ausgeschiedene Mitglieder noch zu zahlende Geschäftsguthaben		......	...		
c) nicht erhobene Dividenden		......	...		
d) noch zu zahlende Geschäfts- und Betriebsunkosten		......	...		
e) andere vorübergehende Schulden		......	...	......	...
IX. **Reingewinn***)				......	...
				......	...

*) Bei einer etwaigen Unterbilanz ist statt dieses Postens auf der Gegenseite ein Posten „Verlust" einzustellen.

Gewinn- und Verlustberechnung für das Geschäftsjahr ....

Formular L.

Soll

1. **Abschreibungen**		
a) ...% auf die ursprünglichen Baukosten der Miethäuser	....	
b) ...% auf das Inventar	....	....
2. **Geschäftsunkosten** (Gehälter, Bureaumiete, Geschäftsbücher, Formulare, Verbandsbeiträge usw.)		....
3. **Betriebsunkosten**		
a) Steuern	....	
b) Kanalisationsbeiträge und Versicherungsprämien	....	
c) Kosten für Beleuchtung und Wasser	....	
d) Reparaturkosten	....	
e) Sonstige Betriebsunkosten	....	....
4. **Zinsen**		
a) Hypotheken- und Anleihezinsen	....	
b) Zinsen auf die Abzahlungen der Hausanwärter	....	
c) Zinsen auf Spareinlagen	....	....
5. **Sonstige Ausgaben**		....
6. **Reingewinn***)		....
		....

Haben

1. **Gewinn-Vortrag**		....
2. **Gewinn aus verkauften Immobilien**		....
3. **Mieten**		
a) aus Miethäusern	....	
b) aus Erwerbshäusern (Nettomiete)	....	....
4. **Pachtgelder**		....
5. **Zinsen**		
a) aus belegten Kapitalien	....	
b) zugeschriebene Bauzinsen	....	
c) zugeschriebene Grundstückszinsen	....	....
6. **Sonstige Einnahmen**		....
		....

*) Bei einer etwaigen Unterbilanz ist statt dieses Postens auf der Gegenseite ein Posten „Verlust" einzustellen.

Formular M.

Inventar zur Bilanz am 31. Dezember 19 . .

A. Aktiva.

I. Unbebaute Grundstücke.

Laufende Nr.	Katasterbezeichnung: Gemarkung	Karten-blatt	Par-zellen Nr.	Größe: ha	ar	qm	Ankaufs-preis ℳ	₰	Buchwert ℳ	₰	ℳ	₰
											....	...

II. Mietshäuser.

1	2	3	4	5		6		7		8		9		10		11		12			
Laufende Nr.	Belegenheit der Hausgrundstücke: Haus Nr.	Straße	Anzahl der Wohnungen	Buchwert der Baukosten am 31. Dez. 19 . . ℳ	₰	Buchwert des Grundstücks am 31. Dez 19 . . ℳ	₰	Gesamter Buchwert am 31. Dez 19 . . (Sp. 5 u. 6) ℳ	₰	Zugang im Jahre 19 . . ℳ	₰	Abgang im Jahre 19 . . ℳ	₰	Wert nach Zu- bzw Absatz der Werte in Spalte 8 u. 9 ℳ	₰	Abschreibung für 19 . . ℳ	₰	Buchwert am 31. Dez. 19 . . (Sp. 10 min. Sp. 11) ℳ	₰	ℳ	₰
																				....	...

III. Erwerbshäuser.

1	2	3	4	5		6		7		8		9		10			
Laufende Nr.	Belegenheit der Hausgrundstücke: Haus Nr.	Straße	Name des Erwerbshausanwärters	Vereinbarter Kaufpreis ℳ	₰	Zugang im Jahre 19 . . ℳ	₰	Abgang im Jahre 19 . . ℳ	₰	Wert nach Zu- bzw. Absatz der Werte in Spalte 6 u. 7 ℳ	₰	Gesamtguthaben des Anwärters am 31. Dez. 19 . . ℳ	₰	Buchwert am 31. Dez. 19 . . (Sp. 8 min. Sp. 9) ℳ	₰	ℳ	₰
																..	...

IV. Neubauten.

Laut Kassenjournal sind auf de . . Neubau Nr. . . an Abschlagszahlungen geleistet . . . . ℳ .... | . .

Zu übertragen . . . . | ...

	ℳ	₰
Übertrag . . .	....	..
V. Baumaterialien.		
Vorhanden sind 5000 Mauersteine, die mit dem Ankaufspreise einzustellen sind, d. h. mit	....	..
VI. Inventar.		

Vorhandene Inventargegenstände	Ankaufspreis ℳ	₰
Sa.	....	..
Darauf sind abgeschrieben in früheren Jahren ...ℳ ..₰		
Im letzten Jahre ...ℳ ..₰	....	..

	ℳ	₰
Inventar (Übertrag)	....	..
....	....	..
VII. Wertpapiere.		
Hier sind die einzelnen vorhandenen Wertpapiere nach Ankaufspreis und Kurswert aufzuführen.	....	..
VIII. Bank- und Sparkassenguthaben.		
1. Guthaben bei der X-Bank laut Kontoauszug		
2. Guthaben bei der Städtischen Sparkasse laut Sparkassenbuch Nr....	....	..
IX. Mietforderungen.		
Die Einzelposten sind im Mietenkontrolljournal nachgewiesen mit	....	..
X. Kassenbestand.	....	..
Summa der Aktiva	....	..
B. Passiva.		
I. Geschäftsguthaben der Mitglieder laut Kontobuch	....	..
II. Reservefonds.	....	..
(Es sind hier die einzelnen Reservefonds und die ihnen im letzten Geschäftsjahre zugeflossenen Zuwendungen bzw. die Abgänge aufzuführen).		
Zu übertragen . . .	....	..

	ℳ	₰
Übertrag:	....	..

III. Hypothekenschulden.

Hypothekengläubiger	Ursprünglicher Schuldbetrag ℳ	₰	Darauf sind getilgt ℳ	₰	Restschuld ℳ	₰

IV. Von den Hausanwärtern geleistete Abzahlungen laut besonderem Kontobuch . . . .

V. Sonstige Schulden.

Namen der Gläubiger	Gegenstand	Schuldbetrag ℳ	₰

Summa der Passiva

(Von sämtlichen Vorstandsmitgliedern zu unterschreiben.)

Formular N.

Formular zu einer Dividendenliste.

Geschäftsjahr . . . . . .

Mitglied Nr.	Name	Dividendenberechtigtes Geschäftsguthaben ℳ	₰	Dividende: Gutzuschreiben ℳ	₰	Dividende: Bar auszuzahlen ℳ	₰	Namensunterschrift als Quittung für den in Spalte 5 aufgeführten Betrag oder Hinweis auf das Posteinlieferungsbuch
1	2	3		4		5		6

Formular O.

Formular zu einer Kontrolliste für veranlagte und wieder einzuziehende Steuern, Haftpflichtbeiträge, Wassergeldbeiträge usw.

1	2	3	4	5	6	7	8	9	10	11	12	13	14	15	16	17	18	19	20	21	22	23	24
Laufende Nr.	Name	Soll zahlen						Hat gezahlt													Mithin rückständig Sp. 8–21	Von den Rückständen (Sp. 22) sind	
								im Monat															
		Rückstände aus dem Vorjahre	Steuern				insgesamt	Januar	Februar	März	April	Mai	Juni	Juli	August	September	Oktober	November	Dezember	insgesamt		vorzutragen für 19 . .	niederzuschlagen
		M | ₰	M | ₰	M | ₰	M | ₰	M | ₰	M | ₰	M | ₰	M | ₰	M | ₰	M | ₰	M | ₰	M | ₰	M | ₰	M | ₰	M | ₰	M | ₰	M | ₰	M | ₰	M | ₰	M | ₰	M | ₰	M | ₰

Sachregister.

(Die Zahlen bezeichnen die Seiten.)

A.

B.

W.

Z.